Studien zur Informationsfreiheit

Herausgegeben von

Prof. Dr. Matthias Rossi
Prof. Dr. Bernhard Wegener

Band 4

Christine Zott

Aktive Informationen des Staates im Internet – Mittelalterlicher Pranger oder modernes Steuerungsinstrument?

Eine Analyse der Publikumsinformation unter besonderer Berücksichtigung des Lebensmittel-, Verbraucherinformations- und Sozialrechts

Nomos

Die Deutsche Nationalbibliothek verzeichnet diese Publikation in der Deutschen Nationalbibliografie; detaillierte bibliografische Daten sind im Internet über http://dnb.d-nb.de abrufbar.

Zugl.: Saarbrücken, Univ., Diss., 2015

u.d.T.: (Pro-)Aktive Veröffentlichungspflichten des Staates im Internet – Mittelalterlicher Pranger oder modernes Steuerungsinstrument? Eine Analyse der Publikumsinformation unter besonderer Berücksichtigung des Lebensmittel-, Verbraucherinformations- und Sozialrechts

ISBN 978-3-8487-3049-0 (Print)

ISBN 978-3-8452-7200-9 (ePDF)

1. Auflage 2016

Vorwort

Die vorliegende Arbeit wurde im Wintersemester 2014/2015 von der Rechts- und Wirtschaftswissenschaftlichen Fakultät der Universität des Saarlandes als Dissertation angenommen. Die Druckfassung befindet sich weit überwiegend auf dem Stand von Februar 2015. Dennoch konnten u.a. die „Lost Art"-Entscheidung des BVerwG, der Stand des Gesetzgebungsverfahrens zu § 40 LFGB und die Entwicklungen um den sog. Pflege-TÜV bis zum 31.12.2015 berücksichtigt werden.

Mein besonderer, herzlicher Dank geht an Frau Prof. Dr. Annette Guckelberger, die mir während meiner gewinnbringenden und lehrreichen Mitarbeiterzeit an ihrem Lehrstuhl den nötigen wissenschaftlichen Freiraum gewährt und das Entstehen dieser Arbeit mit hilfreicher und konstruktiver Kritik begleitet und gefördert hat. Ihr und Herrn Prof. Dr. Rudolf Wendt danke ich sehr für die rasche Erstellung der Erst- und Zweitgutachten.

Herrn Prof. Dr. Matthias Rossi und Herrn Prof. Dr. Bernhard Wegener danke ich für die Aufnahme dieser Arbeit in die von ihnen herausgegebene Schriftenreihe.

Schließlich möchte ich mich sehr herzlich bei meinem Vater, bei meinen Freunden und Kollegen RRef'in Sabrina Lauer, LL.M., Dr. Frederic Geber, LL.M., Wiss. Mit. Manuel Kollmann, RR Manuel Liehr und bei Frau Marlies Weber, Sekretärin des Lehrstuhls, bedanken. Sie alle haben die Mühen des Korrekturlesens auf sich genommen und hierfür viel Zeit investiert.

Meinem Verlobten und meinen Eltern, die mich auf vielfältigste Weise unterstützt haben und auf die ich mich stets verlassen kann, danke ich von Herzen. Ihnen ist diese Arbeit gewidmet.

Inhaltsübersicht

Inhaltsverzeichnis

Abkürzungsverzeichnis

Bezüglich der Abkürzungen wird auf *Kirchner*, Abkürzungsverzeichnis der Rechtssprache, 7. Auflage 2013, verwiesen. Im Übrigen werden folgende Abkürzungen verwendet:

ACP	Applied Cognitive Psychology
APR	Allgemeines Persönlichkeitsrecht
AVV RÜb	Allgemeine Verwaltungsvorschrift [...] Rahmen-Überwachung
BeckRS	Beck Rechtsprechung
BLJ	Bucerius Law Journal
BLL	Bund für Lebensmittelrecht und Lebensmittelkunde e. V.
BMEL	Bundesministerium für Ernährung und Landwirtschaft (seit der 18. Legislaturperiode)
BMELV	BMEL und Verbraucherschutz (16./17. Legislaturperiode)
BMI	Bundesministerium des Innern
bpb	Bundeszentrale für politische Bildung
BSTJo	The Bell System Technical Journal
BusHor	Business Horizons
BVL	Bundesamt für Verbraucherschutz und Lebensmittelsicherheit
CinHB	Computers in Human Behavior
CoCo	Consciousness and Cognition
GuG	Gehirn und Geist
HBScience	HeilberufeScience
IuK-Dienste	Elektronische Informations- und Kommunikationsdienste
JoABR	Journal of Applied Biobehavioral Research
JoAdv	Journal of Advertising
JoAdvR	Journal of Advertising Research
JoCN	Journal of Cognitive Neuroscience
JoM	Journal of Marketing
JF	Junge Freiheit (BVerfGE 113, 63 ff.)
LAV	Länderarbeitsgemeinschaft Verbraucherschutz
LMRR	Lebensmittelrecht Rechtsprechung
LTO	Legal Tribune Online
LZ	Lebensmittelzeitung
MDK	Medizinischer Dienst der Krankenversicherung
PharmR	Pharma Recht
PSP Review	Personality and Social Psychology Review

PTV	Pflegetransparenzvereinbarung
PTVS/PTVA	Pflegetransparenzvereinbarung stationär/ambulant
RDG	Rechtsdepesche für das Gesundheitswesen
RsDE	Beiträge zum Recht der sozialen Dienste und Einrichtungen
RuV	Recht und Verhalten
SozialRPrax	Sozialrecht + Praxis
SPolG	Saarländisches Polizeigesetz
SprachD	Der Sprachendienst
StraFo	Strafverteidiger Forum
SZ	Süddeutsche Zeitung
TM	Transzendentale Meditation (BVerwGE 82, 76 ff.)
vzbv	Verbraucherzentrale Bundesverband
VZ Hessen	Verbraucherzentrale Hessen
ZaeFQ	Zeitschrift für ärztliche Fortbildung und Qualitätssicherung
ZEurLebensmittelR	Recht – Die Zeitschrift für Europäisches Lebensmittelrecht
ZGS	Zeitschrift für Vertragsgestaltung, Schuld- und Haftungsrecht

Einleitung und Gang der Untersuchung

> *„Je weiter die Transformation der ‚Industriegesellschaft' zur ‚Informationsgesellschaft' jedoch voranschreitet, desto bedeutsamer wird der Einsatz der Ressource ‚Information' als Gestaltungs- und Lenkungsmittel in allen gesellschaftlichen und staatlichen Bereichen."*[1]

Aktive Informationen des Staates haben Konjunktur und die Verbreitung via Internet hat „zunehmend Eingang in den gestalterischen Baukasten schon auf der legislativen Ebene gefunden".[2] Dementsprechend werden in jüngerer Zeit vermehrt behördliche Informationen im Internet entweder im Bundesanzeiger oder in sonstigen Quellen, bspw. auf Behördenseiten oder in speziell dafür eingerichteten Bewertungsportalen veröffentlicht. Mittels dieser aktiven Informationen kommt die staatliche Stelle ihrem Informationsauftrag von Amts wegen ohne vorherigen Individualantrag nach. Der Inhalt der Aktivinformationen variiert von allgemein gehaltenen, unspezifischen Informationen, z. B. den Geschäftszeiten einer Behörde oder dem richtigen Ansprechpartner in einer bestimmten Angelegenheit, wie sie u.a. von § 3 EGovG[3] vorgesehen werden, bis hin zu Informationen über Dritte, juristische oder natürliche Personen, die Auflagen oder sonstigen hoheitlichen Verpflichtungen nicht nachgekommen sind und/oder vergleichend bewertet werden. Erstere Informationen, die rein dem Servicecharakter der Behörden entsprechen, sind mangels Lenkungsfunktion und möglicher Prangerwirkung nicht Gegenstand dieser Untersuchung. Hier von Interesse sind die zuletzt genannten Informationsgruppen.

Der Staat greift in den letzten Jahren vermehrt auf solche (pro)aktiven Publikumsinformationen[4] zurück und sieht ihre Zulässigkeit in immer mehr Gesetzen ausdrücklich vor.[5] In kurzen Zeitabständen entstehen neue

---

1 *Schoch*, VBlBW 2014, S. 361, 361.

2 *Spiecker gen. Döhmann*, in: Hecker/Hendler/Proelß/Reiff (Hrsg.), Rechtsfragen, S. 155, 156.

3 BGBl. 2013 I S. 2749.

4 Zur Wortbedeutung s. Kapitel 1, C.

5 S. dazu die hier besprochenen Beispiele der Pflegetransparenznoten („Pflege-TÜV") auf der Basis des § 115 Abs. 1a SGB XI und lebensmittelrechtlichen Internetportale auf Grundlage des § 40 Abs. 1 und Abs. 1a LFGB, § 6 Abs. 1 S. 3 VIG oder die Internetseite www.lebensmittelklarheit.de. S. zudem auch die Ermächti-

Portale[6] und Register, in die personen- oder unternehmensbezogene Daten eingestellt werden, sei es im Verbraucher-, Umwelt- und Lebensmittelrecht oder auch in anderen Bereichen.[7]

Warum tut der Staat das? *Philipp* hat den Markt bereits vor einiger Zeit als „Kommunikationssituation" beschrieben: Die Hersteller bieten ihre Produkte am Markt an und versuchen, mittels verschiedener Strategien ihrem Produkt ein positives Image zu verleihen, um die Nachfrage zu erhöhen.[8] Auf der anderen Seite stehen die Verbraucher, die in ihrer Kaufentscheidung frei sind.[9] Auf diesen Kommunikationsprozess, der bis dahin auf die Marktteilnehmer beschränkt war, versucht der Staat nun seinerseits mit aktiver Informationsverbreitung Einfluss zu nehmen.[10] Diese Informationen haben meist eine doppelte Zielrichtung: Zum einen dienen sie der Information und Aufklärung der Informationsadressaten, sie entfalten diesen gegenüber eine Lenkungswirkung in Bezug auf ihre Entscheidungsfindung. Zum anderen wirken sie sich mittelbar entweder nachteilig oder vorteilhaft auf die Informationssubjekte aus, z. B. indem diese im Internet namentlich genannt werden. Die positive oder negative Wirkung hängt vom Kontext der Veröffentlichung ab und variiert je nachdem, ob die Betroffenen einer Verpflichtung nicht, nur unzureichend oder aber vollständig nachgekommen sind, sich anders verhalten haben, als dies von ihnen erwartet wurde oder bei einer vergleichenden Bewertung schlechter oder

---

gungen zur Informationsveröffentlichung in § 74 EnWG; § 16a Abs. 1, Abs. 4 GenTG; § 62 GWB; § 13 Abs. 1 S. 1 PostG; § 35a Abs. 6 S. 2 SGB IV und § 81 Abs. 1 S. 1 TKG.

6 Zur institutionellen Qualifikation behördlicher Internetportale als öffentliche Einrichtungen s. *Ingold,* Die Verw. 48 (2015), S. 525, 533 f.

7 Vgl. z. B. die Regelungen in § 30 Abs. 4 TEHG und § 40b WpHG. Jüngst forderte der Krankenkassen-Spitzenverband (GKV) eine Bewertung niedergelassener Ärzte in Form von Ranglisten, s. dazu die Agenturmeldung unter http://www.gkv-spitzenverband.de/presse/agenturmeldung?id=gkv-agenturmeldungen-2340, zuletzt geprüft am 27.8.2014 sowie Saarbrücker Zeitung v. 27.8.2014, http://www.saarbruecker-zeitung.de/nachrichten/themen/Berlin-Saarbruecken-Arztpraxen-Krankenkassen-Kritik;art2825,5408572, zuletzt geprüft am 22.10.2014. Ferner wurde diskutiert, die Gerichte mit überlanger Verfahrensdauer im elektronischen Bundesanzeiger zu veröffentlichen. Gegen die Umsetzung dieses Vorhabens konnte sich die Richterschaft jedoch erfolgreich wehren. Vgl. dazu *Althammer/Schäuble,* NJW 2012, S. 1, 5.

8 *Philipp,* Verbraucherinformation, S. 150 f.

9 *Philipp,* Verbraucherinformation, S. 151.

10 *Philipp,* Verbraucherinformation, S. 151.

besser abgeschnitten haben als ihre Konkurrenten. Ist also das aktive Informationshandeln des Staates ein Zukunftsmodell?

Diese aktiv von staatlicher Seite verbreiteten Informationen sind in mehrfacher Hinsicht spannend, bislang in der Literatur aber nur punktuell untersucht worden. Es stellen sich klassische Fragen in neuem Gewand, unter anderem wie im Internet veröffentlichte, aktive Publikumsinformationen rechtlich einzuordnen und welche Maßstäbe bei der Beantwortung der Frage nach ihrer Verfassungsmäßigkeit anzulegen sind.

Diese Arbeit befasst sich zunächst mit dem Begriff der Information als solchem, um ein stabiles Fundament für die weitere Betrachtung zu konstruieren. Hierbei wird auch der bedeutende Unterschied zwischen den Begriffen „Information", „Daten" und „Wissen" aufgezeigt. Grundlagen und Auswirkungen der heutigen Informationsgesellschaft inklusive der in diesem Kontext anfallenden staatlichen Aufgaben und Chancen werden erörtert. Das staatliche Informationshandeln wird insbesondere unter dem Blickwinkel der Lenkungsfunktion dargestellt und historisch in die Entwicklung der Handlungsformen des Staates eingebettet. Nach einem kurzen Seitenblick auf die aktuellen Entwicklungen im Bereich der Open Data wird erörtert, ob die Information neben der Lenkungswirkung auch Sanktionswirkung entfaltet und demnach als Sanktionsinstrument einzuordnen ist. Insbesondere wird der vielfach erhobene Vorwurf der Prangerwirkung staatlicher Informationen hierzu ins Verhältnis gesetzt.

Nach diesen Spezifika widmet sich die vorliegende Arbeit nun den Anforderungen, die an die Rechtmäßigkeit staatlichen Informationshandelns gestellt werden. Hierbei werden die betroffenen Grundrechte der Informationsadressaten (Informationsobjekte) und derjenigen, die Gegenstand der Information sind (Informationssubjekte), eruiert. Im Zuge dessen kommt die höchstrichterlich entwickelte Sonderdogmatik zu staatlichem Informationshandeln und die Rezeption derselben in der Literatur zum Tragen, um den Rahmen für die Rechtmäßigkeit aktiver Publikumsinformationen abzustecken. Daran anschließend werden insbesondere die ebenfalls von der Rechtsprechung aufgestellten Voraussetzungen der Sachlichkeit und Richtigkeit einer Information behandelt. Ferner werden die Rechtsschutzmöglichkeiten gegen rechtswidrige Publikumsinformationen aufgezeigt. Sodann wird das für das staatliche Informationshandeln als Empfängerhorizont maßgebende Verbraucherleitbild untersucht und hinsichtlich aktueller Tendenzen bewertet. Schließlich findet das Internet als Verbreitungsmedium mit seinen Vor- und Nachteilen, insbesondere der Frage nach der Löschung einmal eingestellter Informationen, Beachtung. In diesem Zusammenhang wird ferner auf die bislang kaum aufgeworfene Frage nach der geeigneten Darstellung hoheitlicher Informationen im Internet eingegangen.

Nach dem Abstecken dieses allgemeinen Rahmens werden ausgewählte aktuelle Publikumsinformationen dargestellt und anhand des zuvor Erarbeiteten rechtlich bewertet. Insbesondere die Verfassungsmäßigkeit der derzeit sehr umstrittenen Regelungen in § 40 Abs. 1a LFGB, § 6 Abs. 1 S. 3 VIG sowie § 115 Abs. 1a SGB XI wird untersucht. Aktive Veröffentlichungen aufgrund der § 40 Abs. 1a LFGB und § 6 Abs. 1 S. 3 VIG (beide in Kraft seit September 2012) und § 115 Abs. 1a SGB XI (in Kraft seit Juli 2008) sind in jüngerer Zeit vermehrt in den Fokus der Literatur und Rechtsprechung, insbesondere als Gegenstand einstweiliger Rechtsschutzverfahren, getreten. Bezüglich § 40 Abs. 1a LFGB ist seit August 2013 zudem ein Antrag auf abstrakte Normenkontrolle beim BVerfG anhängig. Als Folge der entstandenen rechtlichen Unsicherheiten wurden die Veröffentlichungen zum großen Teil ausgesetzt bzw. stehen weiterhin in der Kritik. Forderungen nach der Reformierung der Normen stehen aktuell im Raum. Hierzu werden drei konkrete Beispiele aktueller aktiver Publikumsinformationen näher untersucht: 1. Das „Smiley-Projekt“ des Berliner Bezirks Pankow, mittels dessen im Internet verschiedene Kontrollergebnisse und Bewertungen gastronomischer Einrichtungen des Bezirks Pankow veröffentlicht wurden; 2. das Portal „www.lebensmittelklarheit.de“, das von Verbraucherzentralen betrieben, aber zu einem erheblichen Teil vom Bundesministerium für Ernährung und Landwirtschaft finanziert wird und im Internet u.a. auf den von Verbrauchern erhobenen Vorwurf der „gefühlten Täuschung“ durch ein Lebensmittel reagiert; 3. der bundesweite „Pflege-TÜV“, der ambulante Pflegedienste und stationäre Pflegeheime im Internet mittels eines Schulnotensystems aufgrund von Prüfungen des medizinischen Dienstes der Krankenkassen bewertet.

Abschließend werden die Erkenntnisse dieser Arbeit in Schlussbemerkung und Ausblick bewertet sowie in Thesen konzentriert.

Kapitel 1: Informationsbegriff

„Nam et ipsa scientia potestas est“[11]

Wissen ist Macht. Diese Feststellung *Francis Bacons* ist zwar schon über 400 Jahre alt, aber sie ist weder „in die Jahre gekommen“, noch hat sie etwas von ihrer Gültigkeit eingebüßt. Informationen sind die Grundlage von Wissen.

Der Mathematiker *Norbert Wiener* stellte fest: „Information is information, not matter or energy.“[12] Dies münde, so der Verwaltungswissenschaftler *Lenk*, in die merkwürdig anmutende Folge, dass man eine Information anders als ein Paar Schuhe gleichzeitig veräußern und behalten könne.[13] Aber wenn Information weder Materie noch Energie und auch kein Paar Schuhe ist, was ist es dann?

Nach einiger Recherche wird klar: Niemand weiß genau, was Information ist.[14] Leider ist es deshalb auch nicht möglich, diese Arbeit mit einem Satz, belegt durch eine Fußnote zum Informationsbegriff, zu beginnen.[15] Dieser Ungewissheit zum Trotz wird das Wort im alltäglichen wie auch im

---

11 *Bacon,* Artikel 11 (De haeresibus). Die korrekte Übersetzung lautet „Denn die Wissenschaft selbst ist Macht“, gebräuchlich ist jedoch die oben genannte Kurzformel „Wissen ist Macht“.

12 *Wiener,* Cybernetics, S. 132. Dies stellt auch *Masing,* VVDStRL 63 (2004), S. 377, 433 fest.

13 *Lenk,* in: Hoffmann-Riem/Schmidt-Aßmann (Hrsg.), Informationsgesellschaft, S. 59, 70. Dazu, dass Information weder „Verlust“ noch „Verbrauch“ unterworfen ist, s. auch *Albers,* Rechtstheorie 33 (2002), S. 61, 69 und *Schoch,* VBlBW 2014, S. 361, 362; *ders.,* EuZW 2011, S. 388, 388; *ders.,* AfP 2010, S. 313, 314; *ders.,* NJW 2010, S. 2241, 2242. Eine „Verdinglichung“ der Information wäre deshalb verfehlt, s. *ders.,* IFG, § 2 Rn. 16. Nach *Spiecker gen. Döhmann,* in: Bartsch/Briner (Hrsg.), DGRI Jahrbuch, S. 39, 42 fehlt der Information die „Rivalität im Konsum“, da die Nutzung der Information durch eine Person nicht zugleich andere Personen davon ausschließt.

14 Zu diesem Ergebnis kommt auch *Hoeren,* JuS 2002, S. 947; ferner stellt *Bumke,* Die Verw. 37 (2004), S. 3, 7 fest, dass der Begriff „mühelos und sicher“ verwendet würde, es aber schwer fiele, „ihn genauer zu umschreiben“. Vgl. auch *Ernst,* in: Hill/Schliesky (Hrsg.), Digitaler Staat, S. 33, 35; *Grube/Wallau,* in: Girnau (Hrsg.), FS Horst, S. 253, 254 f.

15 Vor diesem Problem stand bereits *Druey,* Information, S. 3; ähnl. *Albers,* Informationelle Selbstbestimmung, S. 87.

wissenschaftlichen Sprachgebrauch sehr häufig verwendet. Vielfach kann man sogar hören, wir leben in einer „Informationsgesellschaft“[16]. Aber was genau ist das, was heißt eigentlich „Information“, dass wir ihr eine so große Bedeutung zumessen, dass wir sie als Fundament und Erklärung unserer modernen Gesellschaft bemühen?[17]

Eine ad hoc Definition könnte lauten: Information ist die Vermittlung von Wissen, welches dann als Grundlage für die eigene Meinungsbildung und Entscheidungsfindung dient. Daraus folgt, je mehr Informationen dem Bürger zuteilwerden, desto mehr tragen diese zur Erweiterung seiner Entscheidungsmöglichkeiten und schließlich seines Freiheitsbereiches bei.[18] Damit ist der Begriff „Information“ im Grunde ein „sympathischer, positiv besetzter Begriff“.[19] Aber was steckt dahinter? Anhand des obigen, ersten Definitionsansatzes soll die Bedeutung des Informationsbegriffs näher beleuchtet werden.

---

16 Die Idee der „Informationsgesellschaft“ geht u. a. zurück auf den kanadischen Publizisten *H. M. McLuhan*, vgl. Brockhaus Enzyklopädie, Bd. 13 (HURS–JEM) Stichwort „Information“. Der Begriff selbst wird zumeist dem amerikanischen Soziologen Daniel Bell zugeschrieben, der ihn in seiner Theorie zur nachindustriellen Gesellschaft *Bell,* Society, S. XVIII ff., s. auch S. 37: „The post-industrial society is an information society [...]“, a.a.O. S. 467, erstmals verwendete. Neben der Informationsgesellschaft existieren zahlreiche weitere Schlagworte, um unsere heutige Gesellschaft zu beschreiben, wie „postindustrielle“ Gesellschaft, „Risikogesellschaft“, „Erlebnisgesellschaft“, „Konsumgesellschaft“, „Leistungsgesellschaft“, „postmoderne“ oder „individualisierte“ Gesellschaft, vgl. *Prisching*, in: Prisching (Hrsg.), Modelle, S. 13, 13 f., 16 f., der deshalb spielerisch den Begriff der „Etikettengesellschaft“ aufwirft. In der neueren Verwaltungsrechtswissenschaft ist von „Schlüsselbegriffen“ und „Leitbildern“ die Rede, s. *Voßkuhle*, in: Hoffmann-Riem/Schmidt-Assmann/Voßkuhle (Hrsg.), GVwR Bd. 1, § 1 Rn. 40 ff.

17 Der Informationsbegriff ist nicht alleiniger Gegenstand dieser Arbeit, sondern nur Vorfrage und Voraussetzung für die weitere Untersuchung. Die nachfolgende Darstellung kann daher nur einen Überblick über mögliche Definitionsansätze enthalten und soll keinesfalls eine nur annähernd abschließende Begutachtung darstellen.

18 *Ossenbühl,* NVwZ 2011, S. 1357, 1358.

19 *Ossenbühl,* NVwZ 2011, S. 1357, 1358.

A. Etymologischer Ursprung

Am Anfang stand das lateinische Verb „informare“, das so viel bedeutete wie „gestalten, formen, bilden“.[20] Das heutige deutsche Sprachverständnis stützt sich jedoch allein auf die dem Wort beigemessene übertragene Bedeutung, nämlich „durch Unterweisung bilden, befähigen, belehren, unterrichten, in Kenntnis setzen“. Dementsprechend war der (Haus- und Hof-)Lehrer zunächst als „Informator“ bekannt (18. Jh.).[21] Daraus kann man ablesen, dass der Informationsbegriff mit Wissen und Wissensvermittlung im Zusammenhang steht. Der obige Definitionsansatz steht mit dieser Wortbedeutung im Einklang.

B. Begriffsdefinitionen

I. In Lexika und einzelnen Fachdisziplinen

Im Wörterbuch der deutschen Sprache „Duden“ heißt es, dass dem Wort „Information“ im Wesentlichen drei verschiedene Bedeutungen zukommen.[22] Erstens „Unterrichtung über eine bestimmte Sache“, zweitens eine „Mitteilung über jemanden, etwas“ bzw. eine „Äußerung“ oder ein „Hinweis“, mit der/dem ein Dritter von etwas „in Kenntnis gesetzt wird“. Dritter möglicher Bedeutungsgehalt der „Information“ ist ihre Verwendung in der Kybernetik:[23] „Gehalt einer Nachricht, die aus Zeichen eines Codes zusammengesetzt ist“. Inhaltlich Vergleichbares lässt sich den Angaben

---

20 *Pfeifer/Braun/u. a.,* Etymologisches Wörterbuch, Stichwort „informieren, Information“; Brockhaus Enzyklopädie, Bd. 13 (HURS–JEM), Stichwort „Information“. *Zumpe,* Öffentlichkeit, S. 8 weist darauf hin, dass die Einführung des Wortes in den lateinischen Sprachschatz *Cicero* zugeschrieben wird. Zur etymologischen Herkunft s. auch *Capurro*, Informationsbegriff, Kap. 4, http://www.capurro.de/inf ovorl-kap4.htm, zuletzt geprüft am 10.11.2014.

21 *Pfeifer/Braun/u. a.,* Etymologisches Wörterbuch, Stichwort „informieren, Information“.

22 Eintrag „Information“ im Duden, http://www.duden.de/rechtschreibung/informatio n, zuletzt geprüft am 16.5.2014.

23 Kybernetik bedeutet ausgehend vom griechischen Wortstamm „kybernetes“ (= Steuermann) „Theorie der Regelung und Steuerung dynamischer Systeme“, vgl. Gabler Wirtschaftslexikon, Stichwort „Kybernetik“ http://wirtschaftslexikon.gable r.de/Archiv/12591/kybernetik-v 6.html, zuletzt geprüft am 19.6.2013. Zur Entstehung der Kybernetik s. *Reimann,* Systeme, S. 3 ff.

der Brockhaus-Enzyklopädie zu Informationen als Teil des allgemeinen Sprachgebrauchs entnehmen.[24]

Die Lexika nennen folglich Synonyme für und Umschreibungen des Informationsbegriffs. Sie bringen hauptsächlich die Vermittlung von Wissen zum Ausdruck (Unterrichtung, Mitteilung) und liegen damit auf der Linie des ersten Definitionsansatzes und der etymologischen Herkunft des Wortes. Neu hinzu kommt die Aussage zum Aufbau, zur Struktur von Informationen (Zeichen eines Codes). Wollte man diese technische Seite ergänzen, könnte die Definition nun also lauten: Informationen bestehen aus Zeichen eines Codes zur Vermittlung von Wissen, welches dann als Grundlage für die eigene Meinungsbildung und Entscheidungsfindung dient.

Für die Fachdisziplinen gibt es indes weitere Unterscheidungen. So versteht man in der Biologie unter dem Informationsbegriff Signale, die von einem Sender zu einem Empfänger übertragen werden und dabei eine Reaktion auslösen.[25] Diesem Verständnis kommt allerdings, da es gezielt von und für diese Fachrichtung entwickelt wurde und in seiner Brauchbarkeit und Aussagekraft untrennbar mit ihr verbunden ist, eine Sonderstellung zu.[26]

Ähnliches gilt für die Fachdisziplin der Informatik. Diese verwendet den Begriff im Sinne einer „Übermittlung und Aneignung ‚in Form gebrachten' Wissens […] zur Beseitigung einer Ungewissheit".[27] Das besondere Augenmerk der Informatik liegt auf Informationen, die „Gegenstand von Speicherung, Verarbeitung und Übertragung sind"[28], sich also in einem bestimmten, fast körperlichen Zustand befinden.

In der Soziologie und der Politikwissenschaft beschäftigt man sich mit dem Informationsbegriff nicht in dieser technischen Hinsicht. Der Informationsbegriff wird nicht eigenständig definiert, sondern lediglich als Voraussetzung für andere Faktoren begriffen. So sind Austausch und Verbreitung von Informationen „Voraussetzung für soziales Handeln" und Binde-

---

24 Brockhaus Enzyklopädie, Bd. 13 (HURS–JEM), Stichwort „Information".

25 Brockhaus Enzyklopädie, Bd. 13 (HURS–JEM), Stichwort „Information". Zur darüber hinausgehenden, metaphorischen Bedeutung des Informationsbegriffs in der Biologie s. *Rechenberg,* Informatik-Spektrum 2003, S. 317, 318.

26 *Lenk,* in: Hoffmann-Riem/Schmidt-Aßmann (Hrsg.), Informationsgesellschaft, S. 59, 72 f. schlägt vor, den biologischen Informationsbegriff als „Information-2" zu bezeichnen.

27 Brockhaus Enzyklopädie, Bd. 13 (HURS–JEM), Stichwort „Information".

28 Brockhaus Enzyklopädie, Bd. 13 (HURS–JEM), Stichwort „Information".

glied „sozialer Systeme [wie] Familie, Betrieb, Unternehmen, Organisation [und] Staat".[29] Der Informationsbegriff wird weiter im Zusammenhang mit der Funktion als Herrschaftsmittel genannt. Hier fällt die Nähe dieser Aussagen zu einem Urteil des BVerfG auf, in dem dieses ein Grundbedürfnis an Information anerkennt und verdeutlicht, dass sich der Besitz von Information auf die soziale Stellung des Einzelnen auswirkt.[30]

Abschließend sei ein Blick auf die Herangehensweise der Wirtschaftswissenschaftler geworfen. Sie definieren Information als kodifiziertes Wissen, das sich anders als implizites Wissen übertragen und kommodifizieren, d. h. kommerzialisieren lässt.[31] Auch in dieser Disziplin kommt es also weniger darauf an, welche internen Faktoren oder welche Bezugsobjekte die Information ausmachen, sondern mehr darauf, welche Außenwirkung sie zur Folge hat, d. h. wie sie übertragen und schließlich als Ware genutzt werden kann.

Als Fazit lässt sich festhalten, dass der Informationsbegriff eine Querschnittsmaterie ist, d. h. in den verschiedenen Disziplinen Übereinstimmungen enthält, aber in den Details voneinander abweicht. Während die Aussagen in Soziologie und Politikwissenschaften an dieser Stelle nicht weiterführen können, kann aus der Biologie und der Informatik eine Gemeinsamkeit abgeleitet werden: In diesen Disziplinen bewirkt die Information eine tatsächliche Folge. So löst sie in der Biologie einen Reiz aus und beseitigt in der Informatik eine Ungewissheit.

Es stellt sich also die Frage, ob eine Ergänzung des ersten Definitionsansatzes um eben diesen Punkt sinnvoll wäre. Voraussetzung hierfür ist, dass die Merkmale verallgemeinerungsfähig sind. Dies erscheint in Bezug auf das Eintreten einer Veränderung bereits zweifelhaft, denn dies setzt voraus, dass der Empfänger die Information verstanden hat, was aber nicht notwendigerweise der Fall ist. Sprechen Sender und Empfänger bspw. nicht die gleiche Sprache, wird eine Nachricht zwar übermittelt, sie hätte aber keine Konsequenzen, weil ihr Bedeutungsgehalt nicht erfasst werden könnte. Möglich ist also, dass das Merkmal auf manche Informationsadressaten zutrifft, auf andere wiederum nicht. Folglich kann man daraus nur ein eventuelles Kennzeichen, aber keinen unabdingbaren Definitionsbestandteil des Informationsbegriffs ableiten. Das Merkmal „zur Beseitigung einer Ungewissheit" ist ebenso wenig verallgemeinerungsfähig. Ei-

---

29 Brockhaus Enzyklopädie, Bd. 13 (HURS–JEM), Stichwort „Information".

30 BVerfGE 27, 71, 81.

31 *Hofmann*, in: Busch/Hofmann (Hrsg.), Politik, S. 5, 10.

nerseits ist möglich, dass Gewissheit bereits besteht und diese durch den Informationsgehalt lediglich bestätigt wird. Andererseits ist möglich, dass erst durch eine Information eine Ungewissheit entsteht. Angenommen, ein Empfänger bekommt die Nachricht, dass ein Restaurant gegen die Vorschrift einer Hygieneverordnung verstoßen hat. Für den Empfänger entstehen erst nach dem Erhalt dieser Information Ungewissheiten: Was besagt die verletzte Hygienevorschrift? Oder einfacher: Kann ich in diesem Restaurant jetzt noch essen? Zwar könnte man die Gewissheit auf die bloße Tatsache „Restaurant verstößt gegen Hygienevorschrift" reduzieren, über diesen Fakt bestünde dann tatsächlich Gewissheit. Aber setzt Gewissheit nicht zuvor Ungewissheit voraus? Müsste man nicht zumindest annehmen, dass sich unser Empfänger vorher eine Frage zu diesem Fakt gestellt hat, sich zumindest Gedanken darüber gemacht hat?

Zu diesem Ergebnis führt z. B. auch der folgende Ansatz, die Ungewissheit zu deuten: Nach *Gleick* ist Ungewissheit in dem Sinn zu verstehen, dass einer Information typischerweise mehrere Botschaften beigemessen werden können.[32] Dies kann man nun einerseits auf den Inhalt der Mitteilung und andererseits auf den Vorgang der Mitteilung anwenden. Bezüglich des Inhalts bedeutet es, dass die Reaktion eines Menschen in Tokio und die Reaktion eines Menschen im Schwarzwald auf die Nachricht „Tsunami bedroht japanische Küste" signifikant anders ausfällt.[33] Bezogen auf den Vorgang bedeutet es, dass auch die Konnotationen entscheidend sind. Versteht man die Ungewissheit in diesem Sinn, so lässt sich zweifellos feststellen: Die Information dient nicht zwangsläufig der Beseitigung einer Ungewissheit, sie kann vielmehr neue Ungewissheiten begründen.[34]

Zwischenzeitlich ist der obige Definitionsansatz daher um Folgendes zu ergänzen: Technisch gesprochen sind Informationen Signale, die in der Regel von einem Sender an einen Empfänger übermittelt werden. Eine Zustandsänderung oder Handlung des Empfängers ist als Folge denkbar. Nicht zwingend Voraussetzung ist dagegen das Beseitigen einer Ungewissheit. Der Besitz von Informationen kann Einfluss auf die soziale Stellung eines Individuums haben.

---

32 *Gleick*, Die Information, S. 241 (der an dieser Stelle die Theorie *Shannons* erläutert).

33 Ähnliche Beispiele finden sich bei *Druey*, Information, S. 8.

34 So auch *Machlup*, in: Machlup/Mansfield (Hrsg.), Study, S. 641, 650, dazu näher unter Kap. 1, B III.

II. In Gesetz und DIN-Norm

Es gibt bislang – dies verwundert nach den voranstehenden Ausführungen nicht und wird wohl aus rein praktischen Gründen auch so bleiben – keinen einheitlichen, für alle Disziplinen geltenden Informationsbegriff. Möglich ist daher nur der Rückgriff auf vereinzelte, in verschiedenen Gesetzen enthaltene Legaldefinitionen. Diese Definitionen eignen sich jedoch wiederum aufgrund ihres konkreten Sachbezugs zum Regelungskontext überwiegend nicht als allgemeingültige Begriffsbestimmung.

So spricht z. B. § 2 Nr. 1 IFG von einer amtlichen Information als „jede amtlichen Zwecken dienende Aufzeichnung, unabhängig von der Art ihrer Speicherung". § 2 Abs. 3 UIG enthält seinerseits eine Legaldefinition für Umweltinformationen: „Umweltinformationen sind unabhängig von der Art ihrer Speicherung alle Daten über den Zustand von Umweltbestandteilen [...]." Diese Definition ist vergleichbar mit der Legaldefinition für Informationen im VIG. Hier heißt es in § 2 Abs. 1 S. 1 VIG, „[j]eder hat nach Maßgabe dieses Gesetzes Anspruch auf freien Zugang zu allen Daten", sodann folgt wiederum eine Aufzählung, an deren Ende der Begriff „Informationen" in Klammern gesetzt wird.

Auch im noch jungen Hamburgischen Transparenzgesetz (HmbTG)[35] findet sich in § 2 Abs. 1 HmbTG der Hinweis, Informationen seien „alle Aufzeichnungen, unabhängig von der Art ihrer Speicherung".[36] Zu „Aufzeichnungen" hatte das VG Hamburg einen Fall zu entscheiden, in dem ein Bürger Zugang zu einem in einem Museumsarchiv eingelagerten Gemälde nach § 4 HmbIFG begehrte. Das VG lehnte einen Zugangsanspruch mit der Begründung ab, der Informationszugangsanspruch beschränke sich auf die inhaltliche Seite einer Information, „eben die Information an sich".[37] Das Gesetz setze „die prinzipielle Trennbarkeit der Information vom Informationsträger" voraus, die Information müsse „weitergegeben werden können, ohne dass die auskunftspflichtige Stelle ihre vorhandenen Informationen verliert".[38] Damit ist zutreffend die Nicht-Körperlichkeit

---

35 HmbGVBl. 2012 S. 271.

36 Näher zum HmbTG Kap. 4, A II 2.

37 VG Hamburg, Urteil v. 30.11.2011 – 17 K 361/11, juris, Rn. 61.

38 VG Hamburg, Urteil v. 30.11.2011 – 17 K 361/11, juris, Rn. 61 f. Die Überlassung von Akten an einen Prozessbevollmächtigten zur Einsicht, wie sie bspw. § 100 Abs. 2 S. 2 VwGO in das Ermessen des Gerichts stellt, steht dem nicht entgegen, denn hier ist die Information vom Informationsträger grundsätzlich (durch Kopie)

von Informationen angesprochen. Eine Information ist – anders als gegebenenfalls der Informationsträger – nicht gegenständlicher Natur.[39]

In den Legaldefinitionen des UIG und des VIG sowie in der Definition des HmbTG werden indes Informationen mit Daten bzw. Aufzeichnungen gleichgesetzt.[40] Als allgemeingültiger Ansatz kann dies nicht überzeugen.[41] Daten bzw. Aufzeichnungen als verkörperte Daten sind gleichermaßen die Rohmasse.[42] Entsprechend heißt es auch in der Begründung zum E-Governmentgesetz des Bundes, dass der Begriff der Daten mit dem der „Fakten" vergleichbar sei, also „unabhängig von Bedeutung, Interpretation und Kontext".[43] Informationen können zwar auf Daten beruhen, erfordern aber darüber hinaus bereits eine gewisse Verarbeitungs- oder Interpretationsleistung, die den Sinngehalt der Rohdaten beschreiben.[44] Dies kann z. B. mit der Einbindung von Daten in einen bestimmten Kontext erfolgen.[45] „[D]urch eine Weitergabe von Daten und die daraus resultierende Einbindung in andere Kontexte [können] neue Informationen entstehen [...]."[46] Zusammengefasst bedeutet dies, dass Daten die Zeichenebene und Informationen die soziale Ebene betreffen und deshalb keinesfalls gleichgesetzt werden dürfen.[47]

Einzig die Definition der „Insiderinformation" in § 13 Abs. 1 S. 1 WpHG erscheint verallgemeinerungsfähig: „Eine Insiderinformation ist eine konkrete Information über nicht öffentlich bekannte Umstände, die

---

trennbar. Zudem ist der Prozessbevollmächtigte als Organ der Rechtspflege typisiert zuverlässig und steht für die Rückgabe der Originalakte ein. Vgl. zu Letzterem *Posser*, in: Posser/Wolff, VwGO, § 100 Rn. 19.

39 *Ernst*, in: Hill/Schliesky (Hrsg.), Digitaler Staat, S. 38.

40 So auch *Kloepfer,* Informationsrecht, § 1 Rn. 58; kritisch dazu *Schoch,* AfP 2010, S. 313, 314.

41 Kritisch auch *Albers,* Informationelle Selbstbestimmung, S. 88 f.; *Ernst*, in: Hill/Schliesky (Hrsg.), Digitaler Staat, S. 33, 38; *Schoch,* IFG, § 2 Rn. 13.

42 So auch *Schulz,* VerwArch 104 (2013), S. 327, 333, nach dem Daten „quasi als Informations- und Wissensrohstoff dienen". Er fordert wegen der Abgrenzungsschwierigkeiten zwischen den beiden Begriffen ein einheitliches „Informations- und Datenzugangsgesetz", vgl. a.a.O. S. 336.

43 BT-Drs. 17/11473, S. 43 f.

44 *Albers,* Informationelle Selbstbestimmung, S. 89; *Ernst*, in: Hill/Schliesky (Hrsg.), Digitaler Staat, S. 33, 39; *Schoch,* VBlBW 2014, S. 361, 362; *ders.,* AfP 2010, S. 313, 314; *ders.,* IFG, § 2 Rn. 14.

45 BT-Drs. 17/11473, S. 43 f.; ebenso *Schulz,* VerwArch 104 (2013), S. 327, 333.

46 BT-Drs. 17/11473, S. 43 f.

47 *Albers,* Informationelle Selbstbestimmung, S. 89.

sich auf einen oder mehrere Emittenten von Insiderpapieren oder auf die Insiderpapiere selbst beziehen und die geeignet sind, im Falle ihres öffentlichen Bekanntwerdens den Börsen- oder Marktpreis der Insiderpapiere erheblich zu beeinflussen“. Lässt man den Spezialbegriff der *Insider*information außen vor, destilliert sich heraus, dass eine Information konkrete Umstände, die sich auf einen bestimmten Sachverhalt beziehen und die geeignet sind, Folgen auszulösen, zum Gegenstand hat.

Eine weitere Definition findet sich in den vom Deutschen Institut für Normung e. V. herausgegebenen DIN-Normen[48] 44 300 Teile 1 und 2. Hiernach sind Informationen im Sinne der DIN-Norm „Kenntnisse über Sachverhalte und Vorgänge“.[49] Es folgt sogleich der Hinweis, dass der Normungsauftrag nur dort gelte, wo eine „syntaktisch orientierte Informationsdarstellung durch Rückgriff auf Zeichen“ erfolge.[50] Damit geregelt werden also nur die strukturellen Aspekte einer Information (wie stellt sich die Information äußerlich dar), semantische oder pragmatische Aspekte[51] (Bedeutung und Sinngehalt einer Information) finden dagegen kaum Berücksichtigung. Die DIN-Definition ist damit von vorneherein nur auf einen eher technischen Teilbereich des Informationsbegriffs beschränkt.

III. In Wissenschaft und Literatur

Wie bereits eingangs erwähnt, stellte *Wiener* fest, „Information is information, not matter or energy.“[52] Obwohl dieser Ansatz keine positiven Definitionsmerkmale an die Hand gibt, wird zumindest der Bedeutungsgehalt von Information eindeutig hervorgehoben, indem sie mit Grundgrößen wie Materie und Energie auf eine Stufe gestellt wird. Information wird damit – zugegebenermaßen etwas nebulös[53] – als „drittes, nicht reduzierbares

48 Das BVerwG NVwZ-RR 1997, 214 hat klargestellt, dass DIN-Normen keine Rechtsnormen sind, zumal das Deutsche Institut für Normung als eingetragener Verein keine Rechtsetzungsbefugnis hat. Unabhängig von ihrer Rechtsnatur können sie Interpretationshilfe für den Informationsbegriff sein.

49 *DIN-Taschenbuch 25,* DIN-Begriffe, S. 140.

50 *DIN-Taschenbuch 25,* DIN-Begriffe, S. 140.

51 Siehe dazu sogleich unter III.

52 *Wiener,* Cybernetics, S. 132.

53 *Hoeren,* JuS 2002, S. 947.

Grundelement der Schöpfung“ bezeichnet.[54] Die dadurch eintretende Verselbstständigung des Informationsbegriffs ist das Fundament für die rechtswissenschaftliche Notwendigkeit, zwischen körperlichem Datenträger und unkörperlicher Information zu unterscheiden.[55]

Auf die Frage nach der Leistung von Information stellte der Kybernetiker, Nachrichtentechniker und Informationstheoretiker *Karl Steinbuch* die pragmatische These auf, Information sei der Stoff, aus dem Entscheidungen gemacht würden.[56] Er führte ein Fallbeispiel an, in dem der theoretische Wert von Information praktisch realisiert werden konnte: 1815 soll der Bankier Rothschild in London durch Brieftauben von der Niederlage Napoleons bei Waterloo erfahren haben. So habe er, vor allen anderen, an der Börse dementsprechend reagieren und beachtliche Erfolge erzielen können.[57] Ein aktuelles Beispiel, an dem sichtbar wird, welchen materiellen Wert Informationen haben können,[58] bilden die sog. Steuersünder-CDs.[59] Deutsche Behörden haben eine solche Daten-CD erstmals im Jahre 2006 erworben.[60] Der Wert der dadurch erzielbaren Steuernachzahlungen wird auf nahezu drei Milliarden Euro geschätzt.[61]

---

54 *Scherzberg,* Öffentlichkeit, S. 99; auch *Zumpe,* Öffentlichkeit, S. 7 sieht die Information „gleichrangig neben den Seinsformen Materie und Energie“. Etwas süffisant merkt *Wersig,* Komplexität, S. 183 an: „[W]er immer den scheinbaren Dualismus von Materie und Energie überwinden wollte, erfand ‚Information‘ als Drittes […]. Wo immer sich eine Frage stellt, wird sogleich mit diesen schweren Brocken danach geworfen“.

55 *Sieber,* NJW 1989, S. 2569, 2573.

56 *Steinbuch,* GRUR 1987, S. 579, 581.

57 *Steinbuch,* GRUR 1987, S. 579, 581.

58 Mit dem Hinweis auf humangenetische Informationen verdeutlicht *Kloepfer,* Informationsrecht, § 1 Rn. 55 Fn. 114, dass es trotz dieses wirtschaftlichen Wertes von Informationen verfehlt wäre, die „Informationsordnung als eigentumsähnliche Ordnung anzusehen“.

59 S. hierzu auch *Schnapp*, in: Hill (Hrsg.), Modernisierung, S. 99, 100. Kritisch zur Frage, ob der BND diese CDs überhaupt erwerben durfte *Gröpl,* NJW 2008, Editorial Heft 12; zuvor bereits *Wendt,* DStZ 1998, S. 145 ff.

60 Die Praxis wird fortgeführt, so hat jüngst die Steuerfahndung Wuppertal für eine Million Euro eine Kundenliste gekauft, vgl. *Strozyk*, http://www.tagesschau.de/wirtschaft/panama-103.html, zuletzt geprüft am 25.2.2015. Die Verwertung der daraus erlangten Informationen ist – selbst bei Rechtswidrigkeit des Erwerbs der CD – nach der Entscheidung des BVerfG NJW 2011, 2417 ff. rechtlich nicht zu beanstanden.

Selbstverständlich korrespondiert mit dem Wert richtiger Informationen stets auch die Gefahr von Fehlinformationen, die in der Konsequenz zu entsprechend falschen Entscheidungen führen können.[62] Ohne in diesem Zusammenhang von einer Fehlinformation sprechen zu wollen, zeigt doch das Fernsehinterview des damaligen Vorstandsvorsitzenden der Deutschen Bank AG, der die Kreditwürdigkeit des Medienunternehmers *Kirch* angezweifelt hatte, dass auch die Verbreitung von Informationen finanzielle Folgen enormen Ausmaßes hervorrufen kann.[63] Zwei Monate nach dem Interview hatte *Media Kirch* Insolvenz angemeldet,[64] im Februar 2014 schließlich verpflichtete sich die Deutsche Bank in einem Vergleich mit den Erben *Kirchs* zur Zahlung von 775 Mio. €.[65]

Nicht unweit der Definition *Steinbuchs* formulierte der deutsche Physiker, Genetiker und Informatiker *Klaus Haefner*: „Information kann als eine Nachricht definiert werden, die für den Empfänger eine Bedeutung hat; durch ihre Aufnahme wird der Empfänger in aller Regel verändert.“[66] Die Bedeutung für den Empfänger ist laut *Haefner* die Umschreibung für den Prozess der Informationsverarbeitung, „die Information wird unter Nutzung bereits vorhandener Informationen bearbeitet und umgesetzt“.[67] *Haefner* sagte zudem: „Informationen sind Bedeutungsinhalte, die wir entweder in unser Wissen integrieren oder wieder vergessen und die uns unter Umständen helfen, uns, unsere Welt und unsere Zukunft besser zu verstehen. Information ist aber auch eine Ware, die wir an der nächsten Straßenecke kaufen oder die wir kommunizierend austauschen.“[68]

---

61 Vgl. den Artikel „Steuersünder-CD“ in Wikipedia, http://de.wikipedia.org/wiki/Steuers%C3%BCnder-CD; s. ebenso http://www.tagesschau.de/inland/steuercdsnrw102.html, beide zuletzt geprüft am 25.10.2014.

62 *Steinbuch,* GRUR 1987, S. 579, 581.

63 S. dazu *Höpner/Reuter/Landgraf/Köhler,* Handelsblatt v. 13.2.2012, http://www.handelsblatt.com/unternehmen/banken/kirch-vs-deutsche-bank-das-wohl-teuerste-fernsehinterview-aller-zeiten/6203632.html, zuletzt geprüft am 21.10.2014; *Schoch,* VBlBW 2014, S. 361, 361.

64 *Jungbluth,* ZEIT ONLINE v. 27.3.2013, http://www.zeit.de/2013/13/Leo-Kirch-Urteil-Deutsche-Bank/komplettansicht, zuletzt geprüft am 21.10.2014.

65 Zuzüglich Zinsen und pauschaler Kostenerstattung, s. dazu die Presse-Information der Deutschen Bank vom 20.2.2014, https://www.deutsche-bank.de/medien/de/content/4666_4820.htm, zuletzt geprüft am 15.10.2014.

66 *Haefner,* Bruder, S. 15.

67 *Haefner,* Bruder, S. 17.

68 *Haefner,* Bruder, S. 13.

Die Definitionen von *Wiener, Steinbuch* und *Haefner* bergen weitere Aussagen zu dem Charakter von Informationen und betonen insbesondere ihre Relevanz. Bei *Steinbuch* kommt zum Ausdruck, dass Informationen einen zumindest theoretischen Wert haben, der sich manchmal realisieren kann. Insbesondere die letzte, von *Haefner* formulierte Definition zeigt Parallelen zu dem bereits Erarbeiteten. Die Information wird als Nachricht beschrieben, die an einen Empfänger gerichtet ist und bei diesem Folgen irgendeiner Art auslösen kann.

Will man sich dem scheinbar undefinierbaren Begriff[69] nähern, so stößt man auch auf den von *Machlup* verfolgten Definitionsansatz. Er nähert sich der Definition zunächst negativ, in dem er zu Beginn die Faktoren ausweist, die nicht notwendig Bestandteil des Informationsbegriffs sind. (1.) Information muss nicht neu sein, um Information zu sein.[70] (2.) Informationen müssen nicht nützlich sein.[71] (3.) Informationen müssen nicht wahr sein.[72] Er setzt sich sodann mit anderen, üblicherweise zur Definition von Information gebrauchten Merkmalen auseinander und verneint ihre Erforderlichkeit. Informationen müssen daher weder ein Verhalten auslösen noch als Grundlage für eine Entscheidung dienen.[73] Er argumentiert damit, dass über 90 % der täglich konsumierten Informationen überhaupt keine Konsequenz haben.[74] Die Charakterisierung einer Nachricht/Mitteilung als Information hängt auch nicht davon ab, ob sie geeignet ist, Unsicherheiten oder Zweifel auszuräumen. *Machlup* vergegenwärtigt dies damit, dass Informationen Unsicherheiten oder Zweifel in manchen Fällen

---

69 In diesem Sinne bereits *Kloepfer,* Informationsrecht, § 1 Rn. 52; vgl. auch *Zemanek,* Umfeld, S. 10 ff., der gleich zehn verschiedene Definitionen für den Informationsbegriff anbietet. Dafür, dass die Definitionsunsicherheit nicht dazu führt, dass der Begriff weniger gebraucht wird, siehe den schönen Ausspruch *Machlups,* „information has become an all-purpose weasel-word", nach dem der Begriff der Information oft ungenau und als, so könnte man es wohl übersetzen, universelle Worthülse gebraucht wird, vgl. *Machlup,* in: Machlup/Mansfield (Hrsg.), Study, S. 653.

70 *Machlup,* in: Machlup/Mansfield (Hrsg.), Study, S. 641, 642.

71 *Machlup,* in: Machlup/Mansfield (Hrsg.), Study, S. 641, 643.

72 *Machlup,* in: Machlup/Mansfield (Hrsg.), Study, S. 641, 643.

73 *Machlup,* in: Machlup/Mansfield (Hrsg.), Study, S. 641, 649.

74 *Machlup,* in: Machlup/Mansfield (Hrsg.), Study, S. 641, 649; *Kloepfer,* Informationsrecht, § 1 Rn. 56 unterscheidet deshalb zwischen wissenschaftlich generierter *High-Quality-Information* und im Alltag (individualkommunikativ oder massenmedial) anfallender *Low-Quality-Information.*

erst begründen können.[75] Auch bei *Gleick* findet sich die Aussage, dass Information mit Ungewissheit, Überraschung, Schwierigkeit und Entropie verknüpft ist.[76]

Machlup stellt zum Schluss positiv fest, dass Informationen die Beteiligung eines Verstandes/Geistes und eines kognitiven Vorgangs/Erkenntnisprozesses voraussetzen.[77] Damit bringt er die Information in Relation zu einem Adressaten.

Nach *Druey* gilt ebenfalls: Auch eine unsichere, unvollständige, vage, unschlüssige oder falsche Information ist eine Information. Juristisch formuliert bedeutet dies, dass die Informationsdefinition Informationen nicht auf Tatsachenmitteilungen beschränkt, sondern auch Werturteile, ebenso wie Gefühle oder Glaubensbezeugungen umfasst.[78]

Nach *Lenk* gibt es vier Konstitutionen einer Information,[79] die sich als Kreislauf darstellen: Die „Fracht", d. h. die Information auf dem Weg zwischen zwei Informationssystemen; den „Bestand", d. h. die Information in einem Speicher wie dem menschlichen Gedächtnis oder einem Archiv; den „Input", d. h. den Vorgang der Informationsaufnahme und den „Output" als Weitergabe der Information. Anhand dieser Definition ist eine Andockung der Begriffe Wissen und Entscheidung möglich, die nach *Lenk* als *bestehende* (Wissen) und *entstehende* (Entscheidung) Information verstanden werden können.[80]

Einen weiteren Definitionsansatz bietet der Rückgriff auf die Semiotik, die Lehre von den sprachlichen Zeichen, wie sie z. B. in einem Gutachten im Auftrag des Bundesministeriums des Inneren zu den Grundfragen des Datenschutzes zu Grunde gelegt wird. Hier werden drei Ebenen der Infor-

---

75 *Machlup*, in: Machlup/Mansfield (Hrsg.), Study, S. 641, 650.

76 *Gleick*, Die Information, S. 241, der an dieser Stelle die Erkenntnisse *Shannons* erläutert, stellt dar, dass Ungewissheit in dem Sinne, dass einer Information typischerweise mehrere Botschaften beigemessen werden können, zu verstehen ist (s. bereits Kap. 1, B I.). Überraschung meint, dass verschiedene Wahrscheinlichkeiten bezüglich der verkörperten Botschaften bestehen, je niedriger die Wahrscheinlichkeit einer Botschaft, desto höher ihr Informationsgehalt. Schwierigkeit meint die Problematik bei der Informationsübermittlung, der Begriff der Entropie wird in der Thermodynamik als Maß für Ordnung und Unordnung verwendet.

77 *Machlup*, in: Machlup/Mansfield (Hrsg.), Study, S. 661.

78 Ebenso *Bumke*, Die Verw. 37 (2004), S. 3, 7 f. (Fn. 12).

79 *Lenk*, in: Hoffmann-Riem/Schmidt-Aßmann (Hrsg.), Informationsgesellschaft, S. 59, 69 f. spricht in diesem Zusammenhang von „Befindlichkeiten".

80 *Lenk*, in: Hoffmann-Riem/Schmidt-Aßmann (Hrsg.), Informationsgesellschaft, S. 59, 70.

mation unterschieden: die syntaktische, die semantische und die pragmatische Ebene.[81] Auf der ersten, sog. *syntaktischen Ebene* werden Zeichen und Signale als Elemente aus einer endlichen Menge von Elementen zur Darstellung von Informationen definiert.[82] Die Information ist zunächst einmal ein Zeichengebilde, das aus audiovisuellen (Text, Bilder, Töne) und/oder sonstigen Sinneseindrücken besteht.[83] Diese Ebene gibt Auskunft über die (technische) Frage, *wie* etwas gesagt wird.[84] Gegenstand dieser Ebene ist damit nur der Vorgang der Informationsvermittlung,[85] der „Informationskanal".[86] Juristisch wird diese Ebene im Telekommunikationsrecht relevant.[87] Dabei geht es bspw. um die Fragen, wer Eigentümer eines Informationskanals und wer unter welchen Voraussetzungen Nutzungsberechtigter ist.[88]

Daten, Nachrichten oder Botschaften werden auf der *semantischen Ebene* bestimmt als Gebilde von Zeichen, die aufgrund bekannter oder unterstellter Abmachungen Informationen darstellen.[89] Maßgeblich ist der Vorgang der Übertragung von Zeichen in Sinn und, auf der Kehrseite, Sinn in Zeichen.[90] Man spricht insofern auch von den Vorgängen der Codierung und Decodierung.[91] Auf dieser Ebene dreht sich alles um den Inhalt, der übermittelt wird: *was* wird gesagt.[92] Maßgeblich ist hier der Sinngehalt,

---

81 Im Gutachten von *Steinmüller/Lutterbeck/Mallmann/Harbort/Kolb/Schneider,* Grundfragen, S. 43 ist noch die Rede von einer vierten, sog. *sigmatischen Ebene*. Sie beschäftigt sich mit der Frage, *auf welchen Gegenstand* sich das Gesagte bezieht, was juristisch aber kaum relevant ist. Andere Abhandlungen kommen deshalb ganz ohne sie aus. So z. B. bei *Ernst,* in: Hill/Schliesky (Hrsg.), Digitaler Staat, S. 33, 36; *Hoeren,* JuS 2002, S. 947, 948; *Druey,* Information, S. 7 ff.; *Kloepfer,* Informationsrecht, § 1 Rn. 53 ff.

82 *Sieber,* NJW 1989, S. 2569, 2572.

83 *Kloepfer,* Informationsrecht, § 1 Rn. 53; s. auch *Ernst,* in: Hill/Schliesky (Hrsg.), Digitaler Staat, S. 33, 36.

84 *Steinmüller/Lutterbeck/Mallmann/Harbort/Kolb/Schneider,* Grundfragen, S. 43.

85 *Hoeren,* JuS 2002, S. 947, 948; *Schoch,* IFG, § 2 Rn. 15.

86 *Druey,* Information, S. 7.

87 *Hoeren,* JuS 2002, S. 947, 948.

88 *Hoeren,* JuS 2002, S. 947, 948.

89 *Sieber,* NJW 1989, S. 2569, 2572.

90 *Kloepfer,* Informationsrecht, § 1 Rn. 54.

91 *Druey,* Information, S. 7; *Kloepfer,* Informationsrecht, § 1 Rn. 54; *Schoch,* IFG, § 2 Rn. 15.

92 *Steinmüller/Lutterbeck/Mallmann/Harbort/Kolb/Schneider,* Grundfragen, S. 43.

die Bedeutung der übertragenen Zeichen.[93] Daraus folgt die Erkenntnis, dass Information ihrerseits Information voraussetzt.[94] Ohne den Code zu kennen, bspw. die Sprache des Senders zu sprechen, ist eine Decodierung nicht möglich. Bedeutsam ist diese Erkenntnis für den der Information zugestandenen theoretischen wirtschaftlichen Wert. Je nach den Möglichkeiten, die empfangene Information zu verstehen, hat sie für den Empfänger entweder einen Nutzen, keinen Nutzen oder gar einen negativen Nutzen.[95] Hierzu passend sei das barocke Bild *Zemaneks* zu einem „der vieldeutigsten Begriffe aller Wissenschaftsdisziplinen" wiedergegeben, demzufolge „die Zeichenketten der Information" fest im Griff der Informationstechnik sind, während „ihre Bedeutung [...] die Zeichen wie eine Wolke [begleitet]".[96] Die Zeichenketten seien nur das „äußere Kleid einer Gedankenwelt", die erst durch das Betrachten, Begreifen und Verstehen des Menschen zu ihrer Form als Information kämen, der erst dadurch „Leben eingehaucht" wird.[97] Hierin kommt die Abhängigkeit der Information bzw. des Informationsgehalts vom Empfänger zum Ausdruck. Als einfaches Beispiel hierfür lässt sich eine verschlüsselte Information nennen. Hier weicht der Informationsgehalt, je nachdem, ob der Empfänger in der Lage ist, die Information zu decodieren, oder ob dies nicht der Fall ist, erheblich, d. h. um bis zu 100 %, voneinander ab.[98] Ist die Entschlüsselung nicht korrekt erfolgt, wird eine falsche Information zur Entscheidungsgrundlage gemacht, so dass der Wert der Information sogar ins Negative abrutschen kann.[99]

Auf der dritten, *pragmatischen Ebene* wird Information als die Kenntnis eines bestimmten Empfängers über Sachverhalte und Vorgänge beschrieben.[100] Auf dieser Ebene leistet die Information Dienste und erzeugt Wirkungen.[101] Hier wird nach dem Empfänger der Information gefragt;

---

93 *Ernst*, in: Hill/Schliesky (Hrsg.), Digitaler Staat, S. 33, 36. Zur juristischen Relevanz der semantischen Ebene trotz der mit ihr verbundenen Unsicherheiten s. *Hoeren,* JuS 2002, S. 947, 948 m.w.N. zur gegenteiligen Ansicht.

94 *Druey,* Information, S. 8.

95 *Druey,* Information, S. 8.

96 *Zemanek,* Umfeld, S. 168.

97 *Zemanek,* Umfeld, S. 168.

98 Dieses Beispiel bildet *Sieber,* NJW 1989, S. 2569, 2573 Fn. 31.

99 Vgl. wiederum *Druey,* Information, S. 9.

100 *Sieber,* NJW 1989, S. 2569, 2572.

101 *Druey,* Information, S. 8; *Kloepfer,* Informationsrecht, § 1 Rn. 55.

entscheidend ist, für *wen* etwas gesagt wird.[102] Maßgeblich sind insofern der Empfängerhorizont und die Frage, welche Wirkung und Verwendung der Information zukommt.[103] Mit anderen Worten geht es hier nicht um den Sinn der Zeichen, sondern um ihren Zweck.[104] In der juristischen Betrachtung ist in erster Linie diese letzte, pragmatische Ebene von Bedeutung.[105] Information als Ursache und Wirkung menschlichen Handelns[106] – dem entspricht die Motivation für staatliches Informationshandeln: Ein Informationsbedürfnis des Einzelnen zu befriedigen und das darauf folgende Verhalten zu beeinflussen.[107] Danach kommt es für diese Arbeit also regelmäßig darauf an, welcher Zweck mit der Lancierung einer aktiven Information verfolgt wird.

Ausgehend von dieser Betrachtung wird im Gutachten von *Steinmüller et al.* eine Definition angeboten, welche die ersten drei Ebenen miteinander verknüpft: Information ist „ein von einem Empfänger aufgenommener Sachverhalt oder eine Sachverhaltskomponente, geeignet, das Verhalten oder den Zustand des Empfängers zu beeinflussen".[108] Hier lassen sich gleich mehrere Bezugspunkte einer Information ausmachen. Es gibt ein Informationssubjekt, einen Empfänger, und eine Folge, welche auszulösen die Information zumindest geeignet sein muss. Dem juristischen Sprachgebrauch entsprechend wird der Übermittlungsgegenstand als Sachverhalt bezeichnet.

---

102 *Steinmüller/Lutterbeck/Mallmann/Harbort/Kolb/Schneider,* Grundfragen, S. 43.

103 *Schoch,* IFG, § 2 Rn. 15.

104 *Hoeren,* JuS 2002, S. 947, 948.

105 Nach *Druey,* Information, S. 10 ist Informationsrecht „auf den Dienst an menschlichen Zwecken ausgerichtet". Rechtliche Informationsinteressen seien deshalb auf der pragmatischen Ebene zu messen. Nach *Kloepfer,* Informationsrecht, § 1 Rn. 55 liegt hier das „Hauptaugenmerk des Rechts".

106 *Kloepfer,* Informationsrecht, § 1 Rn. 55.

107 *Ernst*, in: Hill/Schliesky (Hrsg.), Digitaler Staat, S. 33, 37.

108 *Steinmüller/Lutterbeck/Mallmann/Harbort/Kolb/Schneider,* Grundfragen, S. 43 (im Original ist von „Sachverwalt" die Rede, die obige Korrektur des Schreibfehlers geht auf die Verfasserin zurück). Die Definition wird auch von *Ernst*, in: Hill/Schliesky (Hrsg.), Digitaler Staat, S. 33, 38 und *Schoch,* AfP 2010, S. 313, 314 bemüht.

IV. Fazit und eigene Definition

Den Abschluss dieses Überblicks[109] über die Definitionsmöglichkeiten bildet die folgende modifizierte Variante des anfänglichen Definitionsansatzes, die der weiteren Untersuchung vorangestellt wird.

Positive Komponente: Informationen stellen einen Sachverhalt dar, der aus Zeichen eines Codes bzw. Signalen zur Vermittlung von Wissen besteht. Sie werden in der Regel von einem Sender an einen Empfänger übermittelt und können daher sowohl an ein Informationssubjekt als auch ein Informationsobjekt gebunden sein.[110] Um eine Information erfolgreich zu vermitteln, also zu erreichen, dass der Empfänger sie versteht, müssen weitere Voraussetzungen vorliegen. Welche dies sind, kann durch die Bemessung eines Empfängerhorizonts und der Konstruktion eines durchschnittlichen Empfängers näher bestimmt werden.[111] Ein Speichermedium, bspw. ein Druck oder eine (elektronische) Aufzeichnung, kann zwischen die Beziehung von Sender und Empfänger treten, sodass die Information verkörpert und die Beziehung von Sender und Empfänger nur noch mittelbarer Natur ist.[112]

Informationen sind grundsätzlich geeignet, Grundlage der eigenen Meinungsbildung und Entscheidungsfindung zu sein, müssen dies aber nicht tatsächlich tun. Der Eintritt einer Folge im Sinne einer Zustandsänderung oder Handlung des Empfängers ist denkbar, aber nicht zwingend. Informationen können Unsicherheiten begründen. Ihre Decodierung ist von weiteren Informationen abhängig. Informationen haben einen theoretischen wirtschaftlichen Wert. Der Besitz von Informationen kann Einfluss auf die soziale Stellung eines Individuums haben. Aus juristischer Sicht ist v. a. die pragmatische Ebene des Informationsbegriffs relevant, die sich mit dem Zweck der Information beschäftigt.

Der Informationsbegriff ist nicht auf Tatsachen beschränkt, sondern umfasst auch Werturteile. Daten und Informationen sind entgegen der in manchen Gesetzen enthaltenen Legaldefinitionen nicht identisch. Zwar enthält jede Information Daten, aber nicht jedes Datum auch eine Informa-

---

109 Umfassend zum Thema Information *Gleick*, Die Information.

110 Wegen dieses Wechselbezugs ist der Informationsbegriff als dialogischer Begriff zu verstehen, vgl. *Gröschner*, VVDStRL 63 (2004), S. 344, 359.

111 Dies ist nach *Gröschner*, VVDStRL 63 (2004), S. 344, 359 zwingend.

112 *Zumpe*, Öffentlichkeit, S. 10.

tion.[113] Des Weiteren müssen Informationen von ihrem Informationsträger trennbar sein, so dass – ohne zugleich ihren Verlust zu beklagen – eine Herausgabe bzw. ein Zugangsanspruch des Bürgers gewährt werden kann.[114]

Negative Komponente: Keine Voraussetzung ist dagegen, dass die Information eine Ungewissheit beseitigt oder die Qualität der Information als neu, nützlich oder wahr zu beurteilen ist.

C. Sonderfall: Publikumsinformation

Gegenstand dieser Arbeit sind staatliche Publikumsinformationen, die in einem speziellen Medium, dem Internet, (pro-)aktiv veröffentlicht werden.

Der Begriff der Publikumsinformation meint eine Information, die außerhalb eines konkreten Verwaltungsverfahrens an einen unbestimmten Personenkreis gerichtet und dem Staat zurechenbar ist.[115] Gemeint sind damit stets (pro)aktive Informationen, bei denen eine staatliche Stelle ihren Informationsauftrag von Amts wegen verfolgt und ein Antrag des Einzelnen auf Informationserteilung anders als bei einer passiven Information nicht erforderlich ist.[116] Die Publikumsinformation unterscheidet sich von der Individualinformation dadurch, dass sie sich an eine regelmäßig unbestimmte Vielzahl von Personen wendet. Der Staat informiert von sich aus aktiv und ohne vorheriges Verlangen das „Publikum", also die breite Öffentlichkeit, darunter alle Bürger, Unternehmen, Medien, politische Parteien sowie andere Vereinigungen und Verbände, inklusive der Kirche.[117]

---

113 Ebenso *Schulz,* VerwArch 104 (2013), S. 327, 336. Diese theoretisch anmutende Überlegung kann indes auch praktisch äußerst relevant werden. Ein Beispiel hierfür ist die umstrittene Frage, ob das IFG neben dem aufbereiteten Haushaltsplan (= Information) auch Zugang zu den „XML-Daten" (= Daten) des Bundeshaushalts gewährt, vgl. hierzu *Schulz* a.a.O. Fn. 52.

114 Vgl. VG Hamburg, Urteil v. 30.11.2011 – 17 K 361/11, juris, Rn. 61 f.

115 *Bumke,* Die Verw. 37 (2004), S. 3, 6; *Gramm,* Der Staat 30 (1991), S. 51, 53 f.; *Schoch,* VBlBW 2014, S. 361, 362. Zur Entstehung der Publikumsinformation als „Kommunikationsmuster" s. *Kaiser,* Kommunikation, S. 270 ff. Inhaltlich näher zur Publikumsinformation s. i. R. d. Kategorisierung der Informationsarten unter Kap. 3, B III.

116 Zu dieser Unterscheidung *Schoch,* AfP 2010, S. 313, 315 sowie *ders.,* NJW 2010, S. 2241, 2241.

117 *Bumke,* Die Verw. 37 (2004), S. 3, 7 f.; *Gramm,* Der Staat 30 (1991), S. 51, 53 f.

Entsprechende Vorschriften finden sich in § 3 EGovG, § 27a VwVfG, § 10 UIG, § 11 Abs. 3 IFG, § 6 Abs. 1 S. 3 VIG und dem HmbTG.[118]

Inhaltlich soll die Publikumsinformation die Öffentlichkeit in Erfüllung einer öffentlichen Aufgabe „über einen Sachverhalt, ein Vorhaben oder eine Einschätzung“ informieren.[119] Kennzeichnend für diese Informationen ist, dass sie vom Staat herrühren, der Adressatenkreis weit gefasst ist und inhaltlich das Ziel der Information in der Aufklärung der Informationsadressaten besteht, wobei der Begriff der Aufklärung weit zu verstehen ist und somit auch Werturteile umfasst.[120]

Eine Publikumsinformation, welche im Internet veröffentlicht wird, ist darüber hinaus durch weitere Merkmale gekennzeichnet. So liegt ihr Vorteil in dem aufgrund des fehlenden Verwaltungsverfahrens erleichterten, schnelleren, anonymen und zumeist kostenfreien Zugang.[121] Sofern Anträge und Nachfragen von Bürgern überflüssig werden, dient sie auch der Entlastung der Verwaltung.[122] Will man die online abrufbare Publikumsinformation nach dem Verhalten des Adressaten weiter kategorisieren, so ist sie als „aufgesuchte“ Information zu beschreiben.[123] Eine Information im Internet wird dem Adressaten nicht aufgedrängt, wie dies bspw. bei Plakaten im öffentlichen Raum oder Postwurfsendungen der Fall ist.[124] Der Adressat muss sich dazu entscheiden, aktiv eine Internetseite mit hoheitlichen Informationen anzusteuern.[125] Insofern werden bei der Publikumsinformation nicht nur die Behörden, sondern auch die Bürger aktiv tätig.

---

118 Vgl. *U. Stelkens*, in: Stelkens/Bonk/Sachs, VwVfG, § 27a Rn. 13.

119 *Bumke,* Die Verw. 37 (2004), S. 3, 6.

120 So die Definition von *Gramm,* Der Staat 30 (1991), S. 51, 53 f., der zudem eine negative Abgrenzung zu sonstigen Maßnahmen vornimmt.

121 *Guckelberger,* VerwArch 105 (2014), S. 416; *Rossi,* Informationsfreiheitsgesetz, § 11 Rn. 2, der überdies anführt, mit einer Aktivinformation könne sichergestellt werden, dass die Publikation nur in ihrem Kontext und Bedeutungszusammenhang bekannt würden. Diese Einschätzung dürfte aber für im Internet veröffentlichte Informationen aufgrund der diversen Rekombinations- und Vervielfältigungsmöglichkeiten nicht mehr gelten.

122 *U. Stelkens*, in: Stelkens/Bonk/Sachs, VwVfG, § 27a Rn. 14.

123 Begriff nach *Mandelartz,* DÖV 2009, S. 509, 515, der zwischen „aufgedrängter“ und „aufgesuchter“ Öffentlichkeitsarbeit der Regierung unterscheidet. Ähnl. *Tolkmitt,* Instrumente, S. 521, die zwischen Hol- und Bringinformationen unterscheidet. Vgl. auch *Schoch*, in: Isensee/Kirchhof (Hrsg.), Hdb StaatsR III, § 37 Rn. 27.

124 *Mandelartz,* DÖV 2009, S. 509, 515.

125 *Mandelartz,* DÖV 2009, S. 509, 515.

Der Staat macht vom Mittel der Publikumsinformation mittlerweile regen Gebrauch. So werden neben den hier später zu besprechenden Informationen über gastronomische Betriebe[126] und Pflegeeinrichtungen[127] bspw. auch Informationen über die Nebeneinkünfte von Abgeordneten[128] oder die Gehälter von Krankenkassenvorständen[129] sowie die Empfänger von Agrarsubventionen,[130] die Betreiber einer Anlage mit Treibhausgasemissionen oder allgemeine Informationen über die Umwelt, unabhängig von einem Antrag, ins Internet eingestellt.[131] Diese Pflicht zur Publikumsinformation wird auch als „aktive" oder „proaktive" Veröffentlichungspflicht des Staates bezeichnet.[132] Während aktiv als Gegenteil von passiv lediglich bedeutet, überhaupt tätig zu sein,[133] bedeutet proaktiv „durch differenzierte Vorausplanung und zielgerichtetes Handeln die Entwicklung eines Geschehens selbst bestimmend und eine Situation herbeiführend".[134] Die Betonung liegt dabei auf dem Blick in die Zukunft, dem besonders

---

126 S. dazu unter Kap. 11, A IV.

127 S. dazu unter Kap. 11, B.

128 Die Veröffentlichung ist vorgesehen durch die § 44a Abs. 4 S. 1, § 44b Nr. 4 AbgG i. V. m. § 1 und § 3 der Verhaltensregeln. Die Regelung wurde gebilligt durch BVerfGE 118, 277, 277 ff. (mit abweichendem Sondervotum von vier Richtern). S. dazu *v. Arnim,* NVwZ 2007, S. 1246, 1246 ff.; *Linck,* NJW 2008, S. 24, 24 ff.

129 § 35a Abs. 6 S. 2 SGB IV sieht eine Veröffentlichung der Gehälter u. a. im Bundesanzeiger vor, diese Regelung wurde für rechtmäßig erachtet, s. dazu BVerfG NJW 2008, 1435, 1435 ff.; BSGE 98, 129, 129 ff. S. zur Veröffentlichung der Bezüge von Sparkassenvorständen OLG Köln NZG 2009, 1279, 1279 f.; *Schantz/Scheffczyk,* BKR 2010, S. 184, 184 ff.

130 EuGH Slg. I 2010, 11063. Zu dieser Entscheidung s. *Guckelberger,* EuZW 2010, S. 946, 946 f. und *dies.,* EuZW 2011, S. 126, 127 ff. Bereits vor der EuGH-Entscheidung *Wollenschläger,* AöR 135 (2010), S. 364, 372 ff. Zur Veröffentlichung von Agrarsubventionsempfängern auch SächsOVG BeckRS 2010, 48213.

131 Vgl. § 30 Abs. 4 TEHG, § 10 UIG. Weiterführend *Guckelberger*, in: Fluck/Fetzer/Fischer, IFG/UIG/VIG/IWG, § 10 UIG Rn. 38; *dies.*, in: Hill/Schliesky (Hrsg.), S. 73, 73 f.

132 Die überwiegenden Stimmen sprechen von „aktiven Informationen", während z. B. in der BT-Drs. 17/1800, S. 11 sowie von *Hoffmann/Schulz,* KommJur 2014, S. 126, 128 und *Schulz,* VerwArch 104 (2013), S. 327, 337 ff. der Terminus „proaktiv" gewählt wird.

133 Vgl. den Eintrag „aktiv" im Duden, http://www.duden.de/rechtschreibung/aktiv, zuletzt geprüft am 16.5.2014.

134 Vgl. den Eintrag „proaktiv" im Duden, http://www.duden.de/rechtschreibung/pro aktiv, zuletzt geprüft am 16.5.2014.

vorausschauenden Handeln.[135] Bislang ist indes nicht ersichtlich, dass mit der variierenden Bezeichnung inhaltlich ein Bedeutungsunterschied einhergehen soll. Während vor einigen Jahren ausschließlich von aktiven Informationspflichten die Rede war, wird in jüngerer Zeit vermehrt von proaktiven Informationspflichten gesprochen. Dies kann auch dem Trend geschuldet sein, der sich bspw. aus der Werbung ergibt.[136] Auch in den Duden wurde das Wort „proaktiv" erst 2003 aufgenommen.[137] Da die Information außerhalb eines Verwaltungsverfahrens und deshalb gerade nicht auf Antrag, sondern initiativ durch den Staat veröffentlicht wird und so einem Handeln des Bürgers zuvorkommt, ist die Bezeichnung „proaktiv" durchaus nachvollziehbar. Dies gilt insbesondere dann, wenn man zu Informationen, die auf Antrag hin gewährt und deshalb auch als „reaktiv" bezeichnet werden, deutlich abgrenzen möchte.[138]

Im Ergebnis mutet es doch eher als Geschmacksfrage denn als inhaltliche Entscheidung an, welche der beiden Begrifflichkeiten verwendet wird. Deshalb und wegen des nur schwer greifbaren Unterschieds zwischen aktiven und proaktiven Handlungen sollen die sprachlichen Alternativen hier gleichbedeutend und gleichwertig nebeneinander Anwendung finden.[139]

---

135 Vgl. den Artikel „Proaktivität" in Wikipedia, http://de.wikipedia.org/wiki/Proakti vit%C3%A4t, zuletzt geprüft am 24.10.2013.

136 In der Werbung wird das Wort „proaktiv" häufiger eingesetzt und im Sinne von „vorbeugend" für eine gute Gesundheit und körperliche Leistungsfähigkeit verwendet, vgl. den Artikel „Proaktivität" in Wikipedia, http://de.wikipedia.org/wiki /Proaktivit%C3%A4t, zuletzt geprüft am 28.5.2014.

137 S. den Artikel „Proaktivität" in Wikipedia, http://de.wikipedia.org/wiki/Proaktivit %C3%A4t, zuletzt geprüft am 28.5.2014.

138 So verwenden bspw. *Prommer/Rossi,* GewArch 2013, S. 97, 98 den Begriff „proaktiv" als Gegenteil zu „reaktiv".

139 So verfährt auch der Gesetzentwurf zu einem Informationsfreiheits- und Transparenzgesetz, BT-Drs. 17/13467, der auf S. 1, 2 und 8 von „aktiver" und auf S. 3 und 12 von „proaktiver" Information spricht.

Kapitel 2: Bedeutung von Informationen im Kontext der Informationsgesellschaft

„In einer Gesellschaft, die sich [...] von der Industriegesellschaft über die Dienstleistungsgesellschaft zur Informationsgesellschaft wandelt, rücken Fragen des Wissens, des Verstehens, des Wertens in den Mittelpunkt.“[140]

Der Zugang zu Informationen wird als notwendige Voraussetzung für die „Ausübung der persönlichen und wirtschaftlichen Entfaltungsfreiheit“ gesehen und dient als Grundvoraussetzung dafür, dass der „Bürger der Verwaltung als mündiger und aktiver Bürger gegenübertreten“ und eigenverantwortlich handeln kann.[141] Zu Recht heißt es deshalb, „[n]ur wer informiert (ist), kann in einer Informationsgesellschaft auf Dauer bestehen“.[142] Bereits in dem Entwurf eines VwVfG von 1973 heißt es, in einer „modernen rechts- und sozialstaatlich ausgestalteten Verwaltung“ solle „niemand aus Unkenntnis seiner Rechte verlustig gehen“.[143] Dementsprechend ist das Recht auf Zugang zu Informationen ein Ausfluss der grundlegenden Prinzipien unseres Grundgesetzes, dem Demokratie-, Sozial- und Rechtsstaatsprinzip (Art. 20 Abs. 1, Abs. 3 GG).[144] Stellt man auf die Entfaltungsmöglichkeiten des Einzelnen ab, so kommt dem Informationszugang darüber hinaus auch zentrale Bedeutung für die Wahrnehmung der Grundrechte zu.

---

140 *Kühnle*, in: Leible (Hrsg.), Verbraucherschutz, S. 5, 5.

141 *Roßnagel*, in: Hoffmann-Riem/Schmidt-Aßmann (Hrsg.), Informationsgesellschaft, S. 257, 265 f.; *Spiecker gen. Döhmann/Kurzenhäuser*, in: Engel/Englerth/Lüdemann/Spiecker gen. Döhmann (Hrsg.), RuV, S. 133, 134.

142 *Kloepfer*, Lenkungsmittel, S. 7. Nach *Ehlers*, in: Erichsen/Ehlers (Hrsg.), Allg VwR, § 1 Rn. 68 ist die Informiertheit Voraussetzung für verantwortliches Handeln, vgl. auch *Ehlers/Vorbeck*, JURA 2013, S. 1124, 1124.

143 BT-Drs. 7/910, S. 49; vgl. dazu auch *Ehlers/Vorbeck*, JURA 2013, S. 1124, 1124.

144 Ähnlich *Ehlers/Vorbeck*, JURA 2013, S. 1124, 1124.

A. Das Grundgesetz als Wiege der Informationsgesellschaft

I. Demokratieprinzip

Das Demokratieprinzip (Art. 20 Abs. 1 Alt. 1 GG) hält den Staat dazu an, den Bürger in Ausübung seiner staatsbürgerlichen und kommunikativen Grundrechte aktiv an der staatlichen Willensbildung teilhaben zu lassen.[145] Diese Teilhabe am demokratischen Willensbildungsprozess ist ihrerseits – gemessen am Idealbild des informierten Wählers – nur möglich, wenn der Bürger die Entscheidungen und Vorgänge der Regierung und Verwaltung hinreichend nachvollziehen und für sich selbst beurteilen kann.[146] Insofern dient die öffentliche Meinung auch der Kontrolle der Arbeit der Volksvertreter.[147] Informationen des Staates sind daher entscheidender Ausgangspunkt und „notwendige Bestandteile des Prozesses öffentlicher Meinungs- und Willensbildung".[148]

II. Sozialstaatsprinzip

Auch im Sozialstaatsprinzip, Art. 20 Abs. 1 Alt. 2 GG, lässt sich der Informationsanspruch des Bürgers verorten. Ihm zufolge haben die staatlichen Stellen den Bürgern Zugang zu und Teilhabe an Informationen und öffentlichem Wissen zu gewähren.[149] Gerade auch im Hinblick auf die Bestrebungen zur Vermeidung einer digitalen Spaltung[150] der Gesellschaft gewinnt das Sozialstaatsprinzip – Stichwort Grundrechtsvoraussetzungs-

---

145 *Roßnagel*, in: Hoffmann-Riem/Schmidt-Aßmann (Hrsg.), Informationsgesellschaft, S. 257, 267.

146 *Roßnagel*, in: Hoffmann-Riem/Schmidt-Aßmann (Hrsg.), Informationsgesellschaft, S. 257, 268.

147 BVerwGE 141, 122, 129.

148 *Roßnagel*, in: Hoffmann-Riem/Schmidt-Aßmann (Hrsg.), Informationsgesellschaft, S. 257, 268. Nach *Schoch*, in: Isensee/Kirchhof (Hrsg.), Hdb StaatsR III, § 37 Rn. 80 wurzelt die staatliche Informationstätigkeit im Demokratiegebot.

149 *Roßnagel*, in: Hoffmann-Riem/Schmidt-Aßmann (Hrsg.), Informationsgesellschaft, S. 257, 269.

150 Zur digitalen Spaltung, auch unter *digital divide* bekannt, s. m.w.N. Kap. 2, B II 2.

schutz[151] – an Bedeutung. Vor dem Hintergrund dieses Gestaltungsauftrags dient es der Chancengleichheit bzw. Chancengerechtigkeit[152] und damit dem Ausgleich von Ungleichgewichtslagen.[153] Gemeint ist dabei nicht Gleichheit im Sinne einer formalen Gleichheit, wohl aber soziale Gleichheit, die über das bloße Willkürverbot hinausgeht.[154] Ein Ungleichgewicht in Bezug auf die Verteilung von Informationen ist in der modernen Gesellschaft zwar die Regel.[155] Schwächen, die durch Uninformiertheit entstehen, können aber z. B. durch Auskünfte der staatlichen Stellen aufgefangen werden.[156] Geht es um Einschränkungen der Öffentlichkeit, so hat das BVerfG entschieden, dass deren Rechtfertigung aktuellen Verhältnissen genügen und deshalb den „Wandel zur Informationsgesellschaft verarbeiten" muss.[157]

III. Rechtsstaatsprinzip

Ebenfalls von Relevanz ist das Rechtsstaatsprinzip des Art. 20 Abs. 3 GG mit seinen zentralen Elementen der Öffentlichkeit und Transparenz.[158] *Roßnagel* ordnet diesen beiden Bestandteilen vor dem Hintergrund, dass die dem Staat bisweilen zukommenden „exklusive[n] Verfügungsmöglichkeiten über Informationen [...] Macht [bedeuten]", eine Schutzfunktion zu.[159] Transparenz und Öffentlichkeit seien deshalb „ein Ausgleich für In-

151 Unter dieser Terminologie erwachsen dem Staat laut *Gröschner,* VVDStRL 63 (2004), S. 344, 365 Aufgaben der Informationsvorsorge, darunter die Vermeidung einer „Spaltung der Gesellschaft in User und Loser des Internet".

152 Für die Ersetzung des Begriffs der Chancengleichheit durch den Begriff der Chancengerechtigkeit *Grzeszick/Herzog*, in: Maunz/Dürig, GG, Art. 20 Rn. 40.

153 Vgl. *Gurlit,* DVBl. 2003, S. 1119, 1126; zum Auftrag der Chancengleichheit s. auch *Jarass*, in: Jarass/Pieroth, GG, Art. 20 Rn. 118; *Grzeszick/Herzog*, in: Maunz/Dürig, GG, Art. 20 Rn. 40; *Huster/Rux*, in: Epping/Hillgruber, Art. 20 GG Rn. 199.

154 *Grzeszick/Herzog*, in: Maunz/Dürig, GG, Art. 20 GG Rn. 36.

155 So *v. Danwitz,* Verfassungsfragen, S. 119.

156 *Gurlit,* DVBl. 2003, S. 1119, 1126.

157 BVerfGE 103, 44, 75.

158 *Roßnagel*, in: Hoffmann-Riem/Schmidt-Aßmann (Hrsg.), Informationsgesellschaft, S. 257, 269.

159 *Roßnagel*, in: Hoffmann-Riem/Schmidt-Aßmann (Hrsg.), Informationsgesellschaft, S. 257, 269.

formations- und damit Machtasymmetrien und daher Mittel, um Macht zu begrenzen und um freiheitssichernde Gegenmacht aufzubauen".[160]

B. Informationsgesellschaft und Staat

Die Information der Bevölkerung unter dem Gesichtspunkt Öffentlichkeit und Transparenz ist neben dem Gewaltmonopol des Staates die zweite und zunehmend wichtigere Säule der Legitimation des Staatshandelns.[161] Nur mit Hilfe dieser Form der Akzeptanzsicherung kann der Staat einen Grundkonsens mit der Bevölkerung erlangen und über die Zeiten wahren.[162] Verwaltungskommunikation wird deshalb auch als „Kitt" bezeichnet, „der die öffentliche Verwaltung mit ihrer gesellschaftlichen Umwelt verbindet".[163]

I. Kennzeichen

Diese grundlegende Bedeutung der Information kommt auch in der Bezeichnung unserer Gesellschaft als Informationsgesellschaft zum Ausdruck. Dieser Begriff ist in unserem alltäglichen Sprachgebrauch fest verwurzelt, obwohl seine Bedeutung nicht eindeutig geklärt ist.[164] *Haefner* formulierte: „Eine Informationsgesellschaft ist eine Gesellschaft, in der ein großes Angebot an Information besteht, ohne dass es explizites Ziel dieser Gesellschaft ist, die Information auf breiter Basis zum Verstehen verfügbar zu machen und zu nutzen."[165] Er schreibt damit der Information primär den Charakter einer Ware zu.[166] Das Konzept der Informationsgesellschaft ist somit auch in einem makroökonomischen Kontext zu se-

---

160 *Roßnagel,* in: Hoffmann-Riem/Schmidt-Aßmann (Hrsg.), Informationsgesellschaft, S. 257, 269; in diesem Sinne auch *Fezer,* WRP 2010, S. 577, 579.

161 *Roßnagel,* in: Hoffmann-Riem/Schmidt-Aßmann (Hrsg.), Informationsgesellschaft, S. 257, 269 f. Ähnl. BVerfGE 103, 44, 73.

162 *Gusy,* NJW 2000, S. 977, 978.

163 *Czerwick,* DÖV 1997, S. 973, 973.

164 Vgl. *Hoffmann-Riem,* in: Hoffmann-Riem/Schmidt-Aßmann (Hrsg.), Informationsgesellschaft, S. 9, 10; ebenso *Wersig,* Komplexität, S. 182.

165 *Haefner,* Bruder, S. 19.

166 Zur Information als Wirtschaftsgut s. auch *Boehme-Neßler,* NVwZ 2014, S. 825, 825; *Schoch,* IFG, Einl. Rn. 9; *Zumpe,* Öffentlichkeit, S. 13.

hen.[167] Im Gegenzug dazu ist die „Informierte Gesellschaft“ nach *Haefner* „eine Gesellschaft, in der möglichst viele Bürger Zugang zur globalen und zu individueller Information haben und diese zum Verstehen und zur Kommunikation nutzen.“[168]

Was sich mit Bestimmtheit sagen lässt, ist, dass der Bestandteil der „Information“ im Gesellschaftsbegriff den Unterschied zur abgelösten Industriegesellschaft markiert: Größen wie „Arbeit“ und „Kapital“ werden ersetzt durch „Information“ und „Wissen“.[169] Hintergrund dessen ist, dass sich in den 1960er Jahren der Schwerpunkt der Beschäftigung vom Produktions- zum Dienstleistungssektor verlagerte.[170] Mit der Zeit wurde offenbar, dass es innerhalb des Dienstleistungssektors eine Gruppe gab, die mangels direktem Beitrag zum Bruttosozialprodukt „unproduktiv“ erschien.[171] Diese Gruppe beschäftigte sich mit der Verarbeitung von Information.[172] In der sich entwickelnden Gesellschaft wurde also weniger „menschliche Kraft auf materielle Produktion verwendet, sondern mehr Aufmerksamkeit den immateriellen menschlichen Bedürfnissen gewidmet“.[173]

Im Unterschied zu den Anfängen der Informationsgesellschaft steht heute weniger der individuelle Erkenntnisgewinn, als die Möglichkeit, auf externes Wissen zuzugreifen und Herrschaft über gespeicherte Daten auszuüben, im Vordergrund.[174]

II. Informationszugang und -verbreitung via Internet

1. Entwicklung informationstechnischer Systeme

Kennzeichnend für die heutige Informationsgesellschaft ist die „digitale Erzeugung [Informationen aller Art], [ihre] Speicherung und Verarbeitung

---

167 *Wersig,* Komplexität, S. 139.

168 *Haefner,* Bruder, S. 19, der hierbei den Begriff der Gesellschaft als eine „historisch gewachsene Gruppe […], die sich als Staats- und Wirtschaftswesen mittels einer Verfassung konstituiert hat“ definiert.

169 *Tinnefeld,* NJW 2007, S. 625, 627.

170 *Wersig,* Komplexität, S. 139.

171 *Wersig,* Komplexität, S. 139.

172 *Wersig,* Komplexität, S. 139.

173 *Wersig,* Komplexität, S. 139.

174 *Kämmerer*, in: Hecker/Hendler/Proelß/Reiff (Hrsg.), Rechtsfragen, S. 123, 124.

[...], die Onlineübertragung großer Datenmengen mit Hochleistungsnetzen, Satellitenkommunikation und Mobilfunk [...] [sowie dass] benutzerfreundliche Mensch-Maschine-Schnittstellen zentrale Bedeutung erlangt haben und in wirtschaftlicher Hinsicht u. a. einen stetig wachsenden Anteil am Inlandsprodukt bilden."[175] Diese Entwicklung wurde bereits vor mehr als zwei Jahrzehnten durch die Markteinführung moderner Speichermedien angestoßen. Während *Sieber* 1989 von einem rasanten Anstieg der Speicherkapazität sprach und dabei ausführte, dass „die derzeit zu einem Stückpreis von 40 DM gehandelten 1-Megabitchips [...] [den] Text von 65 Schreibmaschinenseiten" erfassen,[176] hat sich diese damals beeindruckende Größe aus heutiger Sicht längst relativiert.[177] Das Internet ermöglicht mittlerweile den Zugriff auf weltweite Datenbestände, ganz unabhängig von im eigenen Besitz befindlichen Speichermedien. Dass dies Segen und Fluch zugleich ist, hat der sog. NSA-Skandal im Sommer 2013 eindrücklich gezeigt.[178]

2. Internetnutzung als zentraler Aspekt der Lebensführung

Die Nutzung des Internet ist mittlerweile in den Alltag überwiegender Teile der Bevölkerung integriert.[179] Mit den Worten des BVerfG sind die „informationstechnische[n] Systeme allgegenwärtig" und „für die Lebensführung vieler Bürger von zentraler Bedeutung".[180] Selbst das „menschenwürdige Existenzminimum", so urteilte das BVerfG, stelle sich in einer „technisierten Informationsgesellschaft anders als früher dar[...]".[181] Neben den klassischen Medien wie Fernsehen und Rundfunk ist das Internet

175 Brockhaus Enzyklopädie, Bd. 13 (HURS–JEM), Stichwort „Informationsgesellschaft".

176 *Sieber*, NJW 1989, S. 2569, 2570.

177 Nach *Moore's Law* gilt als Faustregel, dass sich Rechengeschwindigkeit und Speicherkapazität bei gleichbleibenden Produktionskosten alle 18 Monate verdoppeln, vgl. *Kloepfer*, Informationsrecht, 10 Rn. 6 Fn. 18.

178 S. dazu nur *Guckelberger*, in: Schmidt-Bleibtreu/Hofmann/Henneke, GG, Art. 10 Rn. 13.

179 Vgl. auch *Heckmann*, Die Verw. 46 (2013), S. 1, 2; *Spiecker gen. Döhmann*, in: Bartsch/Briner (Hrsg.), DGRI Jahrbuch, S. 39, 40. Grundsätzlich zur Digitalisierung des Alltags *Richter*, in: FS Bull, S. 1041, 1041 ff.

180 BVerfGE 120, 274, 303.

181 BVerfGE 125, 175, 224.

zu einer, wenn nicht gar der zentralen Größe geworden. Es hat als neuer Bestandteil unserer Kultur zu einer veränderten Kommunikation und einer Neugestaltung von Teilen unserer Lebensbereiche geführt[182] und hält neues Entfaltungs-, aber auch Gefährdungspotenzial für die Persönlichkeit des Einzelnen bereit.[183] Nicht zuletzt deshalb hat das BVerfG dieser Tatsache auf der Verfassungsebene mit der Entwicklung eines eigenen Computer- bzw. IT-Grundrechts[184] Rechnung getragen, welches auf der Basis des allgemeinen Persönlichkeitsrechts die „Integrität und Vertraulichkeit informationstechnischer Systeme gewährleistet".[185]

Auch der BGH schätzt die Bedeutung des Internet als zentral ein: „Das Internet stellt weltweit umfassende Informationen [...] zur Verfügung. Dabei werden thematisch nahezu alle Bereiche abgedeckt und [...] ersetzt das Internet wegen der leichten Verfügbarkeit der Informationen immer mehr andere Medien [...] Zudem wird es zunehmend [...] zur Erfüllung öffentlich-rechtlicher Pflichten genutzt [...]".[186] In der Frage des Schadensersatzes bei Nutzungsausfall des Internet stellte der BGH folgerichtig die Unterbrechung des Internetzugangs mit dem Wegfall der Nutzungsmöglichkeit eines Kraftfahrzeugs auf die gleiche Intensitätsstufe[187] und befand die „ständige Verfügbarkeit" des Internet als „zentral" für die „eigenwirtschaftliche Lebenshaltung".[188]

Die Einschätzung der höchstrichterlichen Rechtsprechung lässt sich auch mit Zahlen belegen. Nachdem im Jahre 2001 erst 37,0 % der Deutschen „online" waren, sind es 2014 schon über 76 % der Bundesbevölke-

---

182 *Guckelberger*, in: van Oostrom/Meyer (Hrsg.), E-Government, S. 23, 23; *Kment,* MMR 2012, S. 220, 220; *Kment*, in: Hill/Schliesky (Hrsg.), S. 307, 307; *Hoffmann-Riem,* AöR 137 (2012), S. 510, 510.

183 BVerfGE 120, 274, 303.

184 Den Begriff des Computer-Grundrechts verwenden u. a. *Erd,* NVwZ 2011, S. 19 ff.; *Guckelberger*, in: van Oostrom/Meyer (Hrsg.), E-Government, S. 23, 28; *dies.,* Elektronische Gesetzesverkündung, S. 66; *Härting,* NJW 2013, S. 2065, 2071; *Uerpmann-Wittzack,* Computergrundrecht. Zum Begriff des „IT-Grundrechts" s. *Bamberger*, in: Bamberger/Roth, BGB, § 12 Rn. 142; *Holznagel/Schumacher,* MMR 2009, S. 3 ff.; *Luch,* MMR 2011, S. 75 ff.; *Schmidl*, in: Hauschka (Hrsg.), Compliance, § 29 Rn. 318 ff.; *Stadler,* MMR 2012, S. 18, 19.

185 BVerfGE 120, 274, 313 ff.; s. dazu *Eifert,* NVwZ 2008, S. 521 ff.

186 BGH JZ 2013, 894, 896.

187 BGH JZ 2013, 894, 896; dem zustimmend *Schulz,* JuWissBlog v. 31.1.2013, http://www.juwiss.de/das-internet-als-grundversorgung/, zuletzt geprüft am 30.10.2014 und *Spindler,* JZ 2013, S. 897, 898.

188 BGH JZ 2013, 894, 895 f.

rung.[189] Die durchschnittliche Internetnutzung in Minuten pro Tag der Deutschen über 16 Jahren betrug 1997 noch zwei Minuten und im Jahr 2014 schon 111 Minuten,[190] eine Steigerung um über 5500 % Prozent. EU-weit gehen mittlerweile knapp die Hälfte (46 %) der Bürger online, um Angebote elektronischer Behördendienste (Stichwort E-Government[191]) wie die Abgabe der Steuererklärung, die Nutzung einer öffentlichen Bibliothek oder die Beantragung eines Passes etc. zu nutzen.[192] Studien haben gezeigt, dass die Bereitschaft zur Nutzung des Internet „von den klassischen Faktoren Alter, formaler Bildungsgrad, Berufstätigkeit und Geschlecht“ abhängig ist und dass es „vorwiegend von höher Qualifizierten und höheren Einkommensschichten frequentiert wird“.[193] So nutzten deutschlandweit im Jahr 2014 97,8 % der 14–19jährigen, aber nur 29,4 % der über 70jährigen das Internet, wobei der Anteil der Personen mit Haupt- oder Volksschulabschluss 60,7 % und derjenigen mit Abitur und/oder Studium über 92 % betrug.[194]

Hierbei fällt auf, dass die Jugend überproportional vertreten ist. Die jüngeren Generationen wachsen zunehmend mit dem Internet und der dazugehörigen Hardware auf, weshalb man sie auch als „Digital Natives“ bezeichnet.[195] Ein wichtiges Ziel ist in diesem Zusammenhang die Verhinderung einer digitalen Spaltung der Gesellschaft, sowohl in politischer, als

189 http://www.initiatived21.de/portfolio/nonliner-atlas, zuletzt geprüft am 28.2.2015. Vgl. zur Internetnutzung auch BGH NJW 2013, 1072, 1074 sowie (Stand 2010) BT-Drs. 17/11473, S. 20. S. ferner *Guckelberger*, in: van Oostrom/Meyer (Hrsg.), E-Government, S. 23, 34.

190 http://de.statista.com/statistik/daten/studie/1388/umfrage/taegliche-nutzung-des-internets-in-minuten, zuletzt geprüft am 26.10.2014.

191 S. näher dazu unter Kap. 4, A III.

192 Europäische Kommission, Pressemitteilung v. 28.5.2013, IP/13/466 sowie ausführlich dazu Europäische Kommission, Public Services Online, Final Inside Report 2013, S. 17 ff. Der Report hat auch ergeben, dass die Nutzer mit den Online-Angeboten des öffentlichen Dienstes weit weniger zufrieden sind (6,5 auf einer Skala bis 10) als mit dem Online-Banking (8,5/10) oder dem Online-Shopping (7,6/10), vgl. a.a.O. Zu weiteren Anwendungsfeldern des E-Government s. *Guckelberger*, in: van Oostrom/Meyer (Hrsg.), E-Government, S. 23, 26 f.

193 BT Drs. 14/9200, S. 269.

194 http://www.initiatived21.de/portfolio/nonliner-atlas, zuletzt geprüft am 28.2.2015.

195 *Guckelberger*, in: van Oostrom/Meyer (Hrsg.), E-Government, S. 23, 23; *Schulz*, in: Hill/Schliesky (Hrsg.), S. 265, 269 f. Nach *Schliesky*, DVP 2013, S. 420, 420 wird „bei der jungen Generation […] das Smartphone offenbar schon mit der Geburt mitgeliefert […]“.

auch in rechtlicher Hinsicht.[196] Dabei soll die Entstehung einer Zweiklassengesellschaft in Bezug auf informierte und uninformierte Menschen, bzw. solche mit und solche ohne Informationsmöglichkeit, vermieden werden.[197] Befürchtete Folge einer solchen gesellschaftlichen Ungleichverteilung ist eine fragilere Sozialstruktur.[198] Informationsasymmetrien werden deshalb als „‚Sand im Getriebe' funktionierender Märkte" bezeichnet.[199] Das Internet ist zwar nicht das einzige Medium, das den Zugang zur Informationsgesellschaft ermöglicht. Presse, Radio und Fernsehen sind im gleichen Atemzug zu nennen. Festzuhalten ist aber, dass sich die Angebote immer weniger nach dem Verbreitungsmedium sortieren und kategorisieren lassen. „Mit dem Mobiltelefon kann man fernsehen, mit dem Computer telefonieren, über den Kabel-TV-Anschluss im Internet surfen, die Zeitung wird auf einem E-Book-Reader gelesen, und das Radioprogramm wird nach dem individuellen Geschmack ‚programmiert'."[200] Das Internet verteilt und rekombiniert damit traditionelle Medien und kann so auch als „genuines Konvergenzmedium" bezeichnet werden, das sich als Massen- oder Leitmedium etablieren wird bzw. bereits etabliert hat.[201]

Festzuhalten ist, dass die Bedeutung des Internet für die Lebensführung des Einzelnen, wie sie auch höchstrichterliche Anerkennung gefunden hat, dazu führt, dass sich die staatlichen Stellen der elektronischen Kommunikationstechnologien jedenfalls zusätzlich zu den klassischen Kommunikationsformen bedienen sollten, wann immer dies möglich ist.[202]

---

196 In diesem Sinne sowie zu den hierzu eingesetzten Instrumenten s. *Kloepfer,* Informationsrecht, § 1 Rn. 17; zur digitalen Spaltung s. auch *Bundesministerium des Innern,* Abschlussbericht E-Government, S. 4 ff.; *Guckelberger*, in: Hill/Schliesky (Hrsg.), S. 73, 76 f.; *Oldenburg,* Rechtsnormen, S. 206 f.; *U. Stelkens*, in: Stelkens/Bonk/Sachs, VwVfG, § 27a Rn. 6.

197 Dazu, dass hierbei nicht die völlige Gleichheit, sondern nur ein Zustand „chancengleicher Teilhabe" das Ziel sein kann, siehe *Kloepfer,* Informationsrecht, § 1 Rn. 17.

198 *Zumpe,* Öffentlichkeit, S. 27 m.w.N.

199 *Martini/Kühl,* DÖV 2013, S. 573, 573. Zur Informationsasymmetrie zwischen Anbietern und Verbrauchern s. *Becker*, in: FS Horst, S. 73, 73; *Oertel/Schimke/Ulmer/Karig,* Abschlussbericht VIG, http://download.ble.de/08HS024.pdf, zuletzt geprüft am 30.10.2014.

200 *Beckert/Riehm,* Gesetzliche Regelungen, S. 5.

201 *Beckert/Riehm,* Gesetzliche Regelungen, S. 22 f.

202 Ähnl. *Guckelberger*, in: van Oostrom/Meyer (Hrsg.), E-Government, S. 23, 24.

III. Abgrenzung zur Wissensgesellschaft

Anders als der Begriff der Informationsgesellschaft setzt der Begriff der Wissensgesellschaft die Aneignung und Verarbeitung von Informationen zu Wissen voraus.[203] Wissen kann man umschreiben als die „unmittelbar verfügbare Information, die von einem informationsverarbeitenden System zur Lösung eines Problems direkt genutzt werden kann“.[204] Informationen erwirbt man, indem sie einem mitgeteilt werden, wohingegen Wissen durch bloßes Nachdenken erworben werden kann.[205] Maßgebliche Kriterien für die Wissensgesellschaft sind aber auch die systemübergreifende Wissensabhängigkeit und der nahezu unbegrenzte und jederzeit zugängliche Datenbestand.[206]

Die Verwendung des Begriffs „Wissensgesellschaft“ ist indes nicht frei von Kritik. Es dürfe nicht sein, dass die blanke Masse der Information zu einer wissensbasierten Gesellschaft führe.[207] Die Information ist „nur die Art und Weise [...], wie sich Wissen transportabel macht, also eine *Kommunikationsform*, keine (selbstständige) Wissensform“.[208] „Wer informiert wurde, braucht deshalb noch nicht informiert zu sein, weil Informiertheit eine eigene Interpretationsleistung des Informationsempfängers voraussetzt.“[209] Im Unterschied zur Informationsgesellschaft lässt der Begriff der Wissensgesellschaft diese Erfordernisse außen vor.

IV. Negative Konnotationen – Informationsflut und ihre Folgen

Ebenfalls ein Merkmal, vielleicht sogar die Kehrseite der heutigen Informationsgesellschaft, ist die Komplexität der Vorgänge.[210] Aufgrund der

---

203 *Bundesministerium für Bildung und Forschung,* Delphi-Befragung, S. 5.

204 *Haefner,* Bruder, S. 17 f.

205 *Machlup*, in: Machlup/Mansfield (Hrsg.), Study, S. 641, 644: „Information is acquired by being told, whereas knowledge can be acquired by thinking“.

206 *Augsberg,* DVBl. 2007, S. 733, 733.

207 *Tinnefeld,* NJW 2007, S. 625, 627.

208 *Mittelstraß*, in: Prisching (Hrsg.), Modelle, S. 97, 103, 107, der auch darauf hinweist, dass der Begriff des Wissens vielfach falsch gebraucht wird und für manche Wissen „aus dem Computer kommt, wie Licht aus der Steckdose“.

209 *Gröschner,* VVDStRL 63 (2004), S. 344, 359.

210 *Wersig,* Komplexität, S. 11, 13 f. sieht die Komplexität als „zentralen Hintergrund“ der Informationsgesellschaft und schlägt zugleich vor, die Informations-

Vielzahl von jederzeit verfügbaren Informationen ist ihre Aufnahme oftmals mit einer Überforderung verbunden.[211] Die Orientierung in einer solchen Daten- und Informationsflut ist nicht immer einfach. Getreu dem Sprichwort „den Wald vor lauter Bäumen nicht sehen" führt die Masse der zur Verfügung stehenden Informationen paradoxerweise nicht zwingend zu einer größeren Informiertheit der Gesellschaft.[212] In der Folge entstehen Asymmetrien, zu deren Ausgleich unter anderem eine staatliche Informationsbeherrschung erforderlich ist.[213] Die negativen Konnotationen von „Information" haben mitunter auch zu Wortneuschöpfungen geführt, die sich im Oxford English Dictionary z. B. unter „information warfare"[214], „information fatigue"[215] und „information overload"[216] nachschlagen las-

---

gesellschaft als Zielvorstellung zu begreifen: „‚Informationsgesellschaft' ist die Gesellschaft, auf die wir uns zubewegen müssen, in der die existierende Komplexität, die an vielen Stellen überfordert, durch geeignete, d. h. die Errungenschaften der Moderne nicht zurückführende, Hilfsmittel reduziert wird". Auf S. 11 a.a.O. gibt *Wersig* einen Überblick über die Autoren, die Komplexität als „wesentliches Merkmal unserer Zeit" betrachten. Ebenfalls die Komplexität bemängelt *Zumpe,* Öffentlichkeit, S. 23 f.

211 Dazu *Zumpe,* Öffentlichkeit, S. 24, der auch auf die zeitliche Abfolge abstellt, die sich im Gegensatz zu früheren Zeiten stetig beschleunigt. Als Beispiel: Aktualisierung im Internet im Sekundenbereich, bei der Tageszeitung nur alle 24 Stunden (ähnlich *Zumpe* a.a.O.).

212 *Kloepfer,* Informationsrecht, § 1 Rn. 1. Laut *Augsberg,* DVBl. 2007, S. 733, 733 mangelt es an „Informationsbeherrschungskompetenz"; laut *Schmidt-Aßmann,* Ordnungsidee, S. 283 führt der Informationsgewinn auch nicht zu einem gleichmäßigen Zugewinn an Freiheit; nach *Mittelstraß,* in: Prisching (Hrsg.), Modelle, S. 97, 104 f. wird die heutige Welt immer „orientierungsschwächer"; es sei gerade „der Überfluss, der uns zu Verlierern" mache.

213 *Schmidt-Aßmann,* Ordnungsidee, S. 183.

214 Definiert als „the strategic use of information or information technology for intelligence-gathering or military purposes; the deliberate disruption of information and communications systems, esp. by a terrorist or subversive group", http://www.oed.com/view/Entry/95568?redirectedFrom=information+warfare#eid418606, zuletzt geprüft am 6.6.2014.

215 Definiert als „[a]pathy, indifference, or mental exhaustion arising from exposure to too much information, esp. (in later use) stress induced by the attempt to assimilate excessive amounts of information from the media, the Internet, or at work", http://www.oed.com/view/Entry/261138?redirectedFrom=information+fatigue#eid, zuletzt geprüft am 6.6.2014.

216 Definiert als „exposure to or provision of too much information; a problematic situation or state of mental stress arising from this", http://www.oed.com/view/Entry/95568?redirectedFrom=information+overload#eid418139, zuletzt geprüft am 6.6.2014.

sen.[217] Im Zuge einer Konsumentenverhaltensforschung wurde nachgewiesen, dass die Entscheidungseffizienz nicht nur stagniert, sondern sogar sinkt, wenn die Informationsmenge den Punkt des information overload, d. h. eine Überschreitung des Informationsoptimums bzw. eine Überschreitung der Belastungsgrenze des Adressaten, erreicht hat.[218] Unter Umständen hat das Überangebot an Informationen auch den vollständigen Abbruch der Informationsverarbeitung zur Folge.[219] Mit den Worten *Martineks* führt also eine „Überzahl von Informationen [...] zu kontraintentionalen Effekten bei der Entscheidungsfindung des Verbrauchers".[220]

Dementsprechend zeigt die Empirie, z. B. im Lebensmittelrecht, dass das „information overload" von unzähligen Lebensmittelangaben nicht zu einer Stärkung des Verbrauchervertrauens geführt hat, sondern sich die Konsumenten im Gegenteil vermehrt davor fürchten, dass die tatsächliche Zusammensetzung eines Produkts nicht mit seiner Kennzeichnung übereinstimmt.[221] Dementsprechend wirken neuere Bestimmungen – z. B. Art. 8 Abs. 2 der Verbraucherrechte-Richtlinie 2011/83/EU[222] und der neu eingefügte § 312j BGB[223] – einem „information overkill" entgegen, in dem sie festlegen, dass bestimmte, besonders wichtige Informationen, wie etwa das Eingehen einer Zahlungsverpflichtung, nochmals besonders betont und hervorgehoben werden müssen (sog. Button-Lösung).[224]

---

217 Näher dazu s. *Busch*, in: Busch/Hofmann (Hrsg.), Politik, S. 24, 27.

218 *Berndt,* Konsumentscheidung, S. 25, 97; *Guckelberger,* VerwArch 105 (2014), S. 440; *Martinek*, in: Grundmann (Hrsg.), Systembildung, S. 511, 524; *Pfeiffer/Hess,* Analyse verbraucherpolitischer Defizite, S. 143. Nach *Rehberg*, in: Eger/Schäfer (Hrsg.), Analyse, S. 284, 320 spricht man in der Psychologie von einer Informationsüberlastung (information overload), „wo der Grenznutzen von Information negativ wird".

219 *Martinek*, in: Grundmann (Hrsg.), Systembildung, S. 511, 524; *Pfeiffer/Hess,* Analyse verbraucherpolitischer Defizite, S. 143 f.; *Tolkmitt,* Instrumente, S. 177.

220 *Martinek*, in: Grundmann (Hrsg.), Systembildung, S. 511, 524.

221 *Leible/Schäfer,* WRP 2012, S. 32, 32 unter Hinweis auf die SGS Institut Fresenius Verbraucherstudie 2010, „Lebensmittelqualität und Verbrauchervertrauen".

222 Richtlinie 2011/83/EU des Europäischen Parlaments und des Rates v. 25.10.2011, ABl. EU, Nr. L 304, S. 64 ff.

223 Neu gefasst m.W.v. 13.6.2014 durch G. v. 20.9.2013 (BGBl. 2013 I S. 3642).

224 In diesem Zusammenhang zu § 8 Abs. 2 Verbraucherrechte-Richtlinie s. *Grundmann,* JZ 2013, S. 53, 57 sowie *Schwab/Giesemann,* EuZW 2012, S. 253, 255. Einen „information overkill" befürchtet auch *Sosnitza*, in: Leible (Hrsg.), Verbraucherschutz, S. 21, 39 im Zusammenhang mit den Vorgaben der EG-InfoVO (Kom[2008] 40 endg.) zur Lebensmittelkennzeichnung.

1. Entflechtungsmöglichkeiten

Die Notwendigkeit der Kategorisierung, Typisierung, aber auch Bewertung der Information ist deshalb gerade heute zu einer wichtigen Aufgabe geworden, um der Komplexität Herr zu werden.[225] Ein Mittel hierzu bezogen auf das Medium Internet sind die verschiedenen Suchmaschinen.[226] Ihnen kommt eine Schlüsselstellung bei der Informationssuche zu, weshalb sie zutreffend als „mächtige ‚gate-keeper' der Informationsgesellschaft" bezeichnet werden.[227] Neben den privaten Anbietern (*Google*, *Bing*, *Yahoo* und vermehrt auch kleinen, spezialisierten Anbietern)[228] gibt es sowohl auf Bundes- als auch auf Landesebene staatliche Suchmaschinen, die es dem Bürger ermöglichen sollen, die für sein Anliegen zuständige Behörde zu finden.[229] Spezielle Suchmaschinen, z. B. die des Bundesamts für Verbraucherschutz und Lebensmittelsicherheit,[230] fokussieren auf einen bestimmten Sektor. Auf diese Art und Weise trägt der Staat zur Entflechtung der Informationsmasse bei und bietet dem Bürger durch Systematisierung auch Orientierung. Stellt der Staat nicht nur die Suchmaschine, sondern zugleich ein Bewertungsportal zur Verfügung, geht er einen weiteren Schritt in diese Richtung. Er vereinfacht und erleichtert dem Bürger den Umgang mit den Informationen, indem er eine mögliche Entscheidung bereits vorgibt. Der Staat kann auf diese Weise seiner besonderen, ihm aus dem Grundgesetz erwachsenden Verantwortung Rechnung tragen.

---

225 Nach *Kloepfer,* Informationsrecht, § 1 Rn. 65, beinhaltet die Informationsüberflutung das Problem, dass sich „individuelle[r] Wissenszuwachs" nicht einstellen kann, „wenn der [E]inzelne nicht (negativ) Abwehrmechanismen oder (positiv) Mechanismen der Wissensorganisation entwickelt".

226 So auch *Kloepfer,* Informationsrecht, § 1 Rn. 66. Daneben spielt auch die Recherchemöglichkeit in (Fach-)Datenbanken, wie z. B. *Beck Online* oder *Juris*, eine Rolle, vgl. dazu auch *Zumpe,* Öffentlichkeit, S. 20.

227 *Boehme-Neßler,* NVwZ 2014, S. 825, 825.

228 S. z. B. das Verzeichnis der „Spezialsuchmaschinen" unter www.suchmaschinen-online.de. Instruktiv zur Machtproblematik großer Internetgiganten wie bspw. *Google* s. *Hoffmann-Riem,* AöR 137 (2012), S. 510, 533 ff.

229 Im Bund z. B. www.behoerdenfinder.de, auf Länderebene z. B. im Saarland http://www.buergerdienste-saar.de/zfinder-saar-web/welcome; vgl. dazu sowie zur einheitlichen Behördenrufnummer „D 115" *Schnapp*, in: Hill (Hrsg.), Modernisierung, S. 99, 113.

230 http://www.clewwa.de/, zuletzt geprüft am 25.10.2014.

2. Gütesiegel „staatlich geprüfte Information“

Vor dem Hintergrund der Komplexität und Unübersichtlichkeit der Informationsmöglichkeiten können Informationen, deren Urheber der Staat ist oder für welche er Verantwortung übernimmt, für den Informationsadressaten von großer Bedeutung sein. Die staatliche Urheberschaft kann für den Informationsempfänger im Informationsdschungel eine Art Gütesiegel darstellen. Die Herkunft der Information als solche ist also bedeutsam. Anders als der Bürger kann sich der Staat nicht auf das Grundrecht der Meinungsfreiheit berufen, zudem unterliegt seine Informationstätigkeit speziellen rechtlichen Bindungen.[231] Der Staat gilt geradezu als Garant für eine sachliche, neutrale, objektive und nicht eigennützig gewichtete Informationsverbreitung.[232] Nicht zuletzt wegen dieser Besonderheiten dürfte der Bürger mit einer staatlichen Information in erster Linie auch Richtigkeit assoziieren. Er wird davon ausgehen, dass es sich entweder um eine Information „aus erster Hand“ handelt, oder dass sie aus verlässlichen und geprüften Quellen stammt.

So nahm auch das BVerwG in seinem Urteil zu den Arzneimittel-Transparenzlisten an, dass ein von einer staatlichen Stelle stammendes Qualitätskennzeichen mit einer „amtlichen Autorität“ ausgestattet sei.[233] Weiter geht es davon aus, dass ein solches Werturteil „unmittelbar die Absatzmöglichkeiten des jeweiligen Herstellers“ und „den Ruf seiner Firma“ beeinträchtige.[234] In der Glykol-Entscheidung konstatierte das BVerfG, „mit der Autorität der Regierung versehene Informationen“ seien wichtig, um „spannungsgeladene Situationen angemessen meistern“ und „den Bürgern […] Orientierung […] geben [zu können].“[235] Dementsprechend kann man unterstellen, dass staatliche Autorität in Bezug auf den Wahrheitsge-

---

231 *Philipp,* Verbraucherinformation, S. 145. Dazu, dass sich der Staat nicht auf Grundrechte berufen kann, s. unter Kap. 6, B I. Zu den besonderen rechtlichen Bindungen s. insb. Kap. 6, A und B.

232 S. dazu *Spiecker gen. Döhmann,* in: Hecker/Hendler/Proelß/Reiff (Hrsg.), Rechtsfragen, S. 155, 177 mit der Einschränkung, dass das Internet als Medium aufgrund der technischen Möglichkeiten eine Gefahr für die Authentizität staatlicher Informationen darstellen kann.

233 BVerwGE 71, 183, 194.

234 BVerwGE 71, 183, 194.

235 BVerfGE 105, 252, 269 f.

halt von amtlichen Informationen einen Vertrauensvorschuss erzeugt.[236] Der Staat ist, so *Gramm*, „kein Diskursteilnehmer wie jeder andere".[237] Ihm kommt gerade wegen seiner Machtstellung eine wirtschaftliche und rechtliche Sonderstellung bei seinem Informationshandeln zu,[238] weshalb er an verfahrensrechtliche und inhaltliche Voraussetzungen gebunden ist.[239] Der Staat nimmt treuhänderisch für die Bürger Aufgaben wahr und ist ihnen gegenüber zur Rechenschaft verpflichtet.[240] Im Gegensatz zu privatem Handeln ist dasjenige des Staates weder Ausdruck „freier subjektiver Überzeugungen", noch „Verwirklichung persönlicher Individualität".[241] Staatliche Aktivitäten haben vielmehr in „distanziertem Respekt" zu den unterschiedlichen Meinungen der Bürger zu erfolgen und sind deshalb gemäß Art. 1 Abs. 3 GG umfassend an die Grundrechte gebunden.[242] Nach *von Danwitz* führt die „besondere[...] Dignität und Glaubwürdigkeit", die einer staatlichen Information anhaftet, dazu, dass in einem staatlichen Werturteil zugleich eine staatliche Produktempfehlung zu sehen ist.[243]

---

236 In diese Richtung bereits *Becker,* ZLR 2011, S. 391, 417; *Gramm,* Der Staat 30 (1991), S. 51, 52; *Guckelberger*, in: Hill/Schliesky (Hrsg.), S. 73, 78; *Käß,* WiVerw 2002, S. 197, 199; *Martini/Kühl,* JURA 2014, S. 1221, 1221; *dies.,* DÖV 2013, S. 573, 573; *Müller,* Risikokommunikation, S. 108; *Ossenbühl,* NVwZ 2011, S. 1357, 1358; *Philipp,* Verbraucherinformation, S. 145; *Porsch,* ZLR 2003, S. 175, 177; *Schoch*, in: Isensee/Kirchhof (Hrsg.), Hdb StaatsR III, § 37 Rn. 56; *Spaeth,* Grundrechtseingriff, S. 21, 30; *Spiecker gen. Döhmann*, in: Hecker/Hendler/Proelß/Reiff (Hrsg.), Rechtsfragen, S. 155, 177; *Uddin*, in: Voit/Dabrock/Ried/Uddin (Hrsg.), Adipositasprävention, S. 87; *Wehlau*, in: Voit (Hrsg.), Lebensmittelinformation, S. 51, 59. Nach *Rehberg*, in: Eger/Schäfer (Hrsg.), Analyse, S. 284, 334 ist die größere Autorität dadurch begründet, dass „der Staat effektivere Sanktionsmöglichkeiten besitzt und eine von privaten Akteuren zumindest deutlich abweichende Anreizstruktur aufweist". A.A. zum Ganzen wohl *Schmidt,* Informationshandeln, S. 117, der davon ausgeht, dass der Staat nur bei rechtsförmlichen Verwaltungsmaßnahmen und Warnungen hoheitliche Autorität beansprucht, nicht aber bei unverbindlichen Stellungnahmen oder allgemein informierenden Äußerungen.

237 *Gramm,* Der Staat 30 (1991), S. 51, 52, ähnl. *Hufen*, in: FS Horst, S. 85, 94; *Spaeth,* Grundrechtseingriff, S. 30.

238 *Gramm,* Der Staat 30 (1991), S. 51, 52.

239 *Hufen*, in: FS Horst, S. 85, 94.

240 BVerfGE 128, 226, 245.

241 BVerfGE 128, 226, 245.

242 BVerfGE 128, 226, 245.

243 *V. Danwitz,* Verfassungsfragen, S. 117.

Des Weiteren dürften die Erwartungen der Informationsempfänger auf eine neutrale und sachlich kommunizierte Information gerichtet sein.[244] Die Neutralitätspflicht des Staates – hergeleitet aus Art. 3 Abs. 1 GG –[245] schließt sowohl die Auswahl der zur Verfügung gestellten Informationen als auch den Schutz vor Manipulation mit ein.[246] Im Vergleich zu privaten Informationen sind staatliche Informationen neutraler und objektiver gehalten.[247] Zudem dürfte der Informationsempfänger davon ausgehen, dass die Information auf einer „breite[n] und fundierte[n] Wissensbasis" fußt und deshalb die Richtigkeit der Information erwarten.[248] Es spricht daher vieles dafür, sich als Bürger bevorzugt über staatliche Quellen zu unterrichten und diesen Informationen mehr Glauben zu schenken als Informationen von privaten Anbietern.[249]

Diese Einschätzung wird gestützt durch den folgenden Vergleich: Es ist gemeinhin bekannt, dass diverse Online-Shops Produktbewertungen anzeigen. *Domma* hat im Rahmen seiner Dissertation an der Universität des Saarlandes die Wirkungsbeziehungen der Bewertungen auf das Konsumverhalten der Kunden analysiert und ist dabei zu signifikanten Unterschieden gekommen, je nachdem wer Urheber der Bewertung gewesen ist.[250] Er unterschied zwischen Bewertungen von Händlern bzw. Herstellern, von anderen Konsumenten und von neutralen, dritten Quellen. Auch wenn die Untersuchungssituation mit der vorliegenden Situation in weiten Teilen nicht vergleichbar ist, so lässt sich doch exzerpieren, dass Informationen aus einer glaubwürdigen Quelle als nützlicher wahrgenommen werden.[251] Glaubwürdig bedeutet dabei in erster Linie, dass die Quelle der Bewertung als uneigennützig und nicht-kommerziell eingestuft wird. Neben der Nütz-

---

244 Vgl. *Uddin*, in: Voit/Dabrock/Ried/Uddin (Hrsg.), Adipositasprävention, S. 87: „Der Informationsadressat erwartet ein hohes Maß an Objektivität und Seriosität." S. auch *Czerwick,* DÖV 1997, S. 973, 982 sowie *Schnall*, in: Streinz (Hrsg.), LebensmittelR, III D, Rn. 200.

245 Vgl. nur *Gusy,* NJW 2000, S. 977, 986.

246 *Schmidt-Aßmann,* Ordnungsidee, S. 283.

247 Vgl. auch *Seemann,* ProduktInfo, S. 146.

248 *Uddin*, in: Voit/Dabrock/Ried/Uddin (Hrsg.), Adipositasprävention, S. 87.

249 Für eine höhere Gewichtung von Informationen staatlicher Herkunft auch *Schnall*, in: Streinz (Hrsg.), LebensmittelR, III D, Rn. 200.

250 *Domma,* Web 2.0, S. 303., Tab. 37.

251 Signifikant ist der Unterschied insbesondere im Hinblick auf die Vergleichsgruppe Konsumentenbewertung/Händlerbewertung, nicht signifikant in Bezug auf die Bewertung externer Dritter/Händler, vgl. *Domma,* Web 2.0, S. 303 Tab. 37.

lichkeit spielt bei *Domma* der Faktor Risikominimierung eine große Rolle. Das vom Kunden wahrgenommene Risiko ist am geringsten, wenn ein externer Dritter Quelle der Bewertung ist.[252]

V. Chancen und Risiken

Informationen haben mehrere Dimensionen. Sie bergen einerseits Risiken, z. B. für die Privatsphäre, den Datenschutz und den Schutz der Betriebs- und Geschäftsgeheimnisse. Andererseits bieten sie aber auch Chancen. Zum einen für den Bürger, der in die Lage versetzt wird, aufgeklärt und informiert am täglichen Geschehen teilzuhaben und Entscheidungen wohlüberlegt in eigener Verantwortung treffen zu können, als auch für den Staat selbst, der mit den von ihm veröffentlichten Informationen Entscheidungen transparenter machen und dadurch die Basis für die Akzeptanz seiner ggfs. kontroversen Politik in der Bevölkerung schaffen kann.[253] Mit dieser Funktion der Akzeptanzsicherung geht noch eine zweite Funktion einher: die Risikominimierung. Die hoheitliche Informationsgewährung schafft die Voraussetzungen für einen strukturierten Umgang des Bürgers mit erlaubten Risiken, also mit solchen, deren Beherrschung nicht staatlicherseits rechtlich erzwingbar und gesetzlich normiert ist, sondern alleine vom Bürger selbst abhängt.[254] Ein weiterer Zweck, nun jenseits erlaubter Risiken, kann darin liegen, die Informationssubjekte durch einen faktisch-ökonomischen Druck rechtlichen Anforderungen zu beugen.[255]

---

252 *Domma,* Web 2.0, S. 300 bezogen auf das sog. Suchgut. Der Begriff „Suchgut“ stammt aus der Haushaltstheorie und meint ein Gut, „bei dem der Haushalt durch Informationssuche schon vor dem Kauf Kenntnisse über die Qualität erlangen kann“, vgl. Gabler Wirtschaftslexikon, Stichwort „Suchgut“ http://wirtschaftslexikon.gabler.de/Archiv/9681/suchgut-v 7.html, zuletzt geprüft am 27.10.2014. Zur Einteilung der Betriebswirtschaftslehre in Such-, Erfahrungs- und Vertrauensgut s. *Heck,* LebensmittelR, S. 88 ff.; s. ferner *Emmerich,* Wettbewerb, 14 Rn. 28.

253 Ähnl. *Klein,* Umweltinformation, S. 79; *Kloepfer,* Lenkungsmittel, S. 7.

254 So für Instrumente indirekter Verhaltenssteuerung im Allgemeinen *Franzius,* Verhaltenssteuerung, S. 95; *Klein,* Umweltinformation, S. 80 für Umweltinformationen im Besonderen.

255 So im Zusammenhang mit der Verordnung Nr. 1836/93 des Rates v. 29.6.1993, ABl. EG Nr. L 168, S. 1 ff. *Franzius,* Verhaltenssteuerung, S. 98 f.

Kapitel 3: Staatliches Informationshandeln

A. Wandel des Staatsbilds

> *„[E]s ist der Gang Gottes in der Welt, daß der Staat ist: sein Grund ist die Gewalt der sich als Wille verwirklichenden Vernunft.“*[256]

Das Verhältnis von Staat und Gesellschaft hat sich seit dem Ausspruch *Hegels,* der mit der dualistischen Sichtweise die absolute Trennung von Staat und Gesellschaft propagierte, stark gewandelt.[257] Dieses Verständnis, das zunächst die Zeit der konstitutionellen Monarchie im deutschen Kaiserreich prägte, ist mit unserem heutigen Demokratieverständnis nicht mehr in Einklang zu bringen.[258] Noch bis in die 1970er Jahre ging man von dem Leitbild der hoheitlichen Verwaltung aus, erst danach kann man eine aktivere Mitwirkung des Bürgers am Verwaltungsgeschehen feststellen.[259] Der Begriff des „kooperativen Staates“ fand sodann in den 1980er Jahren Eingang in die deutsche Staatstheorie.[260] Grundelement dessen ist nicht länger einseitiges, sondern wechselseitiges Handeln im Sinne einer „nicht-linearen Einflussnahme zwischen autonomen Kommunikationssystemen“.[261] Der Staat tritt immer seltener als „autoritär-zwingender Staat“ in Erscheinung und begreift sich zunehmend als „kooperierend-informie-

---

256 *Georg Wilhelm Friedrich Hegel* (1770–1831); zitiert nach *Hartmann,* Philosophie, S. 534.

257 Zum Dualismus von Staat und Gesellschaft aus Sicht von *Hegel* und *Lorenz von Stein* s. *Würtenberger,* S. 175 ff. Zur Unterscheidung zwischen Staat und Gesellschaft mit den zum Meinungsstand vertretenen Theorien *Kahl,* JURA 2002, S. 721, 722 ff.

258 *Stolleis*, in: Hoffmann-Riem/Schmidt-Assmann/Voßkuhle (Hrsg.), GVwR Bd. 1, S. 65, Rn. 120 f.; s. auch *Kaiser,* Kommunikation, S. 43.

259 *Scherzberg,* Öffentlichkeit, S. 17 und 141 ff.; s. auch *Kaiser,* Kommunikation, S. 40. Laut *Schulte,* Verwaltungshandeln, S. 2 hat der Wandlungsprozess gerade in den 1970er und 80er Jahren eine Intensivierung erfahren.

260 *Martin,* Steuerungskonzept, S. 22 m.w.N.

261 *Scherzberg,* Öffentlichkeit, S. 141. Die Kommunikation an sich ist indes keine neue Staatspraxis. Dementsprechend heißt es bei *Cancik,* Verwaltung, S. 12 f.: „Herrschaftspraxis, Rechtspraxis und Verwaltungspraxis wird schon immer in Kommunikationsvorgängen faßbar. Sobald es einen Staat gibt, kommuniziert dieser auch.“

render Staat".[262] Im Rahmen der Aktivinformationen verlassen die Behörden nun ihre passive Rolle (Information nur auf Antrag) und werden mit Blick auf das „Ob" und das „Wie" der Informationsveröffentlichung aktiv tätig.[263]

B. Informales Verwaltungshandeln

„Alles Recht zielt auf Wirksamkeit."[264]

Die Verwaltung besitzt grundsätzlich verschiedene, gesetzlich vorgesehene Möglichkeiten zu handeln. Diese werden mittels der Handlungsformenlehre, die zwischen den generellen Formen der Einzelakte differenziert,[265] kategorisiert.[266] Weder § 35 VwVfG noch § 9 VwVfG begründen einen Numerus clausus öffentlich-rechtlicher Handlungsformen,[267] weshalb sich neben dem VwVfG weitere Handlungsformen entwickeln können.[268] Zudem kann die Bedeutung bereits bekannter, im VwVfG nicht angesprochener Handlungsformen verändert werden.[269]

---

262 *Raspé,* BLJ 2013, S. 8, 8 f. S. auch *Schoch,* in: Isensee/Kirchhof (Hrsg.), Hdb StaatsR III, § 37 Rn. 30 nach dem sich der Staat vom „normierenden" zum „paktierenden" Staat wandelt.

263 Zu diesem „Positionswechsel" der Behörden auch *Grube/Immel/Wallau,* VerbraucherInfoR, Teil E Rn. 2.

264 *Schmidt-Aßmann,* Ordnungsidee, S. 18.

265 Auch der Plan wird z. T. als Handlungsform aufgeführt, seine Kategorisierung ist aber schwierig, vgl. *Köck,* in: Hoffmann-Riem/Schmidt-Aßmann/Voßkuhle (Hrsg.), GVwR Bd. 2, § 37 Rn. 20 ff.

266 Zu der Zeit *Otto Mayers* war der Verwaltungsakt faktisch die einzige maßgebliche Handlungsform. Mittlerweile stellt § 9 VwVfG Verwaltungsakt und Verwaltungsvertrag auf eine Stufe. Näher dazu s. *Schmidt-Aßmann,* DVBl. 1989, S. 533, 535.

267 *Maurer,* Allg VwR, § 15 Rn. 19; *Sodan/Ziekow,* GK ÖR, § 73 Rn. 1; *Spaeth,* Grundrechtseingriff, S. 38; *U. Stelkens*, in: Stelkens/Bonk/Sachs, VwVfG, § 35 VwVfG Rn. 8; *Wolff/Bachof/Stober/Kluth,* VerwR I, § 44 Rn. 11.

268 So sollten etwa §§ 34 ff. UGB-KomE für den Umweltbereich neue konsensuale Handlungsformen schaffen, vgl. hierzu UGB-KomE, S. 506 ff.; s. auch *Schendel,* NVwZ 2001, S. 494, 494 ff. zu Selbstverpflichtungserklärungen der Industrie.

269 So sind etwa Information und Beratung als Gestaltungs- und Lenkungsmittel nach Erlass des VwVfG deutlich aufgewertet worden, vgl. *U. Stelkens*, in: Stelkens/Bonk/Sachs, VwVfG, § 35 VwVfG Rn. 8.

Die Möglichkeiten der Verwaltung, wie sie ihrem Gestaltungsauftrag nachkommen kann, sind stetig im Wandel begriffen.[270] Wesentlicher Bestandteil dieses Wandels ist der Bedeutungszuwachs des informellen bzw. informalen[271] Verwaltungshandelns, d. h. derjenigen Verhaltensweisen, die nicht Teil der formellen Ordnung von Entscheidungsprozessen sind.[272] Kennzeichen des informalen Verwaltungshandelns sind insbesondere seine „Unverbindlichkeit" sowie die „[r]echtliche Nichtregulierung".[273]

I. Herkunft und Entwicklung

Die Idee des informalen Verwaltungshandelns existiert bereits seit dem 19. Jahrhundert.[274] Zu dieser Zeit kam es jedoch vorwiegend auf lokaler Ebene zur Anwendung und schien aufgrund der fehlenden Rechtswirkung wenig bedeutungsvoll.[275] Dem geschuldet blieb das informelle Vorgehen staatlicher Stellen über lange Zeit im Hintergrund des Verwaltungsrechts. Das Anerkennen des Informellen als eigenständige Kategorie erforderte zunächst „eine gewisse Konsolidierung der Lehre von den formellen Handlungsformen der Verwaltung", die erst mit Inkrafttreten der Verwaltungsverfahrensgesetze beendet war.[276]

In den Mittelpunkt der rechtswissenschaftlichen Thematisierung rückte das informale Handeln schließlich in den 1970er Jahren, als offenbar wurde, dass der Sozialstaat nicht alle Aufgaben mit den traditionellen ord-

---

270 *Scherzberg,* Öffentlichkeit, S. 17.

271 Die Begriffe sind bedeutungsgleich, vgl. *Fehling*, in: Hoffmann-Riem/Schmidt-Aßmann/Voßkuhle (Hrsg.), GVwR Bd. 2, § 38 Rn. 1 und auch *Spaeth,* Grundrechtseingriff, S. 37.

272 *Bohne,* VerwArch 75 (1984), S. 343, 344; *Philipp,* Verbraucherinformation, S. 10.

273 *Bohne,* VerwArch 75 (1984), S. 343, 344; *Philipp,* Verbraucherinformation, S. 11; *Sodan/Ziekow,* GK ÖR, § 73 Rn. 4.

274 So *Fehling*, in: Hoffmann-Riem/Schmidt-Aßmann/Voßkuhle (Hrsg.), GVwR Bd. 2, § 38 Rn. 21. m.w.N., der hierfür als Beispiel die Durchsetzung von Arbeitsschutzbestimmungen durch sog. Fabrikinspektoren nennt. Ausführlich zu kooperativem Verwaltungshandeln der Gewerbeaufsicht (Fabrikinspektion) im 19. Jahrhundert s. *Treiber*, in: Dose/Voigt (Hrsg.), Recht, S. 65 ff.

275 *Fehling*, in: Hoffmann-Riem/Schmidt-Aßmann/Voßkuhle (Hrsg.), GVwR Bd. 2, § 38 Rn. 21.

276 *Fehling*, in: Hoffmann-Riem/Schmidt-Aßmann/Voßkuhle (Hrsg.), GVwR Bd. 2, § 38 Rn. 1.

nungsrechtlichen Instrumenten würde bewältigen können.[277] Es entstand die Idee, den „kooperativen Staat" zum Lösungsansatz für die Problemstellung „wachsende Staatsaufgaben – sinkende Steuerungsfähigkeit des Rechts" zu machen.[278] Der kooperative Staat ist in diesem Sinne ein Gegenentwurf zu dem einseitig regulierenden, hoheitlichen Staat.[279]

In weiten Teilen des Verwaltungshandelns, insbesondere im Rahmen der sog. Massenverwaltung, ist das traditionelle Modell einseitig-hoheitlicher Entscheidungen noch immer sinnvoll.[280] Daneben aber gewinnen die Bereiche zunehmend an Bedeutung, in denen informales Verwaltungshandeln im Mittelpunkt steht.[281] *Schuppert* spricht gar von einem „Megatrend" der Informalisierung staatlichen Handelns.[282] Es entwickeln sich mehr und mehr „neue Phänomene", die die klassischen Ordnungsinstrumente des Verwaltungshandelns überlagern, ergänzen oder gar ablösen.[283] Mit den Worten von *Kirchhof* „erteilt [der Staat] nicht Weisungen, sondern

---

277 *Fehling*, in: Hoffmann-Riem/Schmidt-Aßmann/Voßkuhle (Hrsg.), GVwR Bd. 2, § 38 Rn. 2.

278 Die Terminologie geht zurück auf *Grimm,* Wachsende Staatsaufgaben – sinkende Steuerungsfähigkeit des Rechts. Vgl. auch *Fehling*, in: Hoffmann-Riem/Schmidt-Aßmann/Voßkuhle (Hrsg.), GVwR Bd. 2, § 38 Rn. 2 sowie *Franzius,* Verhaltenssteuerung, S. 70 ff. In diese Richtung auch *Kahl,* Die Verw. 42 (2009), S. 463, 489 und *Schoch*, in: Isensee/Kirchhof (Hrsg.), Hdb StaatsR III, § 37 Rn. 30. *Masing* sieht Publizität in diesem Zusammenhang als wichtiges Ziel an, verweist aber auch darauf, dass Informationen politische Entscheidungen nicht ersetzen könnten, vgl. *Masing,* VVDStRL 63 (2004), S. 377, 427 f. Nach *Kirchhof,* Verwalten, S. 1 ist „die Verwaltung [beauftragt], die rechtsstaatlichen Erschwerungen des Verwaltens nicht zu einem Hindernis für Sachgerechtigkeit werden zu lassen."

279 *Martin,* Steuerungskonzept, S. 22; vgl. auch *Kirchhof,* Verwalten, S. 1.

280 *Hoffmann-Riem*, in: Hoffmann-Riem/Schmidt-Assmann (Hrsg.), Konfliktbewältigung Bd. 1, S. 13, 15. Zum Verwaltungsakt als Mittelpunkt der Dogmatik s. *Philipp,* Verbraucherinformation, S. 13. Der Verwaltungsakt ist auch heute noch das häufigste und zugleich wichtigste Handlungsinstrument, s. *Bull/Mehde,* Allg VwR, Rn. 679; *Ruffert*, in: Erichsen/Ehlers (Hrsg.), Allg VwR, § 21 Rn. 1; *Kopp/Ramsauer,* VwVfG, 35 Rn. 36; *Wolff/Bachof/Stober/Kluth,* VerwR I, § 45 Rn. 1.

281 *Hoffmann-Riem*, in: Hoffmann-Riem/Schmidt-Assmann (Hrsg.), Konfliktbewältigung Bd. 1, S. 13, 15. Dies betrifft insbesondere Bereiche, in denen die Verwaltung auf der Gegenseite mit speziellem Erfahrungs- oder Risikowissen konfrontiert ist, wie z. B. in der Wirtschaftsförderung oder der Umwelt- und Energiepolitik, s. dazu *Scherzberg,* Öffentlichkeit, S. 141 f.

282 *Schuppert*, Rechtsstaat, S. 15.

283 *Song,* Verwaltungshandeln, S. 1 mit dem Hinweis darauf, dass kooperatives Verwaltungshandeln insbesondere durch die „stürmische Entwicklung des Umweltrechts mächtigen Auftrieb erhalten hat".

verursacht real Wirkungen. Das Verwalten wird unauffälliger, rücksichtsvoller, differenzierter."[284] Ausgelöst haben diesen Wandel v. a. umweltrechtliche Vollzugsdefizite[285] insbesondere im Immissions- und Wasserschutzrecht; effektivstes Mittel für den behördlichen Vollzug waren hier Vereinbarungen mit den betroffenen Unternehmen in Form von informellen Vollzugsgeschäften.[286] Hintergrund dessen waren die geänderten dogmatischen Sichtweisen, zum einen betreffend die Aufwertung des Verfahrensgedankens, ausgelöst durch die Rechtsprechung des BVerfG zum Grundrechtsschutz durch Verfahren,[287] zum anderen betreffend die Erweiterung des Eingriffsbegriffs auf rechtlich unverbindliches Handeln.[288]

II. Informationshandeln als informales Handeln

Wenn von informalem Handeln des Staates die Rede ist, so besteht die Versuchung, darunter ausschließlich kooperatives und konsensuales Verwaltungshandeln zu verstehen.[289] Daneben könnte aber auch das staatliche Informationshandeln Teil des informalen Handelns sein. Eine Information ist indes nicht gleich informal. Für die Unterscheidung zwischen formalem und informalem Handeln ist entscheidend, dass zwischen Informatio-

---

284 *Kirchhof,* Verwalten, S. 1.

285 *Schuppert*, Rechtsstaat, S. 36. Nach *Engel*, in: Ladeur (Hrsg.), Regulierung, S. 23, 32 beschreibt die deterministische Steuerungstheorie Vollzugsdefizite als „[e]mpirische Abweichungen". Er plädiert für den flexibleren, probabilistischen Steuerungsansatz, der nicht mit klar definierten Größen, sondern mit Wahrscheinlichkeiten arbeitet, s. a.a.O. (S. 32) auch Fn. 34. Zur Unterscheidung von Vollzugs- und Zielerreichungsdefizit s. *Tolkmitt,* Instrumente, S. 63.

286 *Fehling*, in: Hoffmann-Riem/Schmidt-Aßmann/Voßkuhle (Hrsg.), GVwR Bd. 2, § 38 Rn. 2. Der Grund für die Vollzugsdefizite liegt u. a. darin, dass im Umweltrecht keine Individualinteressen, sondern Allgemeininteressen betroffen sind, die weniger und schwächere Fürsprecher haben, wie *Tolkmitt,* Instrumente, S. 65 zutreffend feststellt.

287 Wegweisend BVerfGE 53, 30 ff.: Im „Mühlheim-Kärlich-Beschluss" betonte der erste Senat, dass Grundrechtsschutz weitgehend auch durch die Gestaltung von Verfahren zu bewirken sei. Die Grundrechte beeinflussten nicht nur das gesamte materielle, sondern auch das Verfahrensrecht, soweit dies für einen effektiven Grundrechtsschutz von Bedeutung sei.

288 *Fehling*, in: Hoffmann-Riem/Schmidt-Aßmann/Voßkuhle (Hrsg.), GVwR Bd. 2, § 38 Rn. 3.

289 Ausf. *Schuppert,* Verwaltungswissenschaft, S. 235 ff.; *Maurer,* Allg VwR, § 15 Rn. 16.

nen mit Steuerungsanspruch (formal) und Informationen mit Steuerungserwartung (informal) differenziert wird.[290] Dementsprechend ist die Steuerungswirkung von aktiven Publikumsinformationen näher zu untersuchen.

1. Steuerungswirkung – Das „erwünschte" Verhalten

Information ist kein Selbstzweck. Ruft man sich die oben genannte datenschutzrechtliche Definition der Information ins Gedächtnis, so fällt das darin vorausgesetzte Merkmal des *Einflusses* des mitgeteilten Sachverhalts *auf das Verhalten oder den Zustand* des Empfängers auf. In der Definition findet sich folglich ein Anknüpfungspunkt für die Einordnung der Information als Lenkungsmittel,[291] oder zurückhaltender formuliert, die „Anbindung an steuerungstheoretische Überlegungen".[292]

Eine Information, die zwar nicht gebietet oder verbietet, die aber negative oder positive Anreize setzt, kann auf die Motivation der Betroffenen einwirken und so in Form eines indirekten Steuerungsmittels ein bestimmtes Verhalten hervorrufen.[293] Anstelle einer „imperativen Einwirkung" tritt somit eine „influenzierende Einwirkung".[294] Dem Staat geht es an dieser Stelle um einen „tatsächlichen Erfolg im Meinungsbildungsprozess".[295] Mit den Worten von *Gramm* schiebt sich „zwischen das rechtlich nicht vorgeordnete freie Wollen und das die individuelle Handlungsfreiheit beschränkende rechtliche Dürfen im Feld des rechtlich Erlaubten unwillkürlich ein Drittes: die staatlicherseits empfohlene und erwünschte Freiheitsausübung".[296]

Im Kern geht es also darum, den Informationsempfängern durch die Darstellung eines bestimmten Sachverhalts Problembewusstsein zu vermitteln und ihnen, in einem zweiten Schritt, durch eine bereits vorgenom-

---

290 *Schoch*, in: Isensee/Kirchhof (Hrsg.), Hdb StaatsR III, § 37 Rn. 26.

291 So der Vortragstitel von *Kloepfer*, Lenkungsmittel.

292 *Hoffmann-Riem*, in: Hoffmann-Riem/Schmidt-Aßmann (Hrsg.), Informationsgesellschaft, S. 9, 12 f.

293 *Kloepfer*, Lenkungsmittel, S. 8; s.a. *Gusy*, DVBl. 2013, S. 941, 943.

294 *Kloepfer*, Informationsrecht, § 5 Rn. 23.

295 So *Schnall*, in: Streinz (Hrsg.), LebensmittelR, III D, Rn. 200 mit dem Hinweis, dass dieser Erfolg ohne ein vorgeschaltetes und möglicherweise langwieriges Verfahren erreicht werden kann.

296 *Gramm*, Der Staat 30 (1991), S. 51, 67; vgl. auch *Franzius*, Verhaltenssteuerung, S. 106.

mene Bewertung des Sachverhalts, die Lösung dieses Problems – im Sinne des staatlichen Steuerungsziels – zu erleichtern.[297] Steuerung meint dabei aber nicht die lineare Kausalität von Information und Wirkung,[298] sondern vielmehr das Herbeiführen von Wirkungen in sozialen Prozessen.[299] Kennzeichen ist damit das Anknüpfen an eine Steuerungsabsicht,[300] nicht jedoch an einen Steuerungserfolg.[301] Entscheidend ist, dass die Unsicherheit bzw. Ungewissheit in Bezug auf das Eintreten einer gewissen Folge ein wesentliches Kennzeichen der indirekten Steuerung ist.[302] So lässt sich nicht treffsicher vorhersagen, ob überhaupt und wenn ja, welche Wirkung eine Information haben wird.[303] Maßgeblich hierfür sind eine Reihe externer Faktoren wie der Kontext, in dem die Angaben gemacht werden, generell die aktuelle öffentliche Meinung und individuell der „Verstehenshintergrund" und das „Weltbild" des Informationsadressaten.[304] Wegen dieser möglichen differenzierten Reaktion der Informationsempfänger ist die indirekte Steuerung an sich „freiheitsschonend".[305]

---

297 *Scherzberg,* Öffentlichkeit, S. 198.

298 Klarstellend in diesem Sinne *Hoffmann-Riem,* in: Hoffmann-Riem/Schmidt-Aßmann (Hrsg.), Informationsgesellschaft, S. 9, 13. Nach *Holzner,* NVwZ 2010, S. 489, 492 ist die Wirkung unkalkulierbar, ähnl. *Schoch,* in: Isensee/Kirchhof (Hrsg.), Hdb StaatsR III, § 37 Rn. 92.

299 *Schmidt-Aßmann,* Ordnungsidee, S. 19 ff.

300 Die *Absicht* der Steuerung ist nicht als subjektives Merkmal zu verstehen, sondern als finales Begriffsmerkmal, das – ähnlich dem „objektivierten Willen des Gesetzgebers" – im übertragenen Sinne unabhängig von einer personenbezogenen Motivation ermittelt werden kann, vgl. *Wendt,* Gebühr als Lenkungsmittel, S. 22.

301 *Spaeth,* Grundrechtseingriff, S. 23.

302 *Hoffmann-Riem,* in: Hoffmann-Riem/Schmidt-Aßmann (Hrsg.), Informationsgesellschaft, S. 9, 13 sowie *Kloepfer,* Informationsrecht, § 5 Rn. 23 mit dem Hinweis, dass aus diesem Grund die Kennzeichnung gewisser Verhaltensweisen als erwünscht bzw. unerwünscht in den Fällen, in denen dem Staat verfassungsrechtliche Schutzpflichten zukommen, nicht ausreicht. Zutreffend auch *Schoch,* in: Isensee/Kirchhof (Hrsg.), Hdb StaatsR III, § 37 Rn. 92, nachdem die staatliche Information die „notwendige, aber noch nicht die hinreichende Voraussetzung" zur Erreichung des Ziels ist.

303 Nach *Spiecker gen. Döhmann,* in: Bartsch/Briner (Hrsg.), DGRI Jahrbuch, S. 39, 42 können die „Auswirkungen von Informationseingriffen regelmäßig nur prognostisch beschrieben werden".

304 *Bumke,* Die Verw. 37 (2004), S. 3, 8.

305 *Franzius,* Verhaltenssteuerung, S. 106.

Dennoch zielt staatliche mittelbare Einwirkung darauf ab, zu erreichen, dass der Bürger „[...] auch *ohne eine Rechtspflicht* seine Verhaltensweisen den Verhaltenserwartungen des Staates anpaßt".[306] Der Staat handelt also, wenn er sich unter Inanspruchnahme seiner besonderen Autorität an den Bürger wendet, mit Blick darauf, dass sich der Bürger entsprechend seiner Mitteilung „vernünftig verhalten" wird.[307] Sofern entsprechende gesellschaftliche Zwänge, wie bspw. eine zumindest grundlegend vergleichbare Hygienevorstellung betreffend lebensmittelverarbeitender Betriebe, vorhanden sind, setzt der Staat anstelle hoheitlichen Zwangs auf das Fruchtbarmachen derselben für seine Interessen.[308] Auf diese Weise kann auch der Druck, den das Verhalten der Öffentlichkeit auslöst, genutzt werden, um hoheitliche Vollzugsdefizite auszugleichen und andere Mechanismen wirksam zu implementieren.[309] Dass sich nicht alle Menschen entsprechend den gesellschaftlichen Zwängen verhalten, spricht indes nicht gegen diese Argumentation, sondern dafür, da die Steuerungswirkung gerade nur beabsichtigt und nicht sicher ist.

Die staatliche Steuerungsabsicht muss vor dem Hintergrund der Zurechenbarkeit eines Steuerungserfolgs zwingend ausschließen, dass der Adressat zwar so handelt, wie es von ihm erwartet wird, dies aber wegen der ihm gewährten Verhaltensalternativen als „eigenständige Drittursache" zu werten ist.[310] Entscheidendes Kriterium ist daher die Mittelbarkeit der hoheitlichen Einwirkung. Mittelbar bedeutet in diesem Zusammenhang, dass der Staat „den Erfolg seines Wirkens nicht eigenhändig [herbeiführt] [...], sondern [...] die Weitergabe von Verwaltungswirkungen um besserer Effektivität willen einem Betroffenen oder Dritten [überlässt]".[311] Das Stadium der Verhaltenssteuerung betrifft dabei nicht erst das „tatsächliche Verhalten" des Bürgers, sondern bereits vorher seine innere Willensentschließung.[312] Der Staat überlässt dem Bürger bei der indirekten Verhaltenssteuerung aber die Wahl zwischen den Verhaltensalternativen im Sinne

---

306 *Kirchhof,* Verwalten, S. 39; *Leidinger,* DÖV 1993, S. 925 spricht von der „Steuerung des Adressatenverhaltens in eine bestimmte Richtung".

307 *Spaeth,* Grundrechtseingriff, S. 162.

308 *Grube/Immel/Wallau,* VerbraucherInfoR, Teil E Rn. 5.

309 *Tolkmitt,* Instrumente, S. 115 f.

310 *Spaeth,* Grundrechtseingriff, S. 162.

311 *Kirchhof,* Verwalten, S. 6 f.

312 *Kirchhof,* Verwalten, S. 39.

eines Letztentscheidungsrechts,[313] d. h. er wählt zwischen verschiedenen, aber „gleichermaßen legalen (!) Verhaltensoptionen der Rechtsordnung aus".[314] Anders ausgedrückt, „der Staat verzichtet [...] auf die Illegalisierung von Verhaltensweisen und versucht beim Betroffenen eine bestimmte Verhaltensform als erwünscht anzuregen oder als unerwünscht zurückzudrängen."[315]

Der Freiheitscharakter der indirekten Steuerung stößt notwendig dort an seine Grenzen, wo dem Bürger keine Verhaltensalternativen mehr zur Verfügung stehen, also die einzige Verhaltensmodalität die staatlicherseits erwünschte Entscheidung ist.[316] Deshalb gilt es zu beachten, dass die indirekte Steuerung, anders als die direkte Steuerung, nicht die Frage zwischen rechtlich erlaubtem und rechtlich verbotenem Verhalten (im Prinzip auch eine Auswahlentscheidung mit dem Unterschied, dass bei der Wahl einer rechtlich verbotenen Verhaltensweise regelmäßig ein Nachteil in Form einer Buße oder Strafe eintritt), sondern zwischen erwünschtem und nicht oder weniger erwünschtem Verhalten betrifft.[317] Wenn man dies erkannt hat, erschließt sich, dass sich die rechtliche Beurteilung der direkten und indirekten Steuerung zwar in Nuancen, jedoch nicht grundlegend voneinander unterscheiden darf.[318] Indirektes Steuerungsinstrument ist – neben bspw. Subventionen und Abgaben, ökonomischen Instrumenten sowie Absprachen – auch die staatliche Informationstätigkeit.[319]

Konkret sieht der bunte Strauß staatlicher Handlungsmodalitäten vermehrt bewusstseinsbildende und -lenkende Maßnahmen in den Bereichen

---

313 *Franzius,* Steuerungsinstrumente, S. 2; *ders.,* Verhaltenssteuerung, S. 112; *Spaeth,* Grundrechtseingriff, S. 31.

314 *Kloepfer,* UmweltschutzR, S. 107, dies betonend auch *Franzius,* Verhaltenssteuerung, S. 95.

315 *Franzius,* Steuerungsinstrumente, S. 2. A.A. *Bumke,* Die Verw. 37 (2004), S. 3, 10, nach dem eine Ausrichtung an den Kategorien „erwünscht" und „unerwünscht" nicht erfolgt, wobei aber nicht ganz klar wird, ob *Bumke* wirklich diese Kategorien in Frage stellt, denn seiner Ansicht nach bringt der Staat zwar ein bestimmtes Unwerturteil zum Ausdruck, dies schließe aber „nicht zwangsläufig die Übernahme der Wertungen und die Anerkennung des Anreizes durch den Empfänger ein". Hier scheint *Bumke* die Einteilung in Kategorien mit der Erreichung einer Steuerungswirkung gleichzusetzen. Dem soll hier widersprochen werden.

316 *Franzius,* Verhaltenssteuerung, S. 106.

317 *Franzius,* Verhaltenssteuerung, S. 112; *Kloepfer,* Informationsrecht, § 5 Rn. 23.

318 *Franzius,* Verhaltenssteuerung, S. 113.

319 *Kloepfer,* Informationsrecht, 5 Rn. 24. Ausführlich zu Wirkungsweise und Rechtsstruktur von Subventionen *Kirchhof,* Verwalten, S. 371 ff.

vor, in denen der Bürger eine positive oder negative Konsumentscheidung in Bezug auf ein bestimmtes Produkt zu treffen vermag.[320] Die staatlichen Maßnahmen betreffen dabei insbesondere Bereiche, die jenseits des erzwingbaren Rechts im Feld sozialmoralischer und ethischer Überzeugungen beheimatet sind.[321] „Der Verpflichtungsgrund", so *Gramm*, „liegt allein in der Innensphäre des Menschen und ist deswegen [...] moralischer, nicht rechtlicher Natur."[322]

Die Erkenntnis aus dem vorstehend Gesagten ist nicht ohne Brisanz. Mit *Franzius'* Worten bedeutet dies: „Der Bürger kann den Staat durch legales Betragen allein nicht mehr auf Distanz halten."[323] Eine der wesentlichen Fragen wird daher im weiteren Verlauf dieser Arbeit sein, inwiefern durch die hoheitlichen Informationen grundrechtsrelevante Eingriffswirkungen ausgelöst werden, also der Bürger infolgedessen in der Lage ist, sich seiner Rechtsschutzmöglichkeiten zu bedienen.

2. Information als neue Handlungsform?

In Betracht käme, die Information wegen dieser Steuerungswirkung als gänzlich neue Handlungsform zu beschreiben. Dies überzeugt jedoch nicht,[324] denn Informationen aller Art sind seit jeher das Fundament juristischer Beurteilungen und Entscheidungen.[325] Mit den Worten von *Gramm* „besteht aller Anlaß, staatlichem Informationshandeln [...] einen eigenen

---

320 *Franzius,* Verhaltenssteuerung, S. 94.

321 *Franzius,* Verhaltenssteuerung, S. 94; *Gramm,* Der Staat 30 (1991), S. 51, 62. Als Beispiel für derartige Maßnahmen kommen Aufklärungskampagnen (Rauchen, HIV etc.) in Betracht, aber auch die Mehrweg-Kampagne (www.lets-go-mehrweg.de) oder die Kampagne für mehr Kinderfreundlichkeit (http://www.du-bist-deutschland.de/).

322 *Gramm,* Der Staat 30 (1991), S. 51, 62.

323 *Franzius,* Verhaltenssteuerung, S. 107.

324 Ebenso *Girnau/Sieber*, in: FS Horst, S. 241, 241; *Grube/Immel/Wallau,* VerbraucherInfoR, Teil B Rn. 2; *Ossenbühl,* NVwZ 2011, S. 1357, 1362; *Schoch*, in: Isensee/Kirchhof (Hrsg.), Hdb StaatsR III, § 37 Rn. 53. *Raspé,* BLJ 2013, S. 8, 8 bezeichnet die Verbraucherinformationen zutreffend als „jüngeres, aber keineswegs mehr neues Handlungsinstrument".

325 *Feik,* Kommunikation, S. 7; *Hoffmann-Riem*, in: Hoffmann-Riem/Schmidt-Aßmann (Hrsg.), Informationsgesellschaft, S. 9, 13.

Erklärungswert einzuräumen, auch wenn es sich dabei nicht um eine Größe innerhalb der Lehre von den staatlichen Handlungsformen handelt".[326]

Neu ist demnach nicht die Information als solche, sondern die Art ihres Einsatzes. Informationen werden immer häufiger im Vorfeld zu bzw. kumulativ mit den gewohnten ordnungsrechtlichen Instrumenten eingesetzt, z. B. um bereits im Vorhinein Verstöße gegen gesetzliche Vorschriften zu unterbinden.[327] Dabei ist wichtig, dass der Adressat der Information in der Regel nicht der potenzielle Gesetzesübertreter selbst ist. Vielmehr geht es um die mittelbare Einwirkung auf einen Dritten durch die Steuerung des Informationsadressaten, der dann ein bestimmtes Verhalten vornimmt oder unterlässt. Beispielhaft hierfür ist das Instrument des Pflege-TÜVs, bei dem die Verbraucher über die Qualität eines Pflegeheims mittels im Internet veröffentlichter Bewertungen der Medizinischen Dienste der Krankenversicherung informiert werden.[328] Bei der Lancierung dieser Informationen geht es dem Staat aber nicht mehr nur um Gefahrenabwehr, wie dies bei klassischen Warnungen der Fall war. Ziele der Informationen sind immer öfter Transparenz, Verbraucherinformation und Verbraucheraufklärung sowie das Anstoßen eines Qualitätswettbewerbes. Hintergrund dessen ist, dass Markttransparenz dazu beiträgt, dass die Informationsempfänger, sprich Verbraucher oder Konkurrenten, ihr Verhalten ändern und die Informationssubjekte sich dieser Änderung anpassen (müssen).[329]

Neben dieser vordergründigen Wirkung ist eine weitere, gewollte Nebenwirkung einzustellen. Die Informiertheit des Einzelnen erhöht die Akzeptanz von (Verwaltungs-)Entscheidungen und wirkt sich somit positiv auf die institutionelle Glaubwürdigkeit aus.[330] So soll bspw. mit § 40 Abs. 1a LFGB das – teilweise durch Lebensmittelskandale verlorengegangene – Vertrauen der Bürger in die Tätigkeit der Kontrollbehörden wiederhergestellt werden.[331] Der erhöhten Legitimität staatlicher Handlungen stehen die Verbesserungen der Ergebnisse staatlicher Handlungen gegen-

---

326 *Gramm,* Der Staat 30 (1991), S. 51.

327 *Ossenbühl,* NVwZ 2011, S. 1357, 1362.

328 S. Kap. 11, B.

329 *Schmidt-Aßmann,* Ordnungsidee, S. 13.

330 BT-Drs. 15/4493, S. 6; *Jauch,* DVBl. 2013, S. 16, 17; *Schmidt-Aßmann,* Ordnungsidee, S. 13; *Schoch,* IFG, Einl. Rn. 37 ff.; *Schomerus/Tolkmitt,* DÖV 2007, S. 985, 987.

331 S. Kap. 11, A I.

über. Erstere wird auch als „Input-Legitimität“, zweitere als „Output-Legitimität“ bezeichnet.[332]

3. Zwischenfazit

Das staatliche Informationshandeln, gerade auch in Form der Publikumsinformation, deren Steuerungswirkung zwar intendiert, die tatsächliche Erreichung des Steuerungsziels aber ungewiss ist, unterfällt damit dem informalen Staatshandeln.[333] Anders als die kooperativ ausgehandelten informalen Absprachen, die ebenfalls Teil des informalen Staatshandelns sind, ist das Informationshandeln ein einseitiger Akt des Staates.[334]

III. Kategorisierung der Informationsarten

Anknüpfend an den Adressatenkreis und den Grad der intendierten Steuerungswirkung lassen sich verschiedene Informationstypen herausformen.[335]

Unterschieden nach dem Adressatenkreis werden Informationen in individualbezogene und öffentlichkeitsbezogene Informationen unterteilt.[336] Die erste Gruppe, unter die behördliche Auskünfte (§ 25 VwVfG), Akteneinsichtsrechte (§ 29 VwVfG) und behördliche Beratung (z. B. § 2 der 9.

---

332 *Schulz,* VerwArch 104 (2013), S. 327, 330.

333 Ebenso die „ganzheitliche“ Betrachtung von *Schoch*, in: Isensee/Kirchhof (Hrsg.), Hdb StaatsR III, § 37 Rn. 26 f.

334 *Schoch*, in: Isensee/Kirchhof (Hrsg.), Hdb StaatsR III, § 37 Rn. 27.

335 Die folgenden Beschreibungen stellen nur „typisierende Umschreibungen“, nicht jedoch „dogmatische Kategorien oder Rechtsbegriffe“ dar, vgl. *Leidinger,* DÖV 1993, S. 925, 926. m.w.N., ebenso *Spaeth,* Grundrechtseingriff, S. 22 sowie *Uddin*, in: Voit/Dabrock/Ried/Uddin (Hrsg.), Adipositasprävention, S. 88 f.; in Bezug auf den Begriff der Publikumsinformation *Gramm,* Der Staat 30 (1991), S. 51, 53. S. auch den jungen Systematisierungsansatz von Publikumsinformationen bei *Schoch,* VBlBW 2014, S. 361, 363 ff., der zwischen Informationshandeln aufgrund Transparenzgesetzgebung, gesetzlicher Ermächtigung und Gesetzesakzessorietät unterscheidet und sodann die klassischen Unterscheidungen von Information in Warnung, Empfehlung etc. den verschiedenen Kategorien zuordnet.

336 *Kloepfer,* Lenkungsmittel, S. 11 f.; *Kloepfer,* Informationsrecht, § 10 Rn. 78 ff.

BImSchV) fallen,[337] spielt hier nur eine untergeordnete Rolle, da Publikumsinformationen[338] antragsunabhängig und damit öffentlichkeitsbezogen sind. Möglich ist aber, dass eine öffentlichkeitsbezogene Information ihren Ursprung in einer individualbezogenen Entscheidung hat. Innerhalb der zweiten Gruppe bietet sich eine Unterscheidung der einzelnen Informationstypen nach ihrem Zweck bzw. der „Intensität der intendierten Willensbeeinflussung“[339] an, die im Folgenden vorgenommen werden soll.

1. Aufklärungs- und Lenkungsfunktionen im weiteren Sinn

Geht es dem Staat nur um eine allgemeine Unterrichtung der Öffentlichkeit, so kann man von einer (amtlichen) *Berichterstattung* sprechen.[340] Beispiele hierfür sind turnusmäßig zu erstattende Statistikberichte (§ 5 Abs. 3 BStatG), Umweltzustandsberichte (§ 11 UIG) oder auch Tätigkeitsberichte einzelner Bundesbeauftragter (etwa § 26 Abs. 1 BDSG).[341]

Kommen zu dem Zweck der bloßen Unterrichtung der Öffentlichkeit im Weiteren die Zwecke der Akzeptanzsicherung und Konsensbildung hinzu, spricht man von klassischer *Öffentlichkeitsarbeit*.[342] Unter diesen Begriff werden Maßnahmen „der staatlichen Selbstdarstellung, Hinweise auf die Rechtslage und geplante Gesetzesvorhaben sowie die politische Bildung“ subsumiert.[343] Sie soll die Bürger informieren, das Handeln der

---

337 Ausf. *Kloepfer,* Lenkungsmittel, S. 11 f.; zu Auskunft und Beratung s. auch *Kloepfer,* Informationsrecht, § 10 Rn. 79; *Zumpe,* Öffentlichkeit, S. 30 f.

338 Zum Begriff der aktiven Publikumsinformation s. Kap. 1, C. S. ferner *Gramm,* Der Staat 30 (1991), S. 51, 53 f.; *Schoch,* AfP 2010, S. 313, 315.

339 *Kloepfer,* Lenkungsmittel, S. 16; ebenso *v. Danwitz,* Verfassungsfragen, S. 20.

340 *Schoch,* VBlBW 2014, S. 361, 364; *Kloepfer,* Informationsrecht, § 10 Rn. 80; *Kloepfer,* Lenkungsmittel, S. 12.

341 Zu diesen und weiteren Beispielen s. *Kloepfer,* Informationsrecht, § 10 Rn. 80; *Schoch,* in: Isensee/Kirchhof (Hrsg.), Hdb StaatsR III, § 37 Rn. 63.

342 *Kloepfer,* Lenkungsmittel, S. 13; *Müller,* Risikokommunikation, S. 107; *Philipp,* Verbraucherinformation, S. 2; *Spaeth,* Grundrechtseingriff, S. 25, mit dem wichtigen Hinweis, dass Akzeptanz nicht mit „unkritische[r] Staatsgesinnung“ verwechselt werden dürfe.

343 *Gramm,* Der Staat 30 (1991), S. 51, 63; s. auch *Schoch,* VBlBW 2014, S. 361, 366; *ders.*, in: Isensee/Kirchhof (Hrsg.), Hdb StaatsR III, § 37 Rn. 76. Zur Information im Vorfeld eines Volksentscheids als Öffentlichkeitsarbeit s. *Braun Binder*, in: Mörschel/Efler (Hrsg.), Demokratie, S. 161, 163 ff.

Regierung legitimieren und für sie werben.[344] Nach dem Bundesverfassungsgericht dient die Öffentlichkeitsarbeit dazu, „eine verantwortliche Teilhabe der Bürger an der politischen Willensbildung des Volkes“ zu ermöglichen, denn dies setzt voraus, dass „der Einzelne von den zu entscheidenden Sachfragen, von den durch die verfaßten Staatsorgane getroffenen Entscheidungen, Maßnahmen und Lösungsvorschlägen genügend weiß, um sie beurteilen, billigen oder verwerfen zu können“.[345] Nach dem BVerfG endet die zulässige Öffentlichkeitsarbeit dort, wo die Wahlwerbung beginnt.[346]

2. Aufklärungs- und Lenkungsfunktionen im engeren Sinn

Die hier entscheidende und auch konfliktträchtigste Gruppe,[347] die sog. *informationelle Steuerung,* bilden die Informationen, die über die Zwecke Unterrichtung und Akzeptanzförderung hinaus das Verhalten der Bürger beeinflussen sollen.[348] Im Unterschied zur Öffentlichkeitsarbeit wollen sie nicht nur über zurückliegendes oder künftiges Verwaltungshandeln infor-

---

344 *Bumke,* Die Verw. 37 (2004), S. 3, 12 m.w.N.; *Spaeth,* Grundrechtseingriff, S. 25. Neben Öffentlichkeitsarbeit der Regierung ist auch Öffentlichkeitsarbeit von Verwaltungsbehörden, Gerichten und gesetzgebenden Körperschaften zulässig, s. dazu *Schoch,* VBlBW 2014, S. 361, 366; *ders.*, in: Isensee/Kirchhof (Hrsg.), Hdb StaatsR III, § 37 Rn. 77 jeweils m.w.N.

345 BVerfGE 44, 125, 147.

346 Die Möglichkeit der Überschreitung der Grenzen zulässiger Öffentlichkeitsarbeit durch Wahlkampfauftritte reicht für eine Unzulässigkeit nicht aus, vgl. BVerfG, Beschluss v. 15.7.2014 – 2 BvE 2/14, juris, Rn. 8; BVerfGE 63, 230, 243; BVerfGE 44, 125, 150. Zur Äußerungsfreiheit des Bundespräsidenten im Verhältnis zum Recht auf Chancengleichheit der Parteien s. BVerfG, Urteil v. 10.6.2014 – 2 BvE 4/13, juris, Rn. 26 ff. Zur Wahlwerbung als Grenze der Öffentlichkeitsarbeit *Kloepfer,* Informationsrecht, § 10 Rn. 81; *Philipp,* Verbraucherinformation, S. 2; *Spaeth,* Grundrechtseingriff, S. 25.

347 Nach *Kloepfer,* Lenkungsmittel, S. 14 existiert zwischen den Lenkungsinformationen i.e.S. und i.w.S. noch eine dritte Gruppe, in welcher der Staat Werthaltungen, Verhaltensangebote und Verhaltensempfehlungen ausspricht. Diese vor allem an Kinder und Jugendliche gerichteten Informationen ließen sich mit dem Überbegriff *Erziehung* zusammenfassen.

348 *Kloepfer,* Lenkungsmittel, S. 14; *Müller,* Risikokommunikation, S. 107; *Schoch,* in: Isensee/Kirchhof (Hrsg.), Hdb StaatsR III, § 37 Rn. 79.

mieren, sondern stellen selbst das Verwaltungshandeln dar.[349] Sachliche Informationen werden mit hoheitlichen Wertungen verknüpft, so dass für ein bestimmtes Verhalten des Bürgers geworben wird, ohne dass dies zu erreichen rechtlich durchsetzbar wäre, da keine entsprechenden rechtlich verbindlichen Ge- oder Verbote existieren.[350]

Abhängig von der Art und Weise des gewünschten Lenkungserfolges bezeichnet man die informationelle Steuerung als Aufklärung oder Lenkungsinformation im engeren Sinne (i.e.S.).[351] Unter Letzterer versteht man „alle behördlichen Äußerungen von der Tatsachenbehauptung (z. B. Hinweis[352] auf Ungeeignetheit eines Produkts für einen bestimmten Zweck) über Werturteile (z. B. Einstufung eines Produktes als gefährlich) bis hin zu Verhaltensappellen (z. B. durch ausdrückliches Abraten vom Benutzen bestimmter Produkte für bestimmte Zwecke)“.[353]

Die graduellen Unterschiede der Lenkungsinformationen lassen sich beispielhaft an § 79 Abs. 2 WHG erläutern. Über abstrakte Hochwassergefahren ist die Bevölkerung zunächst nur aufzuklären. Darüber hinaus sind der Bevölkerung bestimmte Vorsorgemaßnahmen und Verhaltensweisen zu empfehlen. Vor einer konkreten Hochwassergefahr muss sodann rechtzeitig gewarnt werden. Die Übergänge zwischen Lenkungsinformationen im engeren und im weiteren Sinne sind im Grunde fließend: Je allgemeiner der gewünschte Lenkungserfolg, desto eher liegt nur eine Aufklärung

349 So *Philipp,* Verbraucherinformation, S. 2, 3 mit der Erläuterung, dass die Information der Öffentlichkeit bei der Öffentlichkeitsarbeit hinweggedacht werden könne, ohne dass dies Auswirkungen auf die Erfüllung der Aufgabe hätte. Bei Warnungen und Empfehlungen ist der Gang an die Öffentlichkeit hingegen selbst die Aufgabe. In diesem Sinne auch *Spaeth,* Grundrechtseingriff, S. 26.

350 *Kloepfer,* Lenkungsmittel, S. 14; *Schoch*, in: Isensee/Kirchhof (Hrsg.), Hdb StaatsR III, § 37 Rn. 54.

351 *Kloepfer,* Lenkungsmittel, S. 15; zu den unterschiedlichen Stufen der Aufklärung in Abhängigkeit von den Besonderheiten des jeweiligen Einzelfalls s. (mit Beispielen) *Kirchhof,* Verwalten, S. 41.

352 Es ist auch möglich, den „Hinweis“ als eigenständige Kategorie neben Warnung und Empfehlung zu verstehen. Kennzeichnend für einen Hinweis ist, dass er eine reine „Wissenserklärung in Bezug auf einen bestimmten Informationsgegenstand“ darstellt, vgl. dazu *Tremml/Nolte,* NJW 1997, S. 2265, 2266, s. auch *Müller,* Risikokommunikation, S. 108 und *Schoch*, in: Isensee/Kirchhof (Hrsg.), Hdb StaatsR III, § 37 Rn. 84 f. Da aber faktisch auch damit eine bestimmte Verhaltensweise günstiger dargestellt wird als eine andere, ist die Abgrenzung zur Empfehlung mitunter sehr schwierig, s. *Müller,* Risikokommunikation, S. 108.

353 *Kloepfer,* Lenkungsmittel, S. 16.

seitens des Staates vor und je konkreter das Lenkungsziel, d. h. je konkreter die erwünschte Verhaltensweise des Informationsadressaten, desto eher liegt eine Lenkungsinformation i.e.S. vor.[354]

a) Aufklärung

Die Aufklärung ist mehr als die reine Öffentlichkeitsarbeit, denn sie enthält neben der Mitteilung des Sachverhalts auch eine Bewertung desselben.[355] Entscheidend ist, dass es sich um generelle Empfehlungen, nicht aber um konkrete Vorschläge handelt.[356] Ein Beispiel ist der Aufruf des Bundeskartellamtes, den Stromanbieter zu wechseln. Der Präsident des Bundeskartellamtes sagte im November 2012: „Man kann gar nicht eindringlich genug an die Verbraucher appellieren, Preise zu vergleichen und von ihren Wechselmöglichkeiten Gebrauch zu machen."[357] Möglicherweise hatte dieser Aufruf einen unionsrechtlichen Hintergrund:[358] Die Europäische Kommission hatte in eben diesem Zusammenhang eine Woche zuvor in einer Mitteilung verlauten lassen, „die nationalen Energiebehörden werden aufgefordert, die Verbraucher zu informieren."[359] Der Aufruf des Präsidenten des Bundeskartellamtes ist, wie von der Europäischen Kommission vorgesehen, eine reine Aufklärungsinformation im oben beschriebenen Sinne. Gegenstand der Information ist nicht der konkrete Wechsel von oder zu einem bestimmten Anbieter, sondern nur der generelle Rat, die Preise zu vergleichen und sich der Option des Wechsels bewusst zu werden.

---

354 *Kloepfer,* Lenkungsmittel, S. 15.

355 *Gröschner,* DVBl. 1990, S. 619, 620 f.; *Schoch,* VBlBW 2014, S. 361, 364. Als Beispiele werden Appelle zu gesunder Ernährung, zu sportlichen Aktivitäten, zum Schutz vor übertragbaren Krankheiten oder zur Organspende genannt, vgl. *Kloepfer,* Lenkungsmittel, S. 15 sowie *Schoch,* a.a.O. Fn. 63.

356 *Gröschner,* DVBl. 1990, S. 619, 621; vgl. auch *Seemann,* ProduktInfo, S. 75.

357 *Kwasniewski,* Spiegel Online v. 23.11.2012, http://www.spiegel.de/wirtschaft/service/kartellamt-empfiehlt-wechsel-des-stromanbieters-wegen-hoher-preise-a-868828.html, zuletzt geprüft am 22.10.2014.

358 So heißt es in KOM(2012) 663 endgültig, S. 6, die Bürger seien „immer noch nicht umfassend für diese durch den Markt geschaffenen Möglichkeiten *[scil.: des Stromanbieterwechsels]* sensibilisiert […]".

359 KOM(2012) 663 endgültig, S. 9.

b) Empfehlung

Eine Empfehlung ist eine Lenkungsinformation i.e.S., die über die bloße Aufklärung hinausgeht, weil ihr bereits ein bestimmtes Verhalten zugrunde liegt, das als erwünscht oder empfehlenswert kategorisiert werden kann und auf dessen Befolgung sie hinwirken soll.[360] Sie ist meist positiver Natur, d. h. sie wirbt für die Vorzüge eines Produkts. Dabei belässt sie dem Adressaten die Entscheidung zwischen mehreren Verhaltensalternativen.[361] Das wertende Element solcher Informationen birgt Konfliktpotential hinsichtlich des Gebots neutraler und objektiver Amtsführung.[362] Ein klassisches Beispiel für eine Empfehlung ist das staatliche Biosiegel oder der „blaue Umweltengel".[363] Hiermit werden Produkte, die aus ökologischem Anbau stammen oder besonders umweltschonend sind, beworben.[364] Insbesondere aktive Umweltinformationen verfolgen damit meist eine pädagogische Zielrichtung.[365] Das BVerwG charakterisierte solche Produktinformationen zudem als „Akt[e] staatlicher Wirtschaftslenkung".[366] Mit dieser Aussage wird nicht nur die erste Folge der verhaltenslenkenden Wirkung bezogen auf den Adressaten der Information be-

360 *Kloepfer,* Informationsrecht, § 10 Rn. 82; *Ruffert*, in: Calliess/Ruffert (Hrsg.), EUV/AEUV, Art. 288 AEUV Rn. 96; *Schoch*, in: Isensee/Kirchhof (Hrsg.), Hdb StaatsR III, § 37 Rn. 87.

361 *Tremml/Nolte,* NJW 1997, S. 2265, 2266.

362 In seiner Entscheidung zur „Solarinitiative" hat der BGH WRP 2013, 491, 494 einen Verstoß gegen die Pflicht zur neutralen und objektiven Amtsführung bejaht, weil in einem amtlichen Schreiben die Zusammenarbeit mit einem einzelnen Unternehmen hervorgehoben wurde. S. dazu auch *Schoch,* VBlBW 2014, S. 361, 365.

363 *Gusy,* NJW 2000, S. 977, 986; *Kloepfer,* UmweltschutzR, S. 109. Allgemein zum Umweltzeichen s. *Philipp,* Verbraucherinformation, S. 39 ff., 233 ff. Zur europarechtlichen Problematik von Gütezeichen als unzulässige Werbung für ein Herkunftsland s. *Schoch,* VBlBW 2014, S. 361, 365 m.w.N.

364 Vgl. die Wikipedia-Artikel „Bio-Siegel" und „Blauer Engel", http://de.wikipedia.org/wiki/Blauer_Engel und http://de.wikipedia.org/wiki/Bio-Siegel, zuletzt geprüft am 10.6.2015. Zum „Blauen Engel" s. ferner *Klindt,* BB 1998, S. 545, 545 ff. Dazu und zum „CMA-Gütezeichen" *Schoch*, in: Isensee/Kirchhof (Hrsg.), Hdb StaatsR III, § 37 Rn. 61. Zur Werbung mit Gütesiegeln s. *Fischer,* WRP 2009, S. 408, 408 ff.

365 *Klein,* Umweltinformation, S. 78, der darauf hinweist, dass ihnen ferner eine partizipatorische Zielrichtung zukommt, die der "effektive[n] Wahrnehmung individueller Beteiligungsrechte" dient.

366 BVerwGE 71, 183, 190.

rücksichtigt. Weitergehend fließt hier auch die Steuerungswirkung ein, die, aufbauend auf der Verhaltensänderung der Rezipienten, die Wettbewerbssituation eines Unternehmens am Markt betrifft.

Ein Beispiel für eine Empfehlung lässt sich auf Unionsebene finden. Hier heißt es in Art. 30 Abs. 7 der Verordnung 1169/2011/EU,[367] die Kommission solle einen Bericht über „Trans-Fettsäuren in Lebensmitteln und in der generellen Ernährung der Bevölkerung der Union“ erstellen (S. 1). Aufgrund dieses Berichtes sollen sodann nach Satz 2 „die Auswirkungen geeigneter Mittel bewertet werden, die den Verbrauchern die Möglichkeit an die Hand geben könnten, sich für gesündere Lebensmittel und für eine gesündere generelle Ernährung zu entscheiden, oder mit denen ein größeres Angebot an gesünderen Lebensmitteln für die Verbraucher gefördert werden kann […]“. Dem Bericht hat die Kommission „gegebenenfalls einen entsprechenden Gesetzgebungsvorschlag bei[zufügen]“ (S. 3).

c) Warnung

Die in aller Regel negativ formulierte Warnung ist gekennzeichnet durch ihre Eignung, der gesetzlichen Aufgabe der Gefahrenabwehr zu dienen und stellt das stärkste Lenkungsmittel dar.[368] Sie ist als funktionales Äquivalent der Allgemeinverfügung nach § 35 S. 2 VwVfG zu werten.[369] Um ihren Zweck erfüllen zu können, muss sie konkret auf eine bestehende Gefahr für bestimmte Rechtsgüter hinweisen und den Adressaten der Warnung entweder aktiv zu einer Verhaltensänderung oder passiv zur Meidung eines bestimmten Verhaltens bewegen.[370] Die Warnung hat in der Regel zur Folge, dass dem Adressaten, will er sich nicht einem unvernünftigen

---

367 Verordnung EU/1169/2011 des Europäischen Parlaments und des Rates v. 25.10.2011, ABl. EU Nr. L 304, S. 18 ff.

368 *Bumke,* Die Verw. 37 (2004), S. 3, 12; *Müller,* Risikokommunikation, S. 107 f.; *Philipp,* Verbraucherinformation, S. 5 f.; *Tremml/Nolte,* NJW 1997, S. 2265, 2266. Da die Wirkungen aber schwer vorhersehbar sind, reichen sie von einer „relativen Wirkungslosigkeit“ bis hin zu „verbotsähnlichen Folgen“, s. *Käß,* WiVerw 2002, S. 197, 199.

369 *Schoch,* VBlBW 2014, S. 361, 365.

370 *Seemann,* ProduktInfo, S. 74; allgemein dazu auch *v. Danwitz,* Verfassungsfragen, S. 20; *Käß,* WiVerw 2002, S. 197, 198.

oder unkalkulierbaren Risiko aussetzen, nur eine, nämlich die staatlicherseits bevorzugte Verhaltensalternative verbleibt.[371]

Beispielhaft ist auf die Warnung des Gesundheitsministeriums Nordrhein-Westfalen (NRW) vor dem Verkauf und dem Handel mit der sog. E-Zigarette hinzuweisen.[372] Das OVG NRW führte bei seiner rechtlichen Bewertung aus, dass „die streitigen Äußerungen des Ministeriums wie ein Verbot wirken und das Ministerium die Wirkung auch angestrebt hat".[373] Die Einschätzung „wie ein Verbot" unterstreicht den enormen Wirkungsgrad staatlicher Warnungen. Erfahrungsgemäß weisen staatliche Warnungen einen hohen Akzeptanz- und Befolgungsgrad auf.[374] Sie haben regelmäßig ein größeres Gewicht und eine ausgeprägtere Wirkung auf die Informationsadressaten als Informationen aus privater Urheberschaft.[375]

d) Verhältnis von Warnung und Empfehlung

Die Abgrenzung zwischen Warnung und Empfehlung ist bisweilen schwierig und nicht immer trennscharf möglich. So wird die Empfehlung wegen ihrer Individualisierung, an der es der Aufklärungsarbeit gerade mangelt, auch häufig in einem Atemzug mit der Warnung genannt, wobei ihre verhaltenslenkende Wirkung hinter derjenigen der Warnung deutlich zurückbleibt.[376] Das größere Gewicht der Warnung liegt darin begründet, dass die Warnung im Zusammenhang mit bestehenden Gefahren ergeht

---

371 *Seemann,* ProduktInfo, S. 74; s. auch *Schoch,* in: Isensee/Kirchhof (Hrsg.), Hdb StaatsR III, § 37 Rn. 89. Nach *Tremml/Nolte,* NJW 1997, S. 2265, 2266 gibt es „faktisch keine vernünftige Handlungsalternative".

372 S. ausf. dazu Kap. 6, A II 8.

373 OVG NRW NVwZ 2012, 767, 768.

374 S. dazu *Schulte,* Verwaltungshandeln, S. 57, der als Beispiel die Empfehlung des Umweltbundesamtes vom 12.9.1984 anführt, in der die Verbraucher aufgefordert wurden, auf Waschverstärker zu verzichten. Dieser Aufforderung sei „von der Öffentlichkeit in weitem Umfang Folge geleistet worden". Weitere, damals in der Diskussion stehende staatliche Aufklärungsaktionen waren z. B. die Warnungen vor der Jugendsekte „Transzendentale Meditation", die Aufforderung, von der Nutzung gewässerbelastender Toilettensteine und WC-Reiniger abzusehen, die behördlichen Warnungen nach dem atomaren Unfall in Tschernobyl sowie die Glykol- und Flüssigei-Skandale, vgl. *Gröschner,* DVBl. 1990, S. 619 ff. S. in diesem Zusammenhang auch *Philipp,* Verbraucherinformation, S. 8 f., 232 f.

375 *Seemann,* ProduktInfo, S. 146; s. näher dazu Kap. 2, B IV 2.

376 *Seemann,* ProduktInfo, S. 75.

und ihre Befolgung daher in aller Regel auch im Interesse des Einzelnen liegt. Dennoch, und darauf weist *Kirchhof* zu Recht hin, können auch Empfehlungen mit den „entsprechenden materiellen Begleitregelungen" den Charakter eines „Druckmittels" oder einer Zwangsmaßnahme annehmen.[377] Die Grenzen von Warnung und Empfehlung sind an dieser Stelle fließend. So können auch Informationen, die keinen ausdrücklichen Appell zum Gegenstand haben, wie eine Warnung wirken.[378] Rät eine Behörde (negativ) dem Verbraucher bspw. davon ab, ein bestimmtes Lebensmittel zu verzehren, ohne ausdrücklich eine Warnung auszusprechen, so geht die Intention über eine reine (positive) Produktempfehlung hinaus und kann je nachdem, wie der Verbraucher die Information verstehen muss, eine Warnung darstellen.[379]

Festzuhalten ist, dass – auch wenn die Warnung zutreffend als stärkstes Lenkungsmittel gilt – der Wirkungsgrad einer Empfehlung nicht unterschätzt werden darf. Der Staat gibt durch seine Informationsmaßnahmen vor, ob er bestimmte Verhaltensweisen begrüßt oder als unerwünscht klassifiziert. Allein durch diese Einteilung der Verhaltensformen in „begrüßenswert" und „unerwünscht" trifft der Staat eine hinreichend deutliche Aussage darüber, „wie eine bestimmte rechtlich zulässige Handlungsalternative oder ein grundsätzlich verkehrsfähiges Produkt moralisch zu bewerten ist."[380] Daraus folgt, dass der Staat dem Bürger nicht nur durch die Informationsgewährung alle möglichen Verhaltensoptionen aufzeigen will. Vielmehr wird der Bürger in eine bestimmte Richtung gelenkt und beeinflusst, mit der Konsequenz, dass es „nicht mehr nur um Förderung der Eigenbestimmung der Verbraucher, sondern bereits um eine – freilich zurückhaltende – Form der Fremdbestimmung durch den Staat [geht]".[381]

377 *Kirchhof,* Verwalten, S. 42.
378 *Porsch,* ZLR 2003, S. 175, 176.
379 *Porsch,* ZLR 2003, S. 175, 176.
380 *Uddin*, in: Voit/Dabrock/Ried/Uddin (Hrsg.), Adipositasprävention, S. 86.
381 *V. Danwitz,* Verfassungsfragen, S. 121.

3. Einschub: Verhaltensökonomik

Damit gelangt man in den Bereich der Verhaltensökonomik.[382] Diesem Ansatz geht es, und insoweit betrifft er auch die Rechtswissenschaft, „um die Korrektur individueller Entscheidungen [...] durch paternalistische Eingriffe".[383] Man unterscheidet zwischen autoritärem und liberalem oder auch libertärem Paternalismus. Während die autoritäre Alternative vorgibt, was richtig und was falsch ist, d. h. dem Individuum von einer höheren Warte aus vorschreibt, was es zu wollen hat, will der liberale bzw. libertäre Paternalismus die Menschen im Bereich ihrer (Willens-)Schwächen von Verhaltensweisen abhalten, die „nicht ihrem eigenen besten und selbst definierten Interesse" entsprechen.[384] Man will die Menschen kurz gesagt dazu bringen, das zu tun, was sie selbst getan hätten, wären sie nicht von einer „Verhaltensanomalie fehlgeleitet" worden.[385] Mit diesem Ansatz gerät der Paternalismus notwendigerweise in Konflikt mit dem Selbstbestimmungsrecht.[386]

Bereits kleine Anreize, sog. nudges, reichen oftmals aus, das menschliche Verhalten zu steuern.[387] Das englische Verb „to nudge" bedeutet stoßen, schieben oder schubsen und wird auch mit dem Ausdruck „to nudge somebody in the right direction", d. h. jemandem in die richtige Richtung verhelfen, verbunden.[388] Dabei weiß der Bürger oft nicht einmal, dass er

382 Die Verhaltensökonomik („behavioral economics") bezeichnet nach *Schäfer/Ott*, in: FS Bull, S. 301, 303 „eine Forschungsrichtung und eine Anzahl von Forschungsergebnissen, die das ökonomische Rationalverhaltensmodell und die Ausrichtung der ökonomischen Theorie am homo oeconomicus durch empirische Untersuchungen in Frage stellen". S. zum europäischen Informationsmodell in der Zusammenschau mit der Verhaltensökonomik *Rehberg*, in: Eger/Schäfer (Hrsg.), Analyse, S. 284, 294 ff. Zum homo oeconomicus in der Rechtswissenschaft s. *Lüdemann*, in: Engel/Englerth/Lüdemann/Spiecker gen. Döhmann (Hrsg.), RuV, S. 7, 7 ff.

383 Sehr lesenswert dazu der Beitrag von *Schäfer/Ott*, in: FS Bull, S. 301, 303.

384 *Schäfer/Ott*, in: FS Bull, S. 301, 312 f.

385 *Schäfer/Ott*, in: FS Bull, S. 301, 313.

386 S. dazu *Heck*, LebensmittelR, S. 177 ff. mit (philosophischer) Einordnung des Paternalismus vor dem Hintergrund des heutigen Menschenbildes.

387 *Thaler/Sunstein*, Nudge, S. 12.

388 In den Kontext zur Verhaltensökonomik brachten diesen Begriff jüngst *Thaler/Sunstein*, Nudge; untersucht wurde ihre Wirkungsweise z. B. im Zusammenhang mit gesunder Ernährung, vgl. *Marteau/Hollands/Fletcher*, Science 2012, S. 1492 ff.

gerade „geschubst" wird, bspw. wenn das gesunde Essen in der Kantine auf Augenhöhe und das ungesunde Essen über oder unter der Linie des optimalen Blickwinkels platziert wird.[389] Diese kleine Anomalie reicht bereits aus, um eine Verhaltensänderung zu erreichen.[390] Eine solche Steuerung funktioniert indes nicht ausnahmslos, denn wir alle haben „heuristische Schwächen".[391] Das bedeutet, dass wir uns bei der Verarbeitung von Informationen irren (heuristischer Bias)[392], sei es, weil wir unsere systematischen Fähigkeiten überschätzen, uns widersprüchlich verhalten oder dem Status quo ein „unerklärlich hohes Gewicht" beimessen, mit der Folge, dass unsere Entscheidungen vom Rationalverhalten abweichen.[393] Dieser durchaus kontroverse sog. Behavioral-Economics-Ansatz, der oftmals auch als libertärer oder liberaler Paternalismus bezeichnet wird,[394] bedeutet eine Gratwanderung zwischen Anreiz und Manipulation.

Wichtig ist deshalb, zwischen dem „Schubsen" im Sinne der indirekten Verhaltenssteuerung und dem Aufbauen von Verhaltensdruck zu unterscheiden. Wie frei ist die Wahl wirklich zwischen den Handlungsalternativen und verbleibt das Letztentscheidungsrecht tatsächlich beim Bürger? Es existieren zwei Arten von indirekter Verhaltenssteuerung, die die Grenzen zu direkter Verhaltenssteuerung zu verwischen drohen: Möglich ist es zum einen, die Entscheidungsalternativen „bis auf eine verbleibende, nämlich die erwünschte Entscheidung" faktisch einzuschränken.[395] Andererseits kommt in Betracht, durch ökonomische Anreize Rechtsschutzverkür-

---

389 *Thaler/Sunstein,* Nudge, S. 9 ff.

390 Laut *Thaler/Sunstein,* Nudge, S. 9 kann der Verkauf von Speisen auf diese Weise um bis zu 25 % gesteigert werden. Der Einschätzung von *Schäfer/Ott*, in: FS Bull, S. 301, 320 f. zufolge ist diese Methode quasi das Ersetzen einer Verhaltensanomalie durch eine andere „[…] und gleichsam den Teufel mit dem Beelzebub auszutreiben".

391 *Schäfer/Ott*, in: FS Bull, S. 301, 304.

392 Laut *Schäfer/Ott*, in: FS Bull, S. 301, 319 ist z. B. die Ablehnung der Geschwindigkeitsbegrenzung auf deutschen Autobahnen auf einen heuristischen Bias (Stichwort Selbstüberschätzungsanomalie) in der Bevölkerung zurückzuführen, der über die Medien und die Politik eher verstärkt als korrigiert wird.

393 *Schäfer/Ott*, in: FS Bull, S. 301, 304.

394 S. dazu sowie zur aktuellen Entwicklung, die Erkenntnisse der behavioral economics auch für die Politik zu nutzen *Plickert/Beck,* FAZ v. 26.8.2014, http://www.faz.net/aktuell/wirtschaft/wirtschaftspolitik/kanzlerin-angela-merkel-sucht-verhaltensforscher-13118345.html, zuletzt geprüft am 26.8.2014.

395 *Franzius,* Steuerungsinstrumente, S. 3.

zungen und somit die schnellere Wirksamkeit von Maßnahmen zu erkaufen.[396]

IV. Zwischenfazit

Festzuhalten ist, dass die staatlichen Informationsmaßnahmen dem Bürger nicht nur positiv etwas anbieten, sondern gleichzeitig darauf gerichtet sind, Lenkungseffekte zu erzielen.[397] Mit der staatlichen Kategorisierung von Verhaltensweisen als erwünscht und unerwünscht tritt neben die bestehende Rechtsordnung eine zweite Werteordnung.[398] Die Veröffentlichung und Verbreitung von Informationen ist dabei eines von vielen Steuerungsmitteln, das zwar nicht gänzlich neu ist, jedoch in jüngerer Zeit verstärkt Anwendung findet und sich in Zukunft aller Voraussicht nach noch weiter verbreiten wird.[399]

C. Fazit

Die hinter der modernen Verwaltung stehenden gesellschaftlichen Bedingungen haben sich gegenüber Zeiten, in denen die Bürokratie noch als „vorrangig erfolgreiches Modell" gelten konnte, grundlegend gewandelt.[400] Dies beruht vor allem auf dem veränderten Staatsverständnis, dem Wandel der Staatsaufgaben und der Ergänzung hoheitlichen Vorgehens um Formen des informalen und kooperativen Handelns.[401] Der Aufstieg des informalen Verwaltungshandelns zeigt eindrücklich, dass heute anerkannt ist, dass man den Bürger oftmals besser auf andere Weise als mittels Ge-

---

396 *Franzius,* Steuerungsinstrumente, S. 3.

397 *Feik,* Kommunikation, S. 9. Konkret wird eine Information mit Lenkungswirkung z. B. in der Internetliste zu Hygienemängeln in gastronomischen Einrichtungen gesehen, vgl. dazu OVG Berlin-Brandenburg, Beschluss v. 28.5.2014 – OVG 5 S 21.14, juris, Rn. 18; *Becker/Blackstein,* NJW 2011, S. 490, 492; *Böhm/Lingenfelder/Voit,* NVwZ 2011, S. 198, 201; *Grube/Immel/Wallau,* VerbraucherInfoR, Teil E Rn. 136; *Holzner,* NVwZ 2010, S. 489, 490 f.; *Schink,* Rechtsgutachten, S. 23.

398 *Spaeth,* Grundrechtseingriff, S. 29.

399 So konstatiert auch *Feik,* Kommunikation, S. 9 eine Zunahme „staatlicher Überzeugungsarbeit" (in erster Linie für Österreich).

400 *Albers,* ZJS 2009, S. 614, 616; *Guckelberger,* ZBR 2009, S. 332, 332.

401 *Albers,* ZJS 2009, S. 614, 616.

und Verboten erreichen kann. Eben diese Überlegung steht auch im Hintergrund des an Bedeutung zunehmenden staatlichen Informationshandelns.

Kapitel 4: Von der Arkantradition zur Sanktionsinformation?

A. Paradigmenwechsel mit Folgen

> *„Der Staat des ausgehenden 20. Jahrhunderts befahl immer weniger, er paktierte und arrangierte sich mit sozialen Mächten, diskutierte mit Gruppen und er rang über die Massenmedien um Akzeptanz bei seinen Bürgern.“*[402]

Diese Aussage beschreibt treffend den Paradigmenwechsel, der sich in der Verwaltung und im Verwaltungsrecht vollzogen hat und weiter vollzieht. Der Bürger, einst Untertan und Befehlsempfänger, hat sich zum Gesprächspartner der Verwaltung entwickelt.[403] Die (Publikums-)Information ist Teil dieses Gesprächs, „welches auf die gesellschaftlichen Selbstregulierungskräfte und die Eigenverantwortlichkeit der Bürger setzt“.[404] Sie soll das Handlungsvermögen des Bürgers vergrößern, seine Handlungsbereitschaft fördern, Vertrauen schaffen[405] und ihm eine autonome und eigenverantwortliche Entscheidung ermöglichen.[406]

---

402 *Stolleis*, in: Hoffmann-Riem/Schmidt-Assmann/Voßkuhle (Hrsg.), GVwR Bd. 1, S. 65, Rn. 112.

403 *Voßkuhle*, in: Hoffmann-Riem/Schmidt-Aßmann (Hrsg.), Informationsgesellschaft, S. 349, 365; vgl. auch *Kaiser,* Kommunikation, S. 39; *Spaeth,* Grundrechtseingriff, S. 21.

404 *Bumke,* Die Verw. 37 (2004), S. 3, 8 mit dem Hinweis, dass hierbei das Leitbild eines „selbst bestimmten und selbst verantwortlichen, mitwirkungsfähigen und mitwirkungswilligen“ Bürgers zugrunde gelegt wird. Zur Eigenverantwortlichkeit auch *Philipp,* Verbraucherinformation, S. 13. Zum Verbraucherleitbild s. Kap. 8.

405 *Bumke,* Die Verw. 37 (2004), S. 3, 8 f.

406 *Klein,* Umweltinformation, S. 80 f., der von der „Autonomiesicherungsfunktion“ von (umweltrechtlichen) Informationen spricht.

I. Grundsatz der beschränkten Aktenöffentlichkeit

Der Grundsatz der beschränkten Aktenöffentlichkeit[407] prägt seit Inkrafttreten des VwVfG im Jahr 1977 das deutsche Verwaltungsrecht.[408] Zentrale Norm der Arkantradition[409] war und ist § 29 Abs. 1 S. 1 VwVfG.[410] Danach hat die Behörde den Beteiligten (§ 13 VwVfG) Einsicht in die Verfahrensakten zu gestatten, soweit deren Kenntnis zur Geltendmachung oder Verteidigung ihrer rechtlichen Interessen erforderlich ist.[411] Das Akteneinsichtsrecht ist folglich in mehrfacher Hinsicht limitiert, was die Nichtöffentlichkeit zur Grundregel[412] und den Zugang zu administrativen Vorgängen zur rechtfertigungsbedürftigen Ausnahme macht.[413]

II. Abkehr von diesem Grundsatz hin zur Öffnung

Während früher Intransparenz das Verwaltungsrecht prägte, erfuhr es zwischenzeitlich eine Öffnung, sowohl für gesellschaftliche Informations-

---

407 Dazu ausführlich *Wegener,* Der geheime Staat, S. 3 ff.; vgl. auch *Albers,* ZJS 2009, S. 614, 615; *Albers/Ortler,* GewArch 2009, S. 225; *Böhm/Lingenfelder/Voit,* NVwZ 2011, S. 198; *Gurlit,* DVBl. 2003, S. 1119, 1127; *Jesse-Allgöwer*, in: Böhm/Freund/Voit (Hrsg.), VIG, S. 55, 57 f., der im Zusammenhang mit dem Zugang zu Behördenakten auch von der Öffnung der „Büchse der Pandora" spricht; *Krüger*, in: Böhm/Freund/Voit (Hrsg.), VIG, S. 41, 41; *Schoch,* IFG, Einl. Rn. 12 ff.

408 *Guckelberger*, in: Siedentopf (Hrsg.), Verwaltungskolloquium, S. 99, 114; *König,* DÖV 2000, S. 45, 45; *Müller,* Risikokommunikation, S. 177; *Troidl,* Akteneinsicht, S. 1 Rn. 3.

409 S. nur *Gröschner,* VVDStRL 63 (2004), S. 344, 347 f.

410 Ausführlich zu den Einschränkungen durch § 29 VwVfG *Engel,* Akteneinsicht, S. 43 ff.

411 Das ist der Fall, wenn mit der Einsichtnahme eine „tatsächliche Unsicherheit über ein Rechtsverhältnis" geklärt, „ein rechtlich relevantes Verhalten nach dem Ergebnis der Einsichtnahme" geregelt oder „eine gesicherte Grundlage für die Verfolgung eines Anspruches" erhalten werden soll, vgl. BT-Drs. 7/910, S. 53. Die Akten müssen also das Verfahren betreffen, dafür von Bedeutung sein und können auch nur, so die überwiegende Meinung, nach Beginn und vor Abschluss des Verfahrens eingesehen werden, vgl. BayVGH NVwZ 1999, 889, 890; *Guckelberger*, in: Siedentopf (Hrsg.), Verwaltungskolloquium, S. 99, 114; a.A. *Kopp/Ramsauer,* VwVfG, 29 Rn. 23 (bis zur Unanfechtbarkeit des Verwaltungsakts).

412 *Troidl,* Akteneinsicht, S. 1 Rn. 3; *Wegener,* Der geheime Staat, S. 3.

413 *Wegener,* Der geheime Staat, S. 3.

nachfragen als auch für die verstärkte Nutzung informationeller Steuerungsmittel.[414] Der Paradigmenwechsel bedeutet hierbei eine Abkehr vom Grundsatz der beschränkten Aktenöffentlichkeit hin zu einem Open Government.[415]

1. Umweltrecht als Referenzgebiet

Das Umweltrecht ist in Bezug auf Informationsansprüche zum „dogmatischen Referenzgebiet" geworden.[416] Seine schrittweise Öffnung wurde durch unionsrechtliche Impulse und Vorgaben vorgeprägt.[417] Diese Entwicklung nahm ihren Ausgang mit der EG-Richtlinie 90/313/EWG,[418] die in der Verabschiedung des Umweltinformationsgesetzes (UIG)[419] mündete.[420] In Umsetzung der europarechtlichen Vorgaben wurde dort jeder natürlichen oder juristischen Person unabhängig von ihrer Staatsangehörigkeit ein Anspruch auf freien Zugang zu Umweltinformationen eingeräumt, vgl. § 3 Abs. 1 S. 1 UIG.[421] Damit wurde der Informationszugang für die Bürgerinnen und Bürger deutlich verbessert,[422] denn dieser Anspruch ist

---

414 *Scherzberg,* Öffentlichkeit, S. 17.

415 *Martini/Kühl,* DÖV 2013, S. 573, 577.

416 *Gröschner,* VVDStRL 63 (2004), S. 344, 349. Zum Hintergrund, warum sich das Informationsrecht auf dem Gebiet des Umweltrechts entwickelte, s. *Guckelberger,* VerwArch 105 (2014), S. 412.

417 *Guckelberger*, VerwArch 105 (2014), S. 411 f.

418 Richtlinie 90/313/EWG des Rates v. 7.6.1990, ABl. EG Nr. L 158, S. 56 ff., mittlerweile ersetzt durch die Richtlinie 2003/4/EG v. 28.1.2003, ABl. EU, Nr. L 41, S. 26 ff. Sie enthält in Art. 3 Abs. 1 einen voraussetzungslosen, nur antragsabhängigen Zugang zu Informationen und in Art. 7 Abs. 1 eine Verpflichtung der Mitgliedstaaten zu einer aktiven und systematischen Verbreitung von Umweltinformationen in der Öffentlichkeit.

419 BGBl. 2004 I S. 3704.

420 Vgl. *Böhm/Lingenfelder/Voit,* NVwZ 2011, S. 198; *Guckelberger,* UPR 2006, S. 89, 89; *Zumpe,* Öffentlichkeit, S. 201. Die Umsetzung der Richtlinie in das UIG ging nicht problemlos vonstatten, sondern wurde flankiert von zwei Verurteilungen durch den EuGH, Urt. v. 17.6.1998, Rs. C 321/96, Slg. 1998, I 3809 und Urt. v. 9.9.1999, Rs. C-217/97, Slg. 1999, I 5087. S. dazu auch *Masing,* VVDStRL 63 (2004), S. 377, 383. Zur Ausgestaltung in den einzelnen Landesgesetzen s. *Schomerus/Tolkmitt,* NVwZ 2007, S. 1119 ff.

421 Dies wurde vielfach als Systembruch empfunden, s. *Gurlit,* DVBl. 2003, S. 1119, 1127 m.w.N.; vgl. auch *Butt,* NVwZ 2003, S. 1071, 1071.

422 *Guckelberger,* UPR 2006, S. 89, 89.

als Jedermann-Recht voraussetzungslos und verfahrensunabhängig, d. h. weder an ein besonderes Interesse, noch an ein konkretes Verwaltungsverfahren gebunden.[423]

Dieser Zugangsanspruch wurde sodann noch einmal erheblich erweitert. Das UIG wurde an die Åarhus-Konvention angepasst,[424] sodass nunmehr alle Stellen der öffentlichen Verwaltung des Bundes (§ 2 Abs. 1 S. 1 UIG) zur Herausgabe von Informationen verpflichtet sind.[425] Dies gilt auch für natürliche und juristische Personen des Privatrechts, sofern sie mit der Wahrnehmung öffentlicher Aufgaben und der Erbringung öffentlicher Dienstleistungen betraut sind (§ 2 Abs. 1 Nr. 2 UIG). Der Begriff der Umweltinformationen wird weit verstanden und erfasst praktisch jede Information mit einem Umweltbezug.[426]

Besonders interessant im Hinblick auf die vorliegende Untersuchung sind die §§ 7 und 10 UIG, die eine aktive Information im Internet ausdrücklich vorsehen.[427] Nach § 7 Abs. 1 S. 1 UIG haben die informationspflichtigen Stellen Maßnahmen zu ergreifen, um den Zugang zu den bei ihnen verfügbaren Umweltinformationen zu erleichtern. Sie wirken darauf hin, dass Umweltinformationen zunehmend in elektronischen Datenbanken oder in sonstigen Formaten, die über Mittel der elektronischen Kommunikation abrufbar sind, gespeichert werden (§ 7 Abs. 1 S. 2 UIG). Nach § 10 Abs. 1 S. 1 UIG unterrichten die informationspflichtigen Stellen die Öffentlichkeit in angemessenem Umfang aktiv und systematisch über die Umwelt. Hierbei können sie sich gemäß § 10 Abs. 4 UIG Verknüpfungen zu Internet-Seiten bedienen. Eine weitere aktive Informationspflicht hält § 11 S. 1 UIG vor, nach dem seitens der Bundesregierung „regelmäßig im

423 *Guckelberger,* UPR 2006, S. 89, 90; *dies.,* VerwArch 97 (2006), S. 62, 76; *Gurlit,* DVBl. 2003, S. 1119, 1127; *König,* DÖV 2000, S. 45, 50. *Gröschner,* VVDStRL 63 (2004), S. 344, 348 spricht insofern von einem „bereichsspezifischen Abschied vom Anachronismus der Arkanverwaltung"; s. auch *Schoch,* AfP 2010, S. 313, 314, 316 nach dem „der Staat seine Informationsbestände" dadurch geöffnet und „der Allgemeinheit zur Verfügung" gestellt hat.

424 BT-Drs. 15/3406, S. 11. S. zur Anpassung auch *Zumpe,* Öffentlichkeit, S. 202. Zur EG-Verordnung zur Umsetzung der Åarhus-Konvention auf Unionsebene s. *Guckelberger,* NuR 2008, S. 78, ff.

425 Näher zu den Anspruchsverpflichteten *Guckelberger,* UPR 2006, S. 89, 90.

426 *Guckelberger,* VerwArch 105 (2014), S. 425; *dies.,* VerwArch 97 (2006), S. 62, 77. S. auch detailliert *Butt,* NVwZ 2003, S. 1071, 1072.

427 Ausführlich zu den Informationspflichten aus § 10 UIG *Tolkmitt,* Instrumente, S. 103 ff.

Abstand von nicht mehr als vier Jahren ein[…] Bericht über den Zustand der Umwelt im Bundesgebiet" zu veröffentlichen ist.

In unionsrechtlicher Hinsicht war für die zunehmende Öffnung ferner die Verordnung (EG) Nr. 1049/2001[428] von Bedeutung. In deren Art. 2 und Art. 4 wurde die Transparenz zur Regel und die Geheimhaltung zur Ausnahme erklärt.

2. Manifestierung der Öffnung durch IFG, VIG und HmbTG

Etwa ein Jahr nach dem UIG ist 2006 das Informationsfreiheitsgesetz des Bundes (IFG), das ebenso wie bereits das UIG einen voraussetzungslosen Informationszugang ermöglicht, in Kraft getreten.[429] Mit ihm wurden die demokratischen Beteiligungsrechte gestärkt, da es nunmehr der Behörde obliegt, das Vorliegen von Ausnahmen zum Zugang darzulegen.[430] Eine den genannten UIG-Normen entsprechende Vorschrift findet sich in § 11 Abs. 3 IFG (sog. Internetklausel).[431] Danach sollen die Behörden Organisations- und Aktenpläne (§ 11 Abs. 2 IFG), Verzeichnisse sowie weitere geeignete Informationen in elektronischer Form allgemein zugänglich machen. Dass hier ausschließlich von der elektronischen Form die Rede ist, zeigt den Vorrang dieses Veröffentlichungsweges gegenüber den anderen,

---

428 Verordnung (EG) Nr. 1049/2001 des Europäischen Parlaments und des Rates v. 30.5.2001, ABl. EG Nr. L 145, S. 43. S. dazu auch *Gröschner,* VVDStRL 63 (2004), S. 344, 349 f.

429 BGBl 2005 I S. 2722. Neben dem IFG des Bundes haben mittlerweile auch die Länder (mit Ausnahme von Bayern, Hessen, Niedersachsen und Sachsen) entsprechende Landesgesetze erlassen. Zuletzt ist in Baden-Württemberg am 30.12.2015 das Landesinformationsfreiheitsgesetz – LIFG in Kraft getreten, s. GBl. BW 2015, S. 1201 ff. Vgl. *Guckelberger,* VerwArch 105 (2014), S. 412 Fn. 6. Das IFG steht u. a. unter folgender Zielsetzung: „In der modernen Informationsgesellschaft werden Informations-, Kommunikations- und Partizipationsanliegen der Bevölkerung immer wichtiger und verwaltungstechnisch immer leichter erfüllbar. Gleichzeitig wandelt sich das Verwaltungsverständnis: Neben das autoritative Handeln des Staates tritt zunehmend eine konsensorientierte Kooperation mit dem Bürger, die eine gleichgewichtige Informationsverteilung erfordert", vgl. BT-Drs. 15/4493, S. 6.

430 BT-Drs. 15/4493, S. 6.

431 BT-Drs. 15/4493, S. 16; s. zur Internetklausel auch *Guckelberger*, in: Fluck/Fetzer/Fischer, IFG/UIG/VIG/IWG, § 11 IFG Rn. 54 ff.; *Schoch,* IFG, § 11 Rn. 40 sowie *Zumpe,* Öffentlichkeit, S. 224.

herkömmlichen Veröffentlichungsmodalitäten.[432] Hierdurch soll der Informationszugang erleichtert und die Verwaltung, da weniger Individualanträge bearbeitet werden müssen, entlastet werden.[433]

Inhaltlich gesehen gehen die vorgenannten Regelungen des UIG über die Veröffentlichungspflichten des IFG deutlich hinaus, weshalb in Bezug auf das IFG noch Verbesserungspotenzial besteht.[434]

Wiederum ein Jahr später, im Jahr 2007, trat das Verbraucherinformationsgesetz (VIG)[435] in Kraft, welches bezogen auf den Umfang des normierten Informationsanspruchs eine Stellung in der Mitte von UIG und IFG einnimmt.[436] Es sieht ebenfalls ein voraussetzungsloses Datenzugangsrecht vor (§ 2 Abs. 1 VIG)[437] und steht so für mehr Verwaltungstransparenz[438] sowie die Abkehr von der beschränkten Aktenöffentlichkeit.[439] Zudem existiert im VIG für die zuständige Stelle auch die Möglichkeit, aktiv, d. h. unabhängig von einem entsprechenden Antrag, zu informieren, vgl. § 6 Abs. 1 S. 3 VIG.[440]

Weitere solcher voraussetzungsloser „Jedermann"-Informationszugangsansprüche („Jedermann", „jedem" oder „Dritte") finden sich im Übrigen auch im Stasi-Unterlagen-Gesetz[441] (§ 3 Abs. 1, § 13 Abs. 7 StUG), im Bundesarchivgesetz (§ 5 Abs. 1 S. 1 BArchG) und im Geodatenzugangsgesetz[442] (passim). Ferner kennt das Registerrecht voraussetzungslose Einsichtsansprüche, wie z. B. das Handelsregister in § 9 HGB[443], das

---

432 *Guckelberger,* VerwArch 97 (2006), S. 62, 87; *Schmitz/Jastrow,* NVwZ 2005, S. 984, 994.

433 BT-Drs. 15/4493, S. 16. S. dazu auch *Zumpe,* Öffentlichkeit, S. 224.

434 Nach der deutlichen Kritik von *Schoch,* IFG, § 11 Rn. 50 f. ist § 11 IFG nicht Ausdruck einer „substanzhaften aktiven Informationspolitik des Staates" und „von einer […] gesetzlich initiierten aktiven staatlichen Informationspolitik […] noch weit entfernt".

435 BGBl. 2012 I S. 2166, 2725. Zur den „Startschwierigkeiten" des VIG s. Kap. 11, A III.

436 S. zum Vergleich der Gesetzeswerke IFG, UIG und VIG *Schomerus/Tolkmitt,* DÖV 2007, S. 985, 985 ff.

437 *Hofmann-Hoeppel,* in: Eiding/Hofmann-Hoeppel (Hrsg.), VerwR, S. 106, Rn. 3; *Troidl,* Akteneinsicht, S. 84 Rn. 420.

438 *Albers/Ortler,* GewArch 2009, S. 225, 225. S. allgemein zum transparenten Staat *Gusy,* DVBl. 2013, S. 941 ff.

439 *Werner,* ZLR 2008, S. 115, 125.

440 S. im Einzelnen Kap. 11, A III.

441 BGBl. 2007 I S. 162.

442 BGBl. 2009 I S. 278.

443 RGBl. 1897 S. 219.

Vereinsregister in § 79 BGB[444] oder das Patentregister in § 31 Abs. 1 S. 2 PatG[445].[446] Eine Ausnahme stellt u. a. das Grundbuch dar.[447]

Eine der aktuellsten Entwicklungen in diesem Bereich ist in Hamburg zu verzeichnen.[448] Hier wurde das IFG im Jahre 2012 durch das HmbTG[449], das nunmehr ein umfassendes Informationsrecht vorsieht, abgelöst.[450] Zweck des Transparenzgesetzes ist, jeder Person unverzüglichen Zugang zu allen vorhandenen Informationen – unter Wahrung des Schutzes personenbezogener Daten – zu gewähren, „um über die bestehenden Informationsmöglichkeiten hinaus die demokratische Meinungs- und Willensbildung zu fördern und eine Kontrolle des staatlichen Handelns zu ermöglichen" (§ 1 HmbTG). Das HmbTG eröffnet nicht „nur" einen Informationszugangsanspruch, sondern schreibt über diesen hinaus eine aktive Veröffentlichungspflicht vor. Informationen müssen aktiv in das „Informationsregister nach Maßgabe dieses Gesetzes" eingepflegt werden (§ 2 Abs. 8 HmbTG).[451] Dem implizit ist eine höhere Bewertung des Allgemeininteresses vor dem Individualinteresse.[452]

Bis Oktober 2014 war die Stadt gemäß § 18 Abs. 2 S. 1, Abs. 3 S. 1 gesetzlich verpflichtet, die technischen Voraussetzungen für die Umsetzung des Vorhabens herzustellen. Seit dem 1.10.2014 ist das Informationsregis-

---

444 BGBl. 2002 I S. 42.

445 BGBl. 1981 I S. 1.

446 Vgl. *Jauch,* DVBl. 2013, S. 16, 17; ausf. *Ehlers/Vorbeck,* JURA 2013, S. 1124, 1134 f.; *Schoch,* IFG, Einl. Rn. 19; *Zumpe,* Öffentlichkeit, S. 196.

447 *Zumpe,* Öffentlichkeit, S. 196.

448 Nun hat am 27.11.2015 auch Rheinland-Pfalz ein Landestransparenzgesetz (LTranspG) verabschiedet, vgl. GVBl. RLP 2015, S. 383 ff. Der im Jahre 2013 auf Bundesebene eingebrachte Entwurf zu einem Informations- und Transparenzgesetz (BT-Drs. 17/13467), dessen Ziel es war, die für die Bürger mitunter schwer überschaubaren Konkurrenzen der Informationsansprüche unter einem Dach „in niedrigschwelliger und moderner Form" (a.a.O. S. 2) zu vereinheitlichen, wurde bereits in der zweiten Beratung abgelehnt, vgl. BT-Plenarprotokoll 17/250, Tagesordnungspunkt 60.

449 HmbGVBl. 2012 S. 271.

450 Vertiefend hierzu *Jauch,* DVBl. 2013, S. 16, ff.; s. auch *Schulz,* VerwArch 104 (2013), S. 327, 329, 342.

451 Gegenstand des Informationsregisters sind v. a. amtliche Statistiken und Tätigkeitsberichte, Haushalts- und andere öffentliche Pläne, von Behörden in Auftrag gegebene Studien und Gutachten etc. Keine dieser Informationen ist geeignet, eine Prangerwirkung zu begründen, weshalb das HmbTG im weiteren Verlauf dieser Arbeit nicht ausführlich besprochen werden wird.

452 *Schulz,* VerwArch 104 (2013), S. 327, 342.

ter nun unter www.transparenz.hamburg.de online abrufbar. Einsehbar sind neben Verträgen, die die Stadt mit Unternehmen schließt, auch Angaben über Subventionsempfänger, Inhalte staatlicher Gutachten oder Gehälter der Leiter öffentlicher Unternehmen.[453] Auf den Startseiten des Portals selbst ist die Rede von einem „Paradigmenwechsel" für die Verwaltung aufgrund der Einführung einer pro-aktiven Veröffentlichungspflicht.[454]

3. Seitenblick: Open Data-Bestrebungen

Im Zusammenhang mit der Abkehr vom Grundsatz der beschränkten Aktenöffentlichkeit stehen auch die neueren Datenportale, die einen zentralen Zugang zu weiterverwendbaren Daten von Bund, Ländern und Kommunen bieten. Konkret sind dies z. B. das Datenportal des Bundes „GovData"[455], die Länderportale „daten.berlin"[456] und „transparenz.hamburg"[457]. Ferner existieren entsprechende Aktivitäten auf kommunaler Ebene wie „offenedaten-koeln"[458] oder „opendata-hro"[459].[460] Diese und ähnliche Datenbanken dienen dem Erschließen von „wirtschaftliche[m] und gesellschaftliche[m] Wertschöpfungspotenzial" und der Demokratisierung der „Wissenszugänge als Grundlagen der Meinungsbildung".[461]

Die unionsrechtliche Tendenz der für Open Data maßgeblichen PSI-Richtlinie[462] geht dahin, die aktiven Veröffentlichungspflichten nicht mehr nur als Nebenprodukt der Wahrnehmung einer Aufgabe, sondern als neue

---

453 Beck-aktuell v. 29.9.2014, becklink 1034839.

454 http://transparenz.hamburg.de/willkommen, zuletzt geprüft am 30.10.2014.

455 http://govdata.de/, zuletzt geprüft am 10.6.2015.

456 http://daten.berlin.de/, zuletzt geprüft am 10.6.2015.

457 http://transparenz.hamburg.de/open-data/, zuletzt geprüft am 10.6.2015.

458 http://www.offenedaten-koeln.de/, zuletzt geprüft am 10.6.2015.

459 http://www.opendata-hro.de/, zuletzt geprüft am 10.6.2015.

460 S. dazu *Schulz,* JuWissBlog v. 9.4.2013, http://www.juwiss.de/staatliche-daten-und-informationen-als-offentliche-sachen-im-gemeingebrauch, zuletzt geprüft am 30.10.2014. Eine grafische Übersicht über die OpenData Portale deutscher Städte (Stand April 2013) ist über http://www.zeit.de/2013/18/deutschlandkarte-open-data-neubrandenburg abrufbar, zuletzt geprüft am 10.6.2015.

461 *Martini/Kühl,* DÖV 2013, S. 573, 577.

462 Richtlinie 2013/37/EU des Europäischen Parlaments und des Rates v. 26.6.2013 zur Änderung der Richtlinie 2003/98/EG über die Weiterverwendung von Informationen des öffentlichen Sektors, ABl. EU Nr. L 175, S. 1 ff.

Hauptaufgabe zu begreifen.[463] Auf nationaler Ebene bleibt die jüngst in Kraft getretene Änderung des Informationsweiterverwendungsgesetzes (IWG),[464] die den aktuellen Open-Data-Bestrebungen einen rechtlichen Rahmen geben und die Vorgaben der neugefassten PSI-Richtlinie bis zum 18. Juli 2015 in deutsches Recht umsetzen soll, dahinter noch zurück.[465] Für diese Arbeit gilt es zu beachten, dass Open Data quasi ein Öffnen der Aktenschränke der Verwaltung meint, das u. a. die Weiterverwendung der Daten ermöglichen soll und daher über den Regelungsinhalt der Informationsfreiheitsgesetze hinausgeht.[466] Aktive Publikumsinformationen haben zudem insofern eine andere Reichweite, als mit ihnen in der Regel konkrete Inhalte aus konkretem Anlass zu Lenkungszwecken veröffentlicht werden.

4. Zwischenfazit

Die Kehrtwende von der Arkantradition hin zur Öffnung der Verwaltung ist unumkehrbar eingeleitet und schreitet in ihrem Umfang weiter voran. Hamburg hat insoweit erste Maßstäbe hin zu einem umfassenden Informationsrecht gesetzt, die auch Neuerungen in Bezug auf das Selbstverständnis der Verwaltung mit sich bringen.[467] Die rechtliche Entwicklung geht damit auf eine transparente, gläserne Verwaltung zu. Ferner ist zu erkennen, dass die Öffnung vermehrt und insbesondere unter Einbeziehung des Internet als Veröffentlichungsmedium erfolgt. Die aktiven Publikumsin-

---

463 *Schulz,* JuWissBlog v. 15.7.2014, http://www.juwiss.de/91-2014/, zuletzt geprüft am 11.11.2014.

464 Geändert durch Art. 1 G v. 8.7.2015, BGBl. 2015 I, S. 1162.

465 Zu den vermuteten Gründen hierfür *Schulz,* JuWissBlog v. 15.7.2014, http://www.juwiss.de/91-2014/, zuletzt geprüft am 11.11.2014.

466 Vgl. *Schulz,* JuWissBlog v. 9.4.2013, http://www.juwiss.de/staatliche-daten-und-informationen-als-offentliche-sachen-im-gemeingebrauch, zuletzt geprüft am 30.10.2014. Zu Open Government und seinen Bestandteilen Open Data und Linked Open Data s. auch *Guckelberger*, in: van Oostrom/Meyer (Hrsg.), E-Government, S. 23, 27; *Hoffmann/Schulz,* KommJur 2014, S. 126, 126 ff.; ebenso *v. Lucke*, in: v. Lucke (Hrsg.), Entdeckung 2.0, S. 53, 59 ff. *v. Lucke* weist a.a.O. S. 82 darauf hin, dass sich open data-Portale der öffentlichen Verwaltung insbesondere für „Umwelt- und Wetterdaten, Geodaten, Verkehrsdaten, Haushaltsdaten, Statistiken, Publikationen, Protokolle, Gesetze, Verordnungen und Satzungen" eignen.

467 In beck-aktuell v. 29.9.2014, becklink 1034839, ist gar die Rede von einer „Revolution".

formationen des Staates reihen sich in diesen Trend des „weiter, schneller und mehr“ nahtlos ein.

III. Zunehmende Elektronisierung

Grundvoraussetzung für die Veröffentlichung von Informationen im Internet ist die Elektronisierung der Verwaltung. Die elektronische Veröffentlichung ist dabei eine logische Konsequenz des E-Governments.[468] Unter Letzterem versteht man nach der wohl am weitesten verbreiteten[469] sog. Speyerer Definition „die Abwicklung geschäftlicher Prozesse im Zusammenhang mit Regieren und Verwalten (Government) mit Hilfe von Informations- und Kommunikationstechniken über elektronische Medien“.[470] Unter Government versteht man in diesem Zusammenhang die öffentliche Willensbildung, Entscheidungsfindung, Leistungserstellung sowie -erbringung und Partizipation.[471] Das E-Government hat sich von früher noch reinen Informationsangeboten im Internet hin zu Kommunikations- und Transaktionsangeboten in der heutigen Zeit entwickelt.[472] Mit Art. 91c kennt das Grundgesetz seit der Föderalismusreform auf diesem Gebiet einen Kooperationstatbestand zwischen Bund und Ländern.[473]

---

468 *Guckelberger,* VerwArch 97 (2006), S. 62, 64; *dies.,* DVBl. 2007, S. 985, 985; *Schoch,* IFG, § 11 Rn. 39. m.w.N.

469 Dazu, dass es kein einheitliches Begriffsverständnis gibt *Guckelberger*, in: van Oostrom/Meyer (Hrsg.), E-Government, S. 23, 24. m.w.N.

470 *V. Lucke/Reinermann*, in: Reinermann/v. Lucke (Hrsg.), E-Government, S. 1. S. auch *Heckmann,* Die Verw. 46 (2013), S. 1, 1; *Hill,* BayVBl. 2003, S. 737; *Roggenkamp,* Web 2.0, S. 43; *Schnapp*, in: Hill (Hrsg.), Modernisierung, S. 99, 102. Nach der „Speyerer Definition“ bezieht sich Government auf alle drei Gewalten, s. *v. Lucke,* Entdeckung, S. 16. Indes gibt es andere Stimmen in der Literatur, die den E-Government Begriff auf die Verwaltung beschränken wollen, s. *Schünemann*, in: Schünemann/Weiler (Hrsg.), E-Government, S. 9, 11. Zu den unterschiedlichen Definitionsansätzen *Guckelberger*, in: van Oostrom/Meyer (Hrsg.), E-Government, S. 23, 25.

471 *Guckelberger,* VerwArch 97 (2006), S. 62, 63.

472 *Guckelberger,* VerwArch 97 (2006), S. 62, 63. *Schünemann*, in: Schünemann/Weiler (Hrsg.), E-Government, S. 9, 10 f. sehen im E-Government das Pendant zu E-Business und E-Commerce.

473 Statt vieler *Gröpl*, in: Maunz/Dürig, GG, Art. 91c GG Rn. 1 ff.; *Schliesky*, DVP 2013, S. 420, 421; *Siegel,* VerwArch 105 (2014), S. 241, 243 f.; *ders.,* NVwZ 2009, S. 1128, 1128.

Einfachgesetzlich existiert mit § 3a VwVfG[474] eine allgemeine Vorschrift zur elektronischen Kommunikation.[475] Nach § 3a Abs. 2 kann die Schriftform durch die elektronische Form ersetzt werden,[476] wobei letztere eine qualifizierte elektronische Signatur nach dem Signaturgesetz voraussetzt.[477] Diese Signaturen konnten sich jedoch in der Praxis bislang nicht durchsetzen und werden sogar als „wesentliches Hindernis“ für ein funktionierendes E-Government eingestuft.[478] Die Fortentwicklung hin zu einer elektronischen Verwaltung wurde deshalb durch weitere spezifische Elemente – wie etwa die Möglichkeit, seinen Identitätsnachweis nach § 18 PAuswG elektronisch zu erbringen, oder E-Mails nach dem De-Mail-Gesetz zu versenden – und schließlich durch das am 1.8.2013 als neuer rechtlicher Rahmen der elektronischen Verwaltung in Kraft getretene E-Government-Gesetz des Bundes[479] gefördert.[480]

Als Konsequenz der Elektronisierung gibt es mittlerweile wohl kaum noch eine deutsche Gemeinde ohne eigenen Internetauftritt.[481] Mit § 27a VwVfG wurde erstmals eine Norm geschaffen, die eine behördeneigene

---

474 In Kraft seit dem dritten VwVfG-Änderungsgesetz, BGBl. 2002 I S. 3322 ff. Das VwVfG wurde zuletzt geändert durch G. v. 31.5.2013, BGBl. 2013 I S. 1388.

475 Zudem findet sich in § 37 Abs. 2 VwVfG der Grundsatz der Formenwahlfreiheit, nach dem ein Verwaltungsakt neben der schriftlichen oder mündlichen Form auch in elektronischer oder anderer Form erlassen werden kann.

476 Nach § 71e VwVfG ist das Verfahren über eine einheitliche Stelle sogar „auf Verlangen“ in elektronischer Form durchzuführen.

477 BGBl. 2001 I S. 876, zuletzt geändert durch G. v. 7.8.2013, BGBl. 2013 I S. 3154.

478 So BT-Drs. 17/11473, S. 22. Laut *Roßnagel,* NJW 2013, S. 2710, 2710 f. haben sie sich nur in den Bereichen, in denen sie gesetzlich vorgeschrieben sind, d. h. bei Notaren, Rechtsanwälten und im Emissionshandel, bewährt.

479 BGBl. 2013 I S. 2749. S. dazu nur *Siegel,* VerwArch 105 (2014), S. 241, 248; *Schliesky*, DVP 2013, 420, 422.

480 *Roßnagel,* NJW 2013, S. 2710, 2710. Zu nennen ist auch das Gesetz zur Förderung des elektronischen Rechtsverkehrs mit den Gerichten v. 10.10.2013, BGBl. 2013 I S. 3786 ff.

481 So bereits die über zehn Jahre alte Einschätzung von *Groß,* DÖV 2001, S. 159, 159 wobei damals der Schwerpunkt noch eher bei reinen Informationsangeboten zur Selbstdarstellung lag; ebenso *Guckelberger,* VerwArch 97 (2006), S. 62, 63; *Roggenkamp,* Web 2.0, S. 50; *Roßnagel*, in: Hoffmann-Riem/Schmidt-Aßmann (Hrsg.), Informationsgesellschaft, S. 257, 261 mit der Anmerkung, dass bereits Rankings bezüglich der unterschiedlichen Internetauftritte durchgeführt wurden; *Schnapp*, in: Hill (Hrsg.), Modernisierung, S. 99, 112., die darauf hinweist, die Gemeinden seien meist nach dem Prinzip „www.Name-der-Stadt.de“ im Internet vertreten; s. dazu auch *U. Stelkens*, in: Stelkens/Bonk/Sachs, VwVfG, § 27a Rn. 45, 64.

Internetseite voraussetzt und hierfür „Pflicht-Inhalte“ vorsieht.[482] Folglich steigt auch die Erwartung des Bürgers, wichtige Informationen im Internet abrufen und einsehen zu können.[483] Dies wirkt sich zwangsläufig auch auf die aktiven Publikumsinformationen aus. Sie können, sofern sie sich inhaltlich auf einen örtlich umgrenzten Bereich beziehen, auf der gemeindeeigenen Homepage veröffentlicht werden, wie dies bspw. bei dem Smiley-System des Berliner Bezirks Pankow der Fall gewesen ist. Bei bundesweit relevanten Informationen bietet sich hingegen die Einrichtung einer eigenen Internetseite an, wie dies bspw. im Falle des Portals www.lebensmittelklarheit.de verwirklicht wurde. Möglich erscheint es auch, den Kurznachrichtendienst „Twitter“, der bereits seit längerem auch von offiziellen Stellen genutzt wird, in die aktive Veröffentlichung von Informationen einzubinden.[484]

IV. Fazit

Der Paradigmenwechsel in der Verwaltung stellt das staatliche Informationshandeln mehr und mehr in den Mittelpunkt hoheitlicher Tätigkeit. Hoheitliche Information wird vom Nebenprodukt zur Hauptaufgabe. Die Bürger haben immer häufiger niedrigschwellige Zugangsansprüche zu staatlichen Informationen und es mehren sich die Gebiete, auf denen der Staat von sich aus aktiv Informationen verbreitet. Die Verbreitung erfolgt vor dem Hintergrund der Elektronisierung der Verwaltung zunehmend über das Internet. Diese Entwicklung ist durch das E-Government vorgezeichnet und führt dazu, dass der Bürger vermehrt erwartet, wichtige hoheitliche Informationen (zumindest auch) online abrufen zu können. Insgesamt ist die Relevanz der (Publikums-)Information entsprechend den neuen Kommunikationsformen gestiegen und wird voraussichtlich noch weiter zunehmen.

---

482 *U. Stelkens*, in: Stelkens/Bonk/Sachs, VwVfG, § 27a Rn. 11, 44; s. auch *Engel/Pfau*, in: Mann/Sennekamp/Uechtritz, VwVfG, § 27a Rn. 1 ff.

483 *Guckelberger*, VerwArch 97 (2006), S. 62, 64; *dies.*, DVBl. 2007, S. 985, 985; *Schoch*, IFG, § 11 Rn. 39. m.w.N.

484 S. dazu auch *Schnapp*, in: Hill (Hrsg.), Modernisierung, S. 99, 113. Bspw. „twittert“ das BVerfG bereits seit dem 2.2.2009, s. https://twitter.com/BVerfG; auch viele Parteimitglieder twittern, für eine Übersicht s. http://www.parteigefluester.de, zuletzt geprüft am 25.10.2014.

B. Information als Sanktionsinstrument?

„Völlig egal, wie die Sache ausgeht, der Mann ist sowieso erledigt."[485]

Eine besondere Folge der vermehrten Informationstätigkeit des Staates und der Elektronisierung der Verwaltung sind die im Internet aktiv veröffentlichten Informationen, die oftmals mit dem Schlagwort „Prangerinformationen" umschrieben werden.[486] Besinnt man sich auf die bereits beschriebene Lenkungsfunktion von Informationen,[487] so liegt der nächste Schritt, Informationen als Sanktionsinstrument zu begreifen, nicht mehr allzu fern.[488]

Wohl am häufigsten mit dem Stempel des Prangers wurde die Informationsveröffentlichung im Rahmen der sog. Pankower Negativliste versehen.[489] In dieser Liste wurden Betriebe, die gegen lebensmittelrechtliche Vorschriften verstoßen haben, im Internet auf der Seite des Berliner Bezirks Pankow namentlich und teilweise unter Bebilderung der Verstöße genannt.[490] Meidet der Verbraucher aufgrund dieser Informationen künftig die dort genannten gastronomischen Einrichtungen, geht der Umsatz des betroffenen Unternehmens zurück, der Betrieb muss vielleicht sogar eingestellt werden. Hier fällt sogleich auf, dass eine negative Information, die für jedermann abrufbar im Internet zur Verfügung steht, möglicherweise schwerwiegendere Folgen haben kann als eine nur vorübergehende Betriebsschließung.

Informationen stehen klassischen Ordnungsinstrumenten in ihrer Sanktionswirkung folglich nicht immer nach bzw. sie können sie sogar übertreffen.[491] *Krause* formulierte überspitzt, Informationen seien „ebenso ir-

---

485 *Staun,* FAZ v. 29.3.2010, http://www.faz.net/aktuell/feuilleton/medien/2.1756/die-medien-und-der-fall-kachelmann-der-verdacht-1955112.html in Bezug auf die „traurige Pointe der medialen Gerichtshöfe" zum „Fall Kachelmann".

486 Zur Verwendung des Prangerbegriffs s. sogleich unter B II 2.

487 S. unter Kap. 3, B II, III.

488 So nennt das BVerfG DVBl. 2014, 777, 780 Steuerungswirkung und Sanktionierung in einem Atemzug.

489 Näher dazu Kap. 11, A IV.

490 http://www.berlin.de/special/gesundheit-und-beauty/ernaehrung/46344-215-smileyprojektfotosvonberlinerschmuddello.html, zuletzt geprüft am 25.10.2014.

491 Für eine die klassischen Instrumente (bei weitem) übertreffende Wirkung *v. Danwitz,* Verfassungsfragen, S. 87, 123; *Ossenbühl,* NVwZ 2011, S. 1357, 1358; *Philipp,* Verbraucherinformation, S. 90; *Tremml/Nolte,* NJW 1997, S. 2265, 2266; vgl. in diesem Sinne auch *Kloepfer,* Informationsrecht, § 5 Rn. 26; *Schoch,* ZLR

reversibel wie die Todesstrafe".[492] Die Einordnung des hoheitlichen Mittels der staatlichen Information kann daher nicht mehr als Gegensatz zu den ordnungsrechtlichen Maßnahmen und nicht mehr als sog. weiche Maßnahme bezeichnet werden.[493] In diesem Zusammenhang ist ein weiterer Begriff ins Spiel zu bringen, die sog. adverse Publizität.

I. Begriff der adversen Publizität

Der Begriff der adversen Publizität geht, soweit erkennbar, auf *Reimer* zurück. Er gebraucht ihn im Sinne einer negativen Publizität, nimmt aber von diesem Terminus wegen seiner handelsrechtlichen Belegung Abstand.[494] Dem folgend soll auch hier der Begriff der adversen Publizität maßgeblich sein.

Die adverse Publizität entsteht dort, wo der Staat Rechtsverstöße von Privaten publik macht, die Information also u.U. als eine Art Sanktionsmittel des Staates fungiert.[495] Nach dem rechtstheoretischen Sanktionsbegriff ist der Kern einer Sanktion das Entstehen einer nachteiligen Rechtsfolge zum Zwecke der Rechtsdurchsetzung.[496] Wann eine solche „Sanktionsinformation",[497] die im rechtswissenschaftlichen Schrifttum bislang

---

2010, S. 121; *ders.,* AfP 2010, S. 313, 315; *Wehlau,* in: Voit (Hrsg.), Lebensmittelinformation, S. 51, 59, 62 sowie in Bezug auf Warnungen gegenüber allgemeinen Verboten auch *Augsberg,* DVBl. 2007, S. 733, 734.

492 *Krause,* Rechtsformen, S. 331; zustimmend *v. Danwitz,* Verfassungsfragen, S. 86 f.; *Schoch,* VBlBW 2014, S. 361, 362 Fn. 23; *ders.,* AfP 2010, S. 313, 314 Fn. 37 (jeweils mit der Anmerkung, dass indes nur die Vollstreckung der Todesstrafe irreversibel sei); vgl. auch *Spaeth,* Grundrechtseingriff, S. 41.

493 So für die Warnung vor Produkten bereits *Ossenbühl,* NVwZ 2011, S. 1357, 1358; nach *v. Danwitz,* Verfassungsfragen, S. 87, 123 ist es „bemerkenswert", dass die „vom Eingriff in subjektiv-öffentliche Rechte geprägte Entfaltung rechtsstaatlicher Gewährleistungen gerade für eine Handlungsform des Staates nicht gelten soll, die den Bürger tatsächlich – wie in vorrechtsstaatlicher Zeit – noch immer ‚an den Pranger stellt' […]".

494 *Reimer,* JöR N.F. 58 (2010), S. 275, 275, Fn. 5. Anders bspw. *Becker,* in: FS Horst, S. 73, 74, der von „negativer Publizität" spricht.

495 *Reimer,* JöR N.F. 58 (2010), S. 275, 275.

496 *Waldhoff,* in: Hoffmann-Riem/Schmidt-Assmann/Vosskuhle (Hrsg.), GVwR Bd. 3, S. 269, Rn. 212.

497 Der Begriff der Sanktionsinformation wird hier im Sinne einer „Information als Sanktion" verwendet. Kritisch wegen der Doppeldeutigkeit des Begriffs *Reimer,* JöR N.F. 58 (2010), S. 275, 276 Fn. 9.

wenig Beachtung fand, vorliegt, wie ihre Wirkung einzuschätzen ist, und ob die Begrifflichkeit überhaupt treffend ist, soll im Weiteren genauer untersucht werden.

II. Prangerwirkung einer Information

Aktives staatliches Informationshandeln entfaltet auf Seiten der Betroffenen (Informationssubjekte) eine Belastungswirkung, die das aktuelle Schrifttum[498] oftmals als Prangerwirkung bezeichnet. Um zu untersuchen, ob diese terminologische Einordnung dem historischen Äquivalent entspricht, soll kurz die Herkunft des Wortes „Pranger" skizziert und seine Verwendung in den aktuellen Kontext eingeordnet werden.

1. Der Begriff des Prangers in der Geschichte

> *„Peccantes coram omnibus argue, ut ceteri timorem habeant" (Du sollst die Sünder vor allem Volke anklagen, auf dass die anderen sich fürchten).*[499]

Der Begriff des Prangers stammt aus der Strafrechtspraxis, genauer aus der Sanktionspraxis des gemeinen Rechts.[500] Der Pranger wurde im Mittelalter erstmals als Strafinstrument verwendet und erreichte im 15. Jahrhundert seinen Verbreitungshöhepunkt, seine Verwendung reichte jedoch bis ins 19. Jahrhundert hinein.[501] Das Ende der Prangerstrafe wurde in § 139 der Verfassung des deutschen Reiches vom 28. März 1849, der sog.

---

498 Näher dazu Kap. 4, B II 2 a).

499 Zeitgenössischer Spruch, zu finden z. B. auf der Bilderhandschrift des Hamburger Stadtrechts von 1497, zitiert nach *Schild,* Pranger, S. 42, auf den auch die Übersetzung aus dem Lateinischen zurückgeht.

500 *Dörnhöfer*, in: Bielefeldt/Deile/Hamm/Hutter/Kurtenbach/Tretter (Hrsg.), Menschenrechte, S. 106; *Zabel,* GA 158 (2011), S. 347, 350. Schriftliche Belege für den Pranger gibt es erstmals aus der Zeit um 1200. Die Bezeichnung „Branger" gelangte von der „Bambergischen Halsgerichtsordnung" (1507) in die „Peinliche Halsgerichtsordnung" Karls V. (1532), vgl. *Schmidt-Wiegand,* in: Erler/Kaufmann (Hrsg.), HRG Bd. 3, Pranger, S. 1878, 1881 ff. Grundlegend zum gemeinen Strafprozess- und Beweisrecht im Mittelalter *Schmoeckel,* Humanität.

501 *Van Dülmen,* Strafrituale, S. 72.

Paulskirchenverfassung, zumindest symbolisch[502] besiegelt: „Die Todesstrafe […] so wie die Strafen des Prangers, der Brandmarkung und der körperlichen Züchtigung, sind abgeschafft."

Gegenständlich war der Pranger meist eine Säule, ein Holzpfosten oder eine Plattform, an die der Delinquent gefesselt wurde.[503] Ein „Bühnenpranger" befand sich direkt an der Wand des Rathauses; bei einem „Korbpranger" wurde der Täter in einem Käfig ausgestellt,[504] bei einem „Auftrittspranger" wurde der Pfahl oder die Säule auf ein Podest gestellt.[505] Die auffälligste Ausgestaltung stellte die „Schandbühne" dar, bei der es sich um ein hohes und deshalb weithin sichtbares Gebäude handelte.[506] Diese Ausführungen machen deutlich, dass sich der Pranger stets dort befand, wo sich zahlreiche Personen versammelten und somit eine große Öffentlichkeit gewährleistet war.[507]

Die Bezeichnung der Säulen oder sonstigen Vorrichtungen als „Pranger" leitet sich von dem Verb „(zu) prangen" ab, das „drücken" bedeutet.[508] Dies geht wiederum auf das „drückende Halseisen", mittels dessen der Delinquent an den Pfahl angekettet wurde, zurück.[509] Häufig wurde dem Angeprangerten eine Tafel mit Informationen über sein Fehlverhalten oder ein Spottvers um den Hals gehängt.[510] Oftmals konnte man auch bereits an der Kleidung oder an anderen Utensilien erkennen, welcher Tat der Ausgestellte bezichtigt wurde. Dies bezeichnet man als sog. spiegeln-

---

502 Trotz ihrer fehlenden Rechtswirksamkeit hatte die Verfassung erheblichen Einfluss auf die weitere deutsche Verfassungsentwicklung, s. *Maurer*, StaatsR I, § 2 Rn. 52; *Vogel,* NJW 1998, 1534 ff.

503 S. den Artikel „Pranger" in Wikipedia, http://de.wikipedia.org/wiki/Pranger, zuletzt geprüft am 10.6.2015.

504 *Schild,* Pranger, S. 183; *Schmidt-Wiegand,* in: Erler/Kaufmann (Hrsg.), HRG Bd. 3, Pranger, S. 1878.

505 *Schild,* Gerichtsbarkeit, S. 214; *Schmidt-Wiegand,* in: Erler/Kaufmann (Hrsg.), HRG Bd. 3, Pranger, S. 1878.

506 *Van Dülmen,* Strafrituale, S. 72.

507 *Van Dülmen,* Strafrituale, S. 71.

508 *Schmidt-Wiegand*, in: Erler/Kaufmann (Hrsg.), HRG Bd. 3, Pranger, S. 1878; s. auch http://www.duden.de/rechtschreibung/Pranger, s. unter Herkunft; *Schild,* Pranger, S. 182; *ders.,* Gerichtsbarkeit, S. 214.

509 http://www.duden.de/rechtschreibung/Pranger, s. unter Herkunft.

510 *Schild,* Pranger, S. 182.

de Strafen.[511] So legte man einem Dieb die gestohlenen Gegenstände auf die Schulter oder setzte einer Prostituierten einen Strohkranz auf den Kopf.[512] Ein Gotteslästerer wurde mit einer Rute und einer Kerze als Sinnbild der Buße ausgestellt.[513] Üblich waren auch Büßerhemden oder Schandmasken. Letztere waren mit „großen Ohren, kleinen Augen, Teufelshörnern, langen Hängezungen oder mit Schweinsrüsseln“[514] versehen. Diese Verzerrung und Überzeichnung sollte die schlechte Gesinnung des Täters in verspottender Form widerspiegeln.[515] Zusätzlich zu der Herabwürdigung, die bereits der Anprangerung selbst innewohnte, war der Verurteilte oftmals dem direkten Spott des Volkes ausgeliefert, den dieses z. B. durch das Bewerfen mit Unrat etc. zum Ausdruck brachte.[516]

Aus dieser Beschreibung des mittelalterlichen Prangers lassen sich bereits seine beiden wesentlichen Merkmale ableiten. Er diente als Ehrenstrafe und wurde, nicht zuletzt gerade deshalb, stets in der Öffentlichkeit vollzogen.[517] In den Städten galt er zudem auch als äußeres Zeichen der Gerichtsbarkeit.[518] Oftmals wurde er als Gnadenstrafe anstatt einer Hinrichtung verhängt. Er verschonte zwar das physische, vernichtete jedoch das soziale Leben des Delinquenten und wird deshalb auch als Gegenstück zur Hinrichtung[519] und im modernen Sprachgebrauch als „sozialer Tod“[520] bezeichnet.

Um die Bedeutung dieser Strafe zu verstehen, muss man sich zunächst ihrer Beschreibung als Ehrenstrafe nähern. Anders als heute[521] bezeichne-

---

511 *Van Dülmen,* Strafrituale, S. 74; anders *Schild,* Gerichtsbarkeit, S. 212 mit dem Hinweis, dass die Gegenstände nicht die begangene Tat zum Ausdruck bringen sollten, sondern nur dazu dienten, den Spott Dritter hervorzurufen.

512 *Schild,* Pranger, S. 182; *van Dülmen,* Strafrituale, S. 74.

513 *Van Dülmen,* Strafrituale, S. 74.

514 *Schild,* Pranger, S. 182.

515 *Schild,* Pranger, S. 182.

516 *Van Dülmen,* Strafrituale, S. 73.

517 *Hülle*, in: Erler/Kaufmann (Hrsg.), HRG Bd. 1, Ehrenstrafen, S. 851; *Schmidt-Wiegand*, in: Erler/Kaufmann (Hrsg.), HRG Bd. 3, Pranger, S. 1881; *Zabel,* GA 158 (2011), S. 347, 350.

518 S. den Artikel „Pranger“ in Wikipedia, http://de.wikipedia.org/wiki/Pranger, zuletzt geprüft am 10.6.2015.

519 *Van Dülmen,* Strafrituale, S. 80.

520 *Baur/Burkhardt/Kinzig,* JZ 2011, S. 131.

521 Heute gibt es verschiedene Ansätze, „Ehre“ zu definieren. Die beiden wohl bedeutendsten Definitionen sind der sog. interpersonale Ehrbegriff und der normative Ehrbegriff. Nach ersterem ist Ehre „das von der Würde des Menschen gefor-

te der Begriff der Ehre im mittelalterlichen Sinne das soziale Ansehen, den Ruf und den Leumund eines Menschen.[522] Die Ehre betraf die äußere Stellung eines Menschen und die Wertschätzung, die er selbst durch andere Menschen erfahren hat.[523] Dem Ehrverlust kam sogar eine unmittelbare Rechtswirkung zu, denn der ehrlose Mensch durfte weder Richter, Urteiler, Eideshelfer oder Zeuge sein, noch durfte er ein Gewerbe betreiben.[524] Als Ehrenstrafe bezeichnete man deshalb Sanktionen, die über verfahrensrechtliche Beeinträchtigungen hinaus die Persönlichkeit des Angeprangerten, bspw. durch Bloßstellen, Verspotten und Beschimpfen, beeinträchtigten.[525] Der Delinquent sollte als Gesetzesbrecher stigmatisiert, diskriminiert, vorgeführt und in seinem sozialen Status herabgesetzt werden.[526] Im Mittelpunkt standen damit die Minderung des Ansehens, der Ehrverlust und die soziale Ausgrenzung des Angeprangerten.[527] Die Würde des Angeprangerten wurde dadurch verletzt, dass ihm jeglicher Achtungsanspruch abgesprochen wurde.[528] Die Strafe sollte den Verurteilten unter den Einwohnern der Stadt allgemein bekannt machen, ihn als „Feind[…] der

---

derte und seine Selbstständigkeit als Person begründende Anerkennungsverhältnis mit anderen Personen“, s. *Zaczyk*, in: Kindhäuser/Neumann/Paeffgen, StGB, Vorbem. zu den §§ 185–200 Rn. 1. Nach letzterem und wohl noch der h.M. entsprechenden Begriff ist die Ehre „der einem Menschen zukommende und sozial zu achtende Geltungswert, soweit dieser nicht vom Ehrträger selbst gemindert wurde“, *Zaczyk*, in: Kindhäuser/Neumann/Paeffgen, StGB, Vorbem. zu den §§ 185–200 Rn. 5. Ehre wird damit mehr als eine Art innerer Wert bezeichnet und nicht mehr nur als äußerer Ruf oder Leumund, wie dies im Mittelalter noch der Fall war.

522 *Schild,* Pranger, S. 43.

523 *Schild,* Gerichtsbarkeit, S. 212. Die Ehre als Produkt der öffentlichen Meinung, „welche sich weder gebieten noch verbieten lässt“, konnte nicht Gegenstand „äußerer Gesetzgebung“ sein, vgl. *Hülle*, in: Erler/Kaufmann (Hrsg.), HRG Bd. 1, Ehrenstrafen, S. 851.

524 *Schild,* Gerichtsbarkeit, S. 212.

525 *Hülle*, in: Erler/Kaufmann (Hrsg.), HRG Bd. 1, Ehrenstrafen, S. 851; *Schmidt-Wiegand*, in: Erler/Kaufmann (Hrsg.), HRG Bd. 3, Pranger, S. 1882; *Schild,* Pranger, S. 39, 41; *Zabel,* GA 158 (2011), S. 347, 350.

526 *Zabel,* GA 158 (2011), S. 347, 350.

527 *Dörnhöfer*, in: Bielefeldt/Deile/Hamm/Hutter/Kurtenbach/Tretter (Hrsg.), Menschenrechte, S. 106, 306; *Schmidt-Wiegand*, in: Erler/Kaufmann (Hrsg.), HRG Bd. 3, Pranger, S. 1882; *Zabel,* GA 158 (2011), S. 347, 350.

528 *Möstl,* GewArch 2015, S. 1, 1.

öffentlichen Ordnung“[529] kennzeichnen, und dafür sorgen, dass er bei einer eventuellen (verbotenen) Rückkehr in die Stadt wiedererkannt würde.[530]

Kennzeichen des Anprangerns und somit das Entscheidende dieser Sanktionspraxis war die Verschärfung des Strafcharakters durch ihren unmittelbaren Öffentlichkeitsbezug.[531] Die Strafe, die auf den ersten Blick durch den Scharfrichter ausgeführt wurde, entfaltete ihre beabsichtigte Wirkung erst indirekt und mittelbar durch die Öffentlichkeit und wurde somit in Wahrheit durch diese selbst vollzogen.[532] Sie nahm damit den Charakter einer Volksjustiz an.[533] Die Bedeutung dieser Strafe, die mitunter auch zu Beeinträchtigungen der Freiheit und der körperlichen Unversehrtheit führte, ist im Hinblick auf die Relevanz der sozialen Stellung des Einzelnen im Mittelalter zu sehen.[534] Mit dem Vollzug der Strafe erlangte der Bestrafte eine neue Identität, die ihn lebenslang kennzeichnete.[535] *Schild* nennt als Beispiel die einst „geachtete Hausfrau“, die aufgrund eines Ehebruchs zur „verachteten Dirne“ gebrandmarkt wurde.[536] Wegen dieser „unehrlich machenden Wirkung“ der Prangerstrafe wurde sie häufig mit einer Stadt- oder Landesverweisung kombiniert, die den Ausschluss des Delinquenten aus der Rechtsgemeinschaft besiegelte.[537]

Neben dieser auf den ersten Blick erkennbaren Funktion war der Pranger auch eine soziale Kommunikationsform in Bezug auf die Bedeutung von Normbrüchen und die Ordnung bestehender Machtverhältnisse.[538] *Van Dülmen* bezeichnet den Pranger in diesem Zusammenhang als „Lehrstück über die Malefizordnung der Stadt“.[539] Zu der damaligen Zeit war das gesamte Strafverfahren öffentlich, wobei dies nicht im heutigen Sinne zum Zwecke der Überprüfbarkeit und des Ausschlusses von Willkür zu se-

529 *Dörnhöfer*, in: Bielefeldt/Deile/Hamm/Hutter/Kurtenbach/Tretter (Hrsg.), Menschenrechte, S. 106, 306.
530 *Van Dülmen,* Strafrituale, S. 73.
531 *Zabel,* GA 158 (2011), S. 347, 350.
532 *Schild,* Gerichtsbarkeit, S. 212; *Zabel,* GA 158 (2011), S. 347, 350.
533 *Zabel,* GA 158 (2011), S. 347, 350.
534 *Schild,* Pranger, S. 182.
535 *Schild,* Pranger, S. 182.
536 *Schild,* Gerichtsbarkeit, S. 212.
537 *Van Dülmen,* Strafrituale, S. 65 f.
538 *Zabel,* GA 158 (2011), S. 347, 350.
539 *Van Dülmen,* Strafrituale, S. 73.

hen ist.[540] Die Öffentlichkeit sollte vielmehr dem Volk vor Augen führen, was verboten und was erlaubt war.[541] Auf diese Weise wurden den nicht des Lesens und Schreibens mächtigen Personen rechtliche Inhalte näher gebracht.[542]

2. Der Prangerbegriff im heutigen Sprachgebrauch

Der historische Pranger scheint als moderne Institution in den verschiedenen Formen der Informationsweitergabe an die Öffentlichkeit eine Art Renaissance zu erfahren. *Waechter* spricht in diesem Zusammenhang von der „Wiederentdeckung der Stigmatisierung".[543] Rein begrifflich meint die Redewendung „an den Pranger stellen" im heutigen Sprachgebrauch jemanden oder etwas aktiv öffentlich bloßzustellen bzw. der allgemeinen Verachtung preiszugeben.[544] Dagegen bedeutet das passive „an den Pranger kommen" oder „am Pranger stehen" Tadel, Vorwurf oder Kritik ausgesetzt zu sein.[545] Mit der Verwendung des Wortes „Pranger" geht vor dem Hintergrund seines historischen Kontexts eine deutlich negative Konnotation einher. Dennoch oder gerade deshalb wird im Zuge staatlicher Informationen vielfach vom „Pranger" gesprochen,[546] anstatt (wertfrei) von proaktiven Veröffentlichungen, aktiven Behördeninformationen oder (positiv) von „modernen Steuerungsinstrumenten" zu sprechen.[547]

540 *Schild,* Pranger, S. 41.
541 *Schild,* Pranger, S. 39, 41.
542 *Schild,* Pranger, S. 41.
543 *Waechter,* VerwArch 92 (2001), S. 368, 370, der dies (a.a.O. S. 372) mit der Tendenz des Staates, „Private wieder stärker in die Erledigung auch öffentlicher Aufgaben einzubeziehen" verbindet. Dies entspricht der obigen Darstellung des kooperativen Staates, Stichwort sinkende Steuerungsfähigkeit bei wachsenden Staatsaufgaben, s. Kap. 3, B I.
544 http://www.duden.de/rechtschreibung/Pranger, s. unter Bedeutung.
545 http://www.duden.de/rechtschreibung/Pranger, s. unter Bedeutung.
546 Dies stellt auch *Dannecker,* JZ 2013, S. 924, 924 fest.
547 Zur positiven Konnotation des Letzteren *Elsing/Rosenow,* ZLR 2013, S. 240, 248.

a) Aktueller Kontext des Prangerbegriffs

Einen guten Eindruck über die aktuelle Verwendung des Prangerbegriffs bietet der Blick in Zeitungen, Fachzeitschriften, Rechtsprechung und Praxis.

In den deutschen Tageszeitungen finden sich Schlagzeilen wie „Streit über Lebensmittel-Pranger – Geheimsache Ekelessen“[548], „Streit um Gütesiegel und Internet-Pranger für Restaurants“[549], „Erster Ekel-Betrieb am Pranger“[550], „Online-Pranger gegen Schmutz, Schimmel, Schädlinge“[551], „Stadt schließt Hygiene-Pranger“[552] oder „Erster Heidenheimer Betrieb wegen Hygienemängeln am Online-Pranger“[553].

Fachaufsätze erscheinen unter Titeln wie „Verbraucherinformation und Anprangerung als gezielte Lenkungsmittel“,[554] „Internet-Pranger auf Verdacht […]“[555], „Der digitale Pranger“[556], „Am Pranger: Kriminalprävention durch Information […]“[557], „Online Archive – der ewige Pranger im Internet“[558], „Der digitale Pranger: Bewertungsportale im Internet“[559], „[…] der Lehrer am Pranger in der virtuellen Welt“[560], „Der Internetpranger“[561], „Prangerwirkung und Manipulationsgefahr bei Bewertungsforen

548 *Brühl,* SZ v. 5.3.2014, http://www.sueddeutsche.de/wirtschaft/streit-ueber-lebensmittel-pranger-geheimsache-ekelessen-1.1903666, zuletzt geprüft am 10.4.2014.

549 *Iskandar,* FAZ v. 7.6.2010, http://www.faz.net/aktuell/rhein-main/frankfurt/frankfurt-streit-um-guetesiegel-und-internet-pranger-fuer-restaurants-1993699.html.

550 *V. Bebenburg,* Frankfurter Rundschau v. 2.11.2012, http://www.fr-online.de/frankfurt/-internetportal-zur-lebensmittelhygiene-erster-ekel-betrieb-am-pranger,1472798,20769644.html.

551 *Thomas,* Die Welt v. 1.11.2012, http://www.welt.de/regionales/muenchen/article110453567/Online-Pranger-gegen-Schmutz-Schimmel-Schaedlinge.html.

552 *Fuchs,* SZ v. 11.1.2013, http://www.sueddeutsche.de/muenchen/zweifel-an-rechsstaatlichkeit-stadt-schliesst-hygiene-pranger-1.1570386.

553 *Fuchs,* Südwest Presse v. 5.11.2012, http://www.swp.de/heidenheim/lokales/heidenheim/Erster-Heidenheimer-Betrieb-wegen-Hygienemaengeln-am-Online-Pranger;art1168893,1707440.

554 *Möstl,* GewArch 2015, S. 1 ff.

555 *Dannecker,* JZ 2013, S. 924, 924 ff.

556 *Greve,* MMR 2008, S. 644 ff.

557 *Baur/Burkhardt/Kinzig,* JZ 2011, S. 131 ff.

558 *Schmitz/Siry,* in: Taeger (Hrsg.), Digitale Evolution, S. 217 ff.

559 *Greve,* MMR 2008, S. 644 ff.

560 *Köhler,* Social Web.

561 *Beukelmann,* NJW-Spezial 2011, S. 504 ff.

im Internet"[562], „Moderner Pranger: Die sog. Negativliste von Pankow"[563], „Die ‚Pankower Ekelliste' – Zukunftsweisendes Modell des Verbraucherschutzes oder rechtswidriger Pranger?"[564], „Adverse Publizität: Der Pranger im Verwaltungsrecht"[565].

Der Prangerbegriff im Zusammenhang mit Internetveröffentlichungen findet sich u. a. auch in der obergerichtlichen und höchstrichterlichen Rechtsprechung wieder. So beschäftigten sich z. B. das OLG Stuttgart und das hanseatische OLG mit der Prangerwirkung eines Hotelbewertungsportals im Internet,[566] das brandenburgische OLG,[567] der bayerische VGH[568] und das niedersächsische OLG[569] mit der virtuellen Prangerwirkung von Beiträgen in Internetforen, letzteres im Zusammenhang mit einem staatlicherseits eingerichteten Internetforum zur Aufklärung eines Kapitalverbrechens. Im Kontext einer Veröffentlichung auf der Grundlage des § 40 Abs. 1a LFGB ging das niedersächsische OVG von einer „mit der Veröffentlichung im Internet verbundenen Prangerwirkung" aus.[570] Das OVG Berlin-Brandenburg entschied mit Blick auf das Pankower Smiley-System, dass der Veröffentlichung „in der konkreten Form der farbig unterlegten ‚Smiley-Gesichter' [...] eine Prangerwirkung zu[kommt]".[571] Zudem beschäftigte es sich mit der von einer Internetveröffentlichung eines nicht anonymisierten Gerichtsurteils ausgehenden Prangerwirkung.[572] Der BGH urteilte, ein „einseitige[r] und präjudizierende[r] Beitrag unter voller Namensnennung" in der Online-Ausgabe eines Printmagazins stelle den Betroffenen „an den Pranger".[573] Auch das BVerfG hat sich bereits zum The-

---

562 *Gomille,* ZUM 2009, S. 815 ff.

563 *Tsambikakis,* StraFo 2010, S. 177 ff.

564 *Holzner,* NVwZ 2010, S. 489 ff.

565 *Reimer,* JöR N.F. 58 (2010), S. 275 ff.

566 OLG Stuttgart, Urteil v. 11.9.2013 – 4 U 88/13, juris, Rn. 38; OLG Hamburg MMR 2012, 605 ff.

567 OVG Berlin-Brandenburg NJ 2007, 465 f.

568 BayVGH DVBl. 2010, 799.

569 OLG Celle NJW-RR 2008, 1262 ff.

570 NdsOVG NVwZ-RR 2013, 831, 833.

571 OVG Berlin-Brandenburg, Beschluss v. 28.5.2014 – OVG 5 S 21.14, juris, Rn. 13; vgl. zudem Beschluss v. 3.6.2014 – OVG 5 N 2.13, juris, Rn. 6.

572 OVG Berlin-Brandenburg, Beschluss v. 9.10.2014 – OVG 5 S 29.14, juris, Rn. 9.

573 BGH NJW 2014, 2029, 2034.

ma Prangerwirkung im Zusammenhang mit der Veröffentlichung eines „Schuldnerspiegels" im Internet geäußert.[574]

Daneben taucht der Pranger vermehrt auch in der Praxis als präventives Instrument auf.[575] Im Strafrecht existiert die als Alternative zur Sicherungsverwahrung ins Spiel gebrachte Forderung, die Daten von Sexualstraftätern nach ihrer Haftentlassung der Öffentlichkeit zugänglich zu machen.[576] Im Bereich Verbraucherschutz und Lebensmittel sind die ehemalige „Pankower Negativliste" und das Lebensmittelportal „Klarheit und Wahrheit" zu nennen. Der Berliner Bezirk Pankow veröffentlichte in einer online abrufbaren Liste die Prüfergebnisse der amtlichen Kontrollen in Restaurants, Kneipen und Gaststätten.[577] Das ebenfalls im Internet abrufbare Lebensmittelportal stellt Produkte vor, von denen Verbraucher sich getäuscht fühlen.[578] Im Sozialrecht gibt es den sog. Pflege-TÜV, mittels dessen Prüfergebnisse von Pflegeheimen und Pflegediensten in Schulnotenform im Internet veröffentlicht werden.[579] Ein ähnliches System soll jetzt auch für sog. Schulinspektionsberichte eingeführt werden. Das Land Berlin hat hierzu als erstes Bundesland in § 5 Abs. 4 SchulQualSiEvalVO eine entsprechende Regelung aufgenommen.[580]

Als weiteres Beispiel sei § 30 Abs. 4 TEHG, der im Gesetzesabschnitt „Sanktionen" zu finden ist, genannt. Diese Norm sieht vor, dass die Namen der Verantwortlichen, die gegen ihre Verpflichtung nach § 7 Abs. 1

---

574 BVerfGE 104, 65, 72 f. Eine tiefergehende Bewertung in der Sache ist leider nicht erfolgt, da die Verfassungsbeschwerde unzulässig war und sich das BVerfG deshalb nur zu einigen Bemerkungen an die vorrangig in Anspruch zu nehmenden Hauptsachegerichte veranlasst sah. Dennoch kam in der kurzen Begründung deutlich zum Ausdruck, dass die Prangerwirkung einer Schuldnerdatenbank gerade aufgrund ihrer Veröffentlichung im Internet einer besonderen Bewertung bedarf. In BVerfG DVBl. 2014, 777, 778 trug der Beschwerdeführer eine „Prangerwirkung" vor, die das BVerfG jedoch nicht eigens thematisierte.

575 Für einen Überblick s. auch *Beukelmann,* NJW-Spezial 2011, S. 504 f.

576 Vorschlag des Vorsitzenden der Deutschen Polizeigewerkschaft *Wendt*, vgl. beck-aktuell v. 11.8.2010, becklink 1003706, sowie weiterführend zur Kriminalprävention durch Information *Baur/Burkhardt/Kinzig,* JZ 2011, S. 131 ff.

577 http://www.berlin.de/ba-pankow/verwaltung/ordnung/smiley.html, zuletzt geprüft am 05.09.12; näher dazu Kap. 11, A IV.

578 http://www.lebensmittelklarheit.de, zuletzt geprüft am 27.10.2014; näher dazu Kap. 11, A VII.

579 Siehe z. B. http://www.aok-pflegeheimnavigator.de, zuletzt geprüft am 27.10.2014; näher dazu Kap. 11, B.

580 Verordnung über schulische Qualitätssicherung und Evaluation v. 29.11.2011, GVBl. S. 728, zuletzt geändert durch Art. VI VO v. 22.7.2013, GVBl. S. 359.

TEHG verstoßen haben, d. h. ihrer Pflicht, „eine Anzahl von Berechtigungen abzugeben, die den durch [ihre] Tätigkeit im vorangegangenen Kalenderjahr verursachten Emissionen entspricht“, nicht nachgekommen sind, im Bundesanzeiger veröffentlicht werden.

b) Vergleich der Prangerbegriffe

(1) Zielrichtung

Mit Ausnahme der Veröffentlichung aufgrund von § 30 Abs. 4 TEHG sind die gerade genannten Anwendungsbeispiele des modernen Prangers zumeist oder zumindest überwiegend präventiver Natur. Sie bewerten Einrichtungen und bezwecken damit im Regelfall das Anstoßen eines Qualitätswettbewerbs, die Schaffung von Transparenz, das Ermöglichen einer fundierten Konsumentscheidung, die künftige Einhaltung von Vorschriften bzw. im Bereich des Strafrechts das Verhindern künftiger Straftaten. Die oben genannten Bewertungsforen und reinen Informationen im Internet zielen in erster Linie auf Transparenz und den Schutz der Verbraucher ab,[581] denen durch die Veröffentlichung der Publikumsinformation der Vorteil einer informierteren Konsumentscheidung zu Gute kommen soll, indem sie z. B. von den hygienisch nicht einwandfreien Zuständen in einem Restaurant[582] oder von einem qualitativ minderwertigen Pflegebetrieb in Kenntnis gesetzt werden. Auf der anderen Seite gilt es, Beanstandungen in der Vergangenheit aufzuzeigen und damit, unterstützt durch das Meideverhalten der Verbraucher und den dadurch ausgelösten wirtschaftlichen Druck, die Bewerteten zu einer positiveren Leistung in der Zukunft anzuspornen. Es soll spezialpräventiv erreicht werden, dass der „Angeprangerte“ sein Verhalten künftig ändert, zum einen wegen des sozialen und/oder wirtschaftlichen Drucks, der mit der Stigmatisierung verbunden ist, zum anderen aber auch, weil der Betroffene nun weiß, dass ihn die Behörde bzw. der Informationsgeber „im Blick hat“.[583] Generalpräventiv

---

581 *Waechter,* VerwArch 92 (2001), S. 368, 369.

582 S. dazu OVG d. Saarlandes LMRR 2011, 1, nachdem „es sich bei der Internetveröffentlichung gemäß dem VIG nicht um eine Sanktion [handelt], [da] […] diese in erster Linie eine Information der Verbraucher [bezweckt], um eine adäquate Basis für Konsumentenentscheidungen zu schaffen“.

583 *Becker*, in: FS Horst, S. 73, 74; *Waechter,* VerwArch 92 (2001), S. 368, 369.

wirkt sich die adverse Publizität zugleich auf alle anderen Marktteilnehmer aus, die in den Zielbereich einer Veröffentlichung fallen.[584]

Abzustellen ist daher auf den Zweck, der mit der Veröffentlichung verfolgt werden soll. Oftmals wird es dabei, wie auch bei den genannten Beispielen, mehrere verfolgte Zwecke geben, so dass im Einzelfall auf den Schwerpunkt der Maßnahme abzustellen ist.[585] Die Grenzen werden dabei nicht immer trennscharf verlaufen und die Übergänge können im Einzelfall fließend sein. Liegt der Schwerpunkt aber darin, mittels der Information für die Konsumenten eine fundierte Entscheidungsbasis zu schaffen, die Transparenz und somit das Vertrauen in staatliche Kontrolleinrichtungen zu stärken und womöglich auch den Gesundheitsschutz zu stärken, so tritt die mit der Veröffentlichung verbundene Prangerwirkung in den Hintergrund und die Information ist nicht als Sanktionsinformation anzusehen. So liegt der Fall auch bei den Listen und Bewertungsportalen, mit denen weder gezielt noch schwerpunktmäßig Sanktionszwecke verfolgt werden.[586]

Besteht auf der anderen Seite aber in der Sanktionswirkung der einzige Grund für die Information, geht es also alleinig um das sog. naming and shaming, wie dies bspw. bei § 30 Abs. 4 TEHG der Fall ist, so ist die Information als Sanktionsmittel einzuordnen.[587] Der Unterschied zwischen der Lenkungs- und der Sanktionsinformation wird auch darin offenbar, dass die Norm aus dem TEHG in ein gesetzliches Sanktionsregime eingebunden ist, das der öffentlichen Aufgabenwahrnehmung dient.[588] Die Normen aus dem Verbraucherinformations- und Sozialrecht hingegen dienen in erster Linie den eigenen Informationszwecken der Verbraucher und werden diesen zur freien Verfügung bereitgestellt.[589] Eine Instrumentalisierung der Verbraucher zu Sanktionszwecken ist damit mangels Bindungswirkung nicht verbunden.[590]

---

584 *Becker*, in: FS Horst, S. 73, 74.

585 *Wollenschläger,* VerwArch 102 (2011), S. 20, 24.

586 Ebenso *Wollenschläger,* VerwArch 102 (2011), S. 20, 27. A.A. *Wallau,* ZLR 2010, S. 382, 385, der in der Pankower Negativliste eine „faktische Sanktion", ein „Sanktionsmittel besonderer Art" und im Ergebnis eine „Strafe ohne Gesetz" sieht.

587 So zu § 18 Abs. 4 TEHG a. F. *Wollenschläger,* VerwArch 102 (2011), S. 20, 25 f.

588 Im Umkehrschluss *Wollenschläger,* VerwArch 102 (2011), S. 20, 26.

589 *Wollenschläger,* VerwArch 102 (2011), S. 20, 26.

590 *Wollenschläger,* VerwArch 102 (2011), S. 20, 26.

Mithin weisen die meisten Vorschriften, denen eine Prangerwirkung attestiert wird, in erster Linie eine präventive, verhaltenssteuernde Zielrichtung auf, wohingegen der mittelalterliche Pranger primär strafenden, repressiven Charakter hatte.[591] Beide Prangerbegriffe kommen jedoch nicht gänzlich ohne die jeweils andere Seite aus. Der mittelalterliche Pranger hatte durch die mit ihm verbundene soziale Ächtung für den Delinquenten und die Abschreckung anderer potenzieller Straftäter auch präventiven Charakter. Umgekehrt ist dem aktuellen Prangerbegriff eine repressive Seite nicht gänzlich abzusprechen, da mit der Veröffentlichung negativer Bewertungen oder sich im Kontext negativ darstellender Informationen immer auch eine Stigmatisierung verbunden ist.[592]

(2) Reichweite

Ein weiterer Unterschied zwischen dem historischen und dem aktuellen Pranger ist die Reichweite.[593] Die Anprangerung erfolgte früher an einem bestimmten Ort des Dorfes bzw. der Stadt und sie dauerte eine begrenzte Zeit. Dementsprechend waren der Adressatenkreis und die Wirkung der sozialen Ächtung begrenzt. Dies entsprach der meist ebenso begrenzten räumlichen Reichweite der Einzelnen. Der virtuelle Pranger hingegen kann einem unbegrenzten Adressatenkreis für eine unbegrenzte Zeit zur Verfügung stehen. Die weltweite Abrufbarkeit einer Veröffentlichung entspricht dabei quasi unserer heutigen Reichweite, die virtuell und/oder tatsächlich nahezu global ist. Zu der enormen Reichweite kommt die schnelle Weiterverbreitung, die simple Auffindbarkeit durch Suchmaschinen und die Dauerhaftigkeit der Veröffentlichung hinzu. Begrenzt werden dürfte diese enorme Reichweite faktisch nur durch das Abrufinteresse der Öffentlichkeit. Denn realistischerweise werden sich in der Regel nur die

591 In diesem Sinne auch *Baur/Burkhardt/Kinzig,* JZ 2011, S. 131; *Guckelberger*, in: Hill/Schliesky (Hrsg.), S. 73, 89 f. sowie zum präventiven Charakter des modernen Prangers, *Waechter,* VerwArch 92 (2001), S. 368, 369; ähnlich *Dörnhöfer*, in: Bielefeldt/Deile/Hamm/Hutter/Kurtenbach/Tretter (Hrsg.), Menschenrechte, S. 106, 108, die heute nicht mehr Strafzwecke, sondern „die Möglichkeit der Informationsverbreitung im Vordergrund" sieht.

592 Ähnlich auch *Baur/Burkhardt/Kinzig,* JZ 2011, S. 131, die die Funktion des modernen Prangers als „mittelbare ‚Ächtungsfunktion'" bezeichnen.

593 Ebenso *Baur/Burkhardt/Kinzig,* JZ 2011, S. 131 und *Dörnhöfer*, in: Bielefeldt/Deile/Hamm/Hutter/Kurtenbach/Tretter (Hrsg.), Menschenrechte, S. 106, 107.

Menschen innerhalb des Einzugsgebiets der betroffenen Dienstleistung bzw. des Verbreitungsgebiets der betroffenen Ware für die Veröffentlichung interessieren.

(3) Eingriffsqualität

Die moderne Anprangerung beschränkt sich auf die Namensnennung der verantwortlichen Person in Verbindung mit der Information über eine Abweichung bzw. einen Verstoß gegen Vorschriften bzw. einer (vergleichenden) Bewertung im Internet. Sie hat, wie noch gezeigt werden wird,[594] in möglichst sachlicher und neutraler Form zu erfolgen. Die Qualität dieser öffentlichen Darstellung unterscheidet sich damit sehr deutlich von der spezifischen Würdeverletzung, die der historische Pranger verursachte. Die verächtliche Symbolhaftigkeit und erniedrigende Darstellung findet im modernen Pranger kein Äquivalent.

(4) Zwischenfazit

Der mittelalterliche und der moderne, virtuelle Pranger unterscheiden sich in ihrer Zielrichtung, ihrer Reichweite wie auch in dem Ausmaß der verursachten Folgen teilweise deutlich voneinander. Der mittelalterliche Pranger war überwiegend repressiv, von geringer örtlicher Reichweite und gezielt erniedrigend. Demgegenüber ist der „Internetpranger" überwiegend präventiv, erfährt durch das Internet eine enorme Verbreitung, ist demgegenüber aber versachlicht und kommt ohne spezifische Würdeverletzung aus.

c) Prangerwirkung rechtmäßiger Informationen

Im Zusammenhang mit den oben genannten Auseinandersetzungen mit dem Prangerbegriff, sei es in (Fach-)Literatur oder Rechtsprechung, fällt auf, dass Uneinigkeit dahingehend besteht, ob Prangerwirkung nur dann anzunehmen ist, wenn das Informieren der Öffentlichkeit rechtswidrig ist.

594 Kap. 6, B I.

Möglich wäre, dass das Vorhandensein der Prangerwirkung bereits dazu führt, dass ein Vorhaben von vorneherein und generell unzulässig ist. So könnte man die Entscheidung des OLG Celle in Bezug auf das Internetforum zur Aufklärung eines Kapitalverbrechens deuten: Das Gericht verwendet den Begriff der Prangerwirkung in Verbindung mit der „amtspflichtwidrigen Eröffnung des Diskussionsforums".[595] Daraus könnte man schließen, dass erst die unverhältnismäßige und daher rechtswidrige Informierung der Öffentlichkeit Prangerwirkung entfaltet. Dementsprechend dürften auch die Ausführungen von *Gomille* zu verstehen sein, der die Prangerwirkung einer Äußerung als Grenze des „öffentlichen Interesse[s] an einer Berichterstattung" sieht und sie deshalb als „Schranken-Schranke des Rechts auf informationelle Selbstbestimmung" einordnet.[596]

Auf der anderen Seite hat das BVerfG in seiner Schuldnerspiegel-Entscheidung erklärt, dass die mit der im Internet erfolgten „öffentliche[n] Anprangerung einer Person als Schuldner verbundenen nachteiligen Wirkungen Besonderheiten bei der rechtlichen Würdigung [...] bewirken".[597] Dementsprechend muss die Prangerwirkung nicht gleich zur Rechtswidrigkeit führen, es bedarf aber einer strikten Verhältnismäßigkeitsprüfung, die auf die „Besonderheiten" der Anprangerung Rücksicht nimmt. Auch das OLG Hamburg geht davon aus, dass negative, anprangernde Hotelbewertungen, selbst wenn sie einen Eingriff in ein Grundrecht darstellen, gerechtfertigt sein können.[598] In diese Richtung gehend äußert sich auch *Dörnhöfer*. Nach ihr ist „die Grenze zumutbarer Kritik [...] dort anzusetzen, wo die ‚Prangerwirkung' [...] unverhältnismäßig zum kritisierten Verhalten des Betroffenen wird."[599]

Dieser letztgenannten Auslegungsvariante gebührt der Vorzug. Die Prangerwirkung ist, wie gesehen, eine Besonderheit der Veröffentlichung personenbezogener Informationen. Die Rechtswidrigkeit dieses Vorgehens muss jedoch von den klassischen Möglichkeiten der Eingriffsrechtfertigung abhängen. Würde man dies anders sehen, käme der rechtlich nicht eindeutig definierten „Prangerwirkung" entscheidende Bedeutung zu. Je nachdem, ob man sie im Einzelfall annehmen oder ablehnen würde, läge

595 OLG Celle NJW-RR 2008, 1262, 1264.
596 *Gomille,* ZUM 2009, S. 815, 817.
597 BVerfGE 104, 65, 72 f.
598 OLG Hamburg MMR 2012, 605, 606.
599 *Dörnhöfer*, in: Bielefeldt/Deile/Hamm/Hutter/Kurtenbach/Tretter (Hrsg.), Menschenrechte, S. 106, 108.

ein rechtswidriger oder ein rechtmäßiger Eingriff in Grundrechte vor. Überzeugender ist es deshalb, wegen der besonderen Wirkung eine strikte Verhältnismäßigkeitsprüfung anzusetzen, die diese scharfe und beeinträchtigungsintensive Ausprägung einzuordnen und zu berücksichtigen vermag.

III. Vereinbarkeit mit dem Verbot der Doppelbestrafung

Zu klären ist in diesem Zusammenhang, ob die Veröffentlichung von Behördeninformationen im Internet als unzulässige Doppelbestrafung (*ne bis in idem)* im Sinne des Art. 103 Abs. 3 GG gelten muss. Dem liegt folgende Überlegung zu Grunde: Veröffentlicht die Behörde im Internet eine Information über ein Fehlverhalten, z. B. über das Vorliegen unhygienischer Zustände in einem Restaurant, so erfolgt dies parallel zu der Verhängung eines Bußgeldes oder sonstigen ordnungsrechtlichen Maßnahmen. Da durch die Veröffentlichung weitere wirtschaftliche Nachteile, etwa durch einen Absatzrückgang, drohen, besteht die Möglichkeit, dass darin eine nach Art. 103 Abs. 3 GG rechtswidrige Mehrfachbestrafung zu sehen ist.[600]

Voraussetzung hierfür wäre, dass ein einheitlicher Lebensvorgang im Sinne „derselben Tat“ vorliegt. Der verfassungsrechtliche Tatbegriff fragt danach, ob sich „ein individualisierbarer Vorgang unter Zugrundelegung objektiver Kriterien [...] als einheitlich darstellt“.[601] Dies ist hier der Fall, da zwischen den beiden hoheitlichen Maßnahmen keine erneute Handlung des Maßnahmeadressaten liegt. Weitere Voraussetzung ist, dass die Bestrafung aufgrund der allgemeinen Strafgesetze erfolgt. Die allgemeinen Strafgesetze umfassen das Kern- und Nebenstrafrecht, nicht aber das Ordnungs- oder Polizeistrafrecht.[602] Die erste Entscheidung beruht in der Regel auf einem Ordnungswidrigkeitentatbestand, die zweite auf einer Infor-

600 *Wiemers,* ZLR 2009, S. 413, 423.

601 *Kunig*, in: v. Münch/Kunig, GG Bd. 2, Art. 103 Rn. 39; *Schmidt-Aßmann*, in: Maunz/Dürig, GG, Art. 103 Rn. 283.

602 *Kunig*, in: v. Münch/Kunig, GG Bd. 2, Art. 103 Rn. 39; *Pieroth*, in: Jarass/Pieroth, GG, Art. 103 GG Rn. 74; *Radtke/Hagemeier*, in: Epping/Hillgruber, Art. 103 GG Rn. 47; *Schmidt-Aßmann*, in: Maunz/Dürig, GG, Art. 103 GG Rn. 286.

mationsübermittlung. Beide Entscheidungen stellen damit keine Maßnahmen aufgrund der allgemeinen Strafgesetze dar.[603]

Sollte man jedoch entgegen der hier vertretenen Auffassung der Ansicht sein, dass dieses Merkmal wegen einer möglichen Umgehungsgefahr bejaht werden sollte,[604] so müsste im Weiteren die Voraussetzung der mehrmaligen Bestrafung erfüllt sein. Unter Strafe ist eine repressive Maßnahme im Sinne einer Sanktion zu verstehen.[605] Maßgeblich ist allein die objektive Sicht, d. h. es kommt nicht darauf an, ob der Betroffene eine Maßnahme subjektiv als Strafe empfindet.[606] Demzufolge ist auch allgemein anerkannt, dass die präventiv ausgestalteten Maßregeln der Besserung und Sicherung nicht unter den Strafbegriff zu subsumieren sind.[607] Art. 103 Abs. 3 GG enthält insofern „kein umfassendes Verbot, aus Anlaß eines Sachverhalts verschiedene Sanktionen zu verhängen, sondern verbietet nur die wiederholte strafrechtliche Ahndung ein und derselben Tat“.[608]

Ist eine Informationsveröffentlichung eine Maßnahme vorwiegend präventiven Charakters, liegt bereits keine Sanktion vor,[609] die unter das Verbot der Doppelbestrafung subsumiert werden könnte.[610] Die begleitende

603 *Wollenschläger,* VerwArch 102 (2011), S. 20, 25 Fn. 15. Dazu, dass die Ordnungswidrigkeitentatbestände nicht unter die allgemeinen Straftatbestände des Art. 103 Abs. 3 GG zu subsumieren sind s. nur *Radtke/Hagemeier*, in: Epping/Hillgruber, Art. 103 GG Rn. 47; *Schmidt-Aßmann*, in: Maunz/Dürig, GG, Art. 103 GG Rn. 289 und grundsätzlich BVerfGE 43, 101, 105.

604 Dies selbst verneinend, aber ebenfalls darauf hinweisend *Waechter,* VerwArch 92 (2001), S. 368, 381.

605 Im Umkehrschluss BVerfGE 128, 326, 392 und 109, 133, 175 ff. (beide zur Sicherungsverwahrung). Zu diesem Verständnis des BVerfG (im Vergleich zu dem des EGMR) s. auch *Schädler/Jakobs*, in: Hannich (Hrsg.), KK-StPO, Art. 7 EMRK Rn. 4. Zur Unterscheidung v. Strafe und Maßregel s. *Villmow*, in: Kindhäuser/Neumann/Paeffgen (Hrsg.), StGB, Vorbem. zu den §§ 38 ff. Rn. 6.

606 Indirekt *Waechter,* VerwArch 92 (2001), S. 368, 382.

607 *Kunig*, in: v. Münch/Kunig, GG Bd. 2, Art. 103 Rn. 45; *Pieroth*, in: Jarass/Pieroth, GG, Art. 103 Rn. 74; *Radtke/Hagemeier*, in: Epping/Hillgruber, Art. 103 GG Rn. 47; *Waechter,* VerwArch 92 (2001), S. 368, 382.

608 So zuletzt BVerfG NStZ-RR 1996, 122, 122; erstmals BVerfGE 21, 391, 400 ff.

609 A.A. *Wallau,* ZLR 2010, S. 382, 385.

610 Ebenso *Guckelberger*, in Hill/Schliesky (Hrsg.), S. 89; *Waechter,* VerwArch 92 (2001), S. 368, 382; *Wollenschläger,* VerwArch 102 (2011), S. 20, 25 Fn. 15. A.A. OVG SH NuR 2006, 327, 329, das in einer Offenlegung von Informationen über einen bereits wegen einer Ordnungswidrigkeit belangten Unternehmer eine unzulässige Doppelbestrafung gesehen hat.

Veröffentlichung im Internet ist in diesen Fällen mit Art. 103 Abs. 3 GG vereinbar. Wohnt einer Veröffentlichung hingegen eine repressive Zielrichtung inne, wie § 30 Abs. 4 TEHG, ist von einer Sanktion auszugehen. Dann steht und fällt die Vereinbarkeit mit Art. 103 Abs. 3 GG, wie gesehen, mit der Subsumtion des jeweiligen Tatbestands unter das Merkmal der Maßnahme aufgrund der allgemeinen Strafgesetze.

C. Fazit

Das Verhältnis von Staat und Gesellschaft hat sich grundlegend gewandelt, die Öffnung der Verwaltung manifestiert sich zunehmend. Informationszugangsansprüche werden mehr und mehr voraussetzungslos, teilweise ist eine aktive Veröffentlichungspflicht einfachgesetzlich vorgesehen. Das Informationshandeln des Staates gewinnt vermehrt an Bedeutung und mit der Elektronisierung der Verwaltung stellen sich neue Fragen, wie die eines virtuellen Prangers durch im Internet veröffentlichte, personenbezogene Informationen. Der historische Prangerbegriff und seine Verwendung im aktuellen Kontext ist wegen der deutlichen Unterschiede bezüglich Zielrichtung, Reichweite und Eingriffsqualität der damit beschriebenen Instrumente nicht unkritisch zu sehen – insbesondere wenn damit Informationsveröffentlichungen zu präventiven Zwecken bezeichnet werden. Die Prangerwirkung als solche kann jedenfalls noch keinen Aufschluss darüber geben, ob eine Maßnahme rechtmäßig oder rechtswidrig ist. Das Verbot der Doppelbestrafung steht der aktiven Informationsveröffentlichung nicht entgegen, da mit ihr keine Bestrafung aufgrund der allgemeinen Strafgesetze erfolgt.

Kapitel 5: Betroffene Grundrechte

Ausgangspunkt für die weitere Untersuchung ist die Tatsache, dass sich der Staat einer zwiespältigen Aufgabe gegenübersieht. Auf der einen Seite muss er die ihm zur Verfügung stehenden Informationen so verwenden, dass er die ihm gegenüber den Bürgern obliegenden Aufgaben optimal erfüllen kann.[611] Zum anderen darf er den Bürger aber nicht paternalistisch bevormunden oder mit staatlicher Fürsorge und Unterstützung zudecken.[612] Auch wurde bereits deutlich, dass die Informationen selbst immer zweierlei bewirken. Für den Adressaten können sie nützlich sein, seinen Wissenshorizont erweitern und ihm Handlungsalternativen und Entscheidungsoptionen an die Hand geben.[613] Für den Betroffenen wirken sie sich demgegenüber nachteilig aus, sie informieren über ihn, stellen ihn möglicherweise an den Pranger. Zwar gibt es für schlichtes Verwaltungshandeln in Form von staatlichen Informationen vielfach keine oder nur unzureichende Regelungen. Anhand der obigen Darstellung der Lenkungs- und ggfs. Sanktionswirkung von Informationen ist aber deutlich geworden, dass die Beachtung der verfassungsmäßigen Rechtmäßigkeitsanforderungen zwingend erforderlich ist. Welche Einschränkungen also sind hinzunehmen zugunsten von mehr Transparenz in gesellschaftlichen und politischen Anliegen?[614]

A. Grundrechte der Informationsadressaten

I. Negative Informationsfreiheit

Informationen, die z. B. auf ein gesundheitsförderndes, risikominimierendes Verhalten hinwirken und damit den Einzelnen „‚vor sich selbst'"

---

611 Vgl. mit erstaunlichem Weitblick *Haefner,* Bruder, S. 294.

612 *Haefner,* Bruder, S. 294.

613 Wie *Schoch,* ZLR 2010, S. 121 es treffend formuliert hat, erhöht „Information [...] die Entscheidungsalternativen sowie die Freiheitsgrade in Staat und Gesellschaft".

614 *Haefner,* Bruder, S. 294 f.

schützen sollen, sind durchaus konträr zu beurteilen, da es jedem einzelnen mündigen Bürger obliegt, sich (paternalistischer) Fürsorge hinzugeben oder sich ihr zu entziehen.[615] Angesprochen sind damit die negative Informationsfreiheit, die von Art. 5 Abs. 1 S. 1 Hs. 2 GG umfasst ist[616] und das „Recht, in Ruhe gelassen zu werden", das aus dem allgemeinen Persönlichkeitsrecht abgeleitet wird.[617]

Für beide Rechte gilt aber, dass ihre Eingriffsschwelle erst erreicht ist, wenn die staatliche Information dem Einzelnen quasi aufgedrängt würde und ein Entrinnen nicht mehr möglich wäre.[618] Bloße Belästigungen scheitern bereits an der Zumutbarkeitsschwelle[619] und auch die Informationsflut als solche ist nicht geeignet, die negative Informationsfreiheit oder das allgemeine Persönlichkeitsrecht zu beeinträchtigen.[620] Nur in seltenen Ausnahmefällen kann etwas anderes gelten, nämlich wenn eine hoheitliche Information eine „schwere Gewissensnot" im Sinne eines „Gewissenszwang[s]" auslöst.[621] Da es sich bei den hier relevanten Publikumsinformationen um aufgesuchte Informationen handelt,[622] hat der Einzelne es

---

615 Zu diesem Themenkreis im Zusammenhang mit staatlicher Adipositasprävention *Uddin*, in: Voit/Dabrock/Ried/Uddin (Hrsg.), Adipositasprävention S. 95.

616 VG Hamburg, Urteil v. 17.7.2014 – 3 K 5371/13, juris, Rn. 54; VG Bremen BeckRS 2014, 46054; AG Hannover BeckRS 2013, 11649; *Fikentscher/Möllers,* NJW 1998, S. 1337, 1340 ff.; *Schemmer*, in: Epping/Hillgruber, Art. 5 GG Rn. 31; *Wendt*, in: Münch/Kunig, GG Bd. 1, Art. 5 GG Rn. 26.

617 Das Recht wurde vom BVerfG in der sog. Mikrozensus-Entscheidung entwickelt, s. BVerfGE 27, 1, 6. Dort wurde betont, dass „dem Einzelnen um der freien und selbstverantwortlichen Entfaltung seiner Persönlichkeit willen ein ‚Innenraum' verbleiben muß, in dem er ‚sich selbst besitzt' und ‚in den er sich zurückziehen kann, zu dem die Umwelt keinen Zutritt hat, in dem man in Ruhe gelassen wird und ein Recht auf Einsamkeit genießt'". Aus der Rechtsprechung zuletzt BVerfGE 109, 279, 328; FG Köln, Urteil v. 7.7.2010 – 2 K 3837/08, juris, Rn. 72. S. zudem *Müller,* Risikokommunikation, S. 116 f.; *Schellenberg,* ZRP 2014, S. 24, 25. Lesenswert zum Schutz der Privatheit *Hohmann-Dennhardt,* NJW 2006, S. 545 ff.

618 *Spaeth,* Grundrechtseingriff, S. 80 m.w.N.; s. auch *Müller,* Risikokommunikation, S. 117.

619 *Müller,* Risikokommunikation, S. 117.

620 *Spaeth,* Grundrechtseingriff, S. 80. Nach *Schemmer*, in: Epping/Hillgruber, Art. 5 GG Rn. 31.1 ist die negative Informationsfreiheit bei staatlichem Informationshandeln gar nicht einschlägig.

621 BGHZ 24, 45, 46 f.; 31, 187, 191 f. jeweils für den Fall einer Impfkampagne; s. auch *Spaeth,* Grundrechtseingriff, S. 81 f.

622 S. Kap. 1, C.

selbst in der Hand, ob er sie zur Kenntnis nehmen will oder nicht. Die Problematik aufgedrängter Informationen stellt sich mithin nicht.

II. Positive Informationsfreiheit

In Betracht kommt, das subjektive Recht des Einzelnen, sich zu informieren, auf Art. 5 Abs. 1 S. 1 Hs. 2 GG zu stützen.[623] Die hier normierte Informationsfreiheit ist lex specialis zur Meinungsbildungsfreiheit.[624] Sie greift nur dann, wenn es um die Entgegennahme oder Beschaffung einer Information geht, also die geistige Sphäre der Meinungsbildung – quasi als ihre Vorstufe – verlassen wird.[625] Nach ihr hat jeder das Recht des „Sichinformierens", sowohl hinsichtlich des aktiven Beschaffens, als auch der passiven Entgegennahme einer Information.[626] Allerdings gilt einschränkend, dass die Informationsfreiheit nur den Zugang zu Informationen aus allgemein zugänglichen Quellen gewährleistet.[627] Ein verfassungsunmittelbares „Recht auf Eröffnung einer Informationsquelle" gibt es nach vorherrschender Meinung hingegen nicht.[628]

Um das Grundrecht für die hier relevanten Behördeninformationen fruchtbar machen zu können, müssten diese also unter den Begriff der „allgemein zugänglichen Quelle" subsumiert werden können. Definitionsgemäß ist dies nur dann der Fall, wenn die Quelle „geeignet und bestimmt ist, der Allgemeinheit, d. h. einem individuell nicht bestimmbaren Perso-

---

623 Der individualrechtliche Informationsanspruch kann nicht etwa aus dem objektiven Rechtsstaatsprinzip des Art. 20 Abs. 3 GG hergeleitet werden, s. *Britz/Eifert/Groß,* DÖV 2007, S. 717, 720 und zuvor bereits *Wegener,* Der geheime Staat, S. 479, der zugleich eine Herleitung aus dem Demokratieprinzip, dem Sozialstaatsprinzip, der Forschungsfreiheit und dem Gleichheitsgrundsatz ablehnt, s. a.a.O. S. 478 f.

624 *Grabenwarter*, in: Maunz/Dürig, GG, Art. 5 Rn. 76.

625 *Grabenwarter*, in: Maunz/Dürig, GG, Art. 5 Rn. 76.

626 BVerwGE 61, 15, 22.

627 *Britz/Eifert/Groß,* DÖV 2007, S. 717, 720; *Müller,* Risikokommunikation, S. 179; *Wendt*, in: Münch/Kunig, GG Bd. 1, Art. 5 GG Rn. 22 ff.

628 BVerfGE 119, 309, 319; 103, 44, 59; BVerwG NVwZ 2015, 669, 672; OVG d. Saarlandes BeckRS 2010, 52554; VG Berlin ZUM 2014, 918, 918; VG Kassel NVwZ-RR 2012, 660, 661; *Möstl*, in: Leible (Hrsg.), Verbraucherschutz, S. 150, 158 f.; *Schroeder*, in: Böhm/Freund/Voit (Hrsg.), Information, S. 9, 10; *Wendt*, in: Münch/Kunig, GG Bd. 1, Art. 5 GG Rn. 23; kritisch *Wegener,* Der geheime Staat, S. 484.

nenkreis, Informationen zu verschaffen".[629] Das Recht, eine Quelle als öffentlich zugänglich zu bestimmen, richtet sich für den Staat nach den Vorschriften des öffentlichen Rechts, in deren Rahmen er Art und Umfang des Zugangs bestimmen kann.[630] Zu den allgemein zugänglichen Quellen, auf die sich die Informationsfreiheit erstreckt, gehören daher insbesondere Massenkommunikationsmittel wie Zeitungen, Hörfunk- und Fernsehprogramme.[631]

Ob Informationen aus dem Bereich einer Behörde hierunter subsumiert werden können, ist streitig. Die überwiegende Meinung in Rechtsprechung und Literatur verneint dies mit der Begründung, dass Behördeninformationen nicht einem unbestimmten Personenkreis offen stehen.[632] Sie seien bereits „ihrer Natur nach" nicht allgemein zugänglich.[633] Ein Teil der Literatur spricht sich auf der anderen Seite dafür aus. Begründet wird dies damit, dass das gegenteilige Verständnis auf einer Übung aus „vordemokratischen Zeiten" beruhe.[634] Heute ergebe sich bereits aus der „Vorbildfunktion des Gemeinschaftsrechts [...] eine grundsätzliche Verpflichtung des Staates zur Herstellung von Verwaltungsöffentlichkeit".[635] Zu-

---

629 StRspr. seit BVerfGE 27, 71, 83; vgl. auch BVerfGE 103, 44, 60.

630 BVerfGE 103, 44, 60 f.

631 BVerfG NJW 2013, 2180, 2181; BVerwGE 47, 247, 252; BVerfGE 27, 71, 83; *Muckel,* JA 2013, S. 795, 796.

632 S. BVerwG NJW 2013, 2538, 2539; BVerwGE 47, 247, 252; s. auch BVerwGE 61, 15, 22; ohne Begründung BVerwGE 30, 154, 156; soweit erkennbar erstmals OVG NRW DÖV 1959, 391, 391. Aus der Literatur s. *Britz/Eifert/Groß,* DÖV 2007, S. 717, 720; *Rossi,* Informationszugangsfreiheit, S. 211 ff.; *Schulze-Fielitz,* in: Dreier (Hrsg.), GG Bd. 1, Art. 5 I, II Rn. 81; *Bethge,* in: Sachs, GG, Art. 5 Rn. 60: „Der Staat als solcher ist keine allgemein zugängliche Informationsquelle"; *Engel,* Akteneinsicht, S. 105, der davon ausgeht, dass diese Meinung seit OVG NRW DÖV 1959, 391, 391 allgemein anerkannt ist; *Müller,* Risikokommunikation, S. 179; *Starck,* in: Klein/v. Mangoldt/Starck, GG, Art. 5 Rn. 50 nach dem alles, „was die staatlichen Behörden zu Recht oder zu Unrecht geheim oder vertraulich behandeln, [...] nicht allgemein zugänglich [ist]"; *Wendt,* in: Münch/Kunig, GG Bd. 1, Art. 5 GG Rn. 25. Offen gelassen von *Spaeth,* Grundrechtseingriff, S. 206.

633 BVerfG NJW 1986, 1243, 1243; *Schroeder*, in: Böhm/Freund/Voit (Hrsg.), Information, S. 9, 10; *Kaufmann*, in: Bertschi/Gächter/Hurst/u. a. (Hrsg.), Demokratie, S. 48 ff. m.w.N.

634 *Wegener,* Der geheime Staat, S. 481; s. auch *Pieroth/Schlink/Kingreen/Poscher,* Grundrechte, Art. 13 Rn. 609, der meint, die gegenteilige Auffassung sei „schon immer fragwürdig[...]" und mittlerweile überholt.

635 *Scherzberg,* Öffentlichkeit, S. 345.

dem dürfe die „öffentliche Qualität staatlicher Datenbestände [nicht] in das politische Ermessen der zuständigen Rechtsträger" gestellt werden.[636] Der „grundrechtliche Auftrag zur Informationsvorsorge" beinhalte mithin auch die „Eröffnung des Zugangs zu staatlichen Datenbeständen".[637]

Jedenfalls aber, und das ist vorliegend entscheidend, soweit der Gesetzgeber dem Bürger einfachrechtliche Informationsansprüche eingeräumt, d. h. eine Informationsquelle eröffnet hat – wie etwa mittels des IFG, des VIG oder des UIG geschehen –, ist die Entscheidung über die Gewährung oder Ablehnung des Informationszugangs grundrechtsrelevant.[638] Das BVerfG hat insofern entschieden, das Grundrecht umfasse ein „gegen den Staat gerichtetes Recht auf Zugang in Fällen, in denen eine im staatlichen Verantwortungsbereich liegende Informationsquelle auf Grund rechtlicher Vorgaben zur öffentlichen Zugänglichkeit bestimmt ist, der Staat den Zugang aber verweigert".[639]

III. Kommunikationsfreiheit

Ferner kommt Art. 5 Abs. 1 S. 1 GG in seiner Ausprägung als Grundrecht auf Kommunikationsfreiheit in Betracht, wenn die Privaten nicht passiv die Information konsumieren, sondern sie aktiv verlautbaren lassen. Diese Konstellation wird in der vorliegenden Betrachtung dann relevant, wenn private Internetnutzer eines staatlich finanzierten Portals Bewertungen abgeben oder ihren Eindruck schildern. Da die Kommunikationsfreiheit auch „den Kommunikationsprozess als solchen" schützt, ist im Übrigen auch der Portalbetreiber als notwendige Zwischeninstanz in seiner Kommunika-

---

636 *Scherzberg,* Öffentlichkeit, S. 345.

637 *Scherzberg,* Öffentlichkeit, S. 345. Nach *Wegener,* Der geheime Staat, S. 481 f. habe der Verfassungsgeber zwar nicht die Begründung eines individuellen Anspruchs im Blick gehabt, da das Grundrecht insbesondere vor Praktiken, wie denen der Nationalsozialisten – Verbote, ausländische Rundfunksendungen abzuhören oder ausländische Druckerzeugnisse zu beziehen – schützen sollte. Aus dieser ursprünglichen Zielsetzung ergebe sich aber kein Hindernis für eine weitergehende Auslegung.

638 BVerfGE 103, 44, 60; BVerwG NJW 2013, 2538, 2539; *Möstl,* LMuR 2014, S. 77, 79; *ders.*, in: Leible (Hrsg.), Verbraucherschutz, S. 150, 159; *Wendt*, in: Münch/Kunig, GG Bd. 1, Art. 5 GG Rn. 25.

639 BVerfGE 103, 44, 60.

tionsfreiheit betroffen.[640] Dies gilt selbst dann, wenn er sich die Meinung oder Tatsachenbehauptung des privaten Nutzers „weder zu eigen macht noch sie in eine eigene Stellungnahme einbindet“.[641]

In diesen Fällen ist das Recht des Betroffenen auf informationelle Selbstbestimmung (Art. 2 Abs. 1 i. V. m. Art. 1 Abs. 1 GG) mit der Kommunikationsfreiheit (Art. 5 Abs. 1 S. 1 GG) abzuwägen. Am Beispiel des Portals www.lebensmittelklarheit.de[642] zeigt sich, dass Produktmeldungen der Nutzer regelmäßig die Sozialsphäre des benannten Produktherstellers betreffen.[643] Im Falle einer Patientenbewertung in einem (privaten) Internet-Ärztebewertungsportal wurde entschieden, dass personenbezogene Daten „einen Teil der sozialen Realität dar[stellen], der nicht ausschließlich dem Betroffenen alleine zugeordnet werden kann, sodass dieser grundsätzlich Einschränkungen seines Rechts auf informationelle Selbstbestimmung hinnehmen muss, soweit die Schwere des Eingriffs unter Abwägung des Gewichts der ihn rechtfertigenden Gründe die Grenze des Zumutbaren nicht überschreitet“.[644] Art. 5 Abs. 1 GG gebührt solange der Vorzug, wie die abgegebenen Wertungen weder beleidigend (Stichwort Schmähkritik) noch stigmatisierend oder anprangernd sind.[645] Dementsprechend entschied auch der BGH in der „Spickmich“-Entscheidung, dass Meinungsäußerungen, die den Bereich der Sozialsphäre betreffen, nur beschränkt werden können, wenn sie „schwerwiegende[…] Auswirkungen auf das Persönlichkeitsrecht“ des Betroffenen haben, wie dies etwa im Falle einer „Stigmatisierung, soziale[n] Ausgrenzung oder Prangerwirkung“ der Fall sei.[646] Die Entscheidungen zeigen deutlich die überragende Bedeutung des Art. 5 Abs. 1 GG und sind jeweils im Lichte der

640 BVerfG NJW-RR 2010, 470, 470 f.; BGH GRUR 2014, 1228, 1230.

641 Dies gilt jedenfalls, sofern die Tätigkeit des Betreibers über eine rein technische Verbreitung hinausgeht, s. BVerfG NJW-RR 2010, 470, 471; BGH GRUR 2014, 1228, 1230.

642 Ausf. dazu Kap. 11, A VII.

643 So für ein privates Ärztebewertungsportal BGH GRUR 2014, 1228, 1231.

644 LG Düsseldorf, Urteil v. 9.4.2013 – 5 O 141/12, juris, Rn. 29.

645 LG Düsseldorf, Urteil v. 9.4.2013 – 5 O 141/12, juris, Rn. 29.

646 BGH NJW 2009, 2888, 2892. Zum Auskunftsanspruch über Nutzerdaten im Falle eines Internet-Ärztebewertungsportals s. BGH NJW 2014, 2651 ff. sowie zur Zulässigkeit der Speicherung und Übermittlung von Daten ebenfalls im Zusammenhang mit einem Internet-Ärztebewertungsportal s. BGH GRUR 2014, 1228 ff.

konstituierenden Bedeutung der Meinungsfreiheit für das demokratische Gemeinwesen[647] zu sehen.

IV. Recht auf Leben und körperliche Unversehrtheit

Auf Seiten der Informationsadressaten sind weitere Belange von Verfassungsrang betroffen, wenn die Information der Abwehr von Gesundheitsgefahren, etwa im Lebensmittelrecht oder im sozialrechtlichen Bereich, dient. Hier streitet für die Verbraucher das Recht auf Leib, Leben und körperliche Unversehrtheit aus Art. 2 Abs. 2 S. 1 GG.[648] Davon umfasst ist auch staatliches Handeln zur Gesundheitsvorsorge, d. h. bereits das Vermeiden der Entstehung von Gesundheitsgefahren.[649]

V. Verfassungsrechtliches Verbraucherinteresse?

Schwieriger ist die Frage zu beurteilen, ob auch das Interesse an einer Information unabhängig von einer Gesundheitsgefahr durch Grundrechte abgesichert ist. Als Stütze hierfür kommt die Vertragsfreiheit in Betracht.[650] Diese wird aus der allgemeinen Handlungsfreiheit des Art. 2 Abs. 1 GG als Teil der wirtschaftlichen Betätigungsfreiheit abgeleitet.[651] Danach gewährleistet Art. 2 Abs. 1 GG dem Einzelnen das Recht, „Verträge grund-

---

647 Vgl. nur BVerfGE 113, 63, 82.

648 *Möstl*, in: Leible (Hrsg.), Verbraucherschutz, S. 150, 158; *Schroeder*, in: Böhm/Freund/Voit (Hrsg.), Information, S. 9, 11; *Wollenschläger*, Stellungnahme, S. 8.

649 *Müller*, Risikokommunikation, S. 131. Zur Vorsorge von Gesundheitsgefahren als legitimes Staatsziel s. *v. Danwitz*, Verfassungsfragen, S. 68.

650 So gibt die Begründung des Gesetzesentwurfs des VIG an, dass sich die „Handlungsfreiheit der Verbraucherinnen und Verbraucher [...] künftig noch besser in selbstbestimmten und informierten Marktentscheidungen manifestieren können [soll]“, BT-Drs. 14/8738, S. 11. Ebenfalls zur Vertragsfreiheit *Wollenschläger*, Stellungnahme, S. 9; *ders.*, VerwArch 102 (2011), S. 20, 41. *Möstl*, in: Leible (Hrsg.), Verbraucherschutz, S. 150, 158 stellt auf eine verbesserte Markttransparenz und eine ermöglichte, eigenverantwortliche Kaufentscheidung der Verbraucher ab, die „von den objektiven Gehalten der Art. 2 Abs. 1 und Art. 12 GG“ gestützt als „Maßnahme des Grundrechtsvoraussetzungsschutzes begriffen werden“ könne.

651 St. Rspr. seit BVerfGE 8, 276, 328; vgl. aus neuerer Zeit BVerfG WRP 2014, 45, 50.

sätzlich so abzuschließen, wie er es wünscht".[652] Ist die Vertragsfreiheit im Bereich einer beruflichen Betätigung betroffen, die ihren speziellen Schutz in Art. 12 Abs. 1 GG gefunden hat, geht die Berufsfreiheit Art. 2 Abs. 1 GG als Prüfungsmaßstab vor.[653]

Die proaktiven Veröffentlichungspflichten stellen mit ihren Zielen, die Markttransparenz zu erhöhen und eine informierte Konsumentenentscheidung zu ermöglichen, die Grundlage der Vertragsfreiheit dar.[654] Ohne ausreichende Informationsbasis besteht keine echte Wahlmöglichkeit, weshalb die Privatautonomie als Teil der Vertragsfreiheit leer liefe.[655] Dies spricht für eine verfassungsrechtliche Verankerung des Verbraucherinteresses. Ob das Verbraucherinteresse gegenüber anderen Interessen Vorrang hat, hängt seinerseits davon ab, ob eine Informationsasymmetrie zu Lasten des Verbrauchers besteht. Denn nur wenn dies der Fall ist, ist die Inanspruchnahme der Vertragsfreiheit nicht mehr sinnvoll möglich, so dass eine Veröffentlichung unter Berücksichtigung des Interessenausgleichs mit konfligierenden Interessen Dritter verhältnismäßig ist. Unter dieser Prämisse lässt sich eine verfassungsrechtliche Verankerung des Verbraucherinteresses an schlichten, d. h. gefahrunabhängigen Verwaltungsinformationen, bejahen.[656]

---

652 BVerfGE 95, 267, 303 f.

653 BVerfG WRP 2014, 45, 50.

654 *Schink*, DVBl. 2011, S. 253, 259; *Wollenschläger*, Stellungnahme, S. 9; *ders.*, VerwArch 102 (2011), S. 20, 41.

655 An dieser Stelle wird auch relevant, welchen Typ Verbraucher das Verbraucherleitbild vorsieht. Geht man nicht von einem flüchtigen oder sogar betreuungsbedürftigen, sondern von einem mündigen, verständigen Verbraucher aus, so bedarf dieser gerade einer fundierten Informationsbasis, um seine Entscheidung selbstständig treffen zu können. Zum maßgeblichen Verbraucherleitbild s. Kap. 8.

656 I.E. ebenso *Möstl*, LMuR 2014, S. 77, 79; *Wollenschläger*, VerwArch 102 (2011), S. 20, 41; *ders.*, Stellungnahme, S. 8 f. Ähnlich wohl auch *Leisner*, GewArch 2014, S. 57, 62, nach dem der Verbraucherschutz eine staatliche Aufgabe mit grundrechtlicher Dimension ist und sich im Regelungsbereich von LFGB und VIG daher „*grundrechtlich geschützte Rechtspositionen gegenüber*" stehen. A.A. *Becker*, ZLR 2011, S. 391, 415, der davon ausgeht, dass die Informationsansprüche keine „verfassungsrechtliche Dignität" aufweisen und die unterschiedliche Wertigkeit der Rechtspositionen in der Abwägung zu berücksichtigen sei. Die Ausgestaltung des VIG hätte die „unvertretbare Konsequenz, dass die Abwägung [...] zu einem generellen Vorrang des normativ geringwertigeren Interesses führt". Ferner a.A. *Grube/Immel/Wallau*, VerbraucherInfoR, Teil D § 1 Rn. 7 f.; *Grube/Immel*, ZLR 2011, S. 175, 182 f.; *Michl/Meyer*, DLR 2013, S. 79, 80; *Schroeder*, in: Böhm/Freund/Voit (Hrsg.), Information, S. 9, 12.

Darüber hinaus erhöhen die Aktivinformationen die Akzeptanz und Legitimation staatlicher Entscheidungen und stoßen öffentliche Diskussionen an, was sich wiederum positiv auf die grundgesetzlich verbürgte demokratische Teilhabe der Bürger an der öffentlichen Gewalt (Art. 20 Abs. 1, 2 GG) auswirkt.[657]

B. Grundrechte der Informationssubjekte

I. Einzelverbürgungen des allgemeinen Persönlichkeitsrechts

Das allgemeine Persönlichkeitsrecht (APR) wurde vom BVerfG aus Art. 2 Abs. 1 i. V. m. Art. 1 Abs. 1 GG entwickelt und soll die grundgesetzlich verbürgten Freiheitsrechte ergänzen und „die engere persönliche Lebenssphäre und die Erhaltung ihrer Grundbedingungen" sichern.[658] Der Schutzumfang des APR ist nicht abschließend.[659] Vielmehr gibt es verschiedene, anerkannte Einzelverbürgungen, worunter als Ausprägung des Rechts der Selbstdarstellung das Recht auf informationelle Selbstbestimmung des Einzelnen gefasst wird.[660] Letzteres wurde 1983 vom BVerfG im sog. Volkszählungsurteil ins Leben gerufen und beinhaltet „die aus dem Gedanken der Selbstbestimmung folgende Befugnis des Einzelnen, grundsätzlich selbst zu entscheiden, wann und innerhalb welcher Grenzen persönliche Lebenssachverhalte offenbart werden".[661] Das informationelle Selbstbestimmungsrecht ist damit kein eigenes, neues Grundrecht, sondern eine Ausprägung des allgemeinen Persönlichkeitsrechts in Anpassung an moderne Entwicklungen und Bedürfnisse.[662]

In Betracht kommt die Eröffnung des Schutzbereichs des Rechts auf informationelle Selbstbestimmung durch das Einstellen von personenbezogenen Daten ins Internet, wenn diese nicht bereits von Gesetzes wegen zu anonymisieren sind.[663] Vom Schutzbereich dieses Rechts sind nach dem BVerfG alle Informationen umfasst, die über die Bezugsperson etwas aus-

---

657 *Wollenschläger*, Stellungnahme, S. 9; *Grzeszick/Herzog*, in: Maunz/Dürig, GG, Art. 20 II B 3 Rn. 37 ff.
658 BVerfGE 119, 1, 23 f.; BVerfGE 114, 339, 346.
659 BVerfGE 119, 1, 24.
660 *Pieroth/Schlink/Kingreen/Poscher*, Grundrechte, § 8 Rn. 397 ff.
661 BVerfGE 65, 1, 42.
662 *Di Fabio*, in: Maunz/Dürig, GG, Art. 2 Rn. 173.
663 So z. B. § 115 Abs. 1a S. 3 SGB XI.

sagen können.[664] Dies kommt unter anderem in Betracht bei der Veröffentlichung der sog. Basisdaten, wie Name und Anschrift.[665]

Der Schutzbereich dieses Grundrechts ist auch dann eröffnet, wenn nur „sekundäre" Informationen veröffentlicht werden, wie z. B. der Name einer gastronomischen Einrichtung ohne Nennung seines Betreibers. Denn, so betont es das BVerfG überzeugend, „[u]nter den Bedingungen der automatisierten Datenverarbeitung gibt es grundsätzlich kein ‚belangloses' Datum mehr".[666] Eine Information weise deshalb bereits Personenbezug auf, solange „die Bezugsperson ‚bestimmbar' oder ‚individualisierbar' bleibt".[667] Dementsprechend ist es als ausreichend anzusehen, wenn bspw. nur der Name eines kontrollierten Betriebs veröffentlicht wird, der Name des Betreibers aber über das Impressum der Internetseite des Unternehmens oder über eine andere einfache Internetsuche herausgefunden werden kann.[668]

Ferner könnte das allgemeine Persönlichkeitsrecht insofern betroffen sein, als es den Schutz des sozialen Geltungsanspruchs vermittelt.[669] Inhalt dieses Anspruchs ist das – auch als „äußere Ehre" bezeichnete – Ansehen einer Person in der Öffentlichkeit.[670] Das APR schützt insbesondere vor verfälschenden oder entstellenden Darstellungen, die sich abträglich auf das Bild des Betroffenen in der Öffentlichkeit auswirken.[671] Der Ehrschutz soll verhindern, dass der Grundrechtsträger gesellschaftlich herabgewürdigt und in der Folge seine sozialen Kontakte und sein Selbstwertgefühl

---

664 BVerfGE 128, 1, 44.

665 BVerfGE 128, 1, 44 f.

666 BVerfGE 128, 1, 45.

667 BVerfGE 128, 1, 46.

668 Nach *Raspé,* BLJ 2013, S. 8, 10 ist der Inhaber „meist mit nur einem Mouseklick" identifizierbar. S. dazu auch *Grube/Immel/Wallau,* VerbraucherInfoR, Teil E Rn. 41; *Guckelberger*, in: Hill/Schliesky (Hrsg.), S. 73, 81.

669 BVerfGE 119, 1, 24; 114, 339, 346; BVerfG NJW 2004, 3619, 3619 f.; BVerfGE 99, 185, 193; BVerwGE 131, 171, 174; 82, 76, 79; VG Ansbach BeckRS 2013, 50061; *Di Fabio*, in: Maunz/Dürig, GG, Art. 2 GG Rn. 169; *Faber,* NVwZ 2003, S. 159, 161; *Spaeth,* Grundrechtseingriff, S. 84.

670 BVerwGE 131, 171, 174; BayVGH, Beschluss v. 6.7.2012 – 4 B 12.952, juris, Rn. 19; *Di Fabio*, in: Maunz/Dürig, GG, Art. 2 Rn. 169; *Faber,* NVwZ 2003, S. 159, 161.

671 BVerfG DVBl. 2014, 777, 779; BVerfGE 119, 1, 24; 99, 185, 193 f.; BayVGH, Beschluss v. 6.7.2012 – 4 B 12.952, juris, Rn. 19; VG Ansbach BeckRS 2013, 50061; *Bumke,* Die Verw. 37 (2004), S. 3, 16.

geschwächt werden.[672] Dies beinhaltet aber keinen Anspruch des Einzelnen, „in der Öffentlichkeit nur so dargestellt zu werden, wie es ihm genehm ist".[673]

Steht nun eine Äußerung eines staatlichen Funktionsträgers im Raum, die geeignet ist, eine natürliche Person (zu den juristischen Personen sogleich) herabzuwürdigen und ihren Ruf zu schädigen, so ist diese am APR zu messen.[674] Die Veröffentlichung einer berufsgerichtlichen Verurteilung unter voller Namensnennung stellt nach dem BVerfG eine rechtfertigungsbedürftige Beeinträchtigung des APR dar, da sie die soziale Stellung des Betroffenen negativ beeinflusse und eine „rechtfertigungsbedürftige Auswirkung auf das Ansehen des Beschwerdeführers in der Öffentlichkeit" habe.[675] Auch wenn die Veröffentlichung in „neutraler Form" erfolge, beinhalte sie doch „die Mitteilung eines rechtlich missbilligten Fehlverhaltens".[676] Diese Wertung ist auf die hoheitliche Veröffentlichung von Lenkungsinformationen ohne Weiteres übertragbar.

Beim Ansetzen des Maßstabs ist einzustellen, dass berufsbezogene Informationen in der Regel nur eine „mittlere Persönlichkeitsrelevanz" aufweisen.[677] Nach dem in der Rechtsprechung für das APR als Rahmenrecht entwickelten abgestuften Schutzkonzept ist die Sozialsphäre (auch als Öffentlichkeitssphäre bezeichnet) betroffen.[678] Sie genießt geringeren Schutz als die Intim- oder Geheimsphäre, da sich die persönliche Entfaltung hier „von vornherein im Kontakt mit der Umwelt vollzieht".[679] Ferner gilt es im Rahmen der Rechtfertigung zu beachten, dass sich der Staat nicht sei-

---

672 BVerfG NJW 2004, 3619, 3619 f.; *Di Fabio*, in: Maunz/Dürig, GG, Art. 2 Rn. 169.

673 BVerfG DVBl. 2014, 777, 779; BVerfG NJW 2004, 3619, 3620; BVerfGE 99, 185, 194. Zu den objektiven Elementen des Ehrbegriffs im Wandel der Rechtsprechung s. *Spaeth,* Grundrechtseingriff, S. 85 ff.

674 *Di Fabio*, in: Maunz/Dürig, GG, Art. 2 GG Rn. 171.

675 BVerfG DVBl. 2014, 777, 779.

676 BVerfG DVBl. 2014, 777, 779.

677 *Guckelberger,* EuZW 2011, S. 126, 129. Dass das Gewicht eines Eingriffs am Maßstab der Persönlichkeitsrelevanz zu messen ist, zeigt sich in st. Rspr., vgl. nur BVerfGE 118, 168, 183 f.; 113, 348, 382; BVerfG NJW 2008, 1505, 1507.

678 BVerfGE 90, 255, 260 f.; 89, 69, 82 f.; 80, 367, 373 f.; BGH GRUR 2014, 1228, 1231. Der Entscheidung des BGH i.E. zustimmend, aber kritisch zum Abstellen auf die Sozialsphäre *Kühling,* NJW 2015, S. 447, 449 f. Allgemein zur Sphärentheorie s. *Maurer,* StaatsR I, § 9 Rn. 56 f.; *Manssen,* StaatsR II, § 11 Rn. 256.

679 BGH GRUR 2014, 1228, 1231; zum abgestuften Schutzkonzept BVerfGE 89, 69, 82 f.

nerseits auf Art. 5 Abs. 1 S. 1 GG stützen kann.[680] Dahinter steht die ständige Rechtsprechung des BVerfG, nach der juristische Personen des öffentlichen Rechts nicht zugleich grundrechtsverpflichtet und grundrechtsberechtigt sein können (Konfusionsargument).[681]

Da das Recht auf informationelle Selbstbestimmung aus Art. 2 Abs. 1 i. V. m. Art. 1 Abs. 1 GG hergeleitet wird, ist streitig, ob sich juristische Personen, auf welche die Menschenwürdegarantie grundsätzlich nicht dem Wesen nach anwendbar ist (Art. 19 Abs. 3 GG),[682] darauf berufen können. Insofern gilt es zu bedenken, dass die dem APR zugeschriebenen Einzelverbürgungen eine unterschiedliche Beziehung zu den Eigenschaften des „Menschseins" aufweisen.[683] Das BVerfG geht deshalb davon aus, dass eine generelle Aussage über die Anwendbarkeit des allgemeinen Persönlichkeitsrechts auf juristische Personen nicht getroffen werden kann.[684] Vielmehr sei dies in Ansehung der verschiedenen Ausprägungen differenziert zu beurteilen.[685] Was das Recht auf einen selbstbestimmten Umgang mit Daten anbelangt, so sei dieses auf eine juristische Person anwendbar, wenn sie durch eine staatliche Maßnahme „einer Gefährdung hinsichtlich ihrer spezifischen Freiheitsausübung" ausgesetzt sei.[686] Entschärfend werden solche Fälle aber i. d. R. auch von Art. 12 Abs. 1 GG und Art. 14 Abs. 1 GG umfasst sein.[687] Die Menschenwürde jedenfalls wird aus der verfassungsrechtlichen Verankerung herausgenommen und das Recht auf informationelle Selbstbestimmung für juristische Personen ausschließlich in Art. 2 Abs. 1 GG (i. V. m. Art. 19 Abs. 3 GG) verortet.[688]

---

680 *Di Fabio*, in: Maunz/Dürig, GG, Art. 2 GG Rn. 171.

681 St. Rspr. seit BVerfGE 15, 298, 302; BVerfGE 21, 362, 369 f.; aus neuerer Zeit BVerfG NJW 2011, 1339, 1339; VG Neustadt (Weinstraße), Urteil v. 7.4.2014 – 4 K 726/13.NW, juris, Rn. 51. Kritisch zum allzu pauschalen Umgang mit dem Konfusionsargument *Guckelberger*, JURA 2008, S. 819, 820.

682 BVerfGE 95, 220, 242; BVerfGE 118, 168, 203; *Hillgruber*, in: Epping/Hillgruber, Art. 1 GG Rn. 6.

683 *Remmert*, in: Maunz/Dürig, GG, Art. 19 Abs. 3 Rn. 103.

684 BVerfGE 118, 168, 203.

685 BVerfGE 118, 168, 203.

686 BVerfGE 118, 168, 204; s. dazu auch *Remmert*, in: Maunz/Dürig, GG, Art. 19 Abs. 3 Rn. 103.

687 *Di Fabio*, in: Maunz/Dürig, GG, Art. 2 GG Rn. 225; *Remmert*, in: Maunz/Dürig, GG, Art. 19 Abs. 3 GG Rn. 103.

688 BVerfGE 128, 1, 43; BVerfGE 118, 168, 203; VG Ansbach BeckRS 2013, 50061. Nach OLG Brandenburg BeckRS 2011, 2103 kann sich die Verankerung „nur" in Art. 2 Abs. 1 GG im Rahmen der Abwägungsrelevanz auf das Schutzniveau aus-

Einzustellen ist ferner, dass sich juristische Personen möglicherweise auf einen aus dem allgemeinen Persönlichkeitsrecht abgeleiteten Grundrechtsschutz hinsichtlich Reputation und sozialem Geltungsanspruch berufen können. Die dogmatische Einordnung dieses sog. Unternehmenspersönlichkeitsrechts ist bislang nur unzureichend erfolgt.[689]

Der BGH, der sich zu diesem Recht ausdrücklich bekennt, führt als dessen Begrenzung an: „Eine Ausdehnung der Schutzwirkung dieses Rechts [*scil.: des APR*] über natürliche Personen hinaus auf juristische Personen erscheint – auch mit Blick auf Art. 19 Abs. 3 GG – nur insoweit gerechtfertigt, als sie aus ihrem Wesen als Zweckschöpfung des Rechts und ihren Funktionen dieses Rechtsschutzes bedürfen. Dies ist der Fall, wenn sie in ihrem sozialen Geltungsanspruch als Arbeitgeber oder als Wirtschaftsunternehmen betroffen werden".[690]

Das BVerfG hat die Frage, ob das durch Art. 2 Abs. 1 i. V. m. Art. 1 Abs. 1 GG geschützte APR dem Wesen nach (Art. 19 Abs. 3 GG) auch auf juristische Personen anwendbar ist, oder ob dem der enge Bezug des APR zur Menschenwürde entgegensteht, bislang ausdrücklich offen gelassen.[691] Stattdessen hat es auf die wirtschaftliche Betätigungsfreiheit der Unternehmen abgestellt und damit entweder unter Art. 2 Abs. 1 GG oder unter Art. 12 Abs. 1 GG subsumiert.[692]

In der Literatur wird das Unternehmenspersönlichkeitsrecht ebenfalls kontrovers diskutiert.[693] Die Verankerung des allgemeinen Persönlichkeitsrechts auch in der Menschenwürde macht es nach der hier vertretenen Ansicht bereits dogmatisch schwierig, das sog. Unternehmenspersönlich-

---

wirken. Das BVerwGE 131, 171, 174 hingegen hat Art. 1 Abs. 1 GG nicht explizit ausgenommen.

689 *Koreng,* GRUR 2010, S. 1065, 1065.

690 BGHZ 98, 94, 97.

691 Zuletzt BVerfG NJW 2010, 3501, 3502; zuvor bereits BVerfG NJW 1994, 1784, 1784 f.

692 Für Art. 12 Abs. 1 GG BVerfG NJW 2010, 3501, 3502; für Art. 2 Abs. 1 GG BVerfG NJW 1994, 1784, 1784 f.

693 So schließt sich etwa *Born,* AfP 2005, S. 110, 111 ff. der Rechtsprechung des BGH an, wohingegen *Koreng,* GRUR 2010, S. 1065, 1065 ff. und *Ziegelmayer,* GRUR 2012, S. 761, 761 die Herleitung aus der Menschenwürde ablehnen. *Holzner,* MMR-Aktuell 2010, 298851 stützt das Recht ohne Begründung auf Art. 2 Abs. 1 i. V. m. Art. 19 Abs. 3 GG. Einen guten Überblick über die weiteren Literaturstimmen bietet *Koreng,* GRUR 2010, S. 1065, 1068 f. Zur Anerkennung des Unternehmenspersönlichkeitsrechts als sonstiges Recht i. S. d. § 823 BGB s. *Wilkat,* Bewertungsportale, S. 123 ff.

keitsrecht ebendort zu verorten. Hintergrund dessen ist der Gedanke, dass es bei der Geltendmachung einer Rechtsverletzung eines Unternehmens meistens schlichtweg um finanzielle Einbußen gehen wird. Die Verankerung in Art. 1 Abs. 1 GG würde insofern zu einer „Kommerzialisierung der Menschenwürde" beitragen, die ihrem Grundgedanken widerspricht. Ferner gilt, dass ein Anerkennen des Persönlichkeitsrechts für Unternehmen die strengen Anforderungen an einen Eingriff in den eingerichteten und ausgeübten Gewerbebetrieb unterlaufen würde.[694] Deshalb soll mit dem BVerfG der Weg gegangen werden, das Unternehmenspersönlichkeitsrecht, sofern nicht Vorschriften des gewerblichen Rechtsschutzes primär eingreifen,[695] unter die Schutzbereiche des Art. 12 Abs. 1 GG bzw. Art. 2 Abs. 1 GG zu fassen.[696] Infolge dieses anderen, nicht in der Menschenwürdegarantie verorteten Anknüpfungspunktes ist das Schutzniveau im Vergleich mit dem allgemeinen Persönlichkeitsrecht als deutlich geringer einzustufen.[697] Da der fehlende Bezug zur Menschenwürde die Verortung in Art. 1 Abs. 1 i. V. m. Art. 2 Abs. 1 GG unmöglich macht, erscheint es konsequenter, das Unternehmenspersönlichkeitsrecht wegen des geringeren Schutzniveaus allein aus Art. 2 Abs. 1 GG abzuleiten.[698]

In Bezug auf die Terminologie sei der Hinweis gestattet, dass die Formulierung „Unternehmenspersönlichkeitsrecht" unter Zugrundelegung des zuvor Gesagten nicht überzeugend ist. Treffender erscheint insofern die

---

694 *Koreng,* GRUR 2010, S. 1065, 1069. Auch *Wilkat,* Bewertungsportale, S. 127 lehnt das Unternehmenspersönlichkeitsrecht zu Gunsten des Rechts am eingerichteten und ausgeübten Gewerbebetrieb ab. Als Begründung führt sie an, dass mit den unterschiedlichen Begrifflichkeiten keine abweichende rechtliche Würdigung verbunden sei und die Schaffung einer weiteren Generalklausel nur eine Verkomplizierung des Unternehmensschutzes mit sich bringe. Zu der Frage, ob das GG den eingerichteten und ausgeübten Gewerbebetrieb schützt, s. Kap. 5, B V 2.

695 Nach *Koreng,* GRUR 2010, S. 1065, 1066 f. sind insbesondere § 8 Abs. 1 UWG, § 14 Abs. 5 S. 1 MarkenG und § 97 Abs. 1 UrhG in den Blick zu nehmen. Ferner kämen die deliktsrechtlichen Unterlassungsansprüche des BGB, insb. § 823 in Betracht. Vgl. dazu auch *Holzner,* MMR-Aktuell 2010, 298851.

696 Für Art. 12 Abs. 1 GG BVerfG NJW 2010, 3501, 3502; für Art. 2 Abs. 1 GG BVerfG NJW 1994, 1784, 1784 f.

697 *Gostomzyk,* NJW 2008, S. 2082, 2084; *Holzner,* MMR-Aktuell 2010, 298851.

698 So auch BVerfG NJW 1994, 1784, 1784 f.; OLG Hamburg ZUM-RD 2009, 200, 204; LG Berlin ZUM-RD 2011, 241, 243; *Degenhart,* PharmR 2010, S. 261, 263; *Wilkat,* Bewertungsportale, S. 130. A.A. *Dünnwald,* ZUM 2009, S. 538, 546.

von *Ziegelmayer* vorgeschlagene, umschreibende Formulierung eines „soziale[n] Geltungsanspruch[s] eines Unternehmen[s]“.[699]

II. Allgemeiner Gleichheitssatz

Art. 3 Abs. 1 GG enthält mit dem allgemeinen Gleichheitssatz eines „der tragenden Konstitutionsprinzipien der freiheitlich-demokratischen Verfassung“.[700] Er gebietet es, gleiche Sachverhalte gleich und ungleiche entsprechend verschieden zu behandeln, es sei denn, eine andere Bewertung wäre aus Sachgründen gerechtfertigt.[701] Nach der sog. neuen Formel des BVerfG, die über die Willkürprüfung hinaus eine Verhältnismäßigkeitsprüfung erfordert, ist Art. 3 Abs. 1 GG verletzt, wenn zwei „Gruppe[n] von Normadressaten anders behandelt [werden] [...], obwohl zwischen beiden Gruppen keine Unterschiede von solcher Art und solchem Gewicht bestehen, daß sie die ungleiche Behandlung rechtfertigen könnten“.[702] Dieses „Gebot verhältnismäßiger Gleichbehandlung“ greift auch bei der Ungleichbehandlung von Sachverhalten, wenn sie sich auf grundrechtlich geschützte Freiheiten nachteilig auswirken kann oder wenn sie zumindest mittelbar eine Ungleichbehandlung von Personengruppen bewirkt.[703]

Die Wertung einer Ungleichbehandlung als sachlich vertretbar oder sachfremd ist keiner abstrakten Feststellung zugänglich, sondern muss in Bezug auf die Eigenart des konkreten Sachverhalts beurteilt werden.[704]

---

699 *Ziegelmayer,* GRUR 2012, S. 761, 762.

700 BVerfGE 6, 257, 265; *Kischel,* in: Epping/Hillgruber, Art. 3 GG Einl. Von *Wendt,* NVwZ 1988, S. 778, 778 auch anschaulich als „Kristallisationspunkt des Gerechtigkeitsgedankens“ bezeichnet.

701 BVerfG NVwZ 2014, 936, 936; BVerfGE 130, 240, 252 f.; OVG NRW, Beschl. v. 30.9.2014 – 1 B 1001/14, juris, Rn. 7; VGH BW, Beschluss v. 25.9.2014 – 4 S 129/14, juris, Rn. 8; *Kischel,* in: Epping/Hillgruber, Art. 3 GG Einl. Kritisch zur Effektivität des Gleichheitssatzes in der lediglich eine Willkürkontrolle vornehmenden Rspr. (vor der sog. neuen Formel) *Wendt,* NVwZ 1988, S. 778, 779 f.

702 St. Rspr. seit BVerfGE 55, 72, 88; aus neuerer Zeit BVerfG, Beschluss v. 26.3.2014 – 1 BvR 1133/12, juris, Rn. 18; BVerfGE 131, 239, 256; 130, 240, 253; 130, 52, 66; 129, 49, 69. Zur Differenzierung in der Rspr. des BVerfG zwischen der Ungleichbehandlung von Personengruppen und Sachverhalten s. nur *Wendt*, in: Sachs/Siekmann (Hrsg.), FS Stern, S. 1553, 1558 ff.

703 S. nur BVerfGE 131, 239, 256; s. dazu auch *Sodan/Ziekow,* GK ÖR, § 30 Rn. 15.

704 BVerfGE 131, 239, 256; 129, 49, 69; OVG NRW, Beschluss v. 9.9.2014 – 14 A 662/14, juris, Rn. 12.

Der Gleichheitssatz gilt sowohl für ungleiche Belastungen als auch für ungleiche Begünstigungen.[705] Der persönliche Schutzbereich erstreckt sich neben natürlichen Personen gemäß Art. 19 Abs. 3 GG auch auf juristische Personen.[706]

Eine Ungleichbehandlung kommt immer dann in Betracht, wenn der Staat aktiv eine Information verlautbart und sie in einem vergleichbaren Fall unterlässt. Die Lenkungswirkung, die in diesem Fall intendiert ist, kann zu Auswirkungen auf die Informationsadressaten, mittelbar auf die Betroffenen und letztendlich auf die Marktsituation (Wettbewerbsverhältnisse) insgesamt führen. Es würde eine Ungleichbehandlung darstellen, wenn eine Information in einem gleich gelagerten Fall von vorneherein unterbleiben würde. Es bedarf deshalb objektiver, sachlicher Kriterien für eine Informationsveröffentlichung, die ein willkürliches Tätigwerden des Staates ausschließen.

Ferner kommt eine Ungleichbehandlung insbesondere bei vergleichenden Bewertungen in Betracht. Als Beispiel kann die Veröffentlichung von Informationen über Lebensmittelkontrollen herangezogen werden.[707] Die lebensmittelverarbeitenden Betriebe sind als solche zunächst grundsätzlich vergleichbare Sachverhalte. Die behördliche Tätigkeit in Bezug auf die Kontrollfrequenz, den Kontrollumfang und schließlich die Darstellung der Kontrollergebnisse muss deshalb entweder vergleichbar erfolgen oder die Ungleichbehandlung muss durch einen sachlichen Grund ausnahmsweise gerechtfertigt sein.[708]

III. Meinungsfreiheit

Der Schutzbereich der in Art. 5 Abs. 1 S. 1 HS. 1 GG verbürgten Meinungsfreiheit[709] wird durch die staatliche Informationsverbreitung nicht tangiert. Er umfasst, wenn man ihn denn überhaupt für kommerzielle Aus-

---

705 BVerfG NVwZ 2014, 936, 936 f.; BVerfGE 130, 52, 66.

706 *Kischel*, in: Epping/Hillgruber, Art. 3 GG Rn. 6.

707 S. Kap. 11, A II 2 d) und Kap. 11, A IV 2 c).

708 So kann die Kontrollfrequenz bspw. deshalb in zulässiger Weise variieren, weil die Betriebe in unterschiedliche Risikoklassen eingeteilt werden, je nachdem welche Art von Lebensmitteln sie verwenden bzw. vertreiben. S. zu dieser Risikoeinteilung aufgrund der AVV RÜb Kap. 11, A IV 1.

709 Zum Schutzbereich s. *Pieroth/Schlink/Kingreen/Poscher,* Grundrechte, § 13 Rn. 594 ff.; *Wendt*, in: Münch/Kunig, GG Bd. 1, Art. 5 GG Rn. 4 ff.

sagen öffnen will,[710] nur das Äußern einer Meinung, nicht aber den Erhalt eines bestimmten Rufes aufgrund dieser Meinung.[711] Die Verbraucherinformationen des Staates verhindern auch nicht, dass der Betroffene seinerseits Aussagen an die Öffentlichkeit richtet.[712] Damit ist zwar durch die staatliche Informationsmöglichkeit möglicherweise der Ruf des Informationssubjekts, nicht aber seine positive oder negative Meinungsfreiheit betroffen.[713]

IV. Berufsfreiheit

1. Persönlicher Schutzbereich

Der persönliche Schutzbereich des Art. 12 Abs. 1 GG ist für natürliche Personen (Deutsche i. S. d. Art. 116 GG) und für juristische Personen des Privatrechts (Art. 19 Abs. 3 GG) eröffnet, „soweit sie eine Erwerbszwecken dienende Tätigkeit ausüben, die ihrem Wesen und ihrer Art nach in gleicher Weise einer juristischen wie einer natürlichen Person offen steht“.[714]

Für die Anwendbarkeit dem Wesen nach ist zweierlei entscheidend: Erstens die Eigenart des Grundrechts und zweitens die Eigenart der juristischen Person. Was die Eigenart des Grundrechts anbelangt, so darf dieses, um anwendbar zu sein, nicht an „Eigenschaften, Äußerungsformen oder Beziehungen anknüpf[en], die nur natürlichen Personen wesenseigen sind“.[715] Für die Eigenart der juristischen Person ist maßgeblich, ob ihr – jenseits ihrer Einzelpersonen – die Fähigkeit zukommt, das Grundrecht

---

710 Einschränkend („jedenfalls dann, wenn sie der Meinungsbildung dient“) *Pieroth/Schlink/Kingreen/Poscher,* Grundrechte, § 13 Rn. 595 m.w.N. Großzügig *Wendt*, in: Münch/Kunig, GG Bd. 1, Art. 5 GG Rn. 11, ebenfalls m.w.N., der keinen Anlass sieht, der Wirtschaftswerbung den Grundrechtsschutz zu versagen.

711 *Philipp,* Verbraucherinformation, S. 172.

712 *Philipp,* Verbraucherinformation, S. 174.

713 *Philipp,* Verbraucherinformation, S. 174.

714 St. Rspr., vgl. nur BVerfG, Urteil v. 21.10.2014 – 2 BvE 5/11, juris, Rn. 155. Nach *Mann/Worthmann,* JuS 2013, S. 385, 386 übt eine juristische Person den Beruf zwar „nicht im Sinne einer Lebensaufgabe“ aus, dies hindert aber nicht daran, eine Tätigkeit zu Erwerbszwecken zu bejahen.

715 BVerfGE 118, 168, 203; BVerfGE 95, 220, 242.

auch „korporativ" wahrzunehmen.[716] Ferner muss die „Bildung und Betätigung der juristischen Person Ausdruck der freien Entfaltung natürlicher Personen" i.d.S. sein, dass die juristische Person ein „personales Substrat" aufweist, das den „‚Durchgriff' auf die hinter den juristischen Personen stehenden Menschen [...] sinnvoll oder erforderlich erscheinen läßt",[717] sie sich deshalb in einer „‚grundrechtstypischen Gefährdungslage'"[718] befindet und ihre Tätigkeit „unmittelbar dem durch die Grundrechte geschützten Lebensbereich zuzuordnen ist".[719]

In aller Regel bestehen keine Bedenken daran, dass eine juristische Person des Privatrechts[720] – vergleichbar einer natürlichen Person – eine Erwerbszwecken dienende Tätigkeit wahrnehmen kann.[721]

---

716 BVerfGE 118, 168, 203; BVerfGE 42, 212, 219; VerfGH Rh-Pf., Urteil v. 13.5.2014 – VGH B 35/12, juris, Rn. 47.

717 BVerfGE 21, 362, 369; *Isensee*, in: Isensee/Kirchhof (Hrsg.), Hdb StR IX, § 199 Rn. 4.

718 BVerfGE 45, 63, 79; VerfGH Rh-Pf., Urteil v. 13.5.2014 – VGH B 35/12, juris, Rn. 47.

719 BVerfG NVwZ 2007, 1420, 1420 f.; BVerfGE 31, 314, 322.

720 Juristische Personen des öffentlichen Rechts bzw. juristische Personen des Privatrechts, die sich vollständig oder überwiegend in öffentlicher Hand befinden, weisen weder ein personales Substrat auf, noch können sie sich in einer grundrechtstypischen Gefährdungslage befinden, vgl. nur *Geber,* Netzanbindung, S. 118 f. m.w.N.

721 So auch *Geber,* Netzanbindung, S. 118; *Mann/Worthmann,* JuS 2013, S. 385, 386, mit dem einschränkenden Hinweis, dass in diesem Zusammenhang die Ausübung des Berufs selbstverständlich nicht als „Lebensaufgabe" angesehen werden kann. Nach Maßgabe des Art. 18 Abs. 1 AEUV können sich ausländische juristische Personen auf die Grundrechte berufen. BVerfGE 129, 78, 94 ff., 98 f. spricht insofern von einer „Anwendungserweiterung des deutschen Grundrechtsschutzes", deren Gebotenheit aufgrund des unionsrechtlichen Diskriminierungsverbotes offenkundig (i. S. d. „acte clair") ist; s. dazu *Guckelberger/Zott,* WiVerw 2014, S. 187, 189 f. Damit sind juristische Personen aus dem EU-Ausland den inländischen juristischen Personen des Privatrechts gleichgestellt, so bereits *Guckelberger,* AöR 129 (2004), S. 618, 630 ff.

2. Sachlicher Schutzbereich

a) Berufsausübungs- und Wettbewerbsfreiheit

In sachlicher Hinsicht verkörpert Art. 12 Abs. 1 GG eine einheitliche Freiheitsgewährleistung, die lediglich phasenmäßig unterschiedliche Gewährleistungen enthält: freie Berufsausbildung, freie Berufs- und Arbeitsplatzwahl, freie Berufsausübung.[722] Ein Beruf ist dabei jede auf Dauer angelegte Tätigkeit zur Schaffung und Erhaltung einer Lebensgrundlage.[723] Zum Schutzbereich gehört darüber hinaus auch das berufsbezogene Verhalten der Unternehmer am Markt nach den Grundsätzen des Wettbewerbs in der bestehenden Wirtschaftsordnung.[724]

Art. 12 Abs. 1 GG schützt damit die Teilhabe am Wettbewerb zu Erwerbszwecken. Diese Wettbewerbsfreiheit beinhaltet das Recht, sich nach eigenen Vorstellungen am Markt zu präsentieren, Produkte anzubieten und zu verkaufen.[725] Geschützt ist damit auch die Außendarstellung, soweit diese den beruflichen Erfolg fördern soll.[726] Nicht geschützt sind hingegen die Rahmenbedingungen, innerhalb derer der Wettbewerb stattfindet, wie z. B. nur „systemimmanente" Verschärfungen des Konkurrenzdrucks durch staatliche Maßnahmen.[727]

---

722 Das BVerfGE 7, 377, 402 spricht im sog. Apothekenurteil von der Berufsfreiheit als einheitlichem Grundrecht und unterscheidet sodann verschiedene „Phasen" der Berufstätigkeit. S. dazu auch *Mann/Worthmann,* JuS 2013, S. 385, 387 sowie *Scholz*, in: Maunz/Dürig, GG, Art. 12 Rn. 266.

723 So die st. Rspr. seit BVerfGE 7, 377, 397; aus neuerer Zeit BVerfGE 102, 197, 212; 105, 252, 265; 111, 10, 28; OVG Hamburg, Beschluss v. 4.3.2014 – 4 Bs 328/13, juris, Rn. 28; VG Bremen BeckRS, 55575.

724 BVerfG, Urteil v. 21.10.2014 – 2 BvE 5/11, juris, Rn. 155; BVerfG DVBl. 2005, 106, 107; BVerfGE 32, 311, 317; s. dazu auch *Spaeth,* Grundrechtseingriff, S. 95.

725 Vgl. BVerfGE 32, 311, 317; 46, 120, 137; SächsLSG, Beschluss v. 24.10.2010 – L 1 P 1/10 B ER, juris, Rn. 39; *Müller,* Risikokommunikation, S. 118; *Scholz*, in: Maunz/Dürig, GG, Art. 12 Rn. 398 f. Im Wettbewerb stehen dabei solche Produkte, die auf denselben Kundenkreis abzielen, vgl. *Spaeth,* Grundrechtseingriff, S. 101. Zum Wettbewerb der Arbeitnehmer untereinander s. *Wendt,* DÖV 1984, S. 601, 604.

726 BGH GRUR 2014, 1228, 1230.

727 BVerwGE 71, 183, 193. Als Beispiel führt *Spaeth,* Grundrechtseingriff, S. 100 die staatliche Aufforderung „Waschmittel sparsam zu dosieren" an. Durch diese werde nicht eine einzelne Wettbewerbsposition, sondern würden die Rahmenbedingungen des Marktes insgesamt verändert.

Publikumsinformation können das Wettbewerbsverhältnis und – damit verbunden – die Marktchancen des jeweiligen Unternehmens bzw. der jeweiligen Einrichtung, über die informiert wird, wegen des möglichen Fernbleibens von Bestands- und Neukunden beeinträchtigen.[728] Ferner beinhaltet die Berufsausübungsfreiheit das Recht des Unternehmers auf Selbstdarstellung am Markt. Veröffentlichungen von staatlichen Bewertungen und Publikmachungen von Rechtsverstößen wirken sich hierauf aus.

An der Eröffnung des Schutzbereichs des Art. 12 Abs. 1 GG lässt einzig die „Glykol"-Entscheidung des BVerfG zweifeln.[729] In dieser ging das BVerfG davon aus, dass der „Gewährleistungsbereich" des Art. 12 Abs. 1 GG nicht „beeinträchtigt" sei, sofern es um die Verbreitung zutreffender und sachlich gehaltener Informationen gehe. Nicht klar ist, ob das BVerfG mit dieser Feststellung meinte, der Schutzbereich (Gewährleistungsbereich) sei nicht eröffnet oder es liege kein Eingriff vor oder aber ein entsprechender Eingriff sei gerechtfertigt.[730] Die besseren Argumente sprechen indes dafür, dass das BVerfG den Schutzbereich des Art. 12 GG als eröffnet ansah, denn sonst hätte es die Eröffnung des Schutzbereiches des Art. 2 Abs. 1 GG nicht unter Hinweis auf Art. 12 Abs. 1 GG ablehnen können.[731]

---

728 So auch *Martini/Albert,* NZS 2012, S. 247, 248; *Peters,* JURA 2014, S. 752, 758; *Philipp,* Verbraucherinformation, S. 132.

729 Ausf. zu diesen Entscheidungen s. Kap. 6, A II 5.

730 Ebenso *Murswiek,* NVwZ 2003, S. 1, 2. Ausführlich zur Kritik der Literatur sogleich unter Kap. 6, A IV.

731 So bereits *Murswiek,* NVwZ 2003, S. 1, 2 f.; sich dem anschließend *Müller,* Risikokommunikation, S. 126 f. Der zeitgleich getroffene Osho-Beschluss verneinte die Eröffnung des Schutzbereichs des Art. 4 Abs. 1 GG zwar mit der Begründung, die Religionsfreiheit sei nur dann berührt, wenn die staatliche Neutralitätspflicht verletzt würde, ausdrücklich (BVerfGE 105, 279, 294 f.). Allerdings steht der Beschluss damit zum einen im Widerspruch zu der 13 Jahre zuvor vom selben Senat getroffenen Entscheidung, die sich ebenfalls mit der Warnung vor Jugendsekten („Transzendentale Meditation") befasste und die Eröffnung des Schutzbereichs des Art. 4 Abs. 1 GG noch ohne Probleme bejahte (näher zu dieser Entscheidung s. Kap. 6, A II 3) und zum anderen ist er mit dieser Annahme in der Rechtsprechung zu staatlichem Informationshandeln einzigartig (geblieben) und muss somit als Ausreißer unter den Entscheidungen bezüglich der Eröffnung des Schutzbereichs gewertet werden, dem an dieser Stelle daher keine generelle Bedeutung beigemessen werden kann. Zur Kritik dieser Methodik s. Kap. 6, A IV.

Der Schutzbereich ist vor diesem Hintergrund bezüglich der Wettbewerbs- und der Berufsausübungsfreiheit in aller Regel eröffnet.

b) Betriebs- und Geschäftsgeheimnis

Ferner kommt ein Eingriff in den Schutzbereich des Art. 12 Abs. 1 GG vor dem Hintergrund des Schutzes von Betriebs- und Geschäftsgeheimnissen in Betracht. Dieser Schutz wird zum einen in der Berufsfreiheit verortet,[732] teilweise werden auch Art. 12 GG und Art. 14 GG zusammen genannt[733] oder nur auf Art. 14 GG abgestellt.[734] Unabhängig von der genauen Verortung sind Betriebs- und Geschäftsgeheimnisse „alle auf ein Unternehmen bezogenen Tatsachen, Umstände und Vorgänge, die nicht offenkundig, sondern nur einem begrenzten Personenkreis zugänglich sind und an deren Nichtverbreitung der Rechtsträger ein berechtigtes Interesse hat. Betriebsgeheimnisse umfassen im Wesentlichen technisches Wissen; Geschäftsgeheimnisse betreffen vornehmlich kaufmännisches Wissen“.[735] Darunter sind z. B. „Ertragslagen, Geschäftsbücher, Kundenlisten, Bezugsquellen, Marktstrategien, Unterlagen zur Kreditwürdigkeit, Kalkulationsunterlagen, Patentanmeldungen und sonstige Entwicklungs- und Forschungsprojekte“ zu fassen.[736]

---

732 BVerfG, Urteil v. 21.10.2014 – 2 BvE 5/11, juris, Rn. 155; BVerfGE 115, 205, 230; BVerwG, Beschluss v. 12.10.2009 – 20 F 1/09, juris, Rn. 15; BVerwG NVwZ 2009, 1114, 1116; BVerwGE 127, 282, 285. Allgemein zur verfassungsrechtlichen Verortung s. *Wolff,* NJW 1997, S. 98, 98 ff., der sich i. E. für eine Verankerung in Art. 12 Abs. 1 GG ausspricht. S. auch *Wollenschläger,* VerwArch 102 (2011), S. 20, 35 f. m.w.N.

733 BVerwG NVwZ 2004, 105, 107; OLG Schleswig NVwZ 2007, 1448, 1448; VG Ansbach LMRR 2014, 16; *Becker,* ZLR 2011, S. 391, 407 f.; *Fischer/Fluck,* NVwZ 2013, S. 337, 338; *Kloepfer/Greve,* NVwZ 2011, S. 577, 579; *Tolkmitt,* Instrumente, S. 438 f. Offen gelassen von *Möstl*, in: Leible (Hrsg.), Verbraucherschutz, S. 150, 160. Nach *Spiecker gen. Döhmann*, in: Hecker/Hendler/Proelß/Reiff (Hrsg.), Rechtsfragen, S. 155, 179 f. werden die Geheimnisse generell von Art. 12 GG erfasst und unterfallen zudem Art. 14 GG, „wenn sie den Kern des Unternehmens ausmachen“.

734 *Schroeder*, in: Böhm/Freund/Voit (Hrsg.), Information, S. 9, 22.

735 BVerwG, Beschluss v. 25.7.2013 – 7 B 45/12, juris, Rn. 10; s. ferner BVerfGE 115, 205, 230 f. S. auch *Guckelberger*, in: Gersdorf/Paal, Informations- u. MedienR, § 6 IFG Rn. 17.

736 *Kallerhoff,* in: Stelkens/Bonk/Sachs, VwVfG Rn. 13.

Für das Verbraucherinformationsrecht sieht § 3 S. 1 Nr. 2 lit. c VIG einen entsprechenden Ausschluss- und Beschränkungsgrund bereits durch einfaches Gesetz vor. Danach dürfen Informationen nicht veröffentlicht werden, wenn „Betriebs- oder Geschäftsgeheimnisse, insbesondere Rezepturen, Konstruktions- oder Produktionsunterlagen, Informationen über Fertigungsverfahren, Forschungs- und Entwicklungsvorhaben sowie sonstiges geheimnisgeschütztes technisches oder kaufmännisches Wissen, offenbart würden".

In den Schutzbereich der Betriebs- und Geschäftsgeheimnisse wird nur dann eingegriffen, wenn es sich bei der hoheitlichen Information um eine solche mit Unternehmensbezug handelt, die nicht offenkundig ist und an der überdies ein Geheimhaltungswille und ein berechtigtes Geheimhaltungsinteresse bestehen.[737] Bei den hier maßgeblichen Aktivinformationen handelt es sich in der Regel um Tatsachen oder Wertungen bezüglich der Einhaltung der gesetzlichen Vorgaben. So werden bspw. im Rahmen der lebensmittelrechtlichen Portale Hygieneverstöße der kontrollierten Einrichtungen publik gemacht und im Rahmen des Pflege-TÜVs soll die jeweilige Einrichtung in Bezug auf ihre Prozess-, Struktur- und Lebensqualität bewertet werden. Diese Informationen unterfallen dem Begriff des Betriebs- und Geschäftsgeheimnisses nicht. Sie beinhalten kein geheimes technisches oder kaufmännisches Wissen.[738] Dem entspricht auch die gesetzgeberische Wertung in § 3 S. 5 Nr. 1 VIG, nach dem der Zugang zu Informationen über festgestellte, nicht zulässige Abweichungen von Anforderungen des LFGB und weiterer Gesetze und Verordnungen gemäß § 2 Abs. 1 S. 1 Nr. 1 lit a–c nicht unter Berufung auf das Betriebs- und Geschäftsgeheimnis verweigert werden kann.[739]

Der Anwendungsbereich des Schutzes des Betriebs- und Geschäftsgeheimnisses ist nach alledem von den aktiven Veröffentlichungen des Staates i. d. R. nicht eröffnet.

---

737 *Beck*, VIG, S. 45 f.; *Guckelberger*, in: Gersdorf/Paal, Informations- u. MedienR, § 6 IFG Rn. 18; *Kloepfer/Greve*, NVwZ 2011, S. 577, 580 ff.; *Müller*, Risikokommunikation, S. 202 f.

738 So auch *Wollenschläger*, VerwArch 102 (2011), S. 20, 36.

739 So zur Vorgängernorm des § 2 S. 3 VIG a. F. bereits *Wollenschläger*, VerwArch 102 (2011), S. 20, 36 f.

V. Eigentumsfreiheit

1. Persönlicher Schutzbereich

Art. 14 Abs. 1 GG ist auf natürliche und juristische Personen des Privatrechts anwendbar, insofern kann – mit Ausnahme des Erfordernisses der deutschen Staatsangehörigkeit, das für Art. 14 Abs. 1 GG nicht gilt – auf die Ausführungen zum persönlichen Schutzbereich des Art. 12 Abs. 1 GG verwiesen werden.[740]

2. Sachlicher Schutzbereich

Art. 14 Abs. 1 S. 1 GG schützt das Privateigentum, wobei sich der Schutzbereich sowohl auf das Rechtsinstitut als solches als auch auf das Eigentum als subjektives Recht des einzelnen Eigentümers bezieht.[741] Der Gehalt des Grundrechts soll dem Einzelnen „einen Freiheitsraum im vermögensrechtlichen Bereich sicher[...]stellen und ihm damit eine eigenverantwortliche Gestaltung des Lebens [...] ermöglichen“.[742] Dementsprechend gehören zur Eigentumsgarantie nicht mehr nur das Sacheigentum, sondern auch (rechtmäßig erworbene) Rechtspositionen, so z. B. konkrete private Vermögensrechte wie zivilrechtliche Forderungen.[743] Davon zu unterscheiden ist das Vermögen als solches,[744] d. h. als „abstrakte[r] ökonomische[r] Wert“.[745] Hier wird überwiegend angenommen, dies sei vom Schutzbereich des Art. 14 GG nicht umfasst, solange eine Geldleistungspflicht den Schuldner nicht „übermäßig belasten und seine Vermögensver-

740 Kap. 5, B IV 1.

741 BVerfGE 112, 332, 348; 42, 263, 294; 31, 229, 240 f.; 24, 367, 389. Vgl. dazu auch *Papier*, in: Maunz/Dürig, GG, Art. 14 GG Rn. 1.

742 St. Rspr. seit BVerfGE 24, 367, 389; s. aus neuerer Zeit BVerfGE 115, 97, 110; 104, 1, 8 f.; 102, 1, 15; 101, 54, 75. Vgl. dazu auch *Fehling/Faust/Rönnau,* JuS 2006, S. 18, 18; *Papier*, in: Maunz/Dürig, GG, Art. 14 GG Rn. 1; *Wendt*, in: Sachs, GG, Art. 14 GG Rn. 21.

743 *Fehling/Faust/Rönnau,* JuS 2006, S. 18, 18 f.; *Wendt*, in: Sachs, GG, Art. 14 GG Rn. 22; *ders.*, Eigentum und Gesetzgebung, S. 75.

744 BVerwG, Urteil v. 12.3.2014 – 8 C 27/12, juris, Rn. 14; *Wendt*, in: Sachs, GG, Art. 14 GG Rn. 38.

745 *Fehling/Faust/Rönnau,* JuS 2006, S. 18, 19.

hältnisse grundlegend beeinträchtigen würde“ (sog. Erdrosselungswirkung).[746]

Quasi parallel dazu ist umstritten, ob der Schutzbereich des Grundrechts ein Recht am eingerichteten und ausgeübten Gewerbebetrieb speziell verbürgt. Während diese Rechtsfigur im Zivilrecht mittlerweile nahezu unbestritten anerkannt wird,[747] wird ihre Existenz aus verfassungsrechtlicher Perspektive noch immer angezweifelt.[748] Inhaltlich geht es um die Frage, ob ein Unternehmen in seiner Gesamtheit – d. h. über seine einzelnen Unternehmensgegenstände hinaus als am Markt auftretende Wirtschaftseinheit – dem Schutzbereich des Art. 14 GG unterfällt.[749] Gegen einen Schutz des Unternehmens als solchem wird vorgebracht, dass damit die ihm anhaftenden, wertbildenden Faktoren „kapitalisiert“ würden und auf diese Weise der Schutzgehalt des Erworbenen (Art. 14 Abs. 1 GG) und der des Erwerbs (Art. 12 Abs. 1 GG) vermengt würde.[750] Das BVerfG hatte in den 1950er Jahren zunächst geurteilt, „die Sach- und Rechtsgesamtheit, als die sich der Gewerbebetrieb darstellt, [sei] dem reinen Sacheigentum gleichzustellen“.[751] Sodann verlangte es als hohe Einstiegshürde einen Eingriff in die Substanz des Betriebs.[752] Zuletzt hat es den Unternehmensschutz vermehrt offengelassen, aber jedenfalls klargestellt, dass der Unternehmensruf (der Goodwill), bloße Geschäftsverbindungen, der Kundenstamm und sonstige reine Vermarktungschancen nicht geschützt

---

746 St. Rspr. seit BVerfGE 14, 221, 241; aus neuerer Zeit VG Gelsenkirchen, Urteil v. 12.4.2013 – 5 K 3283/12, juris, Rn. 51; VG München BeckRS 2010, 36328. Kritisch *Fehling/Faust/Rönnau,* JuS 2006, S. 18, 19.

747 Das Recht am eingerichteten und ausgeübten Gewerbebetrieb wurde (nach Inkrafttreten des BGB) bereits in der Rechtsprechung des Reichsgerichts verwandt, vgl. dazu *Koreng,* GRUR 2010, S. 1065, 1066; *Wagner*, in: Habersack, MüKo BGB, Bd. 5, § 823 Rn. 251; ausf. *Wendt,* Eigentum und Gesetzgebung, S. 48 ff.

748 S. dazu nur *Koreng,* GRUR 2010, S. 1065, 1066 f.; jüngst offen gelassen bspw. vom LSG Berlin-Brandenburg, Beschluss v. 11.6.2014 – L 1 KR 301/13 B ER, juris, Rn. 77.

749 *Axer*, in: Epping/Hillgruber, Art. 14 GG Rn. 51 f.; *Wendt*, in: Sachs, GG, Art. 14 GG Rn. 26; *ders.,* Eigentum und Gesetzgebung, S. 56 f., 58 ff. Ausf. zu dieser Frage s. *Spaeth,* Grundrechtseingriff, S. 103 ff. Zur Rechtsprechung sogleich.

750 So bspw. *Fehling/Faust/Rönnau,* JuS 2006, S. 18, 19 f.

751 BVerfGE 1, 264, 277.

752 BVerfGE 13, 225, 229: „Ein solcher Eigentumsschutz kann sich jedoch nur auf den Gewerbebetrieb als Sach- und Rechtsgesamtheit beziehen, so dass grundsätzlich nur ein Eingriff in die Substanz dieser Sach- und Rechtsgesamtheit Art. 14 GG verletzen könnte“.

sind.[753] Ein Eingriff in die Substanz eines Unternehmens ist nur unter der hohen Hürde der erdrosselnden Wirkung zu bejahen.[754] Im Fall amtlicher Informationen ist eine solche Wirkung denkbar, wenn aufgrund einer negativen Information die Konsumenten bzw. Kunden überwiegend ausbleiben und der Betrieb deshalb wirtschaftlich gesehen nicht fortexistieren kann. Abzustellen ist hinsichtlich der Erdrosselungswirkung auf den jeweiligen Einzelfall.

---

753 BVerfG NJW 2010, 3501, 3502; NVwZ 2009, 1426, 1428; BVerfGE 105, 252, 278; BVerfG NJW 1992, 36, 37 starke Zweifel andeutend aber i.E. auch die Frage offen lassend BVerfGE 51, 193, 221 f. S. dazu auch *Axer*, in: Epping/Hillgruber, Art. 14 GG Rn. 52, 68; *Fehling/Faust/Rönnau,* JuS 2006, S. 18, 20; *Rabe*, in: FS Horst, S. 289, 295; *Philipp,* Verbraucherinformation, S. 127 ff., insb. 130. Für den Schutz von Absatzchancen hingegen z. B. *Spaeth,* Grundrechtseingriff, S. 108; kritisch ferner *Wendt*, in: Sachs, GG, Art. 14 GG Rn. 48 f. Näher zum Schutz des Unternehmensrufs s. *Müller,* Risikokommunikation, S. 123 f. und *Philipp,* Verbraucherinformation, S. 175 ff. S. dazu auch *Spaeth,* Grundrechtseingriff, S. 110 ff., die allerdings zu dem Ergebnis gelangt, der Unternehmensruf sei über den Schutzbereich des Art. 12 Abs. 1 GG geschützt (a.a.O. S. 116).

754 St. Rspr. seit BVerfGE 14, 221, 241 („übermäßig belasten"); 63, 343, 368 („erdrosselnd"); BVerfG NJW 1992, 36, 37; Beschluss v. 29.2.2012 – 1 BvR 2378/10, juris, Rn. 43. Zur dogmatischen Unsauberkeit dieser Konstruktion s. *Wendt,* Eigentum und Gesetzgebung, S. 40 ff.

Kapitel 6: Rechtmäßigkeit staatlichen Informationshandelns

Nachdem, wie gezeigt werden konnte, staatliches Informationshandeln in den letzten Jahren und Jahrzehnten zunehmend an Bedeutung gewann, entwickelte sich zu dieser Form schlicht-hoheitlichen Handelns eine eigene Dogmatik hinsichtlich ihrer Rechtmäßigkeit, die an vielen Stellen noch immer umstritten ist. Im Folgenden sollen die entscheidenden Fragen, wie die nach der Eingriffsqualität staatlichen Informationshandelns sowie nach den inhaltlichen und verfahrensrechtlichen Anforderungen an hoheitliche Informationen, erörtert werden.

A. Eingriff und Rechtfertigung

> *„Es ist an der Zeit, dass das BVerfG seine im vorliegenden Zusammenhang überholte Rechtsprechung ändert und die amtliche Publikumsinformation generell ‚grundrechtlicher Normalität' unterstellt.“*[755]

I. Problemstellung

Schlichtes Verwaltungshandeln kann, auch wenn es kein rechtsförmliches, klassisches Hoheitshandeln darstellt, belastend wirken und ist nicht immer auch „weiches“, weniger eingriffsintensives Verwaltungshandeln.[756] Gerade aktive Publikumsinformationen weisen eine mitunter „enorme Breitenwirkung“[757] auf und stellen nicht selten ein Mehr an Belastung dar, als es rechtsförmliches Verwaltungshandeln hätte erreichen können.[758] Auf Seiten der Informationssubjekte kann es einen beträchtlichen Schaden verursachen und bei den Informationsadressaten Verunsicherung und ggfs. Ver-

---

755 *Schoch,* VBlBW 2014, S. 361, 369.

756 S. Kap. 3, B.

757 *Seemann,* ProduktInfo, S. 147; vgl. auch *Guckelberger,* ZBR 2009, S. 332, 333. Allgemein zur Breitenwirkung von Internetveröffentlichungen auch BGH GRUR 2014, 1228, 1231; *Gounalakis/Klein,* NJW 2010, S. 566, 567.

758 Statt vieler *Seemann,* ProduktInfo, S. 147; s. auch Kap. 3, B.

trauensverluste auslösen.[759] Zudem besteht die Besonderheit, dass zu der hoheitlichen Information die eigene Einschätzung des Verbrauchers und auch die, ggf. überemotionale oder verzerrende, (Sensations-)Berichterstattung in den Medien hinzukommt.[760] Die Wirkungen des staatlichen Informationshandelns sind nicht immer verlässlich prognostizierbar,[761] da ihnen ab Veröffentlichung eine mehr oder weniger unkontrollierbare Eigendynamik zukommt.[762] Es stellt sich unter Umständen die Frage, inwiefern eine Berichterstattung Privater dem Staat zugerechnet werden kann bzw. muss, denn auch für die Behörden ist eine Eingrenzung der Wirkung der Information nur bedingt möglich.[763] An dieser Stelle kommt daher der strikten Einhaltung des Sachlichkeitsgebots eine nicht zu unterschätzende Bedeutung zu.[764]

Zudem muss beachtet werden, dass die Information der Öffentlichkeit irreversibel ist.[765] Im Gegensatz zu rechtsförmlichem Handeln können hier „die tatsächlichen Wirkungen der Information regelmäßig nicht (mehr) eingefangen und – vergleichbar einem Rechtsakt – aufgehoben und beseitigt werden […]".[766] Eine Information kann daher für Betroffene existenzgefährdend oder gar existenzvernichtend wirken.[767]

Folglich müssen die Rechtmäßigkeitsvoraussetzungen, denen das klassische, imperative Verwaltungshandeln unterworfen ist, auch hier maßgeblich sein.[768] Allerdings sind die klassischen Prüfungsschritte „Eingriff" und „verfassungsrechtliche Rechtfertigung" nicht auf Informationen,

---

759 *Porsch,* ZLR 2003, S. 175, 177.

760 *Seemann,* ProduktInfo, S. 147; *Porsch,* ZLR 2003, S. 175, 177.

761 *Seemann,* ProduktInfo, S. 147.

762 *Porsch,* ZLR 2003, S. 175, 177.

763 *Porsch,* ZLR 2003, S. 175, 177.

764 S. Kap. 6, B I.

765 VG Berlin GewArch 2014, 303, 305; *Guckelberger*, in: Hill/Schliesky (Hrsg.), S. 73, 107; *Schink,* Rechtsgutachten, S. 14; *Schnall,* in: Streinz (Hrsg.), LebensmittelR, III D, Rn. 200; *Schoch,* VBlBW 2014, S. 361, 362; *ders.,* NJW 2012, S. 2844, 2845; *ders.,* NJW 2010, S. 2241, 2242; *ders.,* AfP 2010, S. 313, 314.

766 *Schoch,* NJW 2012, S. 2844, 2845; VG Berlin GewArch 2014, 303, 305; VGH BW VBlBW 2013, 193, 194; NVwZ 2011, 443, 444. Prozessual gesehen sind deshalb die vorbeugende Unterlassungsklage sowie die Feststellungsklage bedeutsam, darauf wies *Hufen* laut dem Tagungsbericht von *Girnau/Wallau,* ZLR 2011, S. 517, 519 hin.

767 Statt vieler *Schoch,* NJW 2012, S. 2844, 2845.

768 *V. Danwitz,* Verfassungsfragen, S. 15; *Seemann,* ProduktInfo, S. 147.

schon gar nicht auf Informationen in Dreiecksverhältnissen,[769] zugeschnitten und können deshalb nicht einfach übertragen werden.

Die Eingriffsdogmatik[770] kannte zunächst nur den engen, „klassischen" Eingriffsbegriff. Dieser setzt ein hoheitliches Handeln voraus, das final und unmittelbar auf das in Rede stehende Recht einwirkt, auf einem Rechtsakt beruht und mit Zwangsmitteln durchsetzbar ist.[771] Erfüllt werden diese Merkmale in erster Linie von einem belastenden Verwaltungsakt.[772] Informales Staatshandeln, dem auch das staatliche Informationshandeln unterfällt,[773] beeinträchtigt die Grundrechtspositionen der Informationssubjekte aber nicht unmittelbar, sondern erst mittelbar über eine entsprechende freiwillige – d. h. nicht durch Gebot oder Verbot durchsetzbare – Verhaltensänderung der Informationsadressaten.[774] Um diese mittelbar betroffenen Grundrechtsträger nicht schutzlos zu stellen, musste sich der Eingriffsbegriff deshalb im Laufe der Zeit verändern und erweitern.[775]

---

769 *Lenski,* ZJS 2008, S. 13, 13 f.; *Spaeth,* Grundrechtseingriff, S. 31.

770 Bereits die Terminologie des Eingriffs ist nicht eindeutig. Für manche existiert der Eingriff als einzige Möglichkeit einer rechtfertigungsbedürftigen Beeinträchtigung grundrechtlich geschützter Rechtsgüter, vgl. *v. Coelln,* in: Gröpl/Windthorst/v. Coelln (Hrsg.), GG, Vorbem. GRe Rn. 94. Andere Ansätze hingegen unterscheiden neben dem Eingriff zwischen weiteren staatlichen Beeinträchtigungen, s. BVerfGE 105, 279, 300. Dieser Unterscheidung folgend gibt es einen engen und einen weiten Eingriffsbegriff.

771 BVerfGE 105, 279, 300; VG Berlin, Urteil v. 26.4.2012 – VG 1 K 818.09, juris, Rn. 23; *Herdegen,* in: Maunz/Dürig, GG, Art. 1 Rn. 39; *Jarass,* in: Jarass/Pieroth, GG, Vorbem. vor Art. 1 Rn. 27; *Pieroth/Schlink/Kingreen/Poscher,* Grundrechte, 6 Rn. 251; *Lenski,* ZJS 2008, S. 13, 14; *Philipp,* Verbraucherinformation, S. 89; *Spaeth,* Grundrechtseingriff, S. 131.

772 *Kloepfer,* VerfR II, § 51 Rn. 25.

773 S. dazu Kap. 3, B II.

774 So auch *Lenski,* ZJS 2008, S. 13, 14; *Ruge,* ThürVBl. 2003, S. 49, 51; *Philipp,* Verbraucherinformation, S. 88; *Spaeth,* Grundrechtseingriff, S. 131. Ausführlich zur Problematik „Warnung als Grundrechtseingriff" s. nur *Gusy,* NJW 2000, S. 977, 982 ff.

775 *Spaeth,* Grundrechtseingriff, S. 131 f. Mit dem Aufkommen der informalen Handlungsmöglichkeiten der Verwaltung und der Ausweitung des sozialstaatlichen Handelns mehrten sich die Beeinträchtigungen seitens des Staates, die nicht mehr unter diesen klassischen Eingriffsbegriff subsumiert werden konnten, vgl. *Pieroth/Schlink/Kingreen/Poscher,* Grundrechte, § 6 Rn. 252; *Kloepfer,* VerfR II, § 51 Rn. 26. In dogmatischer Hinsicht ebnete die Analyse von *Gallwas,* Faktische Beeinträchtigungen, S. 49 ff., in der er feststellte, dass die Grundrechte keine Beschränkung auf einen bestimmten Eingriffstyp vorsehen, den Weg zur Abkehr

Auch mit der Aufstellung der Anforderungen an die Rechtfertigung eines Grundrechtseingriffs durch Information hat sich die Rechtsprechung bisweilen schwer getan, bzw. tut dies teilweise auch heute noch. Hier stellt sich insbesondere die Frage, unter welchen Voraussetzungen eine Veröffentlichung von Informationen einer Ermächtigungsgrundlage bedarf und welche Anforderungen an diese Grundlage zu stellen sind.

Zur Beantwortung dieser Fragen soll die hierfür maßgebliche Rechtsprechung der vergangenen Jahre, die für staatliches Informationshandeln eine eigene Sonderdogmatik entwickelte, analysiert werden. Inwiefern diese Sonderdogmatik im Einzelnen auch für die aktive Publikumsinformation Maßstäbe setzt, worin eventuelle Unterschiede festzumachen und wie diese aufzulösen sind, wird im Anschluss untersucht.

II. Beurteilung in der Rechtsprechung

Die staatliche Informationstätigkeit beschäftigt die Rechtsprechung seit 40 Jahren – und man kann sagen, sie tut dies in zunehmendem Maße. Die Anfänge gehen auf das Jahr 1975 zurück, die jüngste für diese Analyse relevante Entscheidung datiert aus dem Jahre 2015. Dies dokumentiert, dass amtliche Publikumsinformationen bereits eine gewisse Tradition haben.

1. Das „NPD"-Urteil des BVerfG

1975 war das BVerfG zur Entscheidung über die Frage berufen, ob eine nicht verbotene Partei im Verfassungsschutzbericht, also einer amtlichen Veröffentlichung der Bundesregierung, als verfassungsfeindlich bezeichnet werden dürfe.[776] Dem stimmte das Verfassungsgericht grundsätzlich zu. Der Bericht stelle „weder ein administratives ‚Einschreiten' gegen die NPD dar", noch werde „eine Verfassungswidrigkeit der NPD rechtlich geltend gemacht".[777] Es handele sich vielmehr um Werturteile, an die kei-

---

vom klassischen Eingriffsbegriff. S. dazu auch *Philipp,* Verbraucherinformation, S. 90.

776 BVerfGE 40, 287, 287 ff.; s. dazu die Besprechung von *Franke,* ZParl 1976, S. 523 ff.; dem BVerfG zustimmend und die Gegenauffassung deutlich kritisierend *Ridder,* DuR 1976, S. 179, ff.

777 BVerfGE 40, 287, 292 f.

nerlei rechtliche Auswirkungen geknüpft seien.[778] Mangels faktischer Nachteile für die Partei biete Art. 21 GG davor keinen Schutz.[779] Ohne anzudeuten, ob sich seine Ausführungen auf der Ebene des Eingriffs oder der Rechtfertigung befinden, legte das BVerfG einschränkend fest, dass Staatsorgane negative Werturteile nicht unbeschränkt abgeben dürften.[780] Sie seien vielmehr nur zulässig, sofern sie nicht auf sachfremden Erwägungen beruhten.[781] Hier allerdings handele es sich um verfassungsrechtlich nicht zu beanstandende, sachlich gehaltene Meinungsäußerungen.[782]

2. Das „Transparenzlisten"-Urteil des BVerwG

Im Weiteren wesentlich ist die viel zitierte Entscheidung des BVerwG zu den Arzneimittel-Transparenzlisten aus dem Jahre 1985.[783] Die erfolgreiche Klage eines pharmazeutischen Unternehmens richtete sich gegen die Erstellung und Veröffentlichung einer sog. Transparenzliste, d. h. einer Übersicht über die pharmakologisch-therapeutische und preisliche Transparenz von Fertigarzneimitteln. Das BVerwG nahm an, die von der Transparenzkommission, angesiedelt beim Bundesgesundheitsministerium, geplante Veröffentlichung greife in die Berufsfreiheit der Klägerin, Art. 12 Abs. 1 GG, ein.[784] Die Transparenzlisten veränderten als „Akt[e] staatlicher Wirtschaftslenkung" die Marktbedingungen für Arzneimittel „spürbar",[785] da denjenigen Präparaten mit positiver Qualitätskennzeichnung gegenüber den nicht gekennzeichneten Präparaten ein deutlicher Vorsprung in Bezug auf Verschreibungshäufigkeit und Absatzmöglichkeit zukomme, die Nicht-Kennzeichnung also zu erheblichen Umsatzeinbußen

---

778 BVerfGE 40, 287, 293.
779 BVerfGE 40, 287, 293.
780 BVerfGE 40, 287, 293.
781 BVerfGE 40, 287, 293.
782 BVerfGE 40, 287, 293.
783 BVerwGE 71, 183, 183 ff.; s. dazu die Entscheidungsbesprechung von *Borchert,* NJW 1985, S. 2741 ff. sowie die Erläuterungen der Entscheidung von *Koch,* JA 1986, S. 160 ff. und *Selmer,* JuS 1986, S. 321 f. Ebenfalls ausführlich dazu sowie zur Auffassung der Vorinstanz s. *Philipp,* Verbraucherinformation, S. 92 ff.
784 BVerwGE 71, 183, 189 (ein Eingriff in Art. 14 Abs. 1 GG wurde nicht geprüft).
785 BVerwGE 71, 183, 190.

auf Seiten der jeweiligen Hersteller führe.[786] Dass die Transparenzliste lediglich eine „Entscheidungshilfe“ und keine „obrigkeitliche Regelung“ sei, schließe die Annahme einer Grundrechtsbeeinträchtigung nicht aus.

Das BVerwG ließ somit die rein faktische Betroffenheit der Grundrechtsberechtigten durch nur „mittelbar wirksame[...] Lenkungsmittel“ des Staates ausreichen.[787] Dies gelte nicht für jede nachteilige Veränderung, wie z. B. die Zulassung eines neuen Konkurrenten. Maßnahmen jedoch, die zielgerichtet erfolgten und sich nicht lediglich als Reflex anderer Maßnahmen darstellten, seien, wie dies bei den Transparenzlisten der Fall sei, „grundrechtsspezifisch“ und stellten einen Eingriff in grundrechtlich geschützte Rechtsgüter dar.[788] Zu der Frage, ob die Veröffentlichung der Listen nicht durch das Grundrecht auf freie Meinungsäußerung aus Art. 5 Abs. 1 GG gedeckt sei, führte das BVerwG den Vergleich mit der Entscheidung des BGH zu den Berichten der „Stiftung Warentest“ an, bei der der BGH auf die Meinungsfreiheit zurückgegriffen hatte.[789] Die Transparenzlisten dienten anders als die Berichte der „Stiftung Warentest“ nicht vorrangig der Verbraucheraufklärung, sondern zuvörderst der Wirtschaftslenkung. Im Übrigen sei der persönliche Schutzbereich des Art. 5 Abs. 1 GG für die Transparenzkommission als staatliche Behörde, anders als im Falle der „Stiftung Warentest“, nicht eröffnet.[790] Die zur Rechtfertigung des Grundrechtseingriffs erforderliche gesetzliche Grundlage sei nicht vorhanden.

---

786 BVerwGE 71, 183, 190; dagegen meint *Borchert,* NJW 1985, S. 2741, 2742, dass die Transparenzkommission nur eine Vorarbeit für nachfolgende Steuerungsmaßnahmen geleistet habe, denn ob die Listen, die vielen Ärzten gar nicht bekannt gewesen seien, Einfluss auf die ärztliche Verschreibungspraxis gehabt hätten, sei nicht bekannt.

787 BVerwGE 71, 183, 192.

788 BVerwGE 71, 183, 193 f. Kritisch dazu *Philipp,* Verbraucherinformation, S. 103 und *Spaeth,* Grundrechtseingriff, S. 136 f., nach der dem Kriterium der Grundrechtsspezifik in dieser Entscheidung keine eigenständige Bedeutung zukommt.

789 BGHZ 65, 325, 331. S. in diesem Kontext auch *Philipp,* Verbraucherinformation, S. 25 f.

790 BVerwGE 71, 183, 196.

3. Die Entscheidung „Transzendentale Meditation“ des BVerwG

In der Entscheidung des BVerwG aus dem Jahre 1989 ging es um die Äußerungen eines Bundesministeriums über die Gruppe „Transzendentale Meditation“ (TM).[791] Bei mehreren Gelegenheiten (Darstellung des ministerialen Pressedienstes, Interview eines Staatssekretärs sowie Äußerung desselben im Bundestag, Stellungnahme der Bundesregierung im Rahmen einer Kleinen Anfrage, Informationsbroschüre des Petitionsausschusses) wurde die TM als „Jugendreligion“, „Jugendsekte“, „fanatische Sekte“ oder „Psychosekte“ bezeichnet. Darüber hinaus wurde bemängelt, die TM-Lehrer seien nicht hinreichend ausgebildet, um dem therapeutischen Anspruch der Gruppe zu genügen. Schließlich könne es bei der Durchführung der TM bei labilen Personen zu schweren psychischen Störungen kommen.

Das BVerwG befand die Äußerungen allesamt für verfassungsgemäß. Es sah sowohl den Schutzbereich des allgemeinen Persönlichkeitsrechts aus Art. 2 Abs. 1 i. V. m. Art. 1 Abs. 1 GG (Schutz des sozialen Geltungsanspruchs)[792] als auch den der Weltanschauungsfreiheit des Art. 4 Abs. 1 GG als eröffnet an.[793] In beide Schutzbereiche sei durch die Äußerungen der Regierung, die der Art nach öffentliche Warnungen darstellten, auch eingegriffen worden. Das Verhalten der „gewarnten Öffentlichkeit“ sei „beabsichtigt und im Übrigen vorhergesehen und in Kauf genommen“ worden.[794] Die Bejahung eines Eingriffs stellte damit in dieser Entscheidung bereits keine größere Hürde mehr dar.

---

791 Zu den Entscheidungsgründen s. BVerwGE 82, 76 ff.; der Sachverhalt wird bei juris wiedergegeben. S. zu dieser Entscheidung die Besprechungen und Erläuterungen von *Heintzen,* NJW 1990, S. 1448 ff.; *Koch,* JA 1990, S. 25 ff.; *Kuhlmann,* JA 1990, S. 59 ff.; *Meyn,* JuS 1990, S. 630 ff.; *Sachs,* JuS 1990, S. 496 f. sowie zur nachfolgenden Entscheidung des OVG NRW v. 23.3.1990 *Dietlein,* JA 1991, S. 339 ff.

792 Kläger waren sowohl natürliche als auch juristische Personen. Das BVerwG führte aus, der Schutz des sozialen Geltungsanspruchs komme nicht nur natürlichen Personen, sondern über Art. 19 Abs. 3 GG „auch Personenvereinigungen mit ideeller Zielsetzung […] zugute, wenn und soweit ihr sozialer Geltungsanspruch in ihrem Aufgabenbereich betroffen ist“, vgl. BVerwGE 82, 76, 78.

793 Zwar zweifelt das BVerwG an, dass sich die TM auf den Schutz des weltanschaulichen Bekenntnisses stützen kann, unterstellt dies dann aber zugunsten der TM mit der – dogmatisch unsauberen – Begründung, es wirke sich ohnehin nicht auf das Ergebnis der Entscheidung aus, vgl. BVerwGE 82, 76, 79.

794 BVerwGE 82, 76, 79.

Allerdings kam nun auf der Ebene der Rechtfertigung ein neuer Gedanke ins Spiel. Für die – zur Rechtfertigung erforderliche – Rechtsgrundlage sah es das BVerwG nicht als erforderlich an, dass diese, wie sonst generell üblich, in einer ausdrücklichen Norm bestehe.[795] Vielmehr könne und müsse man es als ausreichend ansehen, dass die Bundesregierung aufgrund ihrer „verfassungsrechtlichen Aufgabenstellung“ sowie ihrer „Befugnisse zur Information und Aufklärung der Öffentlichkeit“ zu entsprechenden Äußerungen befugt sei.[796] Als „Organ der Staatsleitung“ habe sie die jeweils erforderlichen Maßnahmen, darunter auch „staatliche Warnungen und Empfehlungen“, zu ergreifen.[797] Diese Äußerungen seien „unmittelbarer Ausdruck ihrer Verantwortung für das Gemeinwohl“ und würden „von ihrer Befugnis zur Information und Aufklärung der Öffentlichkeit mitgetragen“.[798] Die letztlich auf Art. 65 S. 2 GG gestützten Äußerungen müssten zwar dem Sachlichkeitsgebot genügen, bräuchten sich darüber hinaus aber „im Sinne einer wirksamen Warnung der Öffentlichkeit“ nicht jeglicher „wertende[r] Schlussfolgerungen“ zu enthalten.[799]

Damit legte das BVerwG bereits im Jahre 1985 den Grundstock für eine besondere Behandlung der Rechtfertigung des Eingriffs staatlicher Informationen in Grundrechte.

4. Das „Birkel“-Urteil des OLG Stuttgart

Dem „Birkel“-Urteil des OLG Stuttgart aus dem Jahre 1990 liegt der sog. Flüssigei-Skandal Mitte der 1980er Jahre zu Grunde.[800] Streitgegenstand zwischen dem Nudelhersteller und dem Land Baden-Württemberg war neben nachteiligen Äußerungen eine Pressemitteilung des Regierungspräsidiums Stuttgart. Diese zählte unter Nennung des jeweiligen Herstellers Produkte auf, die unstreitig verunreinigtes, d. h. Spuren von Kükenembryonen und Darmbakterien vom Huhn enthaltendes Flüssigei enthielten. In einem Atemzug mit diesen Herstellern wurde die Fa. Birkel genannt,

---

795 BVerwGE 82, 76, 79 f.
796 BVerwGE 82, 76, 80.
797 BVerwGE 82, 76, 80.
798 BVerwGE 82, 76, 81.
799 BVerwGE 82, 76, 83.
800 OLG Stuttgart NJW 1990, 2690 ff.; s. dazu *Ossenbühl,* ZHR 1991, S. 329 ff.; *Stillner,* NJW 1991, S. 1340 ff. sowie den Kurzkommentar von *Hensen,* EWiR 1990, S. 467 f. S. auch jüngst *Schoch,* VBlBW 2014, S. 361, 361.

deren Teigwaren ebenfalls mikrobiell verunreinigt waren. Unklar war allerdings, woher die Verunreinigungen stammten und ob die Fa. Birkel überhaupt Flüssigei verwendet hatte. Der Sachverhalt war insofern nicht ausermittelt. In allen Fällen wurden die Teigwaren als nicht zum Verzehr geeignete Lebensmittel im Sinne des damaligen Lebensmittelgesetzes eingeordnet. Eine Gesundheitsgefahr bestand aber nicht. Das OLG Stuttgart problematisierte die Frage, ob die Warnung einen Eingriff darstellt, nicht. Es stellte vielmehr recht lapidar in einem Nebensatz fest, dass es sich bei der Veröffentlichung erkennbar um einen Eingriff gehandelt habe.[801]

Im Rahmen des Amtshaftungsprozesses befand das OLG Stuttgart die Veröffentlichung in der o.g. Form für amtspflichtwidrig.[802] Der Durchschnittsverbraucher habe, auch aufgrund der Adaption der Pressemitteilung in den Zeitungen und Nachrichten, mikrobiell verdorben mit der Verwendung von Bruteiern gleichgesetzt.[803] Der Begriff der mikrobiellen Verunreinigung sei für den Verbraucher nicht klar definiert gewesen und er habe weder erkennen können, dass eine Gesundheitsgefahr nicht bestanden habe, noch dass die Fa. Birkel im Gegensatz zu den anderen genannten Unternehmen nicht nachweisbar mit den ekelerregenden Umständen in Verbindung gebracht werden konnte.[804] Das Gericht kam in seinen Entscheidungsgründen zu dem Schluss, dass „Warnungen des Verbrauchers vor nicht verkehrsfähigen Lebensmitteln grundsätzlich zulässig“ seien.[805] Zur Begründung dieser Annahme stellte es einzig und allein auf den damaligen § 17 LMBG[806] ab, der „dem Schutz des Verbrauchers vor Täuschung durch Lieferung von zum Verzehr nicht geeigneten Lebensmitteln“ diene und „den Verzehr solcher Lebensmittel verhindern“ wolle.[807] „Dies gilt jedenfalls dann“, so das OLG, „wenn es sich um eindeutig ekelerre-

801 OLG Stuttgart NJW 1990, 2690, 2694.

802 OLG Stuttgart NJW 1990, 2690, 2692.

803 OLG Stuttgart NJW 1990, 2690, 2692.

804 OLG Stuttgart NJW 1990, 2690, 1692 f.

805 OLG Stuttgart NJW 1990, 2690, 2693.

806 Nach § 17 Abs. 1 Nr. 1 Alt. 1 LMBG war es „verboten, zum Verzehr nicht geeignete Lebensmittel […] als Lebensmittel gewerbsmäßig in den Verkehr zu bringen“, vgl. BGBl. 1974 I S. 1945. Das LMBG gilt seit dem 7.9.2005 mit geändertem Wortlaut unter dem Titel „Vorläufiges Tabakgesetz“ (LMG) weiter, vgl. BGBl 1997, I 2296. Für den Regelungsbereich des früheren LMBG ist nunmehr das Lebensmittel- und Futtermittelgesetzbuch – LFGB maßgeblich, vgl. BGBl. 2013 I S. 1426.

807 OLG Stuttgart NJW 1990, 2690, 2693.

gende Umstände handelt, die das Lebensmittel verzehrunfähig machen".[808] Eine spezielle, zur Information der Öffentlichkeit berechtigende Ermächtigungsgrundlage hielt das OLG Stuttgart für nicht erforderlich.[809] Zur Begrenzung ging es lediglich davon aus, dass bei solchen allgemein zulässigen Warnungen der Grundsatz der Verhältnismäßigkeit gewahrt werden müsse.[810] Wegen der Verletzung dieses Grundsatzes nahm es wegen nicht unerheblicher Umsatzeinbußen der Fa. Birkel – der Marktanteil von Birkel sank von 37 % (1984) auf 22 % (1989), im Urteilsjahr wurde die Firma von der Danone-Gruppe übernommen –[811] einen nicht gerechtfertigten Eingriff in das nach Ansicht des OLG durch Art. 14 Abs. 1 GG geschützte Recht am eingerichteten und ausgeübten Gewerbebetrieb an.[812]

5. Die Entscheidungen „Glykol" und „Osho" des BVerfG

Das BVerfG entschied am 26. Juni 2002 zwei Fälle, in denen es, zusammenfassend gesagt, um staatliches Informationshandeln in Form von Warnungen ging.[813] In der Glykol-Entscheidung urteilte es – nach einer Verfahrensdauer beim BVerfG von über elf Jahren[814] – über die Frage, ob die

---

808 OLG Stuttgart NJW 1990, 2690, 2693.

809 Dennoch erließ der baden-württembergische Landtag im Nachgang des Prozesses 1991 das „Gesetz zur Ausführung des Lebensmittel- und Bedarfsgegenständegesetzes (AGLMBG)", GBl. 1991 S. 473. Dieses Gesetz enthielt laut *Jesse-Allgöwer*, in: Böhm/Freund/Voit (Hrsg.), VIG, S. 55, 56 erstmalig eine spezialgesetzliche Befugnis einer Behörde zur Information der Öffentlichkeit.

810 OLG Stuttgart NJW 1990, 2690, 2693.

811 *Schmidtke,* Der Tagesspiegel v. 16.2.1999, http://www.tagesspiegel.de/wirtschaft/die-skandale-hat-birkel-hinter-sich-gelassen/71544.html, zuletzt geprüft am 23.12.2014.

812 OLG Stuttgart NJW 1990, 2690, 2694; zur Kritik, dass das Urteil dazu führe, dass nicht verkehrsfähige, „nur" mikrobakteriell verdorbene Ware gegenüber ordnungsgemäßer Ware einen Absatzvorteil erhalte, s. die Entscheidungsbesprechung von *Stillner,* NJW 1991, S. 1340 f.

813 Zu diesen Entscheidungen ist eine Vielzahl von Literaturstimmen vorhanden, vgl. nur *Faßbender,* NJW 2004, S. 816 ff.; *Holzner,* NVwZ 2010, S. 489, 490 f.; *Kahl,* Der Staat 42 (2004), S. 167 ff.; *Klement,* DÖV 2005, S. 507 ff.; *Lenski,* ZJS 2008, S. 13 ff.; *Lindner,* DÖV 2003, S. 185 ff.; *Murswiek,* NVwZ 2003, S. 1 ff.; *Schink,* DVBl. 2011, S. 253, 254 ff.; *Schoch,* NVwZ 2011, S. 193 ff.; *ders.,* NJW 2012, S. 2844 ff.

814 Und damit 17 Jahre nach Veröffentlichung der Liste glykolhaltiger Weine; s. *Murswiek,* NVwZ 2003, S. 1 Fn. 1; *Porsch,* ZLR 2003, S. 175, 179.

Liste eines Bundesministeriums, die Weine und andere diethylenglykolhaltige Produkte aufführte, die Grundrechte der in der Liste benannten Erzeuger zu verletzen geeignet war.[815] In der Osho-Entscheidung ging es um die Bezeichnung des Vereines des indischen Mystikers *Rajneesh Chandra Mohan Jain*, Osho genannt, als „Sekte“, „Jugendsekte“ oder „Psychosekte“ durch die Bundesregierung, geäußert im Zuge der Beantwortung kleiner parlamentarischer Anfragen und in der sich an einen Tagungsbeitrag des damaligen Bundesministers anschließenden Diskussion.[816] Die Gemeinsamkeit der beiden Sachverhalte bestand in den Fragen, ob die staatlichen Warnungen den Schutzbereich berühren (Art. 12 Abs. 1 GG [Glykol] und Art. 4 Abs. 1 GG [Osho]) und – soweit dies der Fall ist – durch ihren mittelbaren Beitrag zur Verhaltensänderung Dritter, d. h. der Personen, die den Wein nicht mehr kauften (Glykol) oder aus der Glaubensgemeinschaft austraten (Osho), einen rechtfertigungsbedürftigen Eingriff in Grundrechte darstellen.[817]

Das BVerfG hat in der Glykol-Entscheidung ausgeführt, Art. 12 Abs. 1 GG „betrifft […] das berufsbezogene Verhalten einzelner Personen oder Unternehmen […] [,] schützt aber nicht vor der Verbreitung zutreffender und sachlich gehaltener Informationen am Markt […]“.[818] „Marktbezogene Informationen des Staates beeinträchtigen den grundrechtlichen Gewährleistungsbereich der betroffenen Wettbewerber nicht, sofern der Einfluss auf wettbewerbserhebliche Faktoren ohne Verzerrung der Marktverhältnisse nach Maßgabe der rechtlichen Vorgaben für staatliches Informationshandeln erfolgt.“[819] Unter diese rechtlichen Vorgaben falle, dass die Informationen von der zuständigen Stelle im Rahmen einer staatlichen Aufgabe verbreitet würden sowie sachlich gehalten und inhaltlich zutreffend seien.[820]

Der Gewährleistungsbereich der Berufsfreiheit werde durch die staatliche Tätigkeit nur beeinträchtigt,[821] wenn diese „sich nicht darauf be-

815 BVerfGE 105, 252, 252 ff.

816 BVerfGE 105, 279, 279 ff.

817 *Murswiek*, NVwZ 2003, S. 1.

818 BVerfGE 105, 252, 265.

819 BVerfGE 105, 252, 268.

820 BVerfGE 105, 252, 268.

821 Zur Kritik an der Formulierung des BVerfG, das hier von der „Beeinträchtigung des Gewährleistungsbereiches“ spricht und damit wohl nicht die Eröffnung des Schutzbereiches an sich in Zweifel zieht, sondern der Frage nach dem Vorliegen eines Eingriffs in denselben nachgeht, s. Kap. 6, A IV.

schränkt, den Marktteilnehmern marktrelevante Informationen bereitzustellen, auf deren Grundlage diese eigenbestimmte, an ihren Interessen ausgerichtete Entscheidungen über ihr Marktverhalten treffen können".[822] Insbesondere sei die staatliche Informationstätigkeit dann als „Beeinträchtigung im Gewährleistungsbereich" zu werten, wenn sie in Zielsetzung und Wirkung „Ersatz für eine staatliche Maßnahme ist, die als Grundrechtseingriff zu qualifizieren wäre".[823] Dadurch werde sichergestellt, dass der Staat durch die „Wahl eines solchen funktionalen Äquivalents eines Eingriffs" nicht die rechtsstaatlichen, für Grundrechtseingriffe normalerweise geltenden Anforderungen umgehen könne.[824] Eine verbreitete, unrichtige Information sei nicht zu rechtfertigen, weshalb in diesen Fällen mit der Beeinträchtigung des Schutzbereichs zugleich die Rechtswidrigkeit feststehe.[825]

Das BVerfG stellte ferner fest: „Können Aufgaben der Regierung oder der Verwaltung mittels öffentlicher Information wahrgenommen werden, liegt in der Aufgabenzuweisung grundsätzlich auch eine Ermächtigung zum Informationshandeln".[826] „Die Bundesregierung ist überall dort zur Informationsarbeit berechtigt, wo ihr eine gesamtstaatliche Verantwortung der Staatsleitung zukommt, die mit Hilfe von Informationen erfüllt werden kann."[827]

Das BVerfG schlussfolgert unter Anwendung dieser Grundsätze auf den im Streit stehenden Sachverhalt, dass die Bundesregierung sich mit der Veröffentlichung der Liste glykolhaltiger Weine im Rahmen der Grenzen des zulässigen staatlichen Informationshandelns gehalten habe und der Listenveröffentlichung deshalb eine Eingriffsqualität nicht zukomme.[828] Auch die übrigen Grundrechtsrügen blieben ohne Erfolg. Bezüglich Art. 14 Abs. 1 GG sei der Schutzbereich nicht eröffnet, da die Beeinträchtigung von Absatzmöglichkeiten und der Unternehmensruf hiervon nicht

---

822 BVerfGE 105, 252, 273.
823 BVerfGE 105, 252, 273.
824 BVerfGE 105, 252, 273.
825 BVerfGE 105, 252, 273.
826 BVerfGE 105, 252, 268.
827 BVerfGE 105, 252, 270.
828 BVerfGE 105, 252, 273. Zur Kritik, dass trotz dieser Feststellung Elemente der Eingriffsrechtfertigung geprüft wurden, s. unter Kap. 6, A IV.

umfasst seien.[829] Art. 2 Abs. 1 GG scheide aus Gründen der Subsidiarität aus.[830]

In der Osho-Entscheidung verneinte das BVerfG zum Teil („Sekte", „Jugendreligion", „Jugendsekte", „Psychosekte") bereits die Eröffnung des Schutzbereichs des Art. 4 Abs. 1 GG.[831] Zwar könne sich die Osho-Bewegung grundsätzlich auf den Gewährleistungsgehalt der Religions- und Weltanschauungsfreiheit berufen.[832] Die Äußerungen der Regierung jedoch begegneten keinerlei verfassungsrechtlichen Bedenken: Sie enthielten weder „diffamierende" noch „verfälschende Darstellungen", sondern bewegten „sich im Rahmen einer sachlich geführten Informationstätigkeit" und wahrten damit „die Zurückhaltung, zu welcher der Staat und seine Organe nach dem Gebot der religiös-weltanschaulichen Neutralität verpflichtet" seien.[833]

Dies treffe jedoch nicht auf die der Osho-Bewegung zugeschriebenen Attribute „destruktiv" und „pseudoreligiös" sowie dem Vorwurf der Manipulation von Mitgliedern zu, denn hierbei fehle es an der verfassungsrechtlich gebotenen Neutralität und Zurückhaltung.[834]

Das Gericht stellte fest, dass zwar kein Grundrechtseingriff „im herkömmlichen Sinne" vorliege,[835] aber auch mittelbar-faktische Beeinträchtigungen an Art. 4 Abs. 1 und Abs. 2 GG zu messen seien.[836] „Als Beeinträchtigungen des Grundrechts" seien „aber auch sie" nur verfassungsmäßig, „wenn sie sich [...] hinreichend rechtfertigen" ließen.[837] Wie auch in der Glykol-Entscheidung heißt es im Rahmen der Rechtfertigung, die Bundesregierung habe sich zur Information der Öffentlichkeit „auf ihre verfassungsunmittelbare Aufgabe der Staatsleitung" stützen dürfen, „ohne dass es einer zusätzlichen gesetzlichen Ermächtigung bedurft hätte".[838]

---

829 BVerfGE 105, 252, 277 f.

830 BVerfGE 105, 252, 279.

831 BVerfGE 105, 252, 295.

832 BVerfGE 105, 252, 292 f.

833 BVerfGE 105, 279, 295. Wieder sei auf *Murswiek,* NVwZ 2003, S. 1, 3 verwiesen, der klarstellt, dass die Frage, ob der Staat bei der streitgegenständlichen Äußerung die Neutralitätspflicht gewahrt hat, eigentlich nicht Gegenstand der Prüfung des Schutzbereichs sein kann.

834 BVerfGE 105, 279, 298.

835 BVerfGE 105, 279, 299 f.

836 BVerfGE 105, 279, 300 f.

837 BVerfGE 105, 279, 301.

838 BVerfGE 105, 279, 301.

Die Beeinträchtigungen durch die Informationstätigkeit der Regierung entstünden aus einem „komplexen Geschehensablauf", weshalb sich ihre mittelbar-faktischen Auswirkungen „typischerweise einer Normierung" entzögen.[839] Das BVerfG stellte sodann fest, die Äußerungen der Bundesregierung seien im Rahmen ihrer Verbands- und Organkompetenz erfolgt. Letztlich sei aber in Bezug auf die diffamierenden Äußerungen eine Rechtfertigung nicht möglich, da sie die Religions- und Weltanschauungsfreiheit der Bewegung unverhältnismäßig verletzten.[840]

Der Vollständigkeit halber sei darauf hingewiesen, dass die Vertreter der Osho-Bewegung im Jahre 2000 Beschwerde beim EGMR eingelegt haben. Begründet wurde diese mit einer Verletzung der Religionsfreiheit (Art. 9 EMRK) und insbesondere mit der Verfahrensdauer, die mit mehr als 18 Jahren – 1984 Klage beim VG Köln, 2002 Rücknahme der Berufung durch die Bundesregierung – überlang gewesen sei (Art. 6 Abs. 1 EMRK).[841] Der EGMR sah die Verfahrensdauer als nicht mehr angemessen und somit Art. 6 Abs. 1 EMRK als verletzt an.[842] In Bezug auf die gerügte Verletzung der Religionsfreiheit bejahte der EGMR zwar einen Eingriff, sah diesen aber als „gesetzlich vorgesehen" im materiellen Sinne an, da er das Heranziehen des Art. 65 GG für zulässig erachtete.[843] Eine Verletzung des Art. 9 EMRK schied schließlich aus, weil der Eingriff gerechtfertigt und verhältnismäßig gewesen sei.[844]

6. Beschluss des BVerfG „Junge Freiheit"

Gegenstand des BVerfG-Beschlusses war die noch heute verbreitete überregionale Wochenzeitung „Junge Freiheit" (JF). Diese wurde in den Jahren 1994 und 1995 in den Verfassungsschutzberichten des Landes Nordrhein-Westfalen im Kontext „rechtsextremistische Bestrebungen" auszugsweise zitiert und analysiert.[845] In dem Bericht hieß es unter anderem, es habe

---

839 BVerfGE 105, 279, 304.

840 BVerfGE 105, 279, 301, 309 f.

841 EGMR NVwZ 2010, 177, 178. Der für sich allein betrachtet überlange Teil von elf Jahren und drei Monaten entfällt auf die Verfahrensdauer vor dem BVerfG.

842 EGMR NVwZ 2010, 177, 179.

843 EGMR NVwZ 2010, 177, 180.

844 EGMR NVwZ 2010, 177, 181.

845 BVerfGE 113, 63, 65; s. dazu *Bertram,* NJW 2005, S. 2890, ff.; *Murswiek,* NVwZ 2006, S. 121 ff.; *Wisuschil,* ZUM 2006, S. 294 ff.

„zahlreiche tatsächliche Anhaltspunkte für den Verdacht rechtsextremistischer Bestrebungen“ gegeben.[846] Zudem stünden Beiträge der JF nicht in Einklang mit „grundlegenden Prinzipien der freiheitlichen demokratischen Grundordnung“.[847] Das BVerfG sah in der Einordnung des nordrhein-westfälischen Verfassungsschutzes einen nicht gerechtfertigten Eingriff in die Pressefreiheit der JF und hielt die Klage deshalb für begründet. Unter Bezugnahme auf die Osho-Entscheidung führte es aus, dass zwar „nicht jedes staatliche Informationshandeln und nicht jede Teilhabe des Staates am Prozess öffentlicher Meinungsbildung [...] als Grundrechtseingriff zu bewerten“ sei. Entscheidend sei vielmehr, ob der Schutzbereich berührt und durch einen Eingriff oder ein Eingriffsäquivalent beeinträchtigt werde.[848] Das BVerfG kam zu dem Schluss, dass der Verfassungsschutzbericht wegen seines Zwecks der Aufklärung der Öffentlichkeit faktisch Einfluss auf Dritte ausübe und somit eine negative, mittelbar belastende Sanktion für die JF darstelle, die sich als Eingriff in die Pressefreiheit werten ließe.[849] Die Veröffentlichungen im Verfassungsschutzbericht gingen insofern „über die bloße Teilhabe staatlicher Funktionsträger an öffentlichen Auseinandersetzungen oder an der Schaffung einer hinreichenden Informationsgrundlage für eine eigenständige Entscheidungsbildung der Bürger“ hinaus.[850] Der Eingriff müsse deshalb aufgrund eines allgemeinen Gesetzes gerechtfertigt werden.[851] Dieses allgemeine Gesetz wurde in § 15 Abs. 2 des nordrhein-westfälischen Verfassungsschutzgesetzes (VSG NRW) erblickt. Jedoch wurde der Eingriff im Rahmen der Verhältnismäßigkeitsprüfung als nicht erforderlich angesehen, das BVerfG stellte im Zuge dessen das Vorliegen zureichender Anhaltspunkte für den begründeten Verdacht verfassungsfeindlicher Bestrebungen in Frage.[852]

846 BVerfGE 113, 63, 65.
847 BVerfGE 113, 63, 65, 66.
848 BVerfGE 113, 63, 76.
849 BVerfGE 113, 63, 77.
850 BVerfGE 113, 63, 77.
851 BVerfGE 113, 63, 78.
852 BVerfGE 113, 63, 84 ff.

7. Der Beschluss des BVerfG im „Fall Löw“

Dem 2010 ergangenen Beschluss des BVerfG lag eine Verfassungsbeschwerde des emeritierten Professors der Politikwissenschaft *Konrad Löw* zu Grunde.[853] *Löw* hatte einen Aufsatz mit dem Titel „Deutsche Identität in Verfassung und Geschichte“ in einer im Auftrag der Bundeszentrale für politische Bildung herausgegebenen Zeitschrift verfasst. Er vertrat darin die Meinung, dass „die Mehrheit der Deutschen seinerzeit nicht antisemitisch eingestellt gewesen sei“ und spricht von einer „deutsch-jüdischen Symbiose unter dem Hakenkreuz“.[854] Als die Bundeszentrale (nach Auslieferung der Exemplare an die Abonnenten) von diesem Inhalt Kenntnis erlangte, verfasste sie ein Schreiben, in dem sie sich sehr deutlich von der These *Löws* distanzierte, die Leser um Entschuldigung bat und ankündigte, die restliche Auflage des Heftes werde makuliert.[855] Das BVerfG urteilte, *Löw* sei durch dieses Vorgehen erheblich stigmatisiert und dadurch in seinem allgemeinen Persönlichkeitsrecht aus Art. 2 Abs. 1 i. V. m. Art. 1 Abs. 1 GG verletzt worden.[856] Der Staat sei nicht befugt, sich „ohne rechtfertigenden Grund herabsetzend über einen Bürger zu äußern“, diese Wirkung gehe aber von dem Schreiben der Bundeszentrale aus.[857] Die Grundrechtsbeeinträchtigung verfolge hier zwar das legitime Ziel, die rechtsstaatlich distanzierte Aufgabenwahrnehmung zu verdeutlichen und die eigene Reputation wiederherzustellen, sei jedoch mit dem Grundsatz der Verhältnismäßigkeit nicht in Einklang zu bringen.[858] Sowohl die Ankündigung der Makulierung wie auch die Entschuldigung an die Leser des Artikels, die sich verunglimpft gefühlt hätten, seien weder eine erforderliche noch angemessene Reaktion und somit nicht von der Aufgabe der Staatsleitung, staatliches Informationshandeln zu legitimieren, gedeckt gewesen.[859]

---

853 BVerfG NJW 2011, 511; s. dazu die Anmerkungen von *Ladeur,* ZUM 2010, S. 960 f.; *Lederer,* jurisPR-ITR 2010, Anm. 6; dazu auch *Schoch,* NVwZ 2011, S. 193, 194 ff.; *ders.,* JURA 2011, S. 44.

854 BVerfG NJW 2011, 511.

855 BVerfG NJW 2011, 511, 511.

856 BVerfG NJW 2011, 511, 512.

857 BVerfG NJW 2011, 511, 511.

858 BVerfG NJW 2011, 511, 512.

859 BVerfG NJW 2011, 511, 513.

8. Die „E-Zigaretten“-Urteile des OVG NRW und des BVerwG

Das nordrhein-westfälische OVG befasste sich in seinem Urteil vom 17.9.2013 mit einem öffentlich-rechtlichen Unterlassungsanspruch, der hoheitliche Äußerungen zum Verkauf von elektrischen Zigaretten zum Gegenstand hatte.[860] Die sog. E-Zigaretten verdampfen Flüssigkeit („Liquid“) und erzeugen so ohne den sonst üblichen Verbrennungsvorgang einen Dampf, der sensorisch dem Gefühl des Rauchens ähnelt.[861] Das Ministerium des Landes Nordrhein-Westfalen veröffentlichte Ende 2011 eine Pressemitteilung mit dem Titel „Ministerin Steffens warnt vor Verkauf von illegalen E-Zigaretten: Geschäftsgründungen sind riskant – Gesundheitsschäden zu befürchten“.[862] Es wird darauf hingewiesen, dass Handel, Verkauf und Inverkehrbringen der E-Zigarette unter der Prämisse der Beachtung der einschlägigen arzneimittel- und medizinprodukterechtlichen Vorschriften stünden und ansonsten verboten seien; bei Nichtbeachtung der Vorschriften drohten strafrechtliche Konsequenzen.

Das OVG NRW hielt in der Folge den Unterlassungsanspruch für begründet, da die streitigen Äußerungen einen rechtswidrigen hoheitlichen Eingriff in die Berufsfreiheit darstellten.[863] Unter Berufung auf die Glykol- und Osho-Entscheidung führte es aus, es komme für die Rechtmäßigkeit einer staatlichen Informationsmaßnahme darauf an, ob die Marktteilnehmer ausreichend über die verbleibenden Unsicherheiten bezüglich der rechtlichen Bewertung eines Sachverhaltes in Kenntnis gesetzt worden seien, um eigenverantwortlich eine fundierte Entscheidung über den Umgang mit der ungewissen Situation treffen zu können.[864] Es bemängelte an der ministeriellen Darstellung, dass diese gerade nicht auf die rechtlichen Unsicherheiten hingewiesen habe, die in Bezug auf die Frage bestehen, ob die E-Zigarette dem Arzneimittelgesetz oder dem Medizinproduktegesetz

---

860 OVG NRW NVwZ 2013, 1562 ff. S. bereits den Beschl. im einstweiligen Rechtsschutz OVG NRW NVwZ 2012, 767 ff. Aus der Literatur s. *Kühl,* NVwZ 2013, S. 1566 ff.; *Müller,* NVwZ 2012, S. 769 ff.; *Schink/Winkelmüller,* DVBl. 2012, S. 1540 ff.; *Stollmann,* NVwZ 2012, S. 401 ff.; *Voit,* PharmR 2012, S. 241 ff.

861 S. den Artikel „Elektrische Zigarette“ in Wikipedia, http://de.wikipedia.org/wiki/Elektrische_Zigarette, zuletzt geprüft am 27.10.2014.

862 http://www.nrw.de/landesregierung/ministerin-steffens-warnt-vor-verkauf-von-illegalen-e-zigaretten-12218, zuletzt geprüft am 27.10.2014.

863 OVG NRW NVwZ 2013, 1562, 1563.

864 OVG NRW NVwZ 2013, 1562, 1563.

unterfällt.[865] Die Pressemitteilung habe den Verkauf von E-Zigaretten „wie eine rechtliche Verkaufsbeschränkung beeinträchtigt“ und „verhaltenslenkende, repressive Wirkung“ entfaltet und sei deshalb als funktionales Äquivalent eines Eingriffs zu werten.[866] Sodann ließ das OVG offen, ob eine spezialgesetzliche Grundlage für die Äußerungen notwendig war und beschränkte sich auf die Feststellung, dass die Äußerung „jedenfalls deshalb rechtswidrig“ war, weil die zugrundeliegende Rechtsauffassung auf ihre Richtigkeit hin zu überprüfen war, diese aber nicht bestand.[867]

In drei Parallelverfahren hat das BVerwG mit Urteilen vom 20.11.2014 die Entscheidung des OVG NRW bestätigt.[868] Das BVerwG hat die ministerielle Verlautbarung ebenfalls als funktionales Äquivalent eines klassischen Grundrechtseingriffs eingestuft und kam, insofern eindeutiger als die Vorinstanz, zu dem Ergebnis, die deshalb erforderliche gesetzliche Grundlage sei nicht vorhanden.[869]

9. Die „Lost-Art“-Entscheidung des BVerwG

In seiner Entscheidung vom 19.2.2015 befasste sich das BVerwG mit der seit dem Jahre 2000 online eingerichteten Internetdatenbank „Lost Art“.[870] Diese dient der „Erfassung von Kulturgütern, die infolge der nationalsozialistischen Gewaltherrschaft und der Ereignisse des Zweiten Weltkriegs verbracht, verlagert oder – insbesondere jüdischen Eigentümern – verfolgungsbedingt entzogen wurden“.[871] Betreiberin der Datenbank war zur entscheidungserheblichen Zeit mit der im Kultusministerium Sachsen-Anhalt angesiedelten Koordinierungsstelle Magdeburg eine unselbständige Arbeitsgruppe, die auf der Grundlage einer Bund-Länder-Vereinbarung eingerichtet worden war.[872] Zur Beurteilung der Rechtmäßigkeit der mit der Klage angegriffenen Veröffentlichung in dieser Datenbank zog das

865 OVG NRW NVwZ 2013, 1562, 1563.
866 OVG NRW NVwZ 2013, 1562, 1564 f.
867 OVG NRW NVwZ 2013, 1562, 1566.
868 BVerwG, Urteile v. 20.11.2014 – 3 C 25/13, 26/13 und 27/13, juris. S. dazu *Liebler*, jurisPR-BVerwG 13/2015 Anm. 3.
869 BVerwG, Urteil v. 20.11.2014 – 3 C 27/13, juris, Rn. 16, 19.
870 BVerwG NJW 2015, 2358 ff.; *Berlit*, jurisPR-BVerwG 10/2015 Anm. 5.
871 http://www.lostart.de/, zuletzt geprüft am 12.6.2015.
872 Seit 1.1.2015 wird die Datenbank von der Stiftung Deutsches Zentrum Kulturgutverluste in Magdeburg betrieben. Träger der Stiftung sind neben dem Bund und

BVerwG die Grundsätze der Glykol-Rechtsprechung des BVerfG heran. Die Veröffentlichung halte sich im Rahmen der der Koordinierungsstelle zugewiesenen staatlichen Aufgabe.[873] Die Befugnis hierzu ergebe sich „zudem aus der der Staatsleitung zuzurechnenden Öffentlichkeitsarbeit", die auch die Verbreitung von Informationen umfasse.[874] Die im Rahmen der föderalen Kompetenzordnung veröffentlichte Meldung sei weder unsachlich noch unzutreffend.[875] Ein funktionales Äquivalent eines Grundrechtseingriffs sei in der Aufrechterhaltung der Suchmeldung nicht zu sehen, denn im Unterschied zu dem E-Zigaretten-Urteil des OVG NRW liege der den Absatz beeinträchtigende Makel bereits in der Verlustgeschichte des Bildes begründet und entstehe nicht erst durch die Veröffentlichung.[876]

III. Erläuterung der Besonderheiten

1. Eingriff

Einigkeit bestand überwiegend in der Charakterisierung staatlicher Informationen und Warnungen als Eingriffe. Einzig die Glykol- und die Osho-Entscheidung des BVerfG sind an dieser Stelle dogmatisch unsauber. In der Glykol-Entscheidung meint das Gericht, die Veröffentlichung der Liste glykolhaltiger Weine beeinträchtige die Berufsfreiheit nicht. Auf den Begriff des Eingriffs bzw. der Beeinträchtigung wird nicht weiter eingegangen. Normalerweise hätte damit das Ergebnis der Verfassungsbeschwerde bereits feststehen müssen, denn ohne Eingriff erübrigt sich auch eine Rechtfertigungsprüfung. Das BVerfG prüft jedoch ausführlich, ob der Bundesregierung die erforderliche Verbands- und Organkompetenz zur Veröffentlichung der Liste zukam. Dementsprechend wird wiederum die Prüfung der Rechtmäßigkeit vorverlagert, diesmal in den Prüfungspunkt des Eingriffs.

---

den Ländern die kommunalen Spitzenverbände, vgl. http://www.lostart.de/Webs/DE/Start/Index.html, zuletzt geprüft am 12.6.2015.

873 BVerwG NJW 2015, 2358, 2362 Rn. 36.

874 BVerwG NJW 2015, 2358, 2362 Rn. 36.

875 BVerwG NJW 2015, 2358, 2363 Rn. 38.

876 BVerwG NJW 2015, 2358, 2363 Rn. 41.

In der Osho-Entscheidung wird bekräftigt, entsprechend der zu dieser Zeit bereits existierenden herrschenden Meinung,[877] dass auch mittelbar-faktische Wirkungen unter bestimmten Voraussetzungen zwar keinen Eingriff, aber doch eine Beeinträchtigung darstellen können, vor denen Art. 4 Abs. 1 GG ebenfalls schützt.[878] Neu ist damit an dieser Vorgehensweise nicht der Inhalt, sondern nur die Bezeichnung „Eingriff im herkömmlichen Sinne" und „sonstige Grundrechtsbeeinträchtigung".[879] Während das BVerwG in der TM-Entscheidung noch nach der Feststellung des Eingriffs auf die verfassungsrechtliche Legitimation desselben einging,[880] folgte für das BVerfG aus der Bejahung einer Beeinträchtigung des Schutzbereichs sogleich die Rechtswidrigkeit derselben.[881] Hier fallen Grundrechtseingriff und Grundrechtsverletzung also zusammen.[882]

2. Rechtfertigung

Der Vorbehalt des Gesetzes, der sich aus den Grundrechten selbst bzw. bei vorbehaltlos gewährleisteten Grundrechten aus dem Rechtsstaats- und dem Demokratieprinzip ergibt,[883] setzt voraus, dass jedes belastende, hoheitliche, schutzbereichsverkürzende Handeln auf der Grundlage eines for-

---

877 Vgl. dazu *Porsch,* ZLR 2003, S. 175, 182; vgl. auch *Murswiek,* NVwZ 2003, S. 1, 5 m.w.N. sowie *Ruge,* ThürVBl. 2003, S. 49, 51.

878 BVerfGE 105, 279, 300 f.

879 Ausführlich dazu *Murswiek,* NVwZ 2003, S. 1, 5 f.

880 BVerwGE 82, 76, 79 ff.

881 BVerfGE 105, 252, 273.

882 *Huber,* JZ 2003, S. 290, 294.

883 S. nur BVerfGE 47, 46, 78; 45, 400, 417 f. Hintergrund seiner rechtsstaatlichen Komponente ist die Absicht, für den Bürger die Transparenz und Vorhersehbarkeit staatlichen Handelns zu gewährleisten. In demokratischer Hinsicht dient er dem Schutz der Grundrechte, weil er sicherstellt, dass das Parlament als das einzige unmittelbar demokratisch legitimierte Staatsorgan sich nicht seiner Aufgabe entzieht, die grundlegenden Entscheidungen für das Gemeinwesen zu treffen, vgl. *Huster/Rux*, in: Epping/Hillgruber, Art. 20 GG Rn. 160. S. ferner *Ruge,* ThürVBl. 2003, S. 49, 51. *Gusy,* NJW 2000, S. 977, 982 unterscheidet in eine „formelle Herleitung" aus dem Rechtsstaatsprinzip und in eine „materielle Herleitung" aus dem Demokratieprinzip.

mellen Parlamentsgesetzes erfolgt.[884] Verkürzt gesagt gilt grundsätzlich, „[w]er Eingriff sagt, muss auch Gesetzesvorbehalt sagen".[885]

In Bezug auf die an die Rechtfertigung zu stellenden Anforderungen – insbesondere die Frage, ob eine Ermächtigungsgrundlage erforderlich ist und wie diese ausgestaltet sein muss, bzw. konkreter, worin sie zu sehen ist – verhalten sich die Entscheidungen jedoch unterschiedlich. Die Bandbreite reicht hier von einer Rechtsgrundlage als Minus zu allgemeinen Befugnissen (NPD-Entscheidung) über eine allgemeine Norm (JF-Entscheidung, Birkel-Urteil) und eine spezielle Ermächtigung (Transparenzlisten-Entscheidung) bis hin zu einer Aufgabennorm. Dieser letzte Ansatz, der sich bis heute als gängige Begründung durchgesetzt hat, wurde in der TM-Entscheidung des BVerwG geboren: Das BVerwG bejahte zwar einen Grundrechtseingriff, hielt dann aber im Hinblick auf die Vielgestaltigkeit der Informations- und Warnungssituationen eine konkrete, einfachgesetzlich ausgestaltete Grundlage für entbehrlich. Ausreichend sei der Rückgriff auf eine unmittelbar in der Verfassung verankerte Aufgabe, wie z. B. die der Bundesregierung als Organ der Staatsleitung zur Öffentlichkeitsarbeit. Die Regierung könne in diesem Fall dem Informationsanspruch als verfassungsrechtliche Aufgabenstellung aus Art. 65 GG nachkommen.

Diese Rechtsprechung des BVerwG hat das BVerfG 13 Jahre später im Rahmen der Glykol-Entscheidung als Ausgangslage genommen und entscheidend modifiziert, indem es bereits auf der Ebene der Eingriffsprüfung die Stellschrauben veränderte: Für den Fall des Vorliegens einer staatlichen Aufgabe, der Einhaltung der Zuständigkeitsordnung sowie der Beachtung der Anforderungen an die Richtigkeit und Sachlichkeit von Informationen und des Nicht-Vorliegens eines Eingriffsäquivalentes sei bereits der grundrechtliche Gewährleistungsbereich nicht beeinträchtigt.

Die Osho-Entscheidung beruht auf eben diesen Grundsätzen. Hier heißt es, faktisch-mittelbare Wirkungen entzögen sich „typischerweise einer Normierung" und die „Voraussetzungen dieser Tätigkeit [...] [ließen] sich gesetzlich sinnvoll nicht regeln."[886] Im Ergebnis hat das BVerfG den Grundsatz vom Vorbehalt des Gesetzes damit deutlich modifiziert bzw. eingeschränkt.[887]

---

884 Diesen Grundsatz durchbricht die Verfassung nur an einer einzigen Stelle: Art 13 Abs. 7 GG. S. dazu auch *Bumke,* Die Verw. 37 (2004), S. 3, 19.

885 *Gusy,* NJW 2000, S. 977, 982.

886 BVerfGE 105, 279, 304.

887 Ebenso *Ruge,* ThürVBl. 2003, S. 49, 52.

In der Entscheidung zur JF schrieb das BVerfG der Veröffentlichung im Verfassungsschutzbericht eine „über die bloße Teilhabe staatlicher Funktionsträger an öffentlichen Auseinandersetzungen“ hinausgehende Wirkung zu. Zutreffend forderte es sodann zur Rechtfertigung das Vorliegen eines allgemeinen Gesetzes und bekräftigte damit, dass die Ausnahme vom Grundsatz vom Vorbehalt des Gesetzes nicht für Maßnahmen mit eingriffsgleichen Wirkungen gilt.

Einen eher unsauberen Weg zur Rechtfertigung der bejahten Grundrechtsbeeinträchtigung geht das BVerfG in seiner Entscheidung im Fall Löw. Nachdem zwar zum klassischen Eingriff aber nicht zum funktionalen Äquivalent eines Eingriffs abgegrenzt wurde, genügten auf Rechtfertigungsebene unter Berufung auf die Glykol-Entscheidung die Verfolgung eines legitimen Ziels und die Wahrung der Verhältnismäßigkeit. Insofern komme „allein die kompetenzielle Rechtsgrundlage in Betracht, auf der die Tätigkeit der Bundeszentrale überhaupt fußt. Hierbei handelt es sich um die der Bundesregierung zukommende Aufgabe der Staatsleitung, die, ohne dass es darüber hinaus einer besonderen gesetzlichen Eingriffsermächtigung bedürfte, staatliches Informationshandeln legitimieren kann“.[888]

Die Bundeszentrale ist zwar gemäß § 1 Abs. 1 des Erlasses über die Bundeszentrale für politische Bildung (bpb)[889] Teil der Exekutive, nicht aber Teil der Gubernative. Nur für Letztere aber war bislang ein Handeln ohne Ermächtigungsnorm als legitim erachtet worden.[890] Nur vorsorglich sei darauf hingewiesen, dass der Erlass des BMI in § 2 lediglich eine Aufgabenzuweisung für bildungspolitische Maßnahmen, jedoch keine Ermächtigung hierzu enthält,[891] sodass das BVerfG nicht stillschweigend hiervon ausgegangen sein kann. Das Handeln der bpb kann der Bundesregierung auch nicht über den Erlass „zugerechnet“ werden, wie es die Formulierung des BVerfG („Angesichts dessen ist es verfassungsrechtlich nicht zu beanstanden, dass die Bundesregierung eine Bundeszentrale für politische Bildung unterhält, die ihrerseits publizistische Foren für politische Debatten betreibt“) nahe zu legen scheint. Möglicherweise ist dies aber der Hintergrund für die in der Entscheidung gewählte Konstruktion.

888 BVerfG NJW 2011, 511, 512.
889 GMBl. 2001, 270.
890 *Schoch,* VBlBW 2014, S. 361, 366 spricht deshalb von einem „Dammbruch“.
891 So auch *Schoch,* NVwZ 2011, S. 193, 196.

Im Ergebnis jedenfalls ist in dieser neuerlichen Rechtsprechung eine Abkehr von bzw. eine Ausweitung der vorherigen Senatsrechtsprechung zu sehen.[892] Da die Abweichung aber nicht als solche deklariert und auch nicht gesondert begründet wird, ist mit den Worten von *Martini/Kühl* zu hoffen, dass dies ein „einmaliger Sündenfall des Bundesverfassungsgerichts bleibt“.[893]

Ebenfalls unklar in Bezug auf die Anforderungen der Rechtfertigung erscheint die Entscheidung des OVG NRW zur E-Zigarette. Es führte zunächst unter Berufung auf die Glykol- und Osho-Entscheidung aus, die Regierung sei wegen ihrer Aufgabe zur Staatsleitung hinreichend zu Informationshandeln ermächtigt.[894] Dann allerdings bejahte es das Vorliegen eines funktionalen Äquivalents eines Eingriffs und ließ dann die Frage offen, ob für die Äußerungen des Ministeriums eine spezialgesetzliche Ermächtigungsgrundlage erforderlich gewesen wäre. Dieser Ansatz überrascht, da in der Rechtsprechung eigentlich unstreitig feststand, dass die Aufgabe zur Staatsleitung nur dann herangezogen werden kann, wenn lediglich marktbezogene Informationen verbreitet wurden, also solche, die gerade keinen Eingriff oder kein Eingriffsäquivalent darstellen.[895] Möglicherweise kann dies damit erklärt werden, dass das OVG eindeutig die Rechtswidrigkeit der Information bejaht hat und es deshalb auf die (eigentlich vordringlich zu prüfende) Frage, ob eine Ermächtigungsgrundlage vorgelegen hat,[896] nicht entscheidend ankam. Jedenfalls das BVerwG hat sich in seiner Revisionsentscheidung deutlich positioniert und zu dem Erfordernis einer gesetzlichen Grundlage bekannt.[897]

Die Lost-Art-Entscheidung des BVerwG orientiert sich auf der Ebene der Rechtfertigung an der Glykol-Rechtsprechung. Es prüft neben dem Vorliegen einer staatlichen Aufgabe und der Wahrung der Zuständigkeitsordnung, ob die Veröffentlichung als funktionales Eingriffsäquivalent zu werten ist und kommt zu dem Ergebnis, dass ein solches mangels eines eigenen, über die reine Dokumentation des Verdachts eines Dritten hinaus-

---

892 Für eine Abkehr *Schoch,* NVwZ 2011, S. 193, 196; für eine Ausweitung *Martini/Kühl,* DÖV 2013, S. 573, 576, wobei diese unterschiedliche Terminologie m E. keinen Widerspruch darstellt. Dagegen aber für ein „nahtloses Einreihen“ in die bisherige Rechtsprechung *Lederer,* jurisPR-ITR 2010, Anm. 6.

893 *Martini/Kühl,* DÖV 2013, S. 573, 576.

894 OVG NRW NVwZ 2013, 1562, 1563.

895 Ebenfalls kritisch dazu *Kühl,* NVwZ 2013, S. 1566, 1567.

896 Dies verneinend *Kühl,* NVwZ 2013, S. 1566, 1567.

897 BVerwG, Urteil v. 20.11.2014 – 3 C 27/13, juris, Rn. 19 ff.

gehenden Informationsgehalts nicht vorliegt. Aus Rechtsprechungssicht folgerichtig wird eine gesetzliche Grundlage für nicht notwendig erachtet.

IV. Rezeption der Rechtsprechung in der Literatur

Die in der Rechtsprechung entwickelte Sonderdogmatik und insbesondere die Glykol- und Osho-Entscheidung des BVerfG sind in der Literatur auf einige, darunter zum Teil recht vehemente Kritik, insbesondere aus methodischer Sicht[898] gestoßen.[899]

Kritisiert wird bereits der Ausgangspunkt des BVerfG, die Berufs- und Wettbewerbsfreiheit schütze nicht vor marktrelevanten, sachlich gehaltenen Informationen.[900] Dies gelte zwar im Verhältnis der verschiedenen Wettbewerber untereinander, nicht aber in Bezug auf staatliche Intervention.[901] Die Rechtsprechung verkenne insofern einerseits die besondere Autorität staatlicher Informationen, die nach einer Aktivierung des Gesetzesvorbehalts und einer umfassenden Verhältnismäßigkeitsprüfung verlange[902] und andererseits, dass es im Verhältnis zwischen Bürger und Staat um den Abwehrcharakter und nicht, wie im Wettbewerbsrecht, um die Ausgestaltung der objektiven Wertentscheidung der Berufsfreiheit gehe.[903] Staatliche Informationen seien insofern grundsätzlich rechtfertigungsbe-

---

898 *Lenski,* ZJS 2008, S. 13, 13.

899 Zur Kritik an der Glykol-Entscheidung s. nur *Becker/Blackstein,* NJW 2011, S. 490, 491; *Bethge,* JURA 2003, S. 327 ff.; *Guckelberger*, in: Hill/Schliesky (Hrsg.), S. 73, 82 f.; *Hellmann,* NVwZ 2005, S. 163, 165 ff.; *Huber,* JZ 2003, S. 290 ff.; *Martini/Kühl,* JURA 2014, S. 1221, 1226; *Murswiek,* NVwZ 2003, S. 1 ff.; *Schoch,* VBlBW 2014, S. 361, 365; *ders.,* ZLR 2010, S. 121, 128; *Wollenschläger,* VerwArch 102 (2011), S. 20, 38 f.; *Dreier,* Die Verw. 36 (2003), S. 105, 131 ff.; *Höfling*, in: FS Rüfner, S. 329, 334 ff.; *Sachs*, in: FS Selmer, S. 209, 211 ff. Die Entscheidung als „neue[n] methodische[n] Ansatz“ verteidigend hingegen *Kaiser,* Kommunikation, S. 272 ff.

900 *Huber,* JZ 2003, S. 290, 292.

901 *Huber,* JZ 2003, S. 290, 292.

902 *Wollenschläger,* VerwArch 102 (2011), S. 20, 39 m.w.N. Nach *Porsch,* ZLR 2003, S. 175, 180 f., ist die Glykol-Entscheidung „rechtlich zweifelhaft“ und geht „an der Realität vorbei“, da das BVerfG zu Unrecht von einer gleichberechtigten Kommunikation zwischen Staat und Unternehmen ausgehe.

903 *Huber,* JZ 2003, S. 290, 292.

dürftig und „dem Schutzbereich des Art. 12 Abs. 1 GG keineswegs von vornherein entzogen".[904]

Ferner wird eingewandt, in den beiden Beschlüssen aus dem Jahre 2002 habe das BVerfG die Publikumsinformation zur „‚Aufgabe der Staatsleitung' stilisiert".[905] In der Sache sei es aber lediglich um Gefahrenabwehr, mithin um einen Bereich klassischer Verwaltungstätigkeit gegangen, für dessen Wahrnehmung die Bundesregierung über keine Kompetenzen verfüge.[906] Es sei gerade nicht um „allgemeine Informationen darüber, welche Politik die Regierung [...] einzuschlagen gedenkt, sondern um konkrete Gesetzesverstöße einzelner, namentlich benannter Weinabfüller" gegangen.[907] „Maßnahmen der Gefahrenabwehr dienen stets auch dazu, die Bevölkerung zu beruhigen und das Vertrauen in den Staat und seine Institutionen zu erhöhen [...] Allein deswegen werden sie aber nicht zu Akten der Staatsleitung."[908]

Faktisch werde durch die Kompetenz der Regierung zur Information der Öffentlichkeit eine „flächendeckende Doppelkompetenz" zwischen Bund und Ländern begründet.[909] Über den „völlig unkonturierten Bereich der ‚Staatsleitung'" werde „vorbehaltsfreies Staatshandeln [...] im Bereich der eingreifenden Verwaltung" eingeführt.[910] Diese These sei, so *Schoch*, juristisch unhaltbar.[911]

Des Weiteren wird vielfach kritisiert, das BVerfG habe mit der Annahme, die Beeinträchtigung des Schutzbereichs führe zugleich zur Rechtswidrigkeit, die Kategorien Schutzbereich, Eingriff und Rechtfertigung un-

904 *Huber,* JZ 2003, S. 290, 292.
905 *Schoch,* NVwZ 2011, S. 193, 194.
906 *Murswiek,* NVwZ 2003, S. 1, 7; *Schoch,* NVwZ 2011, S. 193, 197; in diese Richtung auch *Ladeur,* ZUM 2010, S. 960, 960. Auch *Huber,* JZ 2003, S. 290, 295 f. sieht in der Entscheidung des BVerfG eine Verletzung der „föderale[n] Kompetenzordnung des Grundgesetzes": „[E]inzelfallbezogene Informationen der Öffentlichkeit über Gefahren und Risiken durch konkrete Personen(gruppen) oder Produkte [...] [stellen ein] Minus zum Verkaufsverbot dar[...] und [sind] demnach ‚Verwaltung'".
907 *Murswiek,* NVwZ 2003, S. 1, 7.
908 *Huber,* JZ 2003, S. 290, 296.
909 *Murswiek,* NVwZ 2003, S. 1, 7; *Schoch,* VBlBW 2014, S. 361, 367 spricht von einer Umgehung der Kompetenzordnung.
910 *Lepsius,* JZ 2004, S. 350, 351.
911 *Schoch,* NVwZ 2011, S. 193, 196.

zulässig vermengt.[912] Mit der Aussage, Art. 4 Abs. 1 GG sei nicht berührt, wenn die staatliche Neutralitätspflicht gewahrt werde, habe das BVerfG die Frage der Pflichtverletzung, die eigentlich Teil der Rechtfertigung sei, auf die Ebene des Schutzbereichs gestellt.[913] Ob ein Grundrecht als Prüfungsmaßstab herangezogen werden könne, hänge aber nur davon ab, ob das streitgegenständliche Handeln „thematisch" in den Schutzbereich falle, nicht jedoch davon, ob das Handeln pflicht- bzw. rechtswidrig erfolgt sei.[914]

Im Zuge dessen wird auch bemängelt, dass, obwohl das Vorliegen eines Eingriffs verneint worden sei, dennoch Elemente der Verhältnismäßigkeit wie Sachlichkeit und Richtigkeit der Information thematisiert worden seien.[915] Schließlich sei es auch unzureichend gewesen, von der Prüfung verfassungsimmanenter Schranken Abstand zu nehmen und nur die Verhältnismäßigkeit quasi „in der Luft" zu prüfen.[916]

Ferner werden die Ausführungen des BVerfG zum Gesetzesvorbehalt stark kritisiert.[917] Bei einer Informationstätigkeit der Regierung, so das BVerfG, ließen sich die Voraussetzungen der Tätigkeit „gesetzlich sinnvoll nicht regeln".[918] Diese „Unnormierbarkeit" damals zugrunde legend,

---

912 *Becker/Blackstein,* NJW 2011, S. 490, 491; *Guckelberger*, in: Hill/Schliesky (Hrsg.), S. 73, 83; *Huber,* JZ 2003, S. 290, 292; *Martini/Kühl,* JURA 2014, S. 1221, 1226; *Peters,* JURA 2014, S. 752, 758; *Schoch,* VBlBW 2014, S. 361, 367; *ders.,* NVwZ 2011, S. 193, 194; *Schroeder*, in: Böhm/Freund/Voit (Hrsg.), Information, S. 9, 22.

913 *Murswiek,* NVwZ 2003, S. 1, 3; sich dem anschließend *Müller,* Risikokommunikation, S. 127. Hingegen meint *Ruge,* ThürVBl. 2003, S. 49, 50, das Gericht sei dem „schulmäßigen Prüfschema" gefolgt. Das LSG Sachsen-Anhalt, Beschluss v. 8.7.2011 – L 4 P 44/10 B ER, juris, Rn. 41 führte dem BVerfG entsprechend aus, dass der „Schutzbereich" des Art. 12 Abs. 1 GG durch dem Gebot der Sachlichkeit und Neutralität entsprechende Transparenzberichte „grundsätzlich nicht rechtswidrig beeinträchtigt (verletzt)" werde. Dementsprechend formulieren auch *Dürschke/Brembeck,* Pflege-TÜV, S. 94, dass der „Schutzbereich des Art. 12 Abs. 1 GG" eröffnet sei, „wenn die Information unrichtig oder unsachlich ist".

914 *Murswiek,* NVwZ 2003, S. 1, 3; sich dem anschließend *Müller,* Risikokommunikation, S. 127.

915 Vgl. *Wollenschläger,* VerwArch 102 (2011), S. 20, 39.

916 *Murswiek,* NVwZ 2003, S. 1, 7.

917 *Schoch,* VBlBW 2014, S. 361, 367 spricht von einer „Ignorierung" des Gesetzesvorbehalts; nach *Wollenschläger,* VerwArch 102 (2011), S. 20, 38f. läuft die Rechtsprechung auf einen „Ausgestaltungsvorbehalt […] der Exekutive" hinaus.

918 BVerfGE 105, 279, 304.

schloss das BVerfG[919] von der der Regierung zukommenden Verpflichtung zur Staatsleitung auf eine dieser Aufgabe immanente Befugnis rück und bemühte im Zuge dessen die Norm des Art. 65 GG.[920] Hierdurch habe das BVerfG „das Verbot [geopfert], von der Aufgabe auf die Befugnis zu schließen".[921] Aufgaben- und Befugnisnormen seien strikt voneinander zu unterscheiden.[922] Erst die Befugnisnorm trage dem Individualschutz Rechnung.[923] Eine Aufgabennorm hingegen sei rein als Tätigkeitsbeschreibung zu verstehen. Sie eröffne einen Handlungsspielraum und grenze ihn gleichzeitig ein.[924] Was sie aber nicht enthalte, sei die Ermächtigung, in Grundrechte einzugreifen. Hierfür bedürfe es eines Tatbestandes und einer Rechtsfolge.[925] Art. 65 GG enthalte keines davon, sondern stelle reines „Regierungsinnenrecht" dar.[926]

Das BVerfG hatte zur Begründung seiner Ansicht ausgeführt: „Gegenstand und Modalitäten staatlichen Informationshandelns sind so vielgestaltig, dass sie angesichts der eingeschränkten Erkenntnis- und Handlungsmöglichkeiten des Gesetzgebers allenfalls in allgemein gehaltenen Formeln und Generalklauseln gefasst werden könnten. […] Angesichts der zwangsläufig weiten und unbestimmten Fassung einer einfachgesetzlichen Ermächtigung zum Informationshandeln der Regierung wäre mit einer sol-

---

919 Ebenso das BVerwG, s. unter Kap. 6, A II 3.

920 *Huber,* JZ 2003, S. 290, 295. Zur Kritik an dieser Argumentation des BVerfG/BVerwG s. nur *Gusy,* NJW 2000, S. 977, 984; *Seemann,* ProduktInfo, S. 159 sowie jüngst *Schoch,* NJW 2012, S. 2844, 2846 m.w.N.

921 *Martini/Kühl,* JURA 2014, S. 1221, 1226; *dies.,* DÖV 2013, S. 573, 574; *Schoch,* VBlBW 2014, S. 361, 367; *Reimer*, in: FS Würtenberger, S. 1047, 1062 ff. Allgemein zu den Unterschieden zwischen Aufgaben- und Befugnisnormen *Reimer* a.a.O., S. 1057 ff.; *Spaeth,* Grundrechtseingriff, S. 186 ff.

922 *Gusy,* NJW 2000, S. 977, 982; *Ruge,* ThürVBl. 2003, S. 49, 52. *Huber,* JZ 2003, S. 290, 295 sieht im Verstoß hiergegen „nicht mehr und nicht weniger als eine juristische Todsünde", spricht das BVerfG von einer solchen aber frei, da die Regierung „in der Tat" zur Informationsarbeit ermächtigt sei. Dies gelte aber nur im Osho-Fall bezüglich derjenigen Äußerungen, die die Bundesregierung im Rahmen ihrer parlamentarischen Rechenschaftspflicht verlautbaren lässt (d. h. in den „kleinen Anfragen" und im Bericht der Bundesregierung an den Petitionsausschuss des Bundestages) und gerade nicht bei Informationen direkt an die Öffentlichkeit.

923 *Knemeyer,* DÖV 1978, S. 11, 12.

924 *Knemeyer,* DÖV 1978, S. 11, 11.

925 *Epping*, in: Epping/Hillgruber, Art. 65 GG Rn. 22; *Gusy,* NJW 2000, S. 977, 985.

926 *Epping*, in: Epping/Hillgruber, Art. 65 GG Rn. 22; *Gusy,* NJW 2000, S. 977, 985.

chen Ermächtigung eine Entscheidung zur Sache in Wirklichkeit nicht verbunden."[927]

Die Literatur kritisierte daraufhin, das BVerfG habe den Gesichtspunkt der Unvorhersehbarkeit zur Begrenzung der „parlamentarische[n] Regelungsnotwendigkeit" herangezogen.[928] Richtigerweise hätte sich die Unvorhersehbarkeit aber nicht auf das „Ob" der Anwendbarkeit des Gesetzesvorbehaltes, sondern vielmehr auf das „Wie" beziehen müssen: Schwierigkeiten bei der Vorhersehbarkeit der Auswirkungen einer staatlichen Maßnahme könnten allenfalls eine Absenkung des gebotenen Regelungsniveaus begründen, nicht aber das Erfordernis parlamentarischer Legitimation gänzlich entfallen lassen.[929] Der Gesetzgeber sei vielmehr immer, wenn er die Verwaltung zu einem bestimmten Handeln ermächtigen wolle, angehalten, eine Prognoseentscheidung hinsichtlich der grundrechtlich relevanten Auswirkungen dieser Handlungsermächtigung zu treffen.[930] Hierbei müsse er aber „nicht alle möglichen, auch noch so fern liegenden Auswirkungen" bedenken.[931]

V. Stellungnahme und Fazit

Es bleibt somit festzuhalten, dass sich in Bezug auf staatliches Informationshandeln in der Rechtsprechung eine Sonderdogmatik entwickelt hat. Nach den vorstehenden Ausführungen ist klar geworden, dass staatliches Informationshandeln belastend und schutzbereichsverkürzend wirken kann. Zusammenfassend lässt sich sagen, dass die Rechtsprechung sich an den Begriff des „funktionalen Äquivalents" eines Eingriffs schrittweise herangetastet hat. Im Rahmen des weiten, „modernen" Eingriffsbegriffs genügt nunmehr „jedes staatliche Handeln, das dem Einzelnen ein Verhalten, das in den Schutzbereich eines Grundrechts fällt, unmöglich macht oder erheblich erschwert".[932] Dabei ist „gleichgültig ob diese Wirkung final oder unbeabsichtigt, unmittelbar oder mittelbar, rechtlich oder tatsäch-

927 BVerfGE 105, 279, 305.

928 *Bumke,* Die Verw. 37 (2004), S. 3, 20.

929 Ausführlich dazu s. *Bumke,* Die Verw. 37 (2004), S. 3, 20.

930 *Huber,* JZ 2003, S. 290, 294.

931 *Huber,* JZ 2003, S. 290, 294.

932 *Kloepfer,* VerfR II, § 51 Rn. 31. Er weist zu Recht darauf hin, dass wegen der Weite des Eingriffsbegriffs die Gefahr seiner „Konturlosigkeit" besteht und gibt zu bedenken, dass das Abstellen auf grundrechtsspezifische Eingriffsbegriffe eine

lich (faktisch, informal), mit oder ohne Befehl oder Zwang erfolgt".[933] Eingriffe sind daher auch belastende Realakte oder Regelungen, die sich nur mittelbar auf die grundrechtlich geschützten Rechtspositionen auswirken, sofern es sich bei den Auswirkungen nicht um bloße Rechtsreflexe handelt.[934] Wichtig ist, dass der Eingriff auf einem positiven Tun beruht und in seinem Wirkungsgrad die Bagatellgrenze überschreitet.[935] Das Vorliegen einer Gefährdung genügt für die Bejahung eines Eingriffs nur, wenn sie hinreichend konkret ist.[936]

Liegt kein klassischer Eingriff und auch nicht das funktionale Äquivalent eines Eingriffs vor, sondern handelt es sich mit den Worten des BVerfG um eine Grundrechtsbeeinträchtigung, so soll der Grundsatz vom Vorbehalt des Gesetzes nur eingeschränkt gelten. Die Literatur hat hier zu Recht methodische Unstimmigkeiten kritisiert. Aus heutiger Sicht ist insbesondere die Anmahnung der Konturenlosigkeit des Begriffs der Staatsleitung zu unterstreichen. An der Entscheidung im Fall Löw und auch an der noch jungen Lost-Art-Entscheidung des BVerwG zeigt sich die kritische zu sehende Tendenz, die ursprüngliche Rechtsprechung über den Bereich der Tätigkeit der Bundesregierung weiter auszuweiten.

Unabhängig davon sprechen für die Erforderlichkeit einer Ermächtigungsgrundlage auch bei staatlichem Informationshandeln neben den aufgeführten Argumenten aus der Literatur auch die heute vielfach vorhandenen spezialgesetzlichen Regelungen,[937] welche die grundsätzliche Nor-

---

geeignete Lösung für dieses Problem sein könnte (a.a.O. Rn. 32 ff.); ebenfalls kritisch *Pieroth/Schlink/Kingreen/Poscher,* Grundrechte, § 6 Rn. 253, 256.

933 *Kloepfer,* VerfR II, § 51 Rn. 31; s. auch *v. Coelln*, in: Gröpl/Windthorst/ v. Coelln (Hrsg.), GG, Vorbem. GRe Rn. 94; *Herdegen*, in: Maunz/Dürig, GG, Art. 1 Rn. 39; *Katz,* StaatsR, § 28 Rn. 637a; *Pieroth/Schlink/Kingreen/Poscher,* Grundrechte, § 6 Rn. 253.

934 BVerfGE 116, 202, 222; *Jarass*, in: Jarass/Pieroth, GG, Vorbem. vor Art. 1 Rn. 28 f.

935 *Pieroth/Schlink/Kingreen/Poscher,* Grundrechte, § 6 Rn. 260; *Kloepfer,* VerfR II, § 51 Rn. 35 f. Nach *Hufen,* StaatsR II, § 8 Rn. 11 muss eine Beeinträchtigung das „Maß einer sozialadäquaten […] Belastung" übersteigen. *Sachs*, in: Stern (Hrsg.), StaatsR Bd. III/2, S. 75, 206 f. stellt nicht auf eine Geringfügigkeitsgrenze ab, sondern schließt Bagatellen von vorneherein aus dem Schutzgegenstand aus.

936 *Kloepfer,* VerfR II, § 51 Rn. 37.

937 S. nur § 40 LFGB, § 6 VIG, § 31 ProdSG, etc. (zu den ersten beiden Normen s. Kap. 11, A II und III). Darüber hinaus gibt es viele Rechtsgrundlagen verschiedener sonstiger Informationsmaßnahmen, wie der Berichterstattung, der Aufklä-

mierbarkeit staatlichen Informationshandelns belegen.[938] Die gegenteilige Argumentation des BVerfG geht daher an dieser Stelle ins Leere. Hinzu kommt, dass es sich bei den proaktiven Veröffentlichungspflichten regelmäßig um Aufgaben der Verwaltung handelt, deren Handeln durchaus einer Normierung zugänglich ist.[939] Dafür sprechen auch der Parlamentsvorbehalt und schließlich auch das Demokratieprinzip, nachdem wichtige Entscheidungen der Legislative vorbehalten sind und außerhalb des Rahmens des Art. 80 Abs. 1 GG nicht auf die Exekutive übertragen werden können. Es obliegt daher dem parlamentarischen Gesetzgeber, Grundsatzentscheidungen vorzugeben.[940]

Anknüpfend daran ergibt sich zwischen den in Rede stehenden Aktiv-Informationen des Staates und denen, die der Glykolrechtsprechung zu Grunde lagen, ein weiterer Unterschied. Hier handelt nicht die Regierung, sondern die Verwaltung, sodass es nicht um gubernatives, sondern um administratives Informationshandeln geht. Auch die Zielrichtung der Information ist eine andere. Nicht die gesamtstaatliche Krisenbewältigung, sondern die Herstellung von Markttransparenz und die allgemeine Verbraucheraufklärung werden von den Aktivinformationen bezweckt. Art. 65 GG soll, so das BVerfG, die Bundesregierung „auf Grund ihrer Aufgabe der Staatsleitung" zur Informationsarbeit berechtigen.[941] Der Verwaltung kommt weder die Aufgabe zur Staatsleitung zu, noch ist sie Adressatin der

---

rung, der Warnung etc. Vgl. dazu mit einzelnen Beispielen *Schoch,* AfP 2010, S. 313, 322; *Huber,* JZ 2003, S. 290, 295.

938 Ebenso *Remmert*, in: Erichsen/Ehlers (Hrsg.), Allg VwR, § 37 Rn. 3 mit dem weiteren, überzeugenden Gegenargument, dass das Grundgesetz zwischen den verschiedenen Arten der möglichen Grundrechtsbeeinträchtigung im Hinblick auf die Geltung des Gesetzesvorbehalts nicht differenziert. Für eine Widerlegung der Ansicht des BVerfG ebenfalls *Grube/Immel/Wallau,* VerbraucherInfoR, Teil E Rn. 54; *Martini/Kühl,* JURA 2014, S. 1221, 1226; *dies.,* DÖV 2013, S. 573, 574; *Schoch,* AfP 2010, S. 313, 322, sowie eingeschränkt auf den Bereich des Lebensmittelrechts *Porsch,* ZLR 2003, S. 175, 183. Für die grundsätzliche Normierbarkeit auch *Seemann,* ProduktInfo, S. 159 m.w.N.; ausf. dazu auch *Spaeth,* Grundrechtseingriff, S. 180. Zur Kritik an der Argumentation des BVerfG s. nur *Gramm,* Der Staat 30 (1991), S. 51, 80; *Huber,* JZ 2003, S. 290, 294 f.; *Murswiek,* NVwZ 2003, S. 1, 8 sowie *Schatzschneider,* NJW 1991, S. 3202, 3203, der darin eine Unterschätzung des Gesetzgebers sieht, der schon wesentlich komplexere Sachverhalte geregelt habe.

939 *Guckelberger*, in: Hill/Schliesky (Hrsg.), S. 73, 87; *Wollenschläger,* VerwArch 102 (2011), S. 20, 40.

940 S. auch *Guckelberger*, in: Hill/Schliesky (Hrsg.), S. 73, 87 f.

941 BVerfGE 105, 252, 275.

Norm. Eine Berechtigung zur Informationsarbeit kann für sie mithin nicht aus Art. 65 GG abgeleitet werden.[942]

Daraus ergibt sich folgendes Zwischenergebnis: Die Rechtsprechung, die die Befugnis zur Information der Öffentlichkeit aus Art. 65 GG ableitet, wird hier aus den oben genannten Gründen abgelehnt. Selbst wenn man an dieser Stelle anderer Ansicht sein sollte, scheidet der vom BVerfG proklamierte Rückgriff auf Art. 65 GG dennoch aus, da er für hoheitliches Handeln, das nicht dem Bereich der Staatsleitung unterfällt, nicht fruchtbar gemacht werden kann.[943]

Im Ergebnis bedarf es daher für das der Administrative zuzuordnende Informationshandeln des Staates einer Ermächtigungsgrundlage in Gestalt eines verfassungsmäßigen formellen Parlamentsgesetzes.[944] Unstreitig kommen Grundrechte – wie insbesondere Art. 5 Abs. 1 GG – als Ermächtigungsgrundlage für Publikumsinformationen nicht in Betracht, denn der Staat ist als Grundrechtsverpflichteter (Art. 1 Abs. 3 GG) nicht zugleich Grundrechtsberechtigter (Konfusionsargument).[945] Entscheidend für diese Einordnung ist eine funktionale Betrachtungsweise, die auf die unterschiedlichen Abhängigkeiten der Verwaltungseinheiten zum Staat abstellt.[946] Bei Universitäten, öffentlich-rechtlichen Rundfunkanstalten und Kirchen erkannte das BVerfG ihre Autonomie an und folgerte daraus, sie könnten sich in einer – natürlichen oder juristischen Personen des Privatrechts vergleichbaren – grundrechtstypischen Gefährdungslage befinden und deshalb grundrechtsfähig sein.[947] Bei sonstigen Verwaltungsträgern

---

942 Daran soll hier trotz der Entscheidung *Löw* aus den o. g. Gründen festgehalten werden (s. Kap. 6, A III 2).

943 BVerfGE 105, 279, 307; *Böhm*, in: Hill/Schliesky (Hrsg.), S. 119, 126; *Holzner* 2012, S. 17, 18; *Holzner*, NVwZ 2010, S. 489, 490; *Schink*, DVBl. 2011, S. 253, 255.

944 S. dazu nur *Seemann*, ProduktInfo, S. 159 sowie *v. Danwitz*, Verfassungsfragen, S. 25 f. m.w.N. im Zusammenhang mit staatlichen Produktempfehlungen; s. auch *Pieroth/Schlink/Kingreen/Poscher*, Grundrechte, Rn. 258 ff.; *Schoch*, AfP 2010, S. 313, 322 betont nochmals, dass dies ohne Rücksicht auf ihre informationelle und nicht förmliche Rechtsnatur gilt.

945 S. dazu nur *Schoch*, AfP 2010, S. 313, 313; *Spaeth*, Grundrechtseingriff, S. 185 f. Kritisch zum allzu pauschalen Umgang mit dem Konfusionsargument *Guckelberger*, JURA 2008, S. 819, 820.

946 SächsVerfGH MMR 1998, 156, 157 f.

947 St. Rspr. seit BVerfGE 15, 256, 262; 21, 362, 374. Die grundrechtstypische Gefährdungslage für Krankenkassen ablehnend und deren Vergleichbarkeit zu Universitäten, Kirchen und Rundfunkanstalten verneinend BVerfG NVwZ 2005, 572,

steht dies aber nicht in Rede. Als Ermächtigungsgrundlage ist folglich ein formelles Parlamentsgesetz erforderlich. Fehlt eine solches, ist die Verlautbarung der jeweiligen Information bereits aus diesem Grund rechtswidrig.[948]

VI. Anwendung der Erkenntnisse auf Art. 12 Abs. 1 GG

Wie soeben erläutert wurde, ist der Gewährleistungsbereich des Grundrechts aus Art. 12 Abs. 1 GG durch eine hoheitliche Information beeinträchtigt, wenn diese sich nicht darauf beschränkt, marktrelevante Informationen bereitzustellen, auf deren Grundlage die Marktteilnehmer eigenbestimmte, an ihren Interessen ausgerichtete Entscheidungen über ihr Marktverhalten treffen können. Insbesondere kann die staatliche Informationstätigkeit eine Beeinträchtigung im Gewährleistungsbereich des Grundrechts sein, wenn sie in Zielsetzung und Wirkung Ersatz für eine staatliche Maßnahme ist, die als Grundrechtseingriff zu qualifizieren wäre. Durch die Wahl eines solchen funktionalen Äquivalents eines Eingriffs dürfen die besonderen Bindungen der Rechtsordnung nicht umgangen werden; vielmehr müssen die für Grundrechtseingriffe maßgebenden rechtlichen Anforderungen erfüllt sein. Insbesondere wird oftmals maßgeblich sein, ob die Voraussetzungen, unter denen auch Informationen auf ungesicherter Tatsachenbasis veröffentlicht werden dürften, z. B. die Aufklärung eines Verbraucherrisikos, zum Zeitpunkt der Verbreitung der Aktivinformation vorgelegen haben.

Eingriffe in die Berufsfreiheit bedürfen aufgrund des Eingriffsvorbehalts[949] des Art. 12 Abs. 1 S. 2 GG, der neben der Berufsausübungs- auch die Berufswahlfreiheit betrifft,[950] einer gesetzlichen Rechtfertigung.

---

574. Umfassend zur Grundrechtsfähigkeit öffentlich-rechtlicher Anstalten *Rüfner*, in: Isensee/Kirchhof (Hrsg.), Hdb StR IX, § 196 Rn. 120 ff.

948 S. nur *Schoch,* AfP 2010, S. 313, 322.

949 Entgegen dem Wortlaut von Art. 12 Abs. 1 GG handelt es sich nicht um einen Regelungsvorbehalt, der den Gesetzgeber allein zur konkretisierenden Ausgestaltung der Berufsfreiheit ermächtigen würde, sondern um einen klassischen Eingriffsvorbehalt, *Kämmerer*, in: v. Münch/Kunig, GG Bd. 1, Art. 12 GG Rn. 45.

950 St. Rspr., vgl. nur BVerfGE 110, 304, 321; 102, 197, 213; 85, 360, 373; 84, 133, 148. Näher zum Hintergrund der Ausweitung *Gröpl*, in: ders./Windthorst/Coelln (Hrsg.), GG, Art. 12 GG Rn. 14 f., 42 f.

Die Ermächtigungsgrundlage, auf der die Publikumsinformation im jeweiligen Einzelfall beruht, muss als einschränkendes Gesetz insbesondere verhältnismäßig sein. Die hieran zu stellenden Anforderungen werden durch die sog. Stufenlehre (oder Drei-Stufen-Theorie) konkretisiert, die das BVerfG im Rahmen des „Apothekenurteils" entwickelt hat.[951] Je höher die Stufe auf welcher der Eingriff erfolgt, desto höher sind die Anforderungen an seine Verhältnismäßigkeit.[952] Die Übergänge zwischen den Stufen können mitunter fließend sein.[953]

Berufsausübungsregeln, welche die Art und Weise der Berufsausübung beeinflussen,[954] stehen auf der ersten Stufe und sind wegen ihrer vergleichsweise geringen Eingriffsintensität bereits zulässig, wenn sie auf Grund vernünftiger Allgemeinwohlerwägungen zweckmäßig erscheinen.[955] Subjektive Berufswahlregeln beeinträchtigen bereits den Zugang zu der Tätigkeit, in dem sie auf persönliche Eigenschaften und Fähigkeiten, erworbene Abschlüsse oder erbrachte Leistungen abstellen[956] und weisen daher eine mittlere Intensität der Beeinträchtigung auf.[957] Ihre Zulässigkeit erfordert das Vorliegen eines besonders wichtigen Gemeinschaftsguts, das gegenüber der Freiheit des Einzelnen vorrangig ist.[958] Objektive Berufswahlregelungen stellen die dritte Stufe und damit die schwersten Beeinträchtigungen dar.[959] Die Beschränkung erfolgt auf dieser Stufe anhand von objektiven Kriterien, auf deren Vorliegen der Betroffene keinen Einfluss hat.[960] Ihre Rechtfertigung setzt das Vorliegen einer

---

951 BVerfGE 7, 377, 397 ff.

952 S. nur VG Augsburg, Urteil v. 30.1.2014 – Au 5 K 13.59, juris, Rn. 28.

953 *Scholz*, in: Maunz/Dürig, GG, Art. 12 GG Rn. 342.

954 St. Rspr. seit BVerfGE 7, 377, 405 f.; 39, 210, 225. Aus neuerer Zeit s. BVerfG, Nichtannahmebeschluss v. 28.8.2014 – 2 BvR 2639/09, juris, Rn. 49.

955 St. Rspr., vgl. BVerfGE 7, 377, 405; 30, 336, 351; 65, 116, 125; 77, 308, 332; 85, 248, 259; 93, 362, 369. Aus neuerer Zeit BVerfG, Nichtannahmebeschluss v. 28.8.2014 – 2 BvR 2639/09, juris, Rn. 49.

956 BVerfGE 9, 338, 345.

957 *Jarass*, in: Jarass/Pieroth, GG, Art. 12 GG Rn. 35.

958 BVerfGE 7, 377, 407.

959 *Jarass*, in: Jarass/Pieroth, GG, Art. 12 Rn. 36; *Ruffert*, in: Epping/Hillgruber, Art. 12 GG Rn. 99.

960 St. Rspr. seit BVerfGE 7, 377, 407. S. ferner *Ruffert*, in: Epping/Hillgruber, Art. 12 GG Rn. 99.

nachweisbaren oder höchstwahrscheinlichen schweren Gefahr für ein überragend wichtiges Gemeinschaftsgut voraus.[961]

Die Frage, auf welcher Stufe ein Eingriff durch staatliches Informationshandeln anzusiedeln ist, kann nicht allgemeingültig beurteilt werden. Dies hängt entscheidend von der Schwere des Eingriffs und ggfs. auch von der Art des Berufes ab.[962]

Durch die Internetveröffentlichung hoheitlicher Informationen sind sowohl Eingriffe auf der untersten Stufe denkbar[963] als auch solche, die der Art nach eine Berufszulassungsregelung darstellen.[964] Ersteres ist der Fall, wenn eine hoheitliche Information den Betroffenen in der Öffentlichkeit in einem negativen Licht darstellt, sei es aufgrund der Mitteilung über ein wie auch immer geartetes Fehlverhalten oder über den Vergleich des Betroffenen mit anderen Wettbewerbern.[965] Letzteres setzt voraus, dass der Eingriff so schwerwiegend ist, dass er zur Berufsaufgabe führt bzw. bereits von einer Berufsaufnahme abschreckt.[966] Möglich wäre dies z. B. durch einen drastischen Kundenrückgang mit der Konsequenz der Erwerbsminderung und schließlich der Betriebsaufgabe mit der Folge des

---

961 St. Rspr., vgl. BVerfGE 7, 377, 408; 25, 1, 11; 40, 196, 218; 84, 133, 151 f. Aus neuerer Zeit BVerfGE 126, 112, 141.

962 Nach der sog. Berufsbildlehre des BVerfG ist maßgeblich, ob die beeinträchtigte Tätigkeit einem bestimmten Berufsbild im Sinne eines tradierten Berufsbildes oder eines solchen, das gesetzgeberischen Vorgaben entstammt, entspricht (st. Rspr. seit BVerfGE 13, 97, 117; 75, 246, 265 ff.; VG Hamburg, Urteil v. 24.2.2010 – 5 K 122/08, juris, Rn. 73. Aus der Lit. s. bspw. *Scholz*, in: Maunz/Dürig, GG, Art. 12 GG Rn. 280). Ist dies der Fall, ist der Eingriff auf der Ebene der Berufswahl anzusiedeln. Wenn hingegen nur eine Unterart eines Berufes im Sinne einer Spezialisierung oder Erweiterung betroffen ist, ist die unterste Stufe der Berufsausübung für die Beurteilung der an die Rechtfertigung zu stellenden Anforderungen maßgeblich (vgl. *Mann/Worthmann*, JuS 2013, S. 385, 388; *Pieroth/Schlink/Kingreen/Poscher*, Grundrechte, § 21 Rn. 906; s. auch *Jarass*, in: Jarass/Pieroth, GG, Art. 12 Rn. 38). Ein wichtiges Indiz für ein eigenständiges Berufsbild ist, ob der Gesetzgeber das in Frage stehende Tätigkeitsfeld mittels spezieller Anforderungen hinsichtlich Berufszulassung und/oder Berufsausübung typisiert hat (BVerfG NVwZ 2000, 1033, 1033; *Mann/Worthmann*, JuS 2013, S. 385, 388). Bspw. ist der Kassenarzt kein eigener Beruf, sondern nur eine „Ausübungsform des Berufs des frei praktizierenden Arztes" (BVerfGE 11, 30, 41).

963 LSG NRW, Beschluss v. 10.5.2010 – L 10 P 10/10 B ER, juris, Rn. 33; SG Münster, Beschluss v. 26.5.2010 – S 6 P 35/10 ER, juris, Rn. 25.

964 SG München BeckRS 2010, 66140.

965 Vgl. BGH GRUR 2014, 1228, 1231.

966 *Jarass*, in: Jarass/Pieroth, GG, Art. 12 Rn. 37.

Arbeitsplatzverlustes der Beschäftigten.[967] Ob diese Wirkung von einer Aktivinformation ausgeht, muss im Einzelfall sorgfältig unter Abwägung aller Für und Wider beurteilt werden. Dabei muss beachtet werden, dass die Publikumsinformation mitunter nicht die einzige Informationsquelle für den Informationsadressaten ist.

Dies und die Tatsache, dass nicht sicher ist, ob die Information die gewünschte Lenkungswirkung entfaltet, führt zu einer gewissen Unsicherheit im anzulegenden Maßstab, die sich bereits auf der Ebene der Gesetzgebung niederschlägt. Dem Gesetzgeber kommt ein Beurteilungs- und Prognosespielraum zu, der sich sowohl auf die Bewertung und die Auswahl der infrage kommenden Maßnahmen als auch auf die Einschätzung der späteren Folgen der gesetzlichen Regelung erstreckt.[968] Tritt eine Prognose im Nachhinein nicht ein, führt dies nicht zugleich zur Verfassungswidrigkeit des Gesetzes, selbst dann, wenn der Vollzug nicht zu einem angemessenen Ausgleich der verfassungsrechtlichen Positionen führt.[969] Den Gesetzgeber trifft in diesem Fall aber eine Beobachtungspflicht, auf Grund derer er die tatsächlichen mit den prognostizierten Wirkungen vergleichen und seine gesetzgeberische Entscheidung überprüfen muss.[970] Gegebenenfalls trifft ihn eine Nachbesserungspflicht.[971]

Mit den Ausführungen des BVerfG lässt sich abstrakt aber zumindest Folgendes festhalten: „Hat der Gesetzgeber einen Weg zur Lösung des Konflikts durch eine einfachgesetzliche Regelung vorgezeichnet, so ist sein Einschätzungs- und Gestaltungsspielraum im Rahmen der Abwägung zu berücksichtigen. Überlässt er die Entscheidung hingegen den Organen der Rechtsanwendung, so sind deren Eingriffshandlungen verfassungsrechtlich darauf zu überprüfen, ob die zugrunde gelegten Annahmen und Abwägungsregeln sowie ihre Abwägung im konkreten Fall den verfassungsrechtlichen Anforderungen genügen, das heißt auch, ob sie innerhalb des den Entscheidungsträgern gewährten Einschätzungsspielraums ver-

967 Vgl. BGH GRUR 2014, 1228, 1231.

968 BVerfGE 102, 197, 218.

969 VG Bremen, Urteil v. 6.11.2014 – 4 K 841/13, juris, Rn. 39. Der Einschätzungsspielraum ist erst überschritten, „wenn die gesetzgeberischen Erwägungen so fehlsam sind, dass sie vernünftigerweise keine Grundlage für derartige Maßnahmen abgeben können", vgl. BVerfG NJW-RR 2010, 263, 264.

970 VG Bremen, Urteil v. 6.11.2014 – 4 K 841/13, juris, Rn. 39; s. ferner BVerfGE 111, 333, 360.

971 VG Bremen, Urteil v. 6.11.2014 – 4 K 841/13, juris, Rn. 39; s. zudem BVerfGE 111, 333, 360.

bleiben und zur Herstellung praktischer Konkordanz im konkreten Streitfall führen."[972]

B. Weitere Rechtmäßigkeitsvoraussetzungen

Staatliches Informationshandeln, darunter aktive Publikumsinformationen, sind nur dann rechtmäßig, wenn sie auch die weiteren, sich aus der Verfassung wie auch aus dem einfachen Recht ergebenden Anforderungen erfüllen.

Als Ausfluss des Verfassungsrechts müssen die Informationen sachlich gehalten, inhaltlich richtig und verhältnismäßig sein. Dies ist unstreitig anerkannt und vielfach als Voraussetzung benannt worden.[973] Im Folgenden werden nach einer kurzen Herleitung der beiden Erfordernisse zunächst die Aspekte des Sachlichkeitsgebots erörtert. Zu dem Aspekt der Richtigkeit einer Information gehören die Fragen ihrer Vollständigkeit und Aktualität, wie die Frage nach dem richtigen Umgang mit Sachverhaltsungewissheiten.

Auf der Ebene des einfachen Rechts gilt es, die Anforderungen an Zuständigkeit und Verfahren aktiver Publikumsinformation, hier insbesondere das Anhörungserfordernis, näher zu beleuchten. Auf den Eigenheiten der Veröffentlichung im Internet liegt bei der folgenden Betrachtung stets besonderes Augenmerk.

I. Sachlichkeit und inhaltliche Richtigkeit

Für staatliches Informationshandeln gelten im Vergleich zu den Verlautbarungen Privater höhere Anforderungen, die sich mit dem Sachlichkeitsgebot auf die Art und Weise der Darreichung der Information (äußerer Aspekt) und mit dem Gebot der Richtigkeit auf ihre inhaltliche Substanz (in-

---

972 BVerfG, Urteil v. 21.10.2014 – 2 BvE 5/11, juris, Rn. 186; BVerfGE 115, 205, 234.

973 Vgl. nur BVerfGE 105, 252, 272; 57, 1, 8; *Bumke,* Die Verw. 37 (2004), S. 3, 21; *v. Danwitz,* Verfassungsfragen, S. 90; *Guckelberger*, in: Hill/Schliesky (Hrsg.), S. 73, 110; *Gusy,* NVwZ 2014, S. 236, 236; *Seemann,* ProduktInfo, S. 161. *Martini/Kühl,* JURA 2014, S. 1221, 1223 bezeichnen diese Voraussetzungen (inkl. Aufgabe und Zuständigkeit) als „Informationstätigkeitsvorbehalt".

nerer Aspekt) beziehen. Die Rechtsprechung sieht es als Prämisse der Rechtmäßigkeit an, „dass mitgeteilte Tatsachen zutreffend wiedergegeben werden, […] Werturteile nicht auf sachfremden Erwägungen beruhen und den sachlich gebotenen Rahmen nicht überschreiten sowie auf einem im Wesentlichen zutreffend[en] und zumindest sachgerecht und vertretbar gewürdigten Tatsachenkern beruhen“.[974] Falsche Informationen schaden den Bürgern, können zu einem Fehlgebrauch ihrer Grundrechte führen und sind kein geeignetes Mittel zur Erreichung des Veröffentlichungszwecks.

Informationen dürfen „auch bei zutreffendem Inhalt in der Form weder unsachlich noch herabsetzend formuliert sein“[975] und sie sind „auf das zur Informationsgewährung Erforderliche zu beschränken“.[976] Mit diesem Erfordernis wird auch der Tatsache Rechnung getragen, dass der Staat bei der Kommunikation mit Privaten kein „gleichberechtigter Partner“ ist.[977] Er kann sich nicht auf den Schutz des Art. 5 Abs. 1 GG berufen, der den Grundrechtsträgern die Meinungsfreiheit so lange zugesteht, wie sich die Äußerungen nicht auf erwiesen falsche Tatsachen oder Schmähkritik erstrecken.[978] Die Richtigkeitsgewähr ist auch vor dem Hintergrund zu sehen, dass die Behörde auf Expertenwissen zurückgreifen kann, die Informationen also ggfs. von Fachbehörden aufgearbeitet werden können.[979]

1. Sachlichkeit

Nach dem Sachlichkeitsgebot müssen hoheitliche Informationen in einer angemessenen Form, d. h. weder unsachlich noch herabsetzend, formuliert

---

974 OVG Bremen NJW 2010, 3738, 3738; OVG NRW BeckRS 2010, 46235; NVwZ-RR 2006, 273, 274; NVwZ-RR 2004, 283, 285; VG Stuttgart 2011, 615, 616.

975 BVerfGE 105, 252, 272 f.

976 BVerfGE 105, 252, 273.

977 *Porsch,* ZLR 2003, S. 175, 180. Eine Gleichordnung kritisierend *Schoch,* in: Isensee/Kirchhof (Hrsg.), Hdb StaatsR III, § 37 Rn. 56. „Äußerlich“ ist der Kommunikationsbeitrag des Staates aber nicht von dem eines Privaten zu unterscheiden, s. *Philipp,* Verbraucherinformation, S. 9.

978 *Porsch,* ZLR 2003, S. 175, 180. Zur Eigenschaft der Grundrechte als subjektive Abwehrrechte des Bürgers gegen den Staat s. nur *Spaeth,* Grundrechtseingriff, S. 185 f. m.w.N.

979 *Porsch,* ZLR 2003, S. 175, 180.

werden.[980] Dies beinhaltet, dass die Äußerungen parteipolitisch, weltanschaulich und meinungsspezifisch neutral und weder verletzend noch unfair oder aggressiv sein dürfen.[981] Neben diesen Kriterien gilt es zudem, Suggestivwirkungen hoheitlicher Informationen zu vermeiden.[982] Wann eine Information suggestiv wirkt – d. h. „eine starke psychische, emotionale Wirkung ausüb[t]", die einen anderen Menschen beeinflusst – hängt wesentlich von Verständnis und Auffassungsgabe des Informationsadressaten ab.[983]

Die Veröffentlichung von Behördeninformationen ist in Bezug auf das Sachlichkeitsgebot auch deshalb brisant, weil die Informationen durch Dritte weitergegeben werden können. *Masing* hat das Problem wie folgt formuliert: „Sachinformationen […] erhalten […] ihr Gewicht erst auf dem Markt der öffentlichen Meinungen. Und dieser hat das Problem eines jeden Marktes: Die Marktgewichte sind verschieden […]".[984]

Es besteht also prinzipiell die Gefahr, dass eine von der Behörde zur Verfügung gestellte, zunächst sachlich formulierte Information erst später durch die Wiedergabe in den Medien verzerrt wird. Die Berichterstattung in den Medien entwickelt oftmals eine „nicht vorhersehbare Eigendynamik" mit der Folge, dass staatliche Informationen reißerisch und/oder unsachlich dargestellt werden.[985] „Je nach der Bedeutung, die […] [ein] Geschehen konstellatorisch für die einzelnen Beteiligten wegen ihrer personalen Eigentümlichkeit, ihrer allgemeinen sozio-kulturellen Situation und ihrer aktuellen persönlichen und sozialen Befindlichkeit hat, je nachdem welchen Kommunikationsebenen sie und ihre direkten Mittelspersonen

---

980 LSG Berlin-Brandenburg, Beschluss v. 11.6.2014 – L 1 KR 301/13 B ER, juris, Rn. 62, 68, 73; OVG NRW, Beschluss v. 3.4.2014 – 13 B 1309/13, juris, Rn. 81; VG Berlin BeckRS 2013, 58272; s. bereits BVerfGE 105, 252, 272 f. Aus der Lit. s. nur *Braun Binder*, in: Mörschel/Efler (Hrsg.), Demokratie, S. 161, 172 f.; *Müller,* Risikokommunikation, S. 137; *Ossenbühl,* NVwZ 2011, S. 1357, 1361.

981 *Spaeth,* Grundrechtseingriff, S. 224 ff.

982 *Reimer,* JöR N.F. 58 (2010), S. 275, 293; wohl zustimmend *Guckelberger*, in: Hill/Schliesky (Hrsg.), S. 73, 110; a.A. *Eifert*, in: Ladeur (Hrsg.), Regulierung, S. 131, 141 ff., der weder eine inhaltliche Neutralität als Voraussetzung anerkennt, noch „reklameähnliche Auftrittsweisen" für unzulässig hält und dem Staat unter Leugnung eines Ausgewogenheitsgebots zuerkennt, „meinungsmäßig Position" beziehen zu können.

983 Zum für den Empfängerhorizont maßgeblichen Verbraucherleitbild s. Kap. 8.

984 *Masing,* VVDStRL 63 (2004), S. 377, 405.

985 *Schnall*, in: Streinz (Hrsg.), LebensmittelR, III D, Rn. 200; *Seemann,* ProduktInfo, S. 161; ähnl. *Martini/Kühl,* JURA 2014, S. 1221, 1226.

angehören, je nach Einstellung und Haltung sowie Einfluß aller mitwirkenden Kommunikatoren, wird das Geschehen eine Vergrößerung oder Verkleinerung, eine Verdrehung oder Verheimlichung erfahren, es kann verunglimpft, verherrlicht oder vergessen werden."[986]

Es ist problematischerweise diese neuerliche Verlautbarung, die das Verbraucherbild von einem bestimmten Produkt bzw. einer Dienstleistung oder einem Etablissement prägt.[987] Diese Entwicklung, die nicht immer vollkommen unterbunden werden kann, ist der Behörde zwar nicht zuzurechnen. Dennoch muss sie sich der Gefahr im Einzelfall bewusst sein und bei der Erstlancierung der Information alles ihr Mögliche tun, um eine Dramatisierung und Skandalisierung durch die Medien zu vermeiden und so die Interessen der Betroffenen bestmöglich zu schützen.[988] Im grundrechtssensiblen Bereich obliegt es dem Staat, Missverständnissen vorzubeugen.[989] Der veröffentlichenden Stelle kommt insofern auch eine Art „Folgenbetrachtungspflicht" zu.[990]

2. Inhaltliche Richtigkeit

„Die Unwahrheit ist kein zulässiges Mittel der Verwaltung."[991]

a) Definition und Umfang

Eine Information ist richtig, wenn sie mit der Wirklichkeit übereinstimmt, d. h. sich der Inhalt der Information mit der tatsächlichen Sachlage deckt.[992] So einfach und überzeugend dies auf den ersten Blick klingt, ist dennoch fraglich, ob dieses Kriterium auf sämtliche Publikumsinformationen angewandt werden kann. Teilweise werden Informationen als Tatsa-

---

986 *Reimann,* Systeme, S. 166.

987 Für Lebensmittel *Schnall,* in: Streinz (Hrsg.), LebensmittelR, III D, Rn. 200.

988 *Borchert*, in: Beyerlein/Borchert (Hrsg.), VIG, § 5 Rn. 20; *Seemann,* ProduktInfo, Fn. 695.

989 *Martini/Kühl,* JURA 2014, S. 1221, 1226.

990 *Grube/Immel/Wallau,* VerbraucherInfoR, Teil B Rn. 14.

991 *Krause,* Rechtsformen, S. 333.

992 *Hellmann*, in: Kindhäuser/Neumann/Paeffgen, StGB, § 264a Rn. 38 m.w.N.; *Tremml/Luber,* NJW 2005, S. 1745, 1746.

chen auf empirisch ermittelter Basis verstanden.[993] Für manchen Veröffentlichungsinhalt kann dies ohne Weiteres bejaht werden, wie z. B. bei der Liste glykolhaltiger Weine, denn bei dem Anteil der Inhaltsstoffe handelt es sich um naturwissenschaftlich belegte oder belegbare Tatsachenfeststellungen.

Problematischer wird die Sachlage, wenn sich der Veröffentlichungsinhalt um stark wertungsbezogene Faktoren dreht.[994] Hier wird relevant, was zu Beginn der Arbeit festgestellt wurde, nämlich dass nicht nur Tatsachen den Informationsbegriff erfüllen, sondern auch Werturteile.[995] Gegenstand der veröffentlichten Werturteile werden i. d. R. Einschätzungen einer staatlichen Stelle sein, ob und in welchem Umfang normative Pflichten eingehalten worden sind. Wie kann ein Werturteil aber auf seine Richtigkeit hin überprüft werden?[996] Dies kann nur dann gelingen, wenn die wertbildenden Faktoren transparent gemacht werden. Es muss quasi die Rezeptur der Meinungsbildung offen liegen, z. B. indem sich der anzuwendende Maßstab direkt aus einem Gesetz ergibt. Das Erfordernis der Richtigkeit erstreckt sich also nicht nur auf den ermittelten, tatsächlichen Sachverhalt, sondern darüber hinaus auch auf dessen rechtliche Bewertung, die seitens der zuständigen Behörde ebenfalls zutreffend erfolgt sein muss.[997] Entscheidend ist, dass die Werturteile „bei verständiger Beurteilung auf einem im wesentlichen zutreffenden oder zumindest sachgerecht und vertretbar gewürdigten Tatsachenkern beruhen".[998]

---

993 So *Bachem,* Sozialrecht aktuell 2010, 123, 124.

994 So für die Noten des „Pflege-TÜVs" SG München, Beschl. v. 13.1.2010, S 19 P 6/10 ER, BeckRS 2010, 66497; *Addicks,* Pflegerecht 2011, 58, 60; *Bachem,* Sozialrecht aktuell 2010, 123, 124; *Brochnow,* NJOZ 2011, 385, 386; *Igl,* RsDE 2011, 47, 55.

995 S. Kap. 1, B IV.

996 Zur Nicht-Anwendbarkeit des Wahrheitsgebots auf Wertungen s. *Müller,* Risikokommunikation, S. 137; *Murswiek,* NVwZ 2003, S. 1, 4.

997 Vgl. die Entscheidung des LG Halle BeckRS 2008, 2466, in der einem Bio-Müsli Produzenten ein Amtshaftungsanspruch zugesprochen wurde, weil die zuständige Behörde die Klassifizierung seines Produktes als biologisch aufgrund einer nicht gerechtfertigten rechtlichen Wertung als irreführend eingestuft hatte. Näher dazu *Wehlau,* in: Voit (Hrsg.), Lebensmittelinformation, S. 51, 64 ff.

998 St. Rspr. seit BVerfG NJW 1989, 3269, 3269. Aus neuerer Zeit s. nur VG Schleswig BeckRS 2013, 58203; OVG NRW NVwZ 2013, 1562, 1563; OVG Bremen NJW 2010, 3738. S. auch *Grube/Immel/Wallau,* VerbraucherInfoR, Teil B Rn. 13. Das LSG Berlin-Brandenburg, Beschluss v. 11.6.2014 – L 1 KR 301/13 B ER, juris, Rn. 73 stellt auf die zivilrechtliche Rechtsprechung ab, nach der Werturteile

Für die ebenfalls maßgebliche Frage, ob eine Information richtig im Sinne von unmissverständlich ist, kommt es wiederum auf den für den Durchschnittsverbraucher maßgeblichen Empfängerhorizont an.[999]

b) Herleitung, Sinn und Zweck des Erfordernisses

Hergeleitet werden kann die Pflicht zur Veröffentlichung richtiger Informationen sowohl aus der Verfassung (Rechtsstaatsprinzip des Art. 20 Abs. 3 GG) als auch aus dem einfachen Recht. Einfachgesetzlich gibt es vereinzelt Vorschriften, die Anforderungen an die Information explizit nennen, wie etwa § 7 Abs. 3 UIG, nach dem diese möglichst auf dem „gegenwärtigen Stand, exakt und vergleichbar" sein soll.[1000] Wie am Wortlaut dieser Norm („[s]oweit möglich") erkennbar wird, findet das Erfordernis seine Grenze am tatsächlich Leistbaren.

Einfachgesetzlich kann zum Teil auch auf den Amtsermittlungsgrundsatz nach § 24 (L)VwVfG abgestellt werden. Zwar sind Aktivinformation in der Regel weder Verwaltungsakte[1001] noch öffentlich-rechtliche Verträge. Dem Amtsermittlungsgrundsatz wohnt jedoch ein allgemeiner Rechtsgrundsatz inne, der auch Ausfluss des verfassungsrechtlich verankerten Rechtsstaatsprinzips ist, nämlich, dass nur ein zutreffend ermittelter Sachverhalt zu einer Entscheidung führen kann, die dem Grundsatz der Gesetzmäßigkeit der Verwaltung genügt.[1002] Dieses Ergebnis ist nahezu zwingend vor dem Hintergrund, dass dem Staat ein besonderes Vertrauen entgegengebracht wird, mit dem es nicht vereinbar wäre, wenn er in Bezug auf die Erfüllung öffentlicher Aufgaben allgemeine Sorgfaltspflichten nicht einhalten müsste.[1003]

Das BVerfG hat in der Glykol-Entscheidung die inhaltliche Richtigkeit zur Prämisse einer staatlichen Information gemacht. Falsche Informatio-

unzutreffend sind, „wenn bewusste Fehlurteile oder Verzerrungen vorliegen, die sachlich nicht mehr vertretbar sind".

999 *Porsch,* ZLR 2003, S. 175, 187. Ausf. zum Verbraucherleitbild s. Kap. 8.

1000 S. dazu *Britz/Eifert/Groß,* DÖV 2007, S. 717, 717.

1001 S. näher dazu Kap. 6 B III 2 a).

1002 *Britz/Eifert/Groß,* DÖV 2007, S. 717, 719; *Gramm,* Der Staat 30 (1991), S. 51, 75; *Guckelberger*, in: Hill/Schliesky (Hrsg.), S. 73, 103; *Eifert*, in: Ladeur (Hrsg.), Regulierung, S. 131, 144; *Kallerhoff*, in: Stelkens/Bonk/Sachs, VwVfG, § 24 Rn. 1, 24.

1003 *Hoffmann/Schulz,* KommJur 2014, S. 126, 130.

nen können auf Adressatenseite zu falschen Entscheidungen führen. Nur die richtige Information sei dazu geeignet, „die Transparenz am Markt und damit dessen Funktionsfähigkeit“ zu fördern.[1004] Zudem können unrichtige Informationen die Rechte der Informationssubjekte verletzen.[1005]

Dementsprechend dürfen Falschinformationen nicht Folge eines gesetzlichen Transparenzgebotes sein. Dies befanden auch vier Richter des BVerfG in ihrem Sondervotum zu der Frage der Rechtmäßigkeit der Veröffentlichung von Nebeneinkünften der Abgeordneten.[1006] Folglich hat die informierende Behörde bei ihrer aktiven Publikumsinformation stets im Vorfeld zu prüfen, ob die Information richtig ist. Dabei muss der zugrunde liegende Sachverhalt möglichst umfassend aufgeklärt werden.[1007] Ist die Behörde dazu mit eigenen Mitteln nicht in der Lage, muss sie sich externen, wissenschaftlichen Sachverstandes bedienen,[1008] wie z. B. bei der Probe von Lebensmitteln des jeweiligen Landesamts für Gesundheit und Lebensmittelsicherheit.

c) Prüfpflicht behördenfremder Informationen?

Greift die Behörde nicht auf eigene Informationen zurück, sondern sind Informationen externer Dritter Gegenstand einer Veröffentlichung oder eines Auskunftsverlangens, so stellt sich die Frage, ob dem Erfordernis der inhaltlichen Richtigkeit eine Prüfpflicht immanent ist.

Vor dem Hintergrund der Herleitung des Richtigkeitserfordernisses aus der Verfassung und dem einfachen Recht wird klar, dass die ungeprüfte Übernahme einer von einem Dritten herrührenden Information ohne eine eigene Einschätzung der informierenden Behörde unzulässig sein muss.[1009] Mit einer solchen Vorgehensweise würde die Behörde die rechtsstaatlichen Anforderungen grob missachten. Dies wäre unter ande-

---

1004 BVerfGE 105, 252, 272; s. ebenso *Guckelberger*, in: Hill/Schliesky (Hrsg.), S. 73, 103.

1005 *Britz/Eifert/Groß,* DÖV 2007, S. 717, 717.

1006 Sondervotum der Richter *Hassemer, Di Fabio, Mellinghoff* und *Landau* BVerfGE 2008 118, 277, 352, 390; s. dazu auch *Guckelberger*, in: Hill/Schliesky (Hrsg.), S. 73, 103.

1007 *Seemann,* ProduktInfo, S. 161.

1008 *Seemann,* ProduktInfo, S. 161.

1009 *Seemann,* ProduktInfo, S. 161; zu den damit verbundenen Schwierigkeiten *Augsberg,* DVBl. 2007, S. 733, 740.

rem auch deshalb sehr bedenklich, weil die Behörde in den Augen der Bürger mit ihren amtlichen Informationen einen Autoritätsbonus hat, dessen sie (jedenfalls mit der Zeit) verlustig ginge, würde sie Informationen eines privaten Dritten ohne vorhergehende Richtigkeitsprüfung als behördeneigene Informationen ausgegeben.

Dieser Wertung steht § 7 Abs. 3 S. 2 IFG, anders als es auf den ersten Blick scheinen mag, nicht entgegen. Zwar heißt es im Wortlaut, die Behörde sei gerade nicht zu einer Überprüfung der inhaltlichen Richtigkeit verpflichtet.[1010] Allerdings leuchtet diese Ausgestaltung vor dem Hintergrund ein, dass die Norm keine Anspruchsgrundlage für die aktive Publikumsinformation ist, sondern sie nur einen Zugang in Form der behördlichen Auskunft zu einer der Behörde vorliegenden Information eröffnet.[1011] Der Zugang beschränkt sich auf die Information in der Form, in der sie bei der Behörde vorhanden ist.[1012] Eine eigene Entscheidung oder Bewertung nimmt die Behörde in diesem Fall nicht vor.[1013] Sie ist lediglich eine Art Postfach und stellt die Information des Dritten nur zur Verfügung, ohne sie sich selbst zu eigen zu machen.[1014]

Anders § 11 IFG, der eine aktive Veröffentlichungspflicht unabhängig von einem Antrag vorsieht und die Ausgangsthese e contrario belegt, indem er wiederum voraussetzt, dass die Behörde, die hier eine eigenständige Verpflichtung erfüllt, nur inhaltlich richtige Informationen veröffentlichen darf.[1015]

Konträr ist indes auch § 6 Abs. 3 S. 1 VIG, nach dem die Richtigkeit für nicht personenbezogene Daten ebenfalls nicht geprüft zu werden braucht.

1010 Zu § 7 Abs. 3 S. 2 IFG auch *Britz/Eifert/Groß,* DÖV 2007, S. 717, 717. Die Frage stellt sich im Übrigen auch auf Landesebene, sofern das entsprechende Gesetz, wie bspw. § 1 S. 1 des SIFG, auf die Bundesnorm verweist. Allgemein zum IFG des Saarlandes s. *Guckelberger,* LKRZ 2007, S. 125, 125 ff.

1011 *Schoch,* IFG, 7 Rn. 78; zustimmend *Sicko,* in: Gersdorf/Paal, Informations- u. MedienR, § 7 IFG Rn. 65.

1012 *Schoch,* IFG, § 7 Rn. 78.

1013 *Schoch,* IFG, § 7 Rn. 78.

1014 Dem entspricht auch die Wertung des BVerwG in der Lost-Art-Entscheidung, NJW 2015, 2358, 2363 Rn. 38, die inhaltliche Richtigkeit sei nicht Gegenstand der staatlichen Information, denn die „Veröffentlichung von Suchmeldungen in der […] Datenbank erschöpfe sich in der Dokumentation von Meldungen Dritter, die vom Betreiber lediglich einer groben Plausibilitätsprüfung unterzogen“ würden.

1015 *Schoch,* IFG, § 7 Rn. 79; *Sicko,* in: Gersdorf/Paal, Informations- u. MedienR, § 7 IFG Rn. 67.

Weil es sich hier aber nicht (nur) um eine Veröffentlichung fremder Informationen auf Antrag sondern auch um die aktive Veröffentlichung eigener Informationen handelt, kann das zu § 7 Abs. 3 S. 2 IFG Gesagte hier nicht gelten. Deshalb ist hier eine vertiefte Auseinandersetzung mit der Norm erforderlich, die in Kap. 11 unter A III 2 d) (1) erfolgen wird.

Als Fazit kann festgehalten werden, dass behördenfremde Informationen, die aktiv verbreitet werden, auf ihre Richtigkeit hin überprüft werden müssen, da die Veröffentlichung hier eine Eigenleistung des Staates ist, die seine Verantwortlichkeit begründet. Werden sie nicht überprüft, sind sie potenziell unrichtig. In welchen Fällen die Veröffentlichung nicht sicher richtiger Informationen zulässig sein kann, gilt es deshalb zu untersuchen.

d) Problem: Richtigkeit steht (noch) nicht fest

Materiell-rechtlich ist die Frage nach der Richtigkeit einer Information eng mit der Frage nach der Verhältnismäßigkeit eines entsprechenden Grundrechtseingriffs verknüpft.[1016] Eindeutig ist, dass eine erkannt unrichtige Information, falls man diese nicht bereits vorher am Grundsatz der Gesetzmäßigkeit der Verwaltung scheitern lässt, weder geeignet noch erforderlich noch angemessen und somit unverhältnismäßig und nicht zu rechtfertigen ist.[1017] Ebenfalls recht einfach zu beantworten ist die Frage nach der Verhältnismäßigkeit richtiger Informationen. Diese sind sowohl geeignet als auch im Hinblick auf die Zweckerreichung des jeweiligen Informationsvorhabens erforderlich, wenn daneben ein ausreichender Anlass für die Veröffentlichung besteht. Ihre Angemessenheit ist dann ebenfalls zu bejahen, bzw., wenn man der Rechtsprechung des BVerfG folgt, stellt sich diese Frage nicht, weil bereits kein Eingriff vorliegt.[1018]

Problematisch sind indes die Fälle, in denen die Behörde nicht mit abschließender Sicherheit sagen kann, ob eine Information dem Richtigkeits-

---

1016 *Britz/Eifert/Groß,* DÖV 2007, S. 717, 720 f.

1017 Vgl. *Guckelberger*, in: Hill/Schliesky (Hrsg.), S. 73, 108. So im Ergebnis wohl auch *Britz/Eifert/Groß,* DÖV 2007, S. 717, 721, die nicht ganz nachvollziehbar erst in der Angemessenheit zwischen erkannt unrichtigen und sonstigen Informationen unterscheiden.

1018 BVerfGE 105, 252, insb. 268. So auch *Britz/Eifert/Groß,* DÖV 2007, S. 717, 721.

gebot genügt. Auch hierzu hat sich das BVerfG geäußert und entschieden, dass eine Berechtigung zur Verbreitung der Information bei Vorliegen besonderer Voraussetzungen dennoch gegeben sein kann.[1019] Bestehen nach sorgsamer Aufklärung Unsicherheiten fort, so „ist der Staat an der Verbreitung der Informationen gleichwohl jedenfalls dann nicht gehindert, wenn es im öffentlichen Interesse liegt, dass die Marktteilnehmer über einen für ihr Verhalten wichtigen Umstand, etwa ein Verbraucherrisiko, aufgeklärt werden. In solchen Fällen wird es angezeigt sein, die Marktteilnehmer auf verbleibende Unsicherheiten über die Richtigkeit der Information hinzuweisen, um sie in die Lage zu versetzen, selbst zu entscheiden, wie sie mit der Ungewissheit umgehen wollen."[1020] In den Fällen, in denen eine Unsicherheit besteht, ist wegen der Möglichkeit des Zutreffens der Information ihre Geeignetheit zu bejahen.

Die Erforderlichkeit, so ergibt sich aus dem oben Zitierten, ist zudem gegeben, wenn es um die Aufklärung z. B. vor Verbraucherrisiken geht, also wenn maßgebliche Interessen der Informationsadressaten – mitunter unter dem Gesichtspunkt der Gefahrenabwehr – auf dem Spiel stehen. Für die Frage nach der Angemessenheit bedeutet dies, dass je größer der zu befürchtende Schaden ist, der ohne Behördeninformation eintreten würde, desto eher das verfolgte Informationsinteresse die Grundrechte der betroffenen Informationssubjekte, wie Art. 12 Abs. 1 und Art. 2 Abs. 1 i. V. m. Art. 1 Abs. 1 GG, überwiegt.[1021] Dabei ist in die Abwägung mit einzustellen, dass die im Internet veröffentlichte, aktive Publikumsinformation einen weit größeren Wirkungskreis hat als die auf Antrag herausgegebene Individualinformation.[1022] Zu Recht weist *Guckelberger* deshalb darauf hin, dass die Behörde die ihr ggfs. eingeräumten Ermessensspielräume un-

---

1019 BVerfGE 105, 252, 272.

1020 BVerfGE 105, 252, 272; s. dazu auch *Britz/Eifert/Groß,* DÖV 2007, S. 717, 722; *Guckelberger*, in: Hill/Schliesky (Hrsg.), S. 73, 107; *Schoch,* AfP 2010, S. 313, 323; *ders.,* NJW 2010, S. 2241, 2247; *Schink,* Rechtsgutachten, S. 41. Kritisch hins. der Wirksamkeit eines solchen Hinweises *Spaeth,* Grundrechtseingriff, S. 223.

1021 *Böhm/Lingenfelder/Voit,* S. 280; *Guckelberger*, in: Hill/Schliesky (Hrsg.), S. 73, 107 f.

1022 *Britz/Eifert/Groß,* DÖV 2007, S. 717, 722; *Guckelberger*, in: Fluck/Fetzer/Fischer, IFG/UIG/VIG/IWG, § 10 UIG Rn. 86; *dies.*, in: Hill/Schliesky (Hrsg.), S. 73, 103 f.

ter Berücksichtigung dieser und der vorangegangenen Erwägungen auszuüben hat.[1023]

Im Ergebnis ist der Wertung, die sich aus dem Ansatz des BVerfG entnehmen lässt, dass eine Information unter erhöhten Voraussetzungen veröffentlicht werden kann, auch wenn ihre Richtigkeit nicht zu 100 % feststeht, zuzustimmen. Gerade in Fällen der Risikovorsorge muss – dem Grundsatz der Effektivität der Gefahrenabwehr folgend – eine Information der Bürger möglich sein, auch wenn nicht alle Aspekte restlos geklärt werden konnten.

Parallelen ergeben sich insofern zu dem im Polizeirecht anerkannten sog. Gefahrenverdacht. Im Falle eines solchen hält die Polizei das Vorhandensein der Gefahr aufgrund objektiver Umstände für möglich, allerdings ohne dass dies sicher ist.[1024] Zwar sind beim Gefahrenverdacht vorrangig Maßnahmen zu treffen, die der Aufklärung der Gefahrensituation dienen.[1025] Aber bei möglichen unmittelbaren Gefahren für Leib und Leben sind vor dem Hintergrund des Effektivitätsgrundsatzes auch endgültige Gefahrenabwehrmaßnahmen zulässig.[1026] Dies gebieten im Polizeirecht wie auch hier hinsichtlich des Informationshandelns die allgemeinen Schutzpflichten des Staates.

Je weiter sich der Staat in die Richtung der Aktivinformationen orientieren wird, desto größer wird jedoch auch die Fülle der zu prüfenden Informationen sein. Zwar kann die Quantität nicht pauschal zu Lasten der Qualität gehen, dennoch ist zu bedenken, dass eine erschöpfende Prüfungspflicht, die im Übrigen in eine nicht vorgesehene „Beschaffungspflicht“ münden würde,[1027] die Verwaltung mitunter lahmlegen könnte[1028] – inhaltliche Richtigkeit ist daher nicht absolut, sondern als Zielgröße zu

---

1023 *Guckelberger*, in: Hill/Schliesky (Hrsg.), S. 73, 108.

1024 VGH BW, Urteil v. 25.7.2013 – 1 S 733/13, juris, Rn. 30; *Guckelberger*, in: Gröpl/Guckelberger/Wohlfarth (Hrsg.), Landesrecht Saarland, § 4 Rn. 46.

1025 VGH BW, Urteil v. 25.7.2013 – 1 S 733/13, juris, Rn. 30.

1026 VGH BW, Urteil v. 25.7.2013 – 1 S 733/13, juris, Rn. 30; *Guckelberger*, in: Gröpl/Guckelberger/Wohlfarth (Hrsg.), Landesrecht Saarland, § 4 Rn. 46.

1027 *Jesse-Allgöwer*, in: Böhm/Freund/Voit (Hrsg.), VIG, S. 55, 60.

1028 Nach *Hoffmann/Schulz,* KommJur 2014, S. 126, 130 wäre eine „Zusicherung der Datenrichtigkeit […] angesichts der begrenzten personellen Kapazitäten illusorisch und würde zu einem Informationsstau innerhalb der Verwaltung führen“.

verstehen.[1029] Zudem stünde eine solche Prüfpflicht nicht nur teilweise außer Verhältnis zum Ziel der Informationsmaßnahme, sondern wäre überdies möglicherweise auch objektiv unmöglich, etwa wenn es um lebensmittelrechtliche Proben geht, die ohne Rückstellproben vor Jahren entnommen wurden und nur das Untersuchungsergebnis in den Akten zu finden ist.[1030] Mit dem BVerfG kann die Rechtmäßigkeit der Informationstätigkeit in solch unklaren Fällen deshalb nur maßgeblich davon abhängen, ob bei Heranziehung der zur Verfügung stehenden Informationsquellen die gebotene Sorgfalt und Verlässlichkeit bei der Überprüfung des Sachverhalts an den Tag gelegt wurde.[1031] Diese allgemeine Sorgfaltspflicht gilt es auch bei der proaktiven Veröffentlichung von Informationen zu wahren.[1032]

Richtig ist auch, dass die Adressaten der Information in der Lage sein müssen, die Unsicherheit zu erkennen, denn nur so kann der Einzelne eine eigenverantwortliche Entscheidung treffen.[1033] Die Kenntnis von der Unsicherheit eröffnet einen weiteren Handlungsspielraum. Wie bereits erläutert, kommt hoheitlichen Informationen, insbesondere solchen in Form von Warnungen, ein sehr hoher Befolgungsgrad zu, obwohl eine Bindungswirkung oder ein Zwang nicht damit verbunden ist.[1034] Diese Folge ist für den Einzelnen nur akzeptabel, wenn er die Entscheidungsgrundlage beurteilen kann. Sein eigenes Urteil wird, wenn er von den Unsicherheiten weiß, womöglich anders ausfallen. Das „Spiel mit offenen Karten" ist unter diesem und noch unter einem weiteren Aspekt geboten: das Bekenntnis zur Unsicherheit hat auch Vorteile für die informierende Behörde im Hinblick auf ihre eigene Glaubwürdigkeit. Weist sie zuvor auf die Unsicherheiten hin – vergleichbar einem Aushang von allgemeinen Geschäftsbe-

---

1029 Vgl. *Britz/Eifert/Groß,* DÖV 2007, S. 717, 718, die im Zusammenhang mit der lückenloser Richtigkeit sogar von einer „illusionäre[n]" und „naive[n] Vorstellung" sprechen; ihnen zustimmend und mit der Richtigkeit als Zielwert argumentierend *Kümper,* ZUR 2012, S. 395, 401.

1030 Dieses Beispiel und weitere bildet *Jesse-Allgöwer*, in: Böhm/Freund/Voit (Hrsg.), VIG, S. 55, 62.

1031 BVerfGE 105, 252, 272. Ebenso *Britz/Eifert/Groß,* DÖV 2007, S. 717, 718, 721; *Kümper,* ZUR 2012, S. 395, 401.

1032 *Hoffmann/Schulz,* KommJur 2014, S. 126, 130.

1033 Teilweise wird die Ansicht vertreten, der Hinweis auf das Bestehen von Unsicherheiten sei nicht ausreichend, s. dazu die Nachweise bei *Grube/Immel/Wallau,* VerbraucherInfoR, Teil B Rn. 20 Fn. 29.

1034 S. Kap. 3, B III 2 c).

dingungen hat der Hinweis in einer Weise zu erfolgen, die dem Adressaten die Kenntnisnahme unter zumutbaren Umständen ermöglicht –[1035] ist der Vertrauensverlust im Nachhinein, wenn sich die Information tatsächlich als falsch herausstellt, wesentlich geringer. Auch die Gefahr einer Abnutzung der Aufmerksamkeit der Verbraucher wird so eingedämmt. Erhält der Verbraucher mehrfach Informationen, die sich im Nachhinein als falsch herausstellen, wird er ihnen im Laufe der Zeit kaum noch oder gar keine Beachtung mehr schenken. Gibt es hingegen für ihn erkennbar sichere und unsichere Informationen, so kann er sich von Anfang an danach richten und für sich selbst entscheiden, ob er etwa nur sicheren Informationen folgen will.

Festzuhalten ist also, dass die Behörden verpflichtet sind, Informationen auf deren Richtigkeit hin zu überprüfen und eventuelle Unsicherheiten offenzulegen. Gegebenenfalls kann auch ein Hinweis, worauf sich die Unsicherheit im Einzelfall gründet, angezeigt sein.[1036] *Krause* weist zu Recht darauf hin, dass das Stereotyp „ohne Gewähr" für eine solche Offenlegung der Unsicherheit zu pauschal und deshalb als ernst zu nehmender Hinweis ungeeignet ist.[1037]

e) Teilaspekte der Vollständigkeit und Aktualität

Neben der Richtigkeit im Sinne von Wahrheit ist möglich, dass auch Vollständigkeit und Aktualität der Information unter den Richtigkeitsbegriff zu subsumieren sind.[1038]

1035 Laut *Guckelberger*, in: Hill/Schliesky (Hrsg.), S. 73, 108 muss der Hinweis „an prominenter Stelle" stehen.

1036 *Krause,* Rechtsformen, S. 333 f.; ebenso *Dolde,* S. 50, der in Bezug auf lebensmittelrechtliche Warnungen als Beispiele „Zweifel am Untersuchungsergebnis, vom Hersteller vorgelegte, abweichende Untersuchungsergebnisse, veranlaßte Abhilfemaßnahmen" nennt.

1037 *Krause,* Rechtsformen, S. 334.

1038 Zur Vollständigkeit als Unterpunkt der Richtigkeit s. *Guckelberger*, in: Hill/Schliesky (Hrsg.), S. 73, 109. Nach *Rehberg*, in: Eger/Schäfer (Hrsg.), Analyse, S. 284, 311 sind die beiden Punkte „eng verknüpft". *Hoffmann/Schulz,* KommJur 2014, S. 126, 129 stellen fest, eine Auskunft müsse „richtig, klar, unmissverständlich, eindeutig und vollständig" erteilt werden und „auf dem aktuellen Erkenntnisstand beruhen". Allgemein zur Vollständigkeit auch *Krüger*, in: Böhm/Freund/Voit (Hrsg.), VIG, S. 41, 52.

Der „Duden" definiert Vollständigkeit als „das Vorhandensein alles Dazugehörenden".[1039] Eine Information, die unvollständig ist, ist damit unrichtig. Dies gilt jedoch nicht für einen weiten Bereich in dem Sinne, als die Behörde nur dann vollständig informieren würde, wenn sie alle ihr vorliegenden Informationen veröffentlichen würde.[1040] An dieser Stelle gilt es zu berücksichtigen, dass es für eine verständliche Darstellung in manchen Fällen erforderlich ist, Veröffentlichungen gerade auf relevante Informationen zu beschränken und Überflüssiges, nicht unmittelbar Maßgebliches, wegzulassen.[1041] Geschieht dies, so kann auch nicht von einer Unvollständigkeit im Sinne einer Unrichtigkeit gesprochen werden. Vielmehr ist eine Information immer dann vollständig, wenn sie alle wesentlichen Daten und Fakten, die zu ihrem Verstehen notwendig sind, enthält. Eine andere Interpretation der Vollständigkeit würde die Verwaltung an die Grenzen ihrer Leistungsfähigkeit und die Bürger an die Grenzen ihrer Aufnahmefähigkeit bringen und wäre somit in keiner Hinsicht dienlich. Richtig ist, dass derjenige, der nähere Details zu einem Vorgang wissen möchte, nicht daran gehindert ist, diese im Einzelfall durch Individualanfragen bei der Behörde zu erlangen.[1042]

Zum Kriterium der Vollständigkeit gehört ferner, dass im Falle einer Rechtsunsicherheit auf deren Bestehen zumindest hinzuweisen ist.[1043] So bemängelte das OVG NRW in seiner Entscheidung zur E-Zigarette, dass die Rechtsunsicherheit in Bezug auf die Arzneimitteleigenschaft nikotinhaltiger Liquids nicht erwähnt wurde. Hiermit sei den „Marktteilnehmern die Möglichkeit genommen, anhand transparenter, die unsichere Rechtslage wiedergebender Informationen eigenverantwortlich über eine Teilnahme am Verkehr mit diesen Produkten zu entscheiden".[1044]

Die Aktualität könnte ebenfalls Unterpunkt der Richtigkeit sein. Sie ist in dem Sinne zu verstehen, dass es nicht darauf ankommt, ob die Information alt oder neu ist, d. h. dass es kein konkretes „Verfallsdatum" gibt. Maßgeblich muss vielmehr sein, ob die Information überholt ist in dem Sinn, dass es mittlerweile andere, entgegenstehende Informationen gibt

---

1039 http://www.duden.de/rechtschreibung/Vollstaendigkeit.

1040 *Guckelberger*, in: Hill/Schliesky (Hrsg.), S. 73, 109.

1041 S. zur Verständlichkeit Kap. 10, B I. Zu diesem Bezug ebenso *Guckelberger*, in: Hill/Schliesky (Hrsg.), S. 73, 109.

1042 *Guckelberger*, in: Hill/Schliesky (Hrsg.), S. 73, 109.

1043 Ähnl. *Martini/Kühl,* JURA 2014, S. 1221, 1228.

1044 OVG NRW NVwZ 2013, 1562, 1564.

oder der Information wegen nunmehr veränderten Rahmenbedingungen oder wegen ihres Alters keine Aussagekraft mehr oder ggfs. eine andere Aussagekraft zukommt. Eine Information, die zehn Jahre alt ist, ist damit nicht per se unrichtig. Stimmt sie allerdings mit der Wirklichkeit nicht mehr überein, ist sie überholt oder einfach nicht mehr aussagekräftig, ist sie unrichtig. Deshalb macht es Sinn, das Aktualitätskriterium ebenfalls als Teil der Richtigkeit zu verstehen[1045] mit dem Vorteil, dass man den vom BVerfG in seiner Glykol-Entscheidung aufgestellten Voraussetzungen treu bleiben kann und keine neue Kategorie hinzufügen muss. Dies bedeutet, dass die Behörde einmal veröffentlichte Informationen nicht sich selbst überlassen darf, sondern ihre Aktualität im Sinne der Nicht-Überholtheit entweder anlassbezogen (etwa bei einer Änderung der Umstände) oder turnusmäßig überprüfen und gegebenenfalls löschen muss.[1046] Dabei muss in technischer Hinsicht möglichst sichergestellt werden, dass keine überholten Informationen mehr zum Abruf zur Verfügung stehen.[1047] Wann genau die Überprüfung jeweils stattzufinden hat, ist eine Frage des Einzelfalls, die bspw. davon abhängt, in welchem Umfang die in Rede stehenden Informationen Veränderungen unterworfen sind.[1048] Jedenfalls ist es wichtig, dass das „Alter" einer Information für den Verbraucher erkennbar ist.[1049] Dies kann durch einen entsprechenden Hinweis auf das Einstellungsdatum oder, falls dies auseinanderfällt, das Datum des der Information zugrunde liegenden Ereignisses, etwa einer behördlichen Kontrolle, er-

---

1045 So wohl auch *Hoffmann/Schulz,* KommJur 2014, S. 126, 130: „Neben inhaltlichen Fehlern sind als haftungsauslösende Pflichtverletzungen z. B. auch die mangelnde […] Aktualität […] denkbar".

1046 So sieht z. B. § 10 Abs. 2 S. 3 UIG vor, dass die veröffentlichten Umweltinformationen „in angemessenen Abständen aktualisiert" werden. Nach *Martini,* DÖV 2010, S. 573, 581 sollen „Löschungszyklen" verhindern, dass „anachronistische Zerrbilder der Wirklichkeit" entstehen. S. auch *Guckelberger*, in: Hill/Schliesky (Hrsg.), S. 73, 113; *Wilkat,* Bewertungsportale, S. 92.

1047 Zur technischen Seite der Löschung s. Kap. 9, C I 3 b).

1048 *Guckelberger*, in: Hill/Schliesky (Hrsg.), S. 73, 112; *Wilkat,* Bewertungsportale, S. 92. Im Rahmen des privaten Internetbewertungsportals für Lehrer „spickmich" erfolgt bspw. eine Löschung der Bewertungen nach 12 Monaten, s. dazu *Ballhausen/Roggenkamp,* K&R 2008, S. 403, 406; *Kaiser,* NVwZ 2009, S. 1474, 1477. Zu der Frage im Lebensmittelrecht, ob beseitigte Missstände noch als aktuelle Information ins Internet eingestellt werden können, s. unter Kap. 11, A II 3 a).

1049 *Guckelberger*, in: Hill/Schliesky (Hrsg.), S. 73, 112.

folgen.[1050] Der Hinweis muss selbstverständlich zumutbar zur Kenntnis genommen werden können.[1051]

II. Verhältnismäßigkeit

> *Der Grundsatz der Verhältnismäßigkeit, ein „Exportschlager[...] der deutschen Rechtswissenschaft", ist von „kaum zu überschätzende[r] [...] Bedeutung."*[1052]

Wie andere staatliche Maßnahmen muss auch die Publikumsinformation, um rechtmäßig zu sein, neben den oben genannten Anforderungen den Grundsatz der Verhältnismäßigkeit wahren. Das Prinzip der Verhältnismäßigkeit hat seine Wurzeln im Polizeirecht und hielt erst mit dem Grundgesetz 1949 Einzug in das Verfassungsrecht.[1053] Es soll sicherstellen, dass auf aktiver Seite der Staat nicht übermäßig in Grundrechte eingreift und auf passiver Seite die Bürger den staatlichen Maßnahmen nicht willkürlich und uferlos ausgeliefert sind.[1054] Die Verhältnismäßigkeit ist deshalb als entscheidende materielle und unabdingbare Voraussetzung der Rechtmäßigkeit einzustufen. Eingriffe müssen durch einen bestimmten, vertretbaren Zweck gerechtfertigt sein, an dem sie auch in Bezug auf Art und Ausmaß des Eingriffs gemessen werden können müssen.[1055] Die rechtliche Verankerung des Verhältnismäßigkeitsgrundsatzes wird zum Teil in der Menschenwürdegarantie des Art. 1 Abs. 1 GG,[1056] zum Teil in der We-

1050 S. für ein konkretes, von der Rechtsprechung geduldetes Beispiel die hier wiedergegebene Formulierung OVG d. Saarlandes LMRR 2011, 1; s. dazu auch *Guckelberger*, in: Hill/Schliesky (Hrsg.), S. 73, 112.

1051 *Guckelberger*, in: Hill/Schliesky (Hrsg.), S. 73, 113.

1052 *Klatt/Meister,* JuS 2014, S. 193, 193 mit Verweis auf die Übernahme des Grundsatzes durch andere nationale Rechtsordnungen, das Unionsrecht und die EMRK (jeweils m.w.N.).

1053 *Grzeszick/Herzog*, in: Maunz/Dürig, GG, Art. 20 GG, VII B, Rn. 107. m.w.N.; Häberle „die Wesensgehaltsgarantie", S. 67; *Wittig,* DÖV 1968, S. 817, 817 ebenfalls m.w.N.

1054 Vgl. *Grzeszick/Herzog*, in: Maunz/Dürig, GG, Art. 20 GG, VII B, Rn. 107.

1055 *Grzeszick/Herzog*, in: Maunz/Dürig, GG, Art. 20 GG, VII B, Rn. 107.

1056 *Dechsling,* Verhältnismäßigkeitsgebot, S. 97 ff., S. 104 a.a.O heißt es dazu: „Gesetzte Ziele ohne Rücksicht auf Alternativen, die für das Individuum und die Allgemeinheit ‚billiger' wären, zu verfolgen, verstößt eklatant gegen dieses [Anm.: Art. 1 Abs. 1 GG] Verfassungsgebot."

sensgehaltsgarantie des Art. 19 Abs. 2 GG,[1057] aber auch in den Grundrechten[1058] und im Rechtsstaatsprinzip[1059] gesehen.[1060]

Unabhängig von seiner dogmatischen Verankerung steht der Anwendungsbereich des Verfassungsprinzips fest. Es findet sowohl bei Eingriffen in Grundrechte als auch bei Eingriffen in einfachgesetzlich ausgestaltete Rechtspositionen und sonstige geschützte Rechtspositionen der Bürger[1061] als Übermaßschranke Anwendung.

Dem Verhältnismäßigkeitsgrundsatz kommt gerade bei den öffentlich im Internet zugänglichen Informationen eine herausragende Bedeutung zu. Wie bereits zum Ausdruck kam, ist die Internetveröffentlichung wegen des unbeschränkten Adressatenkreises der Information und ihrer zeitlich zunächst nicht begrenzten Verfügbarkeit sowie ihrer Irreversibilität und quasi Verselbstständigung, sobald sie einmal ins Internet eingestellt ist, mit einer besonders nachhaltigen Eingriffs- und Belastungswirkung für den von der Information Betroffenen verknüpft. Gerade bei solch weitreichenden und intensiven Belastungen muss der Verhältnismäßigkeitsgrundsatz als Korrekturinstrument verstanden und angewandt werden. An seine Einhaltung sind dementsprechend hohe Anforderungen zu stellen.

Das gewählte Mittel muss zur Erreichung des verfolgten, legitimen Zwecks geeignet und auch erforderlich sein und bei einer Gesamtabwägung zwischen der Schwere des Eingriffs und dem Gewicht der ihn recht-

---

1057 BGHSt 4, 375, 377; 4, 385, 392. Nach *Häberle,* Wesensgehalt, S. 236 hat Art. 19 Abs. 2 GG „zur Entwicklung verfassungsrechtlicher Grundsätze geführt [...], die, genau betrachtet, in ihm selbst gar nicht beheimatet sind. Hierin liegt seine ‚verfassungsgeschichtliche' Bedeutung."

1058 *Wittig,* DÖV 1968, S. 817, 819 ff. diskutiert die Verortung des Grundsatzes in Art. 3 Abs. 1 GG, in Art. 2 Abs. 1 sowie auch in Art. 1 Abs. 1 und Art. 19 Abs. 2 GG. Letztendlich will er den Verhältnismäßigkeitsgrundsatz „im Bereich einzelner Grundrechte, die von besonderer Bedeutung für die Wertordnung des Grundgesetzes sind" verdichtet sehen, a.a.O. S. 825.

1059 Nach BVerfGE 19, 342, 348 f. „hat der Grundsatz der Verhältnismäßigkeit verfassungsrechtlichen Rang" und „ergibt sich aus dem Rechtsstaatsprinzip, im Grunde bereits aus dem Wesen der Grundrechte selbst, die als Ausdruck des allgemeinen Freiheitsanspruchs des Bürgers gegenüber dem Staat von der öffentlichen Gewalt jeweils nur so weit beschränkt werden dürfen, als es zum Schutz öffentlicher Interessen unerläßlich ist." BVerfGE 86, 288, 347 z. B. zieht nur das Rechtsstaatsprinzip und BVerfGE 90, 145, 173 z. B. zieht kumulativ das Rechtsstaatsprinzip und die Freiheitsrechte als Grundlage heran. Ebenso für eine Verankerung in beidem *Klatt/Meister,* JuS 2014, S. 193, 193.

1060 *Grzeszick/Herzog*, in: Maunz/Dürig, GG, Art. 20 GG, VII B, Rn. 108.

1061 *Grzeszick/Herzog*, in: Maunz/Dürig, GG, Art. 20 GG, VII B, Rn. 108.

fertigenden Gründe muss die Grenze der Zumutbarkeit gewahrt sein (Angemessenheit oder auch Verhältnismäßigkeit i.e.S.).[1062]

Ein Zweck ist verfassungsrechtlich legitim, wenn er als Gemeinwohlbelang einzustufen ist und seine Verfolgung auf vernünftigen Erwägungen beruht.[1063] Die Zwecke der Aktivinformation variieren je nach dem Gesetz, das die entsprechende staatliche Verpflichtung vorsieht. Meist geht es darum, mit Hilfe der Information den Kenntnisstand der Verbraucher zu erweitern und sie darauf aufbauend bei der Ausübung ihres Wahlrechts (bezogen auf die Inanspruchnahme einer Dienstleistung bzw. den Kauf eines Produkts) zu unterstützen.[1064] Insofern dient die Information auch dem Beseitigen von Informationsasymmetrien, die üblicherweise zwischen Anbieter und Konsument, möglicherweise auch zwischen den Konsumenten untereinander, bestehen.[1065] Als Grundrecht, dessen Wahrnehmung hier unterstützt werden soll, kommt die allgemeine Handlungsfreiheit auch in Form der Vertragsfreiheit aus Art. 2 Abs. 1 GG in Betracht.[1066]

Auf der anderen Seite wird durch das Bereitstellen von Informationen die Transparenz des jeweiligen Geschäftszweigs erhöht und somit eine Vergleichbarkeit zwischen den einzelnen Anbietern geschaffen. Hierdurch wird in einer weiteren Folge ein Qualitätswettbewerb angestoßen, der die Marktstrukturen insgesamt verbessern kann.[1067] Ferner kann die Information die Anbieter dazu anhalten, eventuell undurchsichtige, unlautere oder sonst gesetzeswidrige Praktiken durch die öffentlichkeitswirksame Verbreitung einer entsprechenden Negativinformation künftig zu vermeiden. Hier stehen die Grundrechte, vor allem der Berufs- (Art. 12 Abs. 1 GG) und möglicherweise auch der Eigentumsfreiheit (Art. 14 Abs. 1 GG), in Rede.[1068]

1062 S. nur BVerfGE 95, 173, 183.

1063 BVerfGE 117, 163, 182. Zur Unterscheidung zwischen absoluten und relativen Gemeinschaftswerten als legitime Zwecke s. *Klatt/Meister,* JuS 2014, S. 193, 195.

1064 BT-Drs. 14/8738, S. 1, 11; *Kühnle*, in: Leible (Hrsg.), Verbraucherschutz, S. 5, 7; *Wollenschläger*, Stellungnahme, S. 7.

1065 *Schoch,* NJW 2010, S. 2241, 2242.

1066 S. dazu bereits unter Kap. 5, A V.

1067 *Martini,* DÖV 2010, S. 573, 574; *Martini/Albert,* NZS 2012, S. 201, 202; ebenso *Pick/Brüggemann,* RDG 2009, S. 206, 211.

1068 S. dazu bereits unter Kap. 5, B IV, V.

In diesen Zielen sind Gemeinwohlinteressen zu sehen, die auf vernünftigen Erwägungen beruhen und deren Verfolgung prinzipiell legitim ist.[1069]

Das (seinerseits legitime)[1070] Mittel, hier das der Aktivinformation, muss überdies im Hinblick auf das Erreichen des legitimen Zwecks geeignet sein.[1071] Ausreichend hierfür ist, dass es den Zweck fördert – es genügt also bereits die Möglichkeit einer Zweckerreichung, die besteht, wenn die Maßnahme nicht von vorneherein untauglich ist.[1072] Die Eignung ist grundsätzlich bei solchen Aktivinformationen zu bejahen, die zutreffend, aktuell, aussagekräftig und verständlich sind. Nicht geeignet sind indes falsche bzw. überholte Informationen, da sie die o.g. bezweckten Folgen nicht auszulösen vermögen bzw. womöglich gar das Gegenteil bewirken. Nach diesen Maßstäben ebenso generell ungeeignet sind unverständliche Informationen.[1073] Sie werden in der Regel überhaupt keine Folgen auslösen.

Die Erforderlichkeit einer Aktivinformation ist dann zu bejahen, wenn es kein gleich effektives, milderes, d. h die Grundrechte nicht oder weniger einschränkendes Mittel als ihre Veröffentlichung gibt.[1074] Soweit Rechte Dritter betroffen sind, dürfen Eingriffe nicht weiter gehen, als es die rechtfertigenden Gemeinwohlbelange erfordern.[1075] Zu beachten ist, dass dem Gesetzgeber bei seiner Aufgabe, das legitime Ziel zu erreichen, ein weiter Einschätzungs- und Prognosespielraum zusteht.[1076] Innerhalb

---

1069 A.A. *Becker*, ZLR 2011, S. 391, 409, der darauf abstellt, dass die Behörde nicht prüfe, zu welchem Zweck der Informationsadressat Zugang zu der Information erhalten wolle. Weil der Adressat möglicherweise ganz andere als die seitens des Gesetzgebers vorgesehenen Ziele erreichen wolle, entziehe sich der Grundrechtseingriff „jeder verfassungsrechtlichen Rechtfertigung". Diese Ansicht vermag indes nicht zu überzeugen, da es bei der Verhältnismäßigkeitsprüfung als Rechtfertigungselement eines hoheitlichen Eingriffes auf die objektivierten Ziele des Gesetzgebers und nicht auf die subjektiven Absichten Einzelner ankommt.

1070 *Klatt/Meister*, JuS 2014, S. 193, 195.

1071 BVerfGE 117, 163, 182; 100, 313, 373.

1072 BVerfGE 117, 163, 188 f.; 103, 293, 307; 100, 313, 373.

1073 S. Kap. 1, B I und Kap. 10, B I.

1074 Allgemein zur Erforderlichkeit BVerfG, Beschl. v. 14.1.2014 – 1 BvR 2998/11, 1 BvR 236/12 –, juris Rn. 80; BVerfGE 126, 112, 144 f.; 117, 163, 189; 80, 1, 30.

1075 BVerfGE 117, 163, 189; 106, 216, 219; 101, 331, 347.

1076 BVerfGE 126, 112, 145; 117, 163, 189; 77, 84, 106.

dieses Spielraums kann die Erforderlichkeit des gewählten Mittels nur unter Berücksichtigung der Eigenarten des jeweiligen Sachbereichs sowie der betroffenen Rechtsgüter und nur in begrenztem Umfang überprüft werden.[1077] Der Beurteilungsspielraum des Gesetzgebers ist aber jedenfalls dann überschritten, wenn die gesetzgeberischen Erwägungen „vernünftigerweise keine Grundlage für derartige Maßnahmen abgeben können".[1078]

Wie bereits deutlich wurde, sind hoheitliche Informationen nicht bereits deshalb das mildeste Mittel, weil sie „weiche" Steuerungsmittel sind, die nicht mit Zwang durchgesetzt werden können, sondern sie stehen dem klassischen Verwaltungshandeln in Bezug auf ihre Eingriffsintensität vielfach in nichts nach.[1079] Dementsprechend ist im Einzelfall zu prüfen, ob ein milderes Mittel zu einer staatlichen Information vorhanden ist. Als solches kommt in bestimmten Konstellationen z. B. die Verpflichtung des Herstellers zur Eigeninformation, bspw. die Information des Produktherstellers über sein eigenes Produkt, in Betracht.[1080] Hier kann etwa der Rückruf von Waren seitens des Herstellers vor der staatlichen Information angezeigt und auch ausreichend sein. Teilweise, z. B. im Produktsicherheitsrecht, wird ein solches Vorgehen auch gesetzlich vorgeschrieben.[1081]

Als mildere Mittel könnten ordnungsrechtliche Maßnahmen weitergehende Informationsmaßnahmen ausschließen. Voraussetzung ist aber die gleiche Eignung zur Zweckerreichung. Daran dürfte es oftmals bereits

---

1077 BVerfGE 117, 163, 189.

1078 BVerfGE 117, 163, 189; 110, 141, 157 f.; 77, 84, 106. Solche Erwägungen sind „offensichtlich fehlsam", s. BVerfGE 30, 292, 317.

1079 Dazu auch *Spaeth,* Grundrechtseingriff, S. 231. Zur (mindestens) vergleichbaren Wirkung informalen und rechtsförmigen Verwaltungshandelns s. Kap. 3, B II.

1080 Zum Vorrang sog. privater Risikomanagementmaßnahmen s. *Müller,* Risikokommunikation, S. 140.

1081 S. z. B. § 26 Abs. 2 S. 2 Nr. 7 ProdSG. Im Produktsicherheitsrecht unterscheidet man ferner zwischen stillen und offenen Rückrufen. Bei Produktfehlern, die sich nicht auf Leib, Leben und Gesundheit der Benutzer auswirken, kommt ein stiller Rückruf, d. h. die direkte Information von Kunden und Vertragshändlern in Betracht. Bestehen hingegen gesundheitliche Gefahren, ist der offene Rückruf erforderlich, d. h., dass unter Einschaltung der Medien eine rasche und möglichst weitreichende Streuung des Rückrufs zu besorgen ist. S. hierzu die Ausführungen von *Müller/Wallau/Grube,* Lebensmittelkontrolle, S. 12 und *Veltins*, in: Hauschka (Hrsg.), Compliance, § 24 Rn. 15. Auch im Landesrecht finden sich Vorschriften zum Vorrang herstellereigener Maßnahmen, vgl. dazu *Porsch,* ZLR 2003, S. 175, 188.

scheitern, denn die ordnungsrechtlichen Maßnahmen verfolgen andere Zwecke als die Veröffentlichungspflichten.[1082] Geht es um die Abwehr von Gefahren, so ist vor dem Hintergrund der staatlichen Schutzpflichten geboten, diesen effektiv, schnell und sicher mit ordnungsrechtlichen Maßnahmen zu begegnen. Daneben oder darüber hinaus bezwecken die Informationen aber nicht die Gefahrenabwehr, sondern in erster Linie den Verbraucherschutz und die Herstellung von Transparenz. Hierzu können umgekehrt die ordnungsrechtlichen Maßnahmen aber nicht, zumindest nicht mit der gleichen Eignung, beitragen. Stellt man auch die Auswirkungen der Informationsveröffentlichung auf das künftige Verhalten der Unternehmer mit ein, so können auch hier Informationen mehr bewirken als ordnungsrechtliche Maßnahmen. Bei der Veröffentlichung der Ergebnisse der Lebensmittelkontrolle wurde bspw. angeführt, dass vorübergehende Betriebsschließungen oder die Auferlegung von Bußgeldern teilweise in das Geschäftsmodell „eingepreist" seien und deshalb keine größeren Wirkungen zeigten.[1083] Eine Veröffentlichung dürfte in solch renitenten Fällen eher geeignet sein, die gewünschten Folgen auszulösen.

Zwar könnte man daran denken, den Verbraucher auf eine Eigeninformation zu verweisen, d. h. klassisch bei der zuständigen Behörde einen Antrag auf Zugang zu einer Information zu stellen oder sich bei dem Dienstleister selbst zu informieren. Dies wäre zwar ein milderes Mittel,[1084] aber auch hier ist die Effektivität nicht gleichwertig.[1085] Beide

---

1082 Ebenso *Guckelberger*, in: Hill/Schliesky (Hrsg.), S. 73, 92; *Schink,* DVBl. 2011, S. 253, 260. A.A. unter Außerachtlassung der verschiedenen Zielrichtungen *Becker/Blackstein,* NJW 2011, S. 490, 494; *Wissenschaftlicher Beirat des Bundes für Lebensmittelrecht und Lebensmittelkunde e.V. (BLL),* ZLR, S. 767, 768 f.

1083 Umsatzeinbußen und Bußgeld würden mit den Kosten für die dauerhafte Beschäftigung einer Reinigungskraft abgewogen, so der Praxisbericht des Stadtrats und Abteilungsleiters Verbraucherschutz des Berliner Bezirks Pankow *Kühne* in dem Film von *Zimmermann* „betrifft: Lebensmittelkontrolle!", ausgestrahlt im SWR am 28.1.2015.

1084 A.A. *Tolkmitt,* Instrumente, S. 469, die in der passiven Informationsgewährung kein milderes Mittel sieht. Dem ist jedoch entgegenzuhalten, dass die Reichweite einer auf Antrag herausgegebenen Information in Bezug auf den Empfängerkreis deutlich geringer ist als bei einer im Internet verbreiteten Aktivinformation.

1085 Generell die Notwendigkeit hoheitlicher Informationen mit Blick auf die vorhandenen Informationen durch Medien, Unternehmer, Konkurrenten und Verbraucherverbände in Frage stellend *Schroeder*, in: Böhm/Freund/Voit (Hrsg.), Information, S. 9, 23.

Möglichkeiten sind für den Verbraucher weit umständlicher und nicht so zeitnah zu erreichen, wie es der Abruf einer Information im Internet ermöglicht.[1086] Gerade bei der Auswahl eines Restaurants, über das er sich womöglich für den Besuch am gleichen Tag informieren möchte, ist es bei lebensnaher Betrachtung unrealistisch, dass der Verbraucher überhaupt von einem Antrag Gebrauch machen würde. Zudem kann er einen Vergleich der verschiedenen Anbieter, z. B. der Pflegeeinrichtungen, nahezu nicht alleine bewerkstelligen, da er hierfür eine Vielzahl unterschiedlicher Quellen, u.U. auch kostenpflichtige Informationszugangsanträge, heranziehen müsste.

Weiter ist, im Falle einer staatlichen Information, bezüglich der Erforderlichkeit über das Ausmaß (Inhalt und Dauer) einer Veröffentlichung nachzudenken. Werden Angaben gemacht, so sind sie einzeln auf ihre Erforderlichkeit hin zu überprüfen. Überflüssige Angaben sind zu unterlassen. Was die Dauer anbelangt, so muss die Veröffentlichung ebenfalls erforderlich sein, um die Kenntnisnahmemöglichkeit des Adressatenkreises sicherzustellen. Eine darüber hinaus andauernde Veröffentlichung, bspw. nach Wegfall des Grundes bzw. Zweckerreichung, muss erneut durch andere Gründe gerechtfertigt sein. Ist sie dies nicht, ist sie rechtswidrig.[1087] Auch in Bezug auf die Darstellung der Veröffentlichung und die Formulierung der Information ist der Maßstab der Erforderlichkeit zu beachten. Hier kommt es zu Überschneidungen mit dem Sachlichkeitsgebot, weshalb an dieser Stelle auf die Ausführungen in Kap. 10 verwiesen werden kann.

Schließlich muss die Information auch verhältnismäßig i.e.S. sein. Hier ist die Zweck-Mittel-Relation ausschlaggebend, will heißen, es kommt darauf an, dass die Publikumsinformation im Internet nicht außer Verhältnis zum angestrebten Zweck stehen darf. Maßgeblich ist an dieser Stelle eine Abwägung der betroffenen Rechtsgüter.[1088] Sofern der Gesetzgeber seinerseits Maßstäbe zur Auflösung des Konfliktes der betroffenen Rechtsgüter an die Hand gibt, kommt ihm bei der Beurteilung der Angemessenheit ein Einschätzungs- und Gestaltungsspielraum zu.[1089] Soll der Ausgleich durch

1086 Ebenso *Guckelberger*, in: Hill/Schliesky (Hrsg.), S. 73, 92; *Tolkmitt,* Instrumente, S. 469.

1087 Zu der Frage, ob auch beseitigte Verstöße noch veröffentlicht werden dürfen, s. Kap. 11, A II 3 a).

1088 BVerfGE 115, 205, 234.

1089 BVerfGE 115, 205, 234.

den Rechtsanwender selbst gefunden werden, so hat dieser seiner Beurteilung nur solche Abwägungsregeln zugrunde zu legen, die seinen Einschätzungsspielraum wahren und im konkreten Streitfall zur Herstellung praktischer Konkordanz förderlich sind.[1090]

Als betroffene Rechtsgüter sind regelmäßig die Grundrechte der Informationssubjekte, über die informiert wird, und die Grundrechte der Informationsadressaten, zu Gunsten derer die Information ins Internet gestellt wird, gegeneinander ins Verhältnis zu setzen.[1091]

III. Einfachgesetzliche Anforderungen

1. Zuständigkeit

Aktive Publikumsinformationen werden von der Behörde in Wahrnehmung ihrer Verwaltungsaufgaben veröffentlicht.[1092] Ein Handeln der Bundesregierung in Ausübung ihrer staatsleitenden Funktion liegt nicht vor, Art. 65 GG ist deshalb nicht maßgeblich.[1093] Es gilt, die föderale Kompetenzaufteilung zu wahren,[1094] nach der die Ausführung der Gesetze gemäß Art. 30, 83 GG Ländersache ist, sofern nicht das Grundgesetz ausnahmsweise eine entsprechende Bundeskompetenz normiert.[1095] Die Reichweite der Sachkompetenz richtet sich nach der jeweiligen Zuständigkeitsnorm

---

1090 BVerfGE 115, 205, 234.

1091 Zu den betroffenen Grundrechten s. Kap. 5.

1092 *Remmert*, in: Erichsen/Ehlers (Hrsg.), Allg VwR, § 37 Rn. 4.

1093 Für die Informationstätigkeit in Form von Aufklärung, Empfehlung und Warnung *Schatzschneider,* NJW 1991, S. 3202, 3202 sowie zur Warnung vor gesundheitsgefährdenden Lebensmitteln *Seemann,* ProduktInfo, S. 159; dazu, dass Informationskompetenzen vielfach als Annexkompetenzen hergeleitet wurden, s. *v. Danwitz,* Verfassungsfragen, S. 85. m.w.N. Für die Kompetenz der Regierungstätigkeit s. ausf. *Spaeth,* Grundrechtseingriff, S. 49 ff.

1094 *Schatzschneider,* NJW 1991, S. 3202, 3202; ebenso *v. Danwitz,* Verfassungsfragen, S. 86.

1095 *Kirchhof*, in: Maunz/Dürig, GG, Art. 83 Rn. 1 ff.; *Philipp,* Verbraucherinformation, S. 55; *Suerbaum*, in: Epping/Hillgruber, Art. 83 GG Rn. 7 ff.; *Seemann,* ProduktInfo, S. 160; Beispiele, in denen die Informationskompetenzen gemäß Art 87 ff. GG auf Bundesbehörden übertragen wurden, finden sich bei *v. Danwitz,* Verfassungsfragen, S. 86.

im Einzelfall.[1096] Eine unter Missachtung der Zuständigkeitsnormen erfolgte Information der Öffentlichkeit ist grundsätzlich rechtswidrig.[1097]

2. Anhörungserfordernis

Art. 103 Abs. 1 GG gewährt einen Anspruch auf rechtliches Gehör nur im Gerichtsverfahren. Im Verwaltungsverfahren wird der Anspruch aus dem Rechtsstaatsprinzip (Art. 20 Abs. 3 GG), den Grundrechten und aus der Menschenwürde (Art. 1 Abs. 1 GG) hergeleitet.[1098] Er stellt eines der elementarsten Rechte der Betroffenen im Verwaltungsverfahren dar.[1099] Einfachgesetzlich findet er seine Grundlage in § 28 (L)VwVfG. Hiernach ist vor Erlass eines Verwaltungsaktes, der in die Rechte eines Beteiligten eingreift, diesem Gelegenheit zur Stellungnahme zu geben. In dieser kann der Beteiligte, § 13 (L)VwVfG, die seinen Einzelfall kennzeichnenden Umstände und das Ausmaß seiner Betroffenheit für die Behörde nachzeichnen und seine Rechte wahren.[1100] Zudem kann sich der frühzeitige kommunikative Austausch zwischen Bürger und Verwaltung und die mögliche Einflussnahme des Bürgers auf die Verwaltungsentscheidung positiv auf ihre spätere Akzeptanz auswirken.[1101] Neben den Vorteilen für den Bürger birgt das Anhörungserfordernis aber auch wesentliche, positive Aspekte für die Verwaltung. Hierzu zählt insbesondere die Aufklärung des Sachverhalts durch das Vorbringen des Einzelnen.[1102] Eine vollständige Entscheidungsgrundlage trägt zur Richtigkeit der Verwaltungsentscheidung

1096 *V. Danwitz,* Verfassungsfragen, S. 85.

1097 *V. Danwitz,* Verfassungsfragen, S. 85; *Philipp,* Verbraucherinformation, S. 87; *Spaeth,* Grundrechtseingriff, S. 47.

1098 S. dazu *Kallerhoff,* in: Stelkens/Bonk/Sachs, VwVfG, § 28 VwVfG Rn. 1; *Decker*, in: Wolff/Decker (Hrsg.), VwGO VwVfG, § 28 VwVfG Rn. 1; *Guckelberger,* JuS 2011, S. 577, 577; *Ipsen,* Allg VwR, § 15 Rn. 927.

1099 *Guckelberger,* JuS 2011, S. 577, 577; *Herrmann,* in: Bader/Ronellenfitsch, VwVfG, § 28 VwVfG Rn. 1 f.; *Hochhuth,* NVwZ 2003, S. 30, 30; *Seemann,* ProduktInfo, S. 160.

1100 *Guckelberger,* JuS 2011, S. 577, 578.

1101 *Guckelberger,* JuS 2011, S. 577, 578.

1102 *V. Danwitz,* Verfassungsfragen, S. 89; *Guckelberger,* JuS 2011, S. 577, 578; *Seemann,* ProduktInfo, S. 160; *Philipp,* Verbraucherinformation, S. 228; *Spaeth,* Grundrechtseingriff, S. 217.

bei[1103] und vermindert nicht zuletzt das Risiko einer haftungsrechtlichen Inanspruchnahme der Behörde für eine falsche Entscheidung.

a) Direkte Anwendbarkeit des § 28 (L)VwVfG

§ 28 (L)VwVfG setzt dem Wortlaut nach einen belastenden Verwaltungsakt voraus. Kernpunkt ist daher die Frage, ob staatliches Informationshandeln die Merkmale „einseitige Regelung eines Einzelfalls", die gemäß § 35 S. 1 (L)VwVfG Bestandteile des Verwaltungsaktes sind, in jedem Fall erfüllt. Zum Teil wird vertreten, es könne sich im Einzelfall aus der Duldungspflicht einer Informationsveröffentlichung eine Regelungswirkung ergeben.[1104] Diese Konstruktion ist vor dem Hintergrund, dass Rechtsschutz heute gleichermaßen gegen rechtsförmliches Verwaltungshandeln wie auch gegen Realakte zur Verfügung steht, nicht mehr überzeugend.[1105]

Weit überwiegend wird die Regelungswirkung deshalb verneint. So bezeichnete das BVerfG die Veröffentlichung der Arzneimitteltransparenzlisten als „schlicht-verwaltende Tätigkeit".[1106] Im Zusammenhang mit einem Verfassungsschutzbericht erwähnte der Hessische VGH, es handele sich dabei nicht um einen Verwaltungsakt, sondern um eine Information.[1107] Das LG Stuttgart distanzierte sich für den Fall behördlicher Warnungen explizit von der früheren Gegenmeinung, dass der von Warnungen ausgehende Druck faktisch unmittelbarem Verwaltungszwang gleichkomme und daher einen Verwaltungsakt darstelle.[1108] Auch in der Literatur wird mehrheitlich – auch explizit im Zusammenhang mit staatlichen Publikumsinformationen – von einem schlichten Verwaltungshandeln ausgegangen.[1109]

1103 *Guckelberger,* JuS 2011, S. 577, 578; s. auch *Philipp,* Verbraucherinformation, S. 228.

1104 *Rathke*, in: Zipfel/Rathke, LebensmittelR, § 40 LFGB Rn. 3i.

1105 S. nur *v. Alemann/Scheffczyk*, in: Bader/Ronellenfitsch, VwVfG, § 35 Rn. 151.

1106 BVerwGE 71, 183, 186. Näher zu dieser Entscheidung Kap. 6, A II 2.

1107 VGH Kassel NVwZ 2003, 1000, 1001.

1108 LG Stuttgart NJW 1989, 2257, 2258.

1109 S. nur *Hufen* auf der Juristischen Fachtagung des BLL, nachzulesen bei *Girnau/Wallau,* ZLR 2011, S. 517, 519; *Peters,* JURA 2014, S. 752, 754; *Schoch,* NVwZ 2012, S. 1497, 1502; *ders.,* NJW 2010, S. 2241, 2247; *ders.*, in: Isensee/Kirchhof (Hrsg.), Hdb StaatsR III, § 37 Rn. 25 (hier die Einteilung in die „Auffangkategorie" Realakt als unzureichend kritisierend); ebenso in Bezug auf die

Der zuletzt genannten Ansicht ist hier grundsätzlich zuzustimmen. Dementsprechend ist, wie bereits gesehen, staatliches Informationshandeln informales (schlichtes)[1110] Handeln,[1111] da es i. d. R. nicht final auf einen Rechtserfolg, sondern unmittelbar auf einen tatsächlichen Erfolg gerichtet ist.[1112]

Eine – soweit erkennbar unstreitige – Ausnahme stellen nur die im Rahmen eines förmlichen Verfahrens, bspw. nach IFG oder VIG, veröffentlichten Informationen dar. Hier erfolgt der Informationszugang auf Antrag. Die Informationsgewährung beruht somit auf einem positiven Bescheid, die Verweigerung auf einem ablehnenden Bescheid; beiden Entscheidungen kommt damit unmittelbare Regelungswirkung zu (Verwaltungsakt mit Doppelwirkung).[1113] Hiermit nicht vergleichbar ist die aktive Informationsveröffentlichung, die sich auf die tatsächliche, antragslose Bereitstellung einer Information außerhalb eines Verwaltungsverfahrens beschränkt.

Produktmeldungen auf www.lebensmittelklarheit.de (mit der Besonderheit, dass es in diesem Fall möglicherweise bereits am Behördenmerkmal des § 35 VwVfG fehlt). Zudem statt vieler *Kopp/Ramsauer*, VwVfG, § 35 Rn. 91; *Maurer*, Allg VwR, § 15 Rn. 1; *U. Stelkens*, in: Stelkens/Bonk/Sachs, VwVfG, § 35 Rn. 86.

1110 Nach *Schulte,* Verwaltungshandeln, S. 19 reicht „die Begriffspalette [...] dabei vom Realakt, dem rein tatsächlichen Akt, der Tathandlung und dem tatsächlichen Verwaltungshandeln auf der einen Seite bis zum schlichten, schlicht-hoheitlichen Verwaltungshandeln, der schlichten Verwaltungshandlung bzw. der schlichten Verwaltungsäußerung, dem schlichten Hoheitshandeln und der schlichten Hoheitsverwaltung auf der anderen Seite." Zur Entstehungsgeschichte schlichten Verwaltungshandelns s. *Spaeth,* Grundrechtseingriff, S. 35 f.

1111 S. dazu bereits unter Kap. 3, B II.

1112 Die Unterscheidung „tatsächlicher" und „rechtlicher Erfolg" findet sich standardmäßig als Abgrenzungsmerkmal, vgl. z. B. *Gusy,* NJW 2000, S. 977, 978 f.; *Maurer,* Allg VwR, § 15 Rn. 1; *Sodan/Ziekow,* GK ÖR, 73 Rn. 4; *Philipp,* Verbraucherinformation, S. 10; *Spaeth,* Grundrechtseingriff, S. 36; zu diesem Befund und der Feststellung eines im Übrigen diffusen Begriffsbilds s. *Schulte,* Verwaltungshandeln, S. 21. Zur im Ergebnis identischen Differenzierung, ausgehend von der Frage Maßnahme mit oder ohne Regelungscharakter s. *Remmert,* in: Erichsen/Ehlers (Hrsg.), Allg VwR, § 17 Rn. 3.

1113 S. dazu OVG NRW LMRR 2014, 13; *Hofmann-Hoeppel,* in: Eiding/Hofmann-Hoeppel (Hrsg.), VerwR, S. 106, Rn. 69, 74; *Hufen* auf der Juristischen Fachtagung des BLL, nachzulesen bei *Girnau/Wallau,* ZLR 2011, S. 517, 519; *Immel/Schneider,* LMuR 2009, S. 142, 142; *Schoch,* NJW 2009, S. 2988, 2992; *v. Alemann/Scheffczyk*, in: Bader/Ronellenfitsch, VwVfG, § 35 Rn. 149.

Die Einschätzung aktiven staatlichen Informationshandelns als schlichtes Verwaltungshandeln gilt aber nicht ausnahmslos, wie das Beispiel des sog. Kontrollbarometers zeigt.[1114] Bei diesem soll dem Betreiber bspw. einer Gaststätte ein Dokument mit einer amtlichen Bewertung der Einrichtung ausgehändigt werden, welches dieser sodann der Öffentlichkeit, i. d. R. durch Aushang an der Ladentür, zugänglich zu machen hat. Hierin kann, je nachdem ob die konkrete Pflicht, das Bewertungsergebnis auszuhängen, der Aushändigung der Bewertung immanent ist, ein Verwaltungsakt zu sehen sein. Ist der Aushändigung bereits eine Pflicht zur Veröffentlichung im Lokal immanent, so liegt in dieser Auferlegung der Verhaltenspflicht eine unmittelbare Rechtswirkung im Einzelfall, die eine Einordnung als Verwaltungsakt rechtfertigt.[1115] Wird lediglich die Bewertung ausgehändigt, ohne dass sich daraus weitergehende Rechte oder Pflichten ergeben, ist die Aushändigung rein tatsächliches Handeln. Für die Rechtsschutzwahl sind hierbei auch die äußeren Umstände,[1116] etwa ob die Bewertung mit einer Rechtsmittelbelehrung versehen ist, entscheidend. Maßgeblich ist, wie der Adressat analog § 133 BGB die Erklärung der Behörde nach objektiver Auslegung verstehen musste.[1117]

Abstrahiert man das Beispiel des Kontrollbarometers, so lässt sich festhalten, dass in Konstellationen, in denen der Staat seine Informationsmaßnahme nicht selbst veröffentlicht, sondern die Veröffentlichung einem Dritten überträgt, die Übertragung dieser Pflicht eine Rechtswirkung begründet, welche die Einordnung in rechtsförmliches Handeln gebietet.

Im „Normalfall“, in dem der Staat seine Information selbst aktiv veröffentlicht, liegt indes schlichtes, informales Verwaltungshandeln vor, welches rein faktische, tatsächliche Wirkungen hervorruft. Eine Anhörung nach § 28 (L)VwVfG ist hier nur geboten, sofern man eine entsprechende Analogie bejaht.

1114 Zum Vorhaben selbst s. Kap. 11, A V.

1115 *Kügel/Plaßmann,* LMuR 2012, S. 1, 7 f.

1116 *Kopp/Ramsauer*, VwVfG, § 35 Rn. 51.

1117 BVerwGE 140, 245, 248; *Kopp/Ramsauer*, VwVfG, § 35 Rn. 54.

b) Analoge Anwendbarkeit des § 28 (L)VwVfG

Voraussetzung für eine Analogie ist das Vorliegen einer vergleichbaren Interessenlage und das Bestehen einer planwidrigen Regelungslücke.[1118] In Bezug auf Ersteres ist in die Waagschale zu werfen, dass das schlichte Verwaltungshandeln dem rechtsförmlichen Verwaltungshandeln hinsichtlich seiner Belastungswirkung in nichts nachsteht.[1119] Auch die bereits erwähnte Irreversibilität des Informationshandelns muss hierbei in die Überlegungen mit einfließen:[1120] Einmal veröffentlichte Informationen können nicht mehr zurückgeholt werden, nachträglicher Rechtsschutz in Form von Widerrufs- oder Unterlassungsansprüchen ist oftmals wenig effektiv und nicht geeignet, einen (weiteren) Schadenseintritt zu verhindern.[1121] Ferner spricht der Aspekt des Grundrechtsschutzes durch Verfahren[1122] für das Erfordernis einer Anhörung.[1123] Neben der herausragenden Bedeutung, die die vorherige Anhörung für den Betroffenen hat, sind auch die Vorteile einer Anhörung für die handelnde Behörde zu bedenken. Möglicherweise treten so Fakten zu Tage, die die Behörde vor einer unrichtigen Publikumsinformation[1124] und letztendlich vor ihrer Inanspruchnahme im Rahmen eines Amtshaftungsprozesses bewahren. Eine vergleichbare Interessenlage ist mithin zu bejahen.

Im Weiteren müsste die Norm planwidrig das nichtförmliche Verwaltungshandeln aussparen. Erhellend für die Beantwortung dieser Frage ist ein Blick in die Entstehungsgeschichte der Norm. Das VwVfG ist am 1.1.1977 in Kraft getreten[1125] und § 28 VwVfG gilt seitdem bis heute unverändert fort. Zur Zeit des Inkrafttretens der Norm war der Verwaltungsakt als Haupthandlungsinstrument der Verwaltung von überragender Be-

---

1118 So z. B. BVerfG, Beschluss v. 28.10.2013 – 5 B 66/13, juris, Rn. 9.

1119 S. Kap. 3, B II und Kap. 5, B I.

1120 S. nur *v. Danwitz,* Verfassungsfragen, S. 86 f. sowie *Schoch,* NJW 2012, S. 2844, 2845. S. auch dazu Kap. 4, D und Kap. 6, A I.

1121 *V. Danwitz,* Verfassungsfragen, S. 87. Zur fehlenden Rückholbarkeit auch *Becker,* ZLR 2011, S. 391, 420; *Schink,* DVBl. 2011, S. 253, 260; *Spiecker gen. Döhmann,* in: Hecker/Hendler/Proelß/Reiff (Hrsg.), Rechtsfragen, S. 155, 175.

1122 S. dazu die Grundsatzentscheidung BVerfGE 53, 30 ff.

1123 *Schoch,* AfP 2010, S. 313, 323.

1124 Nach BVerfGE 105, 252, 272 muss der Sachverhalt „sorgsam und unter Nutzung verfügbarer Informationsquellen, gegebenenfalls auch unter Anhörung Betroffener, […] aufgeklärt worden […] [sein]".

1125 Gemäß § 103 Abs. 1 VwVfG, vgl. BGBl. 1976 I S. 1253.

deutung.[1126] Insofern ist es nicht überraschend, dass er hier ausschließlich bedacht wurde. Einen weiterführenden Hinweis gibt zudem die Begründung des Gesetzesentwurfs: „Es kann bei alledem allerdings nicht verkannt werden, daß durch das Eigengewicht, das eine ganze Reihe von Vorschriften dieses Entwurfs besitzt (z. B. rechtliches Gehör, [...]), diese über den eigentlichen engeren Anwendungsbereich hinaus allgemeine Bedeutung für alle vom Entwurf nicht erfaßten Verfahrensarten erlangen werden“.[1127] Folglich war dem Gesetzgeber schon damals bewusst, dass der Anwendungsbereich allgemein bedeutsamer Verfahrensregelungen nicht untrennbar mit der Rechtsform des Verwaltungsaktes verknüpft ist. Insofern wird bereits indirekt auf die Möglichkeit einer analogen Anwendung hingewiesen.

Dementsprechend ist es, obwohl § 28 (L)VwVfG auch bei Gesetzesnovellen bislang unverändert geblieben ist, zulässig und geboten, bei belastenden Informationen des Staates, die in die Rechte desjenigen, über dessen Verhalten informiert wird, eingreifen, eine Anhörung aufgrund einer analogen Anwendung des § 28 (L)VwVfG vor der aktiven Verbreitung der Information durchzuführen.[1128]

Bei neueren Gesetzen, namentlich in § 6 Abs. 1 S. 3 i. V. m. § 5 Abs. 1 S. 2 VIG, § 40 Abs. 3 S. 1 LFGB sowie in § 27 Abs. 2 S. 1 ProdSG, wurde das Anhörungsrecht des Betroffenen bereits spezialgesetzlich verbürgt, so dass eine Anhörung hier unstreitig durchgeführt werden muss. Können die speziellen Normen für andere Gebiete staatlichen Informationshandelns weder in direkter noch in analoger Anwendung fruchtbar gemacht werden, ist auf § 28 (L)VwVfG analog zurückzugreifen. Grenzen des Anhörungsrechts, wie sie auch § 28 Abs. 2 (L)VwVfG normiert, sind ohne Bedenken auch bei staatlichem Informationshandeln möglich.[1129] Eine einschränken-

---

1126 S. Kap. 3, B I.

1127 BT-Drs. 7/910, S. 42.

1128 So auch *v. Danwitz,* Verfassungsfragen, S. 86 ff.; *Kopp/Ramsauer,* VwVfG, 28 Rn. 4a; *Pünder*, in: Erichsen/Ehlers (Hrsg.), Allg VwR, § 14 Rn. 27; *Schatzschneider,* NJW 1991, S. 3202, 3203; *Schoch,* NJW 2012, S. 2844, 2849; *ders.,* AfP 2010, S. 313, 323; *Seemann,* ProduktInfo, S. 160. A.A. z. B. *Decker*, in: Wolff/Decker (Hrsg.), VwGO VwVfG, § 28 VwVfG Rn. 7. Nach HessVGH NVwZ 2003, 1000, 100 f. ist eine Anhörung vor der Veröffentlichung eines Verfassungsschutzberichts nicht erforderlich, da es sich hierbei um Regierungs- und nicht um Verwaltungshandeln handelt.

1129 *V. Danwitz,* Verfassungsfragen, S. 90.

de Ausgestaltung haben die § 6 Abs. 1 S. 3 i. V. m. § 5 Abs. 1 S. 2 Nrn. 1 und 2 VIG bereits erfahren.[1130]

1130 Zur Frage der Rechtmäßigkeit der dortigen Ausgestaltung s. Kap. 11, A III 2 c) (1).

Kapitel 7: Rechtsschutz gegen rechtswidrige Publikumsinformationen

Entspricht eine amtliche Information nicht den erforderlichen Voraussetzungen, etwa weil sie ohne taugliche Ermächtigungsgrundlage erging, die Voraussetzungen einer Ermächtigungsgrundlage nicht vorlagen oder sie verfassungsrechtlich nicht gerechtfertigt war, stellt sich die Frage nach den Rechtsschutzmöglichkeiten der Informationssubjekte und der Informationsadressaten gegen eine solch rechtswidrige Information.

In Betracht kommen v. a. der verschuldensunabhängige öffentlich-rechtliche Unterlassungs- und Folgenbeseitigungsanspruch, gerichtet auf künftiges Unterlassen, Widerruf und Richtigstellung in der Öffentlichkeit[1131] und der verschuldensabhängige Amtshaftungsanspruch aus Art. 34 S. 1 GG i. V. m. § 839 BGB, gerichtet auf Entschädigung. Ersterer setzt voraus, dass die ursprüngliche Äußerung eine falsche Tatsachenbehauptung beinhaltete.[1132] War sie dagegen richtig, die Information aber dennoch wegen Fehlens anderer Voraussetzungen – z. B. mangels Rechtsgrundlage – rechtswidrig, so kann ihr nicht mit dem Unterlassungs- und Folgenbeseitigungsanspruch begegnet werden, da der Widerruf einer richtigen Information eine falsche Information voraussetzen würde.[1133] In einer solchen Fallgestaltung kann es folglich nur um eine Entschädigung gehen, die mit dem Amtshaftungsanspruch geltend gemacht werden kann.[1134]

A. Folgenbeseitigungs-/ Widerrufsanspruch

Das BVerwG judizierte in seiner Entscheidung zur TM-Bewegung, es sei „zur Vermeidung übermäßiger und darum rechtswidriger Eingriffsfolgen

---

1131 *Krause,* Rechtsformen, S. 336; *Seemann,* ProduktInfo, S. 161. Aus dem allgemeinen Folgenbeseitigungsanspruch soll nach *Dolde,* S. 50, auch eine Pflicht zur Entwarnung nach Beendigung der faktischen Beeinträchtigung folgen.

1132 *Spaeth,* Grundrechtseingriff, S. 218.

1133 *Spaeth,* Grundrechtseingriff, S. 218.

1134 *Spaeth,* Grundrechtseingriff, S. 218.

erforderlich, daß die frühere Darstellung der Gefahrenlage durch eine neue, dem fortgeschrittenen Erkenntnisstand entsprechende Darstellung ersetzt wird […].“[1135] Sofern keine spezialgesetzlichen Regelungen vorrangig anzuwenden sind,[1136] kann und muss hierzu auf den allgemeinen, öffentlich-rechtlichen Folgenbeseitigungsanspruch in der Ausgestaltung des Widerrufsanspruchs zurückgegriffen werden.[1137] Der Amtshaftungsanspruch gemäß Art. 34 GG i. V. m. § 839 BGB kommt als Beseitigungsanspruch regelmäßig nicht in Betracht, da er keinen Anspruch auf Naturalrestitution gewährt, soweit diese die Vornahme einer Amtshandlung voraussetzt.[1138]

Der öffentlich-rechtliche Folgenbeseitigungsanspruch ist nicht positiv gesetzlich geregelt und wird in § 113 Abs. 1 S. 2 VwGO nur vorausgesetzt.[1139] Seine dogmatische Verankerung ist deshalb umstritten. Die Positionen variieren bereits innerhalb der Rechtsprechung der verschiedenen Senate des BVerwG von der Verankerung im Grundsatz der Gesetzmäßigkeit der Verwaltung (3. Senat)[1140] oder aber in den Freiheitsgrundrechten

---

1135 BVerwGE 82, 76, 95; s. dazu auch *Schoch,* AfP 2010, S. 313, 324. Zu dieser Entscheidung s. Kap. 6, A II 3.

1136 So z. B. § 40 Abs. 4 LFGB und § 6 Abs. 4 VIG. Hiernach sind Informationen, die sich im Nachhinein als falsch herausgestellt haben, richtig zu stellen, „sofern der oder die Dritte dies beantragt oder dies zur Wahrung erheblicher Belange des Gemeinwohls erforderlich ist“. Zur Kritik am Antragserfordernis *Guckelberger*, in: Hill/Schliesky (Hrsg.), S. 73, 109; *Wustmann*, in: Dix/Franßen/Kloepfer/Schaar/Schoch/Deutsche Gesellschaft für Informationsfreiheit (Hrsg.), Informationsfreiheit, S. 197, 214 f. Bei dieser Kritik ist allerdings – mit Blick auf den in Kap. 9, C I 3 vorgestellten Streisand-Effekt – zu bedenken, dass das Antragserfordernis durchaus im Interesse des Betroffenen sein kann, nämlich wenn ein Unternehmen von einer Richtigstellung absichtlich Abstand nimmt, um nicht in die Schlagzeilen zu geraten.

1137 S. allgemein *Remmert*, in: Erichsen/Ehlers (Hrsg.), Allg VwR, § 36 Rn. 6; *Spaeth,* Grundrechtseingriff, S. 233; speziell für behördliche Internetportale s. *Ingold*, Die Verw. 48 (2015), S. 525, 538 ff.

1138 *Papier*, in: Maunz/Dürig, GG, Art. 34 Rn. 63.

1139 Ausführlich dazu BVerwG DÖV 1971a, 857, 858 f.; s. auch *Grzeszick*, in: Erichsen/Ehlers (Hrsg.), Allg VwR, § 45 Rn. 114; *Ossenbühl/Cornils,* StaatshaftungsR, S. 360; *Wolff*, in: Wolff/Decker (Hrsg.), VwGO VwVfG, § 113 VwGO, Rn. 59.

1140 Das BVerwGE 69, 366, 370 betont, durch die Bindung der vollziehenden Gewalt an Recht und Gesetz ließe sich ihre Verpflichtung ableiten, die „rechtswidrigen Folgen ihrer Amtshandlung wieder zu beseitigen“.

(4. Senat)[1141]. Teilweise wird die Herleitung offen gelassen (7. Senat).[1142] Eine andere Ansicht will den Anspruch auf eine Analogie zu den zivilrechtlichen Vorschriften der §§ 1004, 12, 862 BGB und den damit verbundenen „quasi-negatorischen Beseitigungsanspruch" stützen.[1143] Unabhängig von den Einzelheiten kann aber festgehalten werden, wie dies auch die Rechtsprechung zu tun pflegt,[1144] dass der Anspruch auf Folgenbeseitigung jedenfalls gewohnheitsrechtlich allgemein anerkannt ist. Seine grundsätzliche Existenz und Anwendbarkeit sind deshalb unumstritten.

Die Voraussetzungen für den Anspruch auf Folgenbeseitigung sind positiv ein hoheitlicher Eingriff in ein subjektives Recht, das Andauern dieses rechtswidrigen Zustandes, die tatsächliche, rechtliche und zumutbare Rückgängigmachung der Folgen und negativ kein Mitverschulden und keine Verjährung.[1145]

Die hoheitliche Verbreitung *unrichtiger* Informationen ist nach dem Gesagten rechtswidrig. Bei bekannt falschen Informationen trifft dies bereits auf ihre Veröffentlichung zu.[1146] Bei sich erst später als falsch herausstellenden Informationen entfällt nachträglich die Duldungspflicht des Informationssubjektes. Dass es sich hierbei um Folgen schlichten Verwaltungs-

---

1141 Nach BVerwGE 82, 24, 25 genügt die subjektive Rechtsposition des Straßenanliegers aus Art. 14 Abs. 1 GG, um sich gegen rechtswidrige Beeinträchtigungen der öffentlichen Hand wehren zu können.

1142 Das BVerwGE 82, 76, 95 nennt als Ursprung sowohl die Grundrechte als auch das Rechtsstaatsprinzip, ohne aber eine Entscheidung zu treffen. Ebenso BayVGH BeckRS 2012, 59762. S. dazu auch die Ausführungen bei *Grzeszick*, in: Erichsen/Ehlers (Hrsg.), Allg VwR, § 45 Rn. 114 sowie bei *Ossenbühl/ Cornils,* StaatshaftungsR, S. 363.

1143 *Bettermann,* DÖV 1955, S. 528, 534 ff. Die Ansicht nur wiedergebend *Faber,* NVwZ 2003, S. 159, 160; *Wolff,* in: Wolff/Decker (Hrsg.), VwGO VwVfG, § 113 VwGO Rn. 68.

1144 So bereits BVerwGE 69, 366, 368; BVerwG DÖV 1971, 857, 858; aus neuerer Zeit OVG Lüneburg, Beschluss v. 9.10.2014 – 7 LA 70/13, juris, Rn. 3; OVG LSA, Urteil v. 23.10.2013 – 3 L 84/12, juris, Rn. 34.

1145 *Detterbeck,* ÖffR, Rn. 1056 ff.; *Maurer,* Allg VwR, § 30 Rn. 7; *Peine,* Allg VwR, Rn. 1068 ff.; *Wolff,* in: Wolff/Decker (Hrsg.), VwGO VwVfG, § 113 VwGO Rn. 68.

1146 „Äußerungen, die zum Zeitpunkt ihrer Aufstellung oder Verbreitung nachweislich oder gar wissentlich falsch sind, muss ein Betroffener von vornherein nicht dulden", OLG d. Saarlandes ZUM-RD 2012, 265, 268 f.

handelns handelt, ist irrelevant, denn diese sind, gleich den Folgen eines Verwaltungsaktes, tauglicher Beseitigungsgegenstand.[1147]

Der Widerrufsanspruch bezieht sich inhaltlich nur auf unrichtige Informationen im Sinne unwahrer Tatsachenbehauptungen und erstreckt sich nicht auf rechtliche Bewertungen.[1148] Hintergrund ist, dass diese „weder einem Wahrheitsbeweis noch einer Widerlegung zugänglich [sind]" und niemand „im Wege der Zwangsvollstreckung gezwungen werden [kann], eine Überzeugung aufzugeben oder eine Würdigung zurückzunehmen".[1149] So hatte z. B. das OVG NRW in seinem Beschluss nach § 123 VwGO zur E-Zigarette einen Widerrufsanspruch verneint.[1150]

Entscheidend ist, dass der Betroffene durch die hoheitliche Information eindeutig individualisierbar ist.[1151] Ansonsten scheidet eine Verletzung des eigenen Rechtes aus.[1152]

Der durch den hoheitlichen Eingriff ausgelöste rechtswidrige Zustand muss gegenwärtig sein, also noch andauern.[1153] Dies ist zu bejahen, solange er nicht zwischenzeitlich legalisiert wurde oder sich auf andere Weise erledigt hat.[1154] Bei der Frage der tatsächlich und rechtlich möglichen sowie zumutbaren Rückgängigmachung der Folgen ist neben der faktischen Möglichkeit der Folgenbeseitigung vor allem maßgeblich, ob Rechte Dritter entgegenstehen und die Folgenbeseitigung zudem verhältnismäßig ist.[1155] Letzteres ist dann nicht der Fall, wenn der Aufwand für die Beseitigung unverhältnismäßig hoch ist und dem Interesse des Betroffenen auch durch die Zahlung einer Geldentschädigung Genüge getan werden kann.[1156] Als Negativvoraussetzung darf der Anspruch weder durch Mit-

---

1147 *Faber,* NVwZ 2003, S. 159, 159; *Grzeszick,* in: Erichsen/Ehlers (Hrsg.), Allg VwR, § 45 Rn. 126.

1148 *Martini/Kühl,* JURA 2014, S. 1221, 1227; *Ossenbühl/Cornils,* StaatshaftungsR, S. 372.

1149 OVG NRW NVwZ 2012, 767, 769. S. auch *Spaeth,* Grundrechtseingriff, S. 233.

1150 OVG NRW NVwZ 2012, 767, 769. S. dazu Kap. 6, A II 8.

1151 *Spaeth,* Grundrechtseingriff, S. 233.

1152 Im Einzelnen zu den in Betracht kommenden Grundrechten s. Kap. 5.

1153 *Ossenbühl/Cornils,* StaatshaftungsR, S. 383; *Peine,* Allg VwR, Rn. 1071.

1154 *Maurer,* Allg VwR, § 30 Rn. 15; *Ossenbühl/Cornils,* StaatshaftungsR, S. 383; *Peine,* Allg VwR, Rn. 1071.

1155 *Detterbeck,* ÖffR, Rn. 1061 ff.; *Frenz,* ÖffR, Rn. 1314; *Maurer,* Allg VwR, § 30 Rn. 14; *Ossenbühl/Cornils,* StaatshaftungsR, S. 384 ff.

1156 Ob sich der Folgenbeseitigungs- in einen Folgenentschädigungsanspruch umwandelt, ist streitig, s. *Detterbeck,* ÖffR, Rn. 1063 m.w.N. für beide Ansichten. Nach *Maurer,* Allg VwR, § 30 Rn. 17 ist der Folgenentschädigungsanspruch

verschulden ausgeschlossen noch verjährt sein. Das Mitverschulden kann ganz oder teilweise zum Anspruchsausschluss führen, maßgeblich ist § 254 BGB analog.[1157] Ist der Anspruch unteilbar, wandelt er sich in einen anteilsmäßigen Folgenentschädigungsanspruch um (§ 251 Abs. 1 BGB entsprechend).[1158] Der Anspruch verjährt analog §§ 195, 199 BGB in der Regelfrist von drei Jahren.[1159]

Rechtsfolge des Anspruchs ist die Wiederherstellung des Status quo ante, nicht jedoch die Naturalrestitution im Sinne der Wiederherstellung des hypothetischen Zustands, der bestünde, wäre das schädigende Ereignis nicht eingetreten.[1160] Bezogen auf rechtswidrige Äußerungen eines Verwaltungsträgers besteht die Rechtsfolge im Widerruf der amtlichen Information, wobei dieser durch die Behörde als Anstellungskörperschaft und nicht durch den handelnden Beamten selbst vorgenommen werden muss.[1161] Die Richtigstellung hat dabei so zu erfolgen, dass sie in ihrer Wirkung der Wirkung der falsch verbreiteten Information möglichst nahekommt, in der Regel also über das gleiche Medium und in gleicher Art und Weise bezüglich der Form, Aufmachung und Intensität der Darstellung.[1162] Zur Entscheidung über den mit der allgemeinen Leistungsklage zu verfolgenden Anspruch sind die Verwaltungsgerichte berufen (§ 40 Abs. 1 S. 1 VwGO).[1163]

---

kein eigener Anspruch, sondern nach Maßgabe des öffentlich-rechtlichen Entschädigungsanspruchs geltend zu machen.

1157 *Frenz,* ÖffR, Rn. 1319.

1158 Grundlegend BVerwGE 82, 24, aus neuerer Zeit BVerwG NVwZ 2011, 1388, 1389 (Bestehen in der Sache allerdings offengelassen); OVG RhPf, Urteil v. 25.10.2012 – 7 A 10671/12, juris, Rn. 23; aus der Literatur s. nur *Detterbeck,* ÖffR, Rn. 1063; *Frenz,* ÖffR, Rn. 1320; *Maurer,* Allg VwR, § 30 Rn. 18.

1159 *Detterbeck,* ÖffR, Rn. 1066; *Peine,* Allg VwR, Rn. 1077. A.A. *Kopp/Schenke,* VwGO, 113 Rn. 81, der sich für eine dreißigjährige Verjährungsfrist ausspricht; ebenfalls kritisch *Frenz,* ÖffR, Rn. 1310, der sich für einen zeitlich unbegrenzt zulässigen Anspruch ausspricht.

1160 *Frenz,* ÖffR, Rn. 1311; *Papier*, in: Maunz/Dürig, GG, Art. 14 GG Rn. 63.

1161 *Ossenbühl/Cornils,* StaatshaftungsR, S. 357 f.; s. auch *Krause,* Rechtsformen, S. 336.

1162 *Grube/Immel/Wallau,* VerbraucherInfoR, Teil B Rn. 110; *Guckelberger*, in: Hill/Schliesky (Hrsg.), S. 73, 108 f.; vgl. auch *Britz/Eifert/Groß,* DÖV 2007, S. 717, 721. Manche spezialgesetzliche Normen, wie bspw. § 6 Abs. 4 S. 1 VIG, sehen eine Richtigstellung nur auf Antrag vor.

1163 S. nur *Remmert*, in: Erichsen/Ehlers (Hrsg.), Allg VwR, § 36 Rn. 9; *Krause,* Rechtsformen, S. 336.

B. Unterlassungsanspruch

Ferner kommt die Geltendmachung eines Unterlassungsanspruchs mittels allgemeiner Leistungsklage in Form der vorbeugenden Unterlassungsklage bzw. der vorbeugenden einstweiligen Anordnung nach § 123 VwGO in Form der Sicherungsanordnung nach Abs. 1 S. 1 in Betracht. Voraussetzung für die Statthaftigkeit ist, dass die Veröffentlichung der Information unmittelbar bevorsteht oder noch andauert.[1164] Der Unterlassungsanspruch, der aus der Abwehrfunktion der Grundrechte und dem Rechtsstaatsprinzip abgeleitet wird, richtet sich gegen jedes bevorstehende rechtswidrige staatliche Handeln und ist nicht, wie der Widerrufsanspruch, auf falsche Tatsachenbehauptungen beschränkt.[1165] Die Rechtswidrigkeit ist zu bejahen, wenn die Veröffentlichung selbst oder die ihr zugrunde liegende Ermächtigungsnorm rechtswidrig ist und keine Duldungspflicht besteht.[1166]

C. Amtshaftungsanspruch

Hält man sich die Irreversibilität einmal lancierter Informationen nochmals vor Augen,[1167] wird klar, dass nicht alle Ansprüche mit dem Folgenbeseitigungsanspruch und dem Unterlassungsanspruch gegen noch andauernde Veröffentlichungen erledigt und abgegolten sind. Zwar kann eine Information widerrufen werden. Weil sie damit aber nicht tatsächlich „aus der Welt geschafft" sondern nur nachträglich berichtigt wird, kommt auch Schadensersatz- und Entschädigungsansprüchen in diesen Fällen eine grundlegende Bedeutung zu.[1168]

1164 *Grube/Immel/Wallau,* VerbraucherInfoR, Teil B Rn. 112; *Spaeth,* Grundrechtseingriff, S. 234. Soll eine bereits erfolgte Veröffentlichung nachträglich aus dem Internet gelöscht werden, ist die allgemeine Leistungsklage statthaft, vgl. VG Berlin LMRR 2012, 77.

1165 *Grube/Immel/Wallau,* VerbraucherInfoR, Teil B Rn. 112; *Ossenbühl/Cornils,* StaatshaftungsR, S. 373; *Peters,* JURA 2014, S. 752, 755; *Spaeth,* Grundrechtseingriff, S. 234.

1166 *Grube/Immel/Wallau,* VerbraucherInfoR, Teil B Rn. 112.

1167 S. Kap. 4, B; 6, A I; 9, C I.

1168 Vgl. *Kümper,* ZUR 2012, S. 395, 400; *Schoch,* NJW 2012, S. 2844, 2849. Kritisch *Wehlau*, in: Voit (Hrsg.), Lebensmittelinformation, S. 51, 66, nach dem der Folgenbeseitigungsanspruch „keine adäquate Kompensation" sei und der Amts-

Für die erfolgreiche Geltendmachung eines Amtshaftungsanspruchs gemäß § 839 BGB i. V. m. Art. 34 S. 1 GG ist erforderlich, dass ein formeller Ausschluss nicht besteht[1169] und ein Beamter im haftungsrechtlichen Sinne eine drittgerichtete Amtspflicht schuldhaft verletzt hat.[1170] Diese Verletzung muss kausal für den entstandenen Schaden sein.[1171] Ferner dürfen keine Ausschlussgründe, wie z. B. ein Mitverschulden des Anspruchsstellers oder die Gründe des § 839 Abs. 3 BGB, vorliegen und der Anspruch darf nicht verjährt sein.[1172] Die zentralen Fragen sind, was hoheitliche Informationen anbelangt, das Vorliegen einer drittgerichteten Amtspflicht und ihre schuldhafte, kausale Verletzung.

Die allgemeine Pflicht zu rechtmäßigem Amtshandeln[1173] ergibt sich aus Art. 20 Abs. 3 GG, nach dem u. a. die vollziehende Gewalt an Recht und Gesetz gebunden ist.[1174] Die besonders wahrzunehmende Amtspflicht ist in den Fällen staatlicher Publikumsinformation die Pflicht zu einer hinreichenden Sachverhaltsaufklärung[1175] und zu richtiger, eindeutiger, unmissverständlicher und vollständiger Auskunft.[1176] Maßgeblich hierfür ist

---

haftungsanspruch zu hohe Voraussetzungen habe. Er kommt deshalb zu dem Ergebnis, dass ein „Gegengewicht für den irreversiblen Charakter einmal verbreiteter Informationen" fehlt. In diese Richtung auch *Rabe*, in: FS Horst, S. 289, 294 ff., der deshalb die Einführung einer neuen Entschädigungsregelung, bspw. als § 40a LFGB, vorschlägt.

1169 Zur verfassungsrechtlichen Zulässigkeit eines solchen *Ossenbühl/Cornils,* StaatshaftungsR, S. 97. S. dazu auch Kap. 11, A III 2 d) (1).

1170 *Gröpl,* StaatsR I, Rn. 1578; ausf. *Ossenbühl/Cornils,* StaatshaftungsR, S. 14 ff.

1171 *Gröpl,* StaatsR I, Rn. 1579a; *Ossenbühl/Cornils,* StaatshaftungsR, S. 73 f.

1172 Zum Mitverschulden *Ossenbühl/Cornils,* StaatshaftungsR, S. 90 ff., zur Verjährung a.a.O. S. 109 ff.

1173 S. z. B. BGH NJW-RR 2013, 1490, 1491.

1174 *Müller/Wallau/Grube,* Lebensmittelkontrolle, S. 193; *Ossenbühl/Cornils,* StaatshaftungsR, S. 46; *Wöstmann*, in: Staudinger, BGB, § 839 BGB Rn. 117.

1175 *Müller/Wallau/Grube,* Lebensmittelkontrolle, S. 194. Eine Risikobewertung, die nicht zu beanstanden ist, begründet keinen Amtshaftungsanspruch, sollte sich die auf ihrer Grundlage veröffentlichte Information nachträglich als falsch herausstellen, s. *Müller/Wallau/Grube,* Lebensmittelkontrolle, S. 194.

1176 *Krause,* Rechtsformen, S. 334; *Ossenbühl/Cornils,* StaatshaftungsR, S. 49 f.; *Rinne/Schlick,* NJW 2004, S. 1918, 1922; *Spaeth,* Grundrechtseingriff, S. 236; *Tremml/Luber,* NJW 2013, S. 262, 264; *Wustmann,* ZLR 2007, S. 242, 250; s. dazu sowie zu weiteren in Betracht kommenden Amtspflichten auch *Wehlau*, in: Voit (Hrsg.), Lebensmittelinformation, S. 51, 63 f. Eine Amtspflichtverletzung durch Unterlassen kommt ebenfalls in Betracht, konzentriert sich aber auf Fälle unterbliebener Warnungen und ist daher für die schlichte Publikumsinformation

der Empfängerhorizont.[1177] Trifft der Amtswalter eine Entscheidung auf der Grundlage einer Prognose, wie z. B. der Bußgeldprognose nach § 40 Abs. 1a Nr. 2 LFGB, so hat er nicht bereits deshalb seine Pflicht verletzt, weil die Prognose im Ergebnis nicht zutreffend war.[1178] Diese Unsicherheit wohnt dem Kriterium der Prognose bereits inne, eine Pflichtverletzung ist darin nicht zu sehen. Entscheidend ist, ob der Amtswalter zusätzliche Fehler gemacht, wie z. B. den der Prognoseentscheidung zugrundeliegenden Sachverhalt nicht ausreichend ermittelt oder eine aufgrund des Sachverhaltes objektiv nicht mehr vertretbare, sachfremde oder willkürliche Entscheidung getroffen hat. Erfolgen Informationen auf unsicherer Tatsachenbasis, hat der zuständige Amtswalter hierauf ausreichend deutlich hinzuweisen.[1179]

Nicht alle Amtspflichten, die dem Beamten gegenüber seinem Dienstherrn obliegen, lösen eine Ersatzpflicht aus, sondern nur diejenigen, die drittschützend sind.[1180] Der Geschädigte ist geschützter Dritter, wenn „die Amtspflicht – wenn auch nicht notwendig allein, so doch [...] neben der Erfüllung allgemeiner Interessen und öffentlicher Zwecke auch – den Sinn hat, gerade sein Interesse wahrzunehmen."[1181]

Die Drittbezogenheit besteht jedenfalls dann, wenn die Verletzung der Amtspflicht zugleich eine Verletzung subjektiver öffentlicher Rechte des Geschädigten darstellt. Dies können mit Blick auf die wirtschaftlichen Folgen einer Fehlinformation in aller Regel die Informationssubjekte anführen, wenn sie eine Verletzung der Amtspflicht zu gesetzesmäßigem Handeln rügen.

---

nicht weiter zu vertiefen. Zur Rechtsprechung wegen unterbliebener Warnungen durch den Deutschen Wetterdienst s. bspw. *Schoch,* VBlBW 2014, S. 361, 369.

1177 *Ossenbühl/Cornils,* StaatshaftungsR, S. 50. Zum Verbraucherleitbild als Empfängerhorizont s. Kap. 8.

1178 *Grube/Immel/Wallau,* VerbraucherInfoR, Teil B Rn. 118.

1179 Informativ dazu die Rechtsprechungsbeispiele bei *Schoch,* VBlBW 2014, S. 361, 368, in denen ein Amtshaftungsanspruch verneint wurde, weil auf bestehende Ungewissheiten hingewiesen worden war.

1180 BGHZ 195, 276, 283.

1181 St. Rspr., s. nur aus neuerer Zeit BGHZ 195, 276, 283. Vgl. aus der Literatur *Ossenbühl/Cornils,* StaatshaftungsR, S. 61; *Spaeth,* Grundrechtseingriff, S. 236. Beispiele aus der Rechtsprechung zu drittgerichteten Amtspflichten werden wiedergegeben bei *Müller/Wallau/Grube,* Lebensmittelkontrolle, S. 194 f. und *Ossenbühl/Cornils,* StaatshaftungsR, S. 62 ff.

Was andererseits die Empfänger einer Fehlinformation betrifft, so gilt, dass die Amtspflicht zur korrekten Auskunftserteilung u. a. gegenüber allen besteht, die im berechtigten Vertrauen auf ihre Richtigkeit Rechtsgeschäfte abschließen oder hiervon absehen.[1182] Die Amtspflicht zur korrekten Auskunftserteilung ist daher in aller Regel drittgerichtet.[1183] Diese Einschätzung gilt nicht nur für Auskünfte im individuellen Antragsverfahren, sondern in der Regel auch für Publikumsinformationen. Zwar ist der Kreis der Adressaten hier wesentlich größer als bei einer Antragsinformation. Maßgeblich ist aber nicht die zahlenmäßige Größe des geschützten Personenkreises, sondern seine Abgrenzbarkeit von der Allgemeinheit. Im Gegensatz zu einer Warnung des Deutschen Wetterdienstes, die im Allgemeininteresse erfolgt,[1184] erfolgt die Publikumsinformation im Interesse einer bestimmten Verbrauchergruppe. Zudem sind Publikumsinformationen vielfach ein Mittel, um individuelle Zugangsanträge überflüssig zu machen. Die Parallele im Drittschutz erscheint daher sinnvoll, um das Bestehen von Amtshaftungsansprüchen nicht von der Form der Veröffentlichung abhängig zu machen.

Dementsprechend sind in der Regel alle Informationsempfänger, welche die Information zur Kenntnis nehmen und ihre Handlungen im Vertrauen auf deren Richtigkeit nach dieser ausrichten, in den Schutzbereich der Amtspflicht einzubeziehen.

Die Amtspflicht muss des Weiteren vorsätzlich oder fahrlässig i. S. d. § 276 Abs. 2 BGB verletzt worden sein.[1185] Für die Frage, ob die Pflichtverletzung verschuldet war, ist maßgeblich, ob der Amtswalter diejenigen Anforderungen, deren Beachtung von ihm generell erwartet werden kann, eingehalten hat.[1186] Insofern gilt der objektivierte Maßstab eines „pflichtgetreuen Durchschnittsbeamten".[1187] „Jeder Inhaber eines öffentlichen Amtes hat die Sach- und Rechtslage unter Zuhilfenahme der ihm zu Gebote stehenden Hilfsmittel sorgfältig und gewissenhaft zu prüfen und sich danach aufgrund vernünftiger Überlegungen eine Rechtsmeinung zu bil-

---

1182 Ähnl. *Rinne/Schlick,* NJW 2004, S. 1918, 1922.

1183 *Wehlau*, in: Voit (Hrsg.), Lebensmittelinformation, S. 51, 64. Zur Drittgerichtetheit bei § 7 Abs. 3 UIG s. *Kümper,* ZUR 2012, S. 395, 401 f.

1184 So BGHZ 129, 17, 19 f.; vgl. dazu auch *Schoch,* NJW 2012, S. 2844, 2850.

1185 *Gröpl,* StaatsR I, Rn. 1579a; *Ossenbühl/Cornils,* StaatshaftungsR, S. 73 ff.

1186 BGHZ 198, 1, 4.

1187 BGHZ 139, 200, 203.

den."[1188] Ist die so gewonnene Rechtsansicht grundsätzlich vertretbar, kann das Gericht, auch wenn es sich der konkreten Ansicht nicht anzuschließen vermag, daraus keinen Schuldvorwurf ableiten.[1189] Bei der Veröffentlichung einer hoheitlichen Information ist nicht nur das „Ob", sondern auch das „Wie" der Information entscheidend. Diesbezüglich ist die Birkel-Entscheidung des OLG Stuttgart ein ergiebiges Beispiel: Es bejahte das Verschulden des handelnden Amtswalters, weil er bei einem Fernsehinterview, obwohl bereits Tatsachen bekannt waren, die an dem ursprünglichen Gutachten zweifeln ließen, die Warnung gegenüber den Produkten aufrechterhielt („Ob").[1190] Zudem maß es nicht nur dem Wortlaut der Auskunft Bedeutung bei, sondern auch dem „Eindruck, den eine solche zur Veröffentlichung in der Presse bestimmte Auskunft bei den Kreisen hervorruft, an welche sich die Presse wendet" („Wie").[1191]

Neben dem Verschulden ist erforderlich, dass zwischen Amtspflichtverletzung und Schadenseintritt ein adäquat-kausaler Zusammenhang besteht. Voraussetzung hierfür ist, dass die Amtspflichtverletzung nicht nur unter sehr unwahrscheinlichen oder „nach dem regelmäßigen Verlauf der Dinge außer Betracht zu lassenden Umständen" ursächlich für den Schaden war.[1192] Regelmäßig wird – gleichsam als Gegenprobe – die Frage gestellt, welche Konsequenzen bei einem pflichtgemäßen Alternativverhalten des Amtswalters eingetreten wären und wie sich in diesem Falle die Vermögenslage des Geschädigten dargestellt hätte.[1193] Nur wenn die hypothetische Vermögenslage günstiger ist, besteht der geforderte adäquat-kausale Zusammenhang.[1194] Die Kausalität entfällt nicht bereits deshalb, weil unmittelbar nur der Informationsadressat mit seiner Verhaltensänderung den Schaden verursacht hat, solange „diese Verhaltensänderung von der Zielrichtung […] [der Information] mitumfaßt war".[1195]

1188 BGHZ 198, 1, 4.
1189 BGHZ 198, 1, 4.
1190 OLG Stuttgart NJW 1990, 2690, 2694.
1191 OLG Stuttgart NJW 1990, 2690, 2694.
1192 *Wöstmann*, in: Staudinger, BGB, § 839 BGB Rn. 223.
1193 BGHZ 129, 226, 232 f.; aus neuerer Zeit OLG Frankfurt, Urteil v. 14.5.2013 – 1 U 176/10, juris, Rn. 194; s. auch *Wöstmann*, in: Staudinger, BGB, § 839 BGB Rn. 223.
1194 *Wöstmann*, in: Staudinger, BGB, § 839 BGB Rn. 223.
1195 *Spaeth,* Grundrechtseingriff, S. 237.

Die Beweislast liegt den allgemeinen Regeln folgend beim Anspruchsteller.[1196] Der Richter hat nach § 287 ZPO „nach freier Überzeugung" und „unter Würdigung aller Umstände" zu entscheiden. Im Unterschied zu dem Regelbeweismaß nach § 286 ZPO ist deshalb bei § 287 ZPO das Beweismaß darauf reduziert, dass nach überwiegender Wahrscheinlichkeit ein kausal-adäquater Zusammenhang zwischen haftungsbegründendem Ereignis und Schaden besteht.[1197] Dennoch kann die Beweisführung mit Blick auf den Nachweis der haftungsausfüllenden Kausalität problematisch sein. Dies gilt insbesondere dann, wenn es um einen Umsatzrückgang eines Unternehmens geht, der von einer hoheitlichen Information ausgelöst worden sein soll, denn wirtschaftliche „Turbulenzen" können die unterschiedlichsten Ursachen haben.[1198] Eine Kausalität ist aber auszuschließen, wenn die streitgegenständliche Information bereits in den Medien veröffentlicht wurde und erst anschließend Gegenstand einer hoheitlichen Mitteilung wird.[1199]

Der Schadensersatzanspruch besteht, wenn auch die weiteren Voraussetzungen vorliegen und keine Ausschlussgründe greifen, insbesondere der Vorrang des Primärrechtsschutzes gewahrt wurde. Auf Rechtsfolgenseite ist der Ersatz des entstandenen Schadens nach den §§ 249 ff. BGB geschuldet, der regelmäßig durch eine Geldleistung abgegolten wird.[1200] Da der Schuldner des Amtshaftungsanspruchs zunächst nach § 839 BGB nur der handelnde Amtswalter persönlich ist (die Haftungsüberleitung auf den Staat durch Art. 34 S. 1 GG ist keine Haftungserweiterung, nur die Übernahme einer bereits bestehenden Schuld), ist der Anspruch nach den §§ 249 ff. BGB nur auf Entschädigung in Geld und nicht auf Naturalrestitution gerichtet.[1201] Für die Geltendmachung des Anspruchs ist gemäß Art. 34 S. 3 GG (i. V. m. § 40 Abs. 2 VwGO) der ordentliche Rechtsweg

---

1196 Im Zivilprozess gilt die Regel, dass jede Partei die Voraussetzungen der für sie günstigen Norm beweisen muss, folglich der Anspruchsteller die Beweislast für die rechtsbegründenden Tatbestandsmerkmale trägt und umgekehrt der Anspruchsgegner die rechtsvernichtenden und rechtshemmenden Tatbestandsmerkmale beweisen muss. S. dazu BGH NJOZ 1999, 352, 353.

1197 *Prütting*, in: Krüger/Rauscher, MüKo ZPO, § 287 ZPO Rn. 17.

1198 LG Bonn NJW-RR 2000, 1144, 1145; s. näher dazu *Schoch,* VBlBW 2014, S. 361, 368; *ders.,* NJW 2012, S. 2844, 2849 f.

1199 *Grube/Immel/Wallau,* VerbraucherInfoR, Teil B Rn. 121.

1200 *Staudinger*, in: Schulze, HK-BGB, § 839 BGB Rn. 23.

1201 *Staudinger*, in: Schulze, HK-BGB, § 839 BGB Rn. 23.

eröffnet, wobei die Landgerichte streitwertunabhängig erstinstanzlich zuständig sind, § 71 Abs. 2 Nr. 2 GVG.[1202]

1202 BGBl. 1975 I S. 1077, zuletzt geändert durch G. v. 10.10.2013, BGBl. 2013 I S. 3799.

Kapitel 8: Verbraucherleitbild als Empfängerhorizont

A. Relevanz des Verbraucherleitbilds für aktive Publikumsinformationen

Informationsadressat der gesetzlich vorgesehenen Veröffentlichungstatbestände ist in erster Linie der Verbraucher. Nun gibt es *den Verbraucher* nicht, wir alle sind Verbraucher und zwar höchst unterschiedliche. Dennoch ist die Frage, wer Verbraucher ist und wann ein Verbraucher z. B. ein mündiger Verbraucher ist, entscheidend für die Art und Weise der Darstellung von Informationen, allgemein für das Informationsangebot wie auch für Fragen eventueller Haftungstatbestände. Das Leitbild ist gerade auch für das Informationsangebot des Staates als solchem von großer Relevanz. Abhängig vom maßgeblichen Verbraucherleitbild sollte der Staat nur die Informationen aktiv verbreiten, die der Verbraucher benötigt. Während ein betreuter, schutzbedürftiger Verbraucher eine Vielzahl an – am besten bereits eingeordneten und bewerteten – Informationen bräuchte, würde der aufgeklärte Verbraucher nur solche Informationen benötigen, die für seine autonome Konsumentscheidung notwendig sind.

Der Verbraucherschutz als Schutzauftrag hoheitlicher Gewalt soll erst eingreifen, wenn die Fähigkeit des Verbrauchers, sich selbst zu schützen, endet.[1203] Wo also beginnt der Schutzauftrag und wie muss eine Information dargeboten werden, damit sie den Verbraucher erreicht?[1204] Ist eine Information bereits suggestiv bzw. irreführend oder kann der Verbraucher ihre Botschaft noch richtig einordnen?[1205] Teil des Sachlichkeitsgebots ist es, zu vermeiden, dass die Informationen eine suggestive Wirkung auf ihre

1203 *Heck,* LebensmittelR, S. 79. m.w.N.

1204 *Borchert,* in: Beyerlein/Borchert (Hrsg.), VIG, § 5 Rn. 20 ist anderer Ansicht und geht davon aus, dass das Verbraucherleitbild nicht entscheidend ist, sondern es „im Ermessen der Behörde [liegt], ob sie Informationen verbreitet, die allein für Fachleute verständlich sind, oder ob sie versucht, sich auch wenig geschulten oder verständigen Verbrauchern […] verständlich zu machen […]“. Dies vermag nicht zu überzeugen, denn gerade im Falle von Informationspflichten, die der Gesetzgeber zugunsten des (Durchschnitts-)Verbrauchers geschaffen hat, muss dieser sie auch verstehen können.

1205 *Grube,* in: Voit/Dabrock/Ried/Uddin (Hrsg.), Adipositasprävention, S. 100 f.

Empfänger ausüben.[1206] Für die Frage, ob eine (hoheitliche) Information suggestiv wirkt, kommt es maßgeblich auf den Empfängerhorizont an. Daher lohnt es sich, den Verbraucherbegriff vor dem Hintergrund seines Leitbilds kurz zu beleuchten.[1207]

Das Leitbild regelt aus rechtlicher Sicht, welche Informationen ein Verbraucher versteht.[1208] Da das europäische Verbraucherleitbild die nationale Rechtsprechung und somit das deutsche Leitbild entscheidend vorgeprägt hat, ist zunächst auf dieses einzugehen, bevor das deutsche Leitbild mit Blick auf die aktuellen Entwicklungen näher untersucht wird.

B. Entwicklung des Verbraucherleitbilds

I. Das Verbraucherleitbild auf europäischer Ebene

Eine Legaldefinition des „Verbrauchers" lässt das europäische Primärrecht vermissen, wenngleich die Begrifflichkeit an einigen Stellen Verwendung findet.[1209] Kriterien für das Verständnis des Begriffs lassen sich lediglich dem Sekundärrecht entnehmen. Die Verbraucherrechterichtlinie 2011/83/EU[1210] legt in ihren Begriffsbestimmungen in Art. 2 Nr. 1 fest, Verbraucher sei „jede natürliche Person, die [...] zu Zwecken handelt, die

---

1206 *Reimer,* JöR N.F. 58 (2010), S. 275, 293; wohl zustimmend *Guckelberger*, in: Hill/Schliesky (Hrsg.), S. 73, 110; a.A. *Eifert*, in: Ladeur (Hrsg.), Regulierung, S. 131, 141 ff., der weder eine inhaltliche Neutralität als Voraussetzung anerkennt, noch „reklameähnliche Auftrittsweisen" für unzulässig hält und dem Staat unter Leugnung eines Ausgewogenheitsgebots zuerkennt, „meinungsmäßig Position" beziehen zu können.

1207 Die Ansicht von *Grube/Immel/Wallau,* VerbraucherInfoR, Teil D § 6 Rn. 6, nach der das allgemeine Verbraucherleitbild im Rahmen der Pflicht zur verständlichen Darstellung aus § 6 Abs. 1 S. 4 VIG nur bedingt herangezogen werden können soll, da sich die Information an einen bestimmten Antragsteller richtet, leuchtet vor dem Hintergrund des § 6 Abs. 1 S. 3 VIG nicht ein.

1208 *Grube*, in: Voit/Dabrock/Ried/Uddin (Hrsg.), Adipositasprävention, S. 99.

1209 S. ohne Anspruch auf Vollständigkeit Art. 4 Abs. 2 lit. f; Art. 12; Art. 39 Abs. 1 lit. e; Art. 40 Abs. 2; Art. 101 Abs. 3; Art. 102 lit. b; Art. 107 Abs. 2 lit. a; Art. 114 Abs. 3 S. 1; Art. 169 Abs. 1 AEUV.

1210 Richtlinie 2011/83/EU des Europäischen Parlaments und des Rates v. 25.10.2011, ABl. EU Nr. 1 304, S. 64 ff. S. zum dadurch eingeführten hohen Mindestharmonisierungsniveau *Grundmann,* JZ 2013, S. 53, 63 f.

außerhalb ihrer gewerblichen, geschäftlichen, handwerklichen oder beruflichen Tätigkeit liegen".[1211]

Erwägungsgrund 18 der Richtlinie 2005/29/EG[1212] stellt auf den typischen, fiktiven Verbraucher in Form eines Durchschnittsverbrauchers ab. Dieser sei „angemessen gut unterrichtet und angemessen aufmerksam und kritisch". Für die Beurteilung der Angemessenheit sollen soziale, kulturelle und sprachliche Faktoren mitberücksichtigt werden. Damit wird die Möglichkeit geschaffen, nationale Unterschiede und Besonderheiten im Einzelfall zu berücksichtigen.[1213]

Einen weiteren Anknüpfungspunkt bietet die Health-Claims-Verordnung,[1214] in deren 16. Erwägungsgrund es heißt: „[...] nimmt diese Verordnung den normal informierten, aufmerksamen und verständigen Durchschnittsverbraucher unter Berücksichtigung sozialer, kultureller und sprachlicher Faktoren nach der Auslegung des Gerichtshofs als Maßstab". „Der Begriff des Durchschnittsverbrauchers beruht [...] nicht auf einer statistischen Grundlage. Die nationalen Gerichte und Verwaltungsbehörden müssen sich bei der Beurteilung der Frage, wie der Durchschnittsverbraucher in einem gegebenen Fall typischerweise reagieren würde, auf ihre eigene Urteilsfähigkeit unter Berücksichtigung der Rechtsprechung des Gerichtshofs verlassen." Mehr als eine Auslegungshilfe kann den eher allgemein gehaltenen Vorgaben des Sekundärrechts somit nicht entnommen werden.

Eine hilfreiche Präzision erfährt dieses noch unvollständige Bild durch die Rechtsprechung des EuGH, welche seit Jahren den EU-Verbraucherbegriff prägt. Ihr Kernbestandteil ist die Verständigkeit des Verbrauchers, die den früher maßgeblichen Begriff des wenig achtsamen, flüchtigen Verbrauchers schließlich gänzlich abgelöst hat.[1215]

1211 Zu den Auswirkungen auf § 13 BGB s. *Purnhagen,* ZRP 2012, S. 36, 37; zum Änderungsumfang der Neufassung des § 13 BGB (mit Wirkung zum 13.6.2014) s. *Meier*, JuS 2014, S. 777, 777.

1212 Richtlinie 2005/29/EG des Europäischen Parlaments und des Rates v. 11.5.2005, ABl. EU Nr. L 149, S. 22 ff.

1213 *Grube*, in: Voit/Dabrock/Ried/Uddin (Hrsg.), Adipositasprävention, S. 103 spricht in diesem Zusammenhang von einer „nationale[n] und kulturelle[n] Bezogenheit des Verbraucherleitbilds".

1214 Verordnung (EG) Nr. 1924/2006 des Europäischen Parlaments und des Rates v. 20.12.2006, ABl. EU Nr. L 404, S. 9 ff.

1215 Vgl. dazu *Micklitz*, in: Reich/Micklitz (Hrsg.), VerbraucherR, Teil II § 6 Rn. 298.

Diese Kehrtwende nahm ihren Ausgang mit der „Mars“-Entscheidung, in welcher der EuGH zum ersten Mal mit dem Verhalten eines „verständigen Verbrauchers“ argumentierte.[1216] Eine eindeutige Abkehr vom Begriff des flüchtigen Verbrauchers erfolgte sodann in der Entscheidung des EuGH „Gut Springenheide“.[1217] Das BVerwG hatte dem EuGH u. a. die Frage vorgelegt, ob für den Maßstab der tatsächlichen Verbrauchererwartung „die Auffassung des aufgeklärten Durchschnittsverbrauchers oder die des flüchtigen Verbrauchers maßgeblich“ ist.[1218] Der EuGH entschied, dass darauf abzustellen sei, „wie ein durchschnittlich informierter, aufmerksamer und verständiger Durchschnittsverbraucher diese Angabe wahrscheinlich auffassen wird.“[1219] Dieser Maßstab wird in der weiteren Rechtsprechung sodann als „Referenzverbraucher“ aufgegriffen.[1220] Dem EuGH war es allerdings aufgrund der kulturellen Unterschiede nicht möglich, ein einheitliches europäisches Verbraucherleitbild zu konstruieren,[1221] sodass das Begriffsverständnis „Verbraucher“ zwischen den verschiedenen Rechtsordnungen der Mitgliedstaaten weiterhin variiert, wobei diese unterschiedlichen Auffassungen innerhalb der Grenzen, die der EuGH zur Überprüfung der nationalen Regelungen aufgestellt hat, auch weiterhin möglich und zulässig bleiben.[1222]

1216 EuGH GRUR-Int 1995, 804, 805; *Grube*, in: Voit/Dabrock/Ried/Uddin (Hrsg.), Adipositasprävention, S. 101; *Leible*, in: Streinz (Hrsg.), LebensmittelR, Rn. 542b.

1217 EuGH GRUR-Int 1998, 795 ff.

1218 BVerwG ZLR 1996, 577 ff.

1219 EuGH GRUR-Int 1998, 795, 797; kritisch hierzu *Leible,* EuZW 1998, S. 526 ff., der insbesondere auf das Fehlen einer dezidierten Begründung für die Annahme des neuen Verbraucherleitbildes hinweist.

1220 EuGH, Urt. v. 6.11.2003, Rs. C-358/01 Slg. 2003, I 13167, 13183.

1221 *Barczak,* Gesundheitsideal, S. 38 mit Ausführungen zu den Maßstäben in Italien, Spanien, Frankreich und Deutschland. Zusätzlich auf Belgien, Dänemark, Griechenland, Portugal und die Schweiz geht *Micklitz*, in: Reich/Micklitz (Hrsg.), VerbraucherR, Teil II § 6 Rn. 298. ein. Mit rechtsvergleichenden Ausführungen auch *Heck,* LebensmittelR, S. 80 f.

1222 *Weatherill,* consumer law, S. 57.

II. Das Verbraucherleitbild im deutschen Recht

Die deutsche Rechtsprechung ging, wie auch der EuGH,[1223] zunächst von einem „flüchtigen" und nur oberflächlich bewertenden Verbraucher aus.[1224] So führte der BGH in der English-Lavender-Entscheidung aus, es komme darauf an, welche Meinung sich der Abnehmer einer Seife „bei der Flüchtigkeit, mit der der Verkehr derartige Bezeichnungen aufzunehmen pflegt, bildet".[1225] Man dürfe nicht davon ausgehen, dass der Verbraucher die Ankündigung „genau, vollständig und mit kritischer Überlegung würdigt".[1226] In einer anderen Entscheidung stellte der BGH zur Begründung eines Irreführungstatbestandes darauf ab, „daß der Verkehr beim Kauf alltäglicher Verbrauchsartikel häufig allein aufgrund des ersten flüchtigen Eindrucks und ohne Nachdenken über die mögliche Bedeutung [...] urteilen wird".[1227]

Dieses Bild vom flüchtigen Verbraucher gilt seit Mitte/Ende der 1990er Jahre als überholt, wie der BGH in neuerer Zeit mit einem Hinweis auf die ständige Senatsrechtsprechung explizit und unmissverständlich klar stellte.[1228] Maßgeblich ist nunmehr der „durchschnittlich informierte und verständige Verbraucher", der eine der Situation „angemessene Aufmerksamkeit" an den Tag legt.[1229] Die Wende in der Rechtsprechung war durch die bereits angesprochenen EuGH-Entscheidungen „Mars"[1230] und „Gut Springenheide"[1231] europarechtlich vordeterminiert.

In der deutschen Rechtsprechung erfolgte die Adaption des neuen Verbraucherleitbildes schließlich mit der sog. Orient-Teppichmuster-Entschei-

---

1223 S. unter (a).

1224 BGH GRUR 1959, 365 ff.; GRUR 1982, 564 ff.; GRUR 1984, 741 f.; GRUR 1992, 450 ff.; *Grube*, in: Voit/Dabrock/Ried/Uddin (Hrsg.), Adipositasprävention, S. 100; *Heck*, LebensmittelR, S. 80; *Leible*, in: Streinz (Hrsg.), LebensmittelR, Rn. 542a; *Müller*, Risikokommunikation, S. 134; *Sosnitza*, ZLR 2012, S. 258, 259.

1225 BGH GRUR 1959, 365, 366.

1226 BGH GRUR 1959, 365, 366.

1227 BGH GRUR 1982, 564, 566.

1228 BGH GRUR 2012, 1053, 1054.

1229 BGH GRUR 2012, 1053, 1054. Nach *Sosnitza*, ZLR 2012, S. 258, 260 wird dieses Leitbild seit dem Jahr 2000 durchgängig in der Rechtsprechung angewandt.

1230 EuGH GRUR-Int 1995, 804, 805; *Grube*, in: Voit/Dabrock/Ried/Uddin (Hrsg.), Adipositasprävention, S. 101; *Leible*, in: Streinz (Hrsg.), LebensmittelR, Rn. 542b.

1231 EuGH GRUR-Int 1998, 795 ff.

dung des BGH.[1232] Er entschied, dass der flüchtige Verbraucher nicht als Maßstab gelten könne, wenn es um eine Kaufentscheidung in Bezug auf Waren von „nicht unerheblichem Preis und einer nicht nur kurzen Lebensdauer" geht.[1233] Weiter führte er aus, dass „der Grad der Aufmerksamkeit des durchschnittlich informierten und verständigen Verbrauchers", der stattdessen maßgeblich sei, von der jeweiligen Situation abhänge.[1234] Diese neu hinzugefügte, situationsadäquate Relativität des Aufmerksamkeitsgrades des Verbrauchers machte es möglich, die Begriffe „flüchtig" und „verständig" ohne Gegensatz nebeneinander zu verwenden.[1235]

Diese für Kaufentscheidungen entwickelten Grundsätze lassen sich entsprechend für die Auswahl einer Dienstleistung heranziehen: Sucht der Verbraucher eine Gaststätte, um dort einen alltäglichen Mittagsimbiss zu sich zu nehmen, ist seine Aufmerksamkeitsspanne geringer, als wenn er eine Auswahlentscheidung zur Unterbringung eines Angehörigen in einem Pflegeheim treffen muss. Auch hier ist die Bedeutung der Entscheidung – objektiv messbar anhand ihrer zeitlichen und finanziellen Auswirkungen – der Maßstab für die Aufmerksamkeit des Einzelnen. Im Spezialfall amtlicher Publikumsinformationen ist davon auszugehen, dass die Aufmerksamkeit des Verbrauchers vergleichsweise hoch ist, da es sich um aufgesuchte Informationen handelt,[1236] die der Verbraucher von sich aus im Vorfeld zu einer anstehenden Entscheidung konsultiert. Er hat sich im Regelfall bereits mit dem Aufsuchen der Information im Internet gegen ihre Belanglosigkeit für seine Zwecke entschieden. Die Informationen, die er quasi „im Vorübergehen" wahrnimmt, weil sie im Internet nur einen „Klick" entfernt sind, kommen sicher vor, dürften zahlenmäßig aber eher die Ausnahme sein.

1232 BGH WRP 2000, 517 ff.; vgl. hierzu auch die Entscheidungsbesprechungen von *Kemper/Rosenow,* WRP 2001, S. 370 ff. sowie *Beater,* JZ 2000, S. 973 ff.; zur Einordnung der Rechtsprechung in das europäische Verbraucherleitbild s. *Groeschke/Kiethe,* WRP 2001, S. 230 ff.

1233 BGH WRP 2000, 517, 520.

1234 BGH WRP 2000, 517, 519 f.

1235 BGH WRP 2000, 517, 520.

1236 Zu dieser Begrifflichkeit s. Kap. 1, C.

III. Nationales Leitbild im Wandel?

Das Leitbild ist wie gesehen auch entscheidend für die Grundentscheidung des Staates, in welchen Bereichen er wie viele und welche Informationen aktiv veröffentlicht. Gilt das Leitbild des aufgeklärten und interessierten Verbrauchers, so ist an die Qualität und die Quantität amtlicher Informationen ein anderer Maßstab anzulegen, als wenn die in der Literatur im Vordringen befindliche Meinung zutreffend ist, nach der sich das Leitbild hin zu einem schutz- und betreuungsbedürftigen Verbraucher wandelt. Findet dieser Wandel also statt?

Einen Wandel hin zu einem informationsbedürftigen, passiven Verbraucher meint *Grube* zu erkennen.[1237] Neben entsprechenden Medienkampagnen von Nichtregierungs- und Verbraucherschutzorganisationen, die den Ansatz eines „stark schutzbedürftigen" Verbrauchers verfolgten,[1238] sieht er diese Tendenz auch in der Rechtsprechung verortet.[1239]

Die beiden zur Begründung angeführten Entwicklungsstränge vermögen jedoch nicht zu überzeugen. Zwar entschied das OLG Köln, der Verbraucher mache sich über das Mischungsverhältnis zweier Obstsorten in einem Fruchtgetränk keine Gedanken.[1240] Darin allerdings eine Abkehr vom verständigen, informierten Durchschnittsverbraucher zu sehen, scheint zu voreilig. Die genaue Deklaration von Lebensmitteln dient zwar der Vermeidung eines Informationsdefizits des Verbrauchers, aber nicht alle vom Gesetzgeber verpflichtend vorgesehenen Deklarationen sind in jeder Lage für jeden Verbraucher interessant. Zudem ist, wie gerade gesehen, der Verbraucherbegriff relativ zur Auffassungsgabe des Verbrauchers in der konkreten Entscheidungssituation. Je langlebiger und kostspieliger die bevorstehende (Kauf-)Entscheidung, desto höher ist die zu erwartende Aufmerksamkeit und Informiertheit. Das möglicherweise im Vorübergehen gekaufte Produkt des täglichen Bedarfs, wie das Saftpäckchen im Fall des OLG Köln, beruht mithin auf einer Entscheidung im unteren Bereich der Aufmerksamkeitsspanne.

Eine ähnliche Richtung wie *Grube* schlagen indes auch *Durner*, *Streinz* und *Sosnitza* ein. *Durner* stellt eine Akzentverschiebung von einer libera-

---

1237 *Grube*, in: Voit/Dabrock/Ried/Uddin (Hrsg.), Adipositasprävention, S. 103 f., 105 ff.

1238 *Grube*, in: Voit/Dabrock/Ried/Uddin (Hrsg.), Adipositasprävention, S. 103.

1239 *Grube*, in: Voit/Dabrock/Ried/Uddin (Hrsg.), Adipositasprävention, S. 104 ff.

1240 OLG Köln LMuR 2009, 33, 36.

len zu einer paternalistischen Verbraucherpolitik fest.[1241] Die unionale Verbrauchergesetzgebung orientiere sich an einem „fürsorgebedürftigeren Verbrauchertyp".[1242] Ähnlich konstatiert *Streinz,* das Leitbild des mündigen Verbrauchers werde „in der Unionsgesetzgebung mehr und mehr durch paternalistische Ansätze verdrängt […]".[1243] Er geht sogar so weit, das Leitbild der Lebensmittelpolitik der EU in dasjenige eines paternalistisch „betreute[n] Verbraucher[s]" (!) umzuformulieren.[1244] Er rügt dies mit einem Seitenblick auf das Internetportal „Klarheit und Wahrheit bei der Kennzeichnung und Aufmachung von Lebensmitteln" unter dem Aspekt, dass eine „Verbrauchererziehung" gegen das Grundgesetz verstoße.[1245] *Sosnitza* greift ebenfalls die Internet-Plattform Lebensmittelklarheit.de auf und belegt mit Beispielen aus der Kategorie der „gefühlten Täuschung", dass die Verbraucherzentrale dem Verbraucher nicht zutraue, das Zutatenverzeichnis zu Rate zu ziehen.[1246] Hierbei handelt es sich allerdings um Einschätzungen aus der Verbraucherwarte heraus und nicht um wiederholte Einschätzungen aus der Rechtsprechung, weshalb hierdurch kein Umschwung des rechtlich-maßgeblichen Verbraucherleitbildes begründet werden kann. So meint auch *Sosnitza,* der Maßstab des durchschnittlichen Konsumenten sei gefestigt und müsse durch die Fälle der „‚gefühlten' Irreführung […] nicht in Frage" gestellt werden.[1247]

Fezer vertritt, es gehe bei dem Verbraucherbegriff nicht ausschließlich darum, dass der Verbraucher als Individuum alle Informationen aufnehmen und verstehen könne.[1248] Dies sei vielmehr die Aufgabe der Profession der Verbraucher.[1249] Dabei soll es sich um eine „Meta-Gruppe"[1250] aus Verbraucherschutzverbänden, Verbraucherzentralen, (Fach-)Presse und

1241 *Durner,* DVBl. 2014, S. 1356, 1358; *ders.,* VVDStRL 70 (2011), S. 401, 415 f.
1242 *Durner,* DVBl. 2014, S. 1356, 1358; *ders.,* VVDStRL 70 (2011), S. 401, 415 f.
1243 *Streinz*, in: FS Horst, S. 45, 47. Vor dem Hintergrund dieser Diskussion zur Frage der Festlegung auf ein bestimmtes Leitbild *Möstl,* LMuR 2014, S. 77, 80 f.
1244 *Streinz*, in: FS Horst, S. 45, 50 f.; *ders.*, ZLR 2012, S. 141, 155.
1245 *Streinz*, in: FS Horst, S. 45, 51; *ders.,* ZLR 2012, S. 141, 155. Näher zum genannten Internetportal unter Kap. 11, A VII.
1246 *Sosnitza,* ZLR 2012, S. 258, 262 ff.
1247 *Sosnitza,* ZLR 2012, S. 258, 269.
1248 So bezogen auf das Lauterkeitsrecht *Fezer,* WRP 2010, S. 577, 580.
1249 *Fezer,* WRP 2010, S. 577, 580.
1250 *Leible/Schäfer,* WRP 2012, S. 32, 34.

Medien handeln, die die Informationen selbst sichte, bewerte und sodann gefiltert an den Verbraucher weitergebe.[1251]

Diese Sichtweise ist nicht unkritisch, da sie das Vorhandensein und Funktionieren einer „professionellen Verbraucherschaft“[1252] voraussetzt und den einzelnen Verbraucher so in eine neue Abhängigkeit transformiert. Zudem stellt dieser generelle Ansatz eine Belastung für den Verbraucher dar, der auf diese Art und Weise zur Inanspruchnahme zusätzlicher Hilfe faktisch gezwungen und die „Informationslast“ so auf ihn abgewälzt würde. Überzeugender ist es daher, auf das Individuum selbst abzustellen und bei der Beurteilung eines Sachverhalts jeweils die Umstände des Einzelfalls zu bewerten.

Ist der Wandel hin zu einem neuen Leitbild somit abzulehnen, stellt sich rückwärtsgewandt die Frage, ob das überkommene Leitbild des flüchtigen Verbrauchers derzeit eine „Renaissance“ in der deutschen Rechtsprechung erfährt.[1253] Anlass für solche Überlegungen geben einige oberlandesgerichtliche Entscheidungen aus den Jahren 2011 und 2012.[1254] So entschied das OLG Stuttgart, es könne nicht angenommen werden, „dem Verkehr sei geläufig, welchen Zuckergehalt (Voll-)Milch aufweist“.[1255] Nach dem OLG Frankfurt bringe der Verbraucher die „erforderliche Zeit und Aufmerksamkeit [...] jedenfalls in der typischen Kaufsituation, insbesondere etwa vor dem Verkaufsregal eines Supermarktes, nicht auf“.[1256] In einem Beschluss des OLG Schleswig heißt es „[...] wenn der Kunde sich nun noch die Zeit nimmt, das Faltblatt in die Hand zu nehmen und den Text auf den Innenseiten zu lesen. Das ist ungewiss. Unstreitig nehmen sich jedenfalls nicht alle Kunden diese Zeit“.[1257] Das OLG Karlsruhe führte aus, der Verbraucher fälle seine Entscheidung nicht aufgrund einer Gewichtsangabe, sondern „alleine nach dem optischen Größeneindruck“ einer Verpackung.[1258] Neben den nationalen Entscheidungen ist in diesem Zusam-

1251 *Fezer*, WRP 2010, S. 577, 580; *Leible/Schäfer*, WRP 2012, S. 32, 34.

1252 Die Begrifflichkeit geht auf *Leible/Schäfer*, WRP 2012, S. 32, 34 zurück, die sich (allerdings mit anderer Begründung) ebenfalls kritisch hierzu äußern.

1253 So die Fragestellung des Vortrages von *Steinbeck* beim 27. Deutschen Lebensmittelrechtstag am 20.3.2014 in Wiesbaden.

1254 Die folgenden Entscheidungen hat *Steinbeck* in ihrem Vortrag beim 27. Deutschen Lebensmittelrechtstag am 20.3.2014 in Wiesbaden angesprochen.

1255 OLG Stuttgart, Urteil v. 3.2.2011 – 2 U 61/10, juris, Rn. 117.

1256 OLG Frankfurt LMuR 2011, 157, 158.

1257 OLG Schleswig LMuR 2012, 204, 206.

1258 OLG Karlsruhe LMuR 2013, 61, 63.

menhang auch die Entscheidung des EuGH („Purely Creative") zu Werbesendungen zu nennen, in denen über angebliche Gewinne informiert wurde. Hierzu führte der EuGH aus, dass „[...] durch die Erwähnung eines Preises die psychologische Wirkung ausgenützt werden soll, die die Aussicht auf einen Gewinn beim Verbraucher hat, und dieser zu einer Entscheidung veranlasst werden soll, die nicht immer rational ist und die er andernfalls nicht getroffen hätte".[1259]

Die Entscheidungen gehen damit alle von einem eher oberflächlich (Stichwort optischer Gesamteindruck) wertenden Verbraucher aus, der sich mitunter nicht die Zeit nimmt, eine Textstelle näher zur Kenntnis zu nehmen. Diese Aussagen reichen indes nicht für eine Renaissance des Leitbilds des flüchtigen Verbrauchers. Dafür sprechen zum einen die Flexibilität des aktuellen Leitbilds und zum anderen die Tatsache, dass die Gründe für die Abkehr vom flüchtigen Verbraucher noch immer tragen.

Das aktuelle Leitbild gesteht gerade ein, dass die Aufmerksamkeit des Verbrauchers situationsbedingt variiert. Bei kleineren, wenig kostenintensiven Käufen des täglichen Lebens ist die Aufmerksamkeit geringer, als z. B. am Kühlregal im Supermarkt. Auch der Stellenwert, den der Einzelne einer Frage subjektiv beimisst, ist mitentscheidend. Dass die Rechtsprechung die situationsadäquate Aufmerksamkeit vermehrt betont und somit die Realität der zeitknappen Verbraucherentscheidung anerkennt, bedeutet nicht zugleich eine Abkehr vom derzeitigen Verbraucherleitbild.[1260] Es kann nicht von jedermann zu jederzeit eine gründliche und zeitaufwendige Auseinandersetzung mit einem Produkt erwartet werden. Deshalb darf nicht voreilig der Schluss gezogen werden, dem Verbraucher sei insgesamt das Interesse abhandengekommen. Das Verbraucherleitbild ist demnach flexibel genug, um, sofern dies im Einzelfall angebracht ist, aus dem verständigen einen flüchtigen Verbraucher zu machen.[1261] Der Rechtsprechung kommt bei der Ausfüllung und Anwendung des normativen Verbraucherleitbildes ein Beurteilungsspielraum zu.[1262]

1259 EuGH GRUR 2012, 1269, 1272.

1260 So *Steinbeck* in ihrem Vortrag beim 27. Deutschen Lebensmittelrechtstag am 20.3.2014 in Wiesbaden.

1261 *Steinbeck,* Vortrag i.R.d. 27. Deutschen Lebensmittelrechtstages am 20.3.2014 in Wiesbaden. Ihrer Einschätzung nach konturiert die aktuelle Rechtsprechung das Leitbild lediglich. Von einer Pendelbewegung zwischen den verschiedenen Leitbildern sei deshalb nicht auszugehen.

1262 *Steinbeck,* Vortrag i.R.d. 27. Deutschen Lebensmittelrechtstages am 20.3.2014 in Wiesbaden.

Die Aufgabe des flüchtigen Verbraucherleitbildes ging einher mit der Anwendung des Verhältnismäßigkeitsgrundsatzes in dem Sinne, dass der Schutz des Verbrauchers vor Irreführung nicht allumfassend sein kann.[1263] Alles andere würde in einer Bevormundung enden und der Realität nicht entsprechen.[1264] Diese Überlegungen tragen nach wie vor die Abkehr vom Leitbild des flüchtigen Verbrauchers, die auch vor dem Hintergrund der jüngsten Rechtsprechung nicht zu revidieren ist.[1265] Hierfür spricht auch, dass der BGH in einer aktuellen EuGH-Vorlage auf das klassische Verbraucherleitbild rekurriert: Die Aufmachung des Produkts sei so gestaltet, „dass sie geeignet ist, auch bei einem angemessen gut informierten und angemessen aufmerksamen und kritischen Verbraucher" einen falschen Eindruck zu erwecken.[1266]

C. Fazit

Wenn die vorangegangenen Überlegungen auch zeigen, dass die Entwicklung des Verbraucherbegriffs nicht statisch an einem bestimmten Punkt verharrt, sondern sich dynamisch weiterentwickelt,[1267] so kann im Ergebnis doch grundsätzlich festgehalten werden, dass der Referenzverbraucher mündig und aufmerksam ist, wobei der tatsächlich vorhandene Aufmerksamkeitsgrad situationsbedingt relativ ist. Der Verbraucherbegriff ist nicht

1263 *Steinbeck,* Vortrag i.R.d. 27. Deutschen Lebensmittelrechtstages am 20.3.2014 in Wiesbaden.

1264 *Steinbeck,* Vortrag i.R.d. 27. Deutschen Lebensmittelrechtstages am 20.3.2014 in Wiesbaden. In Bezug auf die im Raum stehende Bevormundung bzw. den von *Streinz* (in FS Horst, S. 45, 50 f. und ZLR 2012, S. 141, 155) angesprochenen „betreuten Verbraucher" gilt es, einen verhältnismäßigen Mittelweg zu finden, da auf der anderen Seite die Industrie bemüht ist, den potentiellen Käufer zu beeinflussen und deshalb die staatliche Aufklärung geboten ist, um den Methoden der Industrie beizukommen. Dies darf, immer wenn diese Termini von der Bevormundung gebraucht werden, nicht einseitig zu Gunsten der Industrie außer Acht gelassen werden.

1265 So auch die Einschätzung von *Steinbeck* in ihrem Vortrag beim 27. Deutschen Lebensmittelrechtstag am 20.3.2014 in Wiesbaden.

1266 BGH, EuGH-Vorlage v. 26.2.2014 – I ZR 45/13, juris, Rn. 10.

1267 Ebenso *Grube/Immel/Wallau,* VerbraucherInfoR, S. 5. Zu aktuellen Vorhaben der Verbraucherpolitik das Leitbild des mündigen Verbrauchers hin zu einem „realen Verbraucher" zu entwickeln, s. BT-Drs. 17/8922, S. 3.

empirisch, sondern normativ begründet.[1268] Das aktuelle Leitbild vermittelt dem Verbraucher zum einen Schutz, nimmt ihn andererseits aber auch in die Pflicht, indem von ihm verlangt wird, sich aktiv um die Beschaffung der für eine „informierte Entscheidungsgrundlage“ erforderlichen Informationen zu bemühen.[1269]

Geht das Verbraucherleitbild also nach wie vor von einem gut informierten, verständigen Verbraucher aus, so steht fest, dass ein Übermaß an Information ebenso wenig sinnvoll ist wie rein wertende Informationen. Letztere stellen – jedenfalls sofern die reine Tatsachengrundlage, auf welcher die Wertung beruht, nicht bekannt gemacht wird –, wie bei amtlichen Empfehlungen üblich, eine Entscheidungsmöglichkeit positiver dar als eine andere. Eine rein autonome Entscheidung des Verbrauchers ist dann nicht (mehr) möglich. Reine Bewertungsportale ohne Offenbarung der Tatsachengrundlage sind also vor dem Hintergrund, dass der Verbraucher nicht betreuungsbedürftig, sondern aufgeklärt ist, nur die zweitbeste Lösung.

1268 *Leible/Schäfer,* WRP 2012, S. 32, 33, vgl. auch *Barczak,* Gesundheitsideal, S. 39; *Emmerich,* Wettbewerb, 14 Rn. 26 f. m.w.N. zur im Schrifttum teilweise vertretenen a.A. und *Sosnitza,* ZLR 2012, S. 258, 267. *Fezer,* WRP 2010, S. 577, 579 weist darauf hin, dass es nicht ausgeschlossen ist, mittels demoskopischer Gutachten auch auf empirische Forschungsergebnisse zurückzugreifen. Zum Vergleich zwischen normativem und empirischem Lösungsansatz s. *Heck,* LebensmittelR, S. 81 ff.

1269 *Barczak,* Gesundheitsideal, S. 39; *Leible/Schäfer,* WRP 2012, S. 32, 33.

Kapitel 9: Besonderheiten der Informationsveröffentlichung im Internet

A. Einleitung – Eigengesetzlichkeiten des Internet

Das Internet ist zwar kein „Neuland“[1270] mehr, unterliegt aber doch einigen Eigengesetzlichkeiten. Allein die Auswahl und Betonung von Ereignissen „als aktuell und gesellschaftlich relevant“ erzeugt, wie in Massenmedien üblich, eine eigene „soziale Realität“.[1271] Der einzelne Internetnutzer ist von der „Vermittlungs- und Selektionsleistung“, die wiederum wegen der „Knappheit der Aufmerksamkeit des Publikums“ erforderlich ist, abhängig, was dem Medium eine „spezifische kommunikative Macht“ verleiht.[1272] Die Eigengesetzlichkeit des Internet führt – ohne dass dies im Einzelfall vorhersehbar ist – dazu, dass die „Metamorphose eines Geschehens zum öffentlichen Ereignis [...] systembedingt“ ist, will heißen, dass

---

1270 So die vielfach kommentierte Aussage der Bundeskanzlerin im Juni 2013, s. nur http://www.tagesschau.de/inland/merkel-twitter-neuland100.html.

1271 *Scherzberg,* Öffentlichkeit, S. 183.

1272 Allgemein zu Massenmedien *Scherzberg,* Öffentlichkeit, S. 183 m.w.N. Die Frage der Selektion stellt sich indes nicht mehr länger nur in Bezug auf die Aufmerksamkeit des Nutzers, sondern auch auf die Durchlässigkeit des Internet in Bezug auf die verschiedenen Datenpakete. Dieses aktuell vermehrt diskutierte Problem verbirgt sich hinter dem Stichwort „Netzneutralität“ (äußerst instruktiv hierzu *Martini,* Speyerer Vorträge 2011 und auch *Schulz*, in: Hill/Schliesky (Hrsg.), S. 265, 290 ff.). Inhaltlich geht es hierbei um die Frage, ob es für Datenpakete, gleich welchen Urhebers, eine Art Gleichbehandlungsgrundsatz gibt oder ob z. B. gegen ein höheres Entgelt auch eine schnellere Übermittlung von Datenpaketen zulässig ist (*Redeker,* IT-Recht, Rn. 1069). Bildlich gesprochen steht dahinter die Frage, ob manche Datenpakete mit Sonderrechten – ähnlich Polizei und Feuerwehr nach § 35 StVO – auf der Datenautobahn ausgestattet werden und schneller fahren dürfen, während andere langsamer fahren müssen oder vom Verkehr gänzlich ausgeschlossen werden. Derzeit gibt es keine speziellen Regelungen hierzu (so *Redeker,* IT-Recht, Rn. 1070, der auf die teilweise Anwendbarkeit von rundfunk- und medienrechtlichen Vorschriften hinweist. Weiterführend *Holznagel/Ricke,* DuD 2011, S. 611, 613 ff.). Weil aber diese Entwicklung auch die Aktivinformationen des Staates betreffen kann, etwa mit der Frage, ob die staatliche Herkunft einem Datenpaket Sonderrechte gewähren soll, ist die weitere Entwicklung der Diskussion mit Spannung abzuwarten.

die Bedeutung eines Ereignisses diesem im Wesentlichen nicht immanent ist, sondern ihm erst durch die Wiedergabe in einer „spezifischen Kommunikationsstrukur" widerfährt.[1273] Dies wird insbesondere durch das „Shitstorm"-Phänomen offenkundig.[1274] Die Relevanz einer Information hängt also in weiten Teilen davon ab, zu welchem Zeitpunkt sie wo und wie platziert wird.[1275] Abgesehen von diesen stets in die Überlegungen insbesondere zur Verhältnismäßigkeit einer Veröffentlichung einzubeziehenden Eigengesetzlichkeiten birgt eine Internetveröffentlichung gegenüber der klassischen Veröffentlichung in der analogen Welt einen bunten Strauß an Vor- und Nachteilen, die im Folgenden in den Blick genommen werden.[1276]

B. Mögliche Vorteile einer Internetveröffentlichung

> *„Als transaktionskostenarmer Umschlagplatz des Hortens und des Sammelns sowie Verbreitens von Informationen verkürzt das Internet [...] Informationswege und entkoppelt sie von Raum und Zeit."*[1277]

Das Einstellen von Informationen in das Internet ist in vielerlei Hinsicht von der Veröffentlichung in herkömmlichen Medien zu unterscheiden. Sowohl für den Informationsadressaten als auch für den Informanten birgt die Online-Veröffentlichung diverse Vorteile.

1273 *Reimann,* Systeme, S. 166; s. dazu auch *Scherzberg,* Öffentlichkeit, S. 184.

1274 Unter „Shitstorm" versteht man laut Duden einen „Sturm der Entrüstung in einem Kommunikationsmedium des Internets, der zum Teil mit beleidigenden Äußerungen einhergeht", vgl. http://www.duden.de/rechtschreibung/Shitstorm; s. hierzu auch *Schwenke,* K&R 2012, S. 305 ff., der das „virtuelle Hausrecht" – m.w.N. aus der Rechtsprechung – als Lösungsweg gegen eine solche Häufung negativer Kommentare aufzeigt.

1275 Im Zusammenhang mit dem Sachlichkeitsgebot wird hierauf noch einzugehen sein.

1276 Zu den teilweise vergleichbaren Vor- und Nachteilen einer elektronischen Gesetzesverkündung s. *Guckelberger*, in: van Oostrom/Meyer (Hrsg.), E-Government, S. 23, 35 ff.

1277 *Martini/Kühl,* DÖV 2013, S. 573, 577.

I. Vorteile für die Informationsadressaten

Auf der Seite des Bürgers als Informationsempfänger steht zunächst die Einfachheit und Schnelligkeit des Informationszugangs zum Internet als quasi „unerschöpflichem Informationsmedium“.[1278] Der Generalanwalt *Niilo Jääskinen* zieht insofern einen eindrücklichen Vergleich: „Ähnlich wie die Erfindung des Buchdrucks im 15. Jahrhundert die Vervielfältigung von Exemplaren, die früher per Hand geschrieben werden mussten, in unbegrenzter Zahl ermöglichte, eröffnet das Einstellen von Material in das Internet den Massenzugang zu Informationen, die zuvor womöglich nur nach mühevoller Recherche und nur an wenigen Orten zu finden waren.“[1279]

Der Informationszugang eröffnet sich dem Adressaten nahezu weltweit unabhängig von einem bestimmten Aufenthaltsort und einer bestimmten (Öffnungs-)Zeit (Globalisierungseffekt des Internet).[1280] Es ist nicht notwendig, einen Antrag zu stellen, die Informationen per Post anzufordern oder eine Bibliothek aufzusuchen.[1281] Anders als bei gedruckten Werken in einer Bibliothek ist der Zugang zu denselben Dokumenten mehreren Personen gleichzeitig möglich.[1282] Der Bürger kann selbst auf die Aktivinformationen des Staates, im Idealfall von zu Hause aus, zu jeder Tag- und Nachtzeit zugreifen.[1283] Damit eignet sich die Online-Veröffentlichung

---

1278 *Guckelberger,* ZBR 2009, S. 332, 332; *dies.*, in: Fluck/Fetzer/Fischer, IFG/UIG/VIG/IWG, § 11 IFG Rn. 55.

1279 Schlussanträge GA *Jääskinen* v. 25.6.2013, C-131/12, Rn. 28.

1280 *Engel/Pfau*, in: Mann/Sennekamp/Uechtritz, VwVfG, § 27a Rn. 3, 12; *Guckelberger*, in: Hill/Schliesky (Hrsg.), S. 73, 73; *dies.*, in: Fluck/Fetzer/Fischer, IFG/UIG/VIG/IWG, § 11 IFG Rn. 55; *dies.,* ZBR 2009, S. 332, 333; *Spiecker gen. Döhmann*, in: Bartsch/Briner (Hrsg.), DGRI Jahrbuch, S. 39, 43; *Wilkat,* Bewertungsportale, S. 87.

1281 *Guckelberger,* DVBl. 2007, S. 985, 987. Nach der Bundesabgeordneten *Maisch* nutzen nur wenige Verbraucher „den langen Antragsweg“, BT-Plenarprotokoll 17/137, S. 16369.

1282 *Britz*, in: Hoffmann-Riem/Schmidt-Aßmann/Voßkuhle (Hrsg.), GVwR Bd. 2, § 26 Rn. 32; *Guckelberger*, in: Fluck/Fetzer/Fischer, IFG/UIG/VIG/IWG, § 11 IFG Rn. 55.

1283 *Guckelberger,* ZBR 2009, S. 332, 333; *dies.*, in: Fluck/Fetzer/Fischer, IFG/UIG/VIG/IWG, § 11 IFG Rn. 55; *dies.,* DVBl. 2007, S. 985, 987.

auch besonders gut für Personen, die in ihrer Mobilität eingeschränkt sind.[1284]

Die Information im Internet spart Zeit und Geld.[1285] Letzteres gilt gleichfalls für den Informanten (keine bzw. geringere Bereithaltungskosten, keine Druckkosten) wie auch den Informationsadressaten (keine Verwaltungsgebühr) und dient überdies der Verwirklichung des Servicegedankens der öffentlichen Hand.[1286] Auch die Kosten für die Internetnutzung halten sich in einem zumutbaren Rahmen,[1287] zumal immer mehr Haushalte über Daten-Flatrates verfügen und in unbeschränktem Umfang „surfen" können. Zudem sind die Informationen im Internet in der Regel lange Zeit verfügbar.[1288] Anders als in Radio, Fernsehen oder Tageszeitung ist die Wahrscheinlichkeit, einen Inhalt zu „verpassen", deutlich geringer.

Im Internet können Informationen mit weiteren Datenbeständen verknüpft und ihre Auffindbarkeit durch Suchmaschinen erleichtert werden.[1289] So ist dem Bürger die Benutzung einer Internetsuchmaschine bspw. zumutbar, wenn „die Recherche auf der Website der Behörde ergebnislos verläuft oder sich als zu zeitraubend erweist".[1290] Der Zugang zu den Informationen ist zudem „niedrigschwellig angelegt", d. h. für den Durchschnittsbürger einfach zu handhaben.[1291] Dahinter steht nicht zuletzt auch der Grundsatz der Gleichbehandlung, denn das Internet steht jedem

---

1284 *Guckelberger*, in: Fluck/Fetzer/Fischer, IFG/UIG/VIG/IWG, § 11 IFG Rn. 55. Zur barrierefreien Gestaltung einer Internetseite s. Kap. 10, G.

1285 *Guckelberger*, in: Fluck/Fetzer/Fischer, IFG/UIG/VIG/IWG, § 11 IFG Rn. 55.

1286 *Guckelberger*, in: Fluck/Fetzer/Fischer, IFG/UIG/VIG/IWG, § 11 IFG Rn. 56; *Gusy*, DVBl. 2013, S. 941, 942.

1287 *Roßnagel*, in: Hoffmann-Riem/Schmidt-Aßmann (Hrsg.), Informationsgesellschaft, S. 257, 258.

1288 Zur Veröffentlichungsdauer s. Kap. 9, C I.

1289 So *Guckelberger*, ZBR 2009, S. 332, 333 und *Schink*, DVBl. 2011, S. 253, 260, die diese Möglichkeiten allerdings eher als nachteilig bewerten, wobei dies, je nachdem ob aus Sicht des Informationsadressaten oder aus Sicht des Informationssubjektes argumentiert wird, keinen Widerspruch darstellt. *Leisner*, GewArch 2014, S. 57, 61 sieht in der Kombinationsmöglichkeit der Informationen durch die Nutzung von Suchmaschinen zutreffend auch die Unabsehbarkeit der Folgen einer Internetveröffentlichung. Zu der Tatsache aus datenschutzrechtlicher Sicht *Herberger*, in: Weth/Herberger/Wächter (Hrsg.), Datenschutz, § 50 Rn. 17 ff.

1290 BayVGH UPR 2014, 315, 316.

1291 *Gusy*, DVBl. 2013, S. 941, 943. S. dazu und zur besseren Erreichbarkeit bestimmter Zielgruppen durch das Internet auch *Rossmann*, in: Voit/Dabrock/Ried/Uddin (Hrsg.), Adipositasprävention, S. 67.

offen, es gibt kaum „Sonderwissen oder privilegierten Informationszugang“ (egalitäre Grundausrichtung des Internet).[1292] Durch die entsprechenden Recherchemöglichkeiten ist auch der Zugriff auf die Informationen weitaus komfortabler geworden.[1293] Ferner ist das „Stöbern“ nach Informationen möglich. So kann es durchaus sein, dass diejenigen Bürger, die sich früher nicht die Mühe gemacht hätten, gezielt an die (staatlichen) Informationen zu gelangen, mit ihnen beiläufig in Kontakt kommen, weil sie nur „einen Klick entfernt“ sind.

II. Vorteile für die Informanten

Zu den größten Vorteilen auf der Seite der Informanten zählen zweifellos die vergleichsweise geringen Kosten für die Aufbereitung und Zurverfügungstellung sowie die enorme Reichweite.[1294] Die Verbreitung der Informationen erfolgt schnell und raumunabhängig, die Informationen müssen im Umfang nicht aus Platzgründen beschränkt werden.[1295] Waren die hohen Kosten im Printbereich noch eine „faktische, immanente Schranke“ der staatlichen Informationstätigkeit, ist dieser Faktor mit der Nutzung des Internet nahezu entfallen.[1296]

Die Informationsdarstellung beschränkt sich nicht auf Texte, die Kombination mit Bildern, akustischen Signalen und Videoclips ist technisch ohne Weiteres möglich.[1297] Dies erhöht die Qualität der Informationen,

---

1292 *Gusy,* DVBl. 2013, S. 941, 942; *Spiecker gen. Döhmann*, in: Bartsch/Briner (Hrsg.), DGRI Jahrbuch, S. 39, 43.

1293 *Guckelberger*, in: Hill/Schliesky (Hrsg.), S. 73, 73.

1294 *Guckelberger*, in: Hill/Schliesky (Hrsg.), S. 73, 73; *dies.,* ZBR 2009, S. 332, 332; *Roßnagel*, in: Hoffmann-Riem/Schmidt-Aßmann (Hrsg.), Informationsgesellschaft, S. 257, 275; *Schoch,* IFG, § 11 Rn. 42.

1295 *Guckelberger*, in: van Oostrom/Meyer (Hrsg.), E-Government, S. 23, 29; *dies.*, in: Hill/Schliesky (Hrsg.), S. 73, 73; *dies.,* DVBl. 2007, S. 985, 987.

1296 *Eifert*, in: Ladeur (Hrsg.), Regulierung, S. 131, 132. Zur Kostenminimierung durch die Standardisierung von Informationen und ihre Veröffentlichung im Internet oder auf andere Weise s. BT-Drs. 16/5404, S. 13.

1297 *Guckelberger*, in: Hill/Schliesky (Hrsg.), S. 73, 73; *Roßnagel*, in: Hoffmann-Riem/Schmidt-Aßmann (Hrsg.), Informationsgesellschaft, S. 257, 259. Zu der Frage, inwiefern die Art der Darstellung mit der staatlichen Neutralitätspflicht rechtlich in Konflikt kommt, s. Kap. 10.

wenn diese mit der mehrere Sinne ansprechenden Darstellung gehaltvoller dargestellt werden.[1298]

Aktivinformationen reduzieren die Quantität individueller Informationszugangsanträge[1299] und können zur Entlastung der Verwaltung führen.[1300] Die Online-Veröffentlichung bestärkt zugleich den Kulturwandel in der Verwaltung,[1301] der mit dem Verständnis des Staates als kooperativem, informalem Staat eingesetzt hat.[1302] Zudem können einmal ins Netz eingestellte Informationen langfristig dort bereitgehalten werden. So hat der EGMR ausgeführt: „Such archives *[scil.: Internetarchive]* constitute an important source for education and historical research, particularly as they are readily accessible to the public and are generally free."[1303]

Neben diesen „klassischen Vorteilen" ergeben sich durch die Nutzung des Internet noch weitere, neuartige Möglichkeiten: Durch die Entwicklung des Internet zum Web 2.0, welches durch Interaktion und Kollaboration gekennzeichnet ist,[1304] ergeben sich auch für den Staat völlig neue Handlungsfelder, da er mit dem Bürger zusammenarbeiten und durch diese gemeinsamen Aktionen einen ungeahnten Mehrwert generieren kann.[1305] In diesem Zusammenhang spricht man auch von „Collaborative Governance".[1306] Beispiele für bereits vorhandene „Kollaborationskanäle" des Staates sind die Polizeifahndung via Facebook sowie die Bewertungsportale gesetzlicher Krankenkassen.[1307]

1298 *Guckelberger*, in: Hill/Schliesky (Hrsg.), S. 73, 73; *Roßnagel*, in: Hoffmann-Riem/Schmidt-Aßmann (Hrsg.), Informationsgesellschaft, S. 257, 259.

1299 BT-Drs. 16/5404, S. 13; BT-Drs. 15/4493, S. 16; *Guckelberger*, in: Fluck/Fetzer/Fischer, IFG/UIG/VIG/IWG, § 11 IFG Rn. 56; *Schulz,* VerwArch 104 (2013), S. 327, 338.

1300 Dazu sowie zu den unterschiedlichen Anforderungen an die Richtigkeit einer Information nach dem IFG s. *Schoch,* IFG, § 11 Rn. 42.

1301 *Schulz,* VerwArch 104 (2013), S. 327, 338.

1302 S. dazu Kap. 3 A.

1303 EGMR, Case of Times Newspaper Ltd./The United Kingdom, Applications nos. 3002/03 and 23676/03, final 10/06/2009, Rn. 45.

1304 S. zur Kollaboration auch *Guckelberger*, in: van Oostrom/Meyer (Hrsg.), E-Government, S. 23, 26 mit Hinweis auf die Open-Government Strategie des US-Präsidenten *Obama*, sowie *Martini/Kühl,* DÖV 2013, S. 573, 579 f. S. zum Begriff des Web 2.0 s. Kap. 9, C I 2.

1305 *Martini/Kühl,* DÖV 2013, S. 573, 577.

1306 *Martini/Kühl,* DÖV 2013, S. 573, 579.

1307 *Martini/Kühl,* DÖV 2013, S. 573, 579 f.

C. Mögliche Nachteile einer Internetveröffentlichung und Kompensationsmöglichkeiten

„[...] die Gnade des Vergessens, die dem Straftäter rechtsstaatlich zukommt, [wird] dem durch das Internet Stigmatisierten versagt."[1308]

Den Vorteilen einer Internetveröffentlichung stehen nahezu spiegelbildlich auch Nachteile gegenüber. Abgesehen davon, dass einige Personen nicht mit dem Medium Internet umgehen können,[1309] lassen sich die Nachteile auf zwei Kernpunkte reduzieren:[1310] Die Internetveröffentlichung weist sowohl in zeitlicher als auch in personeller Hinsicht keine Grenzen auf.

I. Unbegrenzte Veröffentlichungsdauer

„Das Internet vergisst nicht."[1311]

Wird eine Information ins Internet eingestellt, so verliert der Urheber weitgehend die Kontrolle darüber. Die Zweckbindung der Datenverwendung kann nicht mehr garantiert werden.[1312] Der normale Gang ist, dass die Information von Suchmaschinen indexiert und verknüpft wird und das Löschen auf der ursprünglichen Seite nicht ausreicht, um die Information

1308 *Ossenbühl,* NVwZ 2011, S. 1357, 1358.

1309 Hoheitliche Informationen dürfen deshalb nicht ausschließlich im Internet verfügbar sein, s. dazu auch *Engel/Pfau*, in: Mann/Sennekamp/Uechtritz, VwVfG, § 27a Rn. 11; *Guckelberger*, in: Fluck/Fetzer/Fischer, IFG/UIG/VIG/IWG, § 11 IFG Rn. 56.

1310 Auf z. B. datenschutzrechtliche Aspekte kann hier nicht näher eingegangen werden. Das Internet weist aber auch diesbezüglich Besonderheiten auf: „Hohe Rekombinationsmöglichkeit; gesteigerte Verfügbarkeit, gesenkte natürliche und technische Hindernisse der Datenermittlung und -verwendung [...], fehlende Begrenzungsmöglichkeiten durch eine Zweckbestimmung, die fehlende Rückgängigmachung, und [...] die erheblichen Vollzugsdefizite", s. dazu *Spiecker gen. Döhmann*, in: Hecker/Hendler/Proelß/Reiff (Hrsg.), Rechtsfragen, S. 155, 183 f.

1311 *Ossenbühl,* NVwZ 2011, S. 1357, 1358; s.a. *Falck,* VIG, S. 133; *Federrath/Fuchs/Herrmann/Maier/Scheuer/Wagner,* DuD 2011, S. 403, 403; *Hornung/Hofmann,* JZ 2013, S. 163, 164; *Raspé,* BLJ 2013, S. 8, 13; *Spiecker gen. Döhmann*, in: Hecker/Hendler/Proelß/Reiff (Hrsg.), Rechtsfragen, S. 155, 175; kritisch *Boehme-Neßler,* NVwZ 2014, S. 825, 825; *Spindler,* JZ 2014, S. 981, 981; *Wehling*, nachzulesen im Tagungsbericht von *Stehmeier,* JZ 2014, S. 991, 991.

1312 *U. Stelkens*, in: Stelkens/Bonk/Sachs, VwVfG, § 27a Rn. 68.

komplett aus dem Internet zu entfernen.[1313] Hinzu kommen die Sicherungskopien (Backups) größerer IT-Systeme und die Tatsache, dass auch Dritte die Daten kopieren und – ggfs. bearbeitet – erneut ins Internet einstellen können.[1314] Die Funktion des „Teilens" von Inhalten, wie sie von sozialen Netzwerken vorgehalten wird, führt ebenfalls zur weiteren Verbreitung, weshalb *Herberger* anschaulich von einem „Schneeballeffekt" spricht.[1315]

Dementsprechend hat der VGH Baden-Württemberg festgestellt: „Verwaltungshandeln durch ‚Information' ist irreversibel; daran ändern bei Fehlinformationen auch – spätere – Gegendarstellungen, Richtigstellungen oder sonstige Korrekturen nichts, da die faktischen Wirkungen von Information regelmäßig nicht (mehr) eingefangen und umfassend beseitigt werden können […]".[1316] Auch das OVG Berlin-Brandenburg stellte fest, dass die Veröffentlichung einer Liste im Internet „nicht ohne weiteres umkehrbar ist und voraussichtlich über ein etwaiges Obsiegen im Hauptsacheverfahren fortwirken würde".[1317] Es konstatierte weiter, die Liste sei aufgrund der individuellen Speichermöglichkeiten von im Internet veröffentlichten Informationen „unabhängig von einer etwa von der Antragstellerin im Klagewege erfochtenen Änderung auf Dauer in der Welt".[1318]

Im Weiteren wird die Funktion des Vergessens beschrieben um deutlich zu machen, dass ein ewiges Gedächtnis Nachteile birgt. Sodann wird auf-

---

1313 Hinzu kommen nach *Kalabis/Selzer,* DuD 2012, S. 670, 670 f. die Sicherungskopien (Backups) größerer IT-Systeme und die Tatsache, dass auch Dritte die Daten kopieren und – ggfs. bearbeitet – erneut ins Internet einstellen können. Die Funktion des „Teilens" von Inhalten, wie sie von sozialen Netzwerken vorgehalten wird, führt ebenfalls zur weiteren Verbreitung, vgl. *Herberger*, in: Weth/Herberger/Wächter (Hrsg.), Datenschutz, § 52 Rn. 33 ff.

1314 *Kalabis/Selzer*, DuD 2012, S. 670, 670 f.

1315 *Herberger*, in: Weth/Herberger/Wächter (Hrsg.), Datenschutz, § 52 Rn. 33 ff.

1316 VGH BW NVwZ 2011, 443, 444; ebenso VG Berlin GewArch 2014, 303, 305; VGH BW VBlBW 2013, 193, 194. Zur Irreversibilität auch *Guckelberger*, in: Hill/Schliesky (Hrsg.), S. 73, 107; *Schink,* Rechtsgutachten, S. 14; *Schnall*, in: Streinz (Hrsg.), LebensmittelR, III D, Rn. 200; *Schoch,* VBlBW 2014, S. 361, 362; *ders.,* NJW 2012, S. 2844, 2845; *ders.,* NJW 2010, S. 2241, 2242; *ders.,* AfP 2010, S. 313, 314.

1317 OVG Berlin-Brandenburg, Beschluss v. 28.5.2014 – OVG 5 S 21.14, juris, Rn. 16.

1318 OVG Berlin-Brandenburg, Beschluss v. 28.5.2014 – OVG 5 S 21.14, juris, Rn. 16.

gezeigt, welche Informationen das Internet speichert, um schließlich den Fragen nach einer möglichen Löschung nachzugehen.

1. Die Reinigungsfunktion des Vergessens

„Glücklich ist, wer vergisst, was doch nicht zu ändern ist"...

...so heißt es in der Operette „Die Fledermaus" von *Johann Strauß*.[1319] Ein ähnliches Bild findet man auch in der Mythologie. So heißt es z. B. in *Vergils* Aeneis „Die Seelen, denen es vom Schicksal beschieden ist, ein zweites Mal sich zu verkörpern, trinken aus den Wellen des Lethestromes Tränke, die von Sorgen befreien, und langes Vergessen."[1320] Damit wird eine Art Reinigungs- und Befriedungsfunktion des Vergessens beschrieben. Vergessen bedeutet, sich mit bereits geschehenen, feststehenden Ereignissen und Tatsachen abzufinden, damit abzuschließen und sich künftigen Ereignissen zuzuwenden. Vergessen ist also nicht nur der Makel eines schlechten Gedächtnisses, sondern auch etwas Positives, das das Gehirn davor schützt, in einer unermesslichen Reizüberflutung zu ertrinken. Wir merken uns selektiv das, was für uns wichtig ist und nur solches Wissen, das immer wieder abgerufen wird, schafft es in unser Langzeitgedächtnis, mit der Folge, dass wir die große Mehrzahl an Erinnerungen und Eindrücken ganz einfach vergessen.[1321] Durch das Vergessen wird die Menge an verfügbaren Informationen reduziert auf die Menge an Informationen, die unser Gehirn realiter verarbeiten kann.[1322] Das Vergessen dient somit dem Erhalt der Denkfähigkeit und der Verbesserung der Entscheidungsfindung.[1323] Diese grundlegende Bedeutung erstreckt sich nicht nur auf das

---

1319 S. auch die Adaption von *Vec*, FAZ v. 23.9.2008, http://www.faz.net/aktuell/feuilleton/forschung-und-lehre/digitales-gedaechtnis-gluecklich-ist-wer-vergisst-was-nicht-mehr-zu-loeschen-ist-1623430.html

1320 *Vergilius Maro*, Aeneis VI, 710, übersetzt von *Volker Ebersbach*. Im Original lautet die Stelle: „animae, quibus altera fato corpora debentur, Lethaei ad fluminis undam securos latices et longa oblivia potant".

1321 Näher zur Bedeutung des Vergessens *Mayer-Schönberger*, Delete, S. 26 ff.

1322 Wie bereits unter Kap. 2, B IV gesehen, führt der „information overload" zu einer höheren Fehleranfälligkeit und sogar zu einem Abbruch der Verarbeitungstätigkeit.

1323 *Boehme-Neßler*, NVwZ 2014, S. 825, 826. Zur Relevanz des Vergessens für die Persönlichkeitsentwicklung instruktiv *Diesterhöft*, VBlBW 2014, S. 370, 371 f., der deshalb fordert, das allgemeine Persönlichkeitsrecht in der Ausprägung ei-

aktive Vergessen, sondern auch auf das passive „Vergessenwerden". Dieser Gedanke lässt sich am besten am Ziel der Resozialisierung von Straftätern festmachen. So entschied das BVerfG bereits 1973 in seiner „Lebach"-Entscheidung, dass „eine wiederholte, nicht mehr durch das aktuelle Informationsinteresse gedeckte Fernsehberichterstattung über eine schwere Straftat jedenfalls dann unzulässig ist, wenn sie die Resozialisierung des Täters gefährdet".[1324]

Ist von einem Vergessen im Internet die Rede, so muss man sich darüber im Klaren sein, dass zwischen dem menschlichen und dem digitalen Gedächtnis wesentliche Unterschiede bestehen.[1325] Das Abspeichern von Informationen im menschlichen Gehirn folgt wie das Vergessen keiner geraden Linie.[1326] Woran wir uns erinnern, hängt davon ab, was aktuell für uns wichtig ist. Je häufiger die Information abgerufen wird, umso häufiger findet auch die sog. Re-Enkodierung im Sinne einer Wiedereinspeicherung (Ekphorie) statt.[1327] Das Gedächtnis konfiguriert sich ständig neu, d. h. der gegenwärtige Kontext der Re-Enkodierung kann bereits abgespeicherte Information verändern. Daraus folgt, dass unsere Vergangenheit in Wahrheit veränderlich und variabel ist.[1328]

Bekannt ist dieses Phänomen unter der Bezeichnung *Illusory Truth Effect*: das Gehirn schätzt bereits bekannte Informationen, da sie reencodiert werden, eher als wahr ein – unabhängig von ihrem tatsächlichen Wahrheitsgehalt und ihrer ursprünglichen Quelle.[1329] Praktisch relevant wird dieser Effekt im Zusammenhang mit Zeugenaussagen. Wird ein Zeuge mehrfach zu etwas befragt, das er nicht mit Sicherheit bezeugen kann, verfestigen sich die Informationen mit jeder Re-Enkodierung. Eine anfänglich reine Vermutung „verfestigt" sich so zu geglaubtem Wissen und der Zeuge behauptet möglicherweise etwas mit Gewissheit – ohne sich dessen (voll-

---

nes „Rechts auf medialen Neubeginn" fortzuentwickeln. Grundlegend dazu *ders.*, medialer Neubeginn, S. 150 ff.

1324 BVerfGE 35, 202, 237.

1325 Umfassend zu der Art und Weise wie das menschliche Gehirn sich erinnert und insbesondere dazu, welche Faktoren die Erinnerung beeinträchtigen, s. *Schacter,* The mind.

1326 *Mayer-Schönberger,* Delete, S. 30 f.; *Wagner,* Gedächtnis, S. 10.

1327 *Wagner,* Gedächtnis, S. 10.

1328 *Mayer-Schönberger,* Delete, S. 31; *Wagner,* Gedächtnis, S. 10.

1329 Ausführlich dazu *Mitchell/Dodson/Schacter,* JoCN 2005, S. 800 ff.

ständig) bewusst zu sein –, was nicht notwendig auch der Wahrheit entspricht.[1330]

Mit anderen Worten: Die Vergangenheit ist, auch wenn dies kontraintuitiv erscheint, so wie unser Gehirn sie archiviert, veränderbar und dynamisch, während das digitale Gedächtnis statisch und sozusagen in Stein gemeißelt ist.[1331]

2. Das digitale Gedächtnis

Im Internet veröffentlichte Daten können auf der Website, auf der sie eingestellt wurden, durch den Betreiber durchaus gelöscht werden.[1332] Das eigentliche Problem liegt in der sofortigen Vernetzung und Verknüpfung der ins Internet eingestellten Inhalte.[1333] Sekundäre Speicherorte – Online-Archive, die Webseiten systematisch kopieren und der Allgemeinheit zur Verfügung stellen,[1334] Sicherungskopien,[1335] Verknüpfungen durch Suchmaschinen,[1336] Kopien und Republikationen privater Internetnutzer[1337] – bleiben von dem Löschvorgang unberührt und führen dazu, dass die Informationen, wenn auch über Umwege, abrufbar bleiben. Das oben beschriebene Regel-Ausnahme-Verhältnis von Erinnern und Vergessen, das seit Anbeginn der Menschheit ungeschriebenes Gesetz war, ist deshalb im Begriff sich umzukehren bzw. hat die Kehrtwende bereits vollzogen.[1338] Die Gründe dafür sind Digitalisierung, billige Speichertechnologien, verbesserter Informationszugriff und weltweite Vernetzung.[1339] Diese Faktoren hätten, so *Mayer-Schönberger*, „die Gesellschaft ihrer Fähigkeit zu vergessen beraubt und ihr stattdessen ein umfassendes Gedächtnis verlie-

1330 *Wagner,* Gedächtnis, S. 11.

1331 *Mayer-Schönberger,* Delete, S. 128.

1332 *Wilkat,* Bewertungsportale, S. 90.

1333 *Boehme-Neßler,* NVwZ 2014, S. 825, 825. Zum „Problem der Online-Archive“ s. *Seitz*, in: Hoeren/Sieber/Holznagel, Hdb MMR, Teil 8 Rn. 62.

1334 *Wilkat,* Bewertungsportale, S. 90 f. Zur Archivierung s. sogleich.

1335 *Kalabis/Selzer,* DuD 2012, S. 670, 670 f.

1336 Schlussanträge GA *Jääskinen* v. 25.6.2013, C-131/12, Rn. 34.

1337 *Becker,* ZLR 2011, S. 391, 107.

1338 *Mayer-Schönberger,* Delete, S. 112.

1339 *Mayer-Schönberger,* Delete, S. 11, 25, 66; ebenso *Boehme-Neßler,* NVwZ 2014, S. 825, 825.

hen".[1340] Diese Aussage ist indes recht pauschal und trifft nicht auf jeden Inhalt zu. Die präzisere Antwort auf die Frage, ob das Internet vergisst, lautet: *Es kommt darauf an*.

Technisch gesehen ist die dauerhafte Speicherung von Informationen mit Blick auf die vorhandene und ausbaubare Speicherkapazität möglich.[1341] Dennoch sind viele der Informationen, die vor fünf oder zehn Jahren im Internet standen, heute nicht mehr abrufbar bzw. nicht mehr auffindbar, weil auf ältere Seiten nicht mehr verlinkt wird und Suchmaschinen sie nicht mehr an „prominenter Stelle" auflisten.[1342] Suchmaschinen verändern mit der Zeit ihren Suchalgorithmus, so dass ein „stabile[s] Wiederfinden" vorhandener Informationen nicht gesichert ist.[1343] Mit den Worten von *Assion* werden Online-Inhalte „[g]enau wie viele reale Erinnerungen [...] nicht [...] vergessen – sie verschwimmen nur. Es wächst Gras darüber".[1344]

Des Weiteren kommt es wesentlich darauf an, wo die Information veröffentlicht wurde. Eine amerikanische Studie zeigt, dass die allgemein verbreitete These, das Internet vergesse nicht, zumindest auf „Social Media Content" nicht zutrifft.[1345] Unter Social Media[1346] versteht man „eine Gruppe von internetbasierten Anwendungen, die auf den technologischen und ideologischen Grundlagen des Web 2.0[1347] aufbaut und die Herstel-

1340 *Mayer-Schönberger*, Delete, S. 13. Zu den (personenbezogenen) Daten, die Nutzer im Internet hinterlassen und den technischen Möglichkeiten der „Datensammler", diese auszuwerten, s. nur *Grimm*, DuD 2012, S. 88, 88 ff.

1341 *Herberger*, in: Weth/Herberger/Wächter (Hrsg.), Datenschutz. § 51 Rn. 23 ff.

1342 *Assion*, Vergesst das Recht auf Vergessenwerden, http://www.telemedicus.info/article/2138-Vergesst-das-Recht-auf-Vergessenwerden.html, zuletzt geprüft am 27.9.2014.

1343 *Herberger*, in: Weth/Herberger/Wächter (Hrsg.), Datenschutz, § 50 Rn. 20 ff.

1344 *Assion*, Vergesst das Recht auf Vergessenwerden, http://www.telemedicus.info/article/2138-Vergesst-das-Recht-auf-Vergessenwerden.html, zuletzt geprüft am 27.9.2014. [Anm.: die Worte „vergessen" und „verschwimmen" sind im Original kursiv hervorgehoben].

1345 *SalahEldeen/Nelson*, in: Zaphiris/Buchanan/Rasmussen/Loizides (Hrsg.), S. 125, 125 ff.

1346 „Social" ist in diesem Zusammenhang mit „gesellschaftlich" zu übersetzen, weshalb von der Nutzung des deutschen Begriffs der „sozialen Medien" abgesehen wird. Zum Einsatz von Social Media in der öffentlichen Verwaltung s. *Mitterhuber/Basten/Lange*, in: Hill (Hrsg.), Staatlichkeit, S. 91 ff.

1347 Nach *Domma*, Web 2.0, S. 27 umfasst der Begriff Web 2.0 „netzbasierte Anwendungen, die den Nutzern selbst die Möglichkeit zur Partizipation im Rahmen eines dynamischen Informationsbeschaffungs- und -erstellungsprozesses

lung und den Austausch von nutzergenerierten Inhalten ermöglicht".[1348] Von dem Begriff umfasst sind dabei die folgenden sechs Gruppen: Kollektivprojekte wie z. B. Wikipedia, Blogs wie etwa Twitter, sog. Content Communities wie z. B. YouTube, soziale Netzwerke wie Facebook, virtuelle Spielewelten, z. B. World of Warcraft, und soziale virtuelle Welten wie etwa Second Life.[1349]

Die Studie bezog sich auf sechs zeitgeschichtliche Ereignisse im Zeitraum von Juni 2009 bis März 2012 und untersuchte ihre Dokumentation in der Social Media.[1350] Darunter befinden sich u. a. Primärquellen, wie z. B. Videos der ägyptischen Revolution.[1351] Die Untersuchung ergab, dass je länger das Ereignis zurückliegt, desto weniger Inhalte noch vorhanden sind. Bezüglich des frühesten untersuchten Ereignisses, *Michael Jacksons* Tod im Juni 2009, stellte sich heraus, dass Mitte 2012 über 36 % der Web-Inhalte verloren waren, für den Ausbruch des H1N1-Virus im September 2009 fehlten schon knapp 23,5 % der Quellen und für die Ägyptische Revolution (Stichtag 11. Februar 2011) galten bereits knapp 10,5 % als unwiederbringlich verloren.[1352] Aus diesen Zahlen resümieren die Forscher, dass 11 % der über Social Media geteilten Inhalte ein Jahr nach dem Ereignis nicht mehr auffindbar sind. Nach dem ersten Jahr steigt der Anteil der verlorenen Seiten um 0,02 % pro Tag.[1353] Zwar gibt es in den Vereinigten Staaten einen von der US-Kongressbibliothek finanzierten Online-

geben und neue Formen der Interaktion und Kommunikation zwischen diesen ermöglichen"; vgl. auch die Übersicht über die gegenwärtigen Definitionsansätze bei *Domma,* Web 2.0, S. 26 und *Roggenkamp,* Web 2.0, S. 18 ff. Zu dem Zusammenhang des E-Governments mit den Möglichkeiten des Web 2.0 umfassend *Roggenkamp,* Web 2.0, S. 50 ff. sowie *Schnapp*, in: Hill (Hrsg.), Modernisierung, S. 99, 102, 114.

1348 „Social Media is a group of Internet-based applications that build on the ideological and technological foundations of Web 2.0, and that allow the creation and exchange of User Generated Content.", vgl. *Kaplan/Haenlein,* BusHor 2010, S. 59, 61.

1349 *Kaplan/Haenlein,* BusHor 2010, S. 59, 62 ff.

1350 Darunter fielen Videos auf „YouTube", Fotos bei „Twitpic" und „Yfrog", Artikel in US-Medien und Blog-Einträge auf „Wordpress.com".

1351 *Lischka,* Spiegel Online v. 22.9.2012.

1352 *SalahEldeen/Nelson,* in: Zaphiris/Buchanan/Rasmussen/Loizides (Hrsg.), S. 125, 134.

1353 *SalahEldeen/Nelson,* in: Zaphiris/Buchanan/Rasmussen/Loizides (Hrsg.), S. 125, 135.

Archivierungsdienst, jedoch waren auch dort je nach Ereignis nur zwischen ca. 5 % und ca. 47 % der Quellen hinterlegt.[1354]

Ähnlich lückenhaft dürfte wohl die derzeitige Lage in Deutschland zu beurteilen sein. Die deutsche Nationalbibliothek hat laut § 2 Nr. 1 lit. a des deutschen Nationalbibliotheksgesetzes (DNBG) die Aufgabe, „die ab 1913 in Deutschland veröffentlichten Medienwerke" und nach Nr. 1 lit. b „die ab 1913 im Ausland veröffentlichten deutschsprachigen Medienwerke [...] im Original zu sammeln, zu inventarisieren, zu erschließen und bibliografisch zu verzeichnen, auf Dauer zu sichern und für die Allgemeinheit nutzbar zu machen sowie zentrale bibliothekarische und nationalbibliografische Dienste zu leisten".

Entsprechend der Legaldefinition des § 3 Abs. 1 DNBG sind Medienwerke „alle Darstellungen in Schrift, Bild und Ton, die in körperlicher Form verbreitet oder in unkörperlicher Form der Öffentlichkeit zugänglich gemacht werden." Nach § 3 Abs. 3 DNBG sind „Medienwerke in unkörperlicher Form [...] alle Darstellungen in öffentlichen Netzen." Die Deutsche Nationalbibliothek sammelt diesem Auftrag folgend derzeit Netzpublikationen mit Entsprechung zum Printbereich, worunter z. B. E-Books, elektronische Zeitschriften, Hochschulprüfungsarbeiten, Noten oder Digitalisate fallen.[1355] Seit 2012 werden auch ausgewählte Webseiten mittels eines automatisierten Verfahrens, dem sog. Webharvesting, gesammelt.[1356]

3. Das Recht auf Vergessen(werden)

Auf der anderen Seite der aktiven Sammelversuche steht das Bestreben, das „Recht auf Vergessen"[1357] im Internet durchzusetzen. Der Begriff des „Vergessenwerdens" hat aufgrund seiner „anthropologischen Konnotati-

---

1354 *SalahEldeen/Nelson*, in: Zaphiris/Buchanan/Rasmussen/Loizides (Hrsg.), S. 125, 132, Table 5; für einen Überblick über die zahlreichen amerikanischen Online-Archivierungsdienste s. http://archive.org/about/.

1355 http://www.dnb.de/DE/Netzpublikationen/netzpublikationen_node.html, zuletzt geprüft am 24.2.2015.

1356 http://www.dnb.de/DE/Netzpublikationen/netzpublikationen_node.html, zuletzt geprüft am 24.2.2015.

1357 So bezeichnet von *Nolte*, ZRP 2011, S. 236, 236, der die Urheberschaft dieser Formulierung auf *Mayer-Schönberger* und dessen im April 2007 veröffentlichtes Arbeitspapier „The Right To Be Forgotten" zurückführt. Die Terminologie wurde von der Europäischen Kommission aufgegriffen, s. KOM(2010) 609

on“ eine „hohe Anschlussfähigkeit“, will heißen, dass der Begriff noch recht jung, aber doch schon in aller Munde ist.[1358] Ob er allerdings tatsächlich und rechtlich bereits durchsetzungsfähig ist, ist indes eine ganz andere Frage.[1359] Inhaltlich meint das Recht auf Vergessen(werden) nicht das Vergessen im Sinne einer „kognitive[n] Individualleistung“, sondern „die umfassende Löschung von Daten im digitalen Umfeld“.[1360] Das Recht auf Vergessen(werden) wird als Teilbereich des Persönlichkeitsrechts verstanden, weshalb auch der übergeordnete Begriff eines „Online-Persönlichkeitsrechts“ ins Spiel gebracht wird, der die „digitale Dimension“ miterfassen soll.[1361]

Für diejenigen, die erreichen wollen, dass im Internet über sie verbreitete Daten gelöscht werden, besteht bislang die Gefahr des sog. Streisand-Effektes.[1362] Dieser beschreibt das Phänomen, dass Informationen, die

---

endg., S. 8. In EuGH Urt. 13.5.2014, C-131/12, Rn. 91 ist – sprachlich korrekter – von dem „Recht auf Vergessenwerden“ die Rede.

1358 *Hornung/Hofmann,* JZ 2013, S. 163, 164; entsprechend wird *Hornung* auch im Tagungsbericht von *Stehmeier,* JZ 2014, S. 991, 991 zitiert. In diese Richtung auch *Kodde,* ZD 2013, S. 115, 115, die von einem „äußerst medienwirksamen“ und „emotionalen“ Begriff spricht.

1359 Dazu passend die Aussage von Hans-Jürgen Papier „[…] der Staat kann nur zu etwas verpflichtet sein, das er rechtlich und tatsächlich auch zu leisten vermag. Wo die Unmöglichkeit anfängt, endet die Schutzpflicht“, vgl. *Gaugele,* Die Welt v. 5.8.2013, http://www.welt.de/print/welt_kompakt/print_politik/article118692446/Die-Grundrechte-haben-Grenzen.html, zuletzt geprüft am 29.9.2014.

1360 *Spiecker gen. Döhmann,* KritV 2014, S. 28, 42 f.

1361 *Luch/Schulz/Kuhlmann,* EuR 2014, S. 698, 710 f. Sie erläutern, dass die „Online-Persönlichkeit“ im Unterschied zur „Offline-Persönlichkeit“ nicht „naturgemäß vorhanden“ ist, sondern „aktiver (digitaler) Handlungsweisen“ bedarf. S. grundlegend *Diesterhöft,* medialer Neubeginn, S. 150 ff., der den Internetspezifika durch die Anerkennung einer weiteren Ausprägung des allgemeinen Persönlichkeitsrechts, einem Recht auf medialen Neubeginn, Rechnung trägt.

1362 Namensgebend ist der Fall der amerikanischen Sängerin und Schauspielerin *Barbara Streisand.* Sie klagte 2003 gegen die Veröffentlichung einer Luftaufnahme ihres Hauses, das auf der klagegegenständlichen Webseite unter 12.000 anderen Bildern der kalifornischen Küste zu erkennen war. Erst durch ihre Klage geriet ihr Name in Verbindung mit dem abgebildeten Objekt und erregte von dort an öffentliches Interesse. Näher dazu vgl. den Wikipedia-Artikel „Streisand-Effekt“, zuletzt geprüft am 27.9.2012 und *Kläner,* Was ist eigentlich der "Streisand-Effekt"?, http://www.telemedicus.info/article/1989-Was-ist-eigentlich-der-Streisand-Effekt.html, zuletzt geprüft am 29.9.2014. Zu dieser Gefahr auch *Federrath/Fuchs/Herrmann/Maier/Scheuer/Wagner,* DuD 2011, S. 403, 406; *Kettemann,* Die Presse v. 18.5.2014, http://diepresse.com/home/recht/recht

vorher kaum Aufmerksamkeit erregt haben, erst wegen der gewünschten Zensur in den Fokus der Öffentlichkeit rücken.[1363] Als bekanntes Beispiel lässt sich das Vorgehen der früheren Gattin des ehemaligen Bundespräsidenten, *Bettina Wulff*, benennen. Sie hatte u. a. den Suchmaschinenbetreiber *Google* verklagt, weil sie verhindern wollte, dass bei einer Suche nach ihrem Namen Begriffe aus dem Rotlichtmilieu als sog. verwandte Suchbegriffe vorgeschlagen werden.[1364]

So ist auch ein spanischer Kläger jüngst durch ein Verfahren vor dem EuGH (C-131/12), ebenfalls im Zusammenhang mit *Google*, in die Schlagzeilen geraten.

a) Die „Google"-Entscheidung des EuGH

Im Mai 2014 entschied der EuGH diese Rechtssache, die sich mit der Frage beschäftigte, ob ein Anspruch auf Löschung einer von dem Internetsuchmaschinenanbieter *Google* indexierten Seite besteht.[1365] Eine spanische Zeitung machte 1998 in ihrer Printausgabe die Zwangsversteigerung zweier Immobilien, die im Eigentum des Klägers standen, ordnungsgemäß bekannt. Dieser hat sich nunmehr dagegen gewandt, dass bei der Eingabe seines Namens in die *Google*-Suche ein Link auf diese Bekanntmachung der (nunmehr online verfügbaren) Zeitung erscheint. In den Schlussanträgen kam Generalanwalt *Niilo Jääskinen* zu dem Ergebnis, dass die betroffene Person die Indexierung durch die Suchmaschinen nicht verhindern könne, wenn die in Rede stehende Information auf der Internetseite eines Dritten rechtmäßig veröffentlicht worden sei.[1366] Die Richtlinie 95/46/

---

allgemein/3807321/Google_Vergessen-Sie-das-Recht-auf-Vergessen?_vl_backlink=/home/recht/index.do, zuletzt geprüft am 2.6.2014; *Nolte,* ZRP 2011, S. 236, 237.

1363 Vgl. statt vieler *Trenkamp,* Spiegel Online v. 8.9.2012, http://www.spiegel.de/netzwelt/web/bettina-wulff-klagt-gegen-google-a-854710.html, der von einem „Kreislauf negativer Aufmerksamkeit" spricht.

1364 S. *Gounalakis,* NJW 2013, S. 2321, 2324. Zur Haftung des Suchmaschinenbetreibers bei persönlichkeitsrechtsverletzender Suchwortergänzungsfunktion („Autocomplete"-Vorschläge) s. BGH NJW 2013, 2348 ff.

1365 EuGH, Urt. v. 13.5.2014, C-131/12. Dazu *Boehme-Neßler,* NVwZ 2014, S. 825, 826 ff., der von einem „bahnbrechenden Urteil" spricht; *Diesterhöft,* VBlBW 2014, S. 370, 370 ff.; *Ernst,* in: Hill/Schliesky (Hrsg.), Digitaler Staat, S. 33, 55 ff.; *Luch/Schulz/Kuhlmann,* EuR 2014, S. 698; *Spindler,* JZ 2014, S. 981.

1366 Schlussanträge GA *Jääskinen* v. 25.6.2013, C-131/12, Rn. 138.

EG[1367] enthalte – im Einklang mit der Grundrechtecharta – kein „Recht auf Vergessenwerden".[1368]

Diesen Schlussanträgen ist der EuGH – recht unerwartet – nicht gefolgt. Zunächst ging es um die Frage, ob eine Suchmaschine überhaupt personenbezogene Daten i. S. d. Art. 2 lit. b der Richtlinie 95/46/EG verarbeitet. Dies hat der EuGH bejaht: „Indem er das Internet automatisch, kontinuierlich und systematisch auf die dort veröffentlichten Informationen durchforstet, ‚erhebt' der Suchmaschinenbetreiber [...] personenbezogene Daten, die er dann mit seinen Indexierprogrammen ‚ausliest', ‚speichert' und ‚organisiert', auf seinen Servern ‚aufbewahrt' und gegebenenfalls in Form von Ergebnislisten an seine Nutzer ‚weitergibt' und diesen ‚bereitstellt' [...]. Daran ändert auch nichts, dass die personenbezogenen Daten bereits im Internet veröffentlicht worden sind und von der Suchmaschine nicht verändert werden".[1369] Ferner sei der Suchmaschinenbetreiber auch für diese Verarbeitung „Verantwortlicher" i. S. d. Art. 2 lit. d der Richtlinie 95/46/EG, da er „[ü]ber die Zwecke und Mittel der genannten Tätigkeit [...] entscheidet".[1370] Dies gelte, obwohl die Herausgeber der Websites ihrerseits die Möglichkeit hätten, mittels Ausschlussprotokollen die Aufnahme der Website durch eine Suchmaschine zu verhindern, da das Fehlen eines solchen Hinweises den Suchmaschinenbetreiber nicht von seiner eigenen Verantwortung entbinde.[1371] Der EuGH stellte ferner fest, die Arbeit der Suchmaschine könne die „Grundrechte auf Achtung des Privatlebens und Schutz personenbezogener Daten [...] erheblich beeinträchtig[en] [...], und zwar zusätzlich zur Tätigkeit der Herausgeber der Websites", weil die Aufbereitung erstens dazu führe, dass Informationen gefunden werden, die sonst u. U. verborgen geblieben wären und zweitens die Ergebnisliste der Suchmaschine einen „strukturierten Überblick" über die auffindbaren Daten liefere, mit dessen Hilfe sich ein „detailliertes Profil"

1367 Richtlinie 95/46/EG des Europäischen Parlaments und des Rates v. 24.10.1995, ABl. EG Nr. L 281, S. 31 ff. Diese Richtlinie soll ersetzt werden, vgl. den Vorschlag für eine Verordnung des Europäischen Parlaments und des Rates zum Schutz natürlicher Personen bei der Verarbeitung personenbezogener Daten und zum freien Datenverkehr (Datenschutz-Grundverordnung, KOM[2012] 11 endgültig).

1368 Schlussanträge GA *Jääskinen* v. 25.6.2013, C-131/12, Rn. 111, 136.

1369 EuGH, Urt. v. 13.5.2014, C-131/12 Rn. 28 f.

1370 EuGH, Urt. v. 13.5.2014, C-131/12 Rn. 33.

1371 EuGH, Urt. v. 13.5.2014, C-131/12 Rn. 39.

einer Person erstellen lasse.[1372] Insofern könne sie „einen stärkeren Eingriff in das Grundrecht auf Achtung des Privatlebens der betroffenen Person darstellen als die Veröffentlichung durch den Herausgeber der Internetseite“.[1373]

Zum räumlichen Anwendungsbereich der Richtlinie 95/46/EG führte der EuGH aus, dass die Niederlassung „Google Spain“, die (nur) für den Verkauf von Werbeflächen der Suchmaschine verantwortlich ist, wegen dieser Tätigkeit untrennbar mit „Google Inc.“ (USA) verbunden sei, weil sie den Betrieb der Suchmaschine erst rentabel mache.[1374] Deswegen erfolge – auch weil vor dem Hintergrund des von der Richtlinie gewährleisteten Schutzes einer Person eine entsprechend großzügige Auslegung erforderlich sei – die Verarbeitung personenbezogener Daten entsprechend Art. 4 Abs. 1 lit. a der Richtlinie 95/46/EG „‚im Rahmen der Tätigkeit‘ der Niederlassung“.[1375]

Inhaltlich kam der EuGH zu dem Schluss, dass der Suchmaschinenbetreiber zur Wahrung des Rechts auf Achtung des Privatlebens (Art. 7 GRCh) und des Schutzes der personenbezogenen Daten (Art. 8 GRCh)[1376] verpflichtet ist, Links zu den Seiten Dritter, die Informationen über die Person enthalten, zu entfernen.[1377] Der EuGH stellte insofern bemerkenswerterweise klar, dass die Rechte aus Art. 7 und Art. 8 GRCh „im Allgemeinen“ das Interesse der Internetnutzer am Zugang zu den Informationen überwiege.[1378] Lediglich „in besonders gelagerten Fällen“, abhängig von Art und Sensibilität der Information und von der Rolle, die die betroffene Person im öffentlichen Leben spielt, könne der Ausgleich variieren.[1379] Gleichsam noch bemerkenswerter ist, dass die Löschungspflicht selbst dann gelten soll, wenn „der Name oder die Information auf diesen Internetseiten nicht vorher oder gleichzeitig gelöscht werden und gegebenen-

1372 EuGH, Urt. v. 13.5.2014, C-131/12 Rn. 36 ff., 80.
1373 EuGH, Urt. v. 13.5.2014, C-131/12 Rn. 87.
1374 EuGH, Urt. v. 13.5.2014, C-131/12 Rn. 56.
1375 EuGH, Urt. v. 13.5.2014, C-131/12 Rn. 52 ff.
1376 Zum Schutz des Art. 8 GRCh im Zusammenhang mit der Veröffentlichung personenbezogener Daten von Agrarsubventionsempfängern s. EuGH Slg. I 2010, 11063. Zu dieser Entscheidung s. *Guckelberger,* EuZW 2010, S. 946, 946 f.; *dies.,* EuZW 2011, S. 126, 127 ff.
1377 EuGH, Urt. v. 13.5.2014, C-131/12 Rn. 69 ff., 88.
1378 EuGH, Urt. v. 13.5.2014, C-131/12 Rn. 81, 97.
1379 EuGH, Urt. v. 13.5.2014, C-131/12 Rn. 81, 97.

falls auch dann, wenn ihre Veröffentlichung auf den Internetseiten als solche rechtmäßig ist".[1380]

Der EuGH beschäftigte sich sodann explizit mit dem „Recht auf Vergessenwerden" und kommt zu dem Ergebnis, dass „auch eine ursprünglich rechtmäßige Verarbeitung sachlich richtiger Daten im Laufe der Zeit nicht mehr den Bestimmungen der Richtlinie entsprechen kann, wenn die Daten für die Zwecke, für die sie erhoben oder verarbeitet worden sind, nicht mehr erforderlich sind".[1381] Die Erforderlichkeit sei insbesondere dann nicht mehr gegeben, wenn die Daten dem ursprünglichen Zweck nicht mehr entsprechen, darüber hinausgehen oder unerheblich geworden sind.[1382] Dies ist jeweils „in Anbetracht aller Umstände des Einzelfalls" zu prüfen.[1383] Für den Anspruch auf Löschung sei nicht erforderlich, dass der betroffenen Person durch die Einbeziehung der gerügten Information in die Suchergebnisse ein Schaden entstanden sei.[1384] Auch das Recht auf Vergessenwerden gelte aber nicht absolut, sondern müsse mit dem wirtschaftlichen Interesse des Suchmaschinenbetreibers und dem Informationsinteresse der breiten Öffentlichkeit abgewogen werden. Ein Überwiegen der letzteren Interessen erfordere aber das Vorliegen von „besonderen Gründen – wie die Rolle der betreffenden Person im öffentlichen Leben".[1385]

Die Entscheidung wird in den Medien und den einschlägigen Fachkreisen kontrovers diskutiert. Während die einen eine Begrenzung der Allmacht von *Google* begrüßen, beschwören andere Zensurszenarien im Sinne von *Orwells* „Wahrheitsministerium" herauf.[1386] Das ist nicht verwun-

---

1380 EuGH, Urt. v. 13.5.2014, C-131/12 Rn. 88.

1381 EuGH, Urt. v. 13.5.2014, C-131/12 Rn. 93. Die Entwicklung dieser Konturen eines Rechts auf Vergessenwerden macht das Urteil nach *Boehme-Neßler,* NVwZ 2014, S. 825, 827 zu einem „europarechtlichen Meilenstein".

1382 EuGH, Urt. v. 13.5.2014, C-131/12 Rn. 93.

1383 EuGH, Urt. v. 13.5.2014, C-131/12 Rn. 94.

1384 EuGH, Urt. v. 13.5.2014, C-131/12 Rn. 96.

1385 EuGH, Urt. v. 13.5.2014, C-131/12 Rn. 97.

1386 Das Urteil befürwortet bspw. *Müller von Blumencron,* FAZ v. 13.5.2014, http://www.faz.net/aktuell/wirtschaft/unternehmen/eugh-urteil-ueber-google-recht-auf-vergessen-im-netz-12937165.html, zuletzt geprüft am 28.10.2014. *Heitmann,* Die Welt v. 15.5.2014, http://www.welt.de/debatte/kommentare/article128037093/Liebes-Google-vergiss-mich-nicht.html, zuletzt geprüft am 28.10.2014, hingegen bringt das „Wahrheitsministerium" ins Spiel. Zumindest kritisch *Diesterhöft,* VBlBW 2014, S. 370, 375, der von der „Gefahr einer Löschung ‚auf Zuruf'" spricht. Er geht davon aus, dass eine extensive Löschungspraxis wegen

derlich, bewegt sich die Entscheidung doch im Spannungsfeld zweier fundamentaler Rechte unserer Gesellschaft, nämlich dem Recht des Einzelnen auf Schutz seiner personenbezogenen Daten und dem Recht der Vielen, sich Informationen zu beschaffen.[1387] Dem EuGH ist es gelungen, erste Ansätze für einen gerechten Ausgleich zu finden.[1388] Suchmaschinen sind nicht mehr nur Suchdienste, sondern „effiziente Datenverarbeiter und Informationsanbieter".[1389] Die Annahme, dass eine Auflistung in der *Google*-Ergebnisleiste einen Grundrechtseingriff intensiviert – *Spindler* spricht insofern von einer Multiplikatorwirkung –,[1390] ist bei lebensnaher Betrachtung zutreffend.[1391] So folgt das Internet eben nicht den Gesetzen des Vergessens, sondern spült einzelne Nachrichten immer wieder an die Oberfläche. Nach dem EuGH kann dies nun bei unrichtig gewordenen oder keine Aussagekraft mehr besitzenden, personenbezogenen Informationen unterbunden werden[1392] – allerdings nur, wenn die Informationen nicht Personen des öffentlichen Lebens betreffen (solange das Interesse der Öffentlichkeit überwiegt) und auch nur, was das sekundenschnelle, einfache Auffinden durch Jedermann durch eine Suchmaschine betrifft. In den Archiven der Zeitungen etc. sind die Informationen weiterhin auffindbar und nachzulesen.

Auch wenn der spanische Kläger im Verfahren vor dem EuGH obsiegt hat, hat auch ihn nun der oben genannte „Streisand-Effekt" ereilt: Im Ur-

---

drohender Prozessführungskosten für die Betreiber von Suchmaschinen betriebswirtschaftlich sinnvoller erscheint. So heißt es auch bei *Prantl*, SZ v. 4.2.2015, http://www.sueddeutsche.de/digital/recht-auf-vergessen-google-soll-mehr-loeschen-1.2335607, zuletzt geprüft am 6.2.2015, Löschanträge sollten künftig großzügiger gehandhabt werden als bisher.

1387 Zu diesem Konflikt s. *Spindler,* GRUR 2013, S. 996, 1000.

1388 Krit. insb. *Luch/Schulz/Kuhlmann,* EuR 2014, S. 698, 706 ff. Damit sind aber längst nicht alle Fragen beantwortet. Bspw. die Reichweite der Löschung ist unklar. Bisher betrifft sie nur die europäische Suche, d. h. die Suche unter Google.de, Google.fr etc., vgl. *Prantl*, SZ v. 4.2.2015, http://www.sueddeutsche.de/digital/recht-auf-vergessen-google-soll-mehr-loeschen-1.2335607, zuletzt geprüft am 6.2.2015.

1389 *Boehme-Neßler,* NVwZ 2014, S. 825, 827.

1390 *Spindler,* JZ 2014, S. 981, 986.

1391 Nach *Diesterhöft,* VBlBW 2014, S. 370, 372 hängt die Intensität der Beeinträchtigung auch davon ab, mit welchen Suchbegriffen die Information verknüpft ist.

1392 Bei *Google* sind ca. anderthalb Monate nach dem EuGH-Urteil bereits zehntausende Löschanträge eingegangen. Das Unternehmen hat mitgeteilt, Anfang Juli 2014 mit der Löschung von Links aus seinen Suchergebnissen zu beginnen, s. beck-aktuell v. 30.6.2015, becklink 1033257.

teil wird die gegen ihn durchgeführte Zwangsversteigerung erwähnt und nun erhält man also in der Ergebnisliste zu seiner Namenssuche einen Link zu einem aktuellen Dokument, das sich auf eine Person bezieht, die nun auch noch im öffentlichen Interesse steht.[1393]

Im Nachgang des EuGH-Urteils wurden an *Google* bislang fast 205.000 Anträge von Unionsbürgern zur Löschung von Suchergebnissen gestellt, von denen ca. 40 % erfolgreich waren.[1394] 35.000 der Anträge kamen, mit einer Erfolgsquote von ca. 50 %, aus Deutschland.[1395] Die Google-Entscheidung dürfte sich auch auf staatliche Archive, die eine Suchfunktion vorhalten, übertragen lassen.[1396] Auch bei diesen steht, einen hinreichenden Bekanntheitsgrad unterstellt, die Vertiefungswirkung bzw. Multiplikatorwirkung im Raum.[1397]

b) Löschungsmöglichkeiten

Insofern stellt sich auch nach dem Urteil noch die Frage, wie Angaben aus dem Internet am effektivsten gelöscht werden können. Unter „Löschen" wird jede Form des Unkenntlichmachens verstanden, welche die Daten

---

1393 S. dazu auch *Kettemann,* juwiss.de v. 14.5.2014, http://www.juwiss.de/64-2014/#more-8506 sowie *Kettemann,* Die Presse v. 18.5.2014, http://diepresse.com/home/recht/rechtallgemein/3807321/Google_Vergessen-Sie-das-Recht-auf-Vergessen?_vl_backlink=/home/recht/index.do, zuletzt geprüft am 2.6.2014.

1394 Stand Februar 2015, vgl. *Prantl*, SZ v. 4.2.2015, http://www.sueddeutsche.de/digital/recht-auf-vergessen-google-soll-mehr-loeschen-1.2335607, zuletzt geprüft am 6.2.2015. *Spindler,* JZ 2014, S. 981, 990 ist zuzustimmen, soweit er es rechtspolitisch für notwendig erachtet, Schlichtungs- oder sonstige Verfahren zur schnelleren gerichtlichen Prüfung zu installieren. Ebenso die Forderung von *Leutheusser-Schnarrenberger*, wiedergegeben bei *Prantl* a.a.O. Das Bundesinnenministerium will im März einen Vorschlag zur Regelung des Löschens von Internet-Suchergebnissen in die Verhandlungen über die Datenschutzgrundverordnung (zu dieser sogleich unter c)) auf Unionsebene einbringen, vgl. *Sauerbrey,* Der Tagesspiegel v. 20.2.2015, http://www.tagesspiegel.de/politik/internet-suchergebnisse-strenge-regeln-fuers-vergessen/11403056.html, zuletzt geprüft am 20.2.2015.

1395 *Prantl*, SZ v. 4.2.2015, http://www.sueddeutsche.de/digital/recht-auf-vergessen-google-soll-mehr-loeschen-1.2335607, zuletzt geprüft am 6.2.2015.

1396 *Spindler,* JZ 2014, S. 981, 990.

1397 *Spindler,* JZ 2014, S. 981, 990.

komplett unlesbar macht.[1398] In Betracht kommt sowohl eine generelle Löschungsvorsorge als auch eine individuelle Löschungsnachsorge.

(1) Generelle Löschungsvorsorge

Die Nachteile der generellen Löschungsvorsorge liegen darin, dass man die Vorzüge einer Internetpublikation, wie z. B. das Entstehen von Archiven, nicht ausnutzen kann.[1399] Dies dürfte, möglicherweise vor dem Hintergrund des Konkurrentenschutzes, durchaus gewollt sein. Zudem stellt sich die Frage nach einer angemessenen Veröffentlichungsdauer. Gerade an den Regelungen des Rundfunkstaatsvertrages, dazu sogleich unter b), wird kritisiert,, die Verfallsdaten seien zu knapp bemessen.[1400]

Für die generelle Löschungsvorsorge spricht indes, dass frühere Informationen in vielen Bereichen schon veraltet und damit, nach aktuellen Erkenntnissen, falsch sein könnten. Die wichtige Funktion des Löschens wird auch am Beispiel der Eintragungen im Bundeszentralregister[1401] oder einer Gewalttäterdatei deutlich. Hier hat das Löschen einen nahezu heilenden, rehabilitierenden Charakter, ein dunkler Fleck in der Vergangenheit wird, wenn die erforderlichen Voraussetzungen vorliegen, ausradiert. Dies ist auch der Sinn hinter dem Vergessen. Es ermöglicht uns, losgelöst von Geschehnissen in der Vergangenheit im Hier und Jetzt Entscheidungen zu treffen.[1402] Das Vergessen ist zudem die Chance auf einen Neubeginn und dies beschränkt sich nicht auf ein individuelles, sondern gilt ebenso für ein kollektives Vergessen.[1403]

Als generelle Vorsorgemittel werden im Wesentlichen der „digitale Radiergummi“ und das sog. programmierte Vergessen diskutiert.

1398 *Willert*, in: Weth/Herberger/Wächter (Hrsg.), Datenschutz, Kap. XI, S. 474 Rn. 5 ff.

1399 *Bull,* NVwZ 2011, S. 257, 260.

1400 *Meusers,* Spiegel Online v. 31.10.2012, http://www.spiegel.de/netzwelt/web/csu-vizegeneralsekretaerin-baer-gegen-depublizieren-von-online-inhalten-a-864431.html.

1401 S. dazu auch *Bull,* NVwZ 2011, S. 257, 260, der von „Strafregister“ spricht.

1402 *Mayer-Schönberger,* Delete, S. 22.

1403 *Mayer-Schönberger,* Delete, S. 23.

(a) Der „digitale Radiergummi"

Der „digitale Radiergummi", der bereits öffentlichkeitswirksam diskutiert wurde,[1404] verschlüsselt Daten bereits vor ihrer Veröffentlichung im Internet.[1405] Dieser, an der Universität des Saarlandes entwickelte Datenschlüssel namens „X-pire!" bewirkt zweierlei: Erstens kann die Datei nur geöffnet werden, wenn der passende Schlüssel vorhanden ist (technisch soll dies durch ein Browser-Plug-In ermöglicht werden), zweitens wird der Schlüssel nur solange zur Verfügung gestellt, bis ein bestimmtes, vom Urheber der Datei festgelegtes „Verfallsdatum" abgelaufen ist.[1406] Danach ist die Datei nicht mehr lesbar – gelöscht ist sie aber, wie der Name „Radiergummi" suggeriert, nicht.[1407] Wie sicher und wirkungsvoll der Schlüssel ist – gegen die Umgehung des Verfallsdatums mittels eines Screenshots ist

---

1404 Entsprechende Forderungen kamen von Seiten des damaligen und heutigen Bundesinnenministers *De Maizière* und der früheren Verbraucherschutzministerin *Aigner*, s. z. B. *Welchering,* FAZ v. 14.1.2011, http://www.faz.net/aktuell/technik-motor/computer-internet/digitaler-radiergummi-was-im-netz-steht-bleibt-1580048.html, zuletzt geprüft am 29.7.2014; beck-aktuell v. 10.1.2011, becklink 1008988; beck-aktuell v. 23.6.2010, becklink 1002049; Hamburger Abendblatt v. 22.6.2010, http://www.abendblatt.de/politik/deutschland/article1541363/De-Maiziere-fuer-digitalen-Radiergummi-im-Internet.html#, zuletzt geprüft am 30.10.2014.

1405 Vgl. die Informationen von *Prof. Dr. M. Backes* zu der Software X-Pire! auf http://www.backes-srt.de/produkte/x-pire, zuletzt geprüft am 27.9.2012. Der digitale Radiergummi ist eine von mehreren Technologien, die dem Oberbegriff des Digital Rights Managements (DRM) angehören, das dazu dient, „urheberrechtlich geschützte, digitale Werke zu kontrollieren". S. dazu sowie zu einer vergleichbaren Software namens „Vanish", die Forscher an der Universität Washington entwickelt haben, *Kalabis/Selzer,* DuD 2012, S. 670, 671 f., 673.

1406 S. http://www.backes-srt.de/produkte/x-pire, zuletzt geprüft am 27.9.2012. Zur genauen Funktionsweise der Software s. die Beschreibung und die Abbildung 1 bei *Federrath/Fuchs/Herrmann/Maier/Scheuer/Wagner,* DuD 2011, S. 403, 404 f. sowie allgemeiner dazu (mit Grafik) *Welchering,* FAZ v. 14.1.2011, http://www.faz.net/aktuell/technik-motor/computer-internet/digitaler-radiergummi-was-im-netz-steht-bleibt-1580048.html, zuletzt geprüft am 29.7.2014.

1407 Diesbezüglich kritisch *Herberger*, in: Weth/Herberger/Wächter (Hrsg.), Datenschutz, § 52 Rn. 31 ff.; *Nolte,* ZRP 2011, S. 236, 237; *Welchering,* FAZ v. 14.1.2011, http://www.faz.net/aktuell/technik-motor/computer-internet/digitaler-radiergummi-was-im-netz-steht-bleibt-1580048.html, zuletzt geprüft am 29.7.2014.

er bislang machtlos –, ist umstritten.[1408] Nach dem Entwickler der Software gibt es den „perfekten Schutz“ nicht, „[d]as Verfallsdatum funktioniert nur, wenn niemand Böses will und die Bilder nicht kopiert werden“.[1409] Im Ergebnis hat sich die ehemalige Bundesjustizministerin gegen die Einführung des digitalen Radiergummis ausgesprochen.[1410]

(b) Das sog. programmierte Vergessen

Eine andere Alternative ist das sog. programmierte Vergessen[1411] im Sinne einer turnusmäßigen Löschungsvorsorge. Entsprechende Regelungen existieren z. B. im Bundesdatenschutzgesetz (BDSG). § 20 BDSG sieht, neben einer Löschungspflicht der zuständigen Stelle, Löschungsrechte des Betroffenen gegenüber öffentlichen Stellen vor – ebendies normiert § 35 BDSG im Zusammenhang mit privaten Stellen.[1412] Nach § 20 Abs. 8 und § 35 Abs. 7 BDSG sind von der Löschung auch dritte Stellen, an welche die Daten zur Speicherung weitergeleitet wurden, zu verständigen. Daneben steht dem Betroffenen nach allgemeinen Rechtsgrundsätzen ein Anspruch auf Unterlassung bzw. Beseitigung eines andauernden Eingriffs in

---

1408 Zu den Nachteilen von „X-pire!“ s. *Federrath/Fuchs/Herrmann/Maier/Scheuer/Wagner,* DuD 2011, S. 403, 405 f., die die Funktionen der Software mittels des eigens entwickelten Plug-Ins „Streusand“ (Name in Anlehnung an den o.g. „Streisand-Effekt“) umgehen konnten, s. a.a.O. S. 406 f. Zu den Schwachstellen von „X-Pire!“ s. auch *Kalabis/Selzer,* DuD 2012, S. 670, 672 f.; *Welchering,* FAZ v. 14.1.2011, http://www.faz.net/aktuell/technik-motor/computer-internet/digitaler-radiergummi-was-im-netz-steht-bleibt-1580048.html, zuletzt geprüft am 29.7.2014.

1409 *Welchering,* FAZ v. 14.1.2011, http://www.faz.net/aktuell/technik-motor/computer-internet/digitaler-radiergummi-was-im-netz-steht-bleibt-1580048.html, zuletzt geprüft am 29.7.2014. *Federrath/Fuchs/Herrmann/Maier/Scheuer/Wagner,* DuD 2011, S. 403, 407 qualifizieren die Software deshalb als „Selbstdatenschutz-Technik“.

1410 *Briegleb,* heise online v. 22.3.2011, http://www.heise.de/newsticker/meldung/Justizministerin-lehnt-digitalen-Radiergummi-ab-1212598.html, zuletzt geprüft am 30.10.2014.

1411 Zu dieser Terminologie s. auch *Bull,* NVwZ 2011, S. 257, 260.

1412 Ausführlich dazu *Nolte,* ZRP 2011, S. 236, 238. S. auch *Spindler,* JZ 2014, S. 981, 986; *Willert,* in: Weth/Herberger/Wächter (Hrsg.), Datenschutz, S. 472 ff. § 35 BDSG wurde bspw. in der „spickmich“-Entscheidung als Anspruchsgrundlage für die Löschung von Lehrerbewertungen aus einem privaten Internetbewertungsportal relevant, s. dazu BGH NJW 2009, 2888, 2890.

sein Persönlichkeitsrecht gegenüber der speichernden Stelle analog §§ 1004, 12 BGB zu.[1413]

Eine Verweildauer für im Internet abrufbare Daten findet sich auch im Rundfunkstaatsvertrag. § 11d Abs. 2 Nr. 1 und Nr. 2 RStV legen fest, dass öffentlich-rechtliche Telemedien und sendungsbezogene Telemedien, d. h. elektronische Informations- und Kommunikationsdienste (IuK-Dienste) wie z. B. Videos auf Abruf,[1414] nur bis zu sieben Tage nach deren Ausstrahlung angeboten werden dürfen. Sendungen über Großereignisse und Spiele der 1. und 2. Fußball-Bundesliga sind bereits nach 24 Stunden zu depublizieren.[1415]

(2) Individuelle Löschungsnachsorge

Wird keine der dargestellten Löschungsvorsorgemöglichkeiten getroffen, ist zu bedenken, dass das Löschungsbegehren eines Einzelnen (allgemein gesprochen die Durchsetzung von Individualansprüchen) im Internet nicht ohne Schwierigkeiten durchsetzbar ist. In Betracht kommen im Wesentlichen zwei Wege individueller Löschungsnachsorge.

(a) Nutzung sog. exclusion codes

Die Information wird, sobald sie online gestellt wird, von Suchmaschinen etc. in Kopie archiviert und indexiert.[1416]

Nur weil Aktivinformationen des Staates regelmäßig aktualisiert und personenbezogene Angaben aus datenschutzrechtlichen oder sonstigen Gründen, wie etwa Zeitablauf, gelöscht werden, heißt das wie gesehen nicht, dass sie nicht trotzdem im Internet noch auffindbar sind. Eine Möglichkeit, dieses „hosten" von anderen Servern zu verhindern, ist die Nutzung sog. exclusion codes. Diese erteilen Suchmaschinen den Befehl, die

---

1413 *Gola/Schomerus,* BDSG, § 35 Rn. 24.

1414 Zum Begriff der Telemedien s. *Holznagel/Nolden*, in: Hoeren/Sieber/Holznagel, Hdb MMR, Teil 5 Vorfragen zu Rundfunk und Medien Rn. 82 f.

1415 Der Hintergrund für die 24-Stunden-Regelung ist finanzieller Natur. Eine längere Abrufmöglichkeit würde höhere Lizenzkosten für die Sender verursachen, die auf diese Art und Weise vermieden werden sollen. S. dazu *Held*, in: Hahn/Vesting, RundfunkR, § 11d RStV Rn. 12.

1416 Schlussanträge GA *Jääskinen* v. 25.6.2013, C-131/12, Rn. 34.

diese verwendende Internetseite nicht zu archivieren, zu indexieren und auch nicht als Suchergebnis anzuzeigen, sog. Opt-out.[1417] Allerdings stellen die exclusion codes keine technische Sperre dar, die nicht überwunden werden könnte, sondern ein rein hinweisendes Protokoll, das eine Geheimhaltung nicht garantiert.[1418] Zwar wird seitens der gängigen Suchmaschinenbetreiber verlautbart, man beachte solche Befehle, sicher ist dies jedoch nicht.[1419]

(b) Der Weg über den „Reputation Defender"

Neben der Erfassung der Information durch die Suchmaschinen besteht für jeden Internetnutzer die Möglichkeit, die eingestellten Informationen überall auf der Welt zu kopieren und erneut zu veröffentlichen.[1420] Bereits das Auffinden des Verantwortlichen wird regelmäßig nicht oder nur mit erheblichem Aufwand gelingen.[1421] Nach dem Datenschutzbeauftragten

---

1417 00737/DE WP 148, S. 16; EuGH, Rn. 28. Sucht man bspw. ein Dokument, das in der Datenbank eur-lex.europa.eu verzeichnet ist, so erscheint in der „Trefferübersicht" von *Google* nicht der Dokumententext als Vorschau, sondern der Hinweis: „Aufgrund der robots.txt dieser Website ist keine Beschreibung für dieses Ergebnis verfügbar".

1418 S. dazu sowie zu den technischen Einzelheiten den Eintrag zu dem am weitesten verbreiteten exclusion code, dem „Robots Exclusion Standard", in Wikipedia, http://de.wikipedia.org/wiki/Robots_Exclusion_Standard, zuletzt geprüft am 5.7.2013. Dazu auch Schlussanträge GA *Jääskinen* v. 25.6.2013, C-131/12, Rn. 40 ff.

1419 Bei *Google* heißt es dazu: „Bei den Befehlen in robots.txt-Dateien handelt es sich nicht um Regeln, die jeder Crawler zwingend befolgen muss. Diese Befehle sind eher als Richtlinien anzusehen. Der Googlebot und andere seriöse Webcrawler befolgen die Anweisungen in einer robots.txt-Datei, andere Crawler tun dies jedoch vielleicht nicht", https://support.google.com/webmasters/answer/6062608?hl=de&rd=1, zuletzt geprüft am 30.9.2014. S. dazu Schlussanträge GA *Jääskinen* v. 25.6.2013, C-131/12, Fn. 28. Nach Artikel-29-Datenschutzgruppe, Stellungnahme 00737/DE WP 148, S. 16 ist es sehr wichtig, „dass die Suchmaschinenbetreiber derartigen Nichtbeteiligungsklauseln von Website-Herausgebern Beachtung schenken".

1420 *Kalabis/Selzer,* DuD 2012, S. 670, 671; *Weichert,* DuD 2009, S. 7, 9.

1421 *Bull,* NVwZ 2011, S. 257, 261; nach *Weichert,* DuD 2009, S. 7, 12 grenzt der Versuch einer Datenlöschung „regelmäßig an etwas objektiv Unmögliches". Zur technischen Möglichkeit, ein „digitales Wasserzeichen" in Datensätze einzufügen und so Duplikate im Internet aufzufinden s. *Kalabis/Selzer,* DuD 2012, S. 670, 673 f.

des Landes Schleswig-Holstein *Weichert* ist das Internet „im Hinblick auf die Betroffenenrechte inzwischen de facto fast ein rechtsfreier Raum geworden."[1422] Zur praktischen Durchsetzung des Anspruchs gibt es oft nur den zweifelhaften Weg über sog. Reputation Defender, kommerziell arbeitende Anbieter, die entgeltlich Inhalte aus dem Netz entfernen.[1423]

Der Mangel effektiver Mittel zur Gegenwehr[1424] liegt indes nicht am Fehlen materiell-rechtlicher Regelungen,[1425] wie z. B. § 35 BDSG zeigt, der vorschreibt, wann personenbezogene Daten zu berichtigen, zu löschen oder zu sperren sind.[1426] Dass der grundrechtliche Persönlichkeitsschutz, wie er durch § 35 BDSG verkörpert wird, nur entgeltlich durch Private durchgesetzt werden kann, führt in diesen Fällen praktisch zu seiner Entwertung.[1427] *Weichert* ist deshalb zuzustimmen, dass der Staat diesbezüglich eingreifen muss.[1428] Dies gilt natürlich im Besonderen auch für diejenigen Informationen, die nicht private Dritte, sondern der Staat selbst im Rahmen seiner Rechte und Pflichten zur Aktivveröffentlichung ins Internet eingestellt hat. Ein weiterer Verbesserungsansatz wäre es, „den Zugang zu den Gerichten zu erleichtern, etwa durch Zuständigkeitsregelungen auf europäischer Ebene oder entsprechende internationale Vereinbarungen".[1429] Die Europäische Kommission hat in diesem Zusammenhang bereits angekündigt, die Einführung bzw. Ermöglichung einzelner Erleichterungen zu prüfen.[1430] *Bull* weist aber zu Recht auf die globale Dimension hin, derentwegen „die größeren Probleme [...] im Verhältnis zu den USA und anderen Nicht-EU-Staaten bestehen bleiben".[1431]

1422 *Weichert,* DuD 2009, S. 7, 12.

1423 *Weichert,* DuD 2009, S. 7, 9 unter Angabe eines Links zu einer Tagesschaumeldung zu dieser Problematik, deren Inhalt – so viel zum Thema – im Internet leider nicht mehr vorhanden ist.

1424 *Weichert,* DuD 2009, S. 7, 12.

1425 *Bull,* NVwZ 2011, S. 257, 261.

1426 S. dazu auch *Spindler,* GRUR 2013, S. 996, 1000.

1427 Nach *Weichert,* DuD 2009, S. 7, 9 darf der „grundrechtliche Persönlichkeitsschutz [...] aber nicht von der technischen Versiertheit des Betroffenen bzw. von dessen Geldbeutel abhängig sein".

1428 *Weichert,* DuD 2009, S. 7, 12 spricht sich in diesem Zusammenhang für „staatliche Reputation Defender" aus.

1429 *Bull,* NVwZ 2011, S. 257, 261.

1430 KOM(2010) 609 endgültig, S. 10 ff.; s. dazu auch *Bull,* NVwZ 2011, S. 257, 261.

1431 *Bull,* NVwZ 2011, S. 257, 261.

c) Ausblick: Datenschutz-GrundVO

Seit Januar 2012 existiert ein Verordnungsentwurf (sog. Datenschutzgrundverordnung [DSGVO-E]) der Europäischen Kommission, der die 17 Jahre alte Datenschutzrichtlinie ersetzen soll.[1432] Nachdem Ende Oktober 2013 der Innenausschuss das Verhandlungsmandat des Europäischen Parlaments zur DSGVO befürwortet hatte, entschied sich schließlich auch das Plenum des Europäischen Parlaments in einer Abstimmung am 12.3.2014 mit großer Mehrheit für die Datenschutzreform.[1433] Die sog. LIBE-Fassung (Innen- und Justizausschuss) der Verordnung des Europäischen Parlaments ändert den ursprünglichen Verordnungsentwurf in einigen Punkten ab.[1434] Nach der Einigung der EU-Justizminister auf grundlegende Prinzipien zur Datenverarbeitung im Oktober 2014[1435] nahm der Rat der Europäischen Union im Dezember 2014 eine „partielle allgemeine Ausrichtung" der DSGVO auf den öffentlichen Bereich vor.[1436] Schließlich haben sich über ein Jahr später auch das Europäische Parlament, der Ministerrat und die EU-Kommission geeinigt. Am 17.12.2015 nahm der Innen- und Justizausschuss des EU-Parlaments die Einigung an, die Zustimmung des Ministerrats und des Plenums des EU-Parlaments steht noch aus.[1437]

1432 KOM(2012) 11 endgültig; zur Kritik am Verordnungsentwurf s. *Simitis,* FAZ v. 8.2.2013, S. 7, der moniert, die Verordnung präsentiere den Betroffenen eine den Verantwortlichen ohnehin zukommende Löschungspflicht als „neues Recht"; s. ferner *Spiecker gen. Döhmann,* KritV 2014, S. 28, 30 ff.

1433 S. dazu und zum Stimmenverhältnis im Einzelnen http://www.janalbrecht.eu/themen/datenschutz-und-netzpolitik/alles-wichtige-zur-datenschutzreform.html, zuletzt geprüft am 2.6.2014.

1434 Legislative Entschließung des Europäischen Parlaments v. 12.3.2014 zu dem Vorschlag für eine Verordnung des Europäischen Parlaments und des Rates zum Schutz natürlicher Personen bei der Verarbeitung personenbezogener Daten und zum freien Datenverkehr (allgemeine Datenschutzverordnung) (COM(2012)0011 – C7-0025/2012 – 2012/0011(COD)).

1435 Der Deutsche Bundesrat hat in seiner Stellungnahme den Entwurf der DSGVO wegen großem Anpassungsbedarf und mangelnden Rechtsvorteilen kritisiert, vgl. beck-aktuell v. 28.11.2014, becklink 1035977.

1436 Rat der Europäischen Union, 16140/14 v. 1.12.2014, http://register.consilium.europa.eu/doc/srv?l=de&f=ST%2016140%202014%20INIT, zuletzt geprüft am 10.6.2015.

1437 S. https://www.janalbrecht.eu/themen/datenschutz-und-netzpolitik/alles-wichtige-zur-datenschutzreform.html, zuletzt geprüft am 30.12.2015.

Ausweislich Art. 2 DSGVO erstreckt sich der sachliche Anwendungsbereich der Verordnung auf die „Verarbeitung personenbezogener Daten sowie für die nichtautomatisierte Verarbeitung personenbezogener Daten, die in einer Datei gespeichert sind oder gespeichert werden sollen". Sofern die aktiven Behördeninformationen nicht einem der Ausschlussgründe des Art. 2 Abs. 2 DSGVO unterfallen (insbesondere lit. e könnte relevant sein, d. h. ein Zusammenhang der Verarbeitung personenbezogener Daten mit Straftaten oder der Vollstreckung strafrechtlicher Sanktionen könnte bestehen), ist die DSGVO auch für öffentliche Stellen maßgeblich. Nach Art. 4 Abs. 5 DSGVO unterfallen auch Behörden dem Terminus „für die Verarbeitung [personenbezogener Daten] Verantwortlicher".

Wurde noch in den Erwägungsgründen (53) und (54) des Verordnungsentwurfes der Kommission ein „Recht auf Vergessenwerden" explizit genannt, wird dies nun im Entwurf des Parlaments ebendort neutraler als „Recht auf Löschung" bezeichnet, mit der Begründung, die Formulierung der Kommission sei „irreführend" gewesen.[1438] Hiernach sollte jeder Person „ein Recht auf Löschung [zustehen], wenn die Speicherung ihrer Daten unter Verstoß gegen die Verordnung erfolgt".[1439]

Der Anspruch auf Löschung soll insbesondere dann bestehen, wenn der ursprüngliche Zweck der Datenerhebung nicht mehr besteht, die betroffenen Personen ihre Einwilligung in die Datenverarbeitung widerrufen oder Widerspruch hiergegen eingelegt haben oder wenn die Verarbeitung personenbezogener Daten aus anderen Gründen gegen die Verordnung verstößt.[1440]

Ausnahmsweise ist die Speicherung der Daten zulässig, u. a. wenn dies aus wissenschaftlichen Zwecken oder aus Gründen des öffentlichen Interesses im Bereich der öffentlichen Gesundheit erforderlich ist, sofern hierfür eine gesetzliche Grundlage existiert oder die „beschränkte Verarbeitung der Daten anstatt ihrer Löschung gerechtfertigt ist".[1441]

Mit der Umsetzung dieser Forderungen beschäftigt sich Erwägungsgrund 54, der ursprünglich (im Kommissionsentwurf) dem „Recht auf Vergessenwerden" und nun (im Parlamentsentwurf) dem „Recht auf Löschung" zu mehr Geltung im Internet verhelfen will. Der für die Verarbeitung und Veröffentlichung der Daten Verantwortliche hat die Pflicht, „alle

---

1438 Europäisches Parlament, Bericht v. 21.11.2013, A7-0402/2013, S. 542.
1439 COM(2012)0011 – C7-0025/2012 – 2012/0011(COD).
1440 Erwägungsgrund (53) DSGVO.
1441 Erwägungsgrund (53) DSGVO.

notwendigen Schritte zu unternehmen, um die Daten, auch bei Dritten, zu löschen".[1442] Ist die Richtigkeit veröffentlichter Informationen bestritten und liegt diesbezüglich eine non-liquet-Situation vor, sollen die Informationen nun nach Erwägungsgrund 54a gesperrt werden.[1443]

Art. 17 des Verordnungsentwurfes enthält die den Erwägungsgründen entsprechenden Regelungen.[1444] Nach Abs. 8a (entspricht Abs. 7 des Kommissionsentwurfs) muss der Verantwortliche sicherstellen, „dass die Fristen für die Löschung personenbezogener Daten und/oder die regelmäßige Überprüfung der Notwendigkeit ihrer Speicherung eingehalten werden". Hierfür werden die besprochenen technischen Löschungsmöglichkeiten relevant werden. Zur wirkungsvollen Durchsetzung des neuen Rechts sind in der Verordnung auch entsprechende Verwaltungssanktionen für Verstöße hiergegen vorgesehen.[1445]

Es bleibt abzuwarten, ob die Regelungen des Art. 17 hinreichend geeignet sind, das derzeitige Hauptproblem der schwierigen Durchsetzung in einem ausreichenden Maße voranzubringen und schließlich zu ermöglichen.[1446] Für den öffentlichen Sektor gilt zudem die Besonderheit des Art. 83 Abs. 1a DSGVO, der im Zuge der o.g. partiellen allgemeinen Ausrichtung im Dezember 2014 Eingang in die DSGVO gefunden hat. Hiernach können, sofern dies erforderlich ist, im Unions- oder im nationalen Recht Ausnahmen u. a. von Art. 17 DSGVO gemacht werden, wenn personenbezogene Daten zu Zwecken der Archivierung im öffentlichen Interesse verarbeitet werden. Dies gilt „vorbehaltlich angemessener Garantien für die Rechte und Freiheiten der betroffenen Person".

1442 Erwägungsgrund (54) DSGVO.

1443 Vgl. dazu im deutschen Recht § 20 Abs. 4 und § 35 Abs. 4 BDSG.

1444 Zum Regelungsgehalt der Norm s. *Kalabis/Selzer,* DuD 2012, S. 670, 670 ff.; *Spindler,* JZ 2014, S. 981, 989. Zu einem Vergleich der Regelungsgehalte des Art. 17 DSGVO mit dem des § 35 BDSG s. *Kodde,* ZD 2013, S. 115, 116 ff., die zu dem Ergebnis kommt (a.a.O. S. 118), dass das BDSG einen umfassenderen Schutz bietet.

1445 Nach Art. 79 Nr. 2a lit. c DSGVO droht eine Geldbuße von bis zu 100.000 € bzw. von bis zu 5 % des weltweiten Jahresumsatzes eines Unternehmens, wenn einer der in der DSGVO festgelegten Pflichten nicht nachgekommen wurde.

1446 Krit. *Spindler,* JZ 2014, S. 981, 989.

d) Fazit

Im Ergebnis lässt sich daher festhalten, dass das Internet (1) gewisse Informationen doch vergisst, (2) ausgewählte Informationen in dem Archiv der Deutschen Nationalbibliothek gespeichert werden, (3) die Löschung oder das Vergessen von Informationen aktiv unterstützt werden kann, wobei jedoch eine vollständige Löschung wegen diverser Umgehungsmöglichkeiten nicht zu garantieren ist, (4) Löschungsansprüche materiell-rechtlich zwar bestehen, aber in Bezug auf ihre Durchsetzbarkeit noch verbesserungsbedürftig sind.

Daraus ergeben sich Konsequenzen bezüglich des Verhaltens der veröffentlichenden Stelle vor und nach dem Einstellen einer Information ins Internet. Vor dem Einstellen ist der zu veröffentlichende Inhalt stets mit größter Sorgfalt zu überprüfen. Dementsprechend hat auch das BVerfG den Gerichten in seinem „Schuldnerspiegel"-Urteil zutreffend aufgegeben, wegen der Besonderheiten, die mit der Verbreitung einer Information über das Internet einhergehen, den mit einer Anprangerung verbundenen Wirkungen für grundrechtlich geschützte Belange ein gesteigertes Augenmerk zu widmen.[1447]

Überdies obliegt den Behörden nach der Veröffentlichung einer Information eine Beobachtungspflicht bezogen auf die derzeit noch schwer abzuschätzende technische Fortentwicklung der Löschungsmöglichkeiten. Gibt es neue, verbesserte Ansätze die Löschung zu gewährleisten, mündet die Monitoring-Pflicht der veröffentlichenden Stelle in eine Nachbesserungspflicht.

II. Technisches Gefahrenpotenzial

Neben der Frage der Haltbarkeit und Beständigkeit der Informationen im positiven wie im negativen Sinn gibt es weitere mögliche Nachteile einer Veröffentlichung im Internet.[1448] Diese gilt es gerade auch für den Staat,

1447 BVerfGE 104, 65, 72; s. dazu auch VGH BW VBlBW 2013, 193, 194.

1448 Umfassend zu den Problemen wie auch zu den möglichen Lösungen s. den IT-Grundschutz-Katalog des Bundesamtes für Sicherheit in der Informationstechnik (BSI), 13. Aufl. 2013, https://www.bsi.bund.de/DE/Themen/ITGrundschutz/ITGrundschutzKataloge/Inhalt/_content/kataloge.html, zuletzt geprüft am

dessen Informationen unter dem Gütesiegel staatlicher Autorität und Authentizität stehen, soweit irgend möglich zu vermeiden.[1449]

Zu denken ist zunächst an die Manipulationsgefahr, die bei Dokumenten im Internet grundsätzlich besteht.[1450] „Wer warum wann wie lange Zugriff auf welche persönlichen Daten genommen hat, kann unter den Bedingungen der Internetkommunikation oft nicht mehr – auch nicht mehr ungefähr – bestimmt werden."[1451] Der Schutz der behördlichen Informationen vor Manipulation und dem Zugriff Unberechtigter gehört „zu den Essentialia staatlicher Aufgabenerledigung durch elektronische Medien".[1452] Die Manipulationsgefahr kann mithilfe von elektronischen Signaturen minimiert werden, die die Authentizität eines Datums sicherstellen.[1453] Durch sie lässt sich erstens nachweisen, wer der Urheber des Inhalts ist und zweitens, dass der Inhalt nicht nachträglich verändert wurde.[1454] Der unerwünschte Zugang zu Informationen lässt sich mittels Passwortsicherung oder Verschlüsselungstechniken erschweren bzw. verhindern,[1455] wobei die letzteren Maßnahmen bei Publikumsinformationen, die sich gerade an die Öffentlichkeit als solche richten, in der Regel nicht erforderlich sein dürften. Zur technischen Abschottung kann die Aktivierung einer Firewall von Nutzen sein, Schadprogramme wie Viren, Würmer und Trojaner kön-

---

29.9.2014. Allgemein zu den Bedrohungslagen im Internet *Hoffmann/Schulz/Borchers,* MMR 2014, S. 89, 89 ff.

1449 In diese Richtung auch *Spiecker gen. Döhmann*, in: Hecker/Hendler/Proelß/Reiff (Hrsg.), Rechtsfragen, S. 155, 185. Näher zum Gütesiegel staatlicher Informationen s. Kap. 2, B IV 2.

1450 S. dazu *Guckelberger*, in: van Oostrom/Meyer (Hrsg.), E-Government, S. 23, 37; *dies.*, in: Fluck/Fetzer/Fischer, IFG/UIG/VIG/IWG, § 11 IFG Rn. 56; *Oldenburg,* Rechtsnormen, S. 191 mit dem Hinweis auf den „relativ geringe[n] Aufwand", die eine Manipulation eines Internetdokuments nur erfordere; *Spiecker gen. Döhmann*, in: Hecker/Hendler/Proelß/Reiff (Hrsg.), Rechtsfragen, S. 155, 163 f.; *Wolff/Gielzak,* LKV 2010, S. 353, 356.

1451 *Spiecker gen. Döhmann*, in: Bartsch/Briner (Hrsg.), DGRI Jahrbuch, S. 39, 45.

1452 So *Heckmann,* Die Verw. 46 (2013), S. 1, 13.

1453 *Guckelberger*, in: van Oostrom/Meyer (Hrsg.), E-Government, S. 23, 37 f.; *dies.,* Elektronische Gesetzesverkündung, S. 78; *Polenz*, in: Kilian/Heussen (Hrsg.), ComputerR, Teil 13 Rn. 2; *Wolff/Gielzak,* LKV 2010, S. 353, 656. Kritisch hierzu *v. Lewinski*, in: Kahl/Waldhoff/Walter, Bonner Kommentar GG, Art. 82 GG Rn. 269, der von mangelnder Vertrautheit der Nutzer mit den Überprüfungsmechanismen ausgeht.

1454 *Oldenburg,* Rechtsnormen, S. 191 m.w.N. zur Funktionsweise der Signatur.

1455 *Spiecker gen. Döhmann*, in: Hecker/Hendler/Proelß/Reiff (Hrsg.), Rechtsfragen, S. 155, 164.

nen mit Hilfe von Virenscannern mit aktuellen Virenmustern identifiziert und entfernt werden.[1456]

Unabhängig eines missbräuchlichen Verhaltens Dritter besteht das Risiko, dass Daten wegen des technischen Fortschritts nicht mehr lesbar sind, weil sich die Re-/Enkodierungsprozesse verändern bzw. weiterentwickeln und elektronische Datenträger nur eine begrenzte „Lebensdauer“ haben.[1457] Im Unterschied zur Löschung als Durchsetzung des Vergessens im Internet ist der Verlust in diesem Fall ungewollt und ereignet sich ohne Ansehen der Relevanz einer Information. Das Problem der künftigen bzw. dauerhaften Lesbarkeit der Daten lässt sich mit der Wahl eines zukunftssicheren, „aufwärtskompatiblen“ Formats sicherstellen.[1458]

Insgesamt gilt jedoch, dass Publikumsinformationen im Vergleich zu anderen amtlichen Informationen mit größerer Rechtsfolgenwirkung und entsprechend höherer Relevanz weniger Anreiz für Manipulationen bieten. So dürfte auch dem Kriterium der dauerhaften Lesbarkeit bei Publikumsinformationen ein geringeres Gewicht einzuräumen sein, als dies bspw. bei der elektronischen Gesetzesverkündung der Fall ist. Letzteren Inhalten kommt eine grundlegendere Bedeutung und größere Breitenwirkung zu. Die Bürger wie auch die staatlichen Stellen selbst sind auf die Möglichkeit der Kenntnisnahme der Gesetze unbedingt angewiesen. An die technisch notwendigen Vorkehrungen sind im Rahmen der Gesetzesverkündung dementsprechend höhere Anforderungen zu stellen als an die Veröffentlichung von Publikumsinformationen.

Die sonstigen Risiken, angefangen bei einem einfachen Stromausfall über sonstige technische Störungen bis hin zu einem schädlichen Virenbefall,[1459] werden dadurch relativiert, dass auch Daten auf Papier nicht vor Unleserlichkeit, Verlust oder Zerstörung gefeit sind. Zudem können Vor-

---

1456 *Polenz*, in: Kilian/Heussen (Hrsg.), ComputerR, Teil 13 Rn. 6, 12.

1457 Ausf. zur begrenzten Haltbarkeit *Guckelberger,* Elektronische Gesetzesverkündung, S. 79 ff.; vgl. *dies.*, in: van Oostrom/Meyer (Hrsg.), E-Government, S. 23, 37; *dies.*, in: Fluck/Fetzer/Fischer, IFG/UIG/VIG/IWG, § 11 IFG Rn. 56; *Oldenburg,* Rechtsnormen, S. 192; *v. Lewinski*, in: Kahl/Waldhoff/Walter, Bonner Kommentar GG, Art. 82 Rn. 269.

1458 BT-Drs. 17/11473, S. 47; *Guckelberger*, in: van Oostrom/Meyer (Hrsg.), E-Government, S. 23, 38; *Oldenburg,* Rechtsnormen, S. 192.

1459 *Guckelberger*, in: van Oostrom/Meyer (Hrsg.), E-Government, S. 23, 37; *dies.,* Elektronische Gesetzesverkündung, S. 86; *Spiecker gen. Döhmann*, in: Hecker/Hendler/Proelß/Reiff (Hrsg.), Rechtsfragen, S. 155, 163; *Wolff/Gielzak,* LKV 2010, S. 353, 656.

kehrungen getroffen werden, die den Eintritt der o.g. Risiken, wenn zwar nicht gänzlich vermeiden, so aber doch in ihrer Auftrittswahrscheinlichkeit verringern können.[1460]

Zusammenfassend kann festgehalten werden, dass diverse Risiken mit der Veröffentlichung behördlicher Informationen im Internet einhergehen, diese jedoch mittels technischer Vorkehrungen minimiert werden können und weniger schwer wiegen als bei elektronischen Vorhaben mit größerer Breitenwirkung, wie bspw. der Gesetzesverkündung. Zumal es die einhundertprozentige Sicherheit ohnehin nicht gibt,[1461] sind die Risiken einer Internetveröffentlichung mit Blick auf ihre Vorzüge daher tolerierbar.

D. Maßgeblichkeit für die Interessenabwägung

Das Internet als Medium für die Veröffentlichung hoheitlicher Informationen weist, wie gesehen, im Hinblick auf die Unbegrenztheit des Adressatenkreises und die Veröffentlichungsdauer eine signifikant größere Breitenwirkung als eine Veröffentlichung bspw. in den Printmedien auf. Der Veröffentlichung im Internet kommt aufgrund dieser Unterschiede ein besonderes Gewicht, eine besondere Schwere zu. Es stellt sich die – in der Literatur uneinheitlich beantwortete – Frage, ob Reichweite und Dauer im Rahmen der Abwägung der konfligierenden Belange zu berücksichtigen sind. Gegen eine Berücksichtigung der Reichweite wird angeführt, dass die Anzahl der Rezipienten, d. h. bei Printmedien die Größe der Auflage, bei anderen Medien nicht relevant sei.[1462] Die Breitenwirkung des Internet werde „durch seine starke Fragmentierung relativiert".[1463] So seien der Rezeptionsfähigkeit der Adressaten „faktische Grenzen" gesetzt.[1464] In

1460 Allgemein zu den technischen Maßnahmen zur Datensicherheit *Kramer/Meints*, in: Hoeren/Sieber/Holznagel, Hdb MMR, Teil 16.5 Datensicherheit Rn. 62 ff.; *Polenz*, in: Kilian/Heussen (Hrsg.), ComputerR, Teil 13 Rn. 5 ff.

1461 Zu Recht weist *Heckmann*, Die Verw. 46 (2013), S. 1, 14 in diesem Zusammenhang auf die „Restrisiken" hin, die selbst bei einer so risikoreichen Nutzung wie der der Kernenergie für eine wirtschaftliche Energieversorgung in Kauf genommen werden.

1462 *Gounalakis/Klein*, NJW 2010, S. 566, 567. Im Ergebnis so auch *Härting*, CR 2009, S. 21, 23, nach dem allein aus der größeren Reichweite kein stärkeres Gewicht folgen soll.

1463 *Gounalakis/Klein*, NJW 2010, S. 566, 567.

1464 *Gounalakis/Klein*, NJW 2010, S. 566, 567.

Bezug auf die Dauer besteht hingegen – soweit erkennbar – Einigkeit in Rechtsprechung und Literatur, dass diese eine besondere Beurteilung rechtfertigen kann. Denn je älter die Information sei, desto geringer sei das Informationsinteresse zu gewichten.[1465]

Bezüglich der Nichtberücksichtigung der Reichweite ist den genannten Literaturansichten zu widersprechen. Die Größe des potenziellen Adressatenkreises wirkt sich durchaus auf die Intensität der Rechtsverletzung aus.[1466] Je größer der Adressatenkreis ist, desto größer ist auch der Ansehensverlust und desto schwerer wiegen eventuelle Umsatzeinbußen. So hat auch der BGH in seiner „Caroline von Monaco"-Entscheidung ausdrücklich betont, dass der Eingriff in das Persönlichkeitsrecht „sein besonder[e]s Gewicht durch die hohe Auflage der beiden Zeitschriften" erhalten habe.[1467] Bezüglich der Berücksichtigung der Dauer der Veröffentlichung ist den Ansichten hingegen zuzustimmen. Je länger eine Information abrufbar und einsehbar ist, desto intensiver ist auch die Grundrechtsbeeinträchtigung. Zudem hängt der Adressatenkreis faktisch mit der Veröffentlichungsdauer zusammen, denn eine Information, die nur eine Stunde abrufbar ist, hat einen weit kleineren tatsächlichen Adressatenkreis, als eine Information, die über mehrere Monate oder Jahre hinweg abrufbar bleibt. So erscheint es indes auch widersprüchlich, die Größe des Adressatenkreises nicht, die Dauer aber schon in die Interessenabwägung einzustellen. Beide Faktoren müssen demnach entsprechend in der Interessenabwägung berücksichtigt werden.[1468]

1465 *Gounalakis/Klein,* NJW 2010, S. 566, 567; *Härting,* CR 2009, S. 21, 24; *Wilkat,* Bewertungsportale, S. 91.

1466 So auch *Wilkat,* Bewertungsportale, S. 88 f.

1467 BGH NJW 1996, 984, 985; indirekt bereits BGH NJW 1995, 861, 862 f.

1468 Für privatrechtliche (produkt- und personenbezogene) Bewertungsportale im Ergebnis ebenso *Wilkat,* Bewertungsportale, S. 90, 93.

Kapitel 10: Darstellung im Internet

„Ein aus ökonomischer und rechtlicher Sicht vielleicht weniger spektakuläres, aber praktisch sehr bedeutsames Qualitätsmerkmal von Informationen ist deren äußere Darreichungsform, quasi die Verpackung."[1469]

A. Problemstellung

Die Darstellungsmöglichkeiten im Internet sind vielfältig. Die Veröffentlichung ist einerseits kostengünstig und andererseits im Umfang nur dadurch begrenzt, welche Anzahl an Informationen verfügbar ist, sinnvoll vermittelt werden kann und für den Einzelnen „noch zumutbar"[1470] ist. Denn, wie bereits gesehen, verbessern zusätzliche Informationen ab einem gewissen Grad die Entscheidungsqualität nicht mehr, sondern verschlechtern sie sogar.[1471] Entscheidend muss deshalb die Qualität von Informationen sein: Der Bedarf der Adressaten wird nur durch solche Informationen gedeckt, mit denen er „etwas anfangen kann".[1472] Damit die Informationen überhaupt zur Förderung der gesetzgeberischen Ziele geeignet sind, muss der Adressat die Information auch verstehen können; ihre Bereitstellung alleine genügt hierfür nicht.[1473] *Spiecker gen. Döhmann* und *Kurzenhäuser* haben hierfür den Begriff des „Informationsdarstellungsgebotes" geprägt.[1476]

1469 *Rehberg*, in: Eger/Schäfer (Hrsg.), Analyse, S. 284, 325.

1470 Zu Recht weist *Rehberg*, in: Eger/Schäfer (Hrsg.), Analyse, S. 284, 348 f. kritisch daraufhin, dass „noch zumutbar" eigentlich nicht der optimale Maßstab ist. Vielmehr müsse (v. a. aus ökonomischer Sicht) darauf abgestellt werden, „wie viel Anstrengung […] sinnvollerweise verlangt werden sollte".

1471 *Rehberg*, in: Eger/Schäfer (Hrsg.), Analyse, S. 284, 319. Zu der Problematik des information overload s. Kap. 2, B IV.

1472 *Rehberg*, in: Eger/Schäfer (Hrsg.), Analyse, S. 284, 347. Auch *Berndt,* Konsumentscheidung, S. 132, 242 ff. diskutiert die Qualität der Informationsgestaltung als Mittel gegen die Informationsüberlastung.

1473 *Spiecker gen. Döhmann*, in: Hecker/Hendler/Proelß/Reiff (Hrsg.), Rechtsfragen, S. 155, 172; *Spiecker gen. Döhmann/Kurzenhäuser*, in: Engel/Englerth/Lüdemann/Spiecker gen. Döhmann (Hrsg.), RuV, S. 133, 143.

Jede Information kann auf mehrere Arten dargestellt werden, wobei jede Art besondere Eigenschaften hat, die sich je nach Ziel positiv oder negativ auf die Erreichung desselben auswirken können.[1475] Die Wahl der Darstellung beeinflusst das Verständnis und die Entscheidungsfindung des Informationsadressaten.[1476] Ist das Format der Information intuitiv zugänglich, so übernimmt die Aufbereitung „einen Teil der Denkarbeit".[1477]

Gerade das Internet hält einige „Verpackungsmöglichkeiten" vor, die für die Verständlichkeit von Informationen gewinnbringend sind, wenn man sie sinnvoll nutzt.[1478] Neben der textlichen Darstellung sind mit dem Internet auch andere, früher zu aufwendige oder kostspielige Möglichkeiten der Darstellung, wie Fotografien, abstrakte Symbolik oder Videoclips möglich geworden. Es ist dem Staat nicht verwehrt, sich mit einer besonderen Gestaltung von Informationen an den Bürger zu wenden.[1479] Als Grenze hat er allerdings zu beachten, dass durch den bunten Strauß an Darstellungsformen das Sachlichkeitsgebot nicht in Mitleidenschaft gezogen werden darf.[1480]

1474 *Spiecker gen. Döhmann/Kurzenhäuser*, in: Engel/Englerth/Lüdemann/Spiecker gen. Döhmann (Hrsg.), RuV, S. 133, 135.

1475 *Hoffrage/Kurzenhäuser/Gigerenzer*, in: Bibace/Laird/Noller/Valsiner (Hrsg.), Science, S. 83, 83; *Spiecker gen. Döhmann*, in: Hecker/Hendler/Proelß/Reiff (Hrsg.), Rechtsfragen, S. 155, 172; *Spiecker gen. Döhmann/Kurzenhäuser*, in: Engel/Englerth/Lüdemann/Spiecker gen. Döhmann (Hrsg.), RuV, S. 133, 145 f.

1476 *Skubisz/Reimer/Hoffrage*, in: Beck (Hrsg.), Communication, S. 180.

1477 *Hoffrage/Kurzenhäuser/Gigerenzer,* ZaeFQ 2000, S. 713, 715.

1478 Insofern ist aus heutiger Warte die Ansicht von *Philipp,* Verbraucherinformation, S. 187, die Behörde sei „nicht darauf angewiesen [...], ihre Informationen durch Bilder und namentliche Hervorhebungen möglichst plastisch zu gestalten", nicht mehr überzeugend.

1479 Ebenso *Gramm,* Der Staat 30 (1991), S. 51, 75, der dem Staat gestattet, sich als „animal emotionale" an den Bürger zu richten.

1480 So zutreffend *Gramm,* Der Staat 30 (1991), S. 51, 75; *Guckelberger*, in: Hill/Schliesky (Hrsg.), S. 73, 110. Nach *Braun Binder*, in: Mörschel/Efler (Hrsg.), Demokratie, S. 161, 174 f. bildet der Verhältnismäßigkeitsgrundsatz die Grenze werbender Aussagen. Eine recht großzügige Sichtweise vertritt *Eifert*, in: Ladeur (Hrsg.), Regulierung, S. 131, 141, nach dessen Ansicht „[...] Anforderungen an die Aufmachung oder eine grundsätzliche inhaltliche Neutralität [nicht erforderlich sind]" und, a.a.O. S. 142, der Staat „[...] auch reklameähnliche Auftrittsweisen oder die Anreicherung mit aufmerksamkeitssteigernden Elementen wählen [darf]".

Die Darstellung von Informationen im Internet wird bislang rechtlich kaum begleitet und strukturiert.[1481] Welche Anforderungen sind also im Hinblick auf Sachlichkeit und Verständlichkeit konkret zu stellen? Hierfür ist auszuwerten, welche Darstellungsmodalitäten das Internet bereithält und welche Möglichkeiten mit dem Sachlichkeitsgebot noch und dem Verbraucherverständnis schon kompatibel und deshalb als Mittelweg empfehlenswert sind.

Wie bereits im Rahmen des klassischen Verbraucherleitbildes gesehen, ist der Referenzverbraucher mündig und aufmerksam.[1482] Die hier maßgeblichen Online-Informationen fordern seine Aufmerksamkeit und sein Verständnis in einem vorgelagerten Schritt: Der Verbraucher muss die Information nicht nur lesen und verstehen können, wie z. B. im Rahmen der konkreten Kaufentscheidung die Angaben auf einer Produktverpackung, er muss sie zunächst einmal im *world wide web* auffinden und zur Kenntnis nehmen. Untersuchungen haben ergeben, dass die Auffindbarkeit von hoheitlichen Informationen aus Sicht der Verbraucher kritisch gesehen wird, da die Behördenseiten im Internet oftmals nicht ausreichend präsent seien.[1483] Neben der Präsenz spielt auch die inhaltliche Aufbereitung der Informationen eine Rolle. Veröffentlichte Rohdaten können zwar für Experten sinnvoll sein, sind aber als Informationsinstrument im Rahmen der Publikumsinformation untauglich. Zwar besteht keine generelle Pflicht zur Aufbereitung der Information.[1484] Jedoch gilt, dass die Behörde im Regel-

1481 So bereits *Spiecker gen. Döhmann*, in: Hecker/Hendler/Proelß/Reiff (Hrsg.), Rechtsfragen, S. 155, 185.

1482 S. zum Verbraucherbegriff unter Kap. 8.

1483 *Oertel/Schimke/Ulmer/Karig,* Abschlussbericht VIG, http://download.ble.de/08HS024.pdf

1484 S. bspw. BR-Drs. 273/07, S. 28, wonach es heißt, dass § 5 Abs. 1 S. 3 VIG a. F. „keine Pflicht zur Aufbereitung der Informationen" vorsieht. *Girnau,* ZLR 2006, S. 651, 668 mit dem zutreffenden Hinweis darauf, dass die richtige Lesart nicht „keine Pflicht zur Aufbereitung", sondern „keine generelle Pflicht zur Aufbereitung" sein müsse. S. dazu ebenfalls *Girnau*, in: Böhm/Freund/Voit (Hrsg.), VIG, S. 29, 34; *Grube/Immel/Wallau,* VerbraucherInfoR, Teil D § 6 Rn. 6; *Grube/Weyland,* VIG, S. 67 Rn. 4. In diese Richtung auch *Hartwig/Memmler,* ZLR 2009, S. 51, 64; *Jesse-Allgöwer*, in: Böhm/Freund/Voit (Hrsg.), VIG, S. 55, 58 f., Letzterer mit dem zutreffenden Hinweis, dass auch die falsche Aufbereitung einer Information Amtshaftungsansprüche auslösen kann. S. ferner *Krüger*, in: Böhm/Freund/Voit (Hrsg.), VIG, S. 41, 52, der davon ausgeht, dass die Behörde „im Rahmen ihrer Ermessensausübung prüfen muss, ob ggf. eine Aufbereitung der Informationen erforderlich ist".

fall rechtlich mit der bloßen Bereitstellung von nicht verständlich aufbereiteten Rohdaten weder der ihr gesetzlich auferlegten Informationspflicht nachkommt, noch tatsächlich den mit der Veröffentlichung verfolgten Zweck erreichen kann.[1485] Es genügt folglich nicht, lediglich Auszüge aus behördeninternen Datenverwaltungssystemen, mit deren Aufbau und Struktur der Verbraucher nicht vertraut ist, ohne ergänzende Erläuterungen – gleichsam einer Gebrauchsanleitung – publik zu machen.[1486] Gleiches gilt für die Veröffentlichung von Daten ohne den dazugehörigen Kontext ihrer Erhebung.[1487] Solche Informationen wären schlichtweg wertlos[1488] und würden ggfs. sogar zur Verunsicherung der Verbraucher beitragen.[1489] Informationen, die aus sich heraus nicht verständlich sind, müssen demnach weiter aufbereitet werden.[1490] So hat bspw. das OVG NRW entschieden, die Öffentlichkeit sei bei der Verbreitung von Umweltinformationen nur aufgrund fachkundiger Bewertungen in der Lage, die Schlussfolgerungen der Behörde nachzuvollziehen.[1491] Die Qualifizierung eines Mangels als „geringfügig" oder „erheblich" reiche ohne Offenlegung der dieser Einschätzung zugrunde gelegten Bewertungsmaßstäbe regelmäßig nicht aus und könne sogar Fehlvorstellungen bei den Informationsempfängern

---

1485 Der begrenzte Nutzen von Rohdaten ist allgemein anerkannt, vgl. *Guckelberger*, in: Hill/Schliesky (Hrsg.), S. 73, 95; *Hoffmann-Riem*, in: Hoffmann-Riem/ Schmidt-Aßmann (Hrsg.), Informationsgesellschaft, S. 9, 53 f.; *Müller,* Risikokommunikation, S. 243. Nach *Eifert,* DÖV 1994, S. 544, 548 sind die in den Behördenakten enthaltenen Informationen entscheidungsbegleitend oder erleichtern die Aufgabenwahrnehmung. Diese Informationsstruktur sei jedoch „nicht mehr dienlich, wenn der Informationszugang anderen als behördentätigkeitsbezogenen […] Interessen dient, wie dies bei einem vom Verfahrensbezug entkoppelten Zugangsrecht der Fall ist."

1486 *Grube/Immel/Wallau,* VerbraucherInfoR, Teil D § 6 Rn. 6.

1487 *Beck,* VIG, S. 74; *Hartwig/Memmler,* ZLR 2009, S. 51, 62.

1488 Diese Problematik ist auch in anderen Rechtsgebieten bekannt. So gab es auch in der Praxis des sog. Time-Sharings Fälle, „die zeigen, welch seltsame Blüten die Verordnung großer Informationsmassen ohne Vorgabe von Ordnung und Struktur treiben kann", s. dazu *Pfeiffer/Hess*, Analyse, S. 145. Deshalb kommt das BMELV a.a.O. auch zum Ergebnis, dass „die potentiell unstrukturierte Masse der Informationen eindeutig als verbraucherpolitisches Problem gesehen werden" muss. Zum information-overload im Zusammenhang mit der Time-Sharing-Richtlinie s. ausf. *Martinek*, in: Grundmann (Hrsg.), Systembildung, S. 511, 521 ff., 524.

1489 *Girnau,* ZLR 2006, S. 651, 668; *Müller,* Risikokommunikation, S. 243.

1490 *Girnau,* ZLR 2006, S. 651, 668; *Müller,* Risikokommunikation, S. 243.

1491 OVG NRW UPR 2015, S. 115, 117.

verursachen.[1492] Der Verständlichkeit muss an dieser Stelle gegenüber der fehlenden Aufbereitungspflicht der Vorrang zukommen.[1493] Letztendlich ist ein angemessener Ausgleich zwischen dem Verbraucherinteresse auf eine möglichst verständlich aufbereitete Information und dem Behördeninteresse an einem bedarfsgerechten Aufwand herzustellen .[1494]

Es gibt also Voraussetzungen, die die Behörde erfüllen muss, von denen aber nicht klar ist, welche es sind. Mit den Worten von *Beyerlein/Borchert* ist der Begriff der Verständlichkeit „unter den unbestimmten Rechtsbegriffen ein besonders unbestimmter".[1495] Generelle, einheitliche Maßstäbe für Informationen staatlicher Stellen sind bislang nicht aufgestellt worden und Überlegungen hierzu existieren noch nicht in der nötigen Tiefe.[1496] Zwar gibt es je nach Art, Zweck und Adressatenkreis der Information Variablen, dennoch gibt es einige Anforderungen, die alleine aus rechtlichen Gesichtspunkten unerlässlich sind.[1497]

Zudem darf nicht vergessen werden, dass das Medium Internet insofern besonders ist, als der Adressatenkreis in aller Regel offen ist,[1498] es sei denn, es werden ausnahmsweise Sperren für den Zugang zu bestimmten Informationen in Form von Passwörtern o.ä. eingerichtet. Aus dieser generellen Offenheit des Adressatenkreises folgt, dass neben einer allgemeinen Verständlichkeit prinzipiell auch eine Laienorientierung vonnöten ist.[1499]

Anhaltspunkte für den recht konturenlosen Begriff der Verständlichkeit können sich möglicherweise aus dem Bestimmtheitsgrundsatz, der einfachgesetzlich in § 37 Abs. 1 (L)VwVfG verankert ist, ergeben. Danach ist eine Regelung bestimmt genug, wenn sie hinreichend klar, *verständlich*

1492 OVG NRW UPR 2015, S. 115, 119.

1493 So zutreffend *Borchert*, in: Beyerlein/Borchert (Hrsg.), VIG, § 5 Rn. 21; *Grube/Immel/Wallau,* VerbraucherInfoR, Teil D § 6 Rn. 6.

1494 *Girnau,* ZLR 2006, S. 651, 668.

1495 *Borchert*, in: Beyerlein/Borchert (Hrsg.), VIG, § 5 Rn. 18.

1496 *Guckelberger*, in: Hill/Schliesky (Hrsg.), S. 73, 94 f.

1497 So auch *Guckelberger*, in: Hill/Schliesky (Hrsg.), S. 73, 95.

1498 *Scherzberg,* Öffentlichkeit, S. 182.

1499 *Scherzberg,* Öffentlichkeit, S. 182. *Borchert*, in: Beyerlein/Borchert (Hrsg.), VIG, § 5 Rn. 19 weist darauf hin, dass die Anforderungen an die Verständlichkeit davon abhängen, ob der Adressat ein „‚normaler' Verbraucher", eine „kampagnenfähige Organisation", ein „(Fach-)Journalist[...]" oder ein selbst in der jeweiligen Branche tätiger Unternehmer ist.

und in sich widerspruchsfrei ist.[1500] Die Norm gilt zwar unmittelbar nur für Verwaltungsakte, kann aber auch für die vorliegende Situation Anhaltspunkte bieten, zumal sie ihre Wurzeln im allgemeinen Rechtsstaatsprinzip (Art. 20 Abs. 3 GG) hat und das Erfordernis rechtsstaatlicher Verwaltung konkretisiert.[1501]

Nach der Rechtsprechung soll eine Verfügung verständlich sein, wenn sich ihr Aussagegehalt aus sich heraus, d. h. ohne Hinzuziehung weiterer, über die Verfügung hinausgehender Angaben und auch ohne Rückfragen an Dritte, evtl. sachverständige Personen, erfassen lässt.[1502] Das OVG Sachsen hat „verständlich" im Einklang mit dieser Auslegung mit „selbsterklärend" gleichgesetzt.[1503] Bei der Beurteilung ist darauf abzustellen, wie sich der objektive Erklärungswert analog §§ 133, 157 BGB „einem verständigen Adressaten darstellt und von ihm nach Treu und Glauben verstanden werden darf".[1504] Unklare oder mehrdeutige Formulierungen gehen in aller Regel zu Lasten der Behörde.[1505]

Konkret wurde es für den Normalbürger bspw. für unverständlich gehalten, wenn die Behörde den Begriff der „Netto-Kaltmiete" verwendet und zur Erläuterung die originale Legaldefinition (ohne Fundstelle) angibt.[1506] Das OVG Hamburg leitete aus der Tatsache, dass der Landesgesetzgeber den Begriff gesetzlich definiert, ab, dass dieser Begriff „im allgemeinen Sprachgebrauch nicht geläufig oder gar eindeutig ist".[1507] Es entschied weiter, dass das reine Wiedergeben einer Legaldefinition (ohne

---

1500 VG Gelsenkirchen, Beschluss v. 23.12.2014 – 9 L 1896/14, juris. Rn. 16; VG Köln, Urteil v. 19.2.2014 – 21 K 6805/12, juris, Rn. 20; VG Aachen, Urteil v. 16.12.2013 – 6 K 2611/12, juris, Rn. 31.

1501 BVerwGE 143, 222, 226 f.; *Tiedemann*, in: Bader/Ronellenfitsch, VwVfG, § 37 Rn. 3.

1502 OVG Hamburg NJWE-MietR 1996, 236, 236; OVG NRW NVwZ 1993, 1000, 1000 f.; VG Minden BeckRS 2013, 50937; VG Berlin BeckRS 2012, 48776; VG Würzburg BeckRS 2006, 27873; implizit VG d. Saarlandes, Beschluss v. 19.7.2013 – 10 L 861/13, juris, Rn. 12.

1503 SächsOVG DuD 2014, 55, 58.

1504 OVG Hamburg NJWE-MietR 1996, 236, 236; VG Sigmaringen BeckRS 2007, 28468; *Kopp/Ramsauer,* VwVfG, § 37 Rn. 7.

1505 *Kopp/Ramsauer,* VwVfG, § 37 Rn. 5, 7.

1506 OVG Hamburg NJWE-MietR 1996, 236, 236.

1507 OVG Hamburg NJWE-MietR 1996, 236, 236.

Fundstelle) im Einzelfall nicht ausreichend ist, wenn diese von einem juristischen Laien nicht verstanden werden kann.[1508]

Festzuhalten ist mithin, dass eine aktive Behördeninformation nach objektiven Maßstäben aus sich heraus verständlich, d. h. selbsterklärend sein muss. Werden Fachtermini verwendet, die legaldefiniert werden und nicht Teil des allgemeinen Sprachgebrauchs sind, sollte eine „Übersetzung" angeboten werden.

Andere darüber hinausgehende Anforderungen sind grundsätzlich sinnvoll, um den Zweck der Information bestmöglich zu fördern. Im Folgenden soll daher das Augenmerk auf die Art der möglichen Darstellung gerichtet werden, verknüpft mit den jeweils zu erfüllenden Anforderungen und konkreten Empfehlungen.

B. Textliche Darstellung

Informationen sollen einerseits möglichst verständlich sein, andererseits unterliegt die Exekutive den Haushaltsgrundsätzen der Wirtschaftlichkeit und Sparsamkeit,[1509] wie sich aus § 7 Abs. 1 S. 1 BHO und § 6 Abs. 1 HGrG ergibt. Entsprechend dieser Grundsätze hat die staatliche Kommunikation in einer knappen und arbeitssparenden, aber dennoch überzeugenden und wirksamen Sprache zu erfolgen.[1510] Die Verwaltungssprache befindet sich deshalb in einem „Spannungsverhältnis zwischen Fachsprachlichkeit und allgemeiner Verständlichkeit",[1511] welches es in Ausgleich zu bringen gilt. Stehen Aufwand und Zweck in keinem angemessenen Verhältnis, kann ganz von einer Information abzusehen sein. Die Abwägung

1508 Die streitgegenständliche Legaldefinition lautete: „Die Netto-Kaltmiete ist die Einzelmiete nach § 3 Abs. 3 zzgl. der Zuschläge, z. B. nach § 26 Abs. 5 und Abs. 7 Neubaumietenverordnung 1970 (Zuschläge zur Modernisierung und zum Dachgeschoßausbau). Die Netto-Kaltmiete ist um den Betrag, der als Nachsubvention gewährt wird, zu vermindern". S. OVG Hamburg NJWE-MietR 1996, 236, 236.

1509 *Otto,* Sprache, S. 13; s. auch *Kügele,* Seminararbeit, S. 7 f.

1510 *Otto,* Sprache, S. 12 f, s. auch *Fix,* Seminararbeit, S. 25.

1511 *Bundesverwaltungsamt – Bundesstelle für Büroorganisation und Bürotechnik (BBB),* S. 8.

hat zu Lasten der Verständlichkeit zu ergehen, sofern die vorrangig maßgebliche Rechtssicherheit eine präzise Fachsprache erfordert.[1512]

I. Anforderungen an die Verständlichkeit

> *„[O]ftmals ist nicht die mangelnde Verfügbarkeit[,] sondern mangelnde Verständlichkeit die Hauptbarriere für die Nutzung von Information.“*[1513]

Eine repräsentative Umfrage ergab, dass 86 % der Deutschen Schwierigkeiten haben, amtliche und juristische Texte zu verstehen.[1514] Darüber hinaus sehen auch 96 % der befragten Juristinnen und Juristen „starke Defizite bei der Verständlichkeit von Rechtssprache für juristische Laien“.[1515] Mehr noch, die befragten Fachleute gaben an, selbst im Rahmen ihrer eigenen Tätigkeit Verständnisprobleme mit den Fachtexten zu haben, darunter 73 % von ihnen gelegentlich und 12 % sogar häufig.[1516] Dieses Verständnisdefizit verursacht Kosten. So wird bspw. für einen Regelantrag eine Bearbeitungsgebühr von ca. 18,00 € erhoben, davon entfallen etwa 48 % der Kosten auf Beratungsleistungen und Ausfüllhilfen.[1517] Der tatsächlich bereits vollzogene Wandel des Staates vom Obrigkeits- zum Dienstleistungsstaat hat sich in der Verwaltungssprache also noch nicht hinreichend manifestiert.[1518] Es bedarf daher einer Überarbeitung der Ver-

---

1512 Speziell für den Verbraucherschutz *Falck,* VIG, S. 128. Allgemein *Kügele,* Seminararbeit, S. 8. Nach *Bundesverwaltungsamt – Bundesstelle für Büroorganisation und Bürotechnik (BBB),* S. 10 muss die Verwaltung „ihre eigenen Interessen mit den Grundsätzen einer bürgernahen Verwaltungssprache in Einklang bringen“. Nach *Otto,* Sprache, S. 13 ist in jedem Einzelfall ein angemessener Ausgleich zu schaffen. A.A. möglicherweise *Fix,* Seminararbeit, S. 25, nach der die Verwaltung „keines der Prinzipien vernachlässigen [darf]“.

1513 *Möller/Panhorst/Zieres,* HBScience 2010, S. 114, 118.

1514 So laut *Fluck/Blaha,* in: Fluck/Blaha (Hrsg.), Amtsdeutsch, S. 11, 11 das Ergebnis der Umfrage „Wie denken die Deutschen über die Rechts- und Verwaltungssprache?“, durchgeführt von der Gesellschaft für deutsche Sprache (Umfrage im Original vergriffen).

1515 *Eichhoff-Cyrus/Strobel,* SprachD 2009, S. 133, 137, dazu Schaubild 1 a.a.O. S. 138.

1516 *Eichhoff-Cyrus/Strobel,* SprachD 2009, S. 133, 146, dazu Schaubild 8 a.a.O.

1517 *Allefeld,* in: Fluck/Blaha (Hrsg.), Amtsdeutsch, S. 23, 24 mit dem Hinweis, dass es sich dabei um einen nicht repräsentativen Einzelwert handele.

1518 *Fix,* Seminararbeit, S. 14; *Kügele,* Seminararbeit, S. 6. Nach *Blaha,* in: Eichhoff-Cyrus/Antos (Hrsg.), Verständlichkeit, S. 284, 284 gibt es zwar Bemühungen, die Arbeit der Verwaltung verständlicher zu machen, der Bereich der Spra-

waltungssprache, die die Verständlichkeit und Serviceorientierung derselben zum Ziel hat.[1519] Dieser Forderung dürfte auch das Grundrecht auf gute Verwaltung aus Art. 41 GRCh[1520] Nachdruck verleihen, jedenfalls insoweit, als man neben dem Recht auf eine „gute" und „richtige" Entscheidung auch ein Recht auf eine dienstleistungsorientierte und bürgerfreundliche Verwaltungspraxis sieht, das über schlicht gesetzmäßige Verwaltung hinausgeht.[1521] Zwar gilt dieses Recht nach überwiegender Meinung direkt nur für die unionale und nicht auch für die nationale Verwaltung

---

che werde aber „bislang weitgehend ausgeklammert". Die Verwaltungssprache wird deshalb gerne mit den Begriffen „Obrigkeitsstil", „Papierstil" oder „Behördenchinesisch" etikettiert, vgl. *Fluck*, in: Eichhoff-Cyrus/Antos (Hrsg.), Verständlichkeit, S. 117, 117. Dazu, dass dem Beamten vielfach noch „das Stereotyp der staatlichen Repräsentationsfigur" anhaftet, s. *Fluck*, in: Fluck/Blaha (Hrsg.), Amtsdeutsch, S. 149, 149. Einen informativen und bisweilen erheiternden Beitrag zur Juristensprache liefert *Schnapp,* JZ 2004, S. 473, ff. Zur Kundenorientierung der Verwaltung s. *Fehling,* Verwaltung, S. 173 ff.

1519 In diesem Sinne auch *Guckelberger,* ZBR 2009, S. 332, 332, die die Einrichtung von Bürgerämtern als Beispiel für die gewachsene Serviceorientierung der Verwaltung nennt und *Ebert,* Handbuch, S. 22 ff., der als weitere Anforderungen an eine moderne Verwaltungssprache Wirtschaftlichkeit, Darstellungskompetenz, organisationsphilosophische und ethische Ziele sowie „Kommunalität" nennt. Unter Letzterem soll eine Verhaltenskoordinierung betreffend einen Austausch von „Bürgerschaft, Politik, Wirtschaft und Presse" verstanden werden, mit dem Ziel, Synergie-Effekte zu erzielen und Ressourcen besser zu nutzen, s. a.a.O. Siehe dazu auch die Beiträge im Tagungsband *Fluck/Blaha,* Amtsdeutsch a. D.?, insb. *Fluck*, in: Fluck/Blaha (Hrsg.), Amtsdeutsch, S. 149, 150. Lesenswert sind auch die Ausführungen von *Fisch*, in: FS Bull, S. 559, 560 f., 569, nachdem es seit über 200 Jahren Ratgeber und Sprachleitfäden für eine bessere Verwaltungssprache gibt, die bis dato aber keine endgültige Verbesserung bewirkt haben.

1520 Charta der Grundrechte der Europäischen Union, ABl. EG Nr. C 364, S. 1 ff.

1521 So *Goerlich,* DÖV 2006, S. 313, 318. In diese Richtung auch *Guckelberger/Geber,* Kodifizierung, S. 82, die die Konzeption des Rechts auf gute Verwaltung als entwicklungsoffen ansehen und darauf abstellen, dass Art. 41 GRCh lediglich die Positivierung eines „Mindeststandards" darstellt. *Knemeyer*, in: FS Schenke, S 942 ff. schreibt einen solchen Mehrwert den Verhaltenskodizes zu, die er als „selbst gesetzte Behördenverfassung" ansieht. Diesen müssten, um in ihrer Bedeutung überhaupt über die normalen Rechtspflichten hinauszuragen, informellen Zwang erzeugen und den Rechtfertigungsdruck auf die Behörden erhöhen. S. zu den verschiedenen Stimmen zur Funktion des Grundrechts den Überblick bei *U. Stelkens*, in: Stelkens/Bonk/Sachs, VwVfG, Europäisches Verwaltungsrecht, Europäisierung des Verwaltungsrechts und Internationales Verwaltungsrecht Rn. 105 ff. Zum Inhalt des Grundrechts auf gute Verwaltung s. auch *Guckelberger,* NVwZ 2013, S. 601, 603.

(Art. 41 Abs. 1 GRCh lautet „von den Organen, Einrichtungen und sonstigen Stellen der Union“).[1522] Es kann aber unter Umständen Ausstrahlungseffekte auch auf die nationale Verwaltung zeitigen.

Die Verständlichkeit wird mitunter explizit gefordert, wie z. B. in der Begründung des Gesetzesentwurfs des Pflege-Weiterentwicklungsgesetzes:[1523] „Die Ergebnisse der Qualitätsprüfungen [...] werden in verständlicher Sprache aufbereitet und veröffentlicht.“[1524] Ferner heißt es im Erwägungsgrund 26 der Lebensmittel-Informationsverordnung (LMIV):[1525] „Die Etiketten von Lebensmitteln sollten klar und verständlich sein [...]. Studien haben gezeigt, dass gute Lesbarkeit eine erhebliche Rolle dabei spielt, wie stark sich die Kunden durch die Informationen auf den Etiketten beeinflussen lassen, und dass eine unleserliche Produktinformation eine der Hauptursachen der Unzufriedenheit der Verbraucher mit Lebensmitteletiketten ist“. Dementsprechend wurde in Art. 15 Abs. 1 LMIV ein Verständlichkeitsgebot aufgestellt, nachdem „verpflichtende Informationen über Lebensmittel in einer für die Verbraucher [...] leicht verständlichen Sprache abzufassen“ sind.

Daneben finden sich auch in § 10 Abs. 3 S. 1 UIG, § 3 Abs. 1 und Abs. 2 EGovG, § 307 Abs. 1 S. 2 BGB[1526] sowie in § 477 Abs. 1 S. 1 BGB Bestimmungen, die explizit auf die Verständlichkeit abstellen. Ferner heißt es in § 16 der Gemeinsamen Geschäftsordnung der Bundesministerien (GGO)[1527]: „Schreiben müssen präzise, inhaltlich vollständig, verständlich und höflich sein“.[1528]

Nachdem es also diverse Vorschriften gibt, die ausdrücklich fordern, eine Information müsse verständlich sein, stellt sich die Frage nach den

---

1522 *Magiera*, in: Meyer (Hrsg.), Art. 41 GRCh Rn. 9; *Ruffert*, in: Calliess/Ruffert (Hrsg.), EUV/AEUV, Art. 41 GRCh Rn. 8 f.; kritisch *Jarass*, Art. 41 Rn. 10.

1523 BGBl. 2008 I S. 874.

1524 BT-Drs. 16/7439, S. 41; allgemein zur Sprache der Pflegeversicherung s. *Arend*, in: Eichhoff-Cyrus/Antos (Hrsg.), Verständlichkeit, S. 268 ff.

1525 Verordnung (EU) Nr. 1169/2011 des Europäischen Parlaments und des Rates v. 25.10.2011, ABl. EU Nr. L 304, S. 18 ff.

1526 Nach *Rehberg*, in: Eger/Schäfer (Hrsg.), Analyse, S. 284, 344 wurde die Verständlichkeit von Informationen erstmalig im Transparenzgebot des § 307 BGB als Rechtsproblem eingeordnet.

1527 GGO v. 26.7.2000, GMBl. S. 526, zuletzt geändert durch Beschl. v. 17.8. 2011, GMBl. S. 576.

1528 Nach § 42 Abs. 5 GGO sollen auch Gesetzestexte „möglichst für jedermann verständlich gefasst sein“. Zur Verständlichkeit von Gesetzestexten s. *Schröder*, in: Fluck/Blaha (Hrsg.), Amtsdeutsch, S. 73 ff.

Kriterien, die hierfür erfüllt sein müssen. Aus dem Gesetz selbst ergibt sich, abgesehen von den Vorgaben, dass die Amtssprache deutsch ist (§ 23 Abs. 1 VwVfG) und es den Bestimmtheitsgrundsatz zu beachten gilt (§ 37 Abs. 1 VwVfG bzw. Art. 20 Abs. 3 GG), keine Anleitung, welche Voraussetzungen hierfür erfüllt sein müssen.[1529] Deshalb gibt es seit vielen Jahren mit zunehmender Tendenz Bestrebungen, den unbestimmten Begriff der Verständlichkeit mithilfe von Vorgaben in Arbeitshandbüchern und anderen Leitfäden, häufig auch in den Geschäftsordnungen der Landes- oder Kommunalbehörden,[1530] mit Leben zu füllen. In der jüngeren Vergangenheit wurde z. B. der „Internet-Dienst für moderne Amtssprache – IDEMA“[1531] entwickelt, der Verwaltungsfachleuten u. a. anbietet, Textbausteine zu überarbeiten und Alternativtexte aus der Datenbank abzurufen.[1532]

Die obigen Ausführungen gelten selbstverständlich nicht nur für Behördenschreiben in Form von persönlichen Anschreiben, sondern auch für die Gestaltung einer aktiven Behördeninformation.[1533] Die hierzu entwickelten Lösungsansätze bzw. Verbesserungsvorschläge können dementsprechend auf Aktivinformationen in Textform übertragen werden. Die übertragbaren Vorgaben[1534] lassen sich aufspalten in Vorgaben bezüglich der Wortwahl, des Satzbaus und der Gliederung eines Textes.[1535]

1529 Dies wegen der Gefahr missverständlicher Darstellungen kritisierend *Spiecker gen. Döhmann/Kurzenhäuser*, in: Engel/Englerth/Lüdemann/Spiecker gen. Döhmann (Hrsg.), RuV, S. 133, 144.

1530 *Margies*, in: Eichhoff-Cyrus/Antos (Hrsg.), Verständlichkeit, S. 257, 259 m.w.N.

1531 http://www.verstaendliche-sprache.de/einfachverstaendlich.html; nähere Informationen finden sich bei *Blaha*, in: Eichhoff-Cyrus/Antos (Hrsg.), Verständlichkeit, S. 284, 286 f. und *Blaha*, in: Fluck/Blaha (Hrsg.), Amtsdeutsch, S. 59, 62 ff.; vgl. auch *Kappes*, Seminararbeit, S. 17 f. sowie *Fix*, Seminararbeit, S. 21.

1532 *Blaha*, in: Eichhoff-Cyrus/Antos (Hrsg.), Verständlichkeit, S. 284, 286 f.

1533 S. dazu auch *Fisch*, in: FS Bull, S. 559, 562, nachdem sich gute Verwaltungssprache in sämtlichen Äußerungsformen – auch in einer Internetdarstellung – niederschlagen sollte.

1534 Die Maßgaben, die die persönliche Ansprache des Adressaten in einem individuellen Verwaltungsverfahren betreffen, werden nicht weiter erörtert. Ihnen kommt bei einer Aktivinformation im Internet keine Bedeutung zu.

1535 Kurz zusammengefasst zu einem neuen System, bestehend aus Regeln, s. *Berger*, in: Eichhoff-Cyrus/Antos (Hrsg.), Verständlichkeit, S. 295, 299; eine gute Übersicht bekannter Schwachstellen findet sich bei *Fluck*, in: Eichhoff-Cyrus/Antos (Hrsg.), Verständlichkeit, S. 117, 118 ff. Nach dem sog. Hamburger Transparenzmodell lauten die wichtigsten Vorgaben für die Verständlichkeit ei-

Einfache Texte werden besser verstanden und daher auch besser erinnert. In Bezug auf die Wortwahl sollte die Behörde daher bei ihrer Veröffentlichung wenig geläufige oder veraltete Wörter vermeiden.[1536] Dem Minikommentar des Bundesministeriums des Innern (BMI) zum EGovG ist zu entnehmen, dass „klare, einfache und dem allgemeinen Sprachgebrauch entnommene Formulierungen verwendet werden [sollen], um die Adressaten auch tatsächlich zu erreichen und nicht durch eine zu stark juristisch geprägte oder mit fachspezifischer Terminologie gespickte Sprache zu verunsichern“.[1537] Dementsprechend sollte nicht nach einer „Beschwer“, sondern danach gefragt werden, ob jemand „in seinen Rechten verletzt“ ist.[1538] Mehrdeutige Wörter, d. h. solche, deren Bedeutung in der juristischen Fachsprache von der Alltagssprache abweicht, sollten nicht verwendet werden. Statt einer „Veranlagung“ (alltagssprachlich auch Begabung) sollte von einer „steuerlichen Einschätzung“ gesprochen werden.[1539] Wenn die Verwendung von Fachbegriffen der Klarheit dient, ist ihre Bedeutung in einem Klammerzusatz zu erläutern. Die Verwendung von Fachtermini ist jedenfalls zu vermeiden, wenn es für diese übliche, gleichbedeutende Bezeichnungen gibt.[1540]

Damit der Text einfach zu verstehen ist, sollten kurze Wörter bevorzugt, Modewörter, Tautologien (Sinndopplungen) und doppelte Superlative ebenso wie Abkürzungen und Fremdwörter möglichst vermieden wer-

---

nes Textes Einfachheit, Gliederung, Prägnanz und anregende Zusätze; nachzulesen z. B. in *Langer/Schulz von Thun/Tausch,* Verständlich, S. 32 ff.

1536 *Blaha*, in: Fluck/Blaha (Hrsg.), Amtsdeutsch, S. 59, 71; *Bundesverwaltungsamt – Bundesstelle für Büroorganisation und Bürotechnik (BBB),* S. 13; *Ebert,* Handbuch, S. 19; *Otto,* Sprache, S. 23.

1537 *BMI*, Minikommentar zum Gesetz zur Förderung der elektronischen Verwaltung sowie zur Änderung weiterer Vorschriften, S. 17, http://www.bmi.bund.de/SharedDocs/Downloads/DE/Themen/OED_Verwaltung/Informationsgesellschaft/egovg_minikommentar.pdf%3Bjsessionid%3D287954C656A017C136385DCB72CE0E32.2_cid295?__blob=publicationFile, zuletzt geprüft am 22.12.2014.

1538 *Bundesverwaltungsamt – Bundesstelle für Büroorganisation und Bürotechnik (BBB),* S. 13.

1539 *Bundesverwaltungsamt – Bundesstelle für Büroorganisation und Bürotechnik (BBB),* S. 14.

1540 So *Spiecker gen. Döhmann*, in: Hecker/Hendler/Proelß/Reiff (Hrsg.), Rechtsfragen, S. 155, 173 mit dem Beispiel der Verwendung von „Stoffnamen statt (handels-)üblicher Bezeichnungen“ in den REACH-Datenbanken.

den.[1541] Eine wichtige Rolle spielt auch der für den Normalbürger schwer verständliche Nominalstil. Hier gilt es, die für Juristen typischen Substantivketten (Beispiel: „Ihr Antrag auf Einleitung eines Verfahrens zur Erteilung der Erlaubnis zum Führen eines Kraftfahrzeuges auf öffentlichen Straßen") durch einfaches Umformulieren zu vermeiden (Beispiel: „Ihr Fahrerlaubnis-Antrag").[1542] Substantive lassen sich oftmals ohne inhaltlichen Verlust durch einfache Verben ersetzen, wie z. B. „verteilt" statt „zur Verteilung gelangt".[1543]

Der Satzbau erfordert in erster Linie eine übersichtliche Gliederung.[1544] Sätze sollen in einer angemessenen Länge, d. h. ca. 12 bis 18 Wörter pro Satz,[1545] abgefasst werden.[1546] Eine einfache Aussage ist in einem Hauptsatz zu fassen, Nebensächliches gehört in einen Nebensatz, überflüssige Satzteile sind zu vermeiden.[1547]

Für die objektive Messung der Verständlichkeit empfehlen sich die sog. Lesbarkeitsindizes, die in der „Readability-Forschung" entwickelt wurden.[1548] Dabei werden z. B. die durchschnittliche Satzlänge in Wörtern und die durchschnittliche Silbenzahl pro Wort errechnet.[1549] Diese sog. Flesch-Formel ist als Option der Dokumentenüberprüfung Bestandteil der gängigen Textverarbeitungsprogramme, wie in Microsoft Word als „Les-

---

1541 *Bundesverwaltungsamt – Bundesstelle für Büroorganisation und Bürotechnik (BBB),* S. 15 f.; *Ebert,* Handbuch, S. 31; *Otto,* Sprache, S. 25 ff. , vgl. auch *Allefeld*, in: Fluck/Blaha (Hrsg.), Amtsdeutsch, S. 23, 26 und *Rehberg*, in: Eger/Schäfer (Hrsg.), Analyse, S. 284, 326.

1542 *Bundesverwaltungsamt – Bundesstelle für Büroorganisation und Bürotechnik (BBB),* S. 19; dieses Beispiel und weitere finden sich auch bei *Berger*, in: Eichhoff-Cyrus/Antos (Hrsg.), Verständlichkeit, S. 295, 296, 299 f.; s. auch *Allefeld*, in: Fluck/Blaha (Hrsg.), Amtsdeutsch, S. 23, 26; *Otto,* Sprache, S. 30 sowie mit vielen weiteren Beispielen *Ebert,* Handbuch, S. 20, 30.

1543 *Bundesverwaltungsamt – Bundesstelle für Büroorganisation und Bürotechnik (BBB),* S. 20; s. dazu auch die Beispiele bei *Margies*, in: Eichhoff-Cyrus/Antos (Hrsg.), Verständlichkeit, S. 257, 258. m.w.N.

1544 *Bundesverwaltungsamt – Bundesstelle für Büroorganisation und Bürotechnik (BBB),* S. 23.

1545 *Allefeld*, in: Fluck/Blaha (Hrsg.), Amtsdeutsch, S. 23, 26.

1546 *Bundesverwaltungsamt – Bundesstelle für Büroorganisation und Bürotechnik (BBB),* S. 24; *Otto,* Sprache, S. 19.

1547 *Bundesverwaltungsamt – Bundesstelle für Büroorganisation und Bürotechnik (BBB),* S. 26; s. dazu auch *Ebert,* Handbuch, S. 35; *Otto,* Sprache, S. 22.

1548 *Rehberg*, in: Eger/Schäfer (Hrsg.), Analyse, S. 284, 339.

1549 *Rehberg*, in: Eger/Schäfer (Hrsg.), Analyse, S. 284, 339, der mit der „Wiener Sachtextformel" a.a.O. noch einen weiteren Berechnungsindex beschreibt.

barkeitsstatistik“, und lässt sich deshalb ohne großen Aufwand anwenden.[1550]

Durch eine logisch durchdachte Gliederung können große Mengen an Information in „kleine, kognitiv verdaubare Informationshäppchen“ aufgespalten werden.[1551] Empfohlen wird insofern, auf einer Gliederungsebene nicht mehr als fünf bis sieben Informationseinheiten, sog. Chunks, unterzubringen.[1552]

Für den konkreten Satzaufbau ist es ratsam, die Hauptaussage voranzustellen und erst darauf folgend entsprechend dem Urteilstil die Begründung und die Rechtsgrundlagen, ggfs. in einem eigenen Satz, anzuführen.[1553] Durch die Strukturierung (1.) wichtige „Schlüsselinformation“[1554] und (2.) stärker detaillierte Angaben entsteht „ein Prozess der mehrstufigen Informationsvermittlung“,[1555] der wesentlich zum besseren Verständnis beiträgt.

Wichtig ist diese Strukturierung auch gerade bei der Nennung von Paragraphen(ketten): Steht die Norm bzw. die Normenkette zu Beginn eines Satzes („Gemäß § XY… und § Z des Gesetzes…“) geht der Informationsgehalt der Aussage womöglich völlig verloren.[1556] Der Adressat muss sich erst durch einen Dschungel an Paragrafen oder Artikeln lesen, der für ihn „wie eine nicht zu durchschauende Barrikade“ wirkt und sich nachteilig auf seine Motivation, den Text bis zu Ende zu lesen, auswirkt.[1557]

1550 *Rehberg*, in: Eger/Schäfer (Hrsg.), Analyse, S. 284, 339.

1551 *Rehberg*, in: Eger/Schäfer (Hrsg.), Analyse, S. 284, 326.

1552 *Martinek*, in: Grundmann (Hrsg.), Systembildung, S. 511, 524; *Rehberg*, in: Eger/Schäfer (Hrsg.), Analyse, S. 284, 326 jeweils m.w.N. Zu einer Grenze von sieben Chunks auch *Berndt,* Konsumentscheidung, S. 314.

1553 *Blaha*, in: Fluck/Blaha (Hrsg.), Amtsdeutsch, S. 59, 61; *Bundesverwaltungsamt – Bundesstelle für Büroorganisation und Bürotechnik (BBB),* S. 29; *Ebert,* Handbuch, S. 35.

1554 *Pfeiffer/Hess*, Analyse, S. 149; *Martinek*, in: Grundmann (Hrsg.), Systembildung, S. 511, 525 weist besorgt darauf hin, dass (insbesondere bei Konsumenten unter Zeitdruck) ein Übergang zur selektiven Informationsverarbeitung erkennbar ist, bei der nur noch Schlüsselinformationen wahrgenommen werden.

1555 *Pfeiffer/Hess*, Analyse, S. 149.

1556 *Bundesverwaltungsamt – Bundesstelle für Büroorganisation und Bürotechnik (BBB),* S. 29.

1557 *Margies*, in: Eichhoff-Cyrus/Antos (Hrsg.), Verständlichkeit, S. 257, 262; s. auch *Blaha*, in: Fluck/Blaha (Hrsg.), Amtsdeutsch, S. 59, 61 sowie *Ebert,* Handbuch, S. 148, 151.

Aus diesem Grund sollten auch abstrakte und nicht ersetzbare juristische Fachbegriffe mit Beispielen veranschaulicht werden.[1558] Ziel muss sein, dass der Text aus sich heraus verständlich ist.[1559] Hierfür kann es unter Umständen geboten sein, wichtige Vorschriften im Wortlaut wiederzugeben oder sie – wie bei einer Kommentierung – zu erläutern, ohne sie inhaltlich zu verfälschen.[1560] Der Text sollte auch optisch etwa durch Zwischenüberschriften, Absätze oder Hervorhebungen strukturiert werden.[1561] Als Faustformel gilt: „So fachbezogen wie nötig – so bürgernah wie möglich."[1562]

In Bezug auf die Sprache an sich ist in die Überlegungen einzustellen, dass wegen des unbegrenzten Zugangs zu den Informationen im Internet auch Personen mit einer anderen Muttersprache als Deutsch Kenntnis nehmen können. Zum Beispiel in Bezug auf Hygienebewertungen von Restaurants dürften auch Touristen oder Grenzgänger ein Interesse an den Angaben haben. Folglich sollte – je nach Gegenstand der Information und lokalen Gegebenheiten – an die Zurverfügungstellung alternativer Sprachfassungen, bspw. in Englisch, Französisch oder Türkisch, gedacht werden. Dies gründet aber auf einer freiwilligen Bereitschaft. Eine Verpflichtung zur Bereitstellung von Publikumsinformationen in anderen Sprachfassungen dürfte es nicht geben, zumal der Staat mit einer solchen an seine finanziellen Grenzen gebracht würde, man denke nur an die Übersetzungskosten und eventuelle Folgekosten, wie Amtshaftungsansprüche aufgrund von Übersetzungsfehlern.

1558 *Bundesverwaltungsamt – Bundesstelle für Büroorganisation und Bürotechnik (BBB),* S. 31.

1559 *Bundesverwaltungsamt – Bundesstelle für Büroorganisation und Bürotechnik (BBB),* S. 33.

1560 *Bundesverwaltungsamt – Bundesstelle für Büroorganisation und Bürotechnik (BBB),* S. 35 f.; *Ebert,* Handbuch, S. 87; *Otto,* Sprache, S. 70 f.

1561 *Jeck-Schlottmann,* Informationsverarbeitung, S. 218.

1562 *Bundesverwaltungsamt – Bundesstelle für Büroorganisation und Bürotechnik (BBB),* S. 10; *Otto,* Sprache, S. 13; s. auch *Kügele,* Seminararbeit, S. 9.

II. Gestaltung

„Zeit ist Geld“[1563], lautet ein altes Sprichwort und bedeutet etwa: unsere Aufmerksamkeit ist kostbar. Ganz in diesem Sinne sollte die Behörde bei der Informationsdarbietung bedenken, dass der Verbraucher in Suche, Aufnahme und Verwendung von Informationen wertvolle Zeit investiert, deren er im Hinblick auf andere Bedürfnisse wie „Erholung, Sport und Unterhaltung“ verlustig geht.[1564] In Anbetracht der Informationsflut, die mit dem Internet einhergeht, sollte die Information deshalb nicht nur verständlich aufbereitet, sondern auch gut wahrnehmbar dargestellt werden, sodass sie der Verbraucher schnell und richtig erfassen kann. Hierzu kann nach der sog. Fluency-Theorie die Verwendung gut lesbarer Schriftgrößen und die kontrastreiche Gestaltung, z. B. in der Form, dass sich der Text gut sichtbar vom Hintergrund der Seite abhebt, beitragen.[1565] Ferner sollte die Schriftgröße mindestens 12 Punkt betragen,[1566] serifenlose Schriften sind besser lesbar und deshalb „verschnörkelten“ Schriften vorzuziehen; aus demselben Grund ist die kursive Schreibweise zu meiden.[1567]

Je höher die „Processing Fluency“, übersetzt die „Verarbeitungsflüssigkeit“, ist,[1568] desto schneller können Informationen aufgenommen und verarbeitet werden.[1569]

1563 Benjamin Franklin (*17.1.1706–†17.4.1790), amerik. Wissenschaftler und Politiker, „Remember that time is money“ (1748).

1564 So für die Konsumenteninformation *Kroeber-Riel/Gröppel-Klein,* Konsumentenverhalten, S. 356.

1565 *Kroeber-Riel/Gröppel-Klein,* Konsumentenverhalten, S. 324 m.w.N.; ebenso *Kahneman,* Thinking, S. 63.

1566 Die Schriftgröße wird im Internet eher selten problematisch sein, da der Benutzer selbst die Anzeige vergrößern oder verkleinern kann. Eine wichtigere Bedeutung kommt der Schriftgröße, z. B. bei Angaben auf Lebensmittelverpackungen, zu, s. dazu z. B. *Fesser*, in: Voit/Dabrock/Ried/Uddin (Hrsg.), Adipositasprävention, S. 82.

1567 *Ebert,* Handbuch, S. 227.

1568 *Reber/Topolinski,* GuG 2009, S. 20, 20; *Otto,* Sprache, S. 13 spricht in diesem Zusammenhang von einem „innere[n] und äußere[n] Lesewiderstand“, (Letzteres ist im Original unterstrichen).

1569 *Kroeber-Riel/Gröppel-Klein,* Konsumentenverhalten, S. 324.

Die Erinnerungswahrscheinlichkeit hängt auch mit der farblichen Gestaltung zusammen.[1570] Während Rot und Schwarz einfach lesbar sind und gut erinnert werden, schneidet die Erinnerungsleistung bei der kontrastarmen Farbe Gelb wesentlich schlechter ab.[1571] Eine Studie von *Reber* und *Schwarz* hat darüber hinaus bemerkenswerterweise ergeben, dass textliche Aussagen, die in blassen Farben auf weißem Bildschirmhintergrund schwer lesbar geschrieben stehen gegenüber anderen, in kräftigen, kontrastreichen Farben geschriebenen Zeilen, die von den Probanden flüssig erfasst werden konnten, in ihrer Einschätzung in Bezug auf den Wahrheitsgehalt unterlegen waren.[1572] Diese Auswirkungen auf den vermuteten Wahrheitsgehalt hat auch der Fettdruck, der im Vergleich zur Standardformatierung leserlicher und besser erkennbar ist.[1573] Verkürzt bedeutet dies, wie auch der Titel eines gleichnamigen Beitrags von *Reber* und *Topolinski* besagt, vom Betrachter aus gesehen signalisiert „einfach + schön = wahr".[1574]

Es ist aber nicht nur wichtig, wie eine Information aussieht, sondern auch, wo sie platziert wird. Aus der Konsumentenforschung weiß man, dass unser Blickverhalten in „gewohnheitsmäßiges Reagieren auf die Gestaltung einer visuellen Vorlage" und in „automatisches Reagieren auf bestimmte Reizeigenschaften" unterteilt werden kann.[1575] Es wird demnach als ein gewohnheitsmäßiges Reagieren eingestuft, wenn das Auge des Betrachters einen Text, der links oben oder rechts unten auf einer Seite steht, bevorzugt betrachtet.[1576] Für Internetseiten konnte man in empirischen

---

1570 Äußerst instruktiv aber leider den Rahmen dieser Arbeit sprengend sind die Ausführungen von *Tufte,* Envisioning, S. 81 ff. zum Zusammenwirken von Information und Farbe.

1571 *Berndt,* Konsumentscheidung, S. 249 f. Zu entsprechenden Problemen in der Praxis (kontrastarme und unleserliche Angaben auf Lebensmittelverpackungen) s. bspw. *Fesser,* in: Voit/Dabrock/Ried/Uddin (Hrsg.), Adipositasprävention, S. 82.

1572 *Reber/Schwarz,* CoCo 1999, S. 338, 340, insb. 342; für eine erhöhte Glaubwürdigkeit auch *Kroeber-Riel/Gröppel-Klein,* Konsumentenverhalten, S. 324 und *Kahneman,* Thinking, S. 63 mit der Empfehlung, deshalb die Farben Rot und Blau den Farben Gelb und Grün vorzuziehen.

1573 *Kahneman,* Thinking, S. 63.

1574 *Reber/Topolinski,* GuG 2009, S. 20 ff.

1575 *Kroeber-Riel/Gröppel-Klein,* Konsumentenverhalten, S. 356.

1576 *Kroeber-Riel/Gröppel-Klein,* Konsumentenverhalten, S. 356.

Studien mit Hilfe des sog. eye-tracking-Verfahrens[1577] herausfinden, dass es bei der Seitenbetrachtung ein „goldenes Dreieck" gibt.[1578] Dies bedeutet, dass alle Informationen, die sich oben links auf einer Internetseite befinden, fixiert werden, wohingegen Informationen, die am rechten, unteren Bildrand dargeboten werden, ignoriert werden.[1579] Es wird angenommen, dass die bei westlichen Sprachen gebräuchliche Schreib- und Leserichtung Hintergrund dessen ist.[1580] Als Reaktion auf diese Forschungsergebnisse werden z. B. Werbeanzeigen häufig am linken, oberen Bildrand platziert.[1581] Es wäre für die jeweils zuständige Behörde deshalb auch ratsam, ihre essenziellen und aktuellen Informationen auf der Internetseite oben links zu positionieren und die untere, rechte Bildecke mit eher weniger wichtigen Informationen zu bestücken oder je nach Möglichkeit auch ganz freizuhalten.

Der Vollständigkeit halber ist von der Nutzung der weiteren möglichen Darstellungsformen textlicher Informationen, wie der Einbettung eines Textes in ein Banner oder in ein sog. Pop-up, für Behördenzwecke abzuraten. Banner sind mit einer Umrandung abgeschlossene Kästen oder Fahnen, die sich durch ihre abweichende Gestaltung von der sonstigen Seitenumgebung abheben. Sie können statisch oder animiert sein, bspw. mit dem Lesefortschritt auf der Seite „nach unten wandern" oder sich über eine andere Seite legen, und in den verschiedensten Größen dargestellt wer-

---

1577 Beim sog. eye-tracking Verfahren wird die Blickrichtung eines Betrachters technisch auf- und nachgezeichnet. Nach *Hervet/Guérard/Tremblay/Chtourou,* ACP 2011, S. 708, 708 f. ist die Augenbewegung hin zu einem Objekt ein Zeichen für diesem zugewandte Aufmerksamkeit; die Dauer der Fixierung des Objektes mit den Augen ist deshalb ein guter Indikator für den Grad der Aufmerksamkeit, den der Betrachter dem Objekt zuwendet.

1578 *Hotchkiss/Alston/Edwards,* Eye Tracking Study, S. 7 ff.; vgl. dazu auch *Kroeber-Riel/Gröppel-Klein,* Konsumentenverhalten, S. 358.

1579 *Kroeber-Riel/Gröppel-Klein,* Konsumentenverhalten, S. 358; so auch die Ergebnisse einer eye-tracking-Studie des Poynter Institutes Stanford, vgl. *Outing/Ruel,* Eyetrack III: Looking again at online readers (2003–2004), http://www.poynter.org/extra/Eyetrack/previous.html. Hingegen gilt bei Printmedien, dass Anzeigen auf der rechten Seite signifikant häufiger und länger fixiert werden, vgl. die Untersuchungsergebnisse von *Jeck-Schlottmann,* Informationsverarbeitung, S. 164 ff., hierzu Abb. 31 und 32 a.a.O. S. 165; nach *Andresen,* Anzeigenkontakt, S. 162 f. wird ebenfalls die rechte Seite bevorzugt (Kontakt häufiger); kommt es zum Kontakt, hat die Platzierung aber keine weiteren Auswirkungen.

1580 *Kroeber-Riel/Gröppel-Klein,* Konsumentenverhalten, S. 358.

1581 *Kroeber-Riel/Gröppel-Klein,* Konsumentenverhalten, S. 358.

den.[1582] Sie sind v. a. dann sinnvoll, wenn sie den Betrachter dazu bewegen sollen, eine andere Internetseite aufzusuchen, die mittels Klicken auf das Banner automatisch aufgerufen wird. Die Effektivität der Banner ist zwischenzeitlich umstritten. So haben aktuelle eye-tracking-Untersuchungen zu dem unter dem Begriff „banner blindness“ bekannten Phänomen ergeben, dass Konsumenten versuchen, mit ihrer Blickrichtung Werbeanzeigen im Internet zu umgehen.[1583] So wurden über 63 % der in der Studie präsentierten Banner gar nicht fixiert, im Vergleich dazu liegt dieser Wert beim Fernsehen bei nur 10 %.[1584] Für behördliche Informationen ist der weniger aufdringliche und seriösere Weg der Einbettung eines Hyperlinks in eine Internetseite, durch dessen Anklicken ebenfalls eine andere Seite geöffnet wird, vorzugswürdig.

Ähnlich ist die Verwendung sog. Pop-ups zu beurteilen, die ebenfalls aus dem Bereich der Werbung stammen und für kleine Animationen stehen, mit deren Hilfe Texte (und/oder Bilder) „plötzlich einfliegen“, „aufflackern oder sich drehen“.[1585] Sie erscheinen zu einer beliebigen Zeit kontextunabhängig und erfordern das Eingreifen des Benutzers,[1586] z. B. durch „OK“ oder „Schließen“. Diese auch von Systemmeldungen des Betriebssystems bekannten Fenster sind neueren Studien zufolge nicht sehr effizient. So konnten *Bahr* und *Ford* in ihrer Studie bspw. zeigen, dass die Teilnehmer Pop-ups als ärgerlich und enervierend empfinden.[1587] Diese negativen Emotionen überwogen ganz unabhängig von Größe, Inhalt und Verständlichkeit des Pop-ups bzw. seiner Botschaft.[1588] Die Autoren konnten als Konsequenz dessen beobachten, dass die Teilnehmer bereits nach sehr kurzer Zeit lernten, Pop-ups auszublenden und zu ignorieren.[1589] Auch Pop-ups sind daher nicht oder jedenfalls nur sehr eingeschränkt zur Darstellung behördlicher Informationen geeignet.

1582 Vgl. den Artikel „Werbebanner“ in Wikipedia, http://de.wikipedia.org/wiki/Werbebanner, zuletzt geprüft am 25.10.2014.

1583 *Hervet/Guérard/Tremblay/Chtourou,* ACP 2011, S. 708, 714 f.; vgl. dazu auch *Kroeber-Riel/Gröppel-Klein,* Konsumentenverhalten, S. 358.

1584 *Hervet/Guérard/Tremblay/Chtourou,* ACP 2011, S. 708, 714.

1585 *Kroeber-Riel/Gröppel-Klein,* Konsumentenverhalten, S. 360.

1586 *Bahr/Ford,* CinHB 2011, S. 776, 782.

1587 *Bahr/Ford,* CinHB 2011, S. 776, 781.

1588 *Bahr/Ford,* CinHB 2011, S. 776, 781.

1589 *Bahr/Ford,* CinHB 2011, S. 776, 782; vgl. dazu auch *Kroeber-Riel/Gröppel-Klein,* Konsumentenverhalten, S. 360.

Von der Nutzung von Bannern und Pop-ups zur Verbreitung von Publikumsinformationen ist daher abzuraten.

C. Bildliche Darstellung

Mit den Worten von *Baer* sind Bilder „verführerisch, denn sie bringen Dinge auf den imaginierten Punkt".[1590] Ist die bildliche einer textlichen Darstellung getreu dem Sprichwort „ein Bild sagt mehr als tausend Worte" generell vorzuziehen? Welche Anforderungen bzw. Zulässigkeitskriterien gelten für die Bebilderung?

Als Beispiel ist hier die Veröffentlichung der Fotos von Hygieneverstößen im Internet zu nennen.[1591] Beispielfotos für solche Verstöße, die mittlerweile aber nicht mehr im Zusammenhang mit aktuellen Ergebnissen der Negativliste stehen, lassen sich auf der Internetseite des Berliner Bezirks Pankow abrufen.[1592] Hier ist fraglich, ob die Bebilderung im Sinne einer objektiven und wirklichkeitsgetreuen Darstellung des hoheitlich monierten Verstoßes rein sachlich und demnach zulässig ist oder ob der Bebilderung eine abschreckende und suggestive Wirkung zukommt, die folglich nicht mehr sachlich und daher unzulässig ist.[1593]

Generell gegen eine bildliche Darstellung könnte sprechen, dass sich die Darstellung eines tatsächlich besonders ekelerregenden Mangels nachhaltig negativ auf die Ansicht des Verbrauchers auswirkt, denn die abschreckende Wirkung des Bildes dürfte sich bereits aufgrund der höheren

---

1590 *Baer,* VVDStRL 68 (2009), S. 291, 299.

1591 *Guckelberger*, in: Hill/Schliesky (Hrsg.), S. 73, 110.

1592 http://www.berlin.de/ba-pankow/aktuelles/bilder_verstoss_lebensmittelhygiene.html, zuletzt geprüft am 14.10.2014. Zu Negativliste und Smiley-Projekt s. Kap. 11, A IV.

1593 Vgl. *Guckelberger*, in: Hill/Schliesky (Hrsg.), S. 73, 110, die davon ausgeht, dass die Grenze der Sachlichkeit überschritten wird, wenn die Bebilderung derart abstoßend ist, dass die Mehrheit der Informationsadressaten wegen dieser abschreckenden Wirkung von einer weiteren Frequentierung der Internetseite absieht. Für eine von einer Bebilderung ausgehende große Suggestivkraft s. auch *Wollenschläger,* VerwArch 102 (2011), S. 20, 48. Nach *Ossenbühl,* NVwZ 2011, S. 1357, 1361 kann ein „Bildausschnitt als solcher […] den Rahmen sachlicher Informationen verlassen"; in diese Richtung auch *Hofmann-Hoeppel*, in: Eiding/Hofmann-Hoeppel (Hrsg.), VerwR, S. 106, Rn. 12 (Schriftsatzmuster 25).

Aktivierungswirkung von Bildern nachhaltiger einprägen als eine einfache Textzeile zur Beschreibung des Mangels.

Eine auf den Einzelfall abstellende Betrachtung dessen, ob eine Bebilderung dem Sachlichkeitsgebot noch entspricht, dürfte zu erheblicher Rechtsunsicherheit führen. Steht die Bebilderungsentscheidung im Ermessen der Behörde, stellt sich das Problem der Einheitlichkeit einer Beurteilung. Die Einschätzung eines Verstoßes seitens der Behörde wird nicht immer mit der Bewertung desselben Verstoßes seitens der Verbraucher übereinstimmen. Hier ist eine Abweichung in beide Richtungen denkbar. Zum einen könnte die Behörde, weil sie an Hygieneverstöße gewöhnt ist und „schon Schlimmeres gesehen hat" zu einer Verharmlosung tendieren oder im Gegenteil, eben weil sie besonders auf die Einhaltung hygienischer Vorschriften geschult ist, zu einer Übertreibung neigen, die der Verbraucher womöglich nicht teilt. Die Zulässigkeit der Illustration ist daher losgelöst vom Einzelfall abstrakt zu beurteilen. Gegen eine Bebilderung könnte zudem die ohnehin enorme (Breiten-)Wirkung einer im Internet veröffentlichten Information sprechen. Die bildliche Darstellung, die je nach Belichtung, Ausleuchtung, Vergrößerung etc. in ihren Wirkungen erheblich variieren kann und bereits dadurch geeignet ist, den Betrachter in eine bestimmte Richtung zu beeinflussen, könnte deshalb mit dem Sachlichkeitsgebot wegen der ihr zukommenden und nicht vermeidbaren Suggestivwirkung nicht vereinbar sein.

Auch eigentumsrechtliche Fragen können hier Bedeutung erlangen. Kann ein Bild, das in einem privaten Anwesen aufgenommen wurde, der Allgemeinheit zugänglich gemacht werden? Urheberrechtlich gibt es derzeit lediglich ein Recht am eigenen Bild von Personen (§§ 22 ff. KUG),[1594] aber kein „Recht am eigenen Bild der Sache".[1595] Umgekehrt kann aber daraus nicht geschlossen werden, dass das Fotografieren in privatem Raum und anschließende Verbreiten der Aufnahmen zulässig ist. Aus § 59 UrhG, der sog. Panoramafreiheit,[1596] ergibt sich dies nämlich nur für Werke, die sich im öffentlichen Raum befinden. § 59 Abs. 1 S. 2 UrhG stellt ausdrücklich klar, dass sich dieses Recht nur auf die äußere Ansicht eines Bauwerks bezieht und nur abgebildet werden darf, was ohne Einsatz von Hilfsmitteln von öffentlichem Grund aus einsehbar ist.[1597] Eine „Fotogra-

---

1594 RGBl. 1907, S. 7; zuletzt geändert durch G. v. 16.2.2001 (BGBl. 2001 I S. 266).
1595 BGH NJW 2011, 749, 750; *Wanckel,* NJW 2011, S. 1779, 1781.
1596 *Wanckel,* NJW 2011, S. 1779, 1080.
1597 *Wanckel,* NJW 2011, S. 1779, 1780 f.

fierfreiheit“ für Wohnungen oder Geschäftsräume gibt es demnach nicht.[1598] So leitet der BGH dann auch die Verwertungsbefugnis direkt aus dem Eigentumsrecht ab. Er stützt den Anspruch schlicht auf § 99 Abs. 3 BGB, wonach die Eigentümerstellung an einer Sache das Recht beinhaltet, aus dieser Sache die Früchte zu ziehen.[1599] Dem Eigentümer ist es natürlich unbenommen, auf sein Verwertungsrecht zu verzichten und so die Veröffentlichung zu erlauben. Liegt diese jedoch nicht in seinem Interesse und stimmt er ihr somit nicht zu, so steht ihm gemäß § 1004 Abs. 1 S. 2 BGB ein Unterlassungsanspruch gegen die Veröffentlichung der in seinen Räumlichkeiten aufgenommenen Fotografien zu.[1600] Etwas anderes gilt nur dann, wenn zu Gunsten der Behörde eine entsprechend ausgestaltete Befugnisnorm existiert, welche die Anfertigung und Veröffentlichung von Lichtbildern zum Zwecke der Publikumsinformation ausdrücklich gestattet.

Neben den genannten Aspekten ist auf der anderen Seite einzustellen, dass die Bebilderung der besseren Vorstellung des Ausmaßes des tatsächlichen Mangels dient. Es ist durchaus möglich, dass die schriftliche Beschreibung eines Verstoßes größere Negativeffekte auf den Informationsadressaten ausübt, weil sich dieser keine oder eine falsche Vorstellung des tatsächlichen Ausmaßes des Mangels macht. Durch die Bebilderung wird Klarheit geschaffen, die sich im Ergebnis positiv auswirken kann. Im Weiteren soll geklärt werden, ob und wie sich die Darstellung von Bildern auf die Informationsaufnahme allgemein auswirkt. Im Anschluss daran wird eine Empfehlung ausgesprochen.

D. Verhältnis Bild/Text

Im Zusammenhang mit Werbung, aber auch mit gesundheitsbezogenen Aufklärungsinformationen, wie z. B. Vorsorgemaßnahmen, Warnungen auf Tabakprodukten oder Kennzeichnungen von Lebensmitteln, haben sich Studien mit der Frage beschäftigt, wie sich der Aufmerksamkeitsgrad und damit verknüpft der Verarbeitungs- und Memorisierungsgrad einer Information zu der Darstellung mittels Text, Bildern oder einer Kombination von beidem verhält. Die Erkenntnisse dieser Studien sind nicht nur für den

1598 *Wanckel,* NJW 2011, S. 1779, 1780 f.
1599 BGH NJW 2011, 749, 750; *Wanckel,* NJW 2011, S. 1779, 1779.
1600 BGH NJW 2011, 749, 749.

Bereich des kommerziellen Marketings relevant, sondern sind maßgeblich, wann immer Informationen übermittelt und Verhalten beeinflusst werden soll,[1601] weshalb sie auch hier Beachtung finden sollen.

Studien in den 1990er Jahren, die zu Warnhinweisen auf Tabakpackungen und Bierflaschen durchgeführt wurden, ergaben, dass die textlichen Bestandteile der Information schneller Aufmerksamkeit erlangten und diese Aufmerksamkeit auch länger halten konnten, als dies bei Bildern der Fall war.[1602] Neuere Studien aus den Jahren 2004 und 2008 ergaben das genaue Gegenteil, nämlich, dass Bilder, unabhängig von ihrer Größe,[1603] schneller und länger fixiert würden.[1604] Dies ist auch das Ergebnis der schon länger zurückliegenden Saarbrücker Blickaufzeichnungsuntersuchung von *Witt*, nach der das „Niveau der Bilderinnerung […] durchweg höher [ist] als das der Texterinnerung".[1605] Zudem haben Abbildungen auch auf die Informationsaufnahme insgesamt einen positiven Effekt, die Kontakthäufigkeit ist größer und der Vermeideanteil geringer.[1606] Die Betrachter erhofften sich von den Bildern einen Mehrwert an Informationen gegenüber dem Text, zudem sind Bilder meist aktivierender als Texte, so-

---

1601 So bereits *Jeck-Schlottmann,* Informationsverarbeitung, S. 227.

1602 Z. B. *Rayner/Rotello/Stewart/Keir/Duffy,* JoAdv 2001, S. 219 ff.; einen Überblick über die Studien bietet *O'Malley/Latimer/Berenbaum,* JoABR 2011, S. 167, 169.

1603 Dies wird auch anders gesehen, so heißt es bei *Kroeber-Riel/Gröppel-Klein,* Konsumentenverhalten, S. 361: „Die Aktivierungswirkung der Bildelemente hängt […] von physischen Reizeigenschaften wie Größe, Kontrast, Farbe sowie vom emotionalen Gehalt und von einer gedanklich überraschenden Gestaltung ab".

1604 *Pieters/Wedel,* JoM 2004, S. 36, 47 die mit ihrem Ergebnis, dass die Aufmerksamkeit des Betrachters nicht von der Größe des Bildes abhängt, vielen vorangehenden Studien explizit widersprechen, vgl. a.a.O. m.w.N; nach *Andresen,* Anzeigenkontakt, S. 187 ff. ist der Effekt der Bildgröße abhängig vom Betrachter. In seiner Untersuchung hat er festgestellt, dass Leser des Spiegels eine Anzeige mit kleinem Bild bevorzugen, während Leser des Sterns Anzeigen mit großen Bildern eher wahrnehmen. Die Größe des Bildes dürfte daher nicht pauschal zu bewerten sein. *Rayner/Miller/Rotello,* ACP 2008, S. 697, 705, die mit dem Ergebnis, dass die Verweildauer des Blickes länger auf den Bildern ruht, ihrer vorangegangenen Studie (Rayner et al. 2001) widersprechen.

1605 *Witt,* Blickverhalten, S. 100; ebenso *Jeck-Schlottmann,* Informationsverarbeitung, S. 194 (Untersuchungsergebnisse ab S. 168 ff.).

1606 *Andresen,* Anzeigenkontakt, S. 158.

fern diese nicht umgekehrt wesentlich dominanter gestaltet sind (z. B. eine große, farbige Headline gegenüber einem kleinen unscheinbaren Bild).[1607]

Die konträren Ergebnisse dieser Studien bezüglich des Rangverhältnisses von Text und Bild rühren wahrscheinlich von der unterschiedlichen Zielsetzung her, mit der man die Probanden konfrontierte. So ergab die erste Studie von *Rayner* et. al 2001 noch, dass der Text mehr Aufmerksamkeit erfährt als die Bilder. Die Autoren erklären diesen Gegensatz damit, dass sich die Probanden in der ersten Studie die Darstellungen unter der Prämisse anschauen sollten, sie seien potenzielle Käufer des beworbenen Produkts.[1608] Diese Probanden verbrachten also mehr Zeit damit, den Text zu lesen, wohingegen die Probanden der zweiten Studie, die schließlich länger die Bilder betrachteten, die Werbung nur in Bezug auf Sympathie und Einprägsamkeit beurteilen sollten.[1609]

Überdies besteht Einigkeit dahingehend, dass die Kombination von Text und Bild am wirkungsvollsten ist, wohingegen die rein bildliche sowie die rein textliche Darstellung wesentlich geringere Aufmerksamkeitsresultate erzielen.[1610] Bei der Kombination von Text und Bild gilt es zu beachten, dass der Text nicht so platziert wird, dass er der Wahrscheinlichkeit nach nicht oder kaum beachtet wird. Hierbei ist insbesondere wichtig, dass Bildüberschriften wesentlich schlechter wahrgenommen werden, als Bildunterschriften.[1611] Zudem gilt, dass der symmetrische Aufbau einer Seite, z. B. die zentrale Anordnung von Bildern und die Gruppierung von

---

1607 *Kroeber-Riel/Gröppel-Klein,* Konsumentenverhalten, S. 356 f.

1608 *Rayner/Miller/Rotello,* ACP 2008, S. 697, 705.

1609 *Rayner/Miller/Rotello,* ACP 2008, S. 697, 700.

1610 Für die Überlegenheit der Kombination *O'Malley/Latimer/Berenbaum,* JoABR 2011, S. 167, 174 f. m.w.N. Gleiches gilt nach *Malam/Clegg/Kirwan/McGinigal,* Comprehension, S. 145, die die Kennzeichnung von Lebensmitteln auf Verständlichkeit hin geprüft haben. Auch hier erzielen die Angaben die besten Werte, die Text, Ampelfarben und %-GDA-Informationen miteinander kombinieren. Stehen Ampelfarben und %-GDA-Angaben im Vergleich miteinander, schneidet die farbliche Kennzeichnung im Durchschnitt signifikant besser ab, vgl. *Buxel,* Akzeptanz, S. 9. Zu den Unterschieden zwischen Ampel- und GDA-Kennzeichnung s. *Fesser,* in: Voit/Dabrock/Ried/Uddin (Hrsg.), Adipositasprävention, S. 80 ff.

1611 *Kroeber-Riel/Weinberg/Gröppel-Klein,* Konsumentenverhalten 9. Aufl., S. 311 (in der 10. Aufl. nicht mehr vorhanden); a.A. *Andresen,* Anzeigenkontakt, S. 166 f., nach dessen Ergebnissen die Bildunterschrift nur die Informationsaufnahme des Bildes verbessert, die Wahrscheinlichkeit, dass der Text der Unterschrift beachtet wird, jedoch sinkt.

Text um diese Zentren herum, weniger geeignet ist als ein asymmetrisches Design, bei dem z. B. Text und Bilder auf einer Seite abwechselnd rechts und links zu finden sind.[1612]

Die Ergebnisse der Studien bezüglich der Bevorzugung von Bild oder Text machen somit klar, dass (1.) die Frage der Effektivität nicht pauschal beurteilt werden kann, sondern kontextabhängig ist und (2.) die Betrachter von sich aus derjenigen Darstellung mehr Aufmerksamkeit schenken, von der sie sich im Hinblick auf ihr Ziel die meiste Information versprechen.[1613] Zu dem Verhältnis von Text und Bild kann man daher festhalten, dass, je geringer das Sachinteresse des Empfängers ist, desto mehr Bilder verwendet werden sollten und vice versa.[1614] Zudem ist zu beachten, dass „starkes Aktivierungspotenzial" im Sinne eines besonderen Hinguckers dem gewohnheitsmäßigen Blickmuster (Stichwort „goldenes Dreieck") vorgeht.[1615] In solchen Fällen kann ein Bild auch zur Konkurrenz für einen Text werden. Gerade bei „stark emotional verpackten Informationen" spricht man insofern auch von einer „Sogwirkung".[1616] Ungewollte „Ablenkungseffekte"[1617] gilt es daher zu vermeiden.

Unabhängig von der Frage, ob Empfänger Bilder quantitativ Texten gegenüber vorziehen, besteht ein Unterschied in der Rezeption der beiden Darstellungsvarianten: In Bezug auf die gedankliche Verarbeitung und Speicherung von Informationen sind Bilder Texten überlegen.[1618] Texte

---

1612 *Tufte,* Envisioning, S. 83.

1613 Vgl. *Rayner/Miller/Rotello,* ACP 2008, S. 697, 706, die ergänzen: „Thus, depending on the task, it appears that viewers sample the pictorial information and then use the text for confirmation, or they read the text and then sample the pictorial information for confirmation."

1614 Nach *Kroeber-Riel/Gröppel-Klein,* Konsumentenverhalten, S. 357 kommt die „Überlegenheit des Bildes für die Informationsvermittlung [...] insbesondere bei Low-Involvement-Werbung [Anm.: ‚Werbung, die auf Empfänger mit geringem [...] Interesse stößt', s. a.a.O.] zum Zuge". Zu diesem Ergebnis kommt bereits *Jeck-Schlottmann,* Informationsverarbeitung, S. 38.

1615 *Kroeber-Riel/Gröppel-Klein,* Konsumentenverhalten, S. 361 (zuvor noch ausführlicher *Kroeber-Riel/Weinberg/Gröppel-Klein,* Konsumentenverhalten 9. Aufl., S. 311).

1616 *Kroeber-Riel/Gröppel-Klein,* Konsumentenverhalten, S. 362.

1617 *Kroeber-Riel/Weinberg/Gröppel-Klein,* Konsumentenverhalten, 9. Aufl., S. 312 (in der 10. Aufl. nicht mehr vorhanden), sprechen insofern von „Störungen der absichtsvollen Informationssuche und Informationsaufnahme". Zur Sogwirkung von komplexen Bildern zu Lasten der Headline s. *Andresen,* Anzeigenkontakt, S. 157.

1618 *Kroeber-Riel/Gröppel-Klein,* Konsumentenverhalten, S. 357.

„müssen Wort für Wort gelesen werden", die „Verarbeitung erfolgt analytisch, nach logischen, sequentiellen Regeln".[1619] Bildinformationen dagegen können schnell wahrgenommen werden[1620] und finden in unser Gedächtnis wesentlich leichter Eingang als sprachliche Informationen.[1621] „[…] [D]ie Übertragung bildlichen Materials ins Langzeitgedächtnis erfolgt ohne komplexe Organisationsprozesse, so daß schon bei wenigen Fixationen[1622] relativ gute Erinnerungsreaktionen auftreten."[1623] Zudem gilt: „Reize, die keine Aufmerksamkeit auf sich ziehen, werden zwar sensorisch aufgenommen, aber nur so lange im ikonischen Speicher gespeichert, wie der Blick auf die Reizvorlage fällt; sie werden nicht weiterverarbeitet."[1624] Je aktivierender, d. h. aufmerksamkeitserregender eine Information ist, desto besser wird sie erinnert. Emotionen z. B. kommt stets eine Aktivierungswirkung zu: Sie können sowohl anregend als auch beruhigend sein und schaffen, wenn sie nur im Hintergrund erscheinen, ein verbessertes Wahrnehmungsklima,[1625] sie erhöhen die Aufnahmefähigkeit und -bereitschaft.[1626] Auch Komplexität wirkt prinzipiell aktivierend, denn sie ist leistungsfördernd und sorgt für eine stärkere Zuwendung und Fixation.[1627] Hierbei ist allerdings Vorsicht geboten, denn die Qualität der Informationsverarbeitung sinkt mit zunehmender Komplexität, die Information wird schlechter erinnert und es kann sogar zu einer „Wahrnehmungsabwehr" des Adressaten kommen, also zur Weigerung, sich mit der komplexen Darstellung auseinanderzusetzen.[1628] Entscheidend ist hierbei wieder das Interesse des Adressaten: Ist er nur wenig interessiert, versucht

---

1619 *Jeck-Schlottmann,* Informationsverarbeitung, S. 119.

1620 *Jeck-Schlottmann,* Informationsverarbeitung, S. 119.

1621 Zu dieser sog. Imagery-Wirkung s. *Kroeber-Riel/Gröppel-Klein,* Konsumentenverhalten, S. 439 ff., 446 f.; s. auch *Jeck-Schlottmann,* Informationsverarbeitung, S. 43 ff.

1622 Das Auge erfasst Bilder nicht kontinuierlich, sondern mittels Verweilen (Fixation) und Sprüngen (Saccaden). Die Saccaden (30 bis 90 msec) sorgen für die Bewegung des Blickes und die Fixation (200 bis 400 msec) für Aufnahme der Information und ihre Weiterleitung zur Verarbeitung. Siehe dazu *Jeck-Schlottmann,* Informationsverarbeitung, S. 11.

1623 *Witt,* Blickverhalten, S. 126.

1624 Sog. Levels-of-Processing Ansatz, *Jeck-Schlottmann,* Informationsverarbeitung, S. 30.

1625 *Jeck-Schlottmann,* Informationsverarbeitung, S. 32 f.

1626 *Bänsch,* Käuferverhalten, S. 12.

1627 *Jeck-Schlottmann,* Informationsverarbeitung, S. 36.

1628 *Jeck-Schlottmann,* Informationsverarbeitung, S. 36.

er seinen „kognitiven Aufwand zu reduzieren“ und bevorzugt einfache Darstellungen.[1629] Ist das Interesse hingegen groß und der Adressat von sich aus aktiviert, ist das Gegenteil der Fall.[1630] Auch Farbe hat Aktivierungswirkung.[1631] Die Elemente werden schneller und länger fixiert und besser erinnert.[1632] Einen Unterschied gibt es zudem zwischen abstrakten und konkreten Begriffen.[1633]

Als Fazit lässt sich festhalten, dass eine durchdachte Gestaltung und Platzierung die Informationsaufnahme beim Empfänger begünstigt.[1634] Der Behörde ist daher zu raten, zur Vermeidung der „Risiken der Informationsvermittlung“[1635] ihren darstellerischen Schwerpunkt auf einfache, klare Textteile zu setzen. Die aktuellsten und wichtigsten Informationen sollten dabei auf der oberen, linken Bildhälfte platziert werden. Zusätzlich zur textlichen Beschreibung einer Situation oder einfach zur Auflockerung einer Darstellung und zur Aktivierung des Betrachters kann es sich anbieten, vereinzelt kleinere Bilder einzubauen. So ist es, wenn ein konkretes Produkt in Rede steht, sinnvoll, dieses auch abzubilden.[1636] Die Bebilderung ist aber generell mit Vorsicht zu genießen. So dürfte es, insbesondere wenn es um die Mitteilung von (Gesetzes-)Verstößen im Lebensmittelrecht geht, zu Kollisionen mit dem Sachlichkeitsgebot kommen. Wenn dies zu befürchten ist – und gesetzlich keine bestimmte Art der Darstellung vorgeschrieben wird –, ist der veröffentlichungspflichtigen Behörde zu raten, von einer Bebilderung Abstand zu nehmen.

1629 *Jeck-Schlottmann,* Informationsverarbeitung, S. 40.

1630 *Jeck-Schlottmann,* Informationsverarbeitung, S. 40.

1631 *Jeck-Schlottmann,* Informationsverarbeitung, S. 41 f.

1632 *Jeck-Schlottmann,* Informationsverarbeitung, S. 42.

1633 So würde z. B. das abstrakte Wort „Fähigkeit“ wesentlich seltener erinnert als das konkrete Wort „Vogel“, vgl. dazu *Kroeber-Riel/Gröppel-Klein,* Konsumentenverhalten, S. 443 ff. m.w.N. Auch *Rehberg*, in: Eger/Schäfer (Hrsg.), Analyse, S. 284, 326 rät, konkrete statt abstrakte Begriffe zu verwenden.

1634 *Kroeber-Riel/Gröppel-Klein,* Konsumentenverhalten, S. 361.

1635 *Kroeber-Riel/Weinberg/Gröppel-Klein,* Konsumentenverhalten 9. Aufl., S. 311 (in der 10. Aufl. so nicht mehr vorhanden).

1636 Dies geschieht bspw. auf den Portalen „Lebensmittelwarnung“ und „Lebensmittelklarheit“, s. dazu aktuell http://www.lebensmittelwarnung.de/bvl-lmw-de/app/process/warnung/detail17/14701 und http://www.lebensmittelklarheit.de/produkte/muehlhaeuser-erdbeerkonfituere, beide zuletzt geprüft am 20.10.2014.

E. Numerische Darstellung

„Zahlen suggerieren Klarheit" und sind damit zwar wirkungsreich, aber nicht zwangsläufig verlässlicher als andere Angaben.[1637] Mithilfe psychologischer Studien konnte man auf dem Gebiet der Risikokommunikation herausfinden, dass die meisten Menschen als Entscheidungsgrundlage die Angabe von Zahlen der Angabe von Text vorziehen.[1638] Ein anschauliches Beispiel hierfür ist die Angabe von Arzneimittelnebenwirkungen: Die Angabe der Anzahl der betroffenen Personen verglichen mit der Gesamtmenge der das Medikament einnehmenden Menschen wird gegenüber der sprachlichen, qualitativen Angabe der Nebenwirkungshäufigkeit (bspw.: „selten") bevorzugt.[1639] Letztere ist wegen des geringeren Informationsgehalts auch anfälliger für Fehlinterpretationen.[1640] Die Präferenz für Zahlen ist stärker, je wichtiger die Situation und je größer die Informationsbasis ist.[1641] Umgekehrt wurde die sprachliche Darstellung bevorzugt, wenn die Situation wenig relevant und die Informationsgrundlage gering war.[1642] Interessant ist, dass die Menschen für ihre eigene Entscheidung die numerische Darstellungsweise bevorzugen, wenn sie die Information aber ihrerseits weitergeben, auf die qualitative Alternative zurückgreifen.[1643] Werden beide Arten der Darstellung parallel verwendet, verdeutlicht das die

1637 *Baer,* VVDStRL 68 (2009), S. 291, 297.

1638 *Wallsten/Budescu/Zwick/Kemp,* Bulletin of the Psychonomic Society 1993, S. 135, 135 befragten in ihrer Studie 442 Studenten. Ca. 69 % von ihnen gaben an, Informationen in numerischer Form zu bevorzugen, ca. 30 % bevorzugten die sprachliche Darstellung.

1639 *Spiecker gen. Döhmann/Kurzenhäuser*, in: Engel/Englerth/Lüdemann/Spiecker gen. Döhmann (Hrsg.), RuV, S. 133, 147. m.w.N.

1640 *Spiecker gen. Döhmann/Kurzenhäuser*, in: Engel/Englerth/Lüdemann/Spiecker gen. Döhmann (Hrsg.), RuV, S. 133, 147.

1641 *Wallsten/Budescu/Zwick/Kemp,* Bulletin of the Psychonomic Society 1993, S. 135, 138.

1642 *Wallsten/Budescu/Zwick/Kemp,* Bulletin of the Psychonomic Society 1993, S. 135, 138.

1643 *Wallsten/Budescu/Zwick/Kemp,* Bulletin of the Psychonomic Society 1993, S. 135, 137: „people prefer to receive probability communications numerically and to provide them verbally"; s. dazu auch *Spiecker gen. Döhmann/Kurzenhäuser*, in: Engel/Englerth/Lüdemann/Spiecker gen. Döhmann (Hrsg.), RuV, S. 133, 147.

Komplexität des Sachverhalts und erhöht zugleich das Vertrauen in die Information.[1644]

Bezüglich der Art der numerischen Angabe lässt sich zwischen der Angabe von Wahrscheinlichkeiten, der Angabe von Prozentsätzen und der Angabe natürlicher Häufigkeiten differenzieren.[1645] Unter natürlichen Häufigkeiten versteht man absolute Angaben, die weder transformiert noch normiert wurden.[1646] Studien haben ergeben, dass die Angabe von natürlichen Häufigkeiten sowohl von Laien als auch von Experten am besten verstanden wird und die geringste Fehlinterpretationsquote aufweist.[1647] Geht es um Informationen, deren Aussage sich mittels eines Vergleiches verschiedener Werte am besten wiedergeben lässt, so ist die Angabe in Prozentzahlen die geeignetste Darstellungsform.[1648]

Es bietet sich daher an, sofern dies möglich ist, eine numerische Darstellung der Information zu wählen. Diese weist einen vergleichsweise großen Informationsgehalt und eine vergleichsweise niedrige Fehlerquote hinsichtlich der Verständlichkeit auf.

Eine numerische Darstellung mit dem Hintergrund des besseren Verständnisses ist aber nur in solchen Fällen sinnvoll, in denen die Vermittlung einer Information mittels Zahlen tatsächlich präziser ist als es die sprachliche Vermittlung wäre. Publikumsinformationen, die eine Bewertung beinhalten, welche durch die Vergabe einer Note numerisch dargestellt wird, sind hingegen kritisch zu sehen. In diesem Fall ist die numerische Darstellung nur eine „Übersetzung" einer auf bestimmten Kriterien beruhenden Wertung. Werden viele und sehr ausdifferenzierte Kriterien in ein einfaches Schulnotensystem übertragen, besteht prinzipiell die Gefahr

1644 *Wallsten/Budescu/Zwick/Kemp,* Bulletin of the Psychonomic Society 1993, S. 135, 138; s. dazu auch *Spiecker gen. Döhmann/Kurzenhäuser*, in: Engel/Englerth/Lüdemann/Spiecker gen. Döhmann (Hrsg.), RuV, S. 133, 147.

1645 *Hoffrage/Kurzenhäuser/Gigerenzer,* ZaeFQ 2000, S. 713, 713; *Spiecker gen. Döhmann/Kurzenhäuser*, in: Engel/Englerth/Lüdemann/Spiecker gen. Döhmann (Hrsg.), RuV, S. 133, 150.

1646 *Spiecker gen. Döhmann/Kurzenhäuser*, in: Engel/Englerth/Lüdemann/Spiecker gen. Döhmann (Hrsg.), RuV, S. 133, 150.

1647 Studie zur Risiko-Kommunikation im medizinischen Bereich von *Hoffrage/Kurzenhäuser/Gigerenzer,* ZaeFQ 2000, S. 713, 715; vgl. auch *Spiecker gen. Döhmann/Kurzenhäuser*, in: Engel/Englerth/Lüdemann/Spiecker gen. Döhmann (Hrsg.), RuV, S. 133, 150 f.

1648 *Spiecker gen. Döhmann/Kurzenhäuser*, in: Engel/Englerth/Lüdemann/Spiecker gen. Döhmann (Hrsg.), RuV, S. 133, 151.

der Verfälschung durch Vereinfachung. Wichtig ist deshalb, einen Ausgleich zwischen einer einfachen und einer präzisen, korrekten Darstellung zu finden. Die Angabe von Nachkommastellen kann ein Mittel zur Ausdifferenzierung sein, muss dann aber auch rechnerisch sinnvoll begründet werden und darf nicht nur eine in Wirklichkeit nicht existierende Pseudogenauigkeit vermitteln.[1649]

Auch wenn die Studien gezeigt haben, dass die Mehrheit der Befragten die Angabe von Zahlen bevorzugt, gibt es dennoch viele Leute, denen es schwer fällt, numerische Informationen zu verstehen.[1650] Aus diesem Grund, wegen der oben genannten Gefahren und um die Missverständnisquote möglichst gering zu halten, ist deshalb zu raten, zusätzlich zur numerischen Darstellung auch eine textliche Umschreibung bereitzustellen.[1651]

F. Symbolische/Schematische Darstellung

Neben der Illustration in Form von Bildern und Fotos ist auch eine grafische Darstellung einer Information möglich. Erfolgen kann dies mittels einzelner Symbole, auch Piktogramme genannt,[1652] wie z. B. mit einem lachenden oder traurigen Gesicht („Smiley"). Vorteil dieser Piktogramme ist, dass sie (im Idealfall) interkulturell verständlich sind und ihre Bedeutung leicht und ohne Vorkenntnisse erfasst werden kann. Piktogramme dienen also der Vereinfachung und helfen dem Betrachter, einen möglicherweise komplizierten Sachverhalt auf einen Blick zu durchschauen und einzuschätzen. Einfachheit korrespondiert notwendigerweise mit einer Reduzierung des Informationsgehalts, weshalb in den meisten Fällen staatlicher Informationen die Symbolik nicht ohne (erklärenden) Text auskommen dürfte. Dies gilt insbesondere im Hinblick auf das Richtigkeitspostulat hoheitlicher Informationen, welches erfordert, dass der Aussagegehalt

---

1649 S. zur derartigen Kritik an den Noten des Pflege-TÜV näher unter Kap. 11, B III 2 c) (2) (c).

1650 *Skubisz/Reimer/Hoffrage*, in: Beck (Hrsg.), Communication, S. 178 ff. m.w.N.

1651 In diese Richtung bereits *Guckelberger*, in: Hill/Schliesky (Hrsg.), S. 73, 97 f.

1652 Näher zur Herkunft des Wortes und zur Verwendung von Piktogrammen (mit Beispielen) s. den Artikel „Piktogramm" in Wikipedia, http://de.wikipedia.org/wiki/Piktogramm, zuletzt geprüft am 13.6.2014.

eines Symbols eindeutig festgelegt ist, da nur so überprüft werden kann, ob das Symbol auch korrekt verwendet wurde.[1653]

Die Darstellung ist abhängig von der konkreten Symbolik unterschiedlich verständlich. Zur Darstellung üblich ist die Verwendung von Ampelfarben (rot, gelb und grün), kreisrunden „Tortendiagrammen" mit variabel breiten „Tortenstücken", von „Balkendiagrammen", in denen Balken unterschiedlicher Höhe nebeneinander angeordnet werden[1654] und „Smileys", d. h. schematischen Gesichtern mit verschieden zufrieden angeordneten Mundwinkeln.[1655]

Welche Faktoren es zu beachten gilt, soll hier kurz am Beispiel einer Darstellung mittels Ampelfarben, wie sie bei der sog. Nährwertampel – einer Verpackungskennzeichnung von Lebensmitteln, die in Deutschland bislang nicht verpflichtend eingeführt wurde –[1656] Verwendung finden, erläutert werden.

Die Bedeutung der Ampelfarben rot, gelb und grün wird in der Bevölkerung generell richtig und auch verhältnismäßig schnell verstanden. So haben *Malam et al.* in ihrer Studie zur Verständlichkeit der britischen Lebensmittelkennzeichnung festgestellt, dass die Darstellung in Ampelfarben (hoher Gehalt eines Anteils rot hinterlegt etc.)[1657] öfter richtig und auch schneller erfasst wird, als wenn bzgl. Text und Prozentzahl die gleichen Angaben ohne farbliche Markierung bzw. einfarbig oder mit beliebigen

---

1653 *Guckelberger*, in: Hill/Schliesky (Hrsg.), S. 73, 109 f.

1654 Für die Verwendung eines Balkendiagramms s. z. B. das nordrhein-westfälische „Gastro-Kontrollbarometer", http://www.vz-nrw.de/kontrollbarometer, zuletzt geprüft am 7.8.2014.

1655 Z. B. verwendete das Bezirksamt Berlin Pankow bei der Hygienebewertung der gastronomischen Einrichtungen solche Smiley-Symbole. Da die Seite mittlerweile nicht mehr erreichbar ist (s. dazu unter Kap. 11, A IV 1), s. zur Veranschaulichung die Legende bei *Müller/Wallau/Grube,* Lebensmittelkontrolle, S. 170. Weitere Symbole verwendet der sog. Pflege-TÜV (näher dazu Kap. 11, B). Ein Beispiel für die dort verwendete Darstellung ist unter http://www.pflegenoten.de/service/veroeffentlichung_der_pflegenoten/beispiele_fuer_die_veroeff entlichung.jsp#lightbox, zuletzt geprüft am 7.8.2014, abrufbar.

1656 Die Einführung einer Nährwertampel wurde (soweit erkennbar) zuletzt in einem Antrag der Fraktion BÜNDNIS 90/Die Grünen und diverser Abgeordneter im März 2013 beantragt, vgl BT-Drs. 17/12694, S. 5. Zu den Kritikpunkten der Bundesregierung an der Ampelkennzeichnung s. drei Jahre zuvor BT-Drs. 17/2537, S. 50.

1657 Zu Erklärung der Funktionsweise der „Nährwertampel" s. *Fesser*, in: Voit/Dabrock/Ried/Uddin (Hrsg.), Adipositasprävention, S. 78 ff. Kritisch zur Kennzeichnung s. nur *Sosnitza*, in: Leible (Hrsg.), Verbraucherschutz, S. 21, 31 f.

Farben hinterlegt werden.[1658] Teilweise wird erwartet, dass die Farben eine Bedeutung haben.[1659] Handelt es sich um beliebig ausgewählte Farben, sorgt das für Verwirrung beim Verbraucher.[1660] So wurden z. B. schwach blaue und schwach grüne Textfelder wohl aufgrund der geringen Farbintensität so interpretiert, dass der Gehalt der angegebenen Stoffe gering sein müsse.[1661]

Aber auch auf die Anordnung der Ampelfarben kommt es an: sie sollte nebeneinander (horizontal oder vertikal) erfolgen und nicht in einem kreisförmigen Feld. Denn hier besteht die Gefahr, dass die Ampelfarben nicht als solche erkannt werden und der Adressat versucht, den Kreis wie ein Tortendiagramm zu lesen.[1662] So fand man in der Studie zur Lebensmittelkennzeichnung heraus, dass die Darstellung im Kreis, wenn auch mit gleich großen Feldanteilen, vielfach als Kreisdiagramm interpretiert und zu lesen versucht wurde.[1663] Deshalb kamen einige Versuchsteilnehmer zu dem Ergebnis, es handele sich um ein „ausgewogenes" Lebensmittel, da alle Teile gleich groß waren.[1664] Dass manche Teile grün und andere gelb oder rot gekennzeichnet waren, wurde entweder gar nicht bemerkt oder es wurde vermutet, die Farbe diene nur allgemein der Hervorhebung.[1665]

1658 *Malam/Clegg/Kirwan/McGinigal*, Comprehension, S. 109 f. Zur Validität der britischen Studie und ihrer Aussagekraft für Deutschland s. *Lohscheidt*, Wissenschaftliche Stellungnahme zur FSA-Studie. Zur Kritik an der Ampelkennzeichnung s. dagegen *Meyer*, in: Meyer/Reinhart (Hrsg.), LMIV, S. 31, 39. Zur grundsätzlichen Frage, ob die Nährwertkennzeichnung für die Kaufentscheidung überhaupt eine Rolle spielt, s. *Kroeber-Riel/Gröppel-Klein,* Konsumentenverhalten, S. 758 ff.

1659 *Malam/Clegg/Kirwan/McGinigal*, Comprehension, S. 108. Problematisch kann sein, dass die Farbe Grün als Ausdruck einer „besonders positive[n] Nährwerteigenschaft" eine nährwertbezogene Angabe im Sinne der Health-Claims-Verordnung darstellt und folglich deren Voraussetzungen vorliegen müssen. Für die Farbe Rot soll dies nicht gelten, da sich die Verordnung nicht auf negative Aussagen erstreckt. S. dazu *Sosnitza*, in: Leible (Hrsg.), Verbraucherschutz, S. 21, 31, insb. Fn. 27. Insofern muss bei der Verwendung von Farben immer beachtet werden, welche rechtlichen Konsequenzen daran gebunden und Aussagen damit verknüpft sein könnten.

1660 *Malam/Clegg/Kirwan/McGinigal*, Comprehension, S. 108.

1661 *Malam/Clegg/Kirwan/McGinigal*, Comprehension, S. 108.

1662 *Malam/Clegg/Kirwan/McGinigal*, Comprehension, S. 108: „[…] and the fact that the circle is split into wedges led some shoppers to think it was a pie chart".

1663 *Malam/Clegg/Kirwan/McGinigal*, Comprehension, S. 108.

1664 *Malam/Clegg/Kirwan/McGinigal*, Comprehension, S. 108.

1665 *Malam/Clegg/Kirwan/McGinigal*, Comprehension, S. 108.

Neben den Kriterien der Form und der Farbe der Ampeldarstellung ist weiter maßgeblich, welcher Sachverhalt mit ihr vermittelt werden soll. Geht es inhaltlich bspw. nicht um den Nährwertgehalt eines Lebensmittels, sondern darum, in welchem Maße rechtliche Vorgaben eingehalten wurden, so erweist sich die Ampeldarstellung unter Umständen als schwer vermittelbar. Die Farben grün und gelb als Zeichen dafür, dass die Vorschriften ganz oder überwiegend eingehalten wurden, sind zwar nachvollziehbar. Wird hingegen die Farbe Rot gewählt, signalisiert das dem Verbraucher, er solle die so bewertete Einrichtung besser nicht aufsuchen, weil schwerwiegende Verstöße festgestellt wurden. Dann wiederum ist aber für den Verbraucher nicht nachvollziehbar, warum keine Schließungsverfügung gegen die Einrichtung ergangen ist.[1666] Es erscheint insofern widersprüchlich, einerseits eine rote Ampel darzustellen, andererseits aber von einer Schließungsverfügung abzusehen. Der Verbraucher wird in solchen Fällen durch die Ampeldarstellung daher eher verunsichert, als sie ihm zu einer aufgeklärteren Entscheidung verhilft. Abstrakt gesagt ist damit festzuhalten, dass die Darstellungsform von der darzustellenden Information abhängt und beides zueinander passen muss.

Neben die möglichst gelungene Wahl der Darstellung tritt indes noch ein weiterer Faktor, dem insbesondere bei hoheitlichen Informationen ein nicht zu unterschätzendes Gewicht zukommt. Mit der Wahl eines Piktogramms ist zugleich eine unterschiedliche Intensität von Emotionalität verbunden, weshalb die Vereinbarkeit einer solchen emotionalen und daher suggestiven Darstellung mit dem Sachlichkeitsgebot hoheitlicher Informationen in Rede steht.[1667]

Die Bewertung einer Einrichtung in Ampelfarben oder mittels eines Smiley-Symbols löst beim Betrachter entweder positive oder negative Gefühle aus. Zwar sind diese Darstellungen abstrakt und schematisiert, dennoch ist ihr Aktivierungsgrad und die von ihnen ausgehende Suggestivwirkung höher als die einer rein textlichen Beschreibung oder einer Beurtei-

---

1666 Mit dieser Begründung wurde das Vorhaben „Hygiene-Ampel“ abgelehnt, s. *Wirtschaftsministerkonferenz,* Beschluss-Sammlung der Wirtschaftsministerkonferenz am 6./7. Juni 2011 auf Schloss Plön, http://www.mwkel.rlp.de/File/Beschluss-der-Wirtschaftsministerkonferenz-pdf/, zuletzt geprüft am 11.7.2014 (entspricht S. 98 im pdf-Dokument).

1667 Nach *Reimer,* JöR N.F. 58 (2010), S. 275, 293 ist eine Information nur sachlich, wenn sie nicht suggestiv wirkt. Die Frage zwischen Sachlichkeit und Suggestion wirft bereits *Guckelberger*, in: Hill/Schliesky (Hrsg.), S. 73, 110 f. auf.

lung möglicherweise in Noten- oder Punkteskalen. Kritisch ist insoweit auch, dass bei der Verwendung von Smiley-Symbolen der dargestellte „Gesichtsausdruck" nicht immer „in emotionaler Hinsicht" mit der schriftlichen Formulierung eines Bewertungsergebnisses übereinstimmt. Ein Smiley mit einem geraden Strich als Mund gibt eine Art Neutralstellung wieder, die dazugehörige Bewertung dürfte auf der Notenstufe „befriedigend" anzusiedeln sein.[1668] Hier gibt es weder Grund zu Missmut noch zu Euphorie. Subjektiv erscheint der Smiley jedoch schon etwas „grimmig",[1669] sodass die „gefühlte" Bewertung möglicherweise bereits in den negativen Teil übergeht. Dies gilt umso mehr für den Smiley mit leicht heruntergezogenen Mundwinkeln. Er steht zwar für die Notenstufe ausreichend, spiegelt aber zugleich Enttäuschung wider.[1670] Es ist daher schwierig, eine nicht suggestive, sachliche Bewertung mit einem Smiley-Symbol zu verbinden. Deswegen sollten die Vor- und Nachteile einer schematischen Darstellung im Einzelfall umfassend gegeneinander abgewogen werden, um vor dem Hintergrund der Suggestivwirkung die Einhaltung des Sachlichkeits- und Neutralitätsgebots staatlicher Informationen nicht aus den Augen zu verlieren.

Letztendlich müssen sich die Behörden darüber im Klaren sein, dass sie sich bei einer emotionalen Symbolik immer der Gefahr einer Kritik ausgesetzt sehen. Die Darstellung mittels Ampelfarben oder Balkendiagramm ist wegen der fehlenden „Vermenschlichung" bereits weniger subjektiv als die Darstellung mittels eines Smileys. So wurde auch bei der Entwicklung eines „Kontrollbarometers" zur Vermittlung der Kontrollergebnisse von Lebensmittelunternehmen auf die Verwendung von Smiley-Symbolen verzichtet, um keine emotionale Stimmung zu erzeugen und die Darstellung möglichst neutral zu halten.[1671] Noch unangreifbarer wird es aber sein, auf Darstellungen zurückzugreifen, die z. B. reine Punktzahlen oder Noten angeben. Diese bleiben im Grad der Verständlichkeit nicht zwangsläufig hinter der suggestiveren Symbolik zurück. Zudem können auch hier nebenher Symbole zur Veranschaulichung bspw. der geprüften Kategorie verwendet

---

1668 *Grube/Immel/Wallau,* VerbraucherInfoR, S. Teil E Rn. 139.

1669 *Grube/Immel/Wallau,* VerbraucherInfoR, S. Teil E Rn. 140.

1670 *Grube/Immel/Wallau,* VerbraucherInfoR, S. Teil E Rn. 142.

1671 *Neuß*, in: Voit (Hrsg.), Lebensmittelinformation, S. 29, 34. Aber auch die Farbgestaltung des Kontrollbarometers in rot, gelb und grün, der deshalb auch Hygiene-Ampel genannt wird, wird noch als unsachlich kritisiert, vgl. *Kügel/Plaßmann,* LMuR 2012, S. 1, 4. Näher zum Kontrollbarometer s. unter Kap. 11 A V.

werden, um die Darstellung aktivierender zu gestalten.[1672] Ein Beispiel für eine gelungene, verständliche aber dennoch sachliche Darstellung bietet der sog. Pflege-TÜV.[1673]

G. Gesichtspunkt der Barrierefreiheit

Ein weiterer Aspekt, den es – generell und unabhängig von der konkreten Darstellungsmodalität – zu beachten gilt, ist die Gewährleistung der Barrierefreiheit.[1674] Barrierefreiheit ist ein – wegen Art. 19 Abs. 4 GG gerichtlich voll überprüfbarer[1675] – unbestimmter Rechtsbegriff,[1676] der aus dem Baurecht stammt und ursprünglich rein auf die räumliche Ausgestaltung bezogen wurde.[1677] Heute wird die Bezeichnung davon abstrahiert und auch auf weitere Ebenen, wie z. B. die kommunikative Ebene, übertragen.[1678] In der Legaldefinition des § 4 Behindertengleichstellungsgesetz (BGG)[1679] heißt es daher: „Barrierefrei sind bauliche und sonstige Anlagen, Verkehrsmittel, technische Gebrauchsgegenstände, Systeme der Informationsverarbeitung, akustische und visuelle Informationsquellen und Kommunikationseinrichtungen sowie andere gestaltete Lebensbereiche, wenn sie für behinderte Menschen in der allgemein üblichen Weise, ohne besondere Erschwernis und grundsätzlich ohne fremde Hilfe zugänglich und nutzbar sind.“

Der Begriff der Barrierefreiheit, der als solcher auch in § 16 EGovG verwendet wird, ist, wie in § 4 BGG zum Ausdruck kommt, eng mit dem der Behinderung verknüpft. Barrierefreiheit ist darüber hinaus aber auch nützlich für ältere Menschen und Kinder und bedeutet daher im Allgemei-

---

1672 S. dazu, dass die Kombination von Text und Bild die größte Aktivierungswirkung hat, unter Kap. 10, D.

1673 In diese Richtung auch *Guckelberger*, in: Hill/Schliesky (Hrsg.), S. 73, 111. Näher zum Pflege-TÜV s. Kap. 11, B.

1674 S. dazu auch *Guckelberger*, in: Fluck/Fetzer/Fischer, IFG/UIG/VIG/IWG, § 11 IFG Rn. 55.

1675 St. Rspr., s. nur BVerwG, Beschluss v. 28.5.2014 – 8 B 61/13, juris, Rn. 7 ff.

1676 *Welti,* DÖV 2013, S. 795, 799.

1677 *Huckschlag/Korte,* SozialRPrax 2003, S. 426, 426.

1678 *Stähler,* NZA 2002, S. 777, 778, ebenso *Huckschlag/Korte,* SozialRPrax 2003, S. 426, 426. Dem zustimmend *Roggenkamp,* Web 2.0, S. 170 sowie *ders.,* NVwZ 2006, S. 1239, 1241.

1679 BGBl. 2002 I S. 1467, 1468, zuletzt geändert durch G. v. 19.12.2007, BGBl. 2007 I S. 3024.

nen das Gebot, bei der „Gestaltung von Umwelten menschliche Vielfalt umfassend zu berücksichtigen“.[1680]

Nach der von Deutschland ratifizierten UN-Behindertenrechtskonvention (UN-BRK)[1681] haben die Vertragsstaaten nach Art. 9 i. V. m. Art. 2 geeignete Maßnahmen zu treffen, um für Menschen mit Behinderungen den gleichberechtigten Zugang u. a. zu IuK-Technologien und -systemen sicherzustellen.

Neben der allgemeinen grundrechtlichen Verbürgung in Art. 3 Abs. 3 S. 2 GG („Niemand darf wegen seiner Behinderung benachteiligt werden.“) ist das Recht auf Gleichbehandlung einfachgesetzlich im BGG ausgestaltet worden.[1682] Speziell nach § 11 Abs. 1 BGG haben die „Träger öffentlicher Gewalt [...] ihre Internetauftritte und -angebote sowie die von ihnen zur Verfügung gestellten grafischen Programmoberflächen, die mit Mitteln der Informationstechnik dargestellt werden, nach Maßgabe der nach Satz 2 zu erlassenden Verordnung schrittweise technisch so [zu gestalten], dass sie von behinderten Menschen grundsätzlich uneingeschränkt genutzt werden können.“

Inhaltlich schafft § 11 Abs. 1 BGG – entsprechend der Vorgabe der UN-BRK – einen Rechtsanspruch behinderter Menschen auf eine barrierefreie Internetplattform, der mittels allgemeiner Leistungsklage auch gerichtlich durchgesetzt werden kann.[1683] Adressaten der Verpflichtung sind die in § 7 Abs. 1 S. 1 BGG genannten „Dienststellen und sonstigen Einrichtungen der Bundesverwaltung einschließlich der bundesunmittelbaren Körperschaften, Anstalten und Stiftungen des öffentlichen Rechts“. Keine Gel-

---

1680 *Welti,* DÖV 2013, S. 795, 797.

1681 Gesetz zu dem Übereinkommen der Vereinten Nationen vom 13.12.2006 über die Rechte von Menschen mit Behinderungen sowie zu dem Fakultativprotokoll vom 13.12.2006 zum Übereinkommen der Vereinten Nationen über die Rechte von Menschen mit Behinderungen vom 21.12.2008, BGBl. 2008 II S. 1419.

1682 Ausführlich zur Entstehungsgeschichte des Gesetzes *Huckschlag/Korte,* SozialRPrax 2003, S. 426, 428 ff.; *Roggenkamp,* Web 2.0, S. 166 ff. sowie ders., NVwZ 2006, S. 1239, 1240 f.

1683 *Majerski-Pahlen,* in: Neumann/Pahlen/Majerski-Pahlen, § 11 Rn. 3. S. ferner dazu sowie zu den Möglichkeiten der gesetzlichen Prozessstandschaft (§ 12 BGG) und der öffentlich-rechtlichen Verbandsklage (§ 13 BGG) *Roggenkamp,* Web 2.0, S. 185 f. sowie bereits *Roggenkamp,* NVwZ 2006, S. 1239, 1243 f.; zu Rechtsanspruch und Rechtsschutz auch *Stähler,* NZA 2002, S. 777, 778 ff. sowie zur Barrierefreiheit als objektive Pflicht und als subjektives Recht s. *Welti,* DÖV 2013, S. 795, 797 ff.

tung findet die Verpflichtung für Landesverwaltungen soweit sie Bundesrecht ausführen (§ 7 Abs. 1 S. 2 BGG).

Die nach § 11 Abs. 1 S. 2 BGG zu erlassende Verordnung zur Schaffung barrierefreier Informationstechnik nach dem Behindertengleichstellungsgesetz (im Folgenden BITV 2.0)[1684] legt fest, welcher Standard als allgemein anerkannt gilt und will dadurch den Fortschritt vorantreiben.[1685] Sie ist gemäß § 4 Abs. 3 VBD[1686] auch für die elektronische Bekanntmachung von Bescheiden, öffentlich-rechtlichen Verträgen und Vordrucken anwendbar, deren Kenntnis für blinde und sehbehinderte Menschen zur Wahrnehmung eigener Rechte im Verwaltungsverfahren erforderlich ist, vgl. § 10 Abs. 2 BGG. Die BITV 2.0 unterscheidet zwischen Priorität I- und Priorität II-Anforderungen. Erstere gilt es stets zu beachten, letztere gelten zusätzlich für „zentrale Navigations- und Einstiegsangebote" (§ 3 Abs. 1 BITV 2.0). Die Anforderungen der Priorität II sind damit durchweg höher. Die BITV 2.0 sieht nach § 3 Abs. 1 S. 1 i. V. m. der Anlage 1 vier Grundprinzipien vor, die es zu beachten gilt: *Wahrnehmbarkeit, Bedienbarkeit, Verständlichkeit* und *Robustheit.*

In Bezug auf die *Wahrnehmbarkeit* gilt, dass für jeden „Nicht-Text-Inhalt" ein Äquivalent in Textform bereitzustellen ist.[1687] Die Einbindung audiovisueller Medieninhalte, z. B. in Form kurzer Videosequenzen (sog. Webclips), die dem Internetauftritt ein modernes und ansprechendes Auftreten verleihen, ist deshalb nicht per se unzulässig.[1688] Die Alternativen können etwa eine Übersetzung in die deutsche Gebärdensprache, eine Audio-Deskription, eine Untertitelung oder ein Volltext[1689] sein.[1690] Der Text

1684 Barriere-Informationstechnik-Verordnung v. 12.9.2011, BGBl. 2007 I S. 1843. Die BITV 2.0 ist angelehnt an die internationalen Richtlinien der Web Accessibility Initiative (WAI) und des World Wide Web Consortiums (W3C), vgl. so zur Vorgänger-BITV *Huckschlag/Korte,* SozialRPrax 2003, S. 426, 433.

1685 *Welti,* DÖV 2013, S. 795, 800.

1686 BGBl. 2002 I S. 2652.

1687 BITV 2.0 Anlage 1, Priorität I, Prinzip 1, Anforderung 1.1.

1688 *Roggenkamp,* Web 2.0, S. 173.

1689 Der Text kann mit Hilfe von Sprachgeneratoren (Screenreader) oder Blindenschrift-Displays (diese erzeugen, elektronisch gesteuert, Punktmuster, die von den Blinden ertastet und so gelesen werden können, sog. Braille-Zeilen) verständlich gemacht werden, vgl. *Huckschlag/Korte,* SozialRPrax 2003, S. 509, 509 f.; *Roggenkamp,* Web 2.0, S. 174.

1690 BITV 2.0 Anlage 1, Priorität I, Prinzip 1, Anforderung 1.2, Bedingungen 1.2.1–1.2.5; bei zentralen Inhalten gilt Priorität II, Prinzip 1, Anforderung 1.2, Bedingungen 1.2.6–1.2.9.

soll allgemein kontrastreich[1691] und auf 200 % vergrößerbar sein,[1692] Schriftgrafiken sind zu vermeiden.[1693] Bei zentralen Inhalten soll der Nutzer einstellen können, dass der Zeilenabstand mind. 1,5 Zeilen und die Breite einer Zeile max. 80 Zeichen umfasst und der Text nicht im Blocksatz formatiert ist.[1694]

Die *Bedienbarkeit* (*usability*)[1695] setzt voraus, dass die „Komponenten der Benutzerschnittstelle und die Navigation […] bedient werden können".[1696] Die komplette Navigation auf der Seite muss statt mit der Maus auch mit der Tastatur durchgeführt werden können.[1697] Bei wechselnden Inhalten ist Voraussetzung, dass der Nutzer genügend Zeit zum Lesen der Inhalte hat[1698] und diese zudem so gestaltet werden, dass keine epileptischen Anfälle ausgelöst werden.[1699] Schließlich sind dem Nutzer Navigationshilfen zur Verfügung zu stellen, die ihm die Orientierung auf der Internetplattform erleichtern.[1700]

Das dritte Grundprinzip ist die *Verständlichkeit.* Texte sollen „lesbar und verständlich"[1701] und die Webseite so gestaltet sein, „dass Aufbau und Benutzung vorhersehbar sind".[1702] Für ersteres ist erforderlich, dass für ungebräuchliche Wörter (wie Dialekt oder Fachjargon) ein Mechanismus bereitsteht, der diese auf Verlangen erläutert und bei Abkürzungen die ausgeschriebene Form bereitstellt.[1703] Die Sprache ist einfach zu halten,

---

1691 Das vorgegebene Kontrastverhältnis zwischen Vorder- und Hintergrundfarbe beträgt 4,5:1 im Mindestmaß, s. BITV 2.0 Anlage 1, Priorität I, Prinzip 1, Anforderung 1.4.3. Bei zentralen Inhalten sogar mindestens 7:1, s. Priorität II, Prinzip 1, Anforderung 1.4, Bedingung 1.4.6.

1692 Ohne zusätzliche Hilfsmittel, s. BITV 2.0 Anlage 1, Priorität I, Prinzip 1, Anforderung 1.4, Bedingung 1.4.4.

1693 BITV 2.0 Anlage 1, Priorität I, Prinzip 1, Anforderung 1.4, Bedingung 1.4.5.

1694 Ferner soll der Abstand zwischen den Absätzen größer sein als der Zeilenabstand und es soll eine Vergrößerung des Textes möglich sein, ohne dass der Nutzer eine Textzeile horizontal scrollen muss, s. BITV 2.0 Anlage 1, Priorität II, Prinzip 1, Anforderung 1.4, Bedingung 1.4.8.

1695 *Huckschlag/Korte,* SozialRPrax 2003, S. 509, 516.

1696 BITV 2.0 Anlage 1, Priorität I und II, Prinzip 2.

1697 BITV 2.0 Anlage 1, Priorität I, Prinzip 2, Anforderung 2.1.

1698 BITV 2.0 Anlage 1, Priorität I, Prinzip 2, Anforderung 2.2.

1699 BITV 2.0 Anlage 1, Priorität I, Prinzip 2, Anforderung 2.3.

1700 BITV 2.0 Anlage 1, Priorität I, Prinzip 2, Anforderung 2.4.

1701 BITV 2.0 Anlage 1, Priorität I, Prinzip 3, Anforderung 3.1.

1702 BITV 2.0 Anlage 1, Priorität I, Prinzip 3, Anforderung 3.2.

1703 BITV 2.0 Anlage 1, Priorität II, Prinzip 3, Anforderungen 3.1, Bedingung 3.1.3 und 3.1.4.

schwierige Passagen sind, wenn möglich, mit zusätzlichen Inhalten zu erläutern.[1704] Um Fehler zu vermeiden bzw. zu korrigieren, sind unterstützende Funktionen zur Eingabe vorzuhalten.[1705]

Mit der *Robustheit* setzt das letzte Grundprinzip voraus, dass sie mit „Benutzeragenten, einschließlich assistiver Technologien" kompatibel sind.[1706] Assistive Technologien definiert das Glossar der Anlage 1 als „Software oder Hardware, die speziell entwickelt wurde, um behinderte Menschen bei der Nutzung des Computers zu unterstützen [...]." Bildschirmlupen, Screenreader, alternative Tastaturen oder Zeigegeräte sowie Vorlese- oder Spracherkennungssoftware werden als Beispiele genannt. Ein Benutzeragent ist demgegenüber eine Software, die dem Nutzer den Zugriff auf Webinhalte ermöglicht, z. B. Webbrowser oder Multimedia-Player. Das Grundprinzip der Robustheit meint demnach, dass die Webplattform mit allen Hilfsmitteln, sei es Soft- oder Hardware, die die Bedienung für Behinderte ermöglichen oder erleichtern, kompatibel sein muss.

Zum Teil wird vorgeschlagen, die Barrierefreiheit eines Internetauftritts mit Hilfe eines standardisierten Prüfverfahrens zu testen und zu zertifizieren.[1707] Vorab gibt es entsprechende Checklisten, mittels derer man sich informieren und prüfen kann, ob man die wesentlichen Voraussetzungen beachtet hat.[1708] Ferner stellt das Fraunhofer-Institut für angewandte Informationstechnik eine Plattform zur Verfügung, die den Internetauftritt auf seine Barrierefreiheit hin überprüft.[1709]

1704 BITV 2.0 Anlage 1, Priorität II, Prinzip 3, Anforderung 3.1, Bedingung 3.1.5.

1705 BITV 2.0 Anlage 1, Priorität I, Prinzip 3, Anforderung 3.3.

1706 BITV 2.0 Anlage 1, Priorität I, Prinzip 4, Anforderung 4.1.

1707 *Huckschlag/Korte,* SozialRPrax 2003, S. 509, 516.

1708 So z. B. die offizielle Checkliste *Bundesverwaltungsamt – Bundesstelle für Informationstechnik,* BITV-Checkliste für GSB-Redakteure, http://www.bit.bund.de/nn_2146590/BIT/DE/Shared/Publikationen/GSB___Publikationen/BITV-Checkheft3-1,templateId=raw,property=publicationFile.pdf/BITV-Checkheft3-1.pdf, zuletzt geprüft am 22.10.2014.

1709 *Fraunhofer IUK-Technologie,* Ist Ihre Website barrierefrei? Der Check auf Knopfdruck, http://www.iuk.fraunhofer.de/index2.html?Dok_ID=80&Sp=1&MID=151.

H. Fazit

In den obigen Ausführungen ist klar geworden, dass Informationspflichten nicht durch jedwede Darstellung gleichermaßen gut erfüllt werden können. In einer Zeit, in der durch das Internet und die Massenmedien ein scheinbar unaufhaltsames Informationsangebot auf uns einströmt und Informationen Privater mitunter besonders auffällig dargeboten werden, sollte der Staat der Darstellungsform seiner Veröffentlichungen unter Beachtung der notwendigen Seriosität ebenfalls einige Aufmerksamkeit schenken. Es sollte deshalb überlegt werden, neben der Informationspflicht als solcher und den Voraussetzungen der Sachlichkeit und Richtigkeit vermehrt auch qualitative Maßstäbe für eine staatliche Informationsverbreitung aufzustellen.[1710] Eine Information ist zur Zweckerreichung nur geeignet, wenn sie auch verständlich ist. Diesen Gedanken zu Ende gedacht, könnte die Aufstellung zusätzlicher Kriterien dazu führen, dass auch die unverständlich dargestellte Information oder ein Zuviel an Informationen eine Pflichtverletzung darstellt.[1711]

1710 In diese Richtung auch *Rehberg*, in: Eger/Schäfer (Hrsg.), Analyse, S. 284, 347.
1711 Ebenso bereits *Rehberg*, in: Eger/Schäfer (Hrsg.), Analyse, S. 284, 347.

Kapitel 11: Analyse ausgewählter Aktivinformationen

„Denn nichts ist verhüllt, was nicht enthüllt wird, und nichts davon ist verborgen, was nicht bekannt wird. Was ich euch im Dunkeln sage, davon redet am hellen Tag, und was man euch ins Ohr flüstert, das verkündet von den Dächern“ (Matthäus 10, 26 f.)

Mit den Worten von *Durner* existierte im 16. Jahrhundert „geradezu ein Verbraucheridealstaat“: Die Polizei stellte Bäcker, die zu kleine Brötchen backten, gefesselt an den Stadtpranger.[1712] Allerdings, so *Durner* weiter, sei das „Verbraucherparadies“ rückblickend „nicht ungetrübt paradiesisch“, denn die Ausübung von Hoheitsgewalt sei ohne rechtsstaatliche Sicherungsmechanismen rein nach Maßgabe der jeweiligen obrigkeitlichen Vorstellungen erfolgt.[1713] Wie steht es um das Verhältnis von Verbraucherschutz und Rechtsstaat heute? Unter welchen Voraussetzungen darf oder muss der Bürger erfahren, wer in welchem Ausmaß gegen Vorschriften verstoßen hat? Im Folgenden werden einige der zurzeit umstrittensten Bereiche der gesetzlich vorgesehenen proaktiven Veröffentlichungspflichten besprochen und auf ihre Rechtmäßigkeit hin überprüft: Die Rechtsgrundlagen im Lebensmittel- und Verbraucherinformationsrecht § 40 Abs. 1a LFGB und § 6 Abs. 1 S. 3 VIG sowie die Praxis des Pankower Smiley-Systems und des Internetportals www.lebensmittelklarheit.de. Ferner wird die sozialrechtliche Veröffentlichungspflicht des § 115 Abs. 1a SGB XI analysiert.

1712 *Durner,* DVBl. 2014, S. 1356, 1356.
1713 *Durner,* DVBl. 2014, S. 1356, 1356.

A. Lebensmittel- und Verbraucherinformationsrecht

> *„,Verwaltung durch Information' ist in den vergangenen Jahren zu einem zentralen Thema des Lebensmittelrechts geworden. Das liegt vor allem an dem noch relativ jungen [...] VIG und an den Informationsbefugnissen des § 40 LFGB.“*[1714]

I. Einleitung

Ein Mehr an Verbraucherinformation bedingt nicht automatisch ein Mehr an Verbraucherschutz.[1715] Dazu beitragen können vielmehr nur solche Informationen, die verfügbar, verständlich und verwertbar sind und den Bedingungen der Lauterkeit entsprechen.[1716] Die Informationen des Staates erstrecken sich seit jeher auf die Grenzziehung zwischen erlaubt und verboten, etwa in Bezug auf die Schädlichkeit von Lebensmitteln oder hinsichtlich Betrug und Irreführung bei der Kennzeichnung.[1717] Neu hinzugekommen ist die Aufgabe, den Verbrauchern über diese Grenze hinaus Zugang zu Behördeninformationen zu gewähren.[1718] Die proaktiven Veröffentlichungspflichten verfolgen mehrere Ziele. Zum einen sollen sie durch eine erhöhte Verwaltungstransparenz die Wissensbasis des durchschnittlich informierten und verständigen Verbrauchers verbreitern und somit dessen Möglichkeiten zu eigenbestimmten (künftigen) Konsumentenentscheidungen – unabhängig von aktuellen Gefahren – verbessern.[1719] Im Zuge dessen dient die Information der Reduktion von Informationsasymmetrien und damit auch dem besseren Funktionieren der Märkte.[1720] Zum anderen sollen sie präventiv darauf hinwirken, dass lebensmittelrechtliche Standards eingehalten werden.[1721] Die Informationen sind damit wichtige Instrumente der Verbraucher- und zugleich der Wirtschaftspolitik.[1722]

1714 *Becker,* ZLR 2011, S. 391, 391.
1715 *Kühnle*, in: Leible (Hrsg.), Verbraucherschutz, S. 5, 6.
1716 *Kühnle*, in: Leible (Hrsg.), Verbraucherschutz, S. 5, 6.
1717 *Kühnle*, in: Leible (Hrsg.), Verbraucherschutz, S. 5, 7.
1718 *Kühnle*, in: Leible (Hrsg.), Verbraucherschutz, S. 5, 7.
1719 BT-Drs. 14/8738, S. 1, 11; *Kühnle*, in: Leible (Hrsg.), Verbraucherschutz, S. 5, 7; *Wollenschläger*, Stellungnahme, S. 7.
1720 *Schoch,* NJW 2010, S. 2241, 2242. Kritisch hinsichtlich der Eignung des VIG zu diesem Zweck *Beck,* VIG, S. 8.
1721 *Schoch,* NJW 2010, S. 2241, 2241; *Wollenschläger*, Stellungnahme, S. 7.
1722 BT-Drs. 14/8738, S. 1; *Schoch,* NJW 2010, S. 2241, 2242.

Während früher vor allem Lebensmittelskandale im Mittelpunkt standen,[1723] die uns weiterhin in „(un)schöner Regelmäßigkeit" beschäftigen,[1724] geht es heute vermehrt um Transparenz im Sinne von Informationsansprüchen und um mehr Eindeutigkeit und Verständlichkeit in der Aufmachung und Kennzeichnung von Lebensmitteln.[1725]

Im Gesetzesentwurf zur Neuregelung des Rechts der Verbraucherinformation heißt es, Informationsrechte seien kennzeichnend für die moderne Verbraucherpolitik. „Verbraucherinnen und Verbraucher zeigen ein gesteigertes Interesse an Informationen, bevor sie sich zur Auswahl eines bestimmten Erzeugnisses entschließen. Aus dem Leitbild des mündigen Verbrauchers heraus ist dieses gesteigerte Interesse zu begrüßen und daher zu fördern. Die Verbraucherinnen und Verbraucher sollen sich als Marktteilnehmerinnen und Marktteilnehmer begreifen können und besser befähigt werden, Kaufentscheidungen eigenverantwortlich zu treffen."[1726] Zustimmend dazu ist auch nach *Schoch* „Verbraucherpolitik [...] heutzutage zu einem nicht geringen Teil Informationspolitik".[1727] Hintergrund dieser Entwicklung ist, dass der Verbraucher „Mittel- und Zielpunkt unternehmerischen Handelns"[1728] ist. Es obliegt daher dem Staat, quasi als Gegenpol zu den Interessen der Wirtschaft zu Gunsten des Verbrauchers mittels der Zurverfügungstellung von Informationen für „Waffengleichheit"[1729] zu sorgen.

1723 So der BSE-Skandal (1997 und 2000), der Antibiotika-Einsatz in der Schweinemast (2001), der Dioxin-Skandal (2003 und 2011), der Gammelfleisch-Skandal (2006), die EHEC-Krise (2011) und der Pferdefleisch-Skandal (2013), um nur einige Beispiele zu nennen. Vgl. zu den Skandalen seit 1980 z. B. S. 3 der Präsentation von *Schulte* anlässlich des 27. Deutschen Lebensmittelrechtstag am 21.3.2014. Ferner zu den Lebensmittelskandalen der Geschichte s. *Ellerbrock*, in: Bosch/Leible/Wallau (Hrsg.), Lebensmittel, S. 17, 17 ff.; *Kepplinger*, in: Bosch/Leible/Wallau (Hrsg.), Lebensmittel, S. 34, 34 ff.

1724 *Bartkowski/Jürging,* ZEurLebensmittelR 2013, S. 101, 101. So hat insbesondere die Presseberichterstattung im Lebensmittelbereich in den letzten Jahren stark zugenommen, *Müller/Wallau/Grube,* Lebensmittelkontrolle, S. 179.

1725 S. dazu auch *Oelrichs,* Behr's Jahrbuch für die Lebensmittelwirtschaft 2012, S. 29, 31, demzufolge diese Trendwende v. a. durch sog. Non-Governmental-Organisations (NGOs) wie Foodwatch angestoßen wurde.

1726 BT-Drs. 16/5723, S. 1.

1727 *Schoch,* ZLR 2010, S. 121.

1728 *Hahn*, in: FS Horst, S. 1, 1.

1729 *Hahn*, in: FS Horst, S. 1, 1.

Die Anstöße zu dieser Fortentwicklung des Rechts kamen auch hier aus dem Europarecht. So heißt es in Art. 8 Abs. 1 S. 1 Verordnung (EG) Nr. 178/2002 (im Folgenden BasisVO): „Das Lebensmittelrecht hat den Schutz der Verbraucherinteressen zum Ziel und muss den Verbrauchern die Möglichkeit bieten, in Bezug auf die Lebensmittel, die sie verzehren, eine sachkundige Wahl zu treffen.“[1730] Nach Art. 8 Abs. 1 S. 2 BasisVO müssen Betrug, Täuschung, Verfälschung und sonstige Irreführung vermieden werden. Regelungen zur aktiven Informationstätigkeit treffen ferner Art. 10, 17 Abs. 2, Art. 23 lit. j und Art. 38, 40, 52 BasisVO. Im deutschen Recht finden sich entsprechende Regelungen in § 40 LFGB und in § 6 Abs. 1 S. 3 VIG. Nach *Sosnitza* liegt der Grund für die neuen Entwicklungen in einer Art „nationale[r] Ausweichstrategie“ zur Kompensierung des durch Vollharmonisierungen geringer werdenden Gestaltungsspielraums des deutschen Gesetzgebers.[1731] Teil der neueren Entwicklungen sind auf Bundesebene v. a. das Internetportal www.lebensmittelklarheit.de, die Diskussionen um eine Ampelkennzeichnung oder ein Hygiene-Barometer sowie regionale Projekte wie das Pankower Smiley-Projekt, das Projekt „Sicher essen in Berlin“ oder ähnliche Vorhaben in Bielefeld und Duisburg. Im Folgenden soll auf die nationalen und auf Teile der regionalen aktiven Aufklärungsinstrumente näher eingegangen und ihre verfassungsmäßige Rechtmäßigkeit vor dem Hintergrund aktueller Diskussionen in Rechtsprechung und Literatur näher beleuchtet werden.

II. Staatliche Information auf der Grundlage des § 40 Abs. 1a LFGB

> *„Die Nahrung der Menschen ist eines ihrer Existentiale, und die Herstellung sowie die Verbreitung dieser Nahrung verlangen nicht nur Professionalität, sondern auch Vertrauen […].“*[1732]

§ 40 LFGB steht unter der Überschrift „Information der Öffentlichkeit“. Diese Vorschrift, die seit September 2005 existiert,[1733] schuf erstmalig eine lebensmittelrechtliche Grundlage für die Publikumsinformation.[1734]

1730 Verordnung (EG) Nr. 178/2002 des Europäischen Parlaments und des Rates v. 28.1.2002, ABl. EG Nr. L 31, S. 1 ff.

1731 *Sosnitza,* ZLR 2012, S. 258, 268.

1732 *Hassemer*, in: Hellmann/Schröder (Hrsg.), FS Achenbach, S. 110.

1733 BGBl. 2005 I S. 2618, 3007.

1734 *Pache,* ZLR 2013, S. 139, 142.

Die Norm ist bisweilen infolge häufiger Änderungen recht unübersichtlich geworden[1735] und erstreckt sich auf die Information der Öffentlichkeit aus unterschiedlichen Anlässen und mit verschiedenen Zielrichtungen. Zum einen enthält sie die Möglichkeit, vor aktuell im Verkehr befindlichen Lebensmitteln wegen eines Gesundheitsrisikos oder einer Gesundheitsgefahr zu warnen. Diese klassische Möglichkeit zur Gefahrenabwehr ist als eher unproblematisch zu werten. Gewarnt werden kann vor Gesundheitsgefahren und -risiken (Beispiel EHEC-Erreger), vor Lebensmitteln, die zwar unschädlich, aber dennoch zum Verzehr ungeeignet sind (Beispiel Gammelfleisch) oder wenn eine Täuschung der Verbraucher im Raume steht (Beispiel Pferdefleisch).[1736] Die Warnungen, die auf der Grundlage des § 40 Abs. 1 LFGB erfolgen, werden im Internet seitens der Bundesländer oder seitens des Bundesamtes für Verbraucherschutz und Lebensmittelsicherheit (BVL) unter der Adresse www.lebensmittelwarnung.de veröffentlicht.[1737]

1735 Die wesentlichen Änderungen erfolgten mit den Neufassungen 2007, 2009 und 2012. 2007 wurde Abs. 1 von einer Ermessensvorschrift zu einer Sollvorschrift verschärft, ferner wurde der Behörde erlaubt, auf die unternehmereigene Veröffentlichung ihrerseits hinzuweisen und das Verbot der Veröffentlichung abgeschlossener Fälle wurde gestrichen. Bis Juli 2009 war erforderlich, dass an der Veröffentlichung ein besonderes öffentliches Interesse besteht, das die Belange der Betroffenen überwiegt. Mit der Änderung im Juli 2009 wurde dieses Erfordernis zugunsten einer allgemeinen Interessenabwägung aufgegeben. 2012 wurde der Norm dann ein Abs. 1a hinzugefügt, dessen Inhalt im obigen Gutachten näher besprochen wird.

1736 *Wollenschläger* in seinem Vortrag „Information der Öffentlichkeit: Rs. Berger und ihre Konsequenzen für § 40 LFGB" auf dem 27. Deutschen Lebensmittelrechtstag am 20.3.2014 in Wiesbaden.

1737 Auf der Internetseite heißt es zu den Veröffentlichungen, dass es sich i. d. R. „um Hinweise der zuständigen Behörden auf eine Information der Öffentlichkeit oder eine Rücknahme- oder Rückrufaktion durch die Unternehmer" handele. Erfasst werden aktuell auf dem Markt befindliche und ggfs. bereits an den Endverbraucher abgegebene Lebensmittel. Ergänzend finden sich dort auch Informationen der betroffenen Unternehmen oder der Überwachungsbehörden. Nach Ablauf des Mindesthaltbarkeits- bzw. Verbrauchsdatums (zuzüglich eines Sicherheitszeitraums) werden die Warnungen gelöscht. S. dazu http://www.lebensmittelwarnung.de/bvl-lmw-de/app/process/warnung;jsessionid=C95FDED5B3ED7C66EC524BFF25A4AF13?execution=e1s1, zuletzt geprüft am 11.10.2014.

Darüber hinaus wurde § 40 LFGB durch das im September 2012 in Kraft getretene Änderungsgesetz zum VIG um einen Absatz 1a erweitert,[1738] der eine Ermächtigungsgrundlage für verdachtsbasierte Informationen über Grenzwertüberschreitungen und sonstige Verstöße gegen Vorschriften, die Gesundheitsgefahren, Täuschungen oder Hygienemängel betreffen, enthält.[1739] § 40 Abs. 1a LFGB knüpft damit im Unterschied zur Warnung nach Abs. 1 an vergangene Handlungen an, gegenwärtige Gefahren werden nicht vorausgesetzt.[1740] Die Informationsbefugnisse der Behörden wurden damit auf schlichte Verbraucherinformationen erweitert und verschärft, denn anders als die bis dato geltende Vorschrift sieht der neue Abs. 1a hinsichtlich der Veröffentlichung einer Information keinen behördlichen Ermessensspielraum und keine Interessenabwägung zwischen dem Informationsinteresse der Öffentlichkeit und dem Geheimhaltungsinteresse der Unternehmer mehr vor.[1741] Mit der Ausdehnung der Veröffentlichungsermächtigung von der klassischen Warnung hin zur Verbraucherinformation gibt es nun mit § 40 Abs. 1a LFGB eine Rechtsgrundlage für unterhalb der Schwelle der Gesundheitsgefahr angesiedelte,

---

1738 Zu den Hintergründen und dem Inhalt der Novelle s. *Elsing/Rosenow,* VuR 2013, S. 77, 77 f.; *Girnau/Sieber*, in: FS Horst, S. 241, 242 f. S. zur Genese ferner die umfangreichen Nachweise bei *Wollenschläger,* DÖV 2013, S. 7, 7 Fn. 2. Nach *Müller,* Die Lebensmittelwirtschaft – vitaler Bestandteil der Verbraucherpolitik in Deutschland und der EU, http://www.bmel.de/SharedDocs/Reden/2013/04-11-MUE-BLL-Jahrestagung.html, entstand die Regelung „auf der Grundlage eines breiten politischen Konsenses"; *Hüpers,* GewArch 2013, S. 161, 161 hingegen bezeichnet die Gesetzgebung als „aktionistisch". Nach *Kühne/Preuß,* ZLR 2012, S. 284, 284 hat „[w]ohl nie zuvor […] ein einziger neuer Absatz im Gesetz derart gravierende Auswirkungen mit sich gebracht".

1739 BGBl. 2012 I S. 476, 479.

1740 *Möstl,* LMuR 2014, S. 77, 79.

1741 Zuvor war § 40 Abs. 1 LFGB eine „Soll"-Vorschrift. Die in § 40 Abs. 1 S. 3 LFGB vorausgesetzte Interessenabwägung gilt nur für Abs. 1 S. 2 Nrn. 3–5, nicht jedoch für Abs. 1a. S. zur Verschärfung der Regelung die Gesetzesmaterialien, BT-Drs. 17/7374, S. 19 f.; aus der Literatur s. u. a. *Kühne/Preuß,* ZLR 2012, S. 284, 293; *Leible/Schäfer,* GewArch 2013, S. 189, 190; *Leible/Schäfer*, in: FS Horst, S. 263, 265; *Pache,* ZLR 2013, S. 139, 140; *Soravia/Popa,* LMuR 2013, S. 120, 120; *Wollenschläger,* DÖV 2013, S. 7, 8 f. *Michl/Meyer,* ABl. C 2013, S. 79, 79 sprechen etwas polemisch davon, dass mit § 40 Abs. 1a „der Pranger bezüglich Höchstmengenüberschreitungen und renitentem Verhalten eingeführt" wurde. Zur umstrittenen Frage, ob § 40 LFGB schon vor der Novelle schlichte Verbraucherinformationen gestattete, s. *Wollenschläger,* VerwArch 102 (2011), S. 20, 27 ff. m.w.N.

nicht gefahrenabwehrende, sondern nur der Information der Verbraucher dienende proaktive Veröffentlichungspflichten.[1742]

Diese neue Rechtsgrundlage ist – ob ihrer hohen Praxisrelevanz[1743] – gegenwärtig der Mittelpunkt einiger Diskussionen in Literatur und Rechtsprechung. Die Gerichte haben sich in einer mittlerweile nahezu unüberschaubaren Vielzahl von Entscheidungen[1744] mit der Frage der Rechtmäßigkeit der auf § 40 Abs. 1a LFGB gestützten Informationen beschäftigt und sich – mehr oder weniger intensiv – mit der Verfassungsmäßigkeit der Norm auseinandergesetzt.[1745] Hierbei wird mit den Worten von *Hüpers* ein „eindrucksvolles Arsenal verfassungs- und europarechtlicher Bedenken" vorgebracht.[1746] Stellvertretend werden im Folgenden einige der jüngeren Entscheidungen nach Instanzen geordnet angesprochen, um einen Einstieg in den aktuellen Stand der Diskussion zu geben.

Erstinstanzlich ergingen zu der Norm einige Entscheidungen mit unterschiedlichen rechtlichen Bewertungen. So hatte das VG Gelsenkirchen keine Bedenken an der Unions-[1747] und Verfassungskonformität[1748] des § 40 Abs. 1a LFGB und entschied darüber hinaus, dass Proben von zwei unterschiedlichen Laboratorien nicht erforderlich seien: „Die vorgegebene Anzahl von mindestens zwei bezieht sich lediglich auf das Tatbestandsmerkmal der Untersuchungen, nicht hingegen auf das der Stellen".[1749] Das

1742 *Pache,* ZLR 2013, S. 139, 141; s. auch *Dannecker,* JZ 2013, S. 924, 925.

1743 *Elsing/Rosenow,* VuR 2013, S. 77, 78 weisen darauf hin, dass mittlerweile fast alle Bundesländer hierfür eigene Internetportale bereithalten.

1744 Im ersten halben Jahr nach Inkrafttreten der Norm lagen bereits mehr als 20 Entscheidungen vor, vgl. *Soravia/Popa,* LMuR 2013, S. 120, 120, im Mai 2013 waren es schon 32 Entscheidungen, vgl. *Elsing/Rosenow,* ZLR 2013, S. 240, 244 f. Aktuell ist die Zahl sogar auf 50 angewachsen (Juris, Stand Oktober 2014). *Hüpers,* GewArch 2013, S. 161, 161 spricht von einem „beachtlich[en]" „Ansturm"; *Möstl,* LMuR 2014, S. 77, 80 von einer „kaum noch überschaubaren Fülle an Literatur" und einer „Fülle an Gerichtsentscheidungen".

1745 S. für das Jahr 2013 die Rechtsprechungsübersicht von *Leible/Brzezinski,* WRP 2014, S. 276 ff.

1746 *Hüpers,* GewArch 2013, S. 161, 161. Nach *Girnau/Sieber*, in: FS Horst, S. 241, 245 hat wohl noch nie ein einzelner Absatz so viele Anwendungs- und Auslegungsfragen mit sich gebracht.

1747 VG Gelsenkirchen, Beschluss v. 4.1.2013 – 19 L 1452/12, juris, Rn. 31 ff. Näher zur Unionskonformität sogleich, Kap. 11, A II 1.

1748 VG Gelsenkirchen, Beschluss v. 4.1.2013 – 19 L 1452/12, juris, Rn. 28 ff. Näher zur Verfassungsmäßigkeit sogleich, Kap. 11, A II 2.

1749 VG Gelsenkirchen, Beschluss v. 4.1.2013 – 19 L 1452/12, juris, Rn. 16. Weitere Nachweise zu dieser und zur gegenteiligen Ansicht unter Kap 11, A II 3 c).

VG des Saarlandes stellte, ohne dass es in diesem Fall entscheidend darauf angekommen wäre, fest, dass Mängel ohne lebensmittelrechtlichen Bezug, wie Mängel der Hygiene und Reinigung, für eine Veröffentlichung nach § 40 Abs. 1a LFGB nicht ausreichend seien.[1750] Das VG Dresden hielt es vor dem Hintergrund des Verhältnismäßigkeitsgrundsatzes verfassungsrechtlich für bedenklich, dass „die unbedeutendste Grenzwertüberschreitung sowie auch eine völlig vereinzelte Überschreitung“ als Grundlage für eine Veröffentlichung ausreiche.[1751] Das VG Osnabrück entschied im Rahmen einer Folgenabwägung, dass wegen erheblicher Bedenken an der Verfassungsmäßigkeit der Norm die privaten Interessen das Interesse an einer Veröffentlichung überwiegen.[1752]

Auch auf der Ebene der Oberverwaltungsgerichte bzw. Verwaltungsgerichtshöfe gab es einen bunten Strauß an Beurteilungen. Anfang 2013 entschied das niedersächsische OVG in einem Fall, in dem die Frage der Rechtmäßigkeit der Norm explizit außen vor gelassen wurde,[1753] dass die Veröffentlichung eines bereits beseitigten Mangels nicht unverhältnismäßig ist, wenn auf die Beseitigung eindeutig hingewiesen wurde („generalpräventive Komponente“ der Norm).[1754] In einem weiteren Fall äußerte das niedersächsische OVG „durchgreifende Bedenken an der Verfassungsmäßigkeit“ der Norm, weil sie keine Regelung zur Dauer der Veröffentlichung enthalte und so nicht hinreichend bestimmt sei.[1755] Auch der VGH Baden-Württemberg äußerte erhebliche Zweifel an der Vereinbarkeit der Norm sowohl mit Unions- als auch mit Verfassungsrecht.[1756] Unionsrechtliche Bedenken bestünden, da nicht ausgeschlossen werden könne, dass Art. 10 BasisVO eine die Anwendbarkeit des § 40 Abs. 1a LFGB aus-

---

1750 VG d. Saarlandes LMRR 2013, 9. Weitere Nachweise zu dieser und zur gegenteiligen Ansicht unter Kap. 11, A II 3 b).

1751 VG Dresden, Beschluss v. 22.4.2013 – 6 L 47/13, juris, Rn. 36. Näher zur zwingenden Veröffentlichung unter Kap. 11, A II 2 b) (1) und zur Bußgeldschwelle ebd. unter (3).

1752 VG Osnabrück, Beschluss v. 8.5.2013 – 6 B 18/13, juris, Rn. 13. Näher zur Verfassungsmäßigkeit sogleich, Kap. 11, A II 2.

1753 NdsOVG NJW 2013, 1252, 1252.

1754 NdsOVG NJW 2013, 1252, 1252 f. Näher zur Möglichkeit, bereits beseitigte Verstöße zu veröffentlichen, s. in Kap. 11, A II 3 a).

1755 NdsOVG NVwZ-RR 2013, 831, 831 f. Näher zum Fehlen einer Löschungsfrist s. in Kap. 11, A II 2 b) (5).

1756 VGH BW VBlBW 2013, 193, 195 ff. S. dazu *Waldhoff*, JuS 2013, 860 ff.

schließende Sperrwirkung entfalte.[1757] Verfassungsrechtlich sei bedenklich, dass die Norm an ein bestimmtes Bußgeld anknüpfe, ohne dass es für die Höhe des zu verhängenden Bußgeldes objektive Maßstäbe wie einen Bußgeldkatalog gebe (Grundsätze der Normenklarheit und Bestimmtheit).[1758] Zudem seien die Verhältnismäßigkeit – insbesondere die Erforderlichkeit, da es an einer Regelung zur Dauer der Veröffentlichung fehle[1759] – und die Ausgestaltung als zwingende Veröffentlichungspflicht fraglich.[1760] Das rheinland-pfälzische OVG ging davon aus, dass eine Veröffentlichung auch dann erfolgen darf, wenn ohne Betroffenheit der Lebensmittel alleine „das Umfeld des Verarbeitungsprozesses nicht den hygienischen Anforderungen entspricht", denn dadurch sei das Risiko einer nachteiligen Beeinflussung „etwa durch die Kontamination mit Schimmelpilzsporen oder Mikroorganismen" deutlich erhöht.[1761]

Nicht zuletzt vor dem Hintergrund dieser verworrenen Rechtslage reichte die niedersächsische Landesregierung am 21.8.2013 beim BVerfG einen Antrag auf abstrakte Normenkontrolle ein.[1762] Nach Angaben der Landesregierung werde bis zur höchstrichterlichen Klärung der Vollzug der Vorschrift wegen zu großer Unsicherheiten in der praktischen Anwendung ausgesetzt.[1763] Während im Saarland aktuell noch veröffentlicht wird,[1764] haben sich neben Nordrhein-Westfalen auch Baden-Württemberg, Bayern, Berlin, Hessen, Rheinland-Pfalz und Sachsen dafür entschieden, die Veröffentlichungen in ihren Internetportalen vorläufig auszu-

---

1757 VGH BW VBlBW 2013, 193, 195 f. Zur Sperrwirkung s. Kap. 11, A II 1.

1758 VGH BW VBlBW 2013, 193, 196. Dazu Kap. 11, A II 2 a).

1759 VGH BW VBlBW 2013, 193, 196. Dazu sogleich Kap. 11, A II 2 b) (5).

1760 VGH BW VBlBW 2013, 193, 196 f. S. dazu Kap. 11, A II 2 b) (1).

1761 OVG RhPf GewArch 2013, 209, 210. Näher dazu Kap. 11, A II 3 b).

1762 Die Normenkontrolle wird beim BVerfG unter dem Aktenzeichen 1 BvF 1/13 geführt, vgl. BT-Drs. 18/2921, S. 2. Anlass dazu war die o.g. Entscheidung des NdsOVG v. 14.6.2013, in der eine Vorlage an das BVerfG daran scheiterte, dass bereits die einfachrechtlichen Voraussetzungen für eine Veröffentlichung nicht vorlagen. Vgl. dazu die Berichterstattung der LTO, http://www.lto.de/recht/nachrichten/n/bverfg-lfgb-normenkontrolle-niedersachsen-hygienepranger/, zuletzt geprüft am 15.3.2014.

1763 Presseinformation der niedersächsischen Staatskanzlei, http://www.stk.niedersachsen.de/aktuelles/presseinformationen/lebens--und-futtermittel-land-niedersachsen-zieht-fuer-mehr-transparenz-und-besseren-verbraucherschutz-vors-bundesverfassungsgericht-117525.html, zuletzt geprüft am 25.3.2014. *Elsing/Rosenow*, ZLR 2013, S. 240, 261 kritisieren diese Praxis deutlich.

1764 http://www.saarland.de/97711.htm, zuletzt geprüft am 31.12.2015.

setzen.[1765] In anderen Bundesländern sind bislang noch keine Veröffentlichungen erfolgt.[1766] Der Vollzug der Regelung ist mithin fast im ganzen Bundesgebiet zum Erliegen gekommen.[1767] Wann die Entscheidung des BVerfG ergehen wird, ist derzeit noch nicht absehbar.[1768]

Im Folgenden sollen die angesprochenen Fragestellungen im Einzelnen behandelt und sodann abschließend gewürdigt werden.

1. Sperrwirkung durch Europarecht?

Nicht einfach zu beurteilen ist das Verhältnis von § 40 LFGB zum Europarecht, insb. zu Art. 7 VO (EG) 882/2004[1769] und Art. 10 BasisVO[1770]. Die

---

1765 S. z. B. Baden-Württemberg http://verbraucherinfo.ua-bw.de, zuletzt geprüft am 20.5.2014; Nordrhein-Westfalen http://lebensmitteltransparenz-nrw.de, zuletzt geprüft am 20.5.2014. S. dazu auch *Dannecker,* JZ 2013, S. 924, 925 und *Maschke,* Nach Entscheidungen zum § 40 Abs. 1 a LFGB stoppen viele Bundesländer vorläufig die Veröffentlichung, bvlk.de/aktuelles/fachinformationen1/doc_download/216-nach-entscheidungen-zum-40-abs-1-a-lfgb-stoppen-viele-bundeslaender-vorlaeufig-die-veroeffentlichung (nach dessen Informationen lediglich auf der niedersächsischen Seite im Jahr 2013 noch Einträge verfügbar waren). Zur Aussetzung in Bayern s. *Hüpers,* GewArch 2013, S. 161, 161 f.

1766 *Maschke,* Nach Entscheidungen zum § 40 Abs. 1 a LFGB stoppen viele Bundesländer vorläufig die Veröffentlichung, bvlk.de/aktuelles/fachinformationen1/doc_download/216-nach-entscheidungen-zum-40-abs-1-a-lfgb-stoppen-viele-bundeslaender-vorlaeufig-die-veroeffentlichung.

1767 BT-Drs. 18/2691, S. 7.

1768 Zumindest die schriftliche Anhörung läuft bereits, denn der BLL hat am 5.8.2014 Stellung genommen (abrufbar unter http://www.bll.de/de/der-bll/positionen/bll-stellungnahme-verbraucherinformation-40-1-a-lfgb).

1769 Verordnung (EG) Nr. 882/2004 des Europäischen Parlaments und des Rates v. 29.4.2004, ABl. EU Nr. L 165, S. 1 ff. Art. 7 Abs. 1 lautet: „Die zuständigen Behörden gewährleisten, dass sie ihre Tätigkeiten mit einem hohen Maß an Transparenz ausüben. Zu diesem Zweck machen sie die ihnen vorliegenden Informationen der Öffentlichkeit so rasch wie möglich zugänglich. Generell hat die Öffentlichkeit Zugang zu: […] b) Informationen gemäß Artikel 10 der Verordnung (EG) Nr. 178/2002." Die Absätze 2 und 3 treffen sodann Regelungen in Bezug auf die Geheimhaltungspflicht.

1770 Art. 10 BasisVO lautet: „Besteht ein hinreichender Verdacht, dass ein Lebensmittel oder ein Futtermittel ein Risiko für die Gesundheit von Mensch oder Tier mit sich bringen kann, so unternehmen die Behörden unbeschadet der geltenden nationalen oder Gemeinschaftsbestimmungen über den Zugang zu Dokumenten je nach Art, Schwere und Ausmaß des Risikos geeignete Schritte, um die Öffentlichkeit über die Art des Gesundheitsrisikos aufzuklären; dabei sind mög-

beiden untrennbar zusammenhängenden[1771] Normen ermöglichen staatliche Information ausschließlich im Falle von Gesundheitsrisiken durch Lebensmittel. Demgegenüber geht der nationale § 40 LFGB deutlich weiter, denn hiernach ist die staatliche Information auch dann zulässig, wenn gerade kein Gesundheitsrisiko besteht, das Lebensmittel aber zum Verzehr ungeeignet oder ekelerregend ist oder der Verbraucher getäuscht wird.[1772] Somit stellt sich die Frage einer Sperrwirkung durch Europarecht. Hat der Unionsgesetzgeber einen Sachverhalt abschließend normiert, verdrängen diese Regelungen abweichende mitgliedstaatliche Regelungen (Grundsatz des Anwendungsvorrangs des Unionsrechts).[1773]

a) Literaturstimmen

In der Literatur wird diese Sperrwirkung Art. 10 BasisVO vielfach[1774] zugeschrieben: So wird vorgebracht, die europarechtliche Regelung sei ausdifferenziert und deshalb im Sinne einer Vollharmonisierung als abschließend zu werten.[1775] Nur bei dieser Betrachtungsweise handele es sich bei

lichst umfassend das Lebensmittel oder Futtermittel oder die Art des Lebensmittels oder Futtermittels, das möglicherweise damit verbundene Risiko und die Maßnahmen anzugeben, die getroffen wurden oder getroffen werden, um dem Risiko vorzubeugen, es zu begrenzen oder auszuschalten". Zu den einzelnen Voraussetzungen s. *Gorny,* BasisVO, Rn. 244 ff.

1771 *Abbé,* ZEurLebensmittelR 2013, S. 111, 112.

1772 *Becker/Ambrock,* LMuR 2012, S. 35, 36; *Grube,* LMuR 2011, S. 21, 22; *Schnall*, in: Streinz (Hrsg.), LebensmittelR, III D, Rn. 224. Der Gesundheitsschutz zielt auf die Sicherung des Integritätsinteresses, wohingegen der Täuschungsschutz das Äquivalenzinteresse im Blick hat, vgl. dazu die Ausführungen von *Voit,* LMuR 2012, S. 9, 10.

1773 Grundsätzlich dazu EuGH NJW 1964, 2371 (Costa/Enel). Etwas missverständlich von der „Unzulässigkeit" abweichender Normen sprechen *Becker,* ZLR 2011, S. 391, 400 f.; *Leible/Schäfer,* GewArch 2013, S. 189, 191; *dies.*, in: FS Horst, S. 263, 269.

1774 Nach der wohl zutreffenden Einschätzung von *Schoch,* NVwZ 2012, S. 1497, 1503 und später *Grube/Immel/Wallau,* VerbraucherInfoR, Teil A Rn. 47; *Pache,* ZLR 2013, S. 139, 141 ist dies die herrschende bzw. überwiegende Meinung. *Schoch* nimmt sich selbst davon allerdings aus.

1775 *Becker/Ambrock,* LMuR 2012, S. 35, 36 f.; *Grube,* LMuR 2011, S. 21, 22; *Michl/Meyer,* DLR 2013, S. 79, 81; ausf. *dies.,* ZLR 2012, S. 557, 560 ff.; *Theis,* DVBl. 2013, S. 627, 631; *Tsambikakis,* StraFo 2010, S. 177, 178; *Voit,* LMuR 2012, S. 9, 15 ff., 22 ff. Zur Abgeschlossenheit tendierend *Wallau,* ZLR 2010,

den unionsrechtlichen Regelungen um das vom Verordnungsgeber gewollte einheitliche Regelungssystem i. S. e. horizontalen Gesamtrahmens, der ansonsten unzulässig gesprengt würde.[1776] Es käme zu divergierenden nationalen Rahmenbedingungen, die ein Hemmnis für den Handel im Binnenmarkt darstellen würden.[1777] Der in Art. 10 BasisVO enthaltene Vorbehalt zugunsten der geltenden nationalen oder Gemeinschaftsbestimmungen gelte nur für antragsgebundene Rechte auf Informationszugang, nicht aber für proaktive Veröffentlichungspflichten, da diese nicht mehr von dem Begriff „Zugang zu Dokumenten" umfasst seien.[1778] Schließlich müsse die Information der Öffentlichkeit den Fällen vorbehalten sein, in denen es um die Abwehr von Gesundheitsgefahren gehe, „um einen inflationären Einsatz und den damit verbundenen ‚Verschleiß' des Warneffekts zu verhindern".[1779]

Andere verneinen demgegenüber eine Sperrwirkung des Unionsrechts. So sieht die Bundesregierung in Art. 10 BasisVO „einen mühsam erzielten Kompromiss im Sinne einer Mindestharmonisierung, der Mitgliedstaaten, die darüber hinaus gehen wollen, nicht hindert, dies auf nationaler Ebene umzusetzen".[1780] Auf dieser Linie liegt auch *Gorny*, demzufolge eine Informationspflicht nur bei Gesundheitsrisiken besteht.[1781] Sei hingegen ein Lebensmittel lediglich zum Verzehr ungeeignet, so bestehe keine Pflicht zur Information.[1782] Das bedeute aber gerade nicht, dass die Information nicht erlaubt sei, denn Art. 10 BasisVO wolle behördliches Handeln nicht beschränken.[1783] Ferner geht *Schoch* davon aus, dass Art. 10 BasisVO sich

---

S. 382, 383. Offen gelassen von *Schroeder/Kraus,* EuZW 2005, S. 423, 428. A.A. *Boch,* LFGB, § 40 Rn. 23; *Gorny,* BasisVO, Rn. 252. Gegen eine Sperrwirkung auch *Leisner,* GewArch 2014, S. 57, 60.

1776 *Grube,* LMuR 2011, S. 21, 23; *Michl/Meyer,* DLR 2013, S. 79, 81; *Voit,* LMuR 2012, S. 9, 15 f. A.A. *Pache,* ZLR 2013, S. 139, 148, nach dem die „Stellung im horizontalen Gesamtrahmen nicht bedeutet, dass keine ausfüllenden oder ergänzenden mitgliedstaatlichen Maßnahmen zulässig sind".

1777 *Becker/Ambrock,* LMuR 2012, S. 35, 36.

1778 *Becker,* ZLR 2011, S. 391, 400.

1779 *Becker/Merschmann,* NJW 2013, S. 1726, 1726; *ders./Ambrock,* LMuR 2012, S. 35, 37; *ders.,* ZLR 2011, S. 391, 402; *Grube,* LMuR 2011, S. 21, 23.

1780 BR-Drs. 151/13, S. 5.

1781 *Gorny,* BasisVO, Rn. 252.

1782 *Gorny,* BasisVO, Rn. 252.

1783 *Gorny,* BasisVO, Rn. 252. A.A. *Voit,* LMuR 2012, S. 9, 15 f., der als Gegenargument die Rechtsqualität der Verordnung nennt, durch die ein verbindlicher Rechtsrahmen gesetzt werde. Ferner führt er Erwägungsgrund 21 der BasisVO

lediglich zum Gesundheits-, nicht aber zum Verbraucherschutz verhält und deshalb § 40 Abs. 1a LFGB nicht entgegensteht.[1784] Nach *Wollenschläger* spricht zunächst der Wortlaut des Art. 10 BasisVO („unbeschadet der geltenden nationalen oder Gemeinschaftsbestimmungen über den Zugang zu Dokumenten") gegen eine Sperrwirkung des Unionsrechts.[1785] Ferner, so neben *Wollenschläger* auch *Boch* und *Pache*, spräche hierfür auch die Systematik der BasisVO: Art. 17 BasisVO regelt die Bekanntgabe von Informationen bezüglich Sicherheit und Risiken von Lebensmitteln. Risiko meint dabei nicht nur das Gesundheitsrisiko, sondern allgemein unsichere Lebensmittel. Unsicher bedeutet wiederum sowohl gesundheitsschädlich als auch zum Verzehr ungeeignet, wie sich aus Art. 14 Abs. 2 BasisVO ergibt. Damit gehe die Verordnung selbst davon aus, dass es neben der Information der Öffentlichkeit über Gesundheitsrisiken weitere Informationstatbestände gebe.[1786] In diese Richtung geht auch die Argumentation von *Leible/Schäfer*, die sich auf Art. 60 BasisVO stützen und ihm eine „implizit fortbestehende mitgliedstaatliche Regelungskompetenz[...]" entnehmen.[1787] Ferner weise die BasisVO einen Gesamtrahmen auf, der „noch den ursprünglichen Plan für eine Richtlinie erkennen [lasse] und [...] deutlich [mache], dass es sich bei der BasisVO um einen unvollständigen und daher ergänzungsbedürftigen Rechtsakt handelt".[1788]

Die Diskussion kam sodann auch in der Rechtsprechung an – wobei soweit ersichtlich die Gerichte hier anders als die Literatur dazu tendierten, eine Sperrwirkung abzulehnen[1789] – und erfuhr ihren vorläufigen Höhepunkt in einer EuGH-Entscheidung, die im Folgenden skizziert werden soll.

---

an, der klarstelle, „dass Maßnahmen auf unsicherer Grundlage allein bei einer Gesundheitsgefahr angemessen" seien.

1784 *Schoch,* NVwZ 2012, S. 1497, 1503 f.; zustimmend *Peters,* JURA 2014, S. 752, 760.

1785 *Wollenschläger,* EuZW 2013, S. 419, 421; so auch *Gurlit,* NVwZ 2013, S. 1267, 1267 f. und *Teufer,* K&R 2013, S. 629, 631.

1786 *Boch,* LFGB, § 40 Rn. 23; *Pache,* ZLR 2013, S. 139, 152 f.; *Wollenschläger,* EuZW 2013, S. 419, 421; ebenso *Müller,* Risikokommunikation, S. 173 f.

1787 *Leible/Schäfer,* GewArch 2013, S. 189, 192; *dies.*, in: FS Horst, S. 263, 270.

1788 *Leible/Schäfer,* GewArch 2013, S. 189, 192; *dies.*, in: FS Horst, S. 263, 272.

1789 VG München, Beschluss v. 17.1.2013 – M 18 E 12.5870, juris, Rn. 44; Beschluss v. 9.1.2013 – M 18 E 12.5834, juris, Rn. 54; VG Sigmaringen, Beschluss v. 9.1.2013 – 2 K 4346/12, juris, Rn. 17; VG Gelsenkirchen, Beschluss v. 4.1.2013 – 19 L 1452/12, juris, Rn. 31 ff.; VG Würzburg BeckRS 2013, 45203; VG Trier BeckRS 2012, 60163; VG Regensburg BeckRS 2012, 59253.

b) EuGH-Entscheidung „Berger Wild"

Der EuGH hat sich im Frühjahr 2013 mit der Frage nationaler behördlicher Informationen über nicht gesundheitsgefährdende, aber zum Verzehr ungeeignete Lebensmittel[1790] befasst.[1791] Gegenstand des Urteils ist die Vorschrift des § 40 Abs. 1 LFGB in seiner vom 17.9.2005 bis 24.4.2006 geltenden Fassung. Gleichwohl lassen sich aus der Entscheidung Rückschlüsse für § 40 Abs. 1a LFGB in seiner derzeitigen Fassung ziehen.[1792]

Hintergrund des Vorabentscheidungsverfahrens war die Vorlage des LG München I, das sich in einer Amtshaftungsklage mit einer Pressemitteilung der Behörden des Freistaates Bayern zu befassen hatte.[1793] Durch diese Pressemitteilung, die das Wildfleisch des Klägers (Berger Wild GmbH, im Folgenden Berger Wild) als genussuntauglich und als nicht für den menschlichen Verzehr geeignet und damit als nicht sicher i. S. d. BasisVO einstufte, sah sich der Kläger, der zwischenzeitlich insolvent ist, „massiv geschädigt".[1794] Die Mitteilung lautete unter anderem: „Untersuchungen durch das Bayerische Landesamt für Gesundheit und Lebensmittelsicherheit haben ergeben, dass Fleischproben aus den unten genannten Chargen ranzig, stickig, muffig oder sauer rochen. Bei sechs von neun untersuchten Fleischproben hatte der Fäulnisprozess bereits eingesetzt. Die Firma Berger Wild ist verpflichtet, Fleisch zurückzunehmen, das aus den gleichen Chargen stammt und sich noch im Handel befindet [...] Ob sie *[scil.: die für den Verzehr ungeeigneten Proben]* gesundheitsgefährlich sind, werden die bis Ende der Woche vorliegenden mikrobiologischen Untersuchungen [...] ergeben".[1795] Vorausgegangen waren der Mitteilung die Anhörung des Unternehmens und eine Aufforderung, selbst die Öffentlichkeit effektiv zu informieren. Nachdem Berger Wild hierauf lediglich eine Produktwarnung wegen möglicher sensorischer Abweichungen anbot, gingen die zuständigen Behörden schließlich mit o.g. Pressemitteilung an die Öffentlichkeit.

1790 Der Einfachheit und besseren Lesbarkeit halber wird im Folgenden statt vom Lebens- und Futtermittel nur vom Lebensmittel gesprochen.

1791 EuGH EuZW 2013, 423. S. dazu nur *Becker/Merschmann,* NJW 2013, S. 1726 f.; *Riemer,* EWS 2013, S. 188 f.; *Wollenschläger,* EuZW 2013, S. 419 ff.

1792 S. auch *Elsing/Rosenow,* ZLR 2013, S. 240, 240.

1793 LG München I LMuR 2012, S. 32 ff.

1794 EuGH EuZW 2013, 423, 423.

1795 EuGH EuZW 2013, 423, 423.

Der EuGH hatte nun die ihm vom LG München I vorgelegte Frage zu entscheiden, „ob Art. 10 der Verordnung Nr. 178/2002 dahin auszulegen [sei], dass er einer nationalen Regelung entgegensteh[e], nach der eine Information der Öffentlichkeit unter Nennung der Bezeichnung des Lebensmittels und des Unternehmens, unter dessen Namen oder Firma das Lebensmittel hergestellt, behandelt oder in den Verkehr gebracht wurde, zulässig [sei], wenn ein Lebensmittel zwar nicht gesundheitsschädlich, aber für den Verzehr des Menschen ungeeignet [sei]“.[1796]

Der EuGH verneinte dies. Art. 10 BasisVO sei nicht abschließend, wie sich aus der Auslegung des Art. 17 Abs. 2 Unterabs. 2 derselben Verordnung ergebe.[1797] Allerdings seien die Geheimhaltungspflichten aus Art. 7 der Verordnung (EG) Nr. 882/2004 zu beachten.[1798] Eine ausführliche Begründung für dieses Ergebnis lieferte der EuGH indes nicht.[1799]

c) Stellungnahme

Der Entscheidung ist im Ergebnis zuzustimmen. Steht eine Gesundheitsgefährdung im Raum ist die Regelung des § 40 Abs. 1 LFGB rein deklaratorischer Natur, es handelt sich dann um „reproduziertes Unionsrecht“.[1800] Liegt der Fall aber wie hier im Fall Berger Wild, geht es also um eine fehlende Eignung eines Lebensmittels zum Verzehr, so geht die nationale Regelung über europäisches Recht hinaus und stellt eigenständiges Bundesrecht dar.[1801] Art. 10 BasisVO ist nicht im Sinne einer Maximalharmonisierung und auch sonst nicht als abschließend zu verstehen und lässt deshalb weitergehendes nationales Recht unberührt.[1802] Diesen Schluss kann

---

1796 EuGH EuZW 2013, 423, 424.

1797 EuGH EuZW 2013, 423, 424.

1798 EuGH EuZW 2013, 423, 424.

1799 Dies bemängeln ebenfalls *Becker/Merschmann,* NJW 2013, S. 1726, 1726 und *Riemer,* EWS 2013, S. 188, 188.

1800 *Becker,* ZLR 2011, S. 391, 399.

1801 *Becker,* ZLR 2011, S. 391, 399.

1802 So bereits – unabhängig von der Berger Wild Entscheidung des EuGH – aus der Literatur *Rathke*, in: Zipfel/Rathke, LebensmittelR, § 40 LFGB Rn. 3 c ff.; *Schoch,* NVwZ 2012, S. 1497, 1503; *ders.,* NJW 2012, S. 2844, 2847; *ders.,* ZLR 2010, S. 121, 136; *Seemann,* ProduktInfo, S. 171 f.; *Wollenschläger*, Stellungnahme, S. 5 und aus der Rechtsprechung VG München, Beschluss v. 13.9.2012 – M 22 E 12.4275, juris, Rn. 82 ff.; VG Würzburg BeckRS 2013, 45203. A.A. hingegen *Becker,* ZLR 2011, S. 391, 400 ff.; *ders./Merschmann,*

man zwar nicht bereits aus dem folgenden Kompetenzargument ziehen: Teilweise wird vorgebracht, die Norm sei Teil einer Verordnung, die den Gesundheitsschutz und nicht den Verbraucherschutz bezwecke, wie sich bereits daraus ergebe, dass sie auf den Titel des Gesundheitsschutzes (Art. 152 Abs. 4 lit. b EGV, nunmehr Art. 168 Abs. 4 lit. b AEUV) und nicht auf den Titel des Verbraucherschutzes (Art. 153 EGV, nunmehr Art. 169 Abs. 4 S. 1 AEUV) gestützt worden sei.[1803] Jedoch wurde die BasisVO neben den genannten Normen auch auf Art. 95 EGV (nunmehr Art. 114 AEUV) gestützt, der seinerseits in Abs. 3 auf den Verbraucherschutz hinweist.[1804] So wird auch in den Erwägungsgründen der BasisVO auf den Verbraucherschutz rekurriert.[1805]

Gegen die Maximalharmonisierung und schließlich die Sperrwirkung spricht indes, was sich mit Hilfe der üblichen Auslegungsmethoden aus der Norm ablesen lässt.

(1) Wortlaut

Ausgehend vom Wortlaut des Art. 10 BasisVO, aber auch demjenigen der BasisVO insgesamt, finden sich bereits erste Anhaltspunkte gegen eine Sperrwirkung.[1806] Art. 10 BasisVO spricht von einer Informationspflicht bei Gesundheitsrisiken. Das insoweit verankerte „Müssen" im einen Fall bedingt sprachlich aber nicht bereits das „Nicht-Dürfen" im anderen Fall.[1807] Zudem legt die BasisVO ihrem Titel nach „allgemeine Grundsätze" fest und Art. 10 findet sich in dem mit „Grundsätze der Transparenz"

NJW 2013, S. 1726, 1726 f.; *Grube,* LMuR 2011, S. 21, 22 f.; *ders./Immel,* ZLR 2011, S. 175, 190 ff.; *Pache/Meyer,* in: Meyer/Streinz, LFGB, § 40 LFGB Rn. 11; *Voit,* LMuR 2012, S. 9, 15 ff., 22 ff.

1803 *Schoch,* NVwZ 2012, S. 1497, 1503 f.

1804 *Wollenschläger,* EuZW 2013, S. 419, 421; ähnlich *Michl/Meyer,* DLR 2013, S. 79, 81; im Ergebnis auch *Becker/Ambrock,* LMuR 2012, S. 35, 36, die sich darauf stützen, dass die Aufzählung der Kompetenzgrundlagen der BasisVO nicht abschließend ist („insbesondere").

1805 Vgl. hierzu insbesondere die Erwägungsgründe 22 und 23. Allgemein dazu auch *Becker/Ambrock,* LMuR 2012, S. 35, 36.

1806 Bezogen auf Art. 10 BasisVO insoweit a.A. *Leible/Schäfer,* GewArch 2013, S. 189, 190; *dies.,* GewArch 2013, S. 189, 266; *Müller,* Risikokommunikation, S. 172.

1807 So zutreffend *Elsing/Rosenow,* ZLR 2013, S. 240, 241 sowie *Pache,* ZLR 2013, S. 139, 146; im Ergebnis auch bereits *Gorny,* BasisVO, Rn. 252.

überschriebenen Abschnitt. Ausgehend vom Wortlaut spricht also bereits deutlich mehr für die Festlegung eines Mindeststandards als für eine Maximalharmonisierung.[1808] Der Einwand, der Vorbehalt des Art. 10 BasisVO zugunsten der nationalen oder Gemeinschaftsbestimmungen gelte nur in Bezug auf antragsabhängige Informationszugangsrechte, kann ebenfalls nicht durchgreifen, da dieses Begriffsverständnis nicht mit den europarechtlichen Regelungen über den Informationszugang, die sowohl den Zugang auf Antrag als auch die aktive Verbreitung von Informationen einschließen, übereinstimmt.[1809]

(2) Systematik

Gegen eine abschließende Regelung spricht neben dem Wortlaut auch die Systematik. Der EuGH hat insofern verständlicherweise Art. 17 Abs. 2 Unterabs. 2 BasisVO in den Blick genommen, der die „öffentliche[] Bekanntgabe von Informationen über die Sicherheit und Risiken von Lebensmitteln“ gestattet. Zur Lebensmittelsicherheit gehört gemäß Art. 14 Abs. 2 lit. b BasisVO gerade auch die Eignung zum Verzehr. Der Tatbestand der Information über die Sicherheit bedeutet also, dass die BasisVO selbst von Informationsbefugnissen ausgeht, die jenseits von Gesundheitsrisiken bestehen.[1810] Art. 8 BasisVO untermauert dies noch einmal, indem er den Schutz der Verbraucherinteressen als allgemeinen lebensmittelrechtlichen Grundsatz normiert.[1811] Nach Art. 8 Abs. 1 S. 1 BasisVO muss das Lebensmittelrecht den Verbrauchern eine „sachkundige Wahl“ zwischen den Lebensmitteln, die sie verzehren, ermöglichen. Die Sachkunde der Ver-

---

1808 Dazu auch *Boch,* LFGB, § 40 Rn. 23; *Pache,* ZLR 2013, S. 139, 147.

1809 So z. B. Art. 2 Abs. 4 Verordnung (EG) Nr. 1049/2001 des Europäischen Parlaments und des Rates v. 30.5.2001, ABl. EG Nr. L 145, S. 43 ff., wonach Dokumente „entweder auf schriftlichen Antrag oder direkt in elektronischer Form oder über ein Register“ zugänglich gemacht werden. Vgl. dazu auch Art. 7 Abs. 1 und Abs. 6 RL 2003/4/EG. Zu diesem Argument ebenso *Gurlit,* NVwZ 2013, S. 1267, 1268; *Leible/Schäfer,* GewArch 2013, S. 189, 193; *dies.*, in: FS Horst, S. 263, 274; *Wollenschläger,* EuZW 2013, S. 419, 421. A.A. *Becker,* ZLR 2011, S. 391, 400.

1810 So auch *Elsing/Rosenow,* ZLR 2013, S. 240, 242; *Leible/Schäfer,* GewArch 2013, S. 189, 193; *dies.*, in: FS Horst, S. 263, 275; *Müller,* Risikokommunikation, S. 173; *Wollenschläger,* EuZW 2013, S. 419, 421.

1811 *Pache,* ZLR 2013, S. 139, 151.

braucher setzt deren Informiertheit voraus, die wiederum von dem Input amtlicher Informationen abhängt.[1812]

Auch Art. 7 KontrollVO spricht in systematischer Hinsicht nicht gegen die Freiheit der Mitgliedstaaten, weitergehende nationale Regelungen zu erlassen. Weil Art. 7 KontrollVO in Abs. 1 S. 3 lit. b und Abs. 2 ausdrücklich die Weitergabe von Informationen im Rahmen des Art. 10 BasisVO zulässt, wird angenommen, diese Regelung stehe einer außerhalb von Art. 10 BasisVO stattfindenden Information entgegen.[1813] Die Abwägungsentscheidung, die der Ausgestaltung des Art. 7 KontrollVO zugrunde liege, gelte nur für den Tatbestand der Gesundheitsgefahr.[1814] Außerhalb des Art. 10 BasisVO sei deshalb wegen Art. 7 KontrollVO eine Information der Öffentlichkeit nicht zulässig.[1815] Diese Sichtweise kann jedoch im Ergebnis nicht überzeugen, wie sich aus Wortlaut und Telos des Art. 7 KontrollVO selbst ergibt: Art. 7 Abs. 1 KontrollVO gibt vor, dass die zuständigen Behörden zu gewährleisten haben, „dass sie ihre Tätigkeiten mit einem hohen Maß an Transparenz ausüben. Zu diesem Zweck machen sie die ihnen vorliegenden Informationen der Öffentlichkeit so rasch wie möglich zugänglich. Generell hat die Öffentlichkeit Zugang zu […]". Aus den Formulierungen „hohe[s] Maß an Transparenz", „so rasch wie möglich" und „generell" ergibt sich, dass die Norm weit gefasst ist und dementsprechend eine großzügige Auslegung zu einer möglichst weitgehenden Information der Öffentlichkeit stützt.[1816] Gerade die Formulierung, dass eine Information aufgrund von Art. 10 BasisVO „generell" zu erfolgen hat, lässt den Schluss zu, dass auch hier ein Mindeststandard geschaffen wird, dessen Unterschreitung unzulässig ist, dessen Überschreitung aber grundsätzlich nichts entgegensteht. Überwiegende Argumente für ein restriktives Verständnis lassen sich Art. 7 KontrollVO mithin nicht entnehmen.

1812 *Pache,* ZLR 2013, S. 139, 151 f.

1813 *Voit,* LMuR 2012, S. 9, 16; in diese Richtung auch *Wallau,* ZLR 2010, S. 382, 383. A.A. *Teufer,* K&R 2013, S. 629, 631.

1814 *Voit,* LMuR 2012, S. 9, 16; in diese Richtung auch *Wallau,* ZLR 2010, S. 382, 383.

1815 *Voit,* LMuR 2012, S. 9, 16.

1816 Ebenso argumentiert auch *Pache,* ZLR 2013, S. 139, 150 f.

(3) Telos

Nichts anderes ergibt sich, wenn man den allgemeinen Auslegungsmethoden folgend den Telos des Art. 10 BasisVO mit in den Blick nimmt. Art. 10 BasisVO und die BasisVO insgesamt bezwecken gemäß Art. 5 Abs. 1 und Abs. 2 BasisVO als Zieltrias die Förderung des Verbraucher- und Gesundheitsschutzes sowie des freien Warenverkehrs im Binnenmarkt.[1817] Auch wenn unterhalb der Schwelle der Gesundheitsgefahr mit dem Schutz des Warenverkehrs und der Verbraucherinteressen nur zwei dieser Ziele betroffen sind, steht § 40 LFGB ihnen nicht entgegen.[1818] Etwas anderes würde sich nur dann ergeben, wenn man dem freien Warenverkehr einen höherwertigeren Stellenwert einräumen würde als dem Schutz der Verbraucherinteressen.[1819] Eine solche Auslegung ist der BasisVO aber nicht zu entnehmen, es ist vielmehr von der Gleichrangigkeit der Ziele auszugehen.[1820] Hierfür sprechen insbesondere die unter c) angeführten Kompetenzgrundlagen der Verordnung: Eine Verordnung kann nur dann auf mehrere Grundlagen gestützt werden, wenn die Ziele gleichermaßen verfolgt werden, also nicht eines von ihnen gegenüber den anderen nachrangig ist.[1821]

Schließlich kann auch das Argument, im Hinblick auf eine mögliche Gewöhnung des Verbrauchers im Sinne eines „Abstumpfens" seien keine nationalen Vorschriften zuzulassen, die weitergehen als Art. 10 BasisVO, nicht überzeugen.[1822] Zunächst sei angemerkt, dass dieser Gewöhnungseffekt zwar nicht ausgeschlossen erscheint, aber auch keine zwingende Fol-

---

1817 Art. 5 BasisVO steht unter der Überschrift „Allgemeine Ziele". S. dazu auch *Gorny,* BasisVO, Rn. 25 sowie *Pache,* ZLR 2013, S. 139, 148 f.

1818 *Leible/Schäfer,* GewArch 2013, S. 189, 193; *dies.*, in: FS Horst, S. 263, 275; *Pache,* ZLR 2013, S. 139, 149.

1819 *Pache,* ZLR 2013, S. 139, 149.

1820 *Pache,* ZLR 2013, S. 139, 149 f. Wie unter c) gesehen, ist der Verbraucherschutz, auf den auch in den Erwägungsgründen rekurriert wird, über den Verweis in Art. 114 AEUV (ex-Art. 95 EGV) als Kompetenztitel umfasst.

1821 EuGH, EurUP 2013, 226, 228; *Frenz,* Hdb EuropaR Bd. 6, Rn. 2324 m.w.N. zur diesbezügl. EuGH-Rspr.

1822 *Becker/Merschmann,* NJW 2013, S. 1726, 1726; *ders./Ambrock,* LMuR 2012, S. 35, 37; *ders.,* ZLR 2011, S. 391, 402; *Grube,* LMuR 2011, S. 21, 23. *Joh/Krämer/Teufer/Unland,* ZLR 2012, S. 420, 434 gehen in anderem Zusammenhang davon aus, dass § 40 Abs. 1a LFGB selbst die Gefahr des Abstumpfens beinhaltet, indem er eine „Flut an ungefilterter Information" auslöst. Vgl. auch *Falck,* VIG, S. 124.

ge darstellt, da der Effekt empirisch nicht belegt ist.[1823] Davon unabhängig gilt, dass auch bei nicht gesundheitsgefährdenden, aber zum Verzehr ungeeigneten oder den Verbraucher täuschenden Lebensmitteln ein berechtigtes Verbraucherinteresse an einer objektiven und zügigen Veröffentlichung einer Behördeninformation anzuerkennen ist. Hierfür lässt sich Art. 8 BasisVO ins Feld führen, der die Verbraucher umfassend (S. 2 lit. a vor „Praktiken des Betrugs oder der Täuschung", lit. b vor „der Verfälschung von Lebensmitteln" und lit. c vor „alle[n] sonstigen Praktiken, die den Verbraucher irreführen können") schützen will. Den Bedenken der Gewöhnung durch Überinformation kann durch die strikte Anwendung der bestehenden verfassungsrechtlichen Grenzen wie einer umfassenden Verhältnismäßigkeitsprüfung Rechnung getragen werden.[1824] Wenn die Behörden von den ihnen zustehenden Mitteln sorgfältig und überlegt Gebrauch machen, ist eine Überreizung der Verbraucher nicht zu befürchten.[1825]

Die Mahnung des EuGH, Geheimhaltungsinteressen gemäß Art. 7 Abs. 1 und Abs. 2 KontrollVO zu beachten, ist ebenfalls als Hinweis auf den Verhältnismäßigkeitsgrundsatz zu verstehen. Je gewichtigere Verbraucherinteressen in Rede stehen, desto eher muss eine Information zulässig sein und die Geheimhaltungsinteressen müssen zurücktreten.[1826] Dies gilt ebenso vice versa. Die Geheimhaltungspflicht ist von den Behörden in ihre Abwägung als „eigener Ausschluss- und Beschränkungsgrund" einzustellen.[1827]

Zu Inhalt und Stellenwert des Geheimhaltungsschutzes hat sich der EuGH nicht näher geäußert. Nach Art. 7 Abs. 2 KontrollVO müssen die zuständigen Behörden sicherstellen, dass „keine in Wahrnehmung ihrer amtlichen Kontrollaufgaben erworbenen Informationen […], die ihrer Art nach in hinreichend begründeten Fällen der Geheimhaltungspflicht unterliegen", weitergegeben werden. Davon ausgenommen sind Informationen gemäß Art. 10 BasisVO, sekundärrechtliche Datenschutzbestimmungen

---

1823 So *Leible/Schäfer,* GewArch 2013, S. 189, 191; *dies.*, in: FS Horst, S. 263, 268, die diesem Argument deshalb die Tragfähigkeit absprechen. Dem zustimmend *Peters,* JURA 2014, S. 752, 760 Fn. 65.

1824 *Wollenschläger,* VerwArch 102 (2011), S. 20, 39.

1825 In diese Richtung auch *Riemer,* EWS 2013, S. 188, 188, der zutreffend festhält, dass nicht jeder Verstoß mit einer Veröffentlichungspflicht verbunden ist.

1826 *Riemer,* EWS 2013, S. 188, 188.

1827 *Becker/Merschmann,* NJW 2013, S. 1726, 1727.

bleiben unberührt. Die Geheimhaltungspflicht erstreckt sich dabei insbesondere auf die in Abs. 3 aufgeführten Regelbeispiele, von denen „die Vertraulichkeit von Voruntersuchungen oder laufenden rechtlichen Verfahren" sowie „personenbezogene Daten" für die hier maßgeblichen schlichten Behördeninformationen von besonderem Interesse sein dürften.[1828] Eine Voruntersuchung ist spätestens dann beendet, wenn die Behörde den Mangel beanstandet hat.[1829] Diesem Regelbeispiel dürfte deshalb im Rahmen von § 40 Abs. 1a LFGB keine allzu große Bedeutung zukommen.[1830] Der Geheimhaltungsschutz in „laufenden rechtlichen Verfahren" gilt für Gerichtsverfahren, strafrechtliche Ermittlungsverfahren, Disziplinarverfahren, Ordnungswidrigkeitenverfahren, Gnadenverfahren und Verwaltungsverfahren,[1831] wobei bei letzteren der Zugang zu Informationen gemäß Art. 10 BasisVO durch Art. 7 Abs. 2 S. 2 KontrollVO ausgenommen ist.

Nicht eindeutig beurteilt wird die Frage, ob der Geheimnisschutz als absoluter[1832] oder als abwägungsoffener[1833] Schutz zu verstehen ist. Für

---

1828 *Wollenschläger* in seinem Vortrag „Information der Öffentlichkeit: Rs. Berger und ihre Konsequenzen für § 40 LFGB" auf dem 27. Deutschen Lebensmittelrechtstag am 20.3.2014 in Wiesbaden.

1829 Das VG Ansbach BeckRS 2014, 49224 geht davon aus, dass mit den getroffenen Feststellungen die Voruntersuchungen beendet sind. Für ein Ende der Voruntersuchung mit Abschluss der Kontrollmaßnahmen OVG NRW NVwZ-RR 2013, 627, 630; LMRR 2013, 65; 2013, 64. Für ein Ende der Voruntersuchung „wenn nicht schon mit dem Ergebnis der chemischen Untersuchung, so doch spätestens mit der Beanstandung als der Bewertung des Untersuchungsergebnisses" BayVGH LMRR 2009, 82, ebenso bereits OVG NRW NVwZ 2009, 1510, 1512. In der Literatur schließen sich *Gurlit,* NVwZ 2013, S. 1267, 1268 und *Wollenschläger,* VerwArch 102 (2011), S. 20, 34, ebenso *ders.,* EuZW 2013, S. 419, 422 dem an. Unklar hingegen *Becker/Merschmann,* NJW 2013, S. 1726, 1727, die den Ausschlussgrund „Voruntersuchungen" und „laufende Verfahren" nennen und sodann feststellen, dies betreffe „das Verwaltungsverfahren der Betriebskontrolle, der anschließenden Probenuntersuchung und -bewertung sowie Widerspruchs- und Gerichtsverfahren".

1830 So auch die Einschätzung von *Gurlit,* NVwZ 2013, S. 1267, 1268 und *Wollenschläger,* EuZW 2013, S. 419, 422.

1831 So im Zusammenhang mit in Betracht kommenden entgegenstehenden öffentlichen Belangen nach VIG *Schoch,* NVwZ 2012, S. 1497, 1498 unter Hinweis auf § 3 Nr. 1 lit. g IFG und § 8 Abs. 1 S. 1 Nr. 3 UIG; *ders.,* NJW 2010, S. 2241, 2244.

1832 In diese Richtung wohl *Voit,* LMuR 2012, S. 9, 16.

1833 *Boch,* LFGB, § 40 Rn. 28; *Gundel,* ZLR 2013, S. 662, 666 f.; *Rathke,* in: Zipfel/Rathke, LebensmittelR, § 40 LFGB § 40 Rn. 61c; *Wollenschläger,* EuZW 2013, S. 419, 422; ebenso *ders.* in seinem Vortrag „Information der Öffentlichkeit:

Letzteres spricht u. a. der Wortlaut des Art. 7 Abs. 2 KontrollVO, nach dem die Geheimhaltungspflicht nur „in hinreichend begründeten Fällen" greifen soll.[1834] Positiv wird also das öffentliche Interesse an der Bekanntgabe der Information grundsätzlich vorausgesetzt, während negativ die Weitergabe von Informationen nur in solchen Einzelfällen ausgeschlossen ist, in denen es besondere Geheimhaltungsgründe gibt, die dem Informationsinteresse der Öffentlichkeit vorgehen.[1835]

Die Diskussion um die Absolutheit des Schutzes dürfte mit Einführung der neuen KontrollVO vom 6.5.2013[1836] in Richtung des abwägungsoffenen Schutzes entschieden werden.[1837] Diese Novelle, die derzeit als Entwurf dem Europäischen Parlament vorliegt und voraussichtlich 2016 in Kraft treten soll,[1838] normiert in Art. 7 Abs. 2 VO-E ausdrücklich eine Abwägungsklausel für Veröffentlichungen.[1839] Hier heißt es „[s]ofern kein übergeordnetes öffentliches Interesse an ihrer Verbreitung besteht, unterliegen diejenigen Informationen der Geheimhaltungspflicht […]". Noch weiter von einem absoluten Geheimnisschutz entfernt sich Art. 7 Abs. 3 VO-E. Hierin ist vorgesehen, dass unbeschadet der nach Abs. 1 und 2 bestehenden Geheimhaltungspflicht eine Veröffentlichung auch dann erfolgen kann, wenn der Betroffene vor der Veröffentlichung ein Äußerungsrecht erhält und die Veröffentlichung seine Äußerungen berücksichtigt oder die Informationen mit den Äußerungen veröffentlicht werden.

Festzuhalten ist somit jedenfalls, dass der Entscheidung über eine Veröffentlichung jeweils eine Abwägung mit dem gegenläufigen Informati-

---

Rs. Berger und ihre Konsequenzen für § 40 LFGB" auf dem 27. Deutschen Lebensmittelrechtstag am 20.3.2014 in Wiesbaden. An der Absolutheit zumindest zweifelnd *Gurlit,* NVwZ 2013, S. 1267, 1269.

1834 Nach *Gurlit,* NVwZ 2013, S. 1267, 1268 spricht zudem der pauschale Verweis auf die Datenschutzrichtlinie 95/46/EG dafür, da dadurch deren Abwägungsklausel in Art. 7 lit. e in Bezug genommen würde. S. dazu sowie zu weiteren Argumenten *Wollenschläger,* EuZW 2013, S. 419, 422.

1835 *Boch,* LFGB, § 40 Rn. 28.

1836 COM(2013) 265 final.

1837 So auch die Einschätzung von *Gundel,* ZLR 2013, S. 662, 667 und *Gurlit,* NVwZ 2013, S. 1267, 1268 f.

1838 Dazu sowie zu Inhalt und Zweck der Revision der Kontrollverordnung *Müller/Wallau/Grube,* Lebensmittelkontrolle, S. 197 sowie zu den problematischen Punkten der Neuregelung *Wiemers,* GewArch 2014, S. 287, 288 f.

1839 Diese Abwägungsklausel tritt an die Stelle der derzeitigen „grundsätzliche[n] Vertraulichkeitspflicht", s. *Müller/Wallau/Grube,* Lebensmittelkontrolle, S. 197 f.

onsinteresse der Öffentlichkeit zugrunde liegen muss.[1840] Überwiegt das Informationsinteresse, ist eine Veröffentlichung grundsätzlich möglich.

(4) Zwischenergebnis

Die BasisVO entfaltet keine Sperrwirkung für Informationen, die nicht auf einem Gesundheitsrisiko fußen. § 40 LFGB ist in dieser Hinsicht folglich nicht unionsrechtswidrig. Der vom EuGH angesprochene Geheimhaltungsschutz ist zu beachten, gilt allerdings nicht absolut, sondern ist abwägungsoffen.

d) Konsequenzen der EuGH-Entscheidung für § 40 Abs. 1a lit. b LFGB

Wie dargestellt, regelt das Unionsrecht in der BasisVO die Information der Öffentlichkeit in den Fällen eines Gesundheitsrisikos oder nicht zum Verzehr geeigneter, unsicherer Lebensmittel. Anknüpfend an die Entscheidung des EuGH, der aufgrund der beschränkten Vorlagefrage zu § 40 Abs. 1 LFGB in seiner vom 17.9.2005 bis 24.4.2006 geltenden Fassung dazu nicht Stellung nehmen brauchte, stellt sich die Frage der Sperrwirkung der Verordnung im Bereich unterhalb der Erheblichkeitsschwelle der von der BasisVO geregelten Fälle, wie die der Verbrauchertäuschung und der schlichten Verbraucherinformation.

Da die BasisVO eine Information in solchen Fällen nicht regelt, könnte man zunächst geneigt sein, eine solche weitergehende Informationsregelung dem nationalen Gesetzgeber nicht zur freien Entscheidung zu überlassen und insofern das Informationsniveau der BasisVO als abschließend zu erachten. Gegen einen solchen Ansatz einer erneuten Sperrwirkung spricht wiederum die allgemeine Zielsetzung des Unionsrechts.[1841]

Die BasisVO ist auf die nähere rechtliche Ausgestaltung angelegt und daher als solche nicht abschließend. Nach Art. 4 Abs. 2 lit. f AEUV ist der

---

1840 *Wollenschläger* in seinem Vortrag „Information der Öffentlichkeit: Rs. Berger und ihre Konsequenzen für § 40 LFGB" auf dem 27. Deutschen Lebensmittelrechtstag am 20.3.2014 in Wiesbaden.

1841 Nach *Teufer*, K&R 2013, S. 629, 632 geht auch die Bewertung des EuGH hinsichtlich der Reichweite der BasisVO in Richtung „überhaupt keine ‚Sperrwirkung'".

Verbraucherschutz ein Fall der geteilten Zuständigkeit. In diesem Fall dürfen die Mitgliedstaaten aktiv werden, solange und soweit die EU nicht ihrerseits aktiv geworden ist. Gegen eine Sperrwirkung ist neben dem bereits genannten Art. 8 Abs. 1 BasisVO, der mit dem umfassenden Verbraucherschutz erkennbar eine weite Zielsetzung verfolgt und dementsprechend auch die notwendigen Instrumentarien zur Umsetzung derselben zur Verfügung stehen müssen, auch Art. 7 Abs. 1 S. 1 der KontrollVO 882/2004 zu nennen, der für die behördliche Kontrolltätigkeit ein umfassendes Transparenzgebot statuiert.[1842] Diese Vorschriften müssen deshalb so gedeutet werden, dass sich das Unionsrecht darauf beschränkt, eine Pflicht zur Information auf die besonders schwerwiegenden Fälle zu statuieren, umgekehrt aber aufgrund der zum Ausdruck kommenden allgemeinen Zielsetzung des umfassenden Verbraucherschutzes und der Transparenz Informationen in weiteren Fällen nicht ausschließt.[1843] Dies bestätigt der Blick in Art. 7 VO-E: Hier wird zwar der Grundsatz der Amtsverschwiegenheit als Regelfall normiert, zugleich ermöglicht die Norm jedoch die Veröffentlichung von Kontrollergebnissen, wenn gewisse formelle Erfordernisse, wie eine Anhörung des Betroffenen, erfüllt sind, ohne diese an das Vorliegen materieller Erfordernisse zu knüpfen (!).[1844] Art. 7 VO-E ist wiederum deutlich weitgehender als § 40 Abs. 1a LFGB, der die Veröffentlichungspflicht auf bestimmte Rechtsverstöße beschränkt.[1845] Damit ist § 40 Abs. 1a LFGB sowohl mit der derzeitigen als auch mit der (voraussichtlich) künftigen Regelung des Art. 7 VO/VO-E vereinbar.[1846]

Nachdem die Frage der Unionsrechtmäßigkeit des § 40 LFGB positiv beantwortet wurde, stehen im Weiteren die (verfassungsrechtlichen) Bedenken auf nationaler Ebene in Rede.

1842 Vgl. *Wollenschläger,* EuZW 2013, S. 419, 421.

1843 Ebenso *Wollenschläger,* EuZW 2013, S. 419, 421. A.A. *Becker/Merschmann,* NJW 2013, S. 1726, 1727; *Leible/Schäfer,* GewArch 2013, S. 189, 194; *Leible/ Schäfer,* GewArch 2013, S. 189, 276 f.; *Tsambikakis,* StraFo 2010, S. 177, 178.

1844 COM(2013) 265 final.

1845 S. dazu auch *Elsing/Rosenow,* ZLR 2013, S. 240, 243.

1846 Ebenso *Elsing/Rosenow,* ZLR 2013, S. 240, 243.

2. Verfassungsrechtliche Bedenken an § 40 Abs. 1a LFGB

Auf Tatbestandsseite wird vertreten, die Vorschrift sei verfassungswidrig, weil sie die Veröffentlichungspflicht davon abhängig mache, ob ein nicht nur unerheblicher oder wiederholter Verstoß, der mit mindestens 350 € bußgeldbewehrt ist, vorliege. Auf Rechtsfolgenseite stellt sich die Frage nach der Verhältnismäßigkeit der Norm, insbesondere was die Dauer der Veröffentlichung und die Veröffentlichungspflicht anbelangt. Dazu nun im Einzelnen.

a) Normenklarheit und hinreichende Bestimmtheit

Bestimmtheitsgebot und Grundsatz der Normenklarheit sind Ausfluss des Rechtsstaatsprinzips (Art. 20 Abs. 3 GG). Nach der Rechtsprechung des BVerfG verbietet das Bestimmtheitsgebot zwar „nicht von vornherein die Verwendung unbestimmter Rechtsbegriffe“.[1847] Allerdings ist der Gesetzgeber gehalten, „seine Vorschriften so bestimmt zu fassen, wie dies nach der Eigenart der zu ordnenden Lebenssachverhalte mit Rücksicht auf den Normzweck möglich ist“.[1848] Dies bedeutet, „dass sich unbestimmte Rechtsbegriffe durch eine Auslegung der betreffenden Normen nach den Regeln der juristischen Methodenlehre hinreichend konkretisieren lassen [müssen] und verbleibende Ungewissheiten nicht so weit gehen [dürfen], dass die Vorhersehbarkeit und Justiziabilität des Handelns der durch die Normen ermächtigten staatlichen Stellen gefährdet sind“.[1849]

Wäre § 40 Abs. 1a LFGB mit diesen Kriterien nicht vereinbar, so wäre die Norm verfassungswidrig und es bestünde bereits keine taugliche Ermächtigungsgrundlage für die aktiv zu veröffentlichenden Behördeninformationen.

§ 40 Abs. 1a Nr. 2 LFGB sieht eine zwingende Veröffentlichung vor, wenn gegen eine Vorschrift „in nicht nur unerheblichem Ausmaß oder wiederholt“ verstoßen worden ist „und die Verhängung eines Bußgeldes von mindestens dreihundertfünfzig Euro zu erwarten ist“.[1850]

1847 BVerfGE 133, 277, 355; ebenso BVerfGE 118, 168, 188.

1848 BVerfGE 133, 277, 355 f.; ebenso BVerfGE 117, 71, 111.

1849 BVerfGE 133, 277, 356; 118, 168, 188; ähnl. BVerfGE 120, 274, 316.

1850 Der Vorschlag des Bundesrates, die Pflicht zur Veröffentlichung auf Grenzwertverstöße zu beschränken (vgl. BT-Drs. 17/7374, S. 25 [Anlage 3]) wurde im ab-

Zunächst fällt auf, dass beide Tatbestandsmerkmale, nämlich „in nicht nur unerheblichem Ausmaß" und das erwartete Überschreiten der Bußgeldschwelle, zwar kumulativ vorliegen müssen, aber eigentlich dasselbe sicherstellen sollen, denn beide bringen gleichermaßen zum Ausdruck, dass Bagatellen eine Veröffentlichung nicht tragen können.[1851] Zu klären ist des Weiteren – und dies ist sodann verfassungsrechtlich relevant –, ob das Anknüpfen an ein nicht nur unerhebliches Ausmaß und ein zu erwartendes Bußgeld in bestimmter Höhe den Anforderungen an die inhaltliche Bestimmtheit und Klarheit von Normen noch genügen, d. h. insbesondere, ob für die Betroffenen tatsächlich noch erkennbar ist, ob und wann die Einschreitschwelle überschritten wird.[1852] Dies wird in Literatur und Rechtsprechung, soweit erkennbar, nur in Bezug auf die zweite Voraussetzung bezweifelt.

Zunächst zu der ersten Voraussetzung. Das „nicht nur unerhebliche Ausmaß" stellt einen unbestimmten Rechtsbegriff dar. Die Erheblichkeit eines Verstoßes kann anhand von quantitativen und qualitativen Kriterien im Einzelfall bestimmt und gerichtlich voll überprüft werden, „ohne dass angesichts der Vielfalt der möglichen Verstöße vom Gesetzgeber die Vorgabe einer eindeutigen Erheblichkeitsschwelle verlangt werden kann".[1853] So finden sich ähnlich lautende unbestimmte Rechtsbegriffe z. B. im WHG (§ 62 Abs. 3 und § 9 Abs. 2 Nr. 2 WHG „nachteilige Veränderungen der Wasserbeschaffenheit" in „nicht nur unerhebliche[m] Ausmaß"), im StGB (§ 263 Abs. 3 Nr. 2 StGB „Vermögensverlust großen Ausmaßes") oder im HGB (§ 285 Nr. 12 HGB „Rückstellungen […] [die] einen nicht unerheblichen Umfang haben"). Die Verwendung dieses unbestimmten Rechtsbegriffs entspricht folglich dem regulären gesetzgeberischen Standard und verletzt das Bestimmtheitsgebot nicht, weil dem Bedeutungsgehalt des Begriffs nach den Regeln der juristischen Methodenlehre, dem Inhalt und dem Regelungszusammenhang anderer Normen und unter Heran-

---

schließenden Gesetzentwurf nicht berücksichtigt. S. dazu auch *Elsing*, in: Voit (Hrsg.), Lebensmittelinformation, S. 9, 25.

1851 Ähnl. *Wollenschläger*, Stellungnahme, S. 10. Anders VG Stuttgart, Beschluss v. 11.12.2012 – 4 K 3720/12, juris, Rn. 12, nach dem die Bußgeldprognose „ein zusätzliches Tatbestandselement darstellt, das zur Erheblichkeit des Verstoßes hinzutreten muss, diese also nicht gleichsam indiziert".

1852 VGH BW VBlBW 2013, 193, 196; die Rechtsprechung wiedergebend ohne eigene Einschätzung *Soravia/Popa,* LMuR 2013, S. 120, 121 f. Insgesamt kritisch zur Weite der tatbestandlichen Voraussetzungen *Rabe*, in: FS Horst, S. 289, 293.

1853 OVG NRW NVwZ-RR 2013, 627, 628.

ziehung von Rechtsprechung und Schrifttum ausreichend Konturenschärfe verliehen werden kann.[1854]

Dies müsste auch für die zweite Alternative gelten. Im Unterschied zu der Veröffentlichung der Information nach § 40 Abs. 1a LFGB steht die Entscheidung der Behörde, ob sie ein Bußgeld verhängt, in ihrem Ermessen.[1855] Die Unsicherheit des Betroffenen, was die Bußgeldbewehrtheit seines Verhaltens anbelangt, geht hier aber über diejenige hinaus, die typischerweise mit Ermessensvorschriften verbunden ist. Sie ist hier vor allem deshalb problematisch, weil für die Verhängung des Bußgeldes kein objektiver und transparenter Maßstab, wie etwa ein Bußgeldkatalog, existiert.[1856] Ohne eine verlässliche Entscheidungsgrundlage ist aber nicht auszuschließen bzw. ist es sogar wahrscheinlich, dass die einzelnen Entscheidungsträger der verschiedenen Behörden gleiche Verstöße unterschiedlich stark gewichten.[1857] Dies gilt umso mehr, als neben dem eigentlichen noch objektiv feststellbaren Verstoß – ganz abgesehen von seiner Gewichtung – weitere, subjektive Faktoren wie z. B. die Aspekte einmaliger oder wiederholter Verstoß, vorsätzliche oder fahrlässige Begehungsweise, Einkommensverhältnisse des Betroffenen, seine Schuldeinsichtigkeit usw. für die Höhe eines Bußgeldes ausschlaggebend sind.[1858] Folge

1854 Allgemein BVerfGE 118, 168, 188; 105, 135, 174; 93, 266, 292. Für den vorliegenden Fall ebenso OVG NRW NVwZ-RR 2013, 627, 628; *Elsing/Rosenow,* ZLR 2013, S. 240, 252. Nach *Grube/Immel/Wallau,* VerbraucherInfoR, Teil B Rn. 98 setzt das Merkmal i. d. R. voraus, dass der Verstoß vorsätzlich begangen wurde. Wiederholt sei er begangen, wenn zumindest dreimal von derselben Rechtsnorm abgewichen worden sei.

1855 Kritisch dazu bereits *Kühne/Preuß,* ZLR 2012, S. 284, 299, die befürchten, dass die Behörden aus Angst vor Amtshaftungsansprüchen eine Veröffentlichung vermeiden, indem sie Bußgelder vorsorglich unterhalb der Schwelle von 350 € ansetzen.

1856 Vgl. VGH BW VBlBW 2013, 193, 196; VG München, Beschluss v. 3.12.2012 – M 18 E 12.5736, juris, Rn. 46. (nicht für die Norm als solche, nur für die Anwendung im konkreten Fall); *Girnau/Sieber*, in: FS Horst, S. 241, 249; *Kühne/Preuß,* ZLR 2012, S. 284, 300. Ähnl. *Grube/Immel,* ZLR 2011, S. 175, 192, die das Fehlen einer „Eingriffsschwelle“ bemängeln. A.A. *Elsing/Rosenow,* ZLR 2013, S. 240, 266 f., die diesen Punkt im Rahmen der Verhältnismäßigkeit diskutieren und bejahen.

1857 *Kühne/Preuß,* ZLR 2012, S. 284, 298 f. weisen darauf hin, dass über 440 Überwachungsbehörden zuständig sind.

1858 VGH BW VBlBW 2013, 193, 196; VG München, Beschluss v. 3.12.2012 – M 18 E 12.5736, juris, Rn. 46; *Kühne/Preuß,* ZLR 2012, S. 284, 298 f.

des Ganzen ist eine uneinheitliche Veröffentlichungspraxis,[1859] die vor dem Hintergrund des allgemeinen Gleichheitsgrundsatzes des Art. 3 Abs. 1 GG bedenklich erscheint. Aber begründet dies zugleich die Verfassungswidrigkeit? Hiergegen wird eingewandt, man müsse zwischen „Wünschenswerte[m]“ und „verfassungsrechtlich ‚Notwendige[m]“ unterscheiden.[1860] Unsicherheiten im Vollzug seien bei Neuregelungen nichts Ungewöhnliches, insbesondere im Hinblick auf den „deutschen Exekutivföderalismus“,[1861] und oftmals könne durch eine Abstimmung innerhalb der befassten Exekutive ggfs. auf der Grundlage einer allgemeinen Verwaltungsvorschrift eine einheitliche Verwaltungspraxis erreicht werden.[1862]

Trotz der oben genannten Bedenken begründet die starre Bußgeldgrenze deshalb nicht bereits die Verfassungswidrigkeit der Norm.[1863] De lege ferenda wäre aber eine diesbezügliche Weiterentwicklung – durch das Gesetz selbst oder auf dessen Grundlage -[1864] zu begrüßen.

1859 BayVGH LMRR 2013, 15 und wortgleich a.a.O. 2013, 18; VGH BW VBlBW 2013, 193, 196.

1860 *Elsing/Rosenow,* ZLR 2013, S. 240, 253. *Wollenschläger*, Stellungnahme, S. 10 äußert keine Bedenken an der Bestimmtheit: „Hinsichtlich der geforderten Intensitätsschwelle erscheint es akzeptabel, an die Wertung des einfachen Gesetzgebers, wegen des Gewichts des Verstoßes einen Ordnungswidrigkeiten- oder Straftatbestand anzuordnen, anzuknüpfen und ein Mindestbußgeld zu verlangen“; *ders.,* VerwArch 102 (2011), S. 20, 47.

1861 *Gundel,* ZLR 2013, S. 662, 673.

1862 *Elsing/Rosenow,* ZLR 2013, S. 240, 253. Der Bundesrat, BR-Drs. 454/1/11, S. 15, verwies in seinen Empfehlungen auf die Möglichkeit, die Vorgaben des § 40 Abs. 1a LFGB durch länderspezifische Regelungen zu ergänzen. „Da es sich bei der Regelung zur Informationserteilung gemäß § 40 Absatz 1a des Gesetzentwurfes um eine Regelung des Verwaltungsverfahrens handelt, für welche die Gesetzgebungskompetenz nach Artikel 84 Absatz 1 GG grundsätzlich den Ländern zukommt und – durch die Gestaltung des Gesetzentwurfes als Einspruchsgesetz – auf eine abweichungsfeste Regelung im Sinne des Artikels 84 Absatz 1 Satz 5 GG verzichtet wurde, wird es den Ländern ermöglicht, abweichende Verfahrensvorschriften zu erlassen.“

1863 Ebenso *Gundel,* ZLR 2013, S. 662, 673.

1864 BayVGH LMRR 2013, 15 und wortgleich a.a.O. 2013, 18.

b) Verhältnismäßigkeit

Entsprechend des Verhältnismäßigkeitsgrundsatzes müsste die Norm zur Erreichung eines legitimen Zwecks geeignet, erforderlich und angemessen sein.[1865] Legitimer Zweck der Norm ist ausweislich der Begründung des Gesetzesentwurfs die Herstellung von Transparenz. „Die Transparenz staatlichen Handelns und der ungehinderte Zugang zu Informationen dienen der Ermöglichung eigenverantwortlicher Entscheidungen der Verbraucher am Markt und sind zudem auch wesentliches Element eines demokratischen Rechtsstaates.“[1866] Das Veröffentlichen einer Information in den von § 40 Abs. 1a LFGB erlaubten Fällen ist geeignet, diesen Zweck zu fördern.[1867] Ohne die Veröffentlichung der Behördeninformationen könnten die Verbraucher in aller Regel nicht auf einschlägiges Wissen zu festgestellten Verstößen zurückgreifen und es somit auch nicht ihrer Kaufentscheidung zugrunde legen.[1868]

Im Rahmen der Erforderlichkeit lässt sich die Frage aufwerfen, ob eine Veröffentlichung ohne „Verfallsdatum“ das mildeste unter gleich effektiven Mitteln ist.[1869] Eine Veröffentlichung, bei der von vorneherein feststeht, sie wäre in z. B. wenigen Wochen zu löschen, wäre zunächst ein milderes Mittel. Insofern könnte man aber einwenden, eine dauerhafte Veröffentlichung sei stets effektiver als eine zeitlich befristete, weil sie länger verfügbar ist und deshalb einem größeren Adressatenkreis zur Kenntnisnahme offen steht. Deshalb ist dieser Gesichtspunkt in der Frage der Angemessenheit der Ausgestaltung besser aufgehoben. In Bezug auf die Angemessenheit bestehen so auch gleich mehrere Bedenken.

1865 Zur spezifischen Ausprägung des Verhältnismäßigkeitsgrundsatzes im Lebensmittelrecht, die sich am Unionsrecht orientiert, s. *Joh/Krämer/Teufer/Unland,* ZLR 2012, S. 420, 427. Allgemein zu den Anforderungen des Verhältnismäßigkeitsgrundsatzes s. unter Kap. 6, B II.

1866 So die allgemeine Begründung zum VIRÄndG, s. BT-Drs. 17/7374, S. 2.

1867 Kritisch *Joh/Krämer/Teufer/Unland,* ZLR 2012, S. 420, 428.

1868 Vgl. VG Gelsenkirchen, Beschluss v. 4.1.2013 – 19 L 1452/12, juris, Rn. 29.

1869 So verneint der BayVGH LMRR 2013, 15 und wortgleich a.a.O. 2013, 18 bereits die Erforderlichkeit mangels einer zeitlichen Beschränkung.

(1) Zwingende Veröffentlichung

Als erstes ist festzuhalten, dass die Regelung keinen Ermessensspielraum und darüber hinaus auch keinen Ausnahmetatbestand für etwaige Härtefälle vorsieht. Somit sind auch weniger gravierende, vereinzelte Mängel und Überschreitungen als Grundlage für eine Veröffentlichung ausreichend.[1870] Lediglich Bagatellfälle dürften durch die Tatbestandsvoraussetzungen „nicht nur unerheblich[...]" und die Bußgeldschwelle ausgeschlossen sein.[1871] Die Begründung des Gesetzesentwurfs hierfür lautet, dass der „Muss-Tatbestand" die im Dioxin-Skandal um die Jahreswende 2010/11 aufgetretenen Unsicherheiten bezüglich der Frage, in welchen Fällen eine Veröffentlichung angezeigt sei, beseitigen solle.[1872] Die Norm wird deshalb auch als ein „Kind der Krise" bezeichnet.[1873]

Mit dieser Neuregelung ist ein Missverhältnis zu der Regelung des § 40 Abs. 1 LFGB, die im Gegensatz zu § 40 Abs. 1a Nr. 2 LFGB der Behörde ein Regelermessen („soll") eröffnet, entstanden.[1874] Dies ist vor dem Hintergrund, dass Absatz 1 im Vergleich zu Absatz 1a die schwerwiegenderen Fälle betrifft, nämlich die Veröffentlichung von Informationen zu Gesundheitsgefahren oder der Warnung vor ekelerregenden Lebensmitteln, schwer vermittelbar,[1875] wenn damit auch das gesetzgeberische Ziel, Unsicherheiten zu vermeiden, erreicht werden dürfte. Dagegen wird eingewandt, das verbleibende Auswahlermessen hinsichtlich des „Wie" einer Veröffentlichung gewährleiste eine ausreichende Einzelfallgerechtig-

1870 VGH BW VBlBW 2013, 193, 196; VG Dresden, Beschluss v. 22.4.2013 – 6 L 47/13, juris, Rn. 36.

1871 *Elsing/Rosenow,* ZLR 2013, S. 240, 256 f.; *Teufer,* K&R 2013, S. 629, 632.

1872 BT-Drs. 17/7374, S. 13, 19 f. Nach *Elsing/Rosenow,* ZLR 2013, S. 240, 259 war die Ausgestaltung als zwingende Regelung geradezu ein „,Hausgut' der SPD". Zu den Einflüssen des Dioxin-Skandals auf die Neuregelung *Kühne/Preuß,* ZLR 2012, S. 284, 285 ff.

1873 So *Elsing* in der Diskussion zu seinem und dem Vortrag von *Neuß* auf dem 5. Marburger Symposium zum Lebensmittelrecht, in: Voit (Hrsg.), Lebensmittelinformation, S. 40.

1874 Vgl. HessVGH, Beschluss v. 23.4.2013 – 8 B 28/13, juris, Rn. 12; BayVGH LMRR 2013, 15 und wortgleich a.a.O. 2013, 18. S. auch *Grube/Immel/Wallau,* VerbraucherInfoR, Teil B Rn. 61, die von „offensichtlichen axiologischen Ungereimtheiten" sprechen.

1875 Ebenso bereits HessVGH, Beschluss v. 23.4.2013 – 8 B 28/13, juris, Rn. 12; BayVGH LMRR 2013, 15 und wortgleich a.a.O. 2013, 18.

keit.[1876] Innerhalb der Grenzen des § 40 (L)VwVfG könne der Inhalt sowie der Umfang und die Darstellung der Publikumsinformation frei gewählt werden.[1877] Überdies könne auch der Verhältnismäßigkeitsgrundsatz ausreichend Raum für eine sachgerechte Abwägung bieten.[1878]

Diese Wertung kann nicht überzeugen. Allein die Möglichkeit, das „Wie" einer Veröffentlichung zu bestimmen, kann nicht die Entscheidung über das „Ob" der Veröffentlichung kompensieren.[1879] Eine Abwägung der beteiligten Interessen kann nicht stattfinden.[1880] Hier wäre stärker zu berücksichtigen gewesen, dass die Veröffentlichung einer Information im Internet irreversibel ist und weitreichende Konsequenzen haben kann.[1881] Wenn auch das gesetzgeberische Ziel einleuchtet, so hätte es vor dem Hintergrund des Verhältnismäßigkeitsgrundsatzes zumindest einer Ausnahmevorschrift für Härtefälle bedurft.[1882]

Das angesprochene Missverhältnis zwischen Absatz 1 und Absatz 1a des § 40 LGFB verstößt zudem gegen – das verfassungsrechtlich in der Verhältnismäßigkeitsprüfung zu verortende[1883] – Gebot der Folgerichtigkeit.[1884] Das BVerfG hat im Zusammenhang mit dem Rauchverbot Folgendes geurteilt: „Hat sich der Gesetzgeber aufgrund des ihm zukommenden Spielraums zu einer bestimmten Einschätzung des Gefahrenpotenzials entschlossen, auf dieser Grundlage die betroffenen Interessen bewertet und ein Regelungskonzept gewählt, so muss er diese Entscheidung auch folgerichtig weiterverfolgen. Gefahreinschätzungen sind nicht schlüssig,

---

1876 *Elsing/Rosenow,* ZLR 2013, S. 240, 260; *Schoch,* NVwZ 2012, S. 1497, 1502.

1877 *Schoch,* NVwZ 2012, S. 1497, 1502.

1878 OVG NRW NVwZ-RR 2013, 627, 629; LMRR 2013, 64; 2013, 65; NdsOVG NJW 2013, 1252, 1253. Zustimmend *Elsing/Rosenow,* ZLR 2013, S. 240, 260.

1879 In diese Richtung auch *Gundel,* ZLR 2013, S. 662, 674.

1880 Kritisch dazu auch *Becker,* ZLR 2011, S. 391, 417; *Teufer,* K&R 2013, S. 629, 632.

1881 Zu dieser Einschätzung auch *Grube/Immel/Wallau,* VerbraucherInfoR, Teil B Rn. 61; *Schoch,* NVwZ 2012, S. 1497, 1501 f.

1882 Ebenso HessVGH, Beschluss v. 23.4.2013 – 8 B 28/13, juris, Rn. 12; VGH BW VBlBW 2013, 193, 197; VG Aachen, Beschluss v. 4.2.2013 – 7 L 569/12, juris, Rn. 26; VG München, Beschluss v. 17.1.2013 – M 18 E 12.5870, juris, Rn. 46. *Wollenschläger*, Stellungnahme, S. 11 geht zwar von der Verfassungskonformität der Informationspflicht aus, regt aber gleichwohl an, eine Härtefallklausel zu verankern.

1883 BVerfGE 121, 317, 359 ff., 362.

1884 Im Ergebnis ebenso *Peters,* JURA 2014, S. 752, 762. Zum Gebot der Folgerichtigkeit s. ferner *Guckelberger/Zott,* WiVerw 2014, S. 187, 199 f.

wenn identischen Gefährdungen in demselben Gesetz unterschiedliches Gewicht beigemessen wird".[1885] Mit der Regelung in Absatz 1 hat der Gesetzgeber seinen Beurteilungsspielraum dahingehend ausgeübt, dass eine Ermessensentscheidung als Mittel zur Erreichung seiner Ziele ausreichend ist. Wenn er nun in Absatz 1a für weniger schwerwiegende Fälle eine gebundene Entscheidung vorsieht, so ist dies nicht folgerichtig.[1886]

Mit dieser insgesamt sehr strikten weil zwingenden Regelung ist der Gesetzgeber mithin „über das Ziel hinausgeschossen". Insofern ist die Regelung an dieser Stelle de lege lata verfassungswidrig.[1887]

(2) Keine Selbstveröffentlichung

Ein weiterer Kritikpunkt ist, dass für Absatz 1a – anders als für Absatz 1 ausdrücklich in § 40 Abs. 2 LFGB vorgesehen – keine Abwendungsmöglichkeit der Fremdveröffentlichung durch die Behörde durch eigene Maßnahmen des Betroffenen besteht.[1888] In den Gesetzesmaterialien heißt es dazu: „Ein Selbsteintrittsrecht des Unternehmers wird bei Maßnahmen nach Absatz 1a ausgeschlossen, da es sich regelmäßig um gravierendere Unregelmäßigkeiten bzw. Auffälligkeiten bei der Lebensmittelkontrolle handeln wird. Auf diese Weise wird einerseits eine Gleichbehandlung betroffener Wirtschaftsbeteiligter durch – gleichmäßig ausgestaltete – behördliche Informationstätigkeit sichergestellt und andererseits eine Fehlinformation der Verbraucher durch eventuelle Lückenhaftigkeit der Veröffentlichung vermieden."[1889] Diese strikte Regelung fügt sich insgesamt in das Bild des § 40 Abs. 1a LFGB ein, der einer Information der Öffentlichkeit durch die Behörden großes Gewicht beimisst. Die Regelung ist nun-

1885 BVerfGE 121, 317, 362 f.; s. auch *Peters,* JURA 2014, S. 752, 762. Im Zusammenhang mit dem Versandverbot für Impfstoffe hatte das BVerfG bereits zuvor festgestellt, dass Gefahreneinschätzungen „nicht schlüssig" seien, „wenn identischen Gefährdungen in denselben […] Gesetzen [ein] unterschiedliches Gewicht beigemessen wird".

1886 Vgl. *Peters,* JURA 2014, S. 752, 762.

1887 So auch *Pache/Meyer*, in: Meyer/Streinz, LFGB, § 40 LFGB Rn. 28; *Teufer,* K&R 2013, S. 629, 632 f. Nach *Kühne/Preuß,* ZLR 2012, S. 284, 308 ist die Verhältnismäßigkeit „mehr als zweifelhaft".

1888 Vgl. BayVGH LMRR 2013, 15; 2013, 18.

1889 BT-Drs. 17/7374, S. 20.

mehr mit § 6 VIG vergleichbar, der ebenfalls keine vorrangige Selbstveröffentlichung vorsieht.

Mit Blick auf den Verhältnismäßigkeitsgrundsatz gilt, dass diese Ausgestaltung zwar nicht das mildeste, aber das effektivere der geeigneten Mittel darstellt, dessen Auswahl deshalb – auch aufgrund der Einschätzungsprärogative des Gesetzgebers – hier nicht zu beanstanden ist. Neben der Erforderlichkeit gilt dieses Ergebnis ebenso mit Blick auf die Angemessenheit. Der Ausschluss der Eigenveröffentlichung steht gegenüber dem Ziel der Maßnahme, d. h. der Gleichbehandlung der Betroffenen und dem Vermeiden von Informationslücken, nicht außer Verhältnis.

Allerdingst stellt sich auch hier das Problem der Folgerichtigkeit. Da Absatz 1 die Fälle der Gesundheitsgefahr betrifft und eine Selbstveröffentlichung der betroffenen Unternehmer als Abwendungsmöglichkeit der hoheitlichen Veröffentlichung vorsieht, ist es nicht folgerichtig, in den Fällen des Absatzes 1a keine solche Alternative bereitzuhalten. Die Argumente aus dem Gesetzgebungsverfahren, die Gleichbehandlung der betroffenen Unternehmer zu wahren und eine eventuelle Lückenhaftigkeit der Informationen zu vermeiden, verfangen ebenso in Absatz 1 der Norm. Eine Ausnahme vom Gebot der Folgerichtigkeit lässt sich damit nicht begründen. Ein einheitliches Regelungskonzept ist nicht gegeben, weshalb ein Verstoß auch an dieser Stelle zu bejahen ist.

(3) Höhe der Bußgeldschwelle

§ 40 Abs. 1a LFGB sieht als Erheblichkeitsschwelle ein Bußgeld von mindestens 350 € vor. Ohne nähere Angaben zu machen, heißt es dazu in der Begründung des Gesetzesentwurfs, dass „bisherige Erfahrungen" gezeigt hätten, dass dieser Wert zur Abgrenzung veröffentlichungspflichtiger Verstöße sachgerecht sei.[1890]

1890 BT-Drs. 17/7374, S. 20. *Wollenschläger*, Stellungnahme, S. 10 weist insofern auf die fehlende Überzeugungskraft dieser Behauptung hin. Nach der nicht näher begründeten Äußerung des Bundestagsabgeordneten *Schweickert*, BT-Plenarprotokoll 17/147, S. 17620 liegt die Bagatellgrenze bei 350 €, weil das „in jeder Kommune so gehandhabt" wird. *Kühne/Preuß*, ZLR 2012, S. 284, 298 kritisieren, es gebe keine „ausreichend detaillierte[n] Statistiken, die eine solche Schwelle begründen könnten". Nach *Elsing/Rosenow*, VuR 2013, S. 77, 78 (ebenso *dies.*, ZLR 2013, S. 240, 256 und *Elsing*, in: Voit [Hrsg.], Lebensmittelinformation, S. 9, 25), sei die Grenze in Anlehnung an eine obergerichtlich ge-

Diese vergleichsweise niedrige Bußgeldschwelle – das LFGB sieht für Ordnungswidrigkeiten in § 60 Abs. 5 Nrn. 1–3 Höchstgrenzen von 20.000 bis 100.000 € vor –, die für eine Information überschritten sein muss, wird als „völlig unverhältnismäßig" und „willkürlich" kritisiert.[1891] Erschwerend käme hinzu, dass „nach dem Wortlaut der Vorschrift dieses Bußgeld nicht etwa nur wegen eines erheblichen Verstoßes zu erwarten sein muss, sondern sich diese Erwartung etwa auch bei wiederholter Feststellung reiner Bagatellverstöße ergeben kann [...]".[1892]

Diese Kritik in Bezug auf den vergleichsweise niedrigen Gebührenrahmen kann hier nicht, v. a. nicht in dieser Deutlichkeit geteilt werden. In diesem Zusammenhang muss man sich noch einmal den legitimen Zweck der Vorschrift vor Augen halten. Sinn des Ganzen ist die Herstellung von Transparenz am Markt. Der Unternehmer oder Hersteller hat es selbst in der Hand, sich an die Vorschriften und Grenzwerte zu halten. Verstößt er dagegen oder überschreitet er sie, ist der Verbraucher der schutzwürdige Part. Auf einen gesundheitsgefährdenden Verstoß kommt es bei Absatz 1a gerade nicht an, weshalb auch nicht erwartet werden kann, dass in solchen Fällen generell ein hohes Bußgeld verhängt wird. Würde man die Veröffentlichungspflicht des Absatz 1a an ein wesentlich höheres Bußgeld

---

billigte (s. OVG d. Saarlandes LMRR 2011, 1.) Veröffentlichungspraxis aus dem Saarland ausgewählt worden *(Anm.: In der Entscheidung wird die Bußgeldschwelle zwar nicht ausdrücklich erwähnt, jedoch sah die damalige saarländische Praxis eine Veröffentlichung erst ab Überschreiten der 350 €-Schwelle vor [s. zu dieser Tatsache Oertel/Schimke/Ulmer/Karig, Abschlussbericht VIG* http://download.ble.de/08HS024.pdf], *so dass von einer konkludenten Billigung durch das OVG auszugehen ist).* Es heißt aber auch, dass „von den mit dem Vollzug betrauten Ländern aus ihren Erfahrungen hinaus keine konkreten Alternativvorschläge gemacht bzw. andere geeignetere Summen genannt worden seien", *Elsing/Rosenow,* ZLR 2013, S. 240, 256 und dass „[t]heoretisch [...] sicherlich auch andere Schwellenwerte denkbar" gewesen wären, a.a.O. S. 255. Als gesetzliche „Blaupause" für eine Bußgeldgrenze sei allenfalls § 149 Abs. 2 S. 1 Nr. 3 GewO in Betracht gekommen, der jedoch mit 200 € eine noch niedrigere Bußgeldschwelle vorsieht, vgl. a.a.O. S. 256 f.

1891 So die deutliche Bewertung des BayVGH LMRR 2013, 15 und wortgleich a.a.O. 2013, 18. *Joh/Krämer/Teufer/Unland,* ZLR 2012, S. 420, 435 und *Kühne/Preuß,* ZLR 2012, S. 284, 299 sehen die Schwelle als „willkürlich" an. Sehr kritisch auch *Gundel,* ZLR 2013, S. 662, 674; zweifelnd *Theis,* DVBl. 2013, S. 627, 633. Der VGH BW VBlBW 2013, 193, 196 wirft ebenfalls die Frage der Verhältnismäßigkeit der Bußgeldschwelle auf.

1892 BayVGH LMRR 2013, 18; 2013, 15. A.A. VG Gelsenkirchen, Beschluss v. 4.1.2013 – 19 L 1452/12, juris, Rn. 30.

knüpfen, so würde der Anwendungsbereich dieser Vorschrift nahezu verkümmern.[1893] Es geht aber gerade nicht um die Anprangerung einer schweren Schuld, sondern um die Herstellung von Transparenz,[1894] welche wiederum die Funktionsfähigkeit des Marktes befördert und sich positiv auf die Qualität der angebotenen Leistungen und die Entscheidungsautonomie der Verbraucher auswirkt. Zudem ist die Bußgeldschwelle kein alleiniges, sondern ein doppeltes Kriterium neben der kumulativen Voraussetzung „nicht nur unerheblich" oder „wiederholt".[1895] Vor diesem Hintergrund bestehen, wenn auch der wesentlich höhere Bußgeldrahmen des § 60 Abs. 5 LFGB auf den ersten Blick anderes vermuten lässt, keine durchgreifenden Bedenken hinsichtlich der Höhe der angesetzten Bußgeldschwelle.

(4) Verdachtsveröffentlichung

Der Tatbestand des § 40 Abs. 1a enthält des Weiteren die Voraussetzung des „hinreichend begründete[n] Verdachts" eines Verstoßes im Sinne der Nr. 1 oder Nr. 2.[1896] „Hinreichend" dürfte wie in § 69 Abs. 5 OWiG bzw. § 203 StPO zu bestimmen sein.[1897] In diesem Zusammenhang wird ein hinreichender Tatverdacht bejaht, wenn „nach vorläufiger Bewertung [...] des [...] Sachverhalts und der Beweisergebnisse eine Verurteilung des Beschuldigten wahrscheinlicher als ein Freispruch ist".[1898] Verkürzt muss folglich eine überwiegende Wahrscheinlichkeit für eine Verurteilung bestehen, wobei dies vor dem Hintergrund, dass die Öffentlichkeit auch nur

---

1893 Nach einem Antrag des Landes NRW, BR-Drs. 5/3/12, wird die Zielrichtung des Gesetzes bereits durch die vorgesehene „Summengrenze konterkariert".

1894 In diese Richtung auch – allerdings ohne konkreten Bezug zum Bußgeldrahmen – VG Gelsenkirchen, Beschluss v. 4.1.2013 – 19 L 1452/12, juris, Rn. 29.

1895 *Elsing/Rosenow,* ZLR 2013, S. 240, 255.

1896 Da der Verdacht auf „Tatsachen" beruhen muss, scheiden Meinungen und subjektive Wertungen als Anknüpfungspunkt aus, vgl. *Grube/Immel/Wallau,* VerbraucherInfoR, Teil B Rn. 78. Mit der Formulierung „hinreichend" sei klargestellt, dass ein „schlichter" Verdacht nicht ausreiche, s. *Elsing*, in: Voit (Hrsg.), Lebensmittelinformation, S. 9, 26.

1897 A.A. *Grube/Immel/Wallau,* VerbraucherInfoR, Teil B Rn. 79, die davon ausgehen, dass dieser nicht nach einer „vorläufigen" Bewertung beurteilt wird und deshalb auf den Verdachtsgrad des § 112 StPO abstellen. Für eine Vorläufigkeit des Beurteilungsmaßstabes aber BGH NJW 1970, 2071, 2072.

1898 *Gorf*, in: Graf, StPO, § 170 Rn. 2.

ein Interesse an solchen Informationen hat, deren Wahrheitsgehalt sich (vor Gericht) bestätigt, auch gerechtfertigt erscheint.[1899] Im Gegensatz zur bloßen „Befürchtung" soll der hinreichend begründete Verdacht jedenfalls die „Verobjektivierung der Einschätzung" ermöglichen.[1900]

Aber unabhängig von der Definition im Einzelnen bestehen auch hier generell unterschiedliche Ansichten mit Blick auf die Verhältnismäßigkeit einer solchen Verdachtsveröffentlichung. Wie dargestellt wurde, ist nach der ständigen Rechtsprechung erforderlich, dass verbreitete Informationen inhaltlich richtig sind. Stellt sich nachträglich heraus, dass eine Veröffentlichung inhaltlich unrichtig war, ist die Information entsprechend zu korrigieren. Diese Voraussetzung wird von § 40 Abs. 4 LFGB zutreffend umgesetzt. Zu überlegen ist aber, ob die Tatsache, dass § 40 Abs. 1a LFGB eine zwingende Veröffentlichungspflicht bei einem hinreichend begründeten Verdacht vorsieht, mit der Richtigkeitsvoraussetzung als Teil der Verhältnismäßigkeit vereinbar ist. Teile der Rechtsprechung und der Literatur können einen Verstoß gegen das Übermaßverbot nicht erkennen: „Ein derartiger Verdacht lässt sich hinreichend klar nach objektiven Kriterien feststellen und auch gerichtlich nachvollziehen. Damit besteht bei einem tatsächlich vorliegenden ‚hinreichend begründeten' Verdacht eine Richtigkeitsgewähr für behördlich festgestellte Verstöße, die in Abwägung mit dem öffentlichen Informationsbedürfnis und dem Willen des Gesetzgebers, behördliches Handeln transparent zu machen, die gesetzliche Regelung als nicht unverhältnismäßig erscheinen lässt."[1901] Andere hingegen sehen in der Ausgestaltung eine „partielle Unzulässigkeit".[1902] So wendet bspw. *Schoene* ein, die in den meisten Fällen verglichen mit dem Bußgeld härtere Strafe der Information könne ohne vorherige richterliche Überprüfung verhängt werden, ohne dass eine akute Gefahr diese Eile rechtfertige.[1903] *Grube, Immel* und *Wallau* weisen darauf hin, dass in der Praxis viele Ordnungswidrigkeitenverfahren sanktionslos eingestellt werden, zwei-

---

1899 *Grube/Immel/Wallau,* VerbraucherInfoR, Teil B Rn. 80.

1900 *Voit,* LMuR 2012, S. 9, 14 f. (im Zusammenhang mit Art. 10 BasisVO).

1901 VG Regensburg BeckRS 2012, 59253; *Elsing/Rosenow,* VuR 2013, S. 77, 79.

1902 *Wollenschläger,* Stellungnahme, S. 14; zumindest kritisch *Grube/Wallau*, in: FS Horst, S. 253, 260 f.

1903 *Schoene,* ZLR 2013, S. 65, 74, der als Folge einen Verstoß gegen die Unschuldsvermutung konstatiert, s. dazu Kap. 11, A II 2 e).

feln deshalb an der Validität des Kriteriums[1904] und gehen von der Unverhältnismäßigkeit der Regelung aus.[1905]

Das BVerfG hält eine Information bei einem bloßen Verdacht für möglich.[1906] Es löst den Interessenkonflikt zwischen Unternehmerschutz und Verbraucherinteresse wie folgt auf: Bestehen nach sorgsamer Aufklärung Unsicherheiten fort, so „ist der Staat an der Verbreitung der Informationen gleichwohl jedenfalls dann nicht gehindert, wenn es im öffentlichen Interesse liegt, dass die Marktteilnehmer über einen für ihr Verhalten wichtigen Umstand, etwa ein Verbraucherrisiko, aufgeklärt werden".[1907] Es ist also festzuhalten, dass mit dem BVerfG eine verdachtsbasierte Information nur zulässig ist, wenn es einen wichtigen Grund hierfür gibt.

Aus § 40 Abs. 1a LFGB ergibt sich aber keine diesbezügliche Einschränkung. Alleine nach § 40 Abs. 1a LFGB in seiner derzeitigen Fassung ist folglich auch dann eine Information zu veröffentlichen, wenn der ursprüngliche Informationsgrund im Nachhinein entfallen ist, etwa weil das Lebens- oder Futtermittel zwischenzeitlich vom Markt genommen wurde und deshalb kein wichtiger Grund mehr besteht.[1908]

Darüber hinaus besteht keine Abwägungsmöglichkeit, die eine Korrektur solcher Fälle ermöglichen würde, da § 40 Abs. 1a LFGB gerade kein Ermessen eröffnet.[1909] *Elsing/Rosenow* wenden dazu ein, der Gesetzgeber habe mit der momentanen Ausgestaltung den Forderungen nach einer „zeitnahen bzw. tagesaktuellen" Veröffentlichung Rechnung tragen wollen.[1910] Sie führen als Argumente für die Zulässigkeit der Verdachtsregelung Vorschriften aus anderen Rechtsgebieten an, die, wie im Gefahrenabwehrrecht üblich, ebenfalls auf eine Prognoseentscheidung abstellen, wie die Verhängung einer Sicherungsverwahrung oder die Abschiebung eines Ausländers. Diese hätten noch schwerwiegendere Folgen als eine Internetveröffentlichung und wären dennoch zulässig. Zudem sei mit dem grund-

---

1904 *Grube/Immel/Wallau,* VerbraucherInfoR, Teil B Rn. 28.

1905 *Grube/Immel/Wallau,* VerbraucherInfoR, Teil B Rn. 94. Kritisch auch *Becker,* ZLR 2011, S. 391, 416 f., der die Vereinbarkeit der Verdachtsveröffentlichung mit dem Rechtsstaatsprinzip des Art. 20 Abs. 3 GG anzweifelt.

1906 S. dazu bereits unter Kap. 6, B I 2 d).

1907 BVerfGE 105, 252, 272; s. dazu auch *Britz/Eifert/Groß,* DÖV 2007, S. 717, 722; *Guckelberger*, in: Hill/Schliesky (Hrsg.), S. 73, 107; *Schoch,* AfP 2010, S. 313, 323; *ders.,* NJW 2010, S. 2241, 2247; *Schink,* Rechtsgutachten, S. 41.

1908 *Wollenschläger*, Stellungnahme, S. 13.

1909 *Wollenschläger*, Stellungnahme, S. 13.

1910 *Elsing/Rosenow,* ZLR 2013, S. 240, 257 f.

sätzlichen Anhörungserfordernis ausreichend sichergestellt, dass Betroffene nicht von einer Veröffentlichung überrascht würden.[1911] Mit den Anforderungen der Rechtsprechung setzen sie sich in diesem Zusammenhang aber nicht auseinander, so dass die Argumentation auf den ersten Blick zwar vernünftig klingt, aber mit den Vorgaben des BVerfG nicht vereinbar ist. Der Status quo ante ist insofern rechtswidrig.

Wollenschläger, der die derzeitige Ausgestaltung ebenfalls für nicht rechtmäßig hält, hat sich deshalb de lege ferenda für einen Kompromiss zwischen Richtigkeitsgewähr und effektivem Rechtsschutz auf der einen und der Realisierbarkeit der Verbraucherinformation auf der anderen Seite ausgesprochen: Ein vollziehbarer Bescheid stelle eine ausreichende Veröffentlichungsgrundlage dar.[1912] Indem er mit dem Vorliegen eines vollziehbaren Bescheids, d. h. unanfechtbaren Bescheids bzw. eines solchen, gegen den ein Rechtsbehelf keine aufschiebende Wirkung hätte, an einen vergleichsweise frühen Zeitpunkt anknüpft, hat *Wollenschläger* eine mit den Interessen des Gesetzgebers vereinbare, gangbare Alternative aufgezeigt. Dem Betroffenen verbliebe die Möglichkeit, um vorläufigen Rechtsschutz nachzusuchen und die einstweilige Unterlassung der Veröffentlichung gerichtlich zu erwirken. Insofern lässt sich eine Parallele zum Recht der Verwaltungsvollstreckung ziehen. Nach § 6 Abs. 1 VwVG ist eine Vollstreckung bereits unter der Voraussetzung zulässig, dass ein unanfechtbarer oder sofort vollziehbarer Verwaltungsakt vorliegt. Wie dort würde auch hier zwar nicht der (Anfangs-)Verdacht eines Verstoßes ausreichen, aber es müsste auch nicht abgewartet werden, bis eine gerichtliche Entscheidung rechtskräftig (und ggfs. letztinstanzlich) ergangen ist, da Letzteres sicherlich die gesetzgeberischen Zwecke konterkarieren würde. Das Abstellen auf einen bestandskräftigen Bescheid entspricht auch der Regelung des § 30 Abs. 4 TEHG und wäre insofern keine systemfremde Neuerung. Hiernach können die Namen der Betreiber, die gegen die Verpflichtung, „eine Anzahl von Berechtigungen abzugeben, die den durch seine Tätigkeit im vorangegangenen Kalenderjahr verursachten Emissionen entspricht“ (§ 7 Abs. 1 TEHG), verstoßen haben, im Bundesanzeiger veröffentlicht werden. Nach § 30 Abs. 4 S. 2 TEHG setzt die Veröffentlichung „einen bestandskräftigen Zahlungsbescheid voraus“.

1911 *Elsing*, in: Voit (Hrsg.), Lebensmittelinformation, S. 9, 26.
1912 *Wollenschläger*, Stellungnahme, S. 14.

Insofern ist zu befürworten, dass § 40 Abs. 1a LFGB de lege ferenda entsprechend reformiert wird. Im Koalitionsvertrag der aktuellen Bundesregierung heißt es dazu: „Verbraucherinformationsgesetz und § 40 Lebens- und Futtermittelgesetzbuch (LFGB) werden dahingehend geändert, dass die rechtssichere Veröffentlichung von *festgestellten*, nicht unerheblichen Verstößen unter Reduzierung sonstiger Ausschluss- und Beschränkungsgründe möglich ist."[1913]

Was den derzeitigen Zustand anbelangt, ist, für den Fall, dass die Veröffentlichung nicht ohnehin ausgesetzt sein sollte, in ihr jedenfalls hinreichend deutlich zu machen, dass es sich nicht um einen festgestellten Verstoß, sondern nur um den hinreichenden Verdacht eines Verstoßes handelt.[1914] Die veröffentlichende Behörde hat die Berichterstattung der Medien im Blick zu behalten und einem eventuellen Fehlverständnis entgegenzuwirken.[1915]

(5) Keine Löschungsfristen

Darüber hinaus ist, wie bereits im Rahmen der Erforderlichkeit kurz angesprochen wurde, zu überlegen, ob auch der Umstand, dass die Norm keinerlei Löschungsfristen vorsieht,[1916] zu ihrer Unverhältnismäßigkeit führt.[1917] Bevor an dieser Stelle über die maximale Haltbarkeit diskutiert wird, soll zunächst ein „Mindesthaltbarkeitsdatum" im Sinne einer Unter-

---

1913 *Bundesregierung,* Deutschlands Zukunft gestalten, http://www.bundesregierung.de/Content/DE/_Anlagen/2013/2013-12-17-koalitionsvertrag.pdf?__blob=publicationFile (Kursivhervorhebung durch die Verfasserin).

1914 *Grube/Immel/Wallau,* VerbraucherInfoR, Teil B Rn. 74.

1915 *Grube/Immel/Wallau,* VerbraucherInfoR, Teil B Rn. 74.

1916 *Grube/Immel/Wallau,* VerbraucherInfoR, Teil B Rn. 76 weisen darauf hin, dass sich die Bundesländer bezüglich einer Höchstdauer uneinig gewesen seien und dass die LAV-Projektgruppe Veröffentlichungsfristen von drei Monaten bis zu fünf Jahren diskutiert habe (a.a.O. Fn. 121).

1917 Für eine Unverhältnismäßigkeit mangels Löschungsfrist haben sich bspw. der BayVGH LMRR 2013, 18; 2013, 15; der VGH BW VBlBW 2013, 193, 196 und das OVG NRW NVwZ-RR 2013, 627, 627; LMRR 2013, 64; 2013, 65 sowie *Peters,* JURA 2014, S. 752, 762 ausgesprochen. A.A. VG Regensburg BeckRS 2012, 59253; *Elsing/Rosenow,* VuR 2013, S. 77, 79. Andere prüfen die fehlende Regelung zur Veröffentlichungsdauer, was ebenso gut möglich ist, unter dem Punkt „Bestimmtheit": *Wollenschläger*, Stellungnahme, S. 14, bejaht diese, da ersichtlich sei, „welche Daten unter welchen Voraussetzungen veröffentlicht

grenze für die Veröffentlichung festgesetzt werden. Die Veröffentlichung ist mindestens so lange aufrechtzuerhalten, wie der Mangel fortbesteht. Erst ab dem Zeitpunkt der Mangelbeseitigung lässt sich über die Angemessenheit einer weiteren Veröffentlichung nachdenken. Die Löschungsfrist würde damit erst greifen, wenn der Mangel beseitigt wurde bzw. die Information aus anderen Gründen (Betreiberwechsel, Geschäftsaufgabe etc.) nicht mehr aktuell und damit für die Verbraucher nicht mehr von Nutzen ist.

Eine Löschungsfrist ist aufgrund des allgemeinen Verhältnismäßigkeitsgrundsatzes, nach dem eine Maßnahme nur solange zulässig ist, bis ihr Zweck erreicht wurde oder sich herausstellt, dass er nicht mehr erreicht werden kann,[1918] zu fordern. Eine dauerhafte Vorhaltung der Informationen wäre hiermit spätestens unter dem Gesichtspunkt der Angemessenheit nicht mehr vereinbar,[1919] zumal auch der Bedeutungsgehalt einer Information mit ihrem zunehmenden Alter abnimmt.[1920]

Besteht damit Bedarf nach einer Löschungsfrist, stellt sich die Frage nach der Art und Weise ihrer Ausgestaltung. Gegen die gesetzliche Vorgabe einer starren Frist spricht nach dem VG Regensburg, dass es vom Einzelfall abhängig sei, wie lange es dauere, bis ein Ordnungswidrigkeitenverfahren unanfechtbar abgeschlossen sei und die Entscheidung über den hinreichend begründeten Verdacht unanfechtbar feststehe.[1921] Für die Wahrung des Verhältnismäßigkeitsprinzips reiche es deshalb aus, wenn „auf der behördlichen Ebene des Gesetzesvollzugs die Möglichkeit einer Fristsetzung im Einzelfall besteht und […] auch […] wahrgenommen wurde“.[1922] Dementsprechend haben sich verschiedene Praxen in den Bundesländern herausgebildet. Das Saarland sah auf der Basis des § 5 Abs. 1 S. 2 VIG a. F. (nunmehr § 6 Abs. 1 S. 3 VIG) eine Veröffentlichungsdauer von einem Monat bei erstmaligen Verstößen und bei mehreren Verstößen in-

werden sollen“; *Michl/Meyer,* DLR 2013, S. 79, 81 hingegen verneinen sie, weil dadurch „Willkür Tür und Tor geöffnet“ würde.

1918 Vgl. bspw. § 2 Abs. 3 SPolG.

1919 *Grube/Immel/Wallau,* VerbraucherInfoR, Teil B Rn. 76.

1920 *Holzner,* NVwZ 2010, S. 489, 491.

1921 VG Regensburg BeckRS 2012, 59253; ebenso VG Trier BeckRS 2012, 60163. A.A. *Gundel,* ZLR 2013, S. 662, 675.

1922 VG Regensburg BeckRS 2012, 59253. A.A. *Michl/Meyer,* DLR 2013, S. 79, 81.

nerhalb von sechs Monaten eine Dauer von drei Monaten vor.[1923] Nordrhein-Westfalen hatte demgegenüber im Rahmen von § 40 Abs. 1a LFGB den deutlich längeren Zeitraum von einem Jahr gewählt.[1924] *Grube, Immel und Wallau* sprechen sich für die „maßvollen saarländischen Vorgaben“ aus.[1925]

Dem ist jedoch entgegenzuhalten, dass § 40 Abs. 1a LFGB höhere Anforderungen an die Informationsveröffentlichung stellt als die Schwesternorm im VIG. Dementsprechend wird man auch eine längere Verweildauer für verhältnismäßig erachten dürfen, insbesondere wenn der Mangel nicht innerhalb eines Monats abgestellt wurde. Unabhängig von der „richtigen“ Dauer ist aber die Frage aufzuwerfen, ob es für eine verfassungskonforme Auslegung genügt, wenn die Löschungsfristen von der Exekutive festgelegt werden. Dagegen könnte letztlich der Grundsatz vom Vorbehalt des Gesetzes und der Vorhersehbarkeit der Rechtslage für den Bürger sprechen.[1926] Der Gesetzgeber muss die wesentlichen Regelungen selbst treffen und darf diese nicht dem Handeln und der Entscheidungsmacht der Exekutive überlassen.[1927]

Zwar liegt das Datenschutzrecht, das hier eventuell eine Löschungsfrist vorsehen könnte, in der Zuständigkeit der Länder.[1928] Allerdings ist davon auszugehen, dass das Lebensmittelrecht ohne solche Bestimmungen nicht rechtmäßigerweise auskommt und deshalb für diese eine Bundeskompetenz kraft Sachzusammenhangs begründet wird.[1929]

Das Lebensmittelrecht ist Gegenstand der konkurrierenden Gesetzgebungskompetenz des Bundes nach Art. 74 Abs. 1 Nr. 20 Var. 1 GG. Eine bundeseinheitliche Regelung i. S. d. Art. 72 Abs. 2 GG ist in Bezug auf In-

---

1923 Zitiert nach *Grube/Immel/Wallau,* VerbraucherInfoR, Teil B Rn. 76, da diese Praxis eingestellt wurde und das entsprechende Internetdokument nicht mehr abrufbar ist.

1924 Zitiert nach *Grube/Immel/Wallau,* VerbraucherInfoR, Teil B Rn. 76.

1925 *Grube/Immel/Wallau,* VerbraucherInfoR, Teil B Rn. 77.

1926 BVerfGE 133, 277, 356; 118, 168, 188; 120, 274, 316; OVG NRW NVwZ-RR 2013, 627, 628; LMRR 2013, 64; 2013, 65.

1927 St. Rspr., vgl. nur BVerfGE 49, 89, 126 f.; 61, 260, 275; 83, 130, 142; 108, 282, 311; zuletzt Beschluss v. 21.4.2015 – 2 BvR 1322/12, 2 BvR 1989/12, juris, Rn. 52.

1928 OVG NRW NVwZ-RR 2013, 627, 628; LMRR 2013, 64; 2013, 65.

1929 OVG NRW NVwZ-RR 2013, 627, 628; LMRR 2013, 64; 2013, 65. Zur Bundeskompetenz kraft Sachzusammenhangs, weil der Bund eine ihm zugewiesene Materie verständigerweise nicht ohne die andere Materie regeln kann, s. BVerfGE 125, 260, 314.

formationen über unsichere Lebensmittel zur Wahrung der Wirtschaftseinheit erforderlich, da Lebensmittel und Futtermittel „regelmäßig auch länderübergreifend vertrieben werden" und ohne bundeseinheitliche Regelung eine „einheitliche Durchführung der Überwachung in diesem Bereich nicht zu erreichen" wäre.[1930] Folglich ist dem OVG NRW zuzustimmen, dass die derzeitige Ausgestaltung, in der der „Zeitpunkt der Beendigung der Veröffentlichung nicht aufgrund eines Parlamentsgesetzes bestimmt bzw. bestimmbar ist", die Rechtswidrigkeit der Veröffentlichung begründet.[1931] Weil eine verfassungskonforme Auslegung damit nicht möglich ist, verstößt die Norm de lege lata gegen den Verhältnismäßigkeitsgrundsatz.

c) Rechtsschutz

(1) Vereinbarkeit mit Art. 19 Abs. 4 GG

Das Grundrecht aus Art. 19 Abs. 4 GG[1932] gewährleistet mit den Worten des BVerfG „nicht nur einen Rechtsweg überhaupt, sondern darüber hinaus, daß der Rechtsschutz auch effektiv ist".[1933] Anders als z. B. bei §§ 7, 9 IFG wird der Veröffentlichung hier i. R. d. § 40 Abs. 1a LFGB kein Verwaltungsakt vorgeschaltet, mit der Konsequenz, dass der Klage auf Unterlassung der Veröffentlichung bzw. Folgenbeseitigung als allgemeine Leistungsklage keine aufschiebende Wirkung gemäß § 80 Abs. 1 VwGO zukommt.[1934] Der Betroffene muss folglich initiativ um einstweiligen Rechtsschutz nach § 123 VwGO ersuchen.[1935]

Zu überlegen ist, ob der vorläufige Rechtsschutz hier vor dem Hintergrund der Irreversibilität der Informationsveröffentlichung hinreichend effektiv ist. Denn im einstweiligen Rechtsschutz gilt das Verbot der Vorweg-

---

1930 BT-Drs. 16/8100, S. 15.

1931 OVG NRW NVwZ-RR 2013, 627, 628; LMRR 2013, 64; 2013, 65. Vgl. im ähnl. gelagerten Fall die entspr. Schlussfolgerung BVerfGE 125, 260, 347.

1932 Soweit das Unionsrecht betroffen ist, ist Art. 47 GRCh maßgeblich.

1933 BVerfGE 51, 268, 284; s. auch BVerfG NJW 2014, 3711, 3711.

1934 *Wollenschläger,* DÖV 2013, S. 7, 11.

1935 Dazu, dass die strukturellen Unterschiede zwischen einstweiligem Rechtsschutz nach § 80 Abs. 5 und § 123 VwGO hinzunehmen sind und auch der Rechtsschutz nach § 123 VwGO Art. 19 Abs. 4 GG genügt (in Bezug auf die Rechtsfolge ist Letzterer sogar günstiger) s. BVerfGE 51, 268, 285.

nahme der Hauptsache[1936] und ist lediglich eine summarische Prüfung der Rechtssache geboten.[1937] Ersterem kann jedoch entgegengehalten werden, dass eine Vorwegnahme der Hauptsache ausnahmsweise zulässig ist, „wenn eine bestimmte Regelung zur Gewährung eines effektiven Rechtsschutzes schlechterdings notwendig ist, d. h. wenn die sonst zu erwartenden Nachteile unzumutbar [...] wären" und „ein hoher Grad an Wahrscheinlichkeit für einen Erfolg auch in der Hauptsache spricht".[1938] Nach der Rechtsprechung des Bundesverfassungsgerichts sind die Anforderungen an den Eilrechtsschutz umso größer, je schwerwiegender und irreversibler der drohende Schaden ist.[1939] Die Prüfungsintensität ist damit abhängig von der drohenden Rechtsverletzung und kann über die summarische Prüfung hinaus bis hin zu einer abschließenden Prüfpflicht der Sach- und Rechtslage führen.[1940]

Dementsprechend entschied auch das VG Regensburg zu § 40 Abs. 1a LFGB, dass das Verbot der Vorwegnahme der Hauptsache entsprechend anzupassen sei und die summarische Prüfung mit höherer Prüfungsdichte und höheren Wahrscheinlichkeitsanforderungen stattzufinden habe.[1941] Auch die anderen zu § 40 Abs. 1a LFGB ergangenen Entscheidungen sprechen dafür, dass die Bedenken gegen die Effektivität des vorläufigen Rechtsschutzes in der Praxis nicht durchgreifen. Die Prüfungsdichte der Entscheidungen ist gerade wegen der schwerwiegenden und irreparablen Folgen einer Veröffentlichung oftmals sehr hoch angesetzt worden und die allermeisten der Entscheidungen, die im einstweiligen Rechtsschutz zu § 40 Abs. 1a LFGB ergangen sind, wurden vor allem im Vergleich zu anderen vorläufigen Entscheidungen sehr ausführlich begründet.[1942] Ein Ver-

---

1936 Zu § 32 Abs. 1 BVerfGG BVerfG, Beschluss v. 9.12.2013 – 2 BvR 2541/13, juris, Rn. 2 ff. Zu § 123 VwGO OVG NRW, Beschluss v. 7.10.2014 – 6 B 1021/14, juris, Rn. 3 ff.

1937 Zu § 32 Abs. 1 BVerfGG BVerfG NVwZ 2013, 1145, 1146. Zu § 123 VwGO OVG d. Saarlandes, Beschluss v. 21.10.2014 – 1 B 285/14, juris, Rn. 5.

1938 *Kopp/Schenke,* VwGO, 123 Rn. 14 m.w.N.

1939 BVerfG NJW 2014, 3711, 3711.

1940 BVerfG NJW 2014, 3711, 3711.

1941 VG Regensburg BeckRS 2012, 59253; s. dazu auch *Elsing/Rosenow,* VuR 2013, S. 77, 79. Allgemein ist eine umfassende Prüfung der Sach- und Rechtslage immer dann erforderlich, wenn der Eintritt irreparabler Nachteile zu befürchten ist, vgl. nur VG d. Saarlandes, Beschluss v. 4.2.2013 – 9 L 341/13, juris, Rn. 22 ff.

1942 S. bspw. VGH BW VBlBW 2013, 193 ff.

stoß gegen Art. 19 Abs. 4 GG kann in der Veröffentlichung nicht gesehen werden.

(2) Informations- und Wartepflicht

Gleichwohl ist darüber hinaus zu fragen, ob nicht, wegen der Irreversibilität einmal veröffentlichter Informationen, § 40 Abs. 1a LFGB dahingehend verfassungskonform auszulegen ist, dass der Behörde eine Vorabinformations- und Wartepflicht obliegt, wenn der Betroffene gerichtlich gegen die Veröffentlichung vorgehen möchte und die Garantie des effektiven Rechtsschutzes dies zwingend erfordert.[1943]

So könnte man – nach der Anhörung, wenn die Entscheidung zur Veröffentlichung gefallen ist – den Unternehmer von der Entscheidung in Kenntnis setzen und ihm eine Entscheidungsfrist von 14 Tagen zubilligen, in der die Behörde zunächst nichts unternimmt, und er eruieren kann, ob er gerichtlich gegen die geplante Veröffentlichung vorgehen will.[1944] § 5 Abs. 4 S. 2, 3 VIG sieht eine entsprechende Regelung vor:[1945] „[...] darf der Informationszugang erst erfolgen, wenn die Entscheidung dem oder der Dritten bekannt gegeben worden ist und diesem ein ausreichender Zeitraum zur Einlegung von Rechtsbehelfen eingeräumt worden ist. Der Zeitraum nach Satz 2 soll 14 Tage nicht überschreiten." Gelegentlich wird dies von Behördenseite auch ohne gesetzliche Regelung mit sog. Stillhaltezusagen bereits praktiziert, bei denen die zuständigen Stellen bis zur gerichtlichen Entscheidung von Vollzugsmaßnahmen Abstand nehmen.[1946] Auch im Beamtenrecht sind solche Vorabinformations- und Wartepflichten bei der Ämtervergabe vor dem Hintergrund des Grundsatzes der Ämterstabilität, der eine einmal getroffene Bewerberentscheidung quasi in Stein meißelt, anerkannt.[1947]

Bei der Forderung nach einer solchen, für den Betroffenen zweifellos günstigen Wartepflicht, sind allerdings auch die Interessen der Öffentlich-

---

1943 S. ausführlich dazu *Wollenschläger*, DÖV 2013, S. 7, 11.

1944 *Wollenschläger*, DÖV 2013, S. 7, 15.

1945 Vgl. auch § 8 Abs. 2 S. 2 IFG.

1946 *Wollenschläger*, DÖV 2013, S. 7, 11.

1947 S. BT-Drs. 17/7374, S. 19. Dazu auch *Wollenschläger*, DÖV 2013, S. 7, 11 f. Deshalb wird in solchen Verfahren oftmals ein Hängebeschluss erwirkt, s. dazu sogleich hier und ausf. bei *Guckelberger*, NVwZ 2001, S. 275, 275 ff.

keit in den Blick zu nehmen und beide „Lager" gegeneinander ins Verhältnis zu setzen. Gegen die Wartepflicht ist einzuwenden, dass Informationen, die nicht sofort, sondern erst nach Abschluss eines Gerichtsverfahrens veröffentlicht werden, je nach dessen Dauer weniger wert oder gar wertlos geworden sind, „da sie nicht mehr als Grundlage für eine aktuelle Präferenzentscheidung für oder gegen ein bestimmtes Produkt verwendet werden können".[1948] Dies gilt gerade für Informationen über Lebensmittel, weil diese nach einer gewissen Zeit verzehrt sind.[1949]

Neben dieser zeitlichen Komponente gibt es weitere Argumente, die man zugunsten eines Überwiegens der Verbraucherinteressen einwenden kann. So handelt es sich bei dem veröffentlichungswürdigen Verstoß um ein „Fehlverhalten mit Drittbezug": Der Verbraucher selbst erhält hiervon, obwohl er betroffen ist, keine Kenntnis, es sei denn, die Behörden informieren ihn.[1950] Neben dem Verbraucher wird mit der Information auch der Schutz der anderen, lauter handelnden Unternehmer bezweckt.[1951] Nur wenn der Verbraucher über Missstände beim Vertragspartner erster Wahl informiert ist, gibt es für ihn einen Grund, sich der ordnungsgemäß agierenden Konkurrenz zuzuwenden. Zudem, und auch dies sollte in die Abwägung mit einfließen, ist nicht auszuschließen, dass betroffene Unternehmer nur Rechtsschutz einlegen, um die Veröffentlichung zu verzögern.[1952]

Schließlich kommt hinzu, dass, anders als im Beamtenrecht, durch die Veröffentlichung der Primärrechtsschutz nicht vereitelt wird, denn die Behörde kann nach wie vor verpflichtet werden, eine Information nachträglich zu korrigieren oder künftig zu unterlassen.[1953] Allerdings, und auch dies muss schwer wiegen, sind die finanziellen Einbußen des Unternehmers nicht reversibel. Ist seine Reputation einmal beschädigt, dürfte es für den Unternehmer ein langwieriger und ggfs. sogar unmöglicher Prozess sein, sich davon wieder zu erholen. In diesem Zusammenhang sei auch auf die Irreversibilität und die damit verbundene besonders intensive Belastungswirkung einer Information im Internet nochmals hingewiesen.[1954] Eine Gewichtung der beiden Interessenlager führt deshalb nicht zu einem

---

1948 BT-Drs. 17/7374, S. 18. Dazu auch *Wollenschläger*, DÖV 2013, S. 7, 12 f.
1949 *Wollenschläger*, DÖV 2013, S. 7, 14.
1950 *Wollenschläger*, DÖV 2013, S. 7, 14.
1951 *Wollenschläger*, DÖV 2013, S. 7, 14.
1952 *Wollenschläger*, DÖV 2013, S. 7, 14.
1953 *Wollenschläger*, DÖV 2013, S. 7, 13.
1954 Vgl. Kap. 4, B; 6, A I; 7, C; 9, C I.

verallgemeinerungsfähigen Ergebnis. Besser wäre es, im konkreten Einzelfall zu entscheiden, ob eine Wartepflicht geboten ist, oder nicht.[1955]

Kriterien hierfür können insbesondere die Dringlichkeit der Information sowie die Erheblichkeit des Verstoßes sein.[1956] Die Information ist z. B. dringlich, wenn sie sich auf ein aktuell im Verkehr befindliches Produkt bezieht.[1957] Ist das Produkt hingegen bereits vom Markt genommen, so spricht nichts gegen eine Wartepflicht. Die Schwere des Verstoßes ist ebenfalls entscheidend.[1958] Handelt es sich um eine geringfügige Grenzüberschreitung oder um eine sehr deutliche und geht es vielleicht um gesundheitsgefährdende oder ekelerregende Lebensmittel, dann überwiegt das Interesse an einer sofortigen Information.[1959] Als Kurzformel würde dies bedeuten, je höher die geschützten Rechtsgüter zu gewichten sind, desto weniger ist eine Wartepflicht geboten.

Im Übrigen ist einzustellen, dass der Unternehmer selbst bei einer sofortigen Information nicht schutzlos gestellt ist, da er sogleich nach der Anhörung die Verwaltungsgerichte ersuchen kann, im einstweiligen Rechtsschutzverfahren einen Hängebeschluss zu erlassen.[1960] Der Hängebeschluss, auch Zwischenverfügung genannt, setzt die Vollziehung einer streitigen Behördenmaßnahme aus und verhindert dadurch, dass im Zeitraum zwischen Antragseingang und Eilentscheidung des Gerichts vollendete Tatsachen geschaffen werden.[1961] Er ist insbesondere dann statthaft, wenn sich die zuständige Verwaltungsbehörde trotz formloser gerichtlicher Aufforderung ohne ersichtlichen Grund weigert, bis zur endgültigen Entscheidung im Eilverfahren auf Vollstreckungsmaßnahmen zu verzichten.[1962]

Mit den Möglichkeiten, im Eilverfahren eine Gerichtsentscheidung zu erreichen oder einen Hängebeschluss zu bewirken, ist der Unternehmer hinreichend geschützt. Sollte darüber hinaus im konkreten Einzelfall den-

1955 So auch *Wollenschläger,* DÖV 2013, S. 7, 14.
1956 *Wollenschläger,* DÖV 2013, S. 7, 14.
1957 *Wollenschläger,* DÖV 2013, S. 7, 14.
1958 *Wollenschläger,* DÖV 2013, S. 7, 14.
1959 *Wollenschläger,* DÖV 2013, S. 7, 14.
1960 *Wollenschläger,* DÖV 2013, S. 7, 15. Zum Hängebschluss gegen die Veröffentlichung von Transparenzberichten (Pflege-TÜV) s. *Dürschke/Brembeck,* Pflege-TÜV, S. 14 f.
1961 *Dürschke/Brembeck,* Pflege-TÜV, S. 15; *Guckelberger,* NVwZ 2001, S. 275, 276.
1962 BVerfG NVwZ 2014, 363, 364.

noch sein Interesse an einem effektiven Rechtsschutz höher wiegen als das Informationsinteresse, so ist § 40 LFGB verfassungskonform dahingehend auszulegen, dass der Behörde eine maximal 14-tägige Wartepflicht obliegt.[1963] Diese Vorgehensweise muss jedoch, aufgrund der Wertung des Gesetzgebers, dem öffentlichen Interesse grundsätzlich den Vorzug zu geben, besonderen Ausnahmefällen vorbehalten sein.

d) Vereinbarkeit mit dem Gleichheitssatz

Weiter ist fraglich, ob die Ausgestaltung des § 40 Abs. 1a Nr. 1 LFGB im Vergleich zu Nr. 2 der Norm einen Gleichheitsverstoß darstellt.[1964] Bei Nr. 1 genügt jede Grenzwertüberschreitung, sei sie auch nur einmalig oder minimal, während bei Nr. 2 der Verstoß, wie gesehen, erheblich oder wiederholt und bußgeldbewehrt sein muss. Nach der Willkürformel des BVerfG ist der Gleichheitssatz des Art. 3 Abs. 1 GG verletzt, „wenn sich ein vernünftiger, sich aus der Natur der Sache ergebender oder sonstwie sachlich einleuchtender Grund für die gesetzliche Differenzierung oder Gleichbehandlung nicht finden lässt, kurzum, wenn die Bestimmung als willkürlich bezeichnet werden muss".[1965] In der Begründung des Gesetzentwurfs heißt es hierzu: „Die Geschehnisse im Zusammenhang mit Dioxin in Futtermitteln haben gezeigt, dass bei Rechtsverstößen durch Grenzwertüberschreitungen unabhängig vom jeweiligen Schweregrad des Verstoßes ein besonderes Interesse der Verbraucher besteht zu erfahren, welche Lebensmittel oder Futtermittel mit unzulässigen Schadstoffen belastet sind." Damit besteht für die Ungleichheit ein rechtfertigender Sachgrund.[1966] Ein Gleichheitsverstoß liegt nicht vor.

1963 Bejaht man dies, so ist an dieser Stelle eine weitere Feinsteuerung möglich im Hinblick auf die Frage, ob die Wartezeit lediglich gebietet, abzuwarten bis ein Eilantrag gestellt ist (so OVG Hamburg, NVwZ-RR 1999, 73), oder ob sie gebietet, den Ausgang des Eilverfahrens oder gar des ganzen Instanzenzugs abzuwarten (s. dazu ausf. *Wollenschläger,* DÖV 2013, S. 7, 15 f., der die Entscheidung zwischen den beiden letzten Möglichkeiten von der konkreten Interessenlage im Einzelfall abhängen lässt).

1964 S. *Wollenschläger*, Stellungnahme, S. 11 f.

1965 St. Rspr. seit BVerfGE 1, 14, 52; aus neuerer Zeit BVerfGE 131, 239, 255 f.

1966 So auch *Wollenschläger*, Stellungnahme, S. 12.

e) Vereinbarkeit mit der Unschuldsvermutung

Zu überlegen ist, ob die Veröffentlichung belastender Informationen über eine Person vor Abschluss eines Ordnungswidrigkeiten- oder Strafverfahrens mit der Unschuldsvermutung vereinbar ist.[1967] Die Unschuldsvermutung ist in Art. 6 Abs. 2 EMRK verankert, die nach der Rechtsprechung des BVerfG im Rang eines Bundesgesetzes steht.[1968] Ferner kommt ihr als besonderer Ausprägung des Rechtsstaatsprinzips Verfassungsrang zu.[1969] Sie stellt sicher, dass Maßnahmen, welche die Schuld des Betroffenen voraussetzen, bis zu deren Nachweis in einem ordnungsgemäßen Verfahren unterbleiben.[1970]

Kern der Unschuldsvermutung ist damit die subjektive Vorwerfbarkeit eines ordnungswidrigkeiten- oder strafrechtlichen Verhaltens. Damit wird klar, dass diese Vermutung dem Staat nicht jegliche Reaktion auf den Verdacht der Begehung einer Straftat oder Ordnungswidrigkeit verbietet.[1971] So finden sich im Gesetz vielfach Anknüpfungen an den Verdacht eines strafbaren Verhaltens,[1972] wie z. B. in § 6 Abs. 1 Nr. 1 BÄO (Ruhen der Approbation eines Arztes) und in § 111a StPO (vorläufige Entziehung der Fahrerlaubnis). Auch die Gewerbeuntersagung wegen Unzuverlässigkeit nach § 35 Abs. 1 S. 1 GewO kann auf Straftaten gestützt werden, die noch nicht rechtskräftig festgestellt sind.[1973] Diese Ausgestaltungen sind zuläs-

---

1967 Gegen eine Vereinbarkeit *Pache/Meyer*, in: Meyer/Streinz, LFGB, § 40 LFGB Rn. 25; Wallau, ZLR 2009, S. 382, 385 f.

1968 Nach st. Rspr. des BVerfG steht die EMRK im Rang eines Bundesgesetzes und muss deshalb von den deutschen Gerichten beachtet und angewendet werden, vgl. nur BVerfGE 111, 307, 317; *Wustmann*, in: Dix/Franßen/Kloepfer/Schaar/Schoch/Deutsche Gesellschaft für Informationsfreiheit (Hrsg.), Informationsfreiheit, S. 197, 229 f. A.A. *Dannecker,* JZ 2013, S. 924, 926.

1969 BVerfGE 133, 168, 202.

1970 *Valerius*, in: Graf, StPO, Art. 6 EMRK Rn. 32.

1971 *Dannecker,* JZ 2013, S. 924, 926.

1972 S. dazu auch *Dannecker,* JZ 2013, S. 924, 926.

1973 So z. B. *Marcks*, in: v. Landmann/Rohmer, GewO, § 35 GewO Rn. 42 m.w.N. aus Literatur und Rechtsprechung für diese Ansicht. Bezüglich der Gewerbeuntersagung hat bspw. das VG Regensburg, Urteil vom 1.8.2013 – RN 5 K 12.1881 –, juris, explizit ausgeführt, dass dieser Untersagung die Unschuldsvermutung nicht entgegensteht. Dies wird damit begründet, dass das gewerberechtliche Widerrufsverfahren der Gefahrenabwehr und damit einem anderen Zweck dient als die Strafverfolgung. Zu § 35 GewO nun auch *Möstl,* GewArch 2015, S. 1, 5.

sig, weil sie eben nicht an den Schuldvorwurf anknüpfen.[1974] Sie ziehen ihre Legitimation vielmehr aus dem Schutz der Allgemeinheit vor Gefahren und stützen sich somit auf den präventiven Aspekt der Gefahrenabwehr.[1975]

Gefahrenabwehr meint dabei aber nicht nur die Abwehr von Gesundheitsgefahren, die bekanntlich bei § 40 Abs. 1a LFGB nicht vorausgesetzt werden, sondern wie im allgemeinen Polizeirecht üblich, von Gefahren allgemein gegen die öffentliche Sicherheit und Ordnung. Dies wird bspw. daran deutlich, dass die Gewerbeuntersagung auch daran geknüpft werden kann, dass der Gewerbetreibende seine Steuern nicht bezahlt und somit gegen das Schutzgut der öffentlichen Sicherheit (geschriebene Rechtsordnung) verstoßen hat.[1976] Dem entspricht der Tatbestand des § 40 Abs. 1a LFGB, der Veröffentlichungen vorsieht, wenn Vorschriften nicht eingehalten worden sind. Die hier gesetzlich normierte Veröffentlichungspflicht erfolgt eben nicht *aufgrund* eines Schuldvorwurfs, sondern wegen des Verdachts eines Verstoßes gegen eine (straf- oder bußgeldbewerte) Verhaltenspflicht.[1977]

Sofern man einwenden möchte, dass § 40 Abs. 1a LFGB mit der Voraussetzung des Überschreitens der Bußgeldschwelle von 350 € direkt an einen Bußgeldtatbestand anknüpft, so kann dem entgegengehalten werden, dass es bei der Veröffentlichung nicht um die Mitteilung geht, dass gegen den Betroffenen ein Bußgeld verhängt wird, sondern um die Mitteilung, dass der Betroffene bspw. zulässige Grenzwerte überschritten hat.[1978] Die Aussicht der Verhängung eines Bußgeldes soll nur die Schwere des Ver-

---

1974 So führte z. B. der BayVGH BeckRS 2012, 53749 aus, dass ein Verhalten, „das einen Straftatbestand objektiv verwirklicht, zur Annahme der Unzuverlässigkeit führen“ kann. „Für die Annahme der gewerberechtlichen Unzuverlässigkeit ist es unerheblich, ob der Gewerbetreibende zu einer ordnungsgemäßen Gewerbeausübung nicht willens oder – unverschuldet – nicht in der Lage ist.“ Auch die fortdauernde Speicherung von Daten in den Kriminalakten ist zulässig, weil sie nur vom fortbestehenden Tatverdacht und nicht von einer Schuldfeststellung abhängt, vgl. BVerfG NJW 2002, 3231, 3232. A.A. zum vorliegenden Fall, weil mit der Veröffentlichung eine Vorwegnahme des Schuldvorwurfs einhergehe, *Gundel,* ZLR 2013, S. 662, 676 f.

1975 *Dannecker,* JZ 2013, S. 924, 926. Vgl. auch BVerfG NJW 2002, 3231, 3232.

1976 BayVGH, Beschluss v. 4.6.2014 – 22 C 14.1029, juris, Rn. 8 ff.

1977 Ebenso *Dannecker,* JZ 2013, S. 924, 926.

1978 Ebenso *Wollenschläger,* DÖV 2013, S. 7, 10, nach dem die Veröffentlichung primär an den beanstandeten Rechtsverstoß anknüpft und „die Strafbewehrung respektive die Existenz eines entsprechenden Ordnungswidrigkeitentatbestands

stoßes absichern, nicht aber an den Schuldvorwurf anknüpfen. Im Ergebnis werden mit der Veröffentlichung nach § 40 Abs. 1a LFGB somit nur auf Tatsachen basierende Verdachtsgründe festgestellt, die sich aber substantiell von einer nach der Unschuldsvermutung verbotenen Schuldfeststellung unterscheiden.[1979]

Hiergegen kann auch nicht eingewandt werden, dass die Veröffentlichung einer Information im Internet irreversibel ist und nicht wieder rückgängig gemacht werden kann, wie dies bei dem Entzug einer Fahrerlaubnis oder Approbation der Fall ist. Denn auch bspw. der Entzug einer Approbation oder einer Gewerbeerlaubnis kann dazu führen, dass der Arzt einen Großteil seiner Patienten und der Gewerbetreibende einen Großteil seiner Kunden für die Zukunft verliert, auch wenn ihm die Approbation oder Gewerbeerlaubnis zurückverliehen wird, da ein nicht wiedergutzumachender Vertrauensverlust eingetreten ist. Insofern bleiben die Tatbestände also vergleichbar. Dementsprechend ist davon auszugehen, dass die Unschuldsvermutung der gesetzlichen Ausgestaltung nicht entgegensteht, wenn diese, wie hier, eine Veröffentlichung vor Abschluss der Ordnungswidrigkeiten- und Strafverfahren gestatten.[1980]

f) Information als „verbotene Verdachtsstrafe"?

In engem Zusammenhang mit der Unschuldsvermutung steht die Frage nach einer verbotenen Verdachtsstrafe im Raum. Die Verdachtsstrafe bezeichnet eine Strafe, die „nicht aufgrund eines nachgewiesenen Verhaltens, sondern wegen des Verdachts eines bestimmten Verhaltens verhängt wird".[1981] Das Verbot der Verdachtsstrafe ist dabei prozessuale Konse-

---

[…] lediglich das für eine Information der Öffentlichkeit hinreichende Gewicht des Verstoßes [indiziert]".

1979 In anderem Zusammenhang *Kassmann,* GewArch 2010, S. 236, 240.

1980 Ebenso *Dannecker,* JZ 2013, S. 924, 926. Vgl. auch BVerwGE 45, 51, 61, wonach die Unschuldsvermutung für präventiv-polizeiliches Einschreiten nicht gilt. A.A. *Pache/Meyer*, in: Meyer/Streinz, LFGB, § 40 LFGB Rn. 25; *Wallau,* ZLR 2010, S. 382, 385; *Wustmann*, in: Dix/Franßen/Kloepfer/Schaar/Schoch/ Deutsche Gesellschaft für Informationsfreiheit (Hrsg.), Informationsfreiheit, S. 197, 229 f. (ab „Abschätzung der Ahndungshöhe").

1981 *Frister,* Schuldprinzip, S. 69. Zur historischen Einordnung der Verdachtsstrafe als Folgeerscheinung des formellen Beweisrechts *Schaffstein,* ZStW 101 (1989), S. 493, 494 f.

quenz des Schuldprinzips.[1982] Solange die Schuld nicht nachgewiesen ist, gilt der Grundsatz in dubio pro reo.[1983] In der Literatur wird nun eingewandt, die Publikumsinformation sei als strafäquivalente Sanktion eine „verbotene Verdachtsstrafe".[1984] Der staatliche Zweck der Informationspflicht bestehe darin, den Verbraucher „dazu zu veranlassen, den betreffenden Unternehmer zu bestrafen", der Staat wolle „so mittelbar selbst bestrafen".[1985]

Dem Vorliegen einer solchen ist mangels Strafcharakter der Informationen hier entgegenzutreten.[1986] Wesentliches Indiz für den Charakter einer gesetzlich vorgesehenen Maßnahme sind die Absichten des Gesetzgebers, weshalb er eine bestimmte Norm eingeführt hat.[1987] In der Begründung des Gesetzesentwurfs zu § 40 Abs. 1a LFGB finden sich keinerlei Hinweise auf eine pönale Zielrichtung.[1988] Wie gesehen haben die Veröffentlichungen überwiegend präventiven Charakter. Sie sollen die Verbraucher in die Lage versetzen, eine autonome und fundierte Entscheidung zu treffen. Es ist auch nicht ersichtlich, dass der Gesetzgeber mit der stattdessen niedergelegten Begründung (kurz etwa: „Verbraucherschutz durch Transparenz")[1989] seinen diesbezüglich bestehenden Spielraum rechtsmissbräuchlich überschritten hätte.[1990] Zwar bestand politisch durchaus die Absicht, wie dies dem Handeln durch Information eigen ist,[1991] eine als unzurei-

---

1982 *Frister,* StrafR AT, Kap. 3 Rn. 33; ausf. *ders.,* Schuldprinzip, S. 69 ff.

1983 *Frister,* StrafR AT, Kap. 3 Rn. 33; *Roxin/Schünemann,* Strafverfahrensrecht, § 45 Rn. 56 ff.

1984 *Schoene,* ZLR 2013, S. 65, 73 f. A.A. *Dannecker,* JZ 2013, S. 924, 926 ff. Zur strafrechtlichen Diskussion über sog. shame sanctions s. *Kubiciel,* ZStW 2006, S. 44 ff.

1985 *Schoene,* ZLR 2013, S. 65, 71.

1986 Um Wiederholungen zu vermeiden wird auf die Ausführungen in Kap. 4, B III verwiesen, die auf § 40 Abs. 1a LFGB übertragbar sind. Konkret zu § 40 Abs. 1a LFGB s. die zutreffend *Dannecker,* JZ 2013, S. 924, 926 ff.

1987 S. Kap. 4, B II 2 (1).

1988 BT-Drs. 17/7374. Zu dieser Nicht-Erwähnung auch *Elsing/Rosenow,* ZLR 2013, S. 240, 246 Fn. 24.

1989 *Dannecker,* JZ 2013, S. 924, 927.

1990 *Dannecker,* JZ 2013, S. 924, 928 führt dazu aus: „ Solange der Gesetzgeber plausibel machen kann, er verfolge lediglich Transparenzzwecke und gewichte das allgemeine Verbraucherinformationsinteresse derart hoch, dass aus seiner Sicht bereits dieses die verdachtsbasierte Öffentlichkeitsinformation rechtfertigt, liegt keine Sanktion vor".

1991 Zur Lenkungswirkung von Informationen s. Kap. 3, B II, III; zur Nutzung konsensualen Handelns, um Vollzugsdefizite auszugleichen s. Kap. 3, B I.

chend empfundene Steuerungswirkung des formellen Rechts auszugleichen.[1992] Diese kann jedoch nicht die objektivierte Ansicht des Gesetzgebers verdrängen.[1993] Ferner erfolgt auch keine Instrumentalisierung der Informationsadressaten zu Sanktionszwecken.[1994] Etwas anderes ergibt sich auch nicht daraus, dass die Regelung an eine Straferwartung anknüpft.[1995]

g) Vereinbarkeit mit § 475 StPO

§ 475 StPO, der die Akteneinsicht im Strafprozess normiert und gemäß § 46 Abs. 1 OWiG auch im Bußgeldverfahren Anwendung findet, könnte der vorliegenden gesetzlichen Ausgestaltung entgegenstehen.[1996] § 475 StPO regelt, dass nicht-verfahrensbeteiligten Privatpersonen und sonstigen Stellen nur Auskünfte und Akteneinsichtsrechte (aus Akten, die dem Gericht vorliegen oder ihm im Falle der Klageerhebung vorzulegen wären) gewährt werden, wenn diese ein berechtigtes Interesse geltend machen können. Hintergrund der Regelung ist der Grundsatz der Nichtöffentlichkeit von Ermittlungsverfahren, das Interesse an einer effektiven Strafverfolgung sowie wiederum die Unschuldsvermutung.[1997]

Die Unschuldsvermutung wird durch die hier normierte Veröffentlichungspflicht – wie gerade gesehen – nicht berührt. Soweit die Norm die Nichtöffentlichkeit von Ermittlungsverfahren schützen will, bestehen ebenfalls keine Bedenken, denn mit der Veröffentlichung, bspw. einer festgestellten Abweichung von Vorschriften, wird nicht der gesamte Akteninhalt eines Ermittlungsverfahrens preisgegeben. Insofern handelt es sich um unterschiedliche Informationsinhalte und -umfänge.

1992 S. dazu *Dannecker,* JZ 2013, S. 924, 928.

1993 *Dannecker,* JZ 2013, S. 924, 928.

1994 *Schink,* Rechtsgutachten, S. 16.

1995 Ebenso *Dannecker,* JZ 2013, S. 924, 926; *Wollenschläger,* DÖV 2013, S. 7, 10. A.A. *Gundel,* ZLR 2013, S. 662, 676 ff. S. zu dieser Frage bereits unter Kap. 11, A II 2 e).

1996 So *Grube/Immel/Wallau,* VerbraucherInfoR, Teil B Rn. 99; *Pache/Meyer*, in: Meyer/Streinz, LFGB, § 40 LFGB Rn. 25; *Theis,* DVBl. 2013, S. 627, 633; *Wustmann*, in: Dix/Franßen/Kloepfer/Schaar/Schoch/Deutsche Gesellschaft für Informationsfreiheit (Hrsg.), Informationsfreiheit, S. 197, Rn. 229.

1997 *Wustmann*, in: Dix/Franßen/Kloepfer/Schaar/Schoch/Deutsche Gesellschaft für Informationsfreiheit (Hrsg.), Informationsfreiheit, S. 197, 226.

Schwieriger ist die Frage zu beantworten, ob eventuell das Interesse an einer effektiven Strafverfolgung der vorliegenden Ausgestaltung entgegensteht. Zur Beantwortung dieser Frage hilft ein Blick in vergleichbare gesetzliche Ausgestaltungen. So sieht bspw. § 8 Abs. 1 S. 1 Nr. 3 UIG vor, dass die Bekanntgabe einer Information zu unterbleiben hat, sofern dies nachteilige Auswirkungen auf „die Durchführung eines laufenden Gerichtsverfahrens [...] oder die Durchführung strafrechtlicher, ordnungswidrigkeitenrechtlicher oder disziplinarrechtlicher Ermittlungen" hätte. In diesem Fall „ist der Antrag abzulehnen, es sei denn, das öffentliche Interesse an der Bekanntgabe überwiegt."

Diese Norm hat einen völker- und unionsrechtlichen Hintergrund. Art. 4 der Åarhus-Konvention,[1998] der den Zugang zu Umweltinformationen regelt, sieht in seinem Abs. 4 lit. c einen möglichen Ausschluss des Informationszugangs vor („kann"), wenn die Bekanntgabe negative Auswirkungen auf laufende Gerichtsverfahren hätte. Ferner können die Mitgliedstaaten gemäß Art. 4 Abs. 2 lit. c der Umweltinformationsrichtlinie 2003/4/EG[1999] vorsehen, „dass ein Antrag auf Zugang zu Umweltinformationen abgelehnt wird, wenn die Bekanntgabe negative Auswirkungen" auf laufende Gerichtsverfahren hätte.

Zudem sieht § 3 S. 3 VIG vor, dass die Bekanntgabe von festgestellten Abweichungen während eines laufenden strafrechtlichen Ermittlungsverfahrens oder eines Verfahrens vor einem Strafgericht nur erfolgen kann, „soweit und solange hierdurch der mit dem Verfahren verfolgte Untersuchungszweck nicht gefährdet wird" und die Veröffentlichung „im Benehmen mit der zuständigen Staatsanwaltschaft oder dem zuständigen Gericht" erfolgt.[2000]

Bei § 8 UIG und § 3 S. 3 VIG wird also eine Nicht-Gefährdung des Untersuchungszwecks vorausgesetzt, sofern nicht das öffentliche Interesse an einer Bekanntgabe überwiegt bzw. die Veröffentlichung im Benehmen mit der zuständigen Stelle erfolgt.

Was ist daraus für § 40 Abs. 1a LFGB abzuleiten, aus dem sich keine derartigen Sicherungen entnehmen lassen? Einerseits ließe sich vertreten, dass der Gesetzgeber mit der strikten Ausgestaltung, die laufende Verfahren unberücksichtigt lässt, die Interessenabwägung mit dem öffentlichen Interesse bereits in seiner Normierung vorweggenommen hat, d. h. dass er

---

1998 Wiedergegeben bspw. in ABl. EU, Nr. L 124, S. 4 ff.

1999 Richtlinie 2003/4/EG v. 28.1.2003, ABl. EU, Nr. L 41, S. 26 ff.

2000 Im Einzelnen zu dieser Regelung s. unter Kap. 11, A III 2 (3).

dem Schutz laufender Verfahren grundsätzlich einen geringeren Stellenwert zubilligt, als dem Interesse der Allgemeinheit an der Veröffentlichung der Information. Dies würde insgesamt plausibel erscheinen, da der Gesetzgeber ausweislich der Begründung des Gesetzesentwurfs[2001] großen Wert auf die Effektivität des § 40 Abs. 1a LFGB gelegt hat und vor dem Hintergrund des Dioxin-Skandals „hart durchgreifen wollte".

Ob diese strenge Handhabung andererseits auch verfassungsrechtlich überzeugen kann, erscheint zweifelhaft. Innerhalb des § 40 Abs. 1a LFGB kann – anders als innerhalb des § 40 Abs. 1 S. 3 LFGB – keine „Abwägung der Belange der Betroffenen mit den Interessen der Öffentlichkeit an der Veröffentlichung" vorgenommen werden, da die Norm als gebundene Entscheidung ausgestaltet ist und somit eine Veröffentlichungspflicht vorsieht.

De lege ferenda könnte die Norm entweder – wie bereits unter 2 b) (1) – angedacht, als Ermessensnorm ausgestaltet bzw. zumindest eine Härtefallklausel eingeführt werden, so dass die Behörde in ihre Überlegungen zur pflichtgemäßen Ermessensausübung auch den Belang „Schutz laufender Verfahren" mit einbeziehen könnte. Oder es sollte eine explizite Klausel zum Schutz des Verfahrenszwecks, wie sie in § 8 UIG oder § 3 VIG vorgesehen ist, nachträglich eingeführt werden, die dann als lex specialis die Regelung des § 475 StPO verdrängen würde.[2002]

3. Auslegungsfragen i. R. v. § 40 Abs. 1a LFGB

Unabhängig von einer Verfassungswidrigkeit werden darüber hinaus diverse Auslegungsfragen diskutiert, zu denen im Folgenden Stellung genommen wird.

2001 BT-Drs. 17/7374, S. 19 f.
2002 Zum Verhältnis des § 3 VIG zu § 475 StPO s. Kap. 11, A III 2 c) (3).

a) Veröffentlichung bereits beseitigter Verstöße

Umstritten ist weiter, ob auch bereits beseitigte Verstöße veröffentlicht werden dürfen. Teile der Literatur und der Rechtsprechung verneinen dies.[2003] Begründet wird diese Position damit, dass eine Veröffentlichung beseitigter Verstöße unverhältnismäßig sei.[2004] Hinzu kommt das Erfordernis der Aktualität bzw. Richtigkeit der Informationen, da es durchaus möglich ist, dass gerügte Mängel bereits nach kurzer Zeit, ggfs. nach der Anhörung des Betroffenen, aber noch vor ihrer Veröffentlichung, behoben wurden. Dann wäre die Information der Öffentlichkeit inhaltlich schon früh überholt i. S. v. unrichtig, was scheinbar im deutlichen Gegensatz dazu steht, dass sich die Behörde mit der Veröffentlichung der Information im Internet ihrer Verfügungsgewalt mangels effektiver Löschungsmöglichkeiten begibt.

Würde ein Mangel bspw. unverzüglich nach seiner Feststellung beseitigt und läge kein Wiederholungsfall vor, so komme der Veröffentlichung überwiegend Strafcharakter zu.[2005] Die Veröffentlichung bewirke eine weitere Vertiefung des Eingriffs und eine Stigmatisierung des Betroffenen, die nach der Beseitigung des Mangels fortwirke.[2006] Dies sei insofern nicht gerechtfertigt, als die spezifische Zielsetzung der Verbraucherinformation, die Vermittlung von Kenntnissen für die Konsumentscheidung, nach Beseitigung des Mangels nicht mehr erreicht werden könne.[2007] Die Veröffentlichung sei lediglich eine Information über die Vergangenheit und somit über einen Verstoß, der bereits sanktioniert und ausgeräumt

2003 VGH BW VBlBW 2013, 193, 197; VG München, Beschluss v. 17.1.2013 – M 18 E 12.5870, juris, Rn. 46; Beschluss v. 9.1.2013 – M 18 E 12.5834, juris, Rn. 57; *Ossenbühl,* NVwZ 2011, S. 1357, 1361; *Theis,* DVBl. 2013, S. 627, 633. Zu § 5 Abs. 1 S. 2 VIG a. F. *Holzner,* NVwZ 2010, S. 489, 491; *Wehlau,* in: Voit (Hrsg.), Lebensmittelinformation, S. 51, 58. Zumindest kritisch BayVGH LMRR 2013, 18; 2013, 15.

2004 VGH BW VBlBW 2013, 193, 197; *Ossenbühl,* NVwZ 2011, S. 1357, 1361.

2005 VG München, Beschluss v. 17.1.2013 – M 18 E 12.5870, juris, Rn. 46; Beschluss v. 9.1.2013 – M 18 E 12.5834, juris, Rn. 57. *Wehlau,* in: Voit (Hrsg.), Lebensmittelinformation, S. 51, 58 spricht von „reine[r] Prangerwirkung“. *Krüger* und *Jesse-Allgöwer* sprechen im Rahmen der Podiumsdiskussion des 2. Marburger Symposiums zum Lebensmittelrecht von einem unangemessenen „Nachtreten“, in: Böhm/Freund/Voit (Hrsg.), VIG, S. 123 f.

2006 *Ossenbühl,* NVwZ 2011, S. 1357, 1361.

2007 *Ossenbühl,* NVwZ 2011, S. 1357, 1361. Zu § 5 Abs. 1 S. 2 VIG a. F. *Holzner,* NVwZ 2010, S. 489, 492.

sei.[2008] Verglichen mit dem insofern geringen Verbraucherinteresse überwiege an dieser Stelle das Unternehmensinteresse auf Geheimhaltung.[2009] Das VG München entnimmt dem Tatbestandsmerkmal „in nicht nur unerheblichem Ausmaß“ insofern – nach eigener Formulierung „trotz des Wortlauts“ des § 40 Abs. 1a LFGB – einen Spielraum, der die Möglichkeit zu einer Abwägung mit dem Verbraucherinteresse an einer Veröffentlichung bereithält.[2010] *Ossenbühl* führt als Vergleich an, dass vor Verbrechern nach verbüßter Haft auch nicht mehr gewarnt würde.[2011]

Andere Stimmen gehen dagegen davon aus, dass auch die Veröffentlichung vergangener Verstöße zulässig ist.[2012] Das Übermaßverbot hindere nicht daran, die Öffentlichkeit über den früheren Zustand zu informieren.[2013] Mitteilungen, die Verstöße aus der jüngeren Vergangenheit betreffen, seien für die Verbraucherschaft eine wichtige Informationsbasis für künftige Konsumentenentscheidungen.[2014] Der Gegenstand der Information betreffe keine lebensmittelspezifischen Risiken, sondern die Zuverlässigkeit des Unternehmers.[2015] Mit der Information werde auch das gesetzgeberische Ziel erreicht, denn mit ihr lasse sich die Markttransparenz erhöhen und die Entscheidungsfreiheit der Verbraucher stärken.[2016] Mit der

---

2008 *Ossenbühl,* NVwZ 2011, S. 1357, 1361. Zu § 5 Abs. 1 S. 2 VIG a. F. *Holzner,* NVwZ 2010, S. 489, 492.

2009 *Ossenbühl,* NVwZ 2011, S. 1357, 1361.

2010 VG München, Beschluss v. 3.12.2012 – M 18 E 12.5736, juris, Rn. 47.

2011 *Ossenbühl,* NVwZ 2011, S. 1357, 1361.

2012 NdsOVG NJW 2013, 1252, 1252 ff.; VG Augsburg LMRR 2013, 16; VG Frankfurt a.M. BeckRS 2013, 49994; *Gurlit,* NVwZ 2013, S. 1267, 1267; *Hofmann-Hoeppel*, in: Eiding/Hofmann-Hoeppel (Hrsg.), VerwR, S. 106, Rn. 40 (Schriftsatzmuster 28); *Peters,* JURA 2014, S. 752, 762; *Rathke*, in: Zipfel/Rathke, LebensmittelR, § 40 LFGB Rn. 61; *Schoch,* NJW 2012, S. 2844, 2848; *Wollenschläger,* EuZW 2013, S. 419, 420. Zu § 5 Abs. 1 S. 2 VIG a. F. OVG d. Saarlandes LMRR 2011, 1. Ebenso zu dem vergleichbaren Fall der Veröffentlichung von Umweltinspektionsberichten (§ 52a Abs. 5 S. 3 BImSchG) s. OVG NRW UPR 2015, S. 115, 118.

2013 *Rathke*, in: Zipfel/Rathke, LebensmittelR, § 40 LFGB Rn. 61; *Schoch,* NJW 2012, S. 2844, 2848.

2014 NdsOVG NJW 2013, 1252, 1252 ff.; *Wollenschläger,* EuZW 2013, S. 419, 420. Zu § 5 Abs. 1 S. 2 VIG a. F. OVG d. Saarlandes LMRR 2011, 1.

2015 So *Grube/Wallau*, in: FS Horst, S. 253, 261, allerdings ohne Bezug zur Frage der Veröffentlichung bereits beseitigter Verstöße.

2016 BT-Drs. 17/7374, S. 12, 14, 15, 19, 20; s. auch § 1 Abs. 1 Nr. 3 lit. a LFGB; s. dazu auch VGH BW VBlBW 2013, 193, 195; *Gurlit,* NVwZ 2013, S. 1267, 1267; *Wollenschläger,* DÖV 2013, S. 7, 9.

erstmaligen Veröffentlichung des Mangels seien dem betreffenden Verbraucherkreis die (Hygiene-)Mängel bereits vollständig bekannt geworden.[2017] Danach sei durch ein Fortbestehen der Veröffentlichung keine weitere negative Publizität mehr verbunden, die Aufrechterhaltung alleine habe keine zusätzlichen negativen Auswirkungen.[2018]

Einigkeit besteht darin, dass auf die Beseitigung des Mangels hingewiesen werden muss.[2019] Gerichtlich gebilligt wurde hierfür folgende Formulierung: „Die Veröffentlichung im Internet spiegelt nur den Zustand zum Tatzeitpunkt wider. Zwischen Kontrollbesuch mit Mängelfeststellung und Veröffentlichung können mehrere Monate liegen, da die Entscheidung zur Veröffentlichung dem Betroffenen im Vorfeld bekannt gegeben werden muss und Rechtsmittelfristen abzuwarten sind. Rückschlüsse auf den Hygienezustand zum heutigen Zeitpunkt sind daher nicht möglich".[2020]

In Anlehnung an die obigen Ausführungen zur verständlichen Formulierung eines Textes könnte man auch wie folgt formulieren: „Am (Datum), als die Kontrolle stattfand, wurden die hier angegebenen Mängel vorgefunden. Seit der Kontrolle ist einige Zeit vergangen. (Der Betroffene musste vor der Veröffentlichung informiert werden und es war abzuwarten, ob er rechtzeitig Rechtsmittel gegen die Entscheidung einlegt.) Bitte beachten Sie, dass nicht bekannt ist, ob die hier genannten Mängel heute noch fortbestehen oder ob sie zwischenzeitlich beseitigt wurden."

Damit würde dem Informationsadressaten ausreichend deutlich gemacht, dass das wiedergegebene Kontrollergebnis lediglich eine Momentaufnahme darstellt und die einmal vorgefundene gesetzeswidrige Lage nicht länger fortbestehen muss. Eine Verunsicherung der Verbraucher durch eine die Vergangenheit betreffende Information dürfte mit einem entsprechend klaren Hinweis auf die zeitlichen Gegebenheiten vermieden werden können.

Welche Schlussfolgerung der Verbraucher dann aus der vormaligen Unzuverlässigkeit des Unternehmers ziehe, sei ihm überlassen.[2021] Durch den

---

2017 VG Augsburg LMRR 2013, 16.

2018 VG Augsburg LMRR 2013, 16.

2019 NdsOVG NJW 2013, 1252, 1252; VG Frankfurt a.M. BeckRS 2013, 49994; *Rathke*, in: Zipfel/Rathke, LebensmittelR, § 40 LFGB Rn. 61; *Schoch*, NJW 2012, S. 2844, 2848. Zu § 5 Abs. 1 S. 2 VIG a. F. OVG d. Saarlandes LMRR 2011, 1.

2020 OVG d. Saarlandes LMRR 2011, 1.

2021 NdsOVG NJW 2013, 1252, 1252; *Schoch*, NJW 2012, S. 2844, 2848.

Hinweis der Mängelbeseitigung sei aber sichergestellt, dass die Öffentlichkeit erfahre, wenn vergangene Verstöße nicht weiter fortbestünden.[2022] Das Datum der Mängelbeseitigung, das im Hinweis mit anzugeben sei, stelle sicher, dass die informierende Stelle nach dieser Zeit keine Gewähr für den Zustand des Betriebs übernehme.[2023] Darüber hinaus wird angeführt, die Norm habe nicht nur spezialpräventiven Charakter (der mit der Beseitigung des Mangels wegfalle), sondern sei auch generalpräventiv zu verstehen.[2024] Auf die Motivation des Unternehmers, sich künftig an die gesetzlichen Vorgaben zu halten, könne aber nur eingewirkt werden, wenn die nachträgliche Veröffentlichung möglich bleibe.[2025] Ferner werden auch historische und systematische Gründe zur Begründung angeführt. So habe § 40 Abs. 4 LFGB in einer vorherigen Fassung vorgesehen, dass eine Information nicht mehr möglich sein solle, wenn das Erzeugnis verbraucht worden sei, außer, es bestehe darüber hinaus eine Gesundheitsgefahr.[2026] Dass dieser Passus in der Neuregelung nicht mehr zu finden sei, lasse den Umkehrschluss zu, dass eine nachträgliche Veröffentlichung nunmehr möglich sein müsse.[2027] Dies könne mit der Deutung des gesetzgeberischen Willens unterstrichen werden, der mit der Einführung des § 40 Abs. 1a LFGB die geltende Rechtslage habe verschärfen wollen, wie auch daran zu erkennen sei, dass die Abwägungsklausel des Abs. 1 auf den Abs. 2 keine Anwendung finde.[2028]

Der zweiten Ansicht, welche die Veröffentlichung beseitigter Mängel für zulässig erachtet, ist zuzustimmen. Neben den genannten Argumenten legen dies insbesondere auch die folgenden Überlegungen nahe. Aus praktischer Sicht lässt sich anführen, dass der Hinweis auf eine erfolgte Mängelbeseitigung wesentlich eindeutiger und klarer ist als ein reines Löschen der Angaben, zumal bei Letzterem die Möglichkeit besteht, dass die Angaben ausschließlich wegen Zeitablaufs gelöscht wurden, die Mängel tatsächlich aber noch fortbestehen. Aus rechtlicher Sicht ist zum einen das Anknüpfen an vergangene Sachverhalte zur Bewertung künftiger Verhal-

2022 VG Augsburg LMRR 2013, 16.
2023 VG Frankfurt a.M. BeckRS 2013, 49994.
2024 NdsOVG NJW 2013, 1252, 1253.
2025 NdsOVG NJW 2013, 1252, 1253.
2026 NdsOVG NJW 2013, 1252, 1253 unter Bezugnahme auf die bis zum 9.11.2007 geltende Fassung.
2027 NdsOVG NJW 2013, 1252, 1253.
2028 NdsOVG NJW 2013, 1252, 1253.

tensweisen nicht unüblich. Bspw. liegt § 35 GewO eine solche Gestaltung zu Grunde, denn auch hier trifft die Behörde aufgrund vergangenen Verhaltens eine Prognoseentscheidung darüber, ob in Zukunft ein Fehlverhalten des Gewerbetreibenden wahrscheinlich ist.[2029] Die Sicherungsverwahrung eines Straftäters und die Abschiebung eines Ausländers knüpfen ebenfalls an solche Prognosen an. Es spricht also Vieles dafür, die Aussagekraft vergangenen Verhaltens auch für künftige Konsumentscheidungen anzuerkennen und dem Verbraucher die entsprechenden Informationsgrundlagen für seine Prognoseentscheidung zuzubilligen.

Zum anderen ist die Situation, in der die festgestellten Mängel im Zeitpunkt ihrer Veröffentlichung bereits behoben worden sind bzw. ihre Behebung nachhaltig eingeleitet wurde, typisch.[2030] Das Instrument des § 40 Abs. 1a LFGB liefe also „faktisch vielfach leer", weil die einzuhaltenden verfahrensrechtlichen Bestimmungen, wie bspw. die Anhörung, einer „tagesaktuellen Veröffentlichung" regelmäßig entgegenstehen.[2031] Der Unternehmer hätte es in der Hand, das Instrument des § 40 Abs. 1a LFGB auszuhebeln, indem er die Mängel möglichst zügig beseitigt und zugleich um einstweiligen Rechtsschutz ersucht.[2032] Damit wäre einem Wettlauf zwischen Veröffentlichung und Mängelbeseitigung Tür und Tor geöffnet, der „der Vorschrift viel von ihrer beabsichtigten Schärfe" nehmen würde.[2033] Die Veröffentlichung beseitigter Verstöße unter Hinweis auf das Datum der Beseitigung muss daher grundsätzlich möglich sein.[2034]

b) Veröffentlichung bei sonstigem hygienischen Mangel

Streitig ist ferner, ob die Veröffentlichung auf Mängel beschränkt ist, die mit einem konkreten Lebensmittel in Zusammenhang stehen, oder ob auch solche Mängel, die allgemein die Betriebs- bzw. Personalhygiene oder

---

2029 S. nur *Ennuschat*, in: Tettinger/Wank/Ennuschat, GewO, § 35 GewO Rn. 31.

2030 So auch der BayVGH LMRR 2013, 15; 2013, 18, allerdings ohne den folgenden Schluss daraus zu ziehen.

2031 Zu § 5 Abs. 1 S. 2 VIG a. F. OVG d. Saarlandes LMRR 2011, 1.

2032 NdsOVG NJW 2013, 1252, 1253.

2033 NdsOVG NJW 2013, 1252, 1253.

2034 Insofern ist *Becker,* ZLR 2011, S. 391, 417, der davon ausgeht, dass das Internet eine „gewisse Aktualität der eingestellten Inhalte" suggeriere, zu widersprechen, da erstens für diese Ansicht keine belegbaren Fakten sprechen und sich zweitens etwaige Fehlvorstellungen mit einer einfachen Datumsangabe vermeiden lassen.

Reinigungsmängel ohne konkreten Lebensmittelbezug betreffen, zu einer Veröffentlichungspflicht i. S. d. § 40 Abs. 1a LFGB führen.[2035]

Das rheinland-pfälzische OVG ging davon aus, dass eine Veröffentlichung auch dann erfolgen darf, wenn ohne Betroffenheit der Lebensmittel alleine „das Umfeld des Verarbeitungsprozesses nicht den hygienischen Anforderungen entspricht", denn dadurch sei das Risiko einer nachteiligen Beeinflussung „etwa durch die Kontamination mit Schimmelpilzsporen oder Mikroorganismen" deutlich erhöht.[2036] Die überwiegende Meinung in Rechtsprechung und Literatur sieht dies allerdings anders und beschränkt die Veröffentlichungspflicht auf produktbezogene Mängel.[2037]

Im Wortlaut der Norm heißt es hierzu, die zuständige Behörde informiere die Öffentlichkeit „unter Nennung der Bezeichnung des Lebensmittels oder Futtermittels sowie unter Nennung des Lebensmittel- oder Futtermittelunternehmens". Daraus könnte man schließen, dass ein Lebensmittel direkt betroffen sein muss, da es sonst nicht bezeichnet werden kann. Dafür spricht auch, dass der Wortlaut gerade nicht die Nennung verschmutzter Gegenstände o. ä. vorsieht.

Aus den Gesetzgebungsmaterialien lässt sich ebenfalls nicht ableiten, dass der Gesetzgeber auch eine Veröffentlichung sonstiger Mängel regeln

---

2035 Auch Hygiene- und Reinigungsmängel: OVG RhPf GewArch 2013, 209, 210; VG Sigmaringen, Beschluss v. 9.1.2013 – 2 K 4346/12, juris, Rn. 9; wohl auch *Schoene,* ZLR 2013, S. 65, 69. *Elsing/Rosenow,* VuR 2013, S. 77, 80 mit der Einschränkung, dass bei den Hygienemängeln der Bezug zu den betroffenen Lebensmitteln hergestellt wird.

2036 OVG RhPf GewArch 2013, 209, 210. Ebenso VG Sigmaringen, Beschluss v. 9.1.2013 – 2 K 4346/12, juris, Rn. 9.

2037 Mängel nur mit Lebensmittelbezug (oftmals wird sogar davon gesprochen, dass nur eine „konkrete Produktwarnung" zulässig sei): HessVGH, Beschluss v. 23.4.2013 – 8 B 28/13, juris, Rn. 2; VG Berlin LMRR 2012, 77; VG Düsseldorf, Urteil v. 13.3.2015 – 26 K 4876/13, juris, Rn. 24; LMRR 2013, 69; VG Karlsruhe BeckRS 2012, 23007; Beschluss v. 4.12.2012 – 5 K 3056/12 (n.V.); VG Regensburg BeckRS 2012, 59253; VG d. Saarlandes LMRR 2013, 9; VG Trier BeckRS 2012, 60163; VG Würzburg BeckRS 2013, 45203; *Grube/Wallau,* in: FS Horst, S. 253, 260; *Grube/Immel/Wallau,* VerbraucherInfoR, Teil B Rn. 70; *Michl/Meyer,* DLR 2013, S. 79, 82; *Theis,* DVBl. 2013, S. 627, 633. *Gundel,* ZLR 2013, S. 662, 678 mit dem Hinweis, dass die Einschränkung auf eine „konkrete Produktwarnung" aber zu weitgehend sei; ebenso VG Karlsruhe, Beschluss v. 17.12.2012 – 1 K 2767/12 (n.V.). Anders *Girnau/Sieber,* in: FS Horst, S. 241, 251 und *Hüpers,* GewArch 2013, S. 161, 162, die sich im Anschluss an die erste Entscheidung des VG Karlsruhe (BeckRS a.a.O.) für eine Produktwarnung aussprechen.

wollte. Hier heißt es lediglich, dass neben Grenzwertüberschreitungen „auch bei sonstigen Rechtsverstößen [...] eine gesetzliche Definition derjenigen Tatbestände erfolgen [sollte], bei denen – ähnlich wie bei ‚Grenzwertüberschreitungen' – eine Veröffentlichung zwingend angezeigt ist".[2038] Damit wird der Bezug zum konkreten Lebensmittel eher noch gestärkt, denn auch die Grenzwertüberschreitung ist untrennbar mit einem Lebensmittel verbunden.[2039]

Möglicherweise ergibt sich aus Sinn und Zweck der Norm etwas anderes. Sie dient dazu, transparente Verhältnisse zu schaffen und so den Verbrauchern im Umgang mit Lebensmitteln eine informierte Entscheidung zu ermöglichen. Die berechtigten Erwartungen der Verbraucher hinsichtlich der hygienischen Umstände bei der Herstellung eines Lebensmittels sollen geschützt werden.[2040] Zur Erreichung dieses Zwecks sieht der Gesetzgeber aber keine „grenzenlose Information" vor, „sondern knüpft die aktive Veröffentlichung im Hinblick auf die gegenläufigen Interessen der Lebensmittelunternehmer an fest umrissene Voraussetzungen, [insofern] als nur bestimmte herausgehobene Rechtsverstöße zu veröffentlichen sind".[2041] Mithin ergibt sich auch aus dem Telos der Norm kein Grund, Veröffentlichungen wegen Verstößen gleich welcher Art zuzulassen.

Das Ergebnis dieser Auslegung spricht dafür, die Rechtsfolgenseite des § 40 Abs. 1a LFGB insofern zu begrenzen, als nur über konkrete Lebensmittelverstöße und nicht über sonstige Hygienemängel informiert werden darf.[2042] Konsequenterweise muss dieses Ergebnis dann auch im Rahmen der Prüfung, ob der Verstoß erheblich ist und die Bußgeldschwelle von 350 € überschritten wurde, berücksichtigt werden.[2043] So hat das VG Würzburg zutreffend ausgeführt: „Soweit Gegenstand des Bußgeldverfahrens noch weitere Hygieneverstöße sind, etwa die allgemeine Betriebshygiene oder Reinigungsmängel oder etwa Mängel im Kellerraum und dergleichen, müssen diese außen vor bleiben."[2044]

2038 BT-Drs. 17/7374, S. 20.

2039 So auch VG Würzburg BeckRS 2013, 45203; VG Trier BeckRS 2012, 60163; VG Karlsruhe BeckRS 2012, 23007; Beschluss v. 4.12.2012 – 5 K 3056/12 (n.V.); VG Regensburg BeckRS 2012, 59253.

2040 *Voit,* LMuR 2012, S. 9, 10.

2041 VG Würzburg BeckRS 2013, 45203.

2042 Ebenso *Hüpers,* GewArch 2013, S. 161, 162.

2043 VG Würzburg BeckRS 2013, 45203, 45203.

2044 VG Würzburg BeckRS 2013, 45203, 45203; zustimmend *Hüpers,* GewArch 2013, S. 161, 162.

c) Untersuchung zweier unterschiedlicher Laboratorien

Umstritten ist weiter, ob § 40 Abs. 1a LFGB voraussetzt, dass die genommenen Proben von zwei unterschiedlichen Laboratorien untersucht werden müssen oder ob es genügt, dass zwei Proben vom selben Labor untersucht werden. Während die „Länderarbeitsgemeinschaft Verbraucherschutz“ (LAV)[2045] hierzu einstimmig beschlossen hat, dass die „bestehende Validierungspraxis bei Beanstandungen durch ein akkreditiertes amtliches Labor […] den Anforderungen des neuen § 40 Abs. 1 a LFGB [genügt]“,[2046] werden in Literatur und Rechtsprechung weiterhin beide Auslegungsmöglichkeiten diskutiert und vertreten.[2047] Deshalb gilt es, sich wiederum mittels der gängigen Auslegungskriterien dem Willen des Gesetzgebers zu nähern.

Im Normtext heißt es hierzu „[…] wenn der durch Tatsachen, im Falle von Proben nach § 39 Absatz 1 Satz 2 auf der Grundlage mindestens zweier unabhängiger Untersuchungen von Stellen nach Artikel 12 Absatz 2 der Verordnung (EG) Nr. 882/2004, hinreichend begründete Verdacht besteht, dass […]“. Der Wortlaut ist mithin nicht eindeutig: Zum einen lässt sich vertreten, dass sich das Wort „zweier“ seiner Anordnung im Satzgefüge nach zu urteilen nur auf die Anzahl der Untersuchungen bezieht.[2048] Andererseits könnte aber der Plural des Wortes „Stellen“ darauf hindeuten,

2045 Näher zur LAV s. https://www.verbraucherschutzministerkonferenz.de/LAV.html, zuletzt geprüft am 28.10.2014.

2046 S. *Hülsenbusch,* Die Veröffentlichungen nach VIG und § 40 LFGB, http://www.cvua-owl.de/download/pdffiles/dtgs50/Michael_Huelsenbusch_-_Die_Veroeffentlichungspflichten_nach_VIG_und_40_LFGB.pdf, zuletzt geprüft am 20.8.2014; s. auch *Grube/Immel/Wallau,* VerbraucherInfoR, Teil B Rn. 84; *Kühne/Preuß,* ZLR 2012, S. 284, 296 bezeichnen dies als „‚Augen zu und durch!‘-Taktik“.

2047 Für *ein* Laboratorium OVG NRW LMRR 2013, 65; VG Gelsenkirchen, Beschluss v. 4.1.2013 – 19 L 1452/12, juris, Rn. 15 ff.; tendenziell auch *Wustmann,* in: Dix/Franßen/Kloepfer/Schaar/Schoch/Deutsche Gesellschaft für Informationsfreiheit (Hrsg.), Informationsfreiheit, S. 197, 218 f.; für *zwei* Laboratorien NdsOVG NVwZ-RR 2013, 831, 832 f.; VG Hannover BeckRS 2013, 46717; VG Dresden, Beschluss v. 22.4.2013 – 6 L 47/13, juris, Rn. 38; *Girnau/Sieber,* in: FS Horst, S. 241, 245 f.; *Grube/Immel/Wallau,* VerbraucherInfoR, Teil B Rn. 84; *Kühne/Preuß,* ZLR 2012, S. 284, 294 ff.; *Schoch,* NVwZ 2012, S. 1497, 1502; *Theis,* DVBl. 2013, S. 627, 632. So i.E. wohl auch *Boch,* LFGB, § 40 LFGB Rn. 40.

2048 So auch VG Gelsenkirchen, Beschluss v. 4.1.2013 – 19 L 1452/12, juris, Rn. 16; *Boch,* LFGB, § 40 LFGB Rn. 40.

dass sich die Zahl zwei auch auf diese bezieht und ein Labor nicht ausreichend ist.[2049] In diese Richtung argumentieren auch *Grube/Immel/Wallau*, nach denen die Formulierung „mindestens zweier unabhängiger Untersuchungen" an sich bereits dafür spricht, dass die im Rahmen des § 40 Abs. 1 LFGB bestehende Laborpraxis für § 40 Abs. 1a LFGB nicht genügen soll.[2050]

Dieses Verständnis ist allerdings im Hinblick auf den Wortlaut nicht zwingend, denn die Verwendung des Plurals könnte auch nur die Stellen im Sinne der Verordnung bezeichnen und damit lediglich den Plural „Laboratorien" in Art. 12 Abs. 2 VO (EG) Nr. 882/2004 aufgreifen.[2051] Nach dem VG Gelsenkirchen entspricht es der gängigen Regelungstechnik, Tatbestandsmerkmale im Plural zu benennen, ohne damit zugleich ihre mehrfache Verwirklichung zu fordern.[2052] *Boch* weist zutreffend darauf hin, dass der Gesetzgeber statt von „Stellen" auch von „unterschiedlichen Stellen" hätte sprechen können, dies aber ersichtlich nicht getan hat.[2053] Der Wortlaut lässt mithin beide Deutungsalternativen zu.

2049 Für das VG Hannover BeckRS 2013, 46717 ist dieses Ergebnis eindeutig: „§ 40 Abs. 1a LFGB lässt nur diese Deutung zu, selbst wenn auf den ersten Blick die Wortbeziehung von ‚unabhängig' nicht eindeutig sein mag". Zum gleichen Schluss kommt das NdsOVG NVwZ-RR 2013, 831, 832. Aus der Literatur s. *Girnau/Sieber*, in: FS Horst, S. 241, 246; *Grube/Immel/Wallau,* VerbraucherInfoR, Teil B Rn. 84; *Kühne/Preuß,* ZLR 2012, S. 284, 295; *Theis,* DVBl. 2013, S. 627, 634 sowie *Rathke*, in: Zipfel/Rathke, LebensmittelR, § 40 LFGB Rn. 64, der auf das Wort „unabhängig" abstellt. Dies beziehe sich zwar nur auf die Untersuchungen und nicht auf die Stellen. Jedoch wäre, würde nur eine Stelle tätig, die Unabhängigkeit der Untersuchungen nicht gesichert: „Voneinander unabhängig können Untersuchungen nur dann sein, wenn sie von verschiedenen Personen ohne berufliche (oder persönliche) Bindungen durchgeführt werden".

2050 *Grube/Immel/Wallau,* VerbraucherInfoR, Teil B Rn. 84.

2051 So die Auslegung des VG Gelsenkirchen, Beschluss v. 4.1.2013 – 19 L 1452/12, juris, Rn. 17; dem zustimmend OVG NRW LMRR 2013, 65; *Boch,* LFGB, § 40 LFGB Rn. 40. Für die Uneindeutigkeit des Wortlauts VG Dresden, Beschluss v. 22.4.2013 – 6 L 47/13, juris, Rn. 38.

2052 VG Gelsenkirchen, Beschluss v. 4.1.2013 – 19 L 1452/12, juris, Rn. 17.

2053 *Boch,* LFGB, § 40 LFGB Rn. 40. Selbstverständlich kann man diesen Einwand auch umgekehrt fruchtbar machen. So hat das NdsOVG NVwZ-RR 2013, 831, 832 ausgeführt: „Hätte der Gesetzgeber alleine die in Betracht kommenden Laboratorien eingrenzen wollen, so hätte es sich angeboten, die Formulierung ‚mindestens zweier unabhängiger Untersuchungen einer Stelle' oder ‚mindestens zweier unabhängiger Untersuchungen mindestens einer Stelle' zu wählen".

Möglicherweise gibt die historische Auslegung mehr Aufschluss über die Intention des Gesetzgebers. Die ursprüngliche Fassung des § 40 Abs. 1a LFGB sah die Laboruntersuchung gar nicht vor, sondern nannte als Voraussetzung lediglich „den durch Tatsachen hinreichend begründeten Verdacht" des Bestehens einer Grenzwertüberschreitung.[2054] In der Begründung zur Änderung des Entwurfs hin zur nunmehr gültigen Fassung heißt es, die Änderung solle den Tatbestand dahingehend konkretisieren, „dass die Tatsachenbasis aus mindestens zwei unabhängigen Analyseergebnissen akkreditierter Stellen bestehen müsse".[2055] Hieraus ergibt sich nicht zwingend das Erfordernis zweier unterschiedlicher Stellen, da nur von „unabhängigen Analyseergebnissen" die Rede ist.[2056]

Anhaltspunkte für eine gegenteilige Auslegung bietet die Äußerung einer Abgeordneten in einer Bundestagssitzung: „Proben – hören Sie bitte zu – müssen nun von mindestens zwei unabhängigen Laboren untersucht werden".[2057] Auch wenn hier Zweifel daran bestehen, dass die Aussage einer einzelnen Abgeordneten Rückschlüsse auf die Vorstellung aller anderen erlauben soll, stellen Teile der Rechtsprechung und der Literatur nun darauf ab, dass diese Aussage im Bundestag (trotz der Aufforderung zuzuhören) unwidersprochen blieb und die Abgeordneten deswegen von dieser Interpretation der Novellierung ausgehen mussten.[2058] Das VG Gelsenkirchen hingegen meint, dies sei eine „bloße (Fehl-)Interpretation, die zudem vereinzelt geblieben ist".[2059] Wenig später heißt es auch in derselben Bundestagsdebatte: „[…], dass es zwei amtliche Proben geben muss, die den

2054 Vgl. BT-Drs. 17/7374, S. 10. S. dazu auch VG Gelsenkirchen, Beschluss v. 4.1.2013 – 19 L 1452/12, juris, Rn. 19.

2055 Vgl. BT-Drs. 17/7993, S. 18. S. dazu auch VG Gelsenkirchen, Beschluss v. 4.1.2013 – 19 L 1452/12, juris, Rn. 21.

2056 Ebenso VG Gelsenkirchen, Beschluss v. 4.1.2013 – 19 L 1452/12, juris, Rn. 23. A.A. wegen des auch hier verwendeten Plurals VG Hannover BeckRS 2013, 46717 und NdsOVG NVwZ-RR 2013, 831, 832. Wohl ebenfalls a.A. VG Dresden, Beschluss v. 22.4.2013 – 6 L 47/13, juris, Rn. 38. *Girnau/Sieber*, in: FS Horst, S. 241, 246 gehen davon aus, dass die nachträgliche Einfügung der Textpassage dafür spricht, dass man von der gängigen Validierungspraxis abweichen wollte.

2057 So die Abgeordnete *Elvira Drobinski-Weiß*, BT-Plenarprotokoll 17/147, S. 17618. Dazu auch *Boch*, LFGB, § 40 LFGB Rn. 38; *Girnau/Sieber*, in: FS Horst, S. 241, 246.

2058 VG Hannover BeckRS 2013, 46717; NdsOVG NVwZ-RR 2013, 831, 832; *Pache/Meyer*, in: Meyer/Streinz, LFGB, § 40 LFGB Rn. 33.

2059 VG Gelsenkirchen, Beschluss v. 4.1.2013 – 19 L 1452/12, juris, Rn. 25.

Verstoß bestätigen, bevor eine Behörde veröffentlichen darf. Somit gehen wir gegen Messfehler vor […]".[2060] Von zwei unabhängigen Laboratorien ist hier nun nicht mehr die Rede. Die Absicht, Messfehler zu vermeiden, wird bereits durch die Untersuchung zweier unterschiedlicher Proben gefördert.

Interessant ist in diesem Zusammenhang auch die – im Ergebnis abgelehnte – Empfehlung des Ausschusses für Agrarpolitik und Verbraucherschutz, in der dieser sich dafür aussprach, den Passus „mindestens zweier unabhängiger Untersuchungen" zu streichen, da nicht klar sei, was darunter zu verstehen sei.[2061] Im Einzelnen heißt es dazu, „[e]ine strikte Vorgabe mindestens zweier unabhängiger Untersuchungen, möglicherweise durch zwei verschiedene Laboratorien, würde den bereits existierenden Standard an Analysesicherheit der amtlichen Untersuchungen untergraben sowie die Zeiten, bis zu denen Grenzwertüberschreitungen dann als ‚gesichert' feststünden, übermäßig ausdehnen."[2062] Die Problematik wurde mithin durchaus erkannt, eine Klarstellung indes nicht für notwendig erachtet. Die historische Auslegung vermag damit kein eindeutiges Bild zu vermitteln.

Möglicherweise bringt die teleologische Auslegung ein eindeutigeres Ergebnis. Das Erfordernis zweier Untersuchungen soll sicherstellen, dass der die Veröffentlichung tragende Befund hinreichend verlässlich ist.[2063] Dies wäre bei nur einer Probe, etwa aufgrund möglicher Verunreinigungen, nicht der Fall. Die Untersuchung zweier verschiedener Laboratorien würde diesen Telos weiter stützen, denn sie würde ebenfalls dazu dienen, eine möglichst sichere Beurteilungsgrundlage zu gewinnen und stünde somit für eine „erhöhte Richtigkeitsgewähr".[2064] Aber ist es zur Sicherung dieser Verlässlichkeit auch erforderlich, dass die verschiedenen Proben von zwei unabhängigen Laboratorien ausgewertet werden?

Dies wäre der Fall, wenn die Untersuchung durch ein Labor weniger Sicherheit bieten würde als durch zwei verschiedene Laboratorien. Zunächst gilt angesichts der Bedingung, dass es sich um akkreditierte Laboratorien im Sinne des Art. 12 Abs. 2 VO (EG) Nr. 882/2004 handeln muss, dass

---

2060 So der Abgeordnete *Erik Schweickert*, BT-Plenarprotokoll 17/147, S. 17620.
2061 BR-Drs. 5/1/12, S. 3 f.
2062 BR-Drs. 5/1/12, S. 4.
2063 VG Gelsenkirchen, Beschluss v. 4.1.2013 – 19 L 1452/12, juris, Rn. 26.
2064 NdsOVG NVwZ-RR 2013, 831, 833; VG Dresden, Beschluss v. 22.4.2013 – 6 L 47/13, juris, Rn. 38.

prinzipiell jede Untersuchung gleichermaßen objektiv und unabhängig zu erfolgen hat und die Qualität der Untersuchung damit hinreichend abgesichert ist.[2065] Allerdings könnte sich ein „systemisch angelegter Fehler" in einem Labor auf beide Untersuchungen gleichermaßen auswirken.[2066] Die Gefahr eines solch „durchschlagenden" Fehlers wäre geringer, wenn zwei unabhängige Laboratorien mit der Untersuchung zweier unabhängiger Proben betraut würden. Vor dem Hintergrund, dass die Information in der Öffentlichkeit ein so einschneidendes Instrument ist, sind, wie bereits gesehen, an die Richtigkeit der ermittelten Tatsachen hohe Voraussetzungen zu stellen. Deshalb sprechen aus rechtsstaatlicher Sicht die besseren Gründe dafür, das Risiko einer Fehlinformation mit der Folge der Schädigung eines Betriebs und einer Irreführung der Öffentlichkeit so gering wie möglich zu halten.[2067]

Auch wenn sich nach der hier vertretenen Ansicht aus dem Wortlaut und aus der Gesetzgebungshistorie entgegen anderweitig vertretener Auffassungen kein eindeutiges Signal für die Prüfung durch zwei unabhängige Laboratorien ergibt, spricht der Telos der Norm möglicherweise eher für eine solche strenge Auslegung. Ob dies in der Praxis allerdings eine Bedingung ist, die aufgrund ihrer (vermeintlichen?) Formalität eher nachteilig und womöglich nicht gewinnbringend ist, etwa weil sie eine zügige Ermittlung des Sachverhalts und eine zeitnahe Veröffentlichung wegen eines bürokratischen Mehraufwands erschwert und die seitens des VG Dresden befürchteten systemischen Fehler womöglich in der Realität nahezu nie vorkommen,[2068] vermag hier allerdings nicht beurteilt zu werden. Das richtige Ergebnis in Bezug auf die Anforderungen der Laboruntersuchun-

---

2065 OVG NRW LMRR 2013, 65; in diese Richtung bereits VG Gelsenkirchen, Beschluss v. 4.1.2013 – 19 L 1452/12, juris, Rn. 26.

2066 VG Dresden, Beschluss v. 22.4.2013 – 6 L 47/13, juris, Rn. 38. In diese Richtung auch *Boch,* LFGB, § 40 LFGB Rn. 40; *Girnau/Sieber*, in: FS Horst, S. 241, 247.

2067 So zutreffend bereits das VG Dresden, Beschluss v. 22.4.2013 – 6 L 47/13, juris, Rn. 38. In diese Richtung unter Hinweis auf das Fehlen eines Gefahrenmoments, weshalb Gründlichkeit Vorrang vor Schnelligkeit haben müsse, auch *Girnau/Sieber*, in: FS Horst, S. 241, 246 f.

2068 Nach *Kühne/Preuß,* ZLR 2012, S. 284, 294 wurde „in den letzten Jahrzehnten praktisch nie die Richtigkeit eines Untersuchungsergebnisses angezweifelt". S. dazu auch *Wustmann*, in: Dix/Franßen/Kloepfer/Schaar/Schoch/Deutsche Gesellschaft für Informationsfreiheit (Hrsg.), Informationsfreiheit, S. 197, 219.

gen müsste in diesem Fall in der sinnvollen Zusammenarbeit mit der Praxis ermittelt und dann entsprechend de lege ferenda klargestellt werden.

4. Fazit und Ausblick

§ 40 Abs. 1a LFGB ist zu einem großen Teil deshalb so umstritten, weil die Norm inhaltlich Neuland betritt und dies zudem auf einem Terrain äußerst gegenläufiger Interessen. Zu dieser ohnehin schwierigen Ausgangslage kommt hinzu, dass auch Legislative und Exekutive unterschiedliche Prioritäten mit der Ausgestaltung verfolgen. So möchte die Praxis möglichst genaue Vorgaben seitens des Gesetzgebers erhalten, um selbst nicht in die Verlegenheit einer Fehlentscheidung und Haftung zu kommen – dem Gesetzgeber auf der anderen Seite ist eine derart konkrete Ausgestaltung, wie sie gewünscht wird, nicht möglich bzw. so auch nicht praktikabel.

Dennoch gilt, dass der Ausgleich gegenläufiger Rechtspositionen und Interessen primär eine Aufgabe des Gesetzgebers ist. Die größtenteils erfolgte Aussetzung der Veröffentlichungen dürfte nicht in seinem Interesse liegen. Zudem sind nicht zuletzt auch die Unternehmer auf klare Verhaltensmaßstäbe angewiesen. Dementsprechend befindet sich derzeit ein Gesetzesentwurf zur Änderung des § 40 LFGB in der Abstimmung.[2069] Am 16.11.2015 antwortete die Bundesregierung auf eine kleine Anfrage: „Die von den Verwaltungsgerichten erhobenen Bedenken sollen durch die Ergänzung einer Härtefallklausel und einer gesetzlichen Löschungsfrist sowie durch verschiedene Änderungen überwiegend klarstellender Art ausgeräumt werden“.[2070] In den Fachmedien wird berichtet, Absatz 1a solle aus § 40 LFGB ausgegliedert und in einen neuen § 40a LFGB eingebracht werden.[2071] Dabei solle die Bußgeldschwelle erhalten bleiben. Die Löschungsfrist solle sechs Monate betragen, Angaben zur Beseitigung eines Mangels seien künftig verpflichtend beizufügen.[2072] Diese Änderungen würden sich, vorausgesetzt sie bleiben auch nach der Ressortabstimmung

2069 So die Auskunft der Bundesregierung in BT-Drs. 18/2691, S. 3, 7.
2070 BT-Drs. 18/6718, S. 9 (Vorabfassung, zuletzt geprüft am 28.12.2015).
2071 *Klein*, LZ v. 26.9.2014, S. 23.
2072 *Klein*, LZ v. 26.9.2014, S. 23.

erhalten,[2073] im Wesentlichen mit den hier herausgearbeiteten Positionen decken, wobei die „verschiedene[n] Änderungen überwiegend klarstellender Art“ mit Spannung abzuwarten sind.

Ferner ist eine Änderung von § 40 Abs. 1 LFGB angedacht, die Bundesregierung führt hierzu aus: „In den Fällen, in denen der hinreichende Verdacht besteht, dass von einem Erzeugnis eine konkrete Gefahr ausgeht, überwiegt das Schutzgut der Gesundheit von Mensch oder Tier stets die wirtschaftlichen Belange des von der Veröffentlichung betroffenen Unternehmers“.[2074] Die Änderung soll eine zwingende Warnung der Öffentlichkeit ohne das Erfordernis einer vorherigen Interessenabwägung im Einzelfall bewirken. Würde Absatz 1 entsprechend strikt ausgestaltet wie Absatz 2 (ohne jedoch den Verhältnismäßigkeitsgrundsatz zu verletzen), würde dies den Bedenken der Folgerichtigkeit Rechnung tragen können.

Eine kumulative Änderung des LFGB im Zusammenhang mit der Änderung des Agrarstatistikgesetzes Anfang November 2014 wurde versäumt.[2075] Auch zwischenzeitlich ist keine Änderung erfolgt: „An dieser Neuformulierung des § 40 LFGB versuchen wir nun seit zwei Jahren zu arbeiten“, so die Abgeordnete *Thissen* in der Bundestagssitzung am 26.11.2015.[2076] Wird der Gesetzgeber nicht alsbald bezüglich § 40 Abs. 1a LFGB tätig, bleibt nur zu hoffen, dass die Entscheidung des angerufenen BVerfG Licht ins Dunkel bringen wird – wobei zu befürchten ist, dass sich das BVerfG vor dem Hintergrund der Gesetzesnovelle seinerseits Zeit lassen könnte.[2077]

2073 Der Änderungsentwurf zu § 40 Abs. 1a LFGB „häng[e] seit Wochen in der Ressortabstimmung fest“, so die LZ am 13.11.2014, http://www.lebensmittelzeitung.net/news/top/protected/Transparenzregel-steckt-in-Ressortabstimmung-fest-_107750.html, zuletzt geprüft am 5.2.2015. Über den Änderungsantrag einiger Abgeordneter sowie der Fraktion DIE LINKE vom 4.3.2015, BT-Drs. 18/4214, wurde bislang (Stand 28.12.2015) noch nicht beraten.

2074 BT-Drs. 18/6718, S. 9 (Vorabfassung, zuletzt geprüft am 28.12.2015).

2075 BT-Drs. 18/3064. Hintergrund der Änderung ist das Inkrafttreten der LMIV (Verordnung [EU] Nr. 1169/2011 des Europäischen Parlaments und des Rates v. 25.10.2011, ABl. EU Nr. L 304, S. 18 ff.) am 13.12.2014. Kritisch zur nicht erfolgten Änderung des § 40 Abs. 1a LFGB äußert sich auch der Bundestagsabgeordnete *Ostendorff*, vgl. BT-Plenarprotokoll 18/63, S. 5956.

2076 Plenarprotokoll 18/140, S. 13815.

2077 *Klein*, LZ v. 26.9.2014, S. 23.

III. Die Informationspflicht nach § 6 Abs. 1 S. 3 VIG

> *„Wer sofortige und voraussetzungslose Namensnennung in der Öffentlichkeit als Allheilmittel gegen sog. Lebensmittelskandale und sonstige Missstände aller Art betrachtet, übersieht, dass sich das Verbraucherinformationsrecht im grundrechtlich geschützten Raum bewegt [...].“*[2078]

1. Einleitung und Abgrenzung zu § 40 LFGB

Das Verbraucherinformationsgesetz (VIG) wurde im Jahre 2007 erlassen und sah – nach zwei im Vermittlungsausschuss gescheiterten Gesetzesvorhaben zur Verbraucherinformation 2002 und 2004[2079] und einer verweigerten Ausfertigung des damaligen Bundespräsidenten *Horst Köhler* im Jahre 2006[2080] – erstmals die gezielte aktive, d. h. antragsungebundene Information über Verstöße gegen rechtliche Vorgaben vor.[2081] Die nach der Novelle im September 2012[2082] hierfür maßgebliche Norm des § 6 Abs. 1

2078 *Kühnle*, in: Leible (Hrsg.), Verbraucherschutz, S. 5, 18.

2079 BT-Drs. 14/8738; BT-Drs. 15/4244, dazu auch *Grube/Weyland,* VIG, S. 23 Rn. 2; *Müller,* Risikokommunikation, S. 183; *Werner,* ZLR 2008, S. 115, 116.

2080 Der Bundespräsident sah in der Zuständigkeit kommunaler Behörden für die Bearbeitung von Anträgen nach dem VIG eine Verletzung des Durchgriffsverbots des Art. 84 Abs. 1 GG, s. dazu *Beck,* VIG, S. 9 f. und auch *Elsing*, in: Voit (Hrsg.), Lebensmittelinformation, S. 9, 10 f., der darauf hinweist, dass es erst das achte Gesetz gewesen sei, dessen Ausfertigung ein Bundespräsident verweigert habe.

2081 *Gundel,* ZLR 2013, S. 662, 663; *Hofmann-Hoeppel*, in: Eiding/Hofmann-Hoeppel (Hrsg.), VerwR, S. 106, Rn. 1. Zur Entstehungsgeschichte des VIG s. *Beck,* VIG, S. 9 f.; *Böhm/Lingenfelder/Voit,* NVwZ 2011, S. 198, 198 f.; *Girnau,* ZLR 2006, S. 651, 651 ff.; *Grube/Immel/Wallau,* VerbraucherInfoR, Teil D Einleitung Rn. 1 ff.; *Werner,* ZLR 2008, S. 115, 116 f. Vertiefend zum VIG s. BT-Drs. 18/2691 (Bilanz nach zwei Jahren VIG-Novelle) sowie die Studien von *Böhm/Lingenfelder/Voit,* Auswertung; *Oertel/Schimke/Ulmer/Karig,* Abschlussbericht VIG, http://download.ble.de/08HS024.pdf; Pfeiffer/Heinke/Portugall, Rechtsvergleichende Untersuchung; s.a. die Zusammenfassung der Evaluationsergebnisse von *Böhm*, in: FS Bull, S. 965, 972 ff. und *Elsing*, in: Voit (Hrsg.), Lebensmittelinformation, S. 9, 12 ff.

2082 Aufgrund des Gesetzes vom 15.3.2012 (BGBl. 2012 I S. 476) wurde das VIG vom 5.11.2007 (BGBl. 2007 I S. 2558) mit Wirkung zum 1.9.2012 novelliert. Es befindet sich derzeit i. d. F. der Bek. v. 17.10.2012 (BGBl. 2012 I S. 2166, 2725), zuletzt geändert durch G. v. 7.8.2013 (BGBl. 2013 I S. 3154). Zu Anlass, Ziel und Inhalt der Novelle s. *Prommer/Rossi,* GewArch 2013, S. 97, 97 ff.;

S. 3 VIG lautet: „Die informationspflichtige Stelle kann Informationen, zu denen Zugang zu gewähren ist, auch unabhängig von einem Antrag nach § 4 Absatz 1 über das Internet oder in sonstiger öffentlich zugänglicher Weise zugänglich machen; § 5 Absatz 1 gilt entsprechend." Zu welchen Informationen Zugang zu gewähren ist, ergibt sich aus § 2 VIG. Mit § 6 Abs. 1 S. 3 VIG hat der Gesetzgeber eine bedeutende Bestimmung quasi im „Nachsatz versteckt".[2083]

Zunächst stellt sich die Frage nach dem Verhältnis von § 6 Abs. 1 S. 3 VIG zu § 40 LFGB. Während die Ermächtigungsgrundlage des LFGB dazu dient, den Verbraucher vor Gefahren wie Gesundheitsrisiken oder Täuschungen zu schützen, bedient die Norm des VIG lediglich ein allgemeines Informationsinteresse.[2084] Durch § 6 Abs. 1 S. 3 VIG sind aktive Behördeninformationen somit gänzlich unabhängig vom Vorliegen einer Gefahr möglich.[2085] Aus § 2 Abs. 4 VIG ergibt sich, dass das VIG nur subsidiär anwendbar ist, sofern sich aus anderen Rechtsvorschriften „entsprechende oder weitergehende Vorschriften" ergeben. Es ist deshalb davon auszugehen, dass § 40 LFGB lex specialis für die Verbraucherinformation ist, die der Gefahrenabwehr und dem Gesundheitsschutz dient, während § 6 Abs. 1 S. 3 VIG auf die sonstigen, anlasslosen Fälle der Verbraucherinformation Anwendung findet.[2086]

§ 6 VIG geht insofern über die Regelung aus dem LFGB hinaus, als über die „Zweckbindungen" des § 40 Abs. 1 hinaus informiert werden kann und die Einschränkungen des § 40 Abs. 1 S. 3, Abs. 2, Abs. 4 und Abs. 5 LFGB bei § 6 VIG fehlen.[2087] Eine Verdrängung des VIG bei Sachverhalten, die sich unterhalb der in § 40 Abs. 1a LFGB geregelten qualifi-

---

Theis, DVBl. 2013, S. 627, 627 ff. Kritisch zur Novellierung vor dem Hintergrund des Verhältnismäßigkeitsgrundsatzes *Joh/Krämer/Teufer/Unland,* ZLR 2012, S. 420, 431 ff. Im September 2014 hat die Fraktion DIE LINKE eine kleine Anfrage betreffend der Wirkungen des VIG zwei Jahre nach der Novelle 2012 gestellt, s. dazu BT-Drs. 18/2527.

2083 *Grube/Immel/Wallau,* VerbraucherInfoR, Teil D § 5 Rn. 5.

2084 *Müller,* Risikokommunikation, S. 197 f.; *Raspé,* BLJ 2013, S. 8, 10; *Schink,* Rechtsgutachten, S. 33 f.; *Schoch,* NJW 2010, S. 2241, 2246; *Voit,* LMuR 2012, S. 9, 10. Die „Schwesternorm" des § 31 ProdSG stellt demgegenüber auf das Vorliegen von Gefahren für die Sicherheit und Gesundheit von Personen ab, s. dazu auch *Grube/Immel/Wallau,* VerbraucherInfoR, Teil B Rn. 29 ff.

2085 *Grube/Immel/Wallau,* VerbraucherInfoR, Teil D § 6 Rn. 5; *Falck,* VIG, S. 122.

2086 Ebenso *Beck,* VIG, S. 74; *Schoch,* NJW 2010, S. 2241, 2246.

2087 *Borchert,* in: Beyerlein/Borchert (Hrsg.), VIG, § 5 Rn. 6, 9.

zierten Voraussetzungen abspielen, findet daher nicht statt.[2088] Weil § 40 Abs. 1a LFGB wie gesehen auch die schlichte Verbraucherinformation erlaubt, ist die Abgrenzung der beiden Anwendungsbereiche unter Umständen schwierig.[2089] Vor diesem Hintergrund wird kritisiert, im VIG hätte nicht die aktive, sondern nur die passive Informationstätigkeit geregelt werden sollen.[2090] Ferner wird die Empfehlung ausgesprochen, Informationen ohne Namensnennung und ohne Bezug zu einem konkreten Vorgang im VIG und Informationen mit Namensnennung und Bezug zu einem konkreten Vorgang im LFGB zu verankern.[2091] Auch wird z. T. angeregt, die schlichte Verbraucherinformation allein im VIG zu verankern,[2092] bzw. wird § 6 Abs. 1 S. 3 VIG ein eigenständiger Regelungsgehalt abgesprochen.[2093]

Dem wird aber seitens der Bundesregierung nicht gefolgt: Nach dem VIG informierten Behörden grundsätzlich auf Individualanfragen über Rechtsverstöße, während die Information nach § 40 LFGB auf Veranlassung der Behörden erfolge.[2094] Insofern handele es sich um „zwei unterschiedliche Fallgruppen, deren Fortbestand so auch gewünscht ist".[2095] Dass das Nebeneinander der beiden Vorschriften dem Gesetzgeber bekannt und dieser Zustand von ihm auch so gewollt ist, äußert sich zudem

2088 VG Berlin, Beschluss v. 17.3.2014 – 14 L 410.13, juris, Rn. 32; GewArch 2014, 303, 304 f.; ebenso für § 40 Abs. 1 LFGB a. F. *Schink*, Rechtsgutachten, S. 34 f. A.A. *Theis*, DVBl. 2013, S. 627, 633.

2089 Nach *Schoch*, NJW 2010, S. 2241, 2246 sind die beiden Normen „ersichtlich nicht abgestimmt […]".

2090 So *Werner*, ZLR 2008, S. 115, 124, der als Rechtsgrundlage für aktive Informationstätigkeit lediglich § 40 LFGB anerkennt und davon ausgeht, dass § 5 Abs. 1 S. 2 VIG a. F. rechtssystematisch und verfassungsrechtlich verfehlt ist. Er plädiert daher für eine verfassungskonforme Auslegung der Norm dahingehend, dass Informationen „nur unter den Voraussetzungen des § 40 LFGB öffentlich zugänglich gemacht werden dürfen". Sich dem anschließend *Müller*, Risikokommunikation, S. 198 f. A.A. explizit *Schoch*, NJW 2010, S. 2241, 2246.

2091 *Böhm/Lingenfelder/Voit*, NVwZ 2011, S. 198, 201; *Böhm*, in: FS Bull, S. 965, 976.

2092 *Wollenschläger*, Stellungnahme, S. 8; *ders.*, VerwArch 102 (2011), S. 20, 31. Dagegen sieht *Borchert*, in: Beyerlein/Borchert (Hrsg.), VIG, § 5 Rn. 6 diese Überlegung als eher „redaktionelle Frage" an.

2093 Nach *Werner*, ZLR 2008, S. 115, 124 f. muss die Behörde ihr Ermessen dahingehend ausüben, dass Informationen nur unter den Voraussetzungen des § 40 LFGB veröffentlicht werden.

2094 BR-Drs. 151/13, Stellungnahme der Bundesregierung v. 27.6.2013, S. 2.

2095 BR-Drs. 151/13, Stellungnahme der Bundesregierung v. 27.6.2013, S. 2.

auch darin, dass beide Normen regelmäßig zusammen in einer Novelle geändert werden.[2096]

2. Verfassungsrechtliche Bedenken[2097] an § 6 Abs. 1 S. 3 VIG

a) Ermächtigungsgrundlage für aktive Informationsverbreitung

In Bezug auf § 6 Abs. 1 S. 3 VIG bzw. die Vorgängernorm des § 5 Abs. 1 S. 2 VIG a. F. wird vorgebracht, diese stelle gar keine Ermächtigungsgrundlage für die aktive Verbraucherinformation dar,[2098] sondern diene nur der Vereinfachung des Verfahrens bei mehreren, gleichgerichteten Anträgen.[2099] Hierzu wird auf die Begründung des Gesetzesentwurfs zu § 5 Abs. 1 VIG a. F. Bezug genommen, in der es heißt, das Ziel der Vorschrift bestehe darin, eine Vielzahl von Einzelanfragen zu verhindern und damit die Kosten aller Beteiligten gering zu halten.[2100] Daraus wird gefolgert, der Gesetzgeber habe mit der Norm keine umfassende Rechtsgrundlage für eine aktive Verbraucherinformation, sondern lediglich eine der Verfahrensökonomie dienende Vorschrift schaffen wollen.[2101] Neben diesem historischen Argument wird gegen die Qualifikation der Vorschrift als Ermächtigungsgrundlage auch die Gesetzessystematik eingewandt. Die Norm befinde sich nicht im Zusammenhang mit den Anspruchsgrundlagen des Gesetzes in § 2 VIG, sondern sei „versteckt“ in § 6 Abs. 1 S. 3

2096 *Raspé,* BLJ 2013, S. 8, 10.

2097 Zu der Frage der Sperrwirkung durch Unionsrecht s. die Ausführungen im Rahmen von § 40 LFGB in Kap. 11, A II 1.

2098 Dezidiert *Wehlau,* in: Voit (Hrsg.), Lebensmittelinformation, S. 51, 52 f., nach dem eine aktive Informationstätigkeit „aus rechtlicher Sicht kaum haltbar“ sein soll, da Behörden so nach eigenem Ermessen Akteninhalte publik machen könnten. Eine Veröffentlichung von Informationen könne nur erfolgen, wenn die Voraussetzungen des § 40 LFGB erfüllt seien. *Wehlau* stützt diese Einschätzung einzig auf die Unternehmersicht, aus der heraus es seiner Ansicht nach keinen Unterschied mache, ob ein Informationszugang nach VIG oder eine Warnung nach LFGB vorliege.

2099 So *Becker/Blackstein,* NJW 2011, S. 490, 492; *Holzner,* NVwZ 2010, S. 489, 491; *Möstl,* GewArch 2015, S. 1, 3; *ders.*, in: Leible (Hrsg.), Verbraucherschutz, S. 150, 157, 166.

2100 BT-Drs. 16/5404, S. 13.

2101 *Becker/Blackstein,* NJW 2011, S. 490, 492; *Holzner* 2012, S. 17, 18 f.; *ders.,* NVwZ 2010, S. 489, 491.

VIG.[2102] Nach *Ossenbühl* soll einer Norm keine Befugnisqualität zukommen, wenn an ihrer Eigenschaft als Ermächtigungsgrundlage begründete Zweifel bestehen.[2103]

Zudem wird vertreten, § 40 LFGB regele die behördliche Informationsvorsorge bereits abschließend und § 6 Abs. 1 S. 3 VIG käme daher nicht als Grundlage weiterer Informationspflichten in Betracht.[2104]

Diese Bedenken können letztlich jedoch nicht durchgreifen. Für die Eigenschaft des § 6 Abs. 1 S. 3 VIG als Ermächtigungsgrundlage spricht zunächst der klare Wortlaut der Norm.[2105] Zwar ist grundsätzlich vertretbar, dass das Wortlautargument nicht dasjenige ist, das allen anderen Auslegungsmethoden vorzugehen vermag.[2106] Für die extensive Auslegung lassen sich aber noch weitere Argumente anführen. So spricht zunächst einmal der Gesetzeszweck für eine weite Auslegung, denn das VIG soll die Verbraucher möglichst umfassend informieren.[2107] So heißt es in der Begründung des Gesetzesentwurfs auch explizit, dass die Fälle ausgeweitet worden seien, „in denen die Behörden von sich aus die Öffentlichkeit unter Namensnennung über marktrelevante Vorkommnisse informieren sollen".[2108] Das Argument der restriktiven Sichtweise, die Norm diene zur Vereinfachung einer Vielzahl von Anträgen, hat im Gesetz keine Stütze gefunden, denn ein Erfordernis mehrerer gleichgerichteter Anträge lässt

2102 Vgl. zu § 5 Abs. 1 S. 2 VIG a. F. *Becker/Blackstein,* NJW 2011, S. 490, 492; *Schink,* Rechtsgutachten, S. 37 f.; *Wiemers,* StoffR 2009, S. 126, 129, die beiden Letzteren allerdings ohne daraus den Schluss zu ziehen, die Norm ermächtige nicht zu antragslosen Informationen.

2103 *Ossenbühl,* NVwZ 2011, S. 1357, 1360.

2104 *Becker/Blackstein,* NJW 2011, S. 490, 492; *Holzner,* NVwZ 2010, S. 489, 491; *Möstl,* in: Leible (Hrsg.), Verbraucherschutz, S. 150, 166 jeweils zu § 5 Abs. 1 S. 2 VIG a. F.

2105 Nach dem OVG d. Saarlandes LMRR 2011, 1, wäre eine gegenteilige Auffassung wegen des eindeutigen Wortlauts contra legem. Aus der Literatur *Hofmann-Hoeppel,* in: Eiding/Hofmann-Hoeppel (Hrsg.), VerwR, S. 106, Rn. 40 (Schriftsatzmuster 28); *Raspé,* BLJ 2013, S. 8, 9. Zur entsprechenden Vorschrift des § 5 Abs. 1 S. 2 VIG a. F. *Girnau,* in: Böhm/Freund/Voit (Hrsg.), VIG, S. 29, 34; *Guckelberger,* in: Hill/Schliesky (Hrsg.), S. 73, 116; *Schink,* DVBl. 2011, S. 253, 259; *ders.,* Rechtsgutachten, S. 36 f.; *Wollenschläger,* VerwArch 102 (2011), S. 20, 30.

2106 So *Holzner* 2012, S. 17, 18, der die Auslegung von *Schink,* DVBl. 2011, S. 253, 259, *ders.,* Rechtsgutachten, S. 37, der auf die Wortlautgrenze abstellte, deutlich kritisiert. Grundlegend *Klatt,* Wortlautgrenze.

2107 BT-Drs. 16/5404, S. 7. Vgl. dazu auch *Schink,* DVBl. 2011, S. 253, 259.

2108 BT-Drs. 16/5404, S. 1.

sich § 6 Abs. 1 S. 3 VIG nicht entnehmen.[2109] Wie bereits zum Verhältnis von § 40 LFGB zu § 6 VIG ausgeführt wurde, verfolgen die Gesetze, mit der Gefahrenabwehr und Risikovorsorge auf der einen gegenüber der schlichten Verbraucherinformation auf der anderen Seite, unterschiedliche Zwecke.[2110]

Ferner stellen Aktivinformationen und stellten sie zum Zeitpunkt der Einführung des § 5 Abs. 1 S. 2 VIG a. F. „keinen Fremdkörper" im Informationsrecht dar, denn entsprechende Regelungen waren und sind bereits in § 10 UIG und § 11 Abs. 3 IFG vorhanden.[2111] Schließlich kann man argumentieren, dass den Defiziten der Norm mit einer „konsistente[n], vorhersehbare[n] und den Verhältnismäßigkeitsgrundsatz wahrende[n] Verwaltungspraxis Rechnung" getragen werden kann.[2112]

Gegen die grundsätzliche Heranziehung des § 6 Abs. 1 S. 3 VIG als Ermächtigungsgrundlage für aktive Behördeninformationen ist mithin nichts einzuwenden.[2113]

b) Wesentlichkeitstheorie / Bestimmtheitsgrundsatz

Geht man wie hier davon aus, dass § 6 Abs. 1 S. 3 VIG zu einer aktiven Behördeninformation berechtigt, so stellt sich im Anschluss die Frage, ob die Norm in ihrer derzeitigen Ausgestaltung dem Bestimmtheitsgebot genügt. Eine Ansicht verneint dies mit dem Hinweis darauf, dass unklar ist, unter welchen Voraussetzungen eine Information möglich ist, welche Verstöße von ihr erfasst sein sollen, wie sie dargestellt werden soll, wann und

---

2109 Ebenso zu § 5 Abs. 1 S. 2 VIG a. F. *Guckelberger*, in: Hill/Schliesky (Hrsg.), S. 73, 116; *Wollenschläger,* VerwArch 102 (2011), S. 20, 30.

2110 *Guckelberger*, in: Hill/Schliesky (Hrsg.), S. 73, 116; *Schink,* Rechtsgutachten, S. 35; *Schoch,* NJW 2010, S. 2241, 2246; *Wollenschläger,* VerwArch 102 (2011), S. 20, 30.

2111 OVG d. Saarlandes LMRR 2011, 1; *Guckelberger*, in: Hill/Schliesky (Hrsg.), S. 73, 117; *Wollenschläger,* VerwArch 102 (2011), S. 20, 31. Ausführlich zu den Informationspflichten nach § 10 UIG *Tolkmitt,* Instrumente, S. 103 ff.

2112 *Gurlit,* NVwZ 2011, S. 1052, 1053 f.

2113 Ebenso OVG Berlin-Brandenburg, Beschluss v. 3.6.2014 – OVG 5 N 2.13, juris, Rn. 11; Beschluss v. 28.5.2014 – OVG 5 S 21.14, juris, Rn. 20 ff.; *Albers/Ortler,* GewArch 2009, S. 225, 229; *Grube/Immel/Wallau,* VerbraucherInfoR, Teil E Rn. 137; *Hofmann-Hoeppel*, in: Eiding/Hofmann-Hoeppel (Hrsg.), VerwR, S. 106, Rn. 40 (Schriftsatzmuster 28); *Schoch,* NJW 2010, S. 2241, 2246; wohl auch *Falck,* VIG, S. 122.

wie lange die Veröffentlichung zu erfolgen hat und wann sie wieder zu löschen ist.[2114] Dies alles sind grundrechtsrelevante Fragen, deren Normierung der Gesetzgeber der Exekutive nicht in diesem Umfang habe überantworten dürfen.[2115]

Andererseits wird vertreten, dass die Norm grundsätzlich der Wesentlichkeitsrechtsprechung und dem Bestimmtheitsgebot genügt.[2116] Grund dafür soll der Verweis auf § 5 Abs. 1 VIG sein, der wiederum § 28 VwVfG für entsprechend anwendbar erklärt.[2117] Ob der Verweis auf die Anhörungsvorschrift für die Bestimmtheit einer Norm ausreichend sein kann, erscheint allerdings eher fraglich.

Der Ansicht, die die hinreichende Bestimmtheit der Norm verneint, ist hingegen zuzustimmen. Der schlichte Verweis auf die Befugnis der Behörde zur aktiven Information ist nicht ausreichend, denn hieraus ergibt sich nur das „Ob", nicht aber das „Wie" der Information. Damit ist unter anderem nicht sichergestellt, dass die Behörden unter den gleichen Voraussetzungen mit gleicher Dauer etc. informieren. Dies kann vor dem Hintergrund der Wesentlichkeitstheorie, der zufolge der Gesetzgeber die wesentlichen Entscheidungen selbst zu treffen hat und die Entscheidungsbefugnis nicht ohne Weiteres der Exekutive überantworten darf, nicht ausreichen.[2118] Dies gilt insbesondere, da im Rahmen der Aktivinformationen konfligierende Grundrechtspositionen betroffen sind, die es einem angemessenen Ausgleich zuzuführen gilt.[2119]

2114 *Becker/Blackstein,* NJW 2011, S. 490, 492 ff.; *Guckelberger*, in: Hill/Schliesky (Hrsg.), S. 73, 117; *Möstl*, in: Leible (Hrsg.), Verbraucherschutz, S. 150, 166 f.; *Raspé,* BLJ 2013, S. 8, 11; *Wollenschläger*, Stellungnahme, S. 15; *ders.*, VerwArch 102 (2011), S. 20, 39 f. Zumindest zweifelnd *Ossenbühl,* NVwZ 2011, S. 1357, 1360 (diese Ansicht ist auch im Tagungsbericht von *Girnau/Wallau,* ZLR 2011, S. 517, 518 wiedergegeben).

2115 *Wollenschläger,* VerwArch 102 (2011), S. 20, 40.

2116 *Grube/Immel/Wallau,* VerbraucherInfoR, Teil E Rn. 67 ff.; *Schink,* DVBl. 2011, S. 253, 258; *ders.,* Rechtsgutachten, S. 25 (der davon ausgeht, dass die Norm zwar „defizitär", aber dennoch rechtmäßig ist); *Schoch,* NJW 2010, S. 2241, 2246; *Werner,* ZLR 2008, S. 115, 124 f. (der meint, die Norm sei einer verfassungskonformen Auslegung zugänglich). Die Ansicht von *Werner* ist allerdings unter dem Vorbehalt zu sehen, dass er der Norm nahezu keinen eigenen Regelungsgehalt zuerkennt.

2117 *Grube/Immel/Wallau,* VerbraucherInfoR, Teil E Rn. 68.

2118 Die Wesentlichkeitstheorie findet sich in st. Rspr. bestätigt, vgl. nur BVerfGE 98, 218, 251 f.; BVerwG, Beschluss v. 19.9.2014 – 7 B 7/14, juris, Rn. 9 f.

2119 Ebenso *Guckelberger*, in: Hill/Schliesky (Hrsg.), S. 73, 117.

Der Vergleich zu § 40 Abs. 1a LFGB, aber auch zu § 10 UIG[2120] und § 115 Abs. 1a SGB XI zeigt, – unabhängig von den im Rahmen dieser Normen bestehenden rechtlichen Bedenken –, dass eine zumindest detailliertere und umfassendere Ausgestaltung einer Grundlage für aktive Informationen ohne Weiteres möglich ist. Praktische Bedenken in Bezug auf die Umsetzbarkeit einer bestimmteren Normierung können demnach nicht durchgreifen.

c) Verfahren

Im Rahmen des Verfahrens werden insbesondere die gesetzlich vorgesehenen Ausnahmen von der Anhörungspflicht, das Entfallen der aufschiebenden Wirkung von Anfechtung und Widerspruch sowie die Frage, ob eine Veröffentlichung auch während laufender Verfahren möglich ist, diskutiert.

(1) Gelockertes Anhörungserfordernis

§ 6 Abs. 1 S. 3 Hs. 2 i. V. m. § 5 Abs. 1 S. 2 VIG verweist für die Anhörung auf § 28 VwVfG und sieht neben den dort bereits vorgesehenen noch zwei weitere mögliche Ausnahmen vom Anhörungserfordernis vor. Die Norm stellt somit eine speziellere Ausgestaltung des einfachgesetzlichen Anhörungserfordernisses dar, die § 28 VwVfG als lex specialis vorgeht und insbesondere klarstellt, dass auch bei den antragsunabhängigen Informationen, die als Realakt § 28 VwVfG nicht unmittelbar unterfallen würden, eine Anhörung erforderlich ist.[2121] Die Regelung im VIG unterscheidet sich von § 28 VwVfG insofern, als zusätzliche Ausnahmetatbestände vom Anhörungserfordernis, die über die des § 28 Abs. 2 VwVfG hinausgehen, möglich sein sollen. So wird in Nr. 1 die Weitergabe von Informationen i. S. d. § 2 Abs. 1 S. 1 Nr. 1, also über Abweichungen nach LFGB und ProdSG, gestattet. Nach Nr. 2 kann vom Anhörungserfordernis in den Fällen, „in denen dem oder der Dritten die Erhebung der Information durch die Stelle bekannt ist und er oder sie in der Vergangenheit bereits

---

2120 Ausführlich zu den Informationspflichten nach § 10 UIG *Tolkmitt,* Instrumente, S. 103 ff.

2121 S. dazu Kap. 5, C I 2.

Gelegenheit hatte, zur Weitergabe derselben Information Stellung zu nehmen, insbesondere wenn bei gleichartigen Anträgen auf Informationszugang eine Anhörung zu derselben Information bereits durchgeführt worden ist“ abgesehen werden. Die Entscheidung der Behörde, von einem der Ausnahmetatbestände Gebrauch zu machen, liegt in ihrem – gerichtlich überprüfbaren – pflichtgemäßen Ermessen.[2122]

In der Literatur wird bislang kontrovers beurteilt, ob diese zusätzlichen Ausnahmen verfassungskonform sind. Zunächst einmal ist festzuhalten, dass das Vorsehen zusätzlicher Ausnahmetatbestände vom Anhörungserfordernis grundsätzlich zulässig ist, da auch § 28 Abs. 2 VwVfG insofern nicht abschließend ist, als er nur Regelbeispiele („insbesondere“) nennt. Eine andere Frage ist, ob die konkreten Tatbestände eine Ausnahme rechtfertigen können.

Nach § 5 Abs. 1 S. 2 Nr. 1 VIG kann, wenn über Abweichungen u. a. nach dem LFGB informiert werden soll, von einer Anhörung abgesehen werden. In den Gesetzesmaterialien heißt es zu dieser Ausnahme: „Dies sind insbesondere Fälle, in denen schützenswerte Rechtspositionen von Unternehmen wegen des Vorliegens von Rechtsverstößen gegenüber dem öffentlichen Interesse der Verbraucher an der Informationserteilung eher zurückstehen können […].“[2123] Die Regelung orientiere sich hierbei am Rechtsgedanken des § 28 Abs. 2 Nr. 1 VwVfG, „wonach im öffentlichen Interesse oder bei Gefahr im Verzug von Anhörungen abgesehen werden kann“.[2124]

Diese Wertung zugunsten der Verfahrensbeschleunigung[2125] erscheint mit Blick auf die Eingriffsintensität fragwürdig. Aus dem Vergleich mit § 28 Abs. 2 Nr. 1 VwVfG ergibt sich, dass ein generelles Absehen vom Anhörungserfordernis nur bei Gefahr im Verzug, oder wenn dies aufgrund eines öffentlichen Interesses notwendig ist, möglich ist. „Gefahr im Verzug“ erfordert, dass eine vorherige Anhörung „auch bei Gewährung kürzester Äußerungsfristen […] mit hoher Wahrscheinlichkeit“ den Zweck der vorgesehenen Regelung vereiteln würde.[2126] Die Alternative des Notwendigseins im öffentlichen Interesse stellt darauf ab, dass eine Gefähr-

---

2122 *Elsing*, in: Voit (Hrsg.), Lebensmittelinformation, S. 9, 21.
2123 BT-Drs. 17/7374, S. 18.
2124 BT-Drs. 17/7374, S. 18.
2125 BT-Drs. 17/7374, S. 18; vgl. auch *Falck*, VIG, S. 100.
2126 BVerwGE 68, 267, 271 f.; *Kallerhoff*, in: Stelkens/Bonk/Sachs, VwVfG, § 28 Rn. 51; *Kopp/Ramsauer*, VwVfG, § 28 Rn. 52.

dung bedeutender Rechtsgüter, worunter etwa das Wohl des Bundes oder eines Landes oder der Schutz von Leib und Leben als Bestandteil der öffentlichen Sicherheit und Ordnung zu subsumieren sind, im Raume steht.[2127]

Im Verhältnis dazu weist die neue Ausgestaltung des § 5 Abs. 1 S. 2 VIG keine hinreichende Vergleichbarkeit auf. Da es sich bei § 2 Abs. 1 S. 1 Nr. 1 VIG um reine Abweichungen von Vorschriften des LFGB handeln kann, ist damit nicht notwendig auch eine Gesundheitsgefährdung verbunden. Es ist nicht ersichtlich, weshalb ein genereller Verzicht auf eine Anhörung hier notwendig wäre.[2128] Dies gilt insbesondere deshalb, weil die Anhörung formfrei möglich ist, d. h. auch telefonisch erfolgen kann, und im Zweifel kurze Äußerungsfristen gesetzt werden können.[2129] Zu unterstreichen ist in diesem Zusammenhang auch nochmals die aus rechtsstaatlicher Sicht gewichtige Bedeutung des Anhörungserfordernisses, die es erforderlich macht, Ausnahmen hiervon grundsätzlich sehr restriktiv zu handhaben.[2130] Die Behörden sollten nunmehr, um nicht formell rechtswidrig zu handeln, von einer Ermessensausübung zu Gunsten

---

2127 BVerwG NVwZ 2005, 1435, 1435; VGH Kassel BeckRS 2013, 48799; *Kallerhoff*, in: Stelkens/Bonk/Sachs, VwVfG, § 28 Rn. 53; *Kopp/Ramsauer*, VwVfG, § 28 Rn. 58 ff.

2128 Im Ergebnis ebenso *Wollenschläger*, Stellungnahme, S. 19, der zudem darauf hinweist, dass die materielle Rechtsposition der Unternehmen durch die Restriktion der Ausschluss- und Beschränkungsgründe eingeschränkt worden sei, weshalb verfahrensrechtliche Sicherungen noch elementarer seien. S. auch *Becker,* ZLR 2011, S. 391, 418 f. (zu § 5 Abs. 3 S. 2 VIG-E); *Grube/Immel,* ZLR 2011, S. 175, 184 f.; *Leisner,* GewArch 2014, S. 57, 63. *Grube/Immel/Wallau,* VerbraucherInfoR, Teil D § 6 Rn. 8, weisen darauf hin, dass die Anhörung wichtig sei, um eventuelle Unrichtigkeiten vorab auszuräumen und die Sachlage zu klären, was insbesondere vor dem Hintergrund der Regelung in § 6 Abs. 2 S. 1 VIG, nach der die Behörde die inhaltliche Richtigkeit der Information nicht zu überprüfen braucht, bedeutsam gewesen wäre. Zu Letzterem sogleich unter d) (1). A.A. *Wustmann*, in: Dix/Franßen/Kloepfer/Schaar/Schoch/Deutsche Gesellschaft für Informationsfreiheit (Hrsg.), Informationsfreiheit, S. 197, 206, der meint, die Argumentation des Gesetzgebers sei „für diese speziellen Fälle vertretbar".

2129 Im Zusammenhang mit § 40 Abs. 3 LFGB lässt *Wustmann*, in: Dix/Franßen/Kloepfer/Schaar/Schoch/Deutsche Gesellschaft für Informationsfreiheit (Hrsg.), Informationsfreiheit, S. 197, 222 f. „in einfach gelagerten Fällen" eine Frist von zwei Tagen ausreichen.

2130 *Kallerhoff*, in: Stelkens/Bonk/Sachs, VwVfG, § 28 Rn. 47. S. dazu Kap. 6, B III 2.

eines Gebrauchs der angebotenen Ausnahmemöglichkeit absehen.[2131] Mit Spannung bleibt abzuwarten, wie sich ggfs. die Gerichte dazu positionieren werden und ob die Norm bei künftigen Gesetzesnovellen in dieser Form erhalten bleiben wird.

In Bezug auf den Ausnahmetatbestand in Nr. 2, der auf einer Anregung aus der Praxis beruht,[2132] bestehen hingegen keine durchgreifenden Bedenken.[2133] War ursprünglich noch eine Auslegung des Gesetzeswortlauts dahingehend möglich, dass die Gelegenheit zur Stellungnahme zur Informationserhebung ausreicht,[2134] so hat der Gesetzgeber nunmehr ausdrücklich klargestellt, dass sich die Stellungnahmemöglichkeit auf die Absicht zur Weitergabe der Information beziehen muss.

(2) Wegfall der aufschiebenden Wirkung

§ 5 Abs. 4 S. 1 VIG sieht für Informationen nach § 2 Abs. 1 S. 1 Nr. 1 VIG den Wegfall der aufschiebenden Wirkung vor. Für die aktive Informationsveröffentlichung ist diese Norm und der mit ihr verbundene Streit, ob der Regelungsgehalt mit der Garantie effektiven Rechtsschutzes nach Art. 19 Abs. 4 GG vereinbar ist,[2135] nicht maßgeblich. § 6 Abs. 1 S. 3 VIG verweist lediglich auf § 5 Abs. 1 VIG, weil es sich bei der Veröffentlichung

2131 Weitergehend *Falck,* VIG, S. 101, nach dem die Behörde durch eine Prüfung des Ermessens im konkreten Einzelfall die Verfassungsmäßigkeit der Vorschrift herstellen kann.

2132 *Elsing*, in: Voit (Hrsg.), Lebensmittelinformation, S. 9, 21.

2133 Zweifelnd *Wustmann*, in: Dix/Franßen/Kloepfer/Schaar/Schoch/Deutsche Gesellschaft für Informationsfreiheit (Hrsg.), Informationsfreiheit, S. 197, 206 f., der meint, das Kriterium der „Gleichartigkeit“ könne zu erheblichen Streitigkeiten führen, weshalb fraglich sei, ob die Norm den intendierten Zweck der Verfahrenserleichterung auch tatsächlich erfüllen könne.

2134 Dies hatten *Becker,* ZLR 2011, S. 391, 418 f.; *Wollenschläger*, Stellungnahme, S. 19 zu § 5 Abs. 1 S. 2 VIG-E noch kritisiert.

2135 Zutreffend für eine Vereinbarkeit mit Art. 19 Abs. 4 GG, *Wollenschläger*, Stellungnahme, S. 21 mit dem klarstellenden Hinweis, dass die Gerichte im vorläufigen Rechtsschutzverfahren aber wegen der Irreversibilität der Informationsveröffentlichung über die sonst übliche, summarische Prüfung hinausgehen müssen. Sich dem anschließend *Elsing*, in: Voit (Hrsg.), Lebensmittelinformation, S. 9, 23. A.A. *Becker,* ZLR 2011, S. 391, 419 f., nach dem der Wegfall der aufschiebenden Wirkung eine unzulässige Verkürzung des Rechtsschutzes und damit einen Verstoß gegen Art. 19 Abs. 4 GG darstellt.

von Informationen nach § 6 Abs. 1 S. 3 VIG um Realakte handelt, gegen die nur die Gewährung einstweiligen Rechtsschutzes nach § 123 VwGO in Betracht kommt.[2136]

(3) Veröffentlichungszeitpunkt

Nach § 2 Abs. 1 S. 1 Nr. 1 lit. a VIG ist Zugang zu bei der Behörde vorhandenen Informationen über nicht zulässige Abweichungen von Anforderungen des LFGB zu gewähren, es sei denn, so Satz 2 der Norm, dass ein Ausschluss- oder Beschränkungsgrund nach § 3 VIG vorliegt. Dieser Anspruch besteht nach § 3 S. 1 Nr. 1 lit. b VIG wegen entgegenstehender öffentlicher Belange nicht „während der Dauer eines Verwaltungsverfahrens, eines Gerichtsverfahrens, eines strafrechtlichen Ermittlungsverfahrens, eines Disziplinarverfahrens, eines Gnadenverfahrens oder eines ordnungswidrigkeitsrechtlichen Verfahrens hinsichtlich der Informationen, die Gegenstand des Verfahrens sind".[2137] Aufgrund der Formulierung „während der Dauer" wird deutlich, dass es sich hierbei um einen befristeten Ausnahmegrund handelt, der vor Beginn oder nach Abschluss eines Verfahrens nicht mehr eingewendet werden kann.[2138]

Als Rückausnahme sieht die Norm vor, dass der Ausschluss- und Beschränkungsgrund u. a. nicht gilt, sofern es sich um Informationen über unzulässige Abweichungen nach § 2 Abs. 1 S. 1 Nr. 1 VIG handelt. Nach der Begründung des Gesetzesentwurfs soll hierdurch dem „besonderen Informationsinteresse der Verbraucher gerade bei schwerwiegenden Rechtsverstößen Rechnung getragen" werden.[2139] Der Bundesrat äußerte im Rahmen des Gesetzgebungsverfahrens indes Zweifel an der Rechtmäßigkeit eines solch generellen Zugangsanspruchs.[2140] Er befürchtete die Gefährdung laufender Ermittlungsverfahren und einen Verstoß gegen die strafrechtliche Unschuldsvermutung.[2141]

2136 S. dazu Kap. 3, B; 6, B III 2 und Kap. 11, A II 2 c) (1).

2137 Zu den einzelnen Verfahrensbegriffen s. nur *Domeier*, in: Böhm/Freund/Voit (Hrsg.), VIG, S. 84, 87 f.

2138 *Domeier*, in: Böhm/Freund/Voit (Hrsg.), VIG, S. 84, 87.

2139 BT-Drs. 17/7374, S. 15.

2140 BT-Drs. 17/7374, S. 22 f.

2141 BT-Drs. 17/7374, S. 23.

Deshalb wurde im Gesetzgebungsverfahren nachträglich ein Satz 3 eingefügt, der vorsieht, dass für die Dauer strafrechtlicher Ermittlungsverfahren oder der Verfahren vor einem Strafgericht der Informationszugang nur eröffnet werden darf, „1. soweit und solange hierdurch der mit dem Verfahren verfolgte Untersuchungszweck nicht gefährdet wird“ und 2. soweit dies „im Benehmen mit der zuständigen Staatsanwaltschaft oder dem zuständigen Gericht“ liegt.[2142] In den Gesetzesmaterialien heißt es hierzu lediglich, die Änderung greife „das auch von der Bundesregierung unterstützte Anliegen des Bundesrates auf, Beeinträchtigungen des Ermittlungszwecks laufender Strafverfahren durch die vorzeitige Erteilung von Auskünften nach dem VIG zu vermeiden“.[2143]

Mit diesen beiden Eingrenzungen wurde den Bedenken des Bundesrates Rechnung getragen. Sie schließen eine Gefährdung des Untersuchungszwecks aus und stellen eine Abstimmung mit der zuständigen Stelle sicher. Eine Entscheidung im „Benehmen“ zu treffen, bedeutet dabei mehr als eine Anhörung, aber weniger als ein Einverständnis.[2144] Das „Benehmen“ wird als Modifikation der Anhörung verstanden, das streng von einem „Einvernehmen“, welches einen Unterfall der Mitentscheidung darstellt, zu unterscheiden ist.[2145] Das heißt, dass sich die beteiligten Stellen mit ihren jeweiligen Erwägungen in Form einer Erörterung auseinandersetzen.[2146] Anders als zum Teil vermutet, soll gerade keine Abhängigkeit von der Entscheidung der zuständigen Stelle bestehen,[2147] denn sonst hätte

2142 BGBl. 2002 I S. 476, 478.

2143 BT-Drs. 17/7993, S. 18.

2144 *Creifelds/Weber,* Rechtswörterbuch, S. 356 (Stichwort Einvernehmen); *Ladeur/Gostomzyk,* MMR 2012, S. 80, 81. A.A. *Grube/Immel/Wallau,* VerbraucherInfoR, S. Teil D § 3 Rn. 27, die eine ausdrückliche Zustimmung für erforderlich halten.

2145 *Siegel,* Verfahrensbeteiligung, S. 89 mit dem Hinweis, dass das „Maß an Kooperationsfreudigkeit“, das von der Behörde ausgehen muss, „damit nicht mehr von einer Anhörung, sondern von einem Benehmen gesprochen werden kann“, nicht „quantifizierbar“ ist.

2146 *Creifelds/Weber,* Rechtswörterbuch, S. 356 (Stichwort Einvernehmen); *Gellermann,* in: Landmann/Rohmer, UmwR, § 17 BNatSchG Rn. 7; *Ladeur/Gostomzyk,* MMR 2012, S. 80, 81.

2147 *Creifelds/Weber,* Rechtswörterbuch, S. 356 (Stichwort Einvernehmen) mit dem Hinweis, dass aus einem fehlenden Benehmen nicht die Nichtigkeit, sondern nur die Rechtswidrigkeit der Entscheidung mit der Möglichkeit der Heilung nach § 45 Abs. 1 Nr. 5 VwVfG folgt; vgl. auch *Gellermann,* in: Landmann/Rohmer, UmwR, § 17 Rn. 7; *Siegel,* Verfahrensbeteiligung, S. 89; anders aber mit Blick

der Gesetzgeber nicht den Begriff „Benehmen“, sondern die Termini „Zustimmung“ oder „Einverständnis“ gewählt.[2148] Aus sachlichen Gründen kann von den Erwägungen der Staatsanwaltschaft oder dem zuständigen Gericht abgewichen werden.[2149]

Die Frage, ob die Veröffentlichung während laufender Verfahren erfolgen soll, ist eine Abwägungsentscheidung. Dauert ein Verfahren lange Zeit, besteht die Gefahr, dass die Information nach Ende des Verfahrens nicht mehr aktuell und somit für den Verbraucher nur noch von geringem Interesse ist.[2150] Würde man auf der anderen Seite den Verbrauchern einen generellen Zugang eröffnen, bestünde die Gefahr der Entwertung des Rechtsschutzes der Betroffenen.[2151]

Teilweise wird vertreten, der Ausschlussgrund des laufenden Verfahrens sei vorzuverlagern auf das „Vorfeld der Einleitung solcher Verfahren“, da sonst eine Umgehung des Ausschlusstatbestands zu befürchten sei, die mit Art. 20 Abs. 3 GG nicht zu vereinbaren sei.[2152] Diese restriktive Auslegung findet zunächst weder im Wortlaut der Norm noch in den Gesetzesmaterialien eine Stütze.[2153] Vielmehr sehen letztere eine Abweichungsmöglichkeit sogar im Kernbereich der Norm vor, weshalb nicht ersichtlich ist, dass eine Vorverlagerung geboten wäre. So heißt es in den Gesetzgebungsmaterialien: „Bei Daten über Rechtsverstöße sowie Gefahren und Risiken soll die informationspflichtige Stelle damit nicht dazu verpflichtet werden, in jedem Fall den Abschluss des Verwaltungsverfahrens abzuwarten“.[2154]

Gegen eine Vorverlagerung spricht zudem der Schutzzweck des Ausschlusstatbestandes. Er soll in erster Linie die Rechtspflege und den Ge-

---

auf die Bindungswirkung *Grube/Immel/Wallau,* VerbraucherInfoR, S. Teil D § 3 Rn. 27 ff.

2148 Insbesondere hat der Vorschlag des Bundesrates, der sich für ein „Einvernehmen“ ausgesprochen hatte, vgl. BT-Drs. 17/7374, S. 22, keine Entsprechung gefunden.

2149 *Wustmann*, in: Dix/Franßen/Kloepfer/Schaar/Schoch/Deutsche Gesellschaft für Informationsfreiheit (Hrsg.), Informationsfreiheit, S. 197, 204.

2150 *Guckelberger*, in: Hill/Schliesky (Hrsg.), S. 73, 106; *Schink,* Rechtsgutachten, S. 44.

2151 *Guckelberger*, in: Hill/Schliesky (Hrsg.), S. 73, 107.

2152 *Wallau,* ZLR 2010, S. 382, 385; für eine Vorverlagerung auch *Böhm/Lingenfelder/Voit,* NVwZ 2011, S. 198, 201.

2153 Ebenso *Schoch,* NJW 2010, S. 2241, 2246.

2154 BT-Drs. 16/5404, S. 11; dazu auch *Schoch,* NJW 2010, S. 2241, 2246 Fn. 65.

setzesvollzug vor möglichen negativen Einflüssen eines Informationszugangs schützen.[2155] Es soll vermieden werden, dass verfahrensrelevante Informationen vorab bekannt werden.[2156] *Schoch* weist ausdrücklich darauf hin, Schutzzweck eines solchen Ausschlusstatbestandes sei „mitnichten der Schutz vor öffentlichem Meinungsdruck“.[2157] Eine Vorverlagerung ist mithin nicht geboten.

In der Literatur wird ferner darauf hingewiesen, dass es mit Blick auf das Offizialprinzip unzulässig wäre, wenn die Behörde die Einleitung eines Ermittlungsverfahrens absichtlich verzögern würde, um vorab die Öffentlichkeit informieren zu können.[2158]

Auch wird beanstandet, der Gesetzgeber habe Satz 3 zu Unrecht – unter Außerachtlassung ordnungswidrigkeitenrechtlicher Verfahren – auf strafrechtliche Ermittlungsverfahren und Verfahren vor Strafgerichten beschränkt.[2159] Dazu ist anzumerken, dass nicht ohne Weiteres von einem „Übersehen“ des Gesetzgebers ausgegangen werden kann,[2160] denn im Unterschied zu dem Verdacht einer Straftat steht bei dem Verdacht einer Ordnungswidrigkeit nicht der Vorwurf kriminellen Unrechts im Raum.[2161] Der Verdacht der Begehung einer Ordnungswidrigkeit beinhaltet ein „wesentlich geringeres Risiko der Ansehensminderung“, weshalb auch die Intensität des Eingriffs durch eine Informationsveröffentlichung über die Begehung von Ordnungswidrigkeiten wesentlich geringer ist.[2162] Dementsprechend ist die Entscheidung des Gesetzgebers, Ordnungswidrigkeitenverfahren nicht unter den Vorbehalt der Abstimmung mit der Staatsanwaltschaft etc. zu stellen, durchaus mit sachlichen Gründen zu rechtfertigen und vor dem Hintergrund des dem Gesetzgeber zustehenden Spielraums

2155 *Schink,* Rechtsgutachten, S. 50; *Schoch,* IFG, § 3 Rn. 74.

2156 *Schoch,* IFG, § 3 Rn. 75.

2157 *Schoch,* IFG, § 3 Rn. 76.

2158 *Holzner,* NVwZ 2010, S. 489, 491; ähnl. *Joh/Krämer/Teufer/Unland,* ZLR 2012, S. 420, 438 f.; *Raspé,* BLJ 2013, S. 8, 12. Nach *Schink,* Rechtsgutachten, S. 47 f., der dies kritisiert, entsprach es damals der Praxis, die Veröffentlichung in der Negativliste zunächst abzuwarten und erst anschließend das Bußgeldverfahren einzuleiten.

2159 *Grube/Immel/Wallau,* VerbraucherInfoR, Teil D § 3 Rn. 28; *Wustmann*, in: Dix/Franßen/Kloepfer/Schaar/Schoch/Deutsche Gesellschaft für Informationsfreiheit (Hrsg.), Informationsfreiheit, S. 197, 204 f.

2160 So aber *Grube/Immel/Wallau,* VerbraucherInfoR, Teil D § 3 Rn. 28.

2161 VG München, Beschluss v. 13.9.2012 – M 22 E 12.4275, juris, Rn. 73.

2162 VG München, Beschluss v. 13.9.2012 – M 22 E 12.4275, juris, Rn. 74.

bei der Ausgestaltung von Normen auch nicht zu beanstanden.[2163] Es ist davon auszugehen, dass § 3 S. 1 Nr. 1 lit. b VIG § 475 StPO und § 49b OWiG als lex specialis sowie als lex posterior vorgeht.[2164]

d) Verhältnismäßigkeit

§ 6 Abs. 1 S. 3 stellt sicher, dass die Informationen, die aktiv veröffentlicht werden, nicht über das hinausgehen, was auch auf einen individuellen Antrag hin hätte veröffentlicht werden können.[2165] Über diese Einschränkung hinaus stellen sich aber hinsichtlich der Richtigkeit und der Aktualität der Informationen (Stichwort Löschungsfrist) einige Bedenken ein.

(1) Keine Prüfpflicht der inhaltlichen Richtigkeit

(a) Ausgangslage

Nach § 6 Abs. 3 S. 1 VIG[2166] ist die „informationspflichtige Stelle [...] nicht verpflichtet, die inhaltliche Richtigkeit der Informationen zu überprüfen, soweit es sich nicht um personenbezogene Daten handelt“.[2167] Nach Satz 2 der Norm sind die der „informationspflichtigen Stelle bekann-

---

2163 *Wollenschläger,* DÖV 2013, S. 7, 10 geht im Rahmen von § 40 LFGB davon aus, dass eine Veröffentlichung „auch während eines laufenden Ordnungswidrigkeiten- bzw. Strafverfahrens möglich erscheint“. A.A. *Grube/Immel/Wallau,* VerbraucherInfoR, Teil D § 3 Rn. 28; *Wustmann,* in: Dix/Franßen/Kloepfer/Schaar/Schoch/Deutsche Gesellschaft für Informationsfreiheit (Hrsg.), Informationsfreiheit, S. 197, 204 f.

2164 So – allerdings unter dem Vorbehalt der Verfassungsmäßigkeit der Norm – auch *Becker,* in: FS Horst, S. 73, 83 für § 475 StPO. Für einen Verstoß gegen § 475 StPO und § 49b OWiG hingegen *Grube/Immel,* ZLR 2011, S. 175, 189 f.; *Raspé,* BLJ 2013, S. 8, 12; *Tsambikakis,* StraFo 2010, S. 177, 178 f.; *Wallau,* ZLR 2010, S. 382, 386.

2165 *Guckelberger,* in: Hill/Schliesky (Hrsg.), S. 73, 90.

2166 Die folgenden Quellenangaben beziehen sich teilweise auf die Vorgängernorm des § 5 Abs. 3 S. 1 VIG a. F., sind wegen des gleichen Wortlauts jedoch uneingeschränkt auf die aktuelle Vorschrift übertragbar.

2167 Nach *Girnau,* ZLR 2006, S. 651, 668 ist die Vorgängernorm des § 5 Abs. 3 S. 1 VIG a. F. wegen der „Pauschalität dieser Formulierung“ bereits im Gesetzgebungsverfahren stark kritisiert worden.

te[n] Hinweise auf Zweifel an der Richtigkeit“ mitzuteilen. Die Vorschrift gilt entsprechend ihrer systematischen Stellung in § 6 Abs. 3 VIG für die Informationsgewährung auf Antrag (Abs. 1 S. 1) ebenso wie für die Aktivinformationen (Abs. 1 S. 3).

Der Begründung des Gesetzesentwurfs zufolge handelt es sich bei dieser Norm um eine bloße Klarstellung.[2168] Dementsprechend sollte mit dieser Einschränkung nur betont werden, dass der Anspruch auf Informationszugang gemäß § 2 Abs. 1 S. 1 VIG Informationen nur in der Form umfasst, wie sie bei der Behörde bereits „vorhanden“ sind.[2169] Anderer Ansicht nach soll die Vorschrift dazu dienen, die mit der Information betrauten Amtsträger von einer Haftung für falsche Informationen freizustellen.[2170] Unabhängig davon, ob diese Zielsetzung rechtlich zulässig sein kann – die grundlegende Frage, ob der staatsrechtliche Amtshaftungsanspruch durch einfaches Gesetz ausgeschlossen werden kann, einmal außen vor gelassen –,[2171] ist vor dem Hintergrund der Rechtsprechung des BVerfG, in der klar betont wurde, dass Informationen inhaltlich zutreffend sein müssen,[2172] die Ausgestaltung in § 6 Abs. 3 S. 1 VIG äußerst fraglich.

2168 In der Begründung des Gesetzesentwurfs selbst heißt es nur, Abs. 3 stelle klar, dass eine Pflicht zur Überprüfung der inhaltlichen Richtigkeit (mit Ausnahme der Informationen über personenbezogene Daten) nicht bestehe, vgl. BR-Drs. 273/07, S. 28.

2169 So zutreffend bereits *Schoch,* NJW 2010, S. 2241, 2245.

2170 Für die Haftungsfreistellung *Becker,* ZLR 2011, S. 391, 413; *Werner,* ZLR 2008, S. 115, 117; *Wustmann,* ZLR 2007, S. 242, 250; s. auch *Grube/Immel/Wallau,* VerbraucherInfoR, Teil D § 6 Rn. 8. A.A. *Schnall,* in: Streinz (Hrsg.), LebensmittelR, III D, Rn. 245.

2171 Art. 34 S. 1 GG spricht davon, dass die Haftung „grundsätzlich“ den Staat trifft. In der Rspr. des BGH heißt es dazu „[d]ie die Staatshaftung beschränkenden oder ausschließenden Regelungen sind allerdings als Ausnahmen von dem Verfassungsgrundsatz eng auszulegen und nur insoweit zulässig, wie sie von der Sache her gerechtfertigt werden können; sie dürfen nicht willkürlich getroffen werden, müssen auf sachgerechten Erwägungen beruhen und sich an der Grundentscheidung der Verfassung ausrichten“, s. nur BGHZ 99, 62, 64. S. dazu *Ossenbühl/Cornils,* StaatshaftungsR, S. 97. *Wustmann,* ZLR 2007, S. 242, 251 vertritt hinsichtlich der VIG-Regelung die Ansicht, der Gesetzgeber konnte diese „Freizeichnung“ von der Haftung hier, zumal er sich in den Gesetzesmaterialien mit diesem Problem gar nicht auseinandergesetzt habe, nicht vornehmen. Ebenso *Grube/Immel/Wallau,* VerbraucherInfoR, Teil D § 6 Rn. 14; *Grube/Weyland,* VIG, S. S. 67 Rn. 6; *Hartwig/Memmler,* ZLR 2009, S. 51, 63. Diese Frage i.E. offen lassend *Werner,* ZLR 2008, S. 115, 117.

2172 S. Kap. 6, B I 2.

Zwar sieht die Rechtsprechung Ausnahmen vom Postulat der Richtigkeit vor, dies gilt aber nur nach Ausschöpfung aller verfügbaren Informationsquellen und bei gleichzeitigem Vorliegen eines Verbraucherrisikos.[2173] Eine generelle Freistellung vom Erfordernis der Richtigkeit scheint daher mit der Rechtsprechung unvereinbar zu sein.[2174] Die Pflicht zur nachträglichen Richtigstellung gemäß § 6 Abs. 4 VIG kann nichts anderes begründen, da die Rechtsverletzung zum Zeitpunkt der Veröffentlichung mit allen ihr eigenen nachteiligen Konsequenzen bereits eingetreten ist und eine Rückgängigmachung dieses Schadens vor dem Hintergrund der Irreversibilität von Informationen nicht möglich ist.[2175]

Die Einschätzungen zur Verfassungsgemäßheit der Norm gehen deshalb denkbar weit auseinander.

(b) Meinungsbild in Literatur und Rechtsprechung

Einer Meinung nach soll die Norm generell wegen der fehlenden Prüfpflicht gegen Art. 12 Abs. 1 GG verstoßen und somit verfassungswidrig sein.[2176] Anderer Ansicht nach bestehen an der Ausgestaltung keine verfassungsrechtlichen Bedenken.[2177] Diese Ansicht stützt sich vor allem auf

---

2173 S. Kap. 6, B I 2 d).

2174 S. auch *Grube/Immel/Wallau,* VerbraucherInfoR, Teil D § 6 Rn. 10; *Schoch,* NJW 2010, S. 2241, 2246 f.

2175 Dazu auch *Grube/Immel/Wallau,* VerbraucherInfoR, Teil D § 6 Rn. 15 f. Zur Irreversibilität s. Kap. 4, B; Kap. 6, A I; Kap. 7, C und Kap. 9, C I. Insgesamt zu § 6 Abs. 4 VIG sowie zutreffend dazu, dass die nachträgliche Einführung des Richtigstellungserfordernisses eigentlich eine Selbstverständlichkeit ist, *Wustmann,* in: Dix/Franßen/Kloepfer/Schaar/Schoch/Deutsche Gesellschaft für Informationsfreiheit (Hrsg.), Informationsfreiheit, S. 197, 214 f.

2176 *Werner,* ZLR 2008, S. 115, 122, geht davon aus, dass die Norm wegen Verstoßes gegen Art. 12 Abs. 1 GG ex tunc nichtig ist. Zur Verfassungswidrigkeit der Norm tendieren auch *Becker,* ZLR 2011, S. 391, 413 f.; *Holzner,* NVwZ 2010, S. 489, 493; *Rossi*, in: Gersdorf/Paal, Informations- u. MedienR, § 6 VIG Rn. 11. *Porsch,* ZLR 2003, S. 175, 187 ging bereits zum entsprechenden Gesetzentwurf von der Rechtswidrigkeit der Norm aus.

2177 So jüngst BVerwG, Beschluss v. 15.6.2015 – 7 B 22/14, juris, Rn. 8 ff. Mit jeweils gleicher Begründung VG Ansbach LMuR 2014, 113, 124; Urteil v. 9.6.2011 – AN 16 K 10.02612, juris, Rn. 38; Urteil v. 26.11.2009 – AN 16 K 08.01750, AN 16 K 09.00087, juris, Rn. 40. Aus der Literatur *Beck,* VIG, S. 76 f.; *Elsing*, in: Voit (Hrsg.), Lebensmittelinformation, S. 9, 24; *Falck,* VIG, S. 129 ff.

die Glykol-Rechtsprechung, aus der sie ableitet, dass die Verbreitung von Informationen, deren Richtigkeit nicht sicher feststeht, nicht generell ausgeschlossen ist.[2178] Ferner verpflichte der Amtsermittlungsgrundsatz des § 24 VwVfG die Behörden zu einer vollständigen und richtigen Ermittlung, weshalb die den Behörden vorliegenden Informationen ohnehin in der Regel zutreffend seien.[2179] Mit Abs. 3 S. 1 solle lediglich eine zweite, d. h. zum Zeitpunkt der Herausgabe vorzunehmende Überprüfung der Richtigkeit ausgeschlossen werden, die wegen der personellen Kapazitäten der Behörden ohnehin faktisch nicht zu gewährleisten wäre.[2180] Auch könnte eine nochmalige Überprüfung bspw. von Proben tatsächlich ausgeschlossen sein, da die Probe nicht mehr vorhanden ist oder sich die Analysemethoden geändert haben.[2181]

Neben diesen eindeutigen Positionen gibt es eine Reihe an vermittelnden Ansichten, die eine teleologische Reduktion der Norm um den Erhalt der Verfassungsmäßigkeit willen erwägen. Als Begründung wird angeführt, dass die Norm derzeit unverhältnismäßig sei, da die Veröffentlichung falscher Informationen zur Erreichung der Gesetzesziele weder geeignet noch erforderlich sei.[2182] Ferner wäre nicht sinnvoll erklär- und auch vermittelbar, weshalb eine nachweislich falsche Information im Normalfall einen Amtshaftungsanspruch begründen würde, dies aber im Anwendungsbereich des VIG nicht gelten sollte.[2183]

2178 BVerwG, Beschluss v. 15.6.2015 – 7 B 22/14, juris, Rn. 12; VG Ansbach LMuR 2014, 113, 124; Urteil v. 9.6.2011 – AN 16 K 10.02612, juris, Rn. 38; Urteil v. 26.11.2009 – AN 16 K 08.01750, AN 16 K 09.00087, juris, Rn. 40; *Beck*, VIG, S. 76 f. A.A. *Jesse-Allgöwer*, in: Böhm/Freund/Voit (Hrsg.), VIG, S. 55, 64, der die Anwendung der Glykol-Rechtsprechung auf den vorliegenden Fall mangels Vergleichbarkeit verneint, denn weil damals keine Rechtsgrundlage existiert habe, hätte das BVerfG strengere Anforderungen stellen müssen. Dies könne hier aber mit Blick auf den durch das VIG gewährten subjektiven Informationsanspruch nicht gelten.

2179 *Beck*, VIG, S. 76; *Falck*, VIG, S. 130. Umfassend zum Amtsermittlungsgrundsatz in diesem Zusammenhang *Müller*, Risikokommunikation, S. 236 ff.

2180 *Beck*, VIG, S. 76. Anschaulich zu den Kapazitätsproblemen einer zweiten Untersuchung *Jesse-Allgöwer*, in: Böhm/Freund/Voit (Hrsg.), VIG, S. 55, 63.

2181 *Beck*, VIG, S. 76; *Jesse-Allgöwer*, in: Böhm/Freund/Voit (Hrsg.), VIG, S. 55, 62.

2182 *Becker*, ZLR 2011, S. 391, 413 f.; *Grube/Immel/Wallau*, VerbraucherInfoR, Teil D § 6 Rn. 9. Generell für eine verfassungskonforme Auslegung ohne nähere rechtliche Begründung *Hartwig/Memmler*, ZLR 2009, S. 51, 64.

2183 *Grube/Immel/Wallau*, VerbraucherInfoR, Teil D § 6 Rn. 12.

Als Konsequenz daraus wird zum einen angenommen, die Einschränkung der Prüfpflicht sei nur für solche Informationen anzunehmen, die die Behörde nicht selbst erhoben habe, denn hinsichtlich behördenfremder Informationen müsse vorrangig dem jeweiligen Urheber die Richtigkeitsgewähr obliegen.[2184] In Bezug auf behördeneigene Informationen stünde Absatz 3 Satz 1 bereits der Amtsermittlungsgrundsatz des § 24 VwVfG entgegen.[2185] Überdies wird zwischen Informationen, die aktuelle Sachverhalte betreffen, und Informationen, die in der Vergangenheit liegende Sachverhalte betreffen, unterschieden, da bei Letzteren die Richtigkeit teilweise nicht mehr bzw. nicht mehr mit zumutbarem Aufwand überprüft werden könne.[2186]

Andernorts wird danach differenziert, ob es sich um eine passive oder aktive Informationsgewährung handelt.[2187] Der Dispens von der Pflicht zur Prüfung der Richtigkeit sei nur auf die auf Antrag gewährten, nicht aber auf die aktiv von Amts wegen verbreiteten Informationen anzuwenden.[2188] Während sich die Glykol-Rechtsprechung, die das Richtigkeitspostulat aufstellte, auf Informationen bezog, die der Staat aus eigener Initiative heraus veröffentlichte, handele es sich bei der passiven Informationsgewährung nach § 6 Abs. 1 S. 1 VIG um Informationen auf Antrag eines Antragstellers. Für aktiv verbreitete Informationen müsse wegen des größeren Adressatenkreises und der erhöhten Erwartungen an die Richtig-

---

2184 *Albers/Ortler,* GewArch 2009, S. 225, 230; *Girnau*, in: Böhm/Freund/Voit (Hrsg.), VIG, S. 29, 35; *ders.,* ZLR 2006, S. 651, 668; *Prommer/Rossi,* GewArch 2013, S. 97, 103; *Raspé,* BLJ 2013, S. 8, 11; *Schroeder*, in: Böhm/Freund/Voit (Hrsg.), Information, S. 9, 14.

2185 *Albers/Ortler,* GewArch 2009, S. 225, 230; *Prommer/Rossi,* GewArch 2013, S. 97, 103; *Schnall*, in: Streinz (Hrsg.), LebensmittelR, III D, Rn. 234; s. auch *Raspé,* BLJ 2013, S. 8, 11 Fn. 46.

2186 *Möstl*, in: Leible (Hrsg.), Verbraucherschutz, S. 150, 164 f.

2187 OVG NRW LMRR 2014, 13; *Jesse-Allgöwer*, in: Böhm/Freund/Voit (Hrsg.), VIG, S. 55, 65; *Müller,* Risikokommunikation, S. 242; *Schoch,* NJW 2012, S. 2844, 2848; *ders.,* NJW 2010, S. 2241, 2247; *Wollenschläger,* VerwArch 102 (2011), S. 20, 47. Ebenso für den vergleichbaren Fall der Veröffentlichung von Umweltinspektionsberichten (§ 52a Abs. 5 S. 3 BImSchG) OVG NRW UPR 2015, S. 115, 118.

2188 OVG NRW LMRR 2014, 13; *Jesse-Allgöwer*, in: Böhm/Freund/Voit (Hrsg.), VIG, S. 55, 65; *Schoch,* NJW 2012, S. 2844, 2848; *ders.,* NJW 2010, S. 2241, 2247.

keit der Information eine größere Richtigkeitsgewähr gelten als für Letztere.[2189]

Einem gänzlich anderen Ansatz zufolge könne die möglicherweise bestehende Unrichtigkeit einer Information dahingehend ausgelegt werden, dass in einem solchen Falle ein Amtshaftungsanspruch drohe und deshalb wegen § 3 S. 1 Nr. 1 lit. c Alt. 1 VIG ein Ausschlussgrund bestehe.[2190] Dies gelte „auch wenn Abs. 3 für solche Fälle den irreführenden Eindruck erwecken könnte, dass der Informationsanspruch bestünde".[2191]

(c) Stellungnahme

Zunächst ist auf die Bedeutung der Begründung des Gesetzesentwurfs einzugehen. Die Ansicht, die in § 6 Abs. 3 S. 1 VIG eine Freistellung von der behördlichen Amtshaftung zu erkennen meint, vermag nicht zu überzeugen.[2192] Eine entsprechende Zielrichtung ergibt sich weder aus der Norm selbst noch aus den Gesetzgebungsmaterialien. Hätte der Gesetzgeber vom Amtshaftungsanspruch – wenn auch nicht gänzlich in Bezug auf das Vorliegen der generellen Voraussetzungen für die Veröffentlichung, sondern nur in Bezug auf die Richtigkeit der Information – freistellen wollen, hätte er sich dezidiert mit den Voraussetzungen hierfür auseinandersetzen müssen. Insofern bemängelt die Literaturansicht völlig zutreffend, dass eine solche Auseinandersetzung fehlt. Daraus ist aber nicht der Schluss zu ziehen, dass die Norm verfassungswidrig ist, sondern dass ihr Sinn und Zweck nicht in der Haftungsfreistellung liegt. Die Ansicht, die davon ausgeht, § 6 Abs. 3 S. 1 VIG mache deutlich, dass die Information nur so herausgegeben wird, wie sie gemäß § 2 Abs. 1 S. 1 VIG „vorhanden" ist, ist hingegen zutreffend.[2193] § 6 Abs. 3 S. 1 VIG bringt nur zum Ausdruck, was sich aus den allgemeinen Zugangsvoraussetzungen ohnehin ergibt.

2189 OVG NRW LMRR 2014, 13; *Albers/Ortler,* GewArch 2009, S. 225, 230; *Möstl,* in: Leible (Hrsg.), Verbraucherschutz, S. 150, 164.

2190 Zur entsprechenden Vorgängernorm des § 2 S. 1 Nr. 1 lit. c a. F. *Borchert,* in: Beyerlein/Borchert (Hrsg.), VIG, § 5 Rn. 38. *Werner,* ZLR 2008, S. 115, 121 nimmt für den Fall einer bekannt falschen Information einen ungeschriebenen Ausschlussgrund an.

2191 *Borchert,* in: Beyerlein/Borchert (Hrsg.), VIG, § 5 Rn. 38.

2192 So aber *Werner,* ZLR 2008, S. 115, 117; *Wustmann,* ZLR 2007, S. 242, 250; s. auch *Grube/Immel/Wallau,* VerbraucherInfoR, Teil D § 6 Rn. 8.

2193 S. dazu *Schoch,* NJW 2010, S. 2241, 2245.

Der Gesetzgeber wollte mit § 6 Abs. 3 S. 1 VIG verdeutlichen, dass das Vorhandensein eines Datums von der Überprüfung der inhaltlichen Richtigkeit desselben befreit. Deshalb hat er auch in der Begründung des Gesetzesentwurfs von einer „Klarstellung" gesprochen.

Was die verschiedenen Ansichten zur verfassungsrechtlichen Bewertung des § 6 Abs. 3 S. 1 VIG betrifft, ist zunächst festzuhalten, dass dieser nicht ohne Weiteres verfassungsgemäß ist. Zu der Ansicht, die sich in diesem Sinne unter Berufung auf die Glykol-Rechtsprechung ausgesprochen hat, sei Folgendes angemerkt:[2194] Zutreffend ist zwar, dass auch unsichere Informationen verbreitet werden dürfen. Voraussetzung ist dafür allerdings, neben einem entsprechenden Hinweis auf die Unsicherheit, ein besonderes öffentliches Interesse, wie es z. B. bei Bestehen eines Verbraucherrisikos anzunehmen ist.[2195] Die Rechtsprechung fordert für Fälle der Unsicherheit also eine Interessenabwägung, die zu Gunsten der Veröffentlichung ausgehen muss. Zu dieser wichtigen, einschränkenden Voraussetzung haben sich die Vertreter dieser Ansicht aber nicht geäußert, sondern lediglich darauf abgestellt, dass die Veröffentlichung nicht sicher richtiger Informationen nach der Rechtsprechung nicht ausgeschlossen ist. Das ist aber eben nur die halbe Wahrheit. Zudem wird von *Beck* angeführt, § 24 VwVfG führe dazu, dass die bei der Behörde vorhandenen Informationen i. d. R. ohnehin richtig seien und eine nochmalige Prüfung personell und teilweise auch faktisch nicht machbar sei.[2196] Dem ist entgegenzuhalten, dass der Amtsermittlungsgrundsatz auf behördeneigene Informationen beschränkt ist. Der Zugang zu Informationen nach VIG umfasst aber alle vorhandenen Informationen, somit auch die, die von Dritten stammen und bezüglich derer die Behörde nur als Weiterleitungsinstanz fungiert. Das Argument der personellen Schwierigkeiten mag zwar zutreffen, kann aber nicht zur Begründung der Verfassungsgemäßheit einer Norm herangezogen werden. Ferner gilt, dass die Verpflichtung zur Überprüfung der Richtigkeit nur so weit gehen kann, wie dies rechtlich und tatsächlich über-

2194 BVerwG, Beschluss v. 15.6.2015 – 7 B 22/14, juris, Rn. 8 ff.; VG Ansbach LMuR 2014, 113, 124; Urteil v. 9.6.2011 – AN 16 K 10.02612, juris, Rn. 38; Urteil v. 26.11.2009 – AN 16 K 08.01750, AN 16 K 09.00087, juris, Rn. 40; *Beck,* VIG, S. 76 f. Zur Kritik an der Rechtsprechung aus Sicht der Untersuchungsämter s. *Wustmann*, in: Leible (Hrsg.), Verbraucherschutz, S. 169, 187 f.

2195 S. Kap. 6, B I 2 d).

2196 *Beck,* VIG, S. 76.

haupt möglich ist. Das bedeutet aber nicht, dass wegen des Bestehens von Ausnahmen generell von einer Prüfpflicht abzusehen ist.

Ferner vermag auch die Ansicht, welche die Verfassungsmäßigkeit der Norm zu begründen versucht, indem sie in dem bei unrichtigen Informationen drohenden Amtshaftungsanspruch einen Ausschlussgrund sieht, nicht zu überzeugen. Sie erscheint bisweilen etwas konstruiert. Mit dem Abstellen auf „fiskalische Interessen" dürfte der Gesetzgeber weniger an Sekundäransprüche als vielmehr an den Schutz der Einnahmen der Behörde gedacht haben.[2197] So heißt es denn auch bei *Beyerlein/Borchert* an anderer Stelle, dass Schadensersatzansprüche kein Gegenstand einer behördlichen Abwägung sein sollten.[2198]

Die Ansicht, die hinsichtlich des Bestehens einer Prüfpflicht zwischen aktiver und passiver Verbraucherinformation unterscheidet,[2199] geht in die richtige Richtung.

Bei der Informationsgewährung auf Antrag ist § 6 Abs. 3 VIG uneingeschränkt anzuwenden. Dies führt richtigerweise dazu, dass der Anspruch auf Informationszugang nur soweit besteht, wie ihn § 2 Abs. 1 S. 1 VIG vorsieht, nämlich soweit die Informationen bei den Behörden tatsächlich vorhanden sind (Grundsatz der „Aktenwahrheit").[2200] So ist dem BVerwG und dem VG Ansbach, die in ihren Entscheidungen von der Verfassungsgemäßheit der Norm ausgegangen sind, auch zuzugestehen, dass sich die von ihnen entschiedenen Fälle auf Sachverhalte bezogen, die die „klassische", passive Informationsgewährung nach § 6 Abs. 1 S. 1 VIG betrafen. Isoliert auf diesen Zugang auf Antrag bezogen kann den Entscheidungen mithin zugestimmt werden, wenn auch der Rückgriff des VG Ansbach auf die Glykol-Rechtsprechung in diesem Zusammenhang doppelt unglücklich erscheint. Zum einen hat das VG Ansbach die Voraussetzungen nur lückenhaft angewendet, indem es auf das Bestehen eines öffentlichen Interesses an der Veröffentlichung nicht eingegangen ist. Und zum anderen

---

2197 So auch *Grube/Immel/Wallau,* VerbraucherInfoR, S. Teil D § 6 Rn. 14. Zur Kritik an der Regelung s. *Prommer/Rossi,* GewArch 2013, S. 97, 100.

2198 *Beyerlein*, in: Beyerlein/Borchert (Hrsg.), VIG, § 2 Rn. 54; auch wiedergegeben bei *Grube/Immel/Wallau,* VerbraucherInfoR, Teil D § 6 Rn. 14.

2199 OVG NRW LMRR 2014, 13; *Jesse-Allgöwer*, in: Böhm/Freund/Voit (Hrsg.), VIG, S. 55, 65; *Müller,* Risikokommunikation, S. 242; *Schoch,* NJW 2012, S. 2844, 2848; *ders.,* NJW 2010, S. 2241, 2247; *Wollenschläger,* VerwArch 102 (2011), S. 20, 47.

2200 *Schoch,* NJW 2010, S. 2241, 2245. Zur „Aktenwahrheit" s. OVG NRW LMRR 2014, 13.

hat es verkannt, dass sich das BVerfG dort mit der Frage initiativ durch den Staat veröffentlichter Informationen und gerade nicht solcher auf Antrag, wie sie dem VG Ansbach zur Entscheidung vorlagen, beschäftigt hat. Diese Unterscheidung hat das BVerwG hingegen dezidiert vorgenommen und zutreffend ausgeführt, zwischen beiden Arten der Informationsgewährung bestünden „gravierende Unterschiede“, namentlich das aktive Einwirken auf den öffentlichen Kommunikationsprozess unter Inanspruchnahme amtlicher Autorität und die dadurch erheblich gesteigerte Breitenwirkung der Veröffentlichung, die ein Übertragen der Glykol-Rechtsprechung auf den Fall der antragsgebundenen Informationsgewährung ausschlössen.[2201]

Sodann stellt sich aber die Frage, ob die Unterscheidung zwischen aktiver und passiver Informationsgewährung ausreicht, um zu einem überzeugenden Ergebnis zu gelangen.

Für die Anwendung des Dispenses von der Richtigkeitsprüfung nur auf Antragsinformationen nach § 6 Abs. 1 S. 1 VIG spricht ein vergleichender Blick auf die Ausgestaltung im IFG. So gibt es auch hier mit § 7 Abs. 3 S. 2 IFG eine Norm, die eine Prüfpflicht der inhaltlichen Richtigkeit verneint und dennoch als rechtmäßige Ausgestaltung erachtet wird.[2202] Dabei kommt zum Tragen, dass es sich bei den Informationen nach dieser Norm ebenfalls um solche handelt, die im Rahmen eines Antragsverfahrens zu gewähren sind. Auf die aktive Veröffentlichung von Informationen nach § 11 IFG ist der Ausschluss der Richtigkeitsprüfung nach § 7 Abs. 3 S. 2 IFG nicht anwendbar.[2203] Die vorgeschlagene Auslegung führt also zum Gleichklang zwischen diesen beiden Normen.[2204]

Zudem spricht für diese Auslegung auch die Einwendung von *Möstl*, nach der bezüglich der Prüfpflicht der Richtigkeit zwischen aktuellen und vergangenen Sachverhalten zu unterscheiden ist.[2205] Denn der Informationszugang auf Antrag wird sich sowohl auf aktuelle, wie auch auf länger zurückliegende Informationen beziehen. Dort, wo also Probleme entstehen könnten, ob eine Prüfung rein faktisch noch möglich ist, ist der Dispens nach § 6 Abs. 3 S. 1 VIG anwendbar. Informationen aber, die die zuständi-

---

2201 BVerwG, Beschluss v. 15.6.2015 – 7 B 22/14, juris, Rn. 12.

2202 *Elsing*, in: Voit (Hrsg.), Lebensmittelinformation, S. 9, 24; *Schoch,* IFG, § 7 Rn. 78.

2203 *Schoch,* IFG, § 7 Rn. 79.

2204 So auch *Müller,* Risikokommunikation, S. 242.

2205 *Möstl*, in: Leible (Hrsg.), Verbraucherschutz, S. 150, 164 f.

ge Stelle aktiv veröffentlicht, werden meist auch aus einem aktuellen Anlass veröffentlicht werden, so dass hier eine Überprüfung der Richtigkeit in aller Regel noch möglich sein wird. Ferner spricht für die Nichtanwendbarkeit des § 6 Abs. 3 S. 1 VIG auf Aktivinformationen, dass den Informationen des Staates insgesamt eine hohe Authentizität und Richtigkeitserwartung zugesprochen wird.[2206] Verbreitet eine Behörde dann noch Informationen auf eigene Initiative hin, so ist den Stimmen beizupflichten, die fordern, es müsse wegen des größeren Adressatenkreises und der erhöhten Erwartungen an die Richtigkeit der Information eine größere Richtigkeitsgewähr gelten als für passive Informationen.[2207]

Sodann muss man aber eine weitere Differenzierung einziehen, denn die Unterscheidung zwischen aktiver Veröffentlichung und Veröffentlichung auf Antrag greift zu kurz. Dies wird deutlich, wenn man den Vergleich zu „open data" herstellt, also den Informationen, zu denen der Staat auch von sich aus einen Zugang gewährt, ohne dass dem ein gezielter Antrag vorausgehen muss. Eine Überprüfung der Richtigkeit würde im Fall der „Öffnung der Aktenschränke" für die Allgemeinheit dazu führen, dass die Behörden wegen Arbeitsüberlastung und potenzieller Haftungsgefahr von einer Veröffentlichung tendenziell Abstand nehmen würden. Das kann im Ergebnis nicht gewollt sein. Dementsprechend ist es die Zielrichtung der Informationsveröffentlichung, die den entscheidenden Unterschied macht. Geht es „nur" um die Herstellung von Transparenz durch eine Akten- und Dokumentenöffentlichkeit und die Ermöglichung der Weiterverwendung der Daten durch Dritte, wie im Fall von „open data", so ist eine Prüfpflicht der Behörde bezogen auf die inhaltliche Richtigkeit zu verneinen. Steht aber wie im Falle des § 6 Abs. 1 S. 3 VIG ein weiterer Zweck im Raum, nämlich die mittelbare Steuerung durch die Information, welche dieselbe als hoheitliches Lenkungsmittel begreifen lässt, kann eine Freistellung von der Überprüfung der Richtigkeit nicht überzeugen.[2208]

Zu überlegen ist, welche Konsequenzen dies für § 6 Abs. 3 S. 1 VIG hat. Eine verfassungskonforme Auslegung ist angesichts des klaren Wortlauts schwierig. Eine teleologische Reduktion des § 6 Abs. 3 VIG mit der Folge, dass die Norm nur auf § 6 Abs. 1 S. 1, nicht aber auf § 6 Abs. 1 S. 3

2206 S. Kap. 2, B IV 2.

2207 *Albers/Ortler,* GewArch 2009, S. 225, 230; *Guckelberger*, in: Hill/Schliesky (Hrsg.), S. 73, 103 f.; *Möstl*, in: Leible (Hrsg.), Verbraucherschutz, S. 150, 164; *Müller,* Risikokommunikation, S. 242; *Schink,* Rechtsgutachten, S. 41.

2208 In diese Richtung jüngst auch *Möstl,* GewArch 2015, S. 1, 3.

VIG Anwendung findet, ist hingegen möglich. Die Freistellung von der Prüfpflicht bedeutet dann nicht gleichzeitig die Erlaubnis zur Veröffentlichung falscher Informationen.[2209] Vielmehr lebt das Erfordernis der Richtigkeitsprüfung aus dem Verfassungsrecht wieder auf.[2210] Soweit eine Behörde fahrlässig oder vorsätzlich falsche Informationen herausgibt, ist darin gemäß Art. 34 S. 1 GG i. V. m. § 839 Abs. 1 BGB eine schuldhafte Amtspflichtverletzung zu sehen, die einen Entschädigungsanspruch auslöst.

Der praktische Anwendungsbereich einer teleologischen Reduktion ist überdies nicht so groß, wie es auf den ersten Blick erscheinen mag. Denn das Nichtbestehen der Prüfpflicht nach § 6 Abs. 3 S. 1 klammert personenbezogene Daten ohnehin von vorneherein aus.[2211] Nach der Definition des § 3 Abs. 1 BDSG sind personenbezogene Daten „Einzelangaben über persönliche oder sachliche Verhältnisse einer bestimmten oder bestimmbaren natürlichen Person". Nur „rein unternehmensbezogene Informationen", die sich nicht auf eine einzelne Person bzw. einen Einzelunternehmer beziehen, fallen nicht darunter.[2212] Im Falle einer Veröffentlichung von Hygienerechtsverstößen einer Gaststätte ließe sich diese Angabe als personenbezogenes Datum einstufen, entweder dadurch, dass der Name der Gaststätte bereits reinen Personenbezug aufweist oder dadurch, dass mittels einer einfachen Recherche der Inhaber der Gaststätte (Stichwort Impressumspflicht) bestimmt werden kann.[2213]

Dementsprechend ist im Ergebnis eine teleologische Reduktion des § 6 Abs. 3 S. 1 VIG zu befürworten, die zu seiner Nichtanwendbarkeit im Falle der aktiven Veröffentlichung von Informationen zu Lenkungszwecken führt und zur Folge hat, dass verfassungsrechtlich bedingt nicht nur perso-

---

2209 So aber *Becker*, ZLR 2011, S. 391, 413.

2210 Zur verfassungsrechtlichen Verankerung des Richtigkeitsgebots s. Kap. 6, B I 2 b).

2211 Dazu auch *Guckelberger*, in: Hill/Schliesky (Hrsg.), S. 73, 105, die von einer teleologischen Reduktion der Norm daher gänzlich Abstand nimmt.

2212 So *Beck*, VIG, S. 44 und *Möstl*, in: Leible (Hrsg.), Verbraucherschutz, S. 150, 154, wobei Letzterer sodann die Norm allerdings erweiternd auslegt und auch unternehmensbezogene Daten unter den Tatbestand der personenbezogenen Daten subsumiert, vgl. a.a.O. S. 160 f. Ihm zufolge ist die Richtigkeit der personenbezogenen Angaben natürlicher und juristischer Personen gleichermaßen zu prüfen, s. a.a.O. S. 165.

2213 Vgl. *Guckelberger*, in: Hill/Schliesky (Hrsg.), S. 73, 105.

nenbezogene, sondern auch ausschließlich sachbezogene Informationen auf ihre inhaltliche Richtigkeit hin zu überprüfen sind.

(2) Keine Löschungsfristen

Eine Löschungsfrist ergibt sich aus dem Gesetz nicht. Lediglich eine Wertung kann § 3 S. 1 Nr. 1 lit. e VIG entnommen werden. Hiernach besteht in der Regel ein der Veröffentlichung entgegenstehendes Interesse, wenn Zugang zu Informationen nach § 2 Abs. 1 S. 1 Nr. 1 VIG begehrt wird, die vor mehr als fünf Jahren seit der Antragstellung entstanden sind.

Eine Löschungsfrist ist aber vor dem Hintergrund des Verhältnismäßigkeitsgrundsatzes unbedingt erforderlich.[2214] Dementsprechend sah die – mittlerweile eingestellte – saarländische Praxis bei ihren Veröffentlichungen auf der Basis des § 5 Abs. 1 S. 2 VIG a. F. eine Veröffentlichungsdauer von einem Monat bei erstmaligen Verstößen und eine Veröffentlichungsdauer von drei Monaten bei mehreren Verstößen innerhalb von sechs Monaten vor.[2215] Diese Praxis erscheint im Rahmen des § 6 Abs. 1 S. 3 VIG verhältnismäßig. Eine entsprechende gesetzliche Normierung ist de lege ferenda unerlässlich.

IV. Praxisbeispiel: Pankower Smiley-System

> *„Wer ein Restaurant besucht, bringt der Hygiene der Küche ein Grundvertrauen entgegen. Wer das Ergebnis behördlicher Kontrollen kennt, würde manch ein Restaurant nicht mehr betreten."*[2216]

Während bislang nur die Aktivinformation besprochen wurde, die aus konkretem Anlass über einzelne Verstöße informiert, gibt es Vorhaben, die sich damit befassen, Informationen gänzlich unabhängig von Verstößen gegen gesetzliche Vorgaben turnusmäßig zu veröffentlichen. Die Vorhaben sind dabei (bislang) keine bundesweiten, sondern solche auf Länder- oder

---

2214 Zur Begründung kann auf die Argumentation unter Kap. 11, A II 2 b) (5) verwiesen werden.

2215 Zitiert nach *Grube/Immel/Wallau,* VerbraucherInfoR, Teil B Rn. 76, da die entsprechenden Internetdokumente nicht mehr abrufbar sind.

2216 *Martini/Kühl,* DÖV 2013, S. 573, 578.

gar kommunaler Ebene.[2217] Einige Vorhaben sind dabei so ausgestaltet, dass sie nur positive Bewertungen vergeben und die Teilnahme am Bewertungssystem auf freiwilliger Basis erfolgt.[2218] Andere hingegen beinhalten die Aufnahme eines Betriebs in eine Negativliste unabhängig von bzw. auch gegen den Willen des Unternehmers.[2219] Eine bundesgesetzliche Regelung für diese Vorhaben existiert bislang nicht.[2220]

Als Beispiel für diese „anlasslose" Verbraucherinformation soll im Folgenden das System des Berliner Bezirks Pankow besprochen werden, das eines der bekanntesten und am meisten diskutierten Modelle in Deutschland ist.[2221] Auch wenn das System mehrfach geändert und zwischenzeitlich schließlich ganz eingestellt wurde, lohnt es sich dennoch, es als „Frühwerk" eines extensiven öffentlich-rechtlichen Bewertungsportals exemplarisch für andere (folgende) Bewertungsportale zu begutachten.[2222]

2217 *Gundel,* ZLR 2013, S. 662, 663 f. Es ist bislang auch nicht absehbar, ob bzw. wann überhaupt eine bundesgesetzliche Grundlage geschaffen wird, *Müller/Wallau/Grube,* Lebensmittelkontrolle, S. 172.

2218 *Gundel,* ZLR 2013, S. 662, 663 f.

2219 *Gundel,* ZLR 2013, S. 662, 663 f.

2220 *Gundel,* ZLR 2013, S. 662, 664.

2221 Zu anderen Beispielen proaktiver Informationsangebote im Internet auf Basis des VIG s. *Oertel/Schimke/Ulmer/Karig,* Abschlussbericht VIG, http://download.ble.de/08HS024.pdf. Zum Pilotprojekt der Städte Bielefeld und Duisburg, dem „Kontrollbarometer" (http://www.vz-nrw.de/kontrollbarometer, zuletzt geprüft am 7.8.2014), s. bspw. *Müller/Wallau/Grube,* Lebensmittelkontrolle, S. 171. Zum sog. NRW-Smiley s. *Krüger*, in: Böhm/Freund/Voit (Hrsg.), Information, S. 39, 40 f., zum sog. Hygiene-Pass der Stadt Zwickau s. a.a.O. S. 42; zu letzterem auch *Wiemers,* StoffR 2009, S. 126, 127 f. Die Stadt Zwickau weist mittlerweile darauf hin, dass der Hygienepass „trotz der guten Resonanz" aufgrund einer Zuständigkeitsänderung bedingt durch die Kreisreform in Sachsen nicht fortgeführt wird, s. dazu http://www.zwickau.de/de/hygienepass/hygienepass.php, zuletzt geprüft am 12.10.2014.

2222 Auch das Saarländische Landesamt für Soziales, Gesundheit und Verbraucherschutz veröffentlichte ein dem Pankower System ähnliches Angebot. Die Praxis wurde jedoch eingestellt, die Internetseite ist nicht mehr abrufbar. Eine Beispielseite für eine Veröffentlichung aus dem Jahre 2009 kann bei *Oertel/Schimke/Ulmer/Karig,* Abschlussbericht VIG, http://download.ble.de/08HS024.pdf eingesehen werden.

1. Einleitung

Der Berliner Bezirk Pankow, mit über 370.000 Einwohnern faktisch eine Großstadt,[2223] hat im Frühjahr 2009 als erster Berliner Bezirk[2224] ein System im Rahmen der amtlichen Lebensmittelüberwachung etabliert, das an das Vorbild des in Dänemark seit 2001 praktizierten Smiley-Systems anknüpft[2225] und unter dem Titel Smiley-Projekt firmiert.[2226]

Das Projekt beruhte zu Beginn auf zwei Säulen, einer Positiv- und einer Negativliste. Auf der Grundlage einer freiwilligen Vereinbarung wurden Betriebe, die mindestens 90 % der Kontrollkriterien der amtlichen Lebensmittelüberwachung erfüllten, mit einem Smiley ausgezeichnet und im Internet veröffentlicht (sog. Positivliste).[2227] Daneben war die (unfreiwillige)

2223 Stand 30.11.2013, s. die Angabe im Wikipedia-Artikel „Bezirk Pankow", http://de.wikipedia.org/wiki/Bezirk_Pankow, zuletzt geprüft am 8.9.2014.

2224 Daneben haben sich vergleichbare Systeme in den Berliner Bezirken Lichtenberg, Marzahn-Hellersdorf und Tempelhof-Schöneberg entwickelt, s. dazu *Flatau,* Berliner Morgenpost v. 24.3.2014, http://www.morgenpost.de/berlin-aktuell/article126149992/Hygienekontrolle-Gericht-verbietet-Smiley-System-in-Berlin.html, zuletzt geprüft am 9.7.2014. Auch das Land Berlin betreibt unter dem Titel „Sicher essen in Berlin" seit 2011 eine solche Seite, näher dazu unter http://www.berlin.de/special/gesundheit-und-beauty/nachrichten/1287313-211-berlinf%C3%BChrtsmileysystemf%C3%BCrrestaurantse.html, zuletzt geprüft am 9.7.2014.

2225 Zur Vorbildfunktion für Pankow s. u. a. *Bezirksamt Pankow von Berlin; Brühl,* SZ v. 5.3.2014, http://www.sueddeutsche.de/wirtschaft/streit-ueber-lebensmittel-pranger-geheimsache-ekelessen-1.1903666, zuletzt geprüft am 10.4.2014. Zum dänischen Smiley-System s. unter http://www.findsmiley.dk/en-US/Forside.htm, zuletzt geprüft am 8.7.2014. Eine gute Erläuterung des dänischen Systems findet sich unter http://www.lebensmittelkontrolle-sh.de/files/smiley_in_daenemark1.pdf, zuletzt geprüft am 8.7.2014. Zeitungsartikel zum dänischen System bspw. von *Teevs,* Spiegel Online v. 21.3.2012, http://www.spiegel.de/wirtschaft/-service/ekelrestaurants-in-kopenhagen-getestet-a-822512.html. Auch England besitzt ein ähnliches System, http://www.scoresonthedoors.org.uk/, zuletzt geprüft am 15.7.2014. S. dazu auch *Joh/Krämer/Teufer/Unland,* ZLR 2012, S. 420, 436; *Krüger*, in: Böhm/Freund/Voit (Hrsg.), Information, S. 39, 42 f.; Pfeiffer/Heinke/Portugall, Rechtsvergleichende Untersuchung, S. 254.

2226 In Presse und Literatur war oftmals etwas polemisch von der „Pankower Ekelliste" die Rede (s. z. B. bei *Becker/Blackstein,* NJW 2011, S. 490, 490 und *Holzner,* NVwZ 2010, S. 489, 489 ff.) und sogar das Bezirksamt Pankow griff diese Formulierung auf (die betreffende Internetseite ist mittlerweile nicht mehr abrufbar).

2227 Voraussetzung war das Erreichen von mindestens 90 % der Punkte des Bewertungsbogens. Näher zur Positivliste *Schink,* DVBl. 2011, S. 253, 253; *ders.,*

Veröffentlichung von Betrieben, die ordnungswidrig gehandelt und/oder gegen Vorschriften des LFGB und/oder des Unionsrechts verstoßen haben – kleinere und erstmalige Mängel wurden dagegen nicht veröffentlicht – in einer Negativ-Liste im Internet vorgesehen.[2228] Die Negativ-Liste beschränkte sich dabei auf die Wiedergabe von Tatsachen ohne amtliche Bewertung, d. h. auch Smiley-Symbole enthielt die Negativliste nicht.[2229] Ab Mai 2009 wurden neben der Negativliste auch die dazugehörigen (Beweis-)Fotos von den der Beurteilung zugrunde liegenden Verstößen des betroffenen Betriebs veröffentlicht.[2230]

Nach anhaltender Kritik veröffentlichte das Bezirksamt Pankow ab Oktober 2011 auf seiner Internetseite nur noch eine einheitliche Liste mit den Kontrollergebnissen aller Betriebe des Bezirks, d. h. nicht mehr nur der besonders guten und besonders schlechten, die mit Smileys „übersetzt" wurden.[2231] Eine reine Negativliste festgestellter Mängel mit Fotos gibt es seitdem nicht mehr.

Inhaltlich handelte es sich bei den ab 2011 veröffentlichten Informationen um eine Bewertung der Ergebnisse der Betriebskontrollen der amtlichen Lebensmittelüberwachung des Landes Berlin.[2232] Gegenstand der Untersuchung war der folgende Fragenkatalog:[2233] Werden die lebensmittelrechtlichen Bestimmungen eingehalten? Lassen sich die Lieferwege der Lebensmittel zurückverfolgen? Sind die Mitarbeiterinnen und Mitarbeiter geschult? Werden die Hygienevorschriften eingehalten? Ob und wie funktioniert die betriebliche Eigenkontrolle? Werden die Lebensmittel richtig gelagert und entsprechend gekühlt? Wie ist der bauliche Zustand? Wird

---

Rechtsgutachten, S. 7 f. Maßgeblich für die freiwillige Vereinbarung sind die §§ 54 ff. VwVfG, s. dazu *Wallau,* ZLR 2010, S. 382, 384.

2228 *Grube/Immel/Wallau,* VerbraucherInfoR, Teil E Rn. 16; *Schink,* DVBl. 2011, S. 253, 253; *ders.,* Rechtsgutachten, S. 7; *Wallau,* ZLR 2010, S. 382, 382; *Wollenschläger,* VerwArch 102 (2011), S. 20, 23.

2229 *Grube/Immel/Wallau,* VerbraucherInfoR, Teil E Rn. 10, 15; *Schink,* Rechtsgutachten, S. 15.

2230 *Holzner,* NVwZ 2010, S. 489, 489. Nach *Schink,* Rechtsgutachten, S. 8 geschah dies aber mangels Eignung der Fotos nicht in allen Fällen.

2231 *Grube/Immel/Wallau,* VerbraucherInfoR, Teil E Rn. 127; *Guckelberger*, in: Hill/Schliesky (Hrsg.), S. 73, 79; *Raspé,* BLJ 2013, S. 8, 9.

2232 http://www.berlin.de/sen/verbraucherschutz/lebensmittel-ernaehrung/kontrollergebnisse/allgemeines/index.de.html, zuletzt geprüft am 8.7.2014. Dazu auch *Müller/Wallau/Grube,* Lebensmittelkontrolle, S. 170 f.

2233 http://www.berlin.de/sen/verbraucherschutz/lebensmittel-ernaehrung/kontrollergebnisse/allgemeines/index.de.html, zuletzt geprüft am 8.7.2014.

vorschriftsgemäß gereinigt und desinfiziert? Werden mögliche Schädlinge richtig bekämpft?

Für diese Kriterien wurden Noten und Minuspunkte (Maluspunkte) vergeben.[2234] Gab es keine Beanstandungen, wurde der Betrieb mit der Note „Sehr gut" bewertet.[2235] Wurden indes Mängel vorgefunden, so konnten bis zu 80 bzw. nach der Überarbeitung im Jahre 2013 bis zu 72 Minuspunkte[2236] vergeben werden, die sich wiederum nach einem Umrechnungsschlüssel dem Notensystem zuordnen ließen.[2237]

Für die Einordnung der Ergebnisse der Betriebsprüfung existierte ein „risikoorientiertes Beurteilungssystem". Dieses folgte dem Muster der Anlage 1 Nr. 5 zu § 6 Abs. 1 S. 2 Nr. 1 Allgemeine Verwaltungsvorschrift über Grundsätze zur Durchführung der amtlichen Überwachung der Einhaltung lebensmittelrechtlicher, weinrechtlicher, futtermittelrechtlicher und tabakrechtlicher Vorschriften (AVV Rahmen-Überwachung – AVV RÜb).[2238] Danach werden die zu kontrollierenden Betriebe in verschiedene Risikogruppen eingeteilt und je nachdem häufiger oder seltener kontrolliert.[2239] Wichtig für die rechtliche Einordnung war der Umstand, dass zwar die Merkmale für die Einstufung des Betriebs nach der Anlage 1 und dem Leitfaden zu § 6 AVV RÜb vorgegeben sind, jedoch die Bewertung nach Punkten oder Noten letztlich von der (subjektiven) Einschätzung des jeweils tätigen Kontrolleurs abhing.[2240] Damit war der letzte Schritt, d. h.

2234 http://www.berlin.de/sen/verbraucherschutz/lebensmittel-ernaehrung/kontrollergebnisse/allgemeines/index.de.html, zuletzt geprüft am 8.7.2014.

2235 http://www.berlin.de/sen/verbraucherschutz/lebensmittel-ernaehrung/kontrollergebnisse/allgemeines/index.de.html, zuletzt geprüft am 8.7.2014.

2236 Aufgrund der VIG-Novelle im September 2012 (s. dazu Kap. 11, A III 1) wurde die Veröffentlichung nochmals überarbeitet, s. dazu die Pressemitteilung des Bezirksamts Pankow von Berlin v. 14.6.2013, https://www.berlin.de/ba-pankow/presse/archiv/20130614.1045.386088.html.

2237 http://www.berlin.de/sen/verbraucherschutz/lebensmittel-ernaehrung/kontrollergebnisse/allgemeines/index.de.html, zuletzt geprüft am 8.7.2014.

2238 AVV RÜb v. 3.6.2008, GMBl. S. 426, zuletzt geändert durch Art. 1 Zweite ÄndVwV vom 14.8.2013 (BAnz AT 20.8.2013 B2). S. dazu auch OVG Berlin-Brandenburg, Beschluss v. 28.5.2014 – OVG 5 S 21.14, juris, Rn. 27 ff.; VG Berlin GewArch 2014, 303, 305; Bezirksamt Pankow von Berlin, Pressemitteilung v. 11.6.2014, http://www.berlin.de/ba-pankow/presse/archiv/20140611.1120.397818.html.

2239 OVG Berlin-Brandenburg, Beschluss v. 28.5.2014 – OVG 5 S 21.14, juris, Rn. 27.

2240 OVG Berlin-Brandenburg, Beschluss v. 28.5.2014 – OVG 5 S 21.14, juris, Rn. 28.

der Rückschluss von der Bewertung auf den zugrunde liegenden Vorwurf, für den Verbraucher schwer bzw. nicht nachvollziehbar.[2241]

In der im Internet veröffentlichten Liste wurden sodann Name und Adresse des Betriebs, der Ergebnispunktestand und die Note dargestellt.[2242] Ferner wurde, sofern bereits durchgeführt, das Datum der Nachkontrolle und die Tatsache, ob eine Mängelbeseitigung erfolgte, angegeben.[2243] Das aktuelle Kontrollergebnis wurde zusätzlich mit einem Smiley-Symbol verdeutlicht. Abhängig von der Bewertung lachte (sehr gut) oder lächelte (gut) das Smiley-Gesicht auf grünem Hintergrund, schaute neutral (zufriedenstellend) oder ernst (ausreichend) auf gelbem Hintergrund oder griesgrämig auf rotem Hintergrund (nicht ausreichend).[2244] Ferner fand sich auf der Internetseite ein Link zum Standort des bewerteten und der ihn umgebenden Betriebe.[2245]

Die Smiley-Liste umfasste zwischenzeitlich rund 760 Seiten, wobei jede Seite einem Lebensmittelbetrieb zugeordnet war.[2246] Der Nutzer konnte sich mit Hilfe der Suchfunktion z. B. alle Betriebe einer Straße oder alle Filialen einer Einzelhandelskette anzeigen lassen[2247] und sich so durch die Informationen hindurch navigieren und die bewerteten Einrichtungen vergleichen. Von 2013 an war es auch möglich, die Bewertungshistorie eines Betriebs einzusehen.[2248]

2241 OVG Berlin-Brandenburg, Beschluss v. 28.5.2014 – OVG 5 S 21.14, juris, Rn. 34; VG Berlin GewArch 2014, 303, 305.

2242 http://www.berlin.de/sen/verbraucherschutz/lebensmittel-ernaehrung/kontrollergebnisse/allgemeines/index.de.html, zuletzt geprüft am 8.7.2014.

2243 *Grube/Immel/Wallau,* VerbraucherInfoR, Teil E Rn. 131.

2244 OVG Berlin-Brandenburg, Beschluss v. 28.5.2014 – OVG 5 S 21.14, juris, Rn. 7; eine grafische Darstellung der Smileys findet sich auch bei *Grube/Immel/Wallau,* VerbraucherInfoR, Teil E Rn. 130.

2245 http://www.berlin.de/sen/verbraucherschutz/lebensmittel-ernaehrung/kontrollergebnisse/allgemeines/index.de.html, zuletzt geprüft am 8.7.2014.

2246 OVG Berlin-Brandenburg, Beschluss v. 28.5.2014 – OVG 5 S 21.14, juris, Rn. 5.

2247 OVG Berlin-Brandenburg, Beschluss v. 28.5.2014 – OVG 5 S 21.14, juris, Rn. 7.

2248 Bezirksamt Pankow von Berlin, Pressemitteilung v. 14.6.2013, https://www.berlin.de/ba-pankow/presse/archiv/20130614.1045.386088.html.

Das von Anfang an heftig umstrittene Vorhaben[2249] wurde zwischenzeitlich eingestellt, nachdem das Berliner VG[2250] und das OVG Berlin-Brandenburg[2251] im Rahmen einstweiliger Rechtsschutzverfahren entschieden hatten, dass die Veröffentlichungen nach summarischem Prüfungsmaßstab aller Wahrscheinlichkeit nach rechtswidrig seien. Daraufhin nahm das Bezirksamt Pankow die Internetliste aus dem Netz. In einer Pressemitteilung heißt es dazu: „Mit Beschluss des OVG wurde die Möglichkeit einer transparenten Darstellung der Kontrollergebnisse der gesetzlich vorgeschriebenen Hygienekontrollen in Lebensmittelbetrieben weiter eingeschränkt. Der Bezirk Pankow wird deshalb die Smiley-Liste bis auf Weiteres nicht mehr auf seiner Internetpräsenz veröffentlichen“.[2252]

Das Projekt verfolgte die den Aktivinformationen des Staates zumeist eigenen Zwecke, nämlich die Verhaltenslenkung und die Verbraucherinformation.[2253] Durch die Veröffentlichung der vorgefundenen Mängel sollten die Betreiber veranlasst werden, künftig die einschlägigen Vorschriften einzuhalten.[2254] Die Verbraucher wurden über die sonst für sie im Verborgenen bleibenden internen Qualitätsprobleme unterrichtet und so in die Lage versetzt, eine informierte und eigenverantwortliche Entscheidung über die Auswahl ihrer gastronomischen Einrichtung zu treffen.[2255] Da die Liste lediglich ein Informationsangebot enthielt, ließ sich nicht mit endgültiger Sicherheit sagen, ob die Verbraucher „einen Bogen“ um ein schlecht bewertetes Restaurant machen würden.[2256] Hier spielten auch an-

---

2249 Eine Übersicht der wichtigsten Stimmen aus Politik, Wirtschaft und Verbraucherschaft findet sich bei *Oertel/Schimke/Ulmer/Karig,* Abschlussbericht VIG, http://download.ble.de/08HS024.pdf.

2250 VG Berlin GewArch 2014, 303. Zur Lichtenberger Smiley-Liste fast zeitgleich VG Berlin, Beschluss v. 17.3.2014 – 14 L 410.13, juris und zur Landesliste „Sicher essen in Berlin“ bereits zuvor VG Berlin LMRR 2012, 77 und jüngst OVG Berlin-Brandenburg, Beschluss v. 3.6.2014 – OVG 5 N 2.13, juris.

2251 OVG Berlin-Brandenburg, Beschluss v. 28.5.2014 – OVG 5 S 21.14, juris.

2252 Bezirksamt Pankow von Berlin, Pressemitteilung v. 11.6.2014, http://www.berlin.de/ba-pankow/presse/archiv/20140611.1120.397818.html.

2253 *Schink,* DVBl. 2011, S. 253, 254; *Wollenschläger,* VerwArch 102 (2011), S. 20, 24 f. S. ausf. zur Lenkungswirkung Kap. 3, B.

2254 *Schink,* DVBl. 2011, S. 253, 254; *Wollenschläger,* VerwArch 102 (2011), S. 20, 24 f.

2255 *Schink,* DVBl. 2011, S. 253, 254; *Wollenschläger,* VerwArch 102 (2011), S. 20, 25.

2256 *Teevs,* Spiegel Online v. 21.3.2012, http://www.spiegel.de/wirtschaft/service/ekelrestaurants-in-kopenhagen-getestet-a-822512.html.

dere Faktoren, wie bspw. ein niedriger Preis oder üppige Mahlzeiten, eine Rolle, die das negative Ergebnis je nach Verbrauchertyp unter Umständen kompensieren konnten.[2257]

2. Rechtmäßigkeit der Internetlisten

Das Pankower Smiley-System von 2011 und die Pankower Negativ-Liste von 2009 unterscheiden sich in einem Punkt maßgeblich voneinander. Während die frühe erste Liste als Negativliste lediglich Tatsachen vermittelte (nur die freiwillige Positivliste, die hier aufgrund des Einverständnisses der Betreiber nicht besprochen zu werden braucht, enthielt Smiley-Symbole), griff die 2011er Liste einheitlich auf Bewertungen zurück. Die 2011er Liste erfüllt damit die Kriterien einer amtlichen Empfehlung.[2258] Diesem Unterschied ist bei der Beurteilung der Verfassungsmäßigkeit der beiden Ausgestaltungen Rechnung zu tragen.

a) Ermächtigungsgrundlage

(1) Erfordernis einer Ermächtigungsgrundlage

Zunächst ist zu klären, ob die in der Rechtsprechung entwickelte Sonderdogmatik für staatliches Informationshandeln auch im Falle der Pankower Listen Geltung beanspruchen kann.[2259]

Das erste Argument gegen die Anwendbarkeit der Sonderdogmatik wurzelt in der Herkunft der Information. Während die Glykol-Rechtsprechung mit Informationen der Bundesregierung befasst war, also einem Handeln der Gubernative, ist hier die Administrative Urheber der Informa-

---

2257 So berichtet z. B. *Teevs,* Spiegel Online v. 21.3.2012, http://www.spiegel.de/wirtschaft/service/ekelrestaurants-in-kopenhagen-getestet-a-822512.html von einem schlecht bewerteten, aber gut besuchten Restaurant in Dänemark.

2258 S. Kap. 3, B III 2 b). Zu dem Projekt „Sicher Essen in Berlin“ mit ebendieser Einordnung *Schoch,* VBlBW 2014, S. 361, 365.

2259 Wie bereits angedeutet, soll dem Pankower-System hier Modellcharakter zukommen. Die hier erfolgenden Ausführungen sind mithin auf vergleichbare Listen übertragbar. Auf die Unterschiede zwischen Tatsachen und Wertungen wird jeweils hingewiesen.

tionen.[2260] Das Stützen der Veröffentlichung auf die Aufgabennorm des Art. 65 GG bleibt den Behörden somit – von der Diskussion um die Zulässigkeit dieses Rückgriffs einmal abgesehen – von Anfang an verwehrt.[2261]

Der zweite Punkt, der eine andere Betrachtung erfordert, ist der Informationszweck. Während es im Glykolweinfall darum ging, eine Krise zu bewältigen, dienen die Informationen, die im Rahmen von Bewertungsportalen veröffentlicht werden, anderen Zwecken.[2262] Sie sollen die Entscheidungsgrundlage der Verbraucher verbessern, Informationsasymmetrien ausgleichen und so eine informierte Konsumentenentscheidung ermöglichen.[2263] Ferner soll es das Vertrauen der Verbraucher in die Tätigkeit der Lebensmittelkontrolleure stärken und ihre Teilhabemöglichkeiten an verbraucherschutzpolitischen Entscheidungen verbessern.[2264] Schließlich zielt die Liste mittels ihrer adversen Publizität[2265] auch darauf ab, die betroffenen Gaststätten zur verlässlichen Einhaltung der hygienischen Standards zu bewegen und dadurch eine Verbesserung des Gesundheitsschutzes zu bewirken.[2266] Zugleich kommen die Informationen im Sinne einer adversen Selektion[2267] auch den Betreibern gastronomischer Einrich-

---

2260 Auch *Grube/Immel/Wallau,* VerbraucherInfoR, Teil E Rn. 57; *Holzner,* NVwZ 2010, S. 489, 490 und *Ossenbühl,* NVwZ 2011, S. 1357, 1360 lehnen die Anwendung der Rechtsprechung auf das Smiley-System unter Berufung auf die Unterschiede zwischen Gubernative und Exekutive ab. Anderes ergibt sich, wenn man den vom BVerfG aufgestellten Maßgaben im „Fall Löw" folgt (s. Kap. 6, A II 7), was hier jedoch abgelehnt wurde (s. Kap 6, A III 2).

2261 *Grube/Immel/Wallau,* VerbraucherInfoR, Teil E Rn. 57; *Schink,* Rechtsgutachten, S. 19.

2262 Vgl. OVG Berlin-Brandenburg, Beschluss v. 3.6.2014 – OVG 5 N 2.13, juris, Rn. 8 zur Liste „Sicher essen in Berlin".

2263 BT-Drs. 16/5404, S. 1, 7; *Guckelberger,* in: Hill/Schliesky (Hrsg.), S. 73, 74 f., 90; *Wollenschläger,* VerwArch 102 (2011), S. 20, 25.

2264 *Guckelberger,* in: Hill/Schliesky (Hrsg.), S. 73, 90; *Schink,* DVBl. 2011, S. 253, 259; *ders.,* Rechtsgutachten, S. 25. Zur Erschütterung des Vertrauens aufgrund diverser Lebensmittelskandale s. BT-Drs. 16/5404, S. 7.

2265 Zum Begriff der adversen Publizität s. Kap. 4, B I.

2266 *Guckelberger,* in: Hill/Schliesky (Hrsg.), S. 73, 75, 90.

2267 Zum Begriff der adversen Selektion siehe *Åkerlof,* The Quarterly Journal of Economics 1970, S. 488, 493, der am Beispiel von Neu- und Gebrauchtwagen aufzeigt, wie schlechtere Fahrzeuge (die man in den U.S.A. als „lemons" kennt, daher der Titel des Aufsatzes *The Market for Lemons*) die qualitativ besseren Fahrzeuge aufgrund des Bestehens von Informationsasymmetrien vom Markt verdrängen können. Ebenfalls zu diesem Phänomen *Martini,* DÖV 2010, S. 573, 574; *Wilkat,* Bewertungsportale, S. 85.

tungen zu Gute, die sich an die Vorschriften halten und so von den Negativschlagzeilen der Konkurrenz profitieren,[2268] und dienen deshalb auch dem „besseren Funktionieren der Märkte".[2269]

Ferner kann das Argument der Rechtsprechung, Informationsbefugnisse seien aufgrund ihrer Vielgestaltigkeit einer mangelnden Normierbarkeit ausgesetzt, mit Blick auf die zwischenzeitlich vorhandenen gesetzlichen Regelungen nicht durchgreifen.[2270]

Zu guter Letzt, und das gilt nur für die 2011er Liste mit Wertungscharakter, unterscheidet sich auch der Informationsgegenstand erheblich. Während es im Glykolweinfall um reine Tatsachenfeststellungen ging, geht es hier um hoheitliche Bewertungen. Unter Zuhilfenahme des Smiley-Symbols machte der Bezirk Pankow deutlich, welche der bewerteten gastronomischen Einrichtungen „gut" und welche „schlecht" war. Die Liste erschöpft sich also nicht darin, den Bürgern eine Informationsgrundlage für eine eigene Entscheidung zur Verfügung zu stellen, sondern sie vermittelt ein „mit amtlicher Autorität ausgestattetes Werturteil über die unternehmerische Betätigung der Gaststättenbetreiber aus hygiene- und lebensmittelrechtlicher Sicht".[2271]

Im Übrigen sei angemerkt, dass man, selbst wenn man diesen drei Argumenten nicht zustimmen kann und die Sonderdogmatik der Rechtsprechung zugrunde legen wollte, dennoch eine Rechtsgrundlage fordern müsste, denn auch die Rechtsprechung würde hier einen Eingriff in Grundrechte in Form eines funktionalen Äquivalents eines Eingriffs bejahen, da die Listen darauf ausgerichtet sind, Lenkungswirkung zu entfalten.[2272]

2268 *Guckelberger*, in: Hill/Schliesky (Hrsg.), S. 73, 75.

2269 BT-Drs. 16/5404, S. 7.

2270 Zu diesem Argument s. ausf. Kap. 6, A V. Im hiesigen Zusammenhang ebenso OVG Berlin-Brandenburg, Beschluss v. 3.6.2014 – OVG 5 N 2.13, juris, Rn. 6.

2271 OVG Berlin-Brandenburg, Beschluss v. 3.6.2014 – OVG 5 N 2.13, juris, Rn. 8.

2272 OVG Berlin-Brandenburg, Beschluss v. 3.6.2014 – OVG 5 N 2.13, juris, Rn. 8 f. (zur Liste „Sicher essen in Berlin"); Beschluss v. 28.5.2014 – OVG 5 S 21.14, juris, Rn. 18; *Becker/Blackstein,* NJW 2011, S. 490, 492; *Böhm/Lingenfelder/Voit,* NVwZ 2011, S. 198, 201; *Böhm*, in: FS Bull, S. 965, 976; *Grube/Immel/Wallau,* VerbraucherInfoR, Teil E Rn. 56, 136; *Guckelberger*, in: Hill/Schliesky (Hrsg.), S. 73, 85; *Hofmann-Hoeppel*, in: Eiding/Hofmann-Hoeppel (Hrsg.), VerwR, S. 106, Rn. 12 (Schriftsatzmuster 25); *Holzner,* NVwZ 2010, S. 489, 490 f.; *Hufen*, in: FS Horst, S. 85, 93; *Ossenbühl,* NVwZ 2011, S. 1357, 1360; *Peters,* JURA 2014, S. 752, 759. *Schink,* DVBl. 2011, S. 253, 254 f. und *ders.,* Rechtsgutachten, S. 14, 23 erkennt zwar die Lenkungswirkung an, verneint aber

Namentlich in Betracht kommt in erster Linie der Eingriff in die Berufsfreiheit aus Art. 12 Abs. 1 GG.[2273] Indem die Internetliste Angaben über die räumlichen und betrieblichen Verhältnisse, die Betriebshygiene und sonstige Vorschriftsgemäßheit macht, gibt sie Informationen aus dem Berufsalltag des Inhabers preis.[2274] Die Angaben sollen u. a. dazu führen, dass die hygienischen und lebensmittelrechtlichen Anforderungen in den Betrieben vermehrt eingehalten werden.[2275] Die Lenkungswirkung erstreckt sich damit nicht nur auf die Verbraucher, sondern auch auf die Betroffenen. Die Zielsetzung der Listen ersetzt in diesem Zusammenhang teilweise die Wirkung der klassischen, ordnungsrechtlichen Instrumentarien, weshalb die Informationsveröffentlichung als funktionales Äquivalent eines Eingriffs zu werten ist.[2276] Die Listen entfalten insbesondere auch berufsregelnde Tendenz und erfüllen das Kriterium der Finalität des Eingriffs, denn das Meideverhalten der Verbraucher zu Lasten eines schlecht(er) bewerteten Unternehmens ist der Listenveröffentlichung im-

---

den Eingriffscharakter der 2009er Negativliste. Diese Ansicht könnte gestützt werden durch die Entscheidung des LSG Berlin-Brandenburg, Beschluss v. 11.6.2014 – L 1 KR 301/13 B ER, juris, Rn. 66 f. zum sog. AOK-Krankenhausnavigator, nach der es an einem steuernden Eingriff in Art. 12 GG fehlen soll, da weder negative Auswirkungen tatsächlich vorlägen noch beabsichtigt seien.

2273 Ebenso OVG Berlin-Brandenburg, Beschluss v. 28.5.2014 – OVG 5 S 21.14, juris, Rn. 18; *Guckelberger*, in: Hill/Schliesky (Hrsg.), S. 73, 81 ff.; *Gurlit,* NVwZ 2011, S. 1052, 1053; *Kügel/Plaßmann,* LMuR 2012, S. 1, 5 (für das vglb. Projekt eines Kontrollbarometers); *Martini/Kühl,* JURA 2014, S. 1221, 1229; *Ossenbühl,* NVwZ 2011, S. 1357, 1359 (die Ansicht *Ossenbühls* ist auch wiedergegeben im Tagungsbericht von *Girnau/Wallau,* ZLR 2011, S. 517, 518); *Raspé,* BLJ 2013, S. 8, 10; *Wollenschläger,* DÖV 2013, S. 7, 13; *ders.*, VerwArch 102 (2011), S. 20, 37 ff. Näher zum Schutzbereich des Art. 12 Abs. 1 GG s. unter Kap. 5, B IV.

2274 Ähnl. *Ossenbühl,* NVwZ 2011, S. 1357, 1359. Diese Informationen sind deutlich weitergehender als diejenigen, die im Rahmen des Glykol-Verfahrens veröffentlicht wurden, s. dazu *Raspé,* BLJ 2013, S. 8, 10, unterfallen aber nicht dem Tatbestand der Betriebs- und Geschäftsgeheimnisse, s. Kap. 5, B IV 2 a).

2275 So auch die Zielsetzung der Liste „Sicher essen in Berlin", vgl. OVG Berlin-Brandenburg, Beschluss v. 3.6.2014 – OVG 5 N 2.13, juris, Rn. 9.

2276 Ebenso für die Liste „Sicher essen in Berlin" OVG Berlin-Brandenburg, Beschluss v. 3.6.2014 – OVG 5 N 2.13, juris, Rn. 9.

manent und nicht nur eine zufällige, nicht vorhersehbare Folge derselben.[2277] Die Bewertung der Betriebe hat nach allgemeiner Lebenserfahrung zur Folge, dass sich die Verbraucher tendenziell eher für einen positiv bewerteten Betrieb entscheiden werden.[2278] Diese sich aufgrund des Verbraucherverhaltens ergebenden Nachteile stellen sich als „Kehrseite" der intendierten Lenkung der Öffentlichkeit dar.[2279]

Ferner könnte das Recht auf informationelle Selbstbestimmung aus Art. 2 Abs. 1 i. V. m. Art. 1 Abs. 1 GG bzw. der soziale Geltungsanspruch eines Unternehmens nach Art. 12 Abs. 1 bzw. Art. 2 Abs. 1 GG betroffen sein.[2280] In den Listen werden Name und Adresse des überprüften Betriebs sowie die festgestellte(n) Abweichung(en) bzw. eine Bewertung der Einrichtung aufgrund der festgestellten Abweichung(en) veröffentlicht. Damit wird, wie eingangs gesehen, in aller Regel das Recht auf informationelle Selbstbestimmung berührt. Dies gilt auch dann, wenn in der Liste nur der Name des kontrollierten Betriebs veröffentlicht wird, da entweder der Name des Betriebs den Namen des Inhabers (ganz oder teilweise) bereits enthält oder aber sein Name über das Impressum auf der Internetseite des Unternehmens oder über eine andere, einfache Internetsuche herausgefunden werden kann.[2281]

Auch eine Verletzung des Art. 3 Abs. 1 GG kommt in Betracht, sofern mit der Liste Vergleichsmaßstäbe zwischen den einzelnen gastronomischen Einrichtungen geschaffen werden. Der Gleichbehandlungsgrundsatz

---

2277 *Becker/Blackstein,* NJW 2011, S. 490, 492; ähnl. *Grube/Immel/Wallau,* VerbraucherInfoR, Teil E Rn. 136. Für den vglb. Fall der Aufklärung über die „Osho"-Bewegung BVerwGE 90, 112, 120 f., wonach die Nachteile „das zwangsläufige und sichere Ergebnis" der Aufklärung seien.

2278 OVG Berlin-Brandenburg, Beschluss v. 3.6.2014 – OVG 5 N 2.13, juris, Rn. 8 für die Liste „Sicher essen in Berlin".

2279 So bereits BVerwGE 90, 112, 120 f. für die Wirkung der staatlichen Aufklärung über die „Osho"-Bewegung; OVG Berlin-Brandenburg, Beschluss v. 3.6.2014 – OVG 5 N 2.13, juris, Rn. 8 für die Liste „Sicher essen in Berlin".

2280 OVG Berlin-Brandenburg, Beschluss v. 28.5.2014 – OVG 5 S 21.14, juris, Rn. 18; *Albers/Ortler,* GewArch 2009, S. 225, 228; *Becker/Blackstein,* NJW 2011, S. 490, 492 f.; *Raspé,* BLJ 2013, S. 8, 10. Zweifelnd *Ossenbühl,* NVwZ 2011, S. 1357, 1359. Näher zum Schutzbereich des allgemeinen Persönlichkeitsrechts und des sozialen Geltungsanspruchs eines Unternehmens s. unter Kap. 5, A II 1.

2281 Nach *Raspé,* BLJ 2013, S. 8, 10 ist der Inhaber „meist mit nur einem Mouseklick" identifizierbar. Ebenfalls zur Einfachheit der Ermittlung der Inhabers *Becker,* ZLR 2011, S. 391, 407.

würde insbesondere beeinträchtigt, wenn die Gleichmäßigkeit von Kontrolle und Nachkontrolle der kontrollierten Betriebe nicht gewährleistet wäre.[2282] Für die Vergabe der unterschiedlichen Smiley-Symbole bedarf es darüber hinaus sachlicher Kriterien, die eine Vergleichbarkeit der zugrunde liegenden Rechtslage sicherstellen.[2283]

Im Ergebnis ist daher eine Rechtsgrundlage für die Listen in jedem Fall erforderlich.

(2) § 6 Abs. 1 S. 3 VIG

Als Rechtsgrundlage für diesen Grundrechtseingriff der Pankower Listen kommt zunächst § 6 Abs. 1 S. 3 VIG bzw. kam vor dessen Inkrafttreten im September 2012 die Vorgängernorm des § 5 Abs. 1 S. 2 VIG a. F. in Betracht, die grundsätzlich die aktive Verbreitung von Informationen über das Internet gestatten.[2284]

Sodann stellt sich die Frage, ob die Pankower Listen auch taugliche Informationsgegenstände dieser Grundlage sein können.

(a) Erzeugnisbezug

Zunächst müssten die Listenveröffentlichungen dem Anwendungsbereich des VIG unterfallen. Nach § 1 Nr. 1 VIG erstreckt sich das Gesetz nur auf den Zugang zu Informationen über „Erzeugnisse im Sinne des Lebensmittel- und Futtergesetzbuches“ mit dem Ziel, Verbraucher vor „unsicheren Erzeugnissen […] sowie vor Täuschung im Verkehr mit Erzeugnissen“ zu schützen. Zu klären ist, ob es sich bei den der Listenveröffentlichung zugrunde liegenden Informationen um solche „Erzeugnisse“ handelt. Nach der Begriffsbestimmung des § 2 Abs. 1 LFGB sind Erzeugnisse „Lebens-

---

2282 *Streinz,* ZLR 2012, S. 141, 156.
2283 *Streinz,* ZLR 2012, S. 141, 156.
2284 Zu der Qualität der Norm als Ermächtigungsgrundlage s. unter Kap. 11, A III 2 a). Das Bezirksamt Pankow hatte seine Liste auf die Vorgängernorm des § 5 Abs. 1 S. 2 VIG a. F. gestützt. Für die grundsätzliche Anwendbarkeit OVG Berlin-Brandenburg, Beschluss v. 28.5.2014 – OVG 5 S 21.14, juris, Rn. 19; *Schoch,* NJW 2010, S. 2241, 2246.

mittel, einschließlich Lebensmittelzusatzstoffe, Futtermittel, kosmetische Mittel und Bedarfsgegenstände".

In der ursprünglichen Fassung des VIG wurde der Anwendungsbereich nicht bestimmt; § 1 wurde erst nachträglich im Zuge der im September 2012 in Kraft getretenen Novelle in das VIG eingefügt.[2285] In der Begründung des Gesetzesentwurfs heißt es dazu, die Normierung des Anwendungsbereiches im Rechtstext selbst solle die Auslegung des Gesetzes erleichtern und einen Rückgriff auf die Gesetzesmaterialien entbehrlich machen.[2286]

Der Fragenkatalog der Listen umfasst neben der Frage, ob die lebensmittelrechtlichen Bestimmungen eingehalten wurden, weitere Fragen, wie die nach den Lieferwegen der Lebensmittel, der Mitarbeiterschulung, dem baulichen Zustand des Betriebs, etc.[2287] Nach einer Entscheidung des OVG des Saarlandes, die zeitlich noch vor der Einführung des § 1 VIG erging, liegt ein Verstoß gegen die Vorschriften des LFGB nicht erst dann vor, wenn konkret ein Lebensmittel nachteilig beeinträchtigt wurde. Vielmehr sollen auch Verstöße gegen Hygienevorschriften umfasst sein, weil diese eine latente Gefahr der Beeinträchtigung auch der Lebensmittel begründeten.[2288] Dem schloss sich jüngst, zeitlich weit nach der Einfügung des § 1 VIG, das VG Ansbach an.[2289] Die Berliner Gerichte, deren Entscheidungen ebenfalls zeitlich nach der Einfügung des § 1 VIG liegen, tendieren zum Teil dazu, dass Veröffentlichungen von Informationen ohne Bezug auf konkrete Erzeugnisse jenseits des Anwendungsbereichs des VIG liegen.[2290] Andere lassen bei lediglich summarischer Überprüfung der Rechtslage im einstweiligen Rechtsschutz die Eröffnung des Anwen-

---

2285 BT-Drs. 17/7374, S. 7. S. dazu *Prommer/Rossi,* GewArch 2013, S. 97, 99 und *Schoch,* NVwZ 2012, S. 1497, 1498, der kritisiert, dass unter der Überschrift „Anwendungsbereich" zugleich die Zwecksetzung des Gesetzes geregelt wurde. Im Zuge der Novelle wurde der Anwendungsbereich auf Verbraucherprodukte des ProdSG ausgeweitet. S. dazu *Wustmann*, in: Dix/Franßen/Kloepfer/Schaar/Schoch/Deutsche Gesellschaft für Informationsfreiheit (Hrsg.), Informationsfreiheit, S. 197, 199 ff.

2286 BT-Drs. 17/7374, S. 14.

2287 Zum ganzen Fragenkatalog s. Kap. 11, A IV 1.

2288 OVG d. Saarlandes LMRR 2011, 1.

2289 VG Ansbach LMuR 2014, 113, 122. Sich dem anschließend VG Düsseldorf, Urteil v. 13.3.2015 – 26 K 4876/13, juris, Rn. 27.

2290 VG Berlin GewArch 2014, 303, 305; VG Berlin, Beschluss v. 17.3.2014 – 14 L 410.13, juris, Rn. 44. Ebenso *Grube/Immel/Wallau,* VerbraucherInfoR, Teil D § 1 Rn. 17.

dungsbereichs mangels Entscheidungserheblichkeit dahinstehen[2291] bzw. unterstellen einen hinreichenden Erzeugnisbezug ohne nähere Prüfung.[2292]

Möglich ist, dass der Gesetzgeber mit dem Begriff des „Erzeugnisses" einen weiten Anwendungsbereich des VIG formen wollte. Dies würde auch den Zwecken des Gesetzes – umfassende Verbraucherinformation, größere Transparenz und Verbesserung des Verbraucherschutzes – am ehesten entsprechen.[2293] Dafür spricht insbesondere, dass in der Begründung des Gesetzesentwurfs zur Einführung des § 1 VIG keine Ausführungen zu einer Beschränkung des Anwendungsbereichs des Gesetzes enthalten sind. Vielmehr ist dort nur von einer erleichterten Auslegung die Rede. Der Anwendungsbereich des Gesetzes sollte nicht inhaltlich verändert, sondern nur im Gesetzestext selbst festgeschrieben werden. In der Begründung des Gesetzesentwurfs zum VIG der ersten Stunde hieß es, § 1 Abs. 1 S. 1 VIG a. F. eröffne Zugang zu Informationen über Erzeugnisse i. S. d. LFGB.[2294] „Entsprechend dem Zweck des Gesetzes, umfassenden Zugang zu Informationen zu eröffnen, sind die Begriffe weit auszulegen."[2295]

Ferner ist durchaus denkbar, dass § 1 Nr. 1 und Nr. 2 VIG lediglich den Zweck erfüllen, Begriffsdefinitionen für die in § 2 Abs. 1 Nr. 2–Nr. 5 und Nr. 7 maßgeblichen Termini „Erzeugnis" und „Verbraucherprodukt" zu liefern.[2296] Damit wird klargestellt, dass sich das „Erzeugnis" auf die Tatbestände des LFGB bezieht, während das „Verbraucherprodukt" im ProdSG zu verorten ist. Dieses Argument ist jedoch nicht restlos überzeugend, da eine solche Klarstellung eigentlich nicht notwendig gewesen wäre. Dass sich das VIG auf das LFGB und das ProdSG bezieht, ergibt sich bereits aus § 2 Abs. 1 Nr. 1 lit. a VIG. Zudem nennt das LFGB in § 2 Abs. 1 LFGB die Definition eines „Erzeugnisses" und das ProdSG führt in § 2 Nr. 26 ProdSG seine Begriffsbestimmung des „Verbraucherproduktes" an, wobei die Gesetze jeweils nur einen der beiden Begriffe verwenden, so

2291 OVG Berlin-Brandenburg, Beschluss v. 3.6.2014 – OVG 5 N 2.13, juris, Rn. 10; VG Berlin LMRR 2012, 77.

2292 OVG Berlin-Brandenburg, Beschluss v. 28.5.2014 – OVG 5 S 21.14, juris, Rn. 24.

2293 Ebenso VG Ansbach LMuR 2014, 113, 122 f.; *Wustmann*, BayVBl. 2015, S. 181, 185.

2294 BT-Drs. 16/5404, S. 10.

2295 BT-Drs. 16/5404, S. 10.

2296 Nach dem VG Berlin LMRR 2012, 77 ist dieser Hintergrund „nicht mit Sicherheit auszuschließen".

dass diesbezüglich eigentlich keine Auslegungsschwierigkeiten bestehen dürften, die eine eigene gesetzliche Normierung erfordert hätten.

Für eine eher extensive Auslegung spricht insbesondere auch, dass § 5 Abs. 2 S. 1 VIG a. F. lautete: „Soweit der informationspflichtigen Stelle keine Erkenntnisse über ein im Antrag nach § 3 Abs. 1 *konkret bezeichnetes Erzeugnis* vorliegen […]".[2297] Nunmehr heißt es in der Nachfolgevorschrift des § 6 Abs. 2 VIG: „Soweit der informationspflichtigen Stelle keine Erkenntnisse über im Antrag nach § 4 Absatz 1 *begehrte Informationen* vorliegen […]" und entsprechend dazu lautet § 4 Abs. 1 S. 2 VIG: „Der Antrag muss hinreichend bestimmt sein und insbesondere erkennen lassen, auf welche Informationen er gerichtet ist". Damit wurde der konkrete Produktbezug, wie er ursprünglich für eine Informationsgewährung erforderlich war, aus dem Gesetz gestrichen. Auch die Bestimmung des § 2 Abs. 4 VIG, nach der dieses gegenüber anderen Gesetzen subsidiär ist, dürfte für eine extensive Auslegung sprechen, da der Anwendungsbereich ansonsten gering wäre.

Im Ergebnis sprechen mit dem Gesetzeszweck des VIG und der Begründung des Gesetzesentwurfs, die nicht von einer Eingrenzung, sondern nur von einer erleichterten Auslegung spricht, sowie der Gesetzesänderung, die den ursprünglich engeren, konkreten Produktbezug in den allgemeinen Terminus „begehrte Information" ausgeweitet und überführt hat, die besseren Gründe für eine extensivere Auslegung, mittels derer sich die Listen noch im Anwendungsbereich des VIG befinden.

(b) Information, zu der Zugang zu gewähren ist

Nach § 6 Abs. 1 S. 3 VIG können Informationen ferner nur veröffentlicht werden, „zu denen Zugang zu gewähren ist". Welche Informationen dies sind, ergibt sich aus § 2 Abs. 1 S. 1 VIG. Als Subsumtionstatbestände für die Liste kommen lediglich § 2 Abs. 1 S. 1 Nr. 1 und Nr. 7 VIG in Betracht.[2298]

2297 Fassung bis zum Inkrafttreten der Novelle im September 2012. Kursivhervorhebung im Text durch die Verfasserin.

2298 Ebenso OVG Berlin-Brandenburg, Beschluss v. 28.5.2014 – OVG 5 S 21.14, juris, Rn. 22; nun auch VG Düsseldorf, Urteil v. 13.3.2015 – 26 K 4876/13, juris, Rn. 26 (geschrieben steht Nr. 3, gemeint ist aber, wie sich aus der weiteren Prüfung ergibt, Nr. 7).

Als erste Voraussetzung muss es sich bei den Listenveröffentlichungen um „Daten“ im Sinne des § 2 Abs. 1 S. 1 VIG handeln. Dies ist in Bezug auf die 2011er Liste mit Wertungen fraglich. Wie eingangs gesehen, können Daten nicht mit Informationen gleichgesetzt werden, sondern sind vielmehr ihre Vorstufe, da Informationen bereits eine gewisse Verarbeitungs- oder Interpretationsleistung erfordern, die den Sinngehalt der Rohdaten beschreiben.[2299] Das Pankower Bewertungssystem fußt auf der AVV RÜb[2300] mit der Folge, dass letztlich die Entscheidung darüber, wie das Ergebnis der Betriebsprüfung in das Bewertungsschema übertragen wird, der verantwortlichen Kontrollperson zukommt.[2301] Wie die Bewertung inhaltlich zustande kommt, ist damit für den Verbraucher nicht nachvollziehbar[2302] und mithin auch nicht verständlich im Sinne von § 6 Abs. 1 S. 4 VIG.[2303] Die „Rohdaten“ (das Mängelprotokoll der Betriebsprüfung) bekommt er also nie zu Gesicht, nur einen farblich hinterlegten, möglicherweise unglücklich aussehenden Smiley. Dieser ist aber kein reines Datum mehr, sondern bereits eine Bewertung. Wie auch das Verwaltungsgericht in seiner vorinstanzlichen Entscheidung gelangte das OVG Berlin-Brandenburg deshalb auch richtigerweise zu dem Ergebnis, dass es sich bei der Listenveröffentlichung nicht um eine Information, zu der im Sinne des § 6 Abs. 1 S. 3 VIG Zugang zu gewähren ist, handelt und die Behörde zu ihrer Veröffentlichung daher nicht ermächtigt worden ist.[2304]

Selbst wenn man entgegen der hier vertretenen Ansicht vom Vorliegen eines Datums ausgehen möchte, so existieren in Bezug auf die 2011er Lis-

---

2299 S. dazu Kap. 1, B II, IV. Vgl. auch *Schoch,* AfP 2010, S. 313, 314; *ders.,* IFG, 2 Rn. 14.

2300 S. Kap. 11, A IV unter 1.

2301 OVG Berlin-Brandenburg, Beschluss v. 3.6.2014 – OVG 5 N 2.13, juris, Rn. 20 (zur Liste „Sicher essen in Berlin“); Beschluss v. 28.5.2014 – OVG 5 S 21.14, juris, Rn. 34.

2302 OVG Berlin-Brandenburg, Beschluss v. 3.6.2014 – OVG 5 N 2.13, juris, Rn. 20 (zur Liste „Sicher essen in Berlin“); Beschluss v. 28.5.2014 – OVG 5 S 21.14, juris, Rn. 34.

2303 VG Düsseldorf, Urteil v. 13.3.2015 – 26 K 4876/13, juris, Rn. 29 (zum sog. Gastro-Kontrollbarometer).

2304 OVG Berlin-Brandenburg, Beschluss v. 3.6.2014 – OVG 5 N 2.13, juris, Rn. 12 (zur Liste „Sicher essen in Berlin“); Beschluss v. 28.5.2014 – OVG 5 S 21.14, juris, Rn. 26; ebenso nun VG Düsseldorf, Urteil v. 13.3.2015 – 26 K 4876/13, juris, Rn. 29 (zum sog. Gastro-Kontrollbarometer). A. A. *Wustmann,* BayVBl. 2015, S. 181, 186, nach dem auch Bewertungen unter die Auskunftspflicht fallen sollen.

te weitere Bedenken gegen die Bejahung des Informationszugangs nach § 2 Abs. 1 S. 1 Nr. 1 oder Nr. 7 VIG. Denn in § 2 Abs. 1 S. 1 a.E. VIG heißt es zudem, dass sich der Zugangsanspruch auf Informationen beschränkt, die bei der zuständigen Stelle „vorhanden sind".[2305] Vorhanden sind im Fall der Internetlisten aber lediglich die Ergebnisse der Betriebsprüfung, die in der Veröffentlichung als solche nicht mehr nachvollziehbar sind, weil die Ergebnisse in ein eigenes Bewertungsschema transferiert wurden. Mit diesem letzten Schritt werden die Bewertungen mithin eigens für die Listenveröffentlichungen erzeugt. Einerseits könnte man deshalb davon ausgehen, dass es sich bei den Bewertungen bereits dem Wortsinn nach nicht um bei der Behörde „vorhandene" Informationen handelt.[2306] Zwar könnte man argumentieren, dass der Wortlaut „vorhanden" nur ausschließen soll, dass die informationspflichtige Behörde zunächst Informationen bei anderen Behörden einholen muss.[2307] Dann könnte man in dem Fall, in dem die Behörde die Informationen selbst erzeugt, durchaus noch von einem Vorhandensein ausgehen.

Andererseits dürfte die Intention des Gesetzgebers aber darauf gerichtet gewesen sein, mit der Einschränkung auf vorhandene Informationen sicherzustellen, dass die Behörde kein weiterer Aufwand trifft. Dafür spricht auch § 4 Abs. 5 S. 2 VIG, wonach der Antrag auf Zugang zu Informationen insbesondere dann abgelehnt werden kann, „wenn die Stelle den Informationszugang bereits nach § 6 Absatz 1 Satz 3 gewährt".

Gestützt wird dies zudem durch einen vergleichenden Blick in die §§ 7 und 11 IFG. Nach § 7 Abs. 2 S. 1 IFG ist einem Antrag auf Informationszugang nur in dem Umfang stattzugeben, in dem er „ohne unverhältnismäßigen Verwaltungsaufwand möglich ist". Zwar ließe sich einwenden, eine Unkenntlichmachung geheimhaltungsbedürftiger Informationen, wie sie § 7 Abs. 2 S. 2 IFG sodann vorsieht, sei ebenso wie die Überführung einer Information in eine Bewertung ein nachträglicher Schritt. Die Unkennt-

---

2305 Zu der Frage, ob das Vorhandensein zugleich auch die Verfügungsbefugnis voraussetzt *Müller,* Risikokommunikation, S. 245 m.w.N.

2306 *Grube/Immel/Wallau,* VerbraucherInfoR, Teil E Rn. 137. Zu der Frage, ob Daten auch dann „vorhanden" sind, wenn die Behördenzuständigkeit aufgespalten ist zwischen der Befundung der Proben, die der staatlichen Lebensmittelkontrolle obliegt, und der den Vollzugsbehörden obliegenden rechtlichen Weiterbearbeitung, s. *Hartwig/Memmler,* ZLR 2009, S. 51, 60 f.; *Wustmann,* in: Leible (Hrsg.), Verbraucherschutz, S. 169, 180 f.

2307 In diese Richtung, aber ohne Bezug zur konkreten Fragestellung *Hartwig/Memmler,* ZLR 2009, S. 51, 60; *Troidl,* Akteneinsicht, S. 85 Rn. 428.

lichmachung ist jedoch weit weniger aufwendig, da es hierbei um die Veränderung einer vorhandenen Information und nicht um die Erzeugung einer neuen Information geht. Überdies lässt sich mit einem Umkehrschluss aus § 11 Abs. 3 IFG argumentieren. Hiernach sollen die Behörden neben den laut Abs. 1 und Abs. 2 zu führenden Plänen und Verzeichnissen auch „weitere geeignete Informationen in elektronischer Form allgemein zugänglich machen“. Eine entsprechende, den Informationszugang ebenso erweiternde Norm findet sich im VIG nicht. Deswegen ist es überzeugender, nicht nur die externe Informationsbeschaffung, sondern auch die interne Informationserzeugung als nicht mehr vom Wortlaut des § 2 Abs. 1 S. 1 VIG umfasst anzusehen.

(3) § 40 Abs. 1a LFGB

Mit § 40 Abs. 1a LFGB wurde zwar ein Instrument zur schlichten Verbraucherinformation erstmalig auch in das LFGB eingeführt.[2308] Ausweislich des Wortlauts der Norm bedarf es aber des Bezugs zu einem konkreten Lebensmittel, der gerade nicht Gegenstand der Kontrollkriterien für die Internetveröffentlichung ist, weshalb § 40 Abs. 1a LFGB als Ermächtigungsgrundlage ausscheidet.[2309]

2308 S. dazu Kap. 11, A II. Vgl. nochmals *Wollenschläger*, DÖV 2013, S. 7, 9.

2309 So explizit und zu § 40 Abs. 1a LFGB VG Berlin LMRR 2012, 77; *Martini/Kühl*, JURA 2014, S. 1221, 1229. Zumindest implizit, da von § 6 Abs. 1 S. 3 VIG als einzig in Betracht kommender Rechtsgrundlage ausgehend OVG Berlin-Brandenburg, Beschluss v. 3.6.2014 – OVG 5 N 2.13, juris, Rn. 10 ff.; Beschluss v. 28.5.2014 – OVG 5 S 21.14, juris, Rn. 19 ff.; VG Berlin, Beschluss v. 17.3.2014 – 14 L 410.13, juris, Rn. 34 ff.; GewArch 2014, 303, 304 f. § 40 LFGB a. F. als Ermächtigungsgrundlage ablehnend *Becker/Blackstein*, NJW 2011, S. 490, 492; *Guckelberger*, in: Hill/Schliesky (Hrsg.), S. 73, 115; *Schink*, Rechtsgutachten, S. 33 f. Ebenso *Elsing* in der Diskussion zu seinem und dem Vortrag von Neuß auf dem 5. Marburger Symposium zum Lebensmittelrecht, in: Voit (Hrsg.), Lebensmittelinformation, S. 40. A.A. *Prommer/Rossi*, GewArch 2013, S. 97, 104, die – leider ohne nähere Begründung – davon ausgehen, § 40 Abs. 1a LFGB stelle „nunmehr unzweifelhaft“ eine Rechtsgrundlage für die „Pankower Ekelliste“ dar. Der in diesem Zusammenhang aufgeführte Verweis auf *Wollenschläger*, DÖV 2013, S. 7, 7 ff. ist nicht ohne Zweifel, da dieser nur davon spricht, dass § 40 Abs. 1a LFGB nun auch die schlichte Verbraucherinformation ermöglicht (a.a.O. S. 9). Dies impliziert jedoch nicht zugleich die rechtlich positive Bewertung, dass auch die Listen auf diese Grundlage gestützt werden können.

(4) § 5a VIG-Gesetzesentwurf des Landes Berlin

Das Land Berlin hat mit Datum vom 12.1.2011 einen Gesetzesantrag zur Änderung des VIG in den Bundesrat eingebracht.[2310] Dieser Antrag wurde rund einen Monat später in der 879. Sitzung des Bundesrates nach Aussprache federführend dem Ausschuss für Agrarpolitik und Verbraucherschutz zugewiesen.[2311] Dort befindet er sich noch heute.[2312]

Der Gesetzesentwurf sieht die Einführung eines neuen § 5a VIG – anschließend an § 5 VIG a. F. – unter der Überschrift „Unterrichtung der Öffentlichkeit" vor. Dort heißt es in Absatz 3: „In den Fällen des § 1 Absatz 1 Satz 1 Nummer 1, 2 und 5 kann die zuständige Behörde die Öffentlichkeit aktiv unterrichten, soweit hieran ein Interesse der Öffentlichkeit besteht und dieses Interesse gegenüber den Belangen des Betroffenen überwiegt. Absatz 2 gilt entsprechend. § 2 Satz 1 Nummer 1 b ist nicht anzuwenden. Der Betroffene ist nach Maßgabe des § 4 Absatz 1 anzuhören. Die Entscheidung, die Öffentlichkeit zu unterrichten, ist dem Betroffenen bekanntzugeben. Die Veröffentlichung darf erst erfolgen, wenn die Entscheidung dem Betroffenen gegenüber bestandskräftig oder die sofortige Vollziehung angeordnet worden ist und seit der Bekanntgabe der Anordnung an den Betroffenen zwei Wochen verstrichen sind. Auf Antrag des Betroffenen hat die zuständige Behörde im Fall des § 1 Absatz 1 Satz 1 Nummer 1 und 2 von einer Veröffentlichung abzusehen oder diese zurückzunehmen, wenn der Betroffene nachweist, dass der Verstoß beseitigt ist oder die Gefahr oder das Risiko nicht mehr besteht."

Mit dieser Norm soll eine spezielle Ermächtigungsgrundlage zur aktiven Information der Verbraucher im Rahmen des VIG geschaffen werden.[2313] Positiv ist anzumerken, dass der Gesetzesentwurf eine Abwägung der Interessen der Öffentlichkeit mit den Interessen der Betroffenen enthält und insofern, anders als der derzeitige § 40 Abs. 1a LFGB, eine verhältnismäßige Ausgestaltung darstellt. Der Verweis auf § 4 Abs. 1 VIG a. F. – nunmehr § 5 Abs. 1 S. 2 VIG – stellt die Anhörung des Betroffenen vor Veröffentlichung der Information sicher. Um das Recht des Einzelnen auf effektiven Rechtsschutz zu wahren, sieht der Gesetzesentwurf vor,

---

2310 BR-Drs. 5/11.

2311 BR-Plenarprotokoll, 879. Sitzung v. 11.2.2011, S. 9 ff. unter Punkt 16.

2312 Telefonische Auskunft des Ausschusses für Agrarpolitik und Verbraucherschutz am 25.9.2014.

2313 BR-Drs. 5/11, S. 4.

dass der Betroffene von der Entscheidung der Behörde, die Information zu veröffentlichen, vorab zu unterrichten ist. Die Veröffentlichung darf erst erfolgen, wenn die Entscheidung dem Betroffenen gegenüber bestandskräftig oder die sofortige Vollziehung angeordnet worden ist und seit der Bekanntgabe der Anordnung an den Betroffenen zwei Wochen verstrichen sind. Bezüglich der Form der Veröffentlichung verweist Absatz 3 auf Abs. 2 des Entwurfs des § 5a. Hier heißt es in S. 1 und S. 2, die Information solle mit Hilfe elektronischer Kommunikationsmittel „in für die Öffentlichkeit verständlicher Darstellung und leicht zugänglichen Formaten" bereitgestellt werden. Die Veröffentlichung im Internet ist damit zulässig.[2314] Es bleibt abzuwarten, ob dieser durchaus gelungene Gesetzesentwurf in Zukunft noch einmal diskutiert werden wird.

b) Sachlichkeit und Richtigkeit der Information

Was die ursprüngliche Praxis der 2009er Liste betrifft, zu den Maluspunkten auch gleichzeitig Fotos von den vorgefundenen Missständen ins Internet zu stellen, so ist dies vor dem Hintergrund des Sachlichkeits- und Neutralitätsgebots kritisch zu sehen.[2315] Von Bildern geht eine höhere Aktivierungswirkung und Suggestivkraft aus, als dies – abgestuft – von Symbolen von rein textlichen Beschreibungen der Fall ist.[2316] Da zudem auch die Art und Weise der Fotografie – Ausleuchtung, Größenverhältnis, Bildausschnitt – geeignet ist, den Betrachter in eine bestimmte Richtung zu beeinflussen, sollte der Vorsichtigkeit halber, um sich nicht dem Vorwurf der Unsachlichkeit auszusetzen, auf eine Bebilderung verzichtet werden. Auch das Richtigkeitserfordernis kann durch eine Bebilderung beeinträchtigt sein, da nicht alle Mängel auch fotografisch festgehalten werden können. Bspw. mikrobiologische Veränderungen an Lebensmitteln sind oftmals nicht mit bloßem Auge erkennbar, ein Foto könnte dann fälschlicherweise nur ein einwandfreies Lebensmittel dokumentieren. Möglich erscheint es aber durchaus, wie das Bezirksamt Berlin Pankow dies sodann bei der 2011er Liste tat, Fotos von Beispielverstößen zu veröffentlichen, ohne

---

2314 BR-Drs. 5/11, S. 4.

2315 *Ossenbühl,* NVwZ 2011, S. 1357, 1361; *Schnall,* in: Streinz (Hrsg.), LebensmittelR, III D, Rn. 248. Zu Bebilderung und Sachlichkeitsgebot s. Kap. 10, C.

2316 S. zum Vergleich textlicher, symbolischer und bildlicher Darstellungsmöglichkeiten Kap. 10.

dass ein Bezug zu einer bestimmten Einrichtung hergestellt wird. So kann sich der Bürger einen Eindruck von den hygienischen Verhältnissen verschaffen, die bei einer Kontrolle vorgefunden werden und kritikwürdig sind, ohne dass sich dies nachteilig auf einzelne Betreiber auswirkt.[2317]

Die Darstellung mittels eines Smiley-Symbols, wie es in der 2011er Liste verwendet wurde, ist ebenfalls kritisch zu sehen.[2318] So hat auch das OVG Berlin-Brandenburg jüngst ausgeführt, dass der Veröffentlichung mittels eines farbigen Smiley-Gesichts Prangerwirkung zukomme, die zunehme, je schlechter die Bewertung und düsterer die Mimik sei.[2319] Zwar birgt die Smiley-Darstellung durchaus auch Vorteile, denn der Informationsgehalt mittels eines solchen Symbols ist zweifellos schnell und einfach zu erfassen und es mag als solches verbraucherfreundlicher sein als eine rein textliche oder schematische Darstellung.[2320] Auf der anderen Seite sind damit aber wiederum Abstriche in Bezug auf Genauigkeit und Umfang einer Information verbunden. Weil der Staat eben kein „normaler" Kommunikationsteilnehmer ist, sollte er – wie unter dem Darstellungsgebot bereits diskutiert – emotional weniger animierende Arten der Informationsdarstellung vorziehen.

Was die Richtigkeit der Informationen anbelangt, so ist hier insbesondere den Teilaspekten der Aktualität und Vollständigkeit Rechnung zu tragen.[2321] Die Aktualität ist nicht bereits deshalb zu verneinen, weil der Mangel zwischenzeitlich beseitigt wurde.[2322] Die Liste muss insofern nicht tagesaktuell sein, sondern darf auch über vergangene Verstöße unterrichten, da diese für die Verbraucherentscheidung durchaus relevant sein

2317 http://www.berlin.de/ba-pankow/aktuelles/bilder_verstoss_lebensmittelhygiene.html, zuletzt geprüft am 14.10.2014. Kritisch *Grube/Immel/Wallau,* VerbraucherInfoR, Teil E Rn. 133 wegen der „unmittelbare[n] räumliche[n] Nähe zu den Kontrollergebnissen".

2318 *Grube/Immel/Wallau,* VerbraucherInfoR, Teil E Rn. 139 ff.; *Raspé,* BLJ 2013, S. 8, 11. Ausführlicher dazu Kap. 10, F.

2319 OVG Berlin-Brandenburg, Beschluss v. 28.5.2014 – OVG 5 S 21.14, juris, Rn. 13.

2320 So bspw. die Meinung der Abgeordneten *Karin Binder, s.* BT-Plenarprotokoll 17/137, S. 16368.

2321 S. Kap. 6, B II 2 e).

2322 Kritisch dazu, ob die Listen ein aktuelles Bild vermitteln, *Joh/Krämer/Teufer/Unland,* ZLR 2012, S. 420, 439.

können.[2323] Der Vollständigkeit halber muss aber, sobald die Mängelbeseitigung der Behörde bekannt ist, auf diese hingewiesen werden.[2324]

c) Verhältnismäßigkeit

Zu überlegen ist, ob die Eingriffe in die Berufsfreiheit der betroffenen Betriebe und in ihr Recht auf informationelle Selbstbestimmung – unter der Prämisse einer hinreichenden Ermächtigungsgrundlage – rechtfertigungsfähig, d. h. insbesondere verhältnismäßig wären.[2325]

Wie gesehen, liegt der legitime Zweck der Listenveröffentlichung darin, den Bürgern eine verlässliche Basis für eine autonome Konsumentscheidung zu eröffnen, die Transparenz zu erhöhen und das Vertrauen der Bürger in die staatliche Kontrolltätigkeit zu stärken.[2326] Ferner sollen die Verantwortlichen dazu angehalten werden, künftig die rechtlichen Vorgaben einzuhalten.[2327] Die Liste kann insofern durchaus Wirkung zeigen, da rein finanzielle Nachteile wie Bußgelder und Umsatzeinbußen aufgrund vorübergehender Betriebsschließungen teilweise in das Geschäftsmodell vorab „eingepreist" werden.[2328] Präventiv dienen die Listen daher auch dem Gesundheitsschutz.[2329]

Manche Stimmen verneinen bereits die Geeignetheit der Listenveröffentlichung zur Erreichung dieser Zwecke, weil die festgestellten Verstöße nur eine Momentaufnahme ohne Aussagekraft über zukünftiges Verhalten der Betroffenen seien.[2330]

2323 *Schink,* Rechtsgutachten, S. 55. S. zur Zulässigkeit der Veröffentlichung bereits beseitigter Verstöße Kap. 11, A II 3 a).

2324 *Schink,* Rechtsgutachten, S. 55.

2325 Um Wiederholungen zu vermeiden werden beide Grundrechte zusammen geprüft. Dazu, dass sie ähnlichen Schranken unterliegen, s. nur *Schink,* Rechtsgutachten, S. 29.

2326 *Schink,* Rechtsgutachten, S. 25; s. auch *Raspé,* BLJ 2013, S. 8, 13.

2327 *Schink,* Rechtsgutachten, S. 25; s. auch *Raspé,* BLJ 2013, S. 8, 13.

2328 So der Praxisbericht des Stadtrats und Abteilungsleiters Verbraucherschutz des Berliner Bezirks Pankow *Kühne* in dem Film von *Zimmermann* „betrifft: Lebensmittelkontrolle!", ausgestrahlt im SWR am 28.1.2015.

2329 *Schink,* Rechtsgutachten, S. 25; s. auch *Raspé,* BLJ 2013, S. 8, 13.

2330 *Grube/Immel/Wallau,* VerbraucherInfoR, Teil E Rn. 144; *Holzner,* NVwZ 2010, S. 489, 493; *Wallau,* ZLR 2010, S. 382, 385. S. auch *Raspé,* BLJ 2013, S. 8, 13, die vorschlägt, dass keine behobenen Mängel ohne Nachweis einer „relevante[n] Wiederholungsgefahr" veröffentlicht werden dürfen.

Dies kann jedoch nicht überzeugen, da das Verhalten in der Vergangenheit Rückschlüsse und Prognosen für das gegenwärtige und künftige Verhalten erlaubt.[2331] Die Listen stellen damit ein über die nachträgliche „Anprangerung“ von Rechtsverstößen hinausgehendes, durchaus probates Mittel zur Förderung des Gesetzeszwecks dar.[2332]

Bezüglich der Erforderlichkeit der Liste wird vertreten, die vorhandenen, ordnungsrechtlichen Instrumentarien seien ausreichend.[2333] Unabhängig davon, dass dies nicht auf besonders renitente Fälle – die es vorziehen, Bußgelder zu bezahlen, weil dies unter dem Strich günstiger ist, als eine Reinigungskraft zu beschäftigen – zutrifft, ist dem zu entgegnen, dass mit den klassischen Möglichkeiten nicht die gleichen Zwecke erreicht werden können wie mittels der Aktivinformation.[2334] So zielen die polizeirechtlichen Mittel lediglich auf die Abwehr von Gefahren ab, wohingegen die Information auch und vor allem Transparenz herstellen und der Verbraucheraufklärung dienen soll. Die beiden Systeme sind daher schon in Bezug auf die mit ihnen verfolgten Zwecke nicht vergleichbar, weshalb sie auch nicht in ein Verhältnis gesetzt werden können, bei dem das eine im Vergleich zum anderen Handlungsinstrument als milderes Mittel erschiene.

Die Verhältnismäßigkeit i.e.S. erfordert, dass die betroffenen Rechtspositionen gegeneinander abgewogen werden. Mit Blick auf die Berufsfreiheit der Betreiber ist festzuhalten, dass eine negative Information einen – je nach Sachlage möglicherweise erheblichen, da mit der Betriebsaufgabe verbundenen – Eingriff in die Berufsausübungs- und Wettbewerbsfreiheit darstellt. Das Recht auf informationelle Selbstbestimmung ist in der Sozialsphäre betroffen, denn die veröffentlichten Informationen betreffen das berufliche Umfeld und damit einen Bereich, „in dem die persönliche Ent-

---

2331 Bspw. knüpft § 35 GewO bzgl. der Prognoseentscheidung über die Unzuverlässigkeit eines Gewerbetreibenden an vergangene Sachverhalte an. Vgl. die Ausführungen unter Kap 11, A II 3 a) zu der Frage, ob im Rahmen des § 40 Abs. 1a LFGB auch nachträgliche Verstöße veröffentlicht werden dürfen.

2332 *Schink,* DVBl. 2011, S. 253, 260; *Wollenschläger,* VerwArch 102 (2011), S. 20, 41.

2333 *Wissenschaftlicher Beirat des Bundes für Lebensmittelrecht und Lebensmittelkunde e.V. (BLL),* ZLR, S. 767, 767 ff.

2334 Ebenso *Guckelberger*, in: Hill/Schliesky (Hrsg.), S. 73, 92; *Schink,* DVBl. 2011, S. 253, 260; *ders.,* Rechtsgutachten, S. 27. A.A. unter Außerachtlassung der verschiedenen Zielrichtungen *Becker/Blackstein,* NJW 2011, S. 490, 494; *Wissenschaftlicher Beirat des Bundes für Lebensmittelrecht und Lebensmittelkunde e.V. (BLL),* ZLR, S. 767, 767 f. Zu dieser Argumentation s. bereits Kap. 6, B II.

faltung sich von vornherein im Kontakt mit der Umwelt vollzieht".[2335] Aber auch auf der Seite der Informationsadressaten sind verfassungsrechtliche Rechtspositionen, wie die Informationsfreiheit, die Vertragsfreiheit und der Gesundheitsschutz, in die Waagschale zu legen. Die auf die Lebensmittelskandale folgende und zunehmende Tendenz zur Transparenzgesetzgebung verdeutlicht die Relevanz der Aufklärung der Verbraucher.[2336]

Gerade vor dem Hintergrund des Leitbilds des mündigen Verbrauchers ist es wichtig, ihm die Informationen, die er für eine aufgeklärte Verbraucherentscheidung benötigt, zur Verfügung zu stellen.[2337] Ohne die amtlichen Informationen über den Ausgang der behördlichen Kontrolltätigkeit gibt es keine Basis, auf die der Verbraucher seine Entscheidung stützen kann.[2338] Hier besteht eine Informationsasymmetrie zu Lasten des Verbrauchers, die gerade deshalb schwer wiegt, weil der Lebensmittelsektor ein krisengebeutelter Bereich ist, in dem das Vertrauen des Verbrauchers, Entscheidungen „blind" zu treffen, abhandengekommen ist. Nur mit zunehmender Transparenz kann das Vertrauen der Verbraucher in die vorschriftsmäßigen Zustände bei den Betrieben und auch in die Arbeit der amtlichen Kontrolleure wiederhergestellt werden.[2339] Zudem wird durch die Informationsveröffentlichung einer adversen Selektion am Markt vorgebeugt, d. h. die sich rechtstreu verhaltenden Betreiber werden durch die Veröffentlichung in ihrer Wettbewerbsposition gestärkt.[2340] Ferner ist einzustellen, dass die von der Veröffentlichung Betroffenen die Erfüllung der ihnen obliegenden Anforderungen, bspw. aufgrund ihrer innerbetrieblichen Gestaltungsmöglichkeiten, in der Hand haben und daher regelmäßig selbst den Anlass für die Veröffentlichung geben.[2341]

2335 BVerfG NJW 2003, 1109, 1110; BGH GRUR 2014, 1228, 1231. Zu Entwicklung und Inhalt der Sphärentheorie s. *Di Fabio*, in: Maunz/Dürig, GG, Art. 2 GG Rn. 158. Zum Grundrecht allgemein und zu seiner Anwendbarkeit auf juristische Personen s. Kap. 5, B I.

2336 Ähnl. *Schink*, DVBl. 2011, S. 253, 260 f.; *ders.*, Rechtsgutachten, S. 27.

2337 Ähnl. *Schink*, Rechtsgutachten, S. 28. Zum Verbraucherleitbild s. Kap. 8.

2338 *Schink*, Rechtsgutachten, S. 28.

2339 *Schink*, DVBl. 2011, S. 253, 261; *ders.*, Rechtsgutachten, S. 28.

2340 *Schink*, DVBl. 2011, S. 253, 261; *ders.*, Rechtsgutachten, S. 28. Zum Begriff der adversen Selektion s. Kap. 11, A IV 2 a) (1).

2341 Zu dieser Überlegung im Rahmen der Veröffentlichung von Umweltinspektionsberichten s. OVG NRW UPR 2015, S. 115, 118.

d) Wahrung des Gleichbehandlungsgrundsatzes

Was die Wahrung des Gleichbehandlungsgrundsatzes des Art. 3 Abs. 1 GG anbelangt, so stellen die gastronomischen Einrichtungen zunächst einmal grundsätzlich vergleichbare Sachverhalte dar. Deshalb ist darauf zu achten, dass die behördliche Tätigkeit in Bezug auf die Kontrolle an sich, die Kontrollfrequenz, den Kontrollumfang und schließlich die Darstellung der Kontrollergebnisse entweder vergleichbar erfolgt oder die Ungleichbehandlung durch einen sachlichen Grund ausnahmsweise gerechtfertigt ist. Bedenken mit Blick auf den Gleichbehandlungsgrundsatz bestehen, wenn nicht alle Betriebe innerhalb eines bestimmten Gebiets kontrolliert werden.[2342] Es ist deshalb dafür Sorge zu tragen, dass die Kontrolle ohne rechtfertigenden Sachgrund keine Ausnahme für bestimmte Betriebe macht.

Die Betriebe unterliegen im vorliegenden Fall einer unterschiedlichen Kontrollfrequenz. Diese Ungleichbehandlung müsste sachlich gerechtfertigt sein. Die Kontrollfrequenz erfolgt auf Grundlage der AVV RÜb, welche die verschiedenen Einrichtungen je nach ihrem Tätigkeitsfeld in unterschiedliche Risikoklassen einstuft. Aufgrund dieser Zuordnung variiert sodann die Kontrolltätigkeit, d. h. ein Betrieb, der einer höheren Risikoklasse unterfällt, wird öfter kontrolliert als ein Betrieb einer niedrigeren Risikoklasse.[2343] Dementsprechend kommt es vor, dass ein Unternehmen einer höheren Risikoklasse eher in die Internetliste aufgenommen wird als ein niedriger eingestufter Betrieb.[2344] Allerdings bedeutet die Einstufung in Risikoklassen zugleich einen Unterschied in dem von dem Unternehmen ausgehenden Gefährdungspotential. Darin ist ein sachlicher Grund für die Ungleichbehandlung zu sehen, die somit – eine gleichmäßige Verwaltungspraxis vorausgesetzt – gerechtfertigt ist.[2345]

Unter dem Aspekt des Gleichbehandlungsgrundsatzes ist ferner zu beachten, dass Nachkontrollen in einem vergleichbaren Rhythmus durchge-

---

2342 Vgl. auch *Böhm/Lingenfelder/Voit,* NVwZ 2011, S. 198, 201; *Grube/Immel/Wallau,* VerbraucherInfoR, S. Teil E Rn. 37; *Holzner,* NVwZ 2010, S. 489, 492; *Raspé,* BLJ 2013, S. 8, 13.

2343 *Grube/Immel/Wallau,* VerbraucherInfoR, Teil E Rn. 38. Die Risikobasiertheit der Kontrollen anzweifelnd *Joh/Krämer/Teufer/Unland,* ZLR 2012, S. 420, 439.

2344 *Schink,* Rechtsgutachten, S. 52.

2345 *Schink,* Rechtsgutachten, S. 52. Zur gleichmäßigen Kontrollpraxis *Wollenschläger,* VerwArch 102 (2011), S. 20, 47. Kritisch *Grube/Immel/Wallau,* VerbraucherInfoR, Teil E Rn. 38.

führt werden müssen, so dass auf die Beseitigung eines Mangels bzw. auf sein Fortbestehen auch zeitnah hingewiesen werden kann.[2346] Relevante Abweichungen bei der Kontrollhäufigkeit der Betriebe können zu einer sachlich nicht gerechtfertigten Ungleichbehandlung führen.[2347] Dementsprechend setzt eine Listenveröffentlichung eine bereits bei ihrer Einführung funktionierende Kontrollpraxis voraus und kann nicht zur Kompensation bestehender Vollzugsdefizite eingesetzt werden.[2348]

Im Hinblick auf den Gleichheitsgrundsatz ist ferner erforderlich, dass die Ergebnisse der Nachkontrollen, die im Anschluss an die Feststellung eines Mangels erfolgen, ebenfalls veröffentlicht werden.[2349] Der separate Hinweis auf die Ergebnisse einer Nachkontrolle ist dabei nicht zu beanstanden, solange er gut erkennbar und der Darstellung des ursprünglichen Kontrollergebnisses vergleichbar ist.[2350] Erfolgte die Nachkontrolle angemeldet, so sollte darauf hingewiesen werden.[2351]

Wäre eine Mitteilung über die Nachkontrolle nicht gewährleistet, so würden die Betriebe, welche die Mängel beseitigt haben, und solche, bei denen die Mängel fortbestehen, zu Unrecht gleich behandelt.[2352] Die Mängelbeseitigung muss aber für den Verbraucher erkennbar sein. Was den Kontrollumfang betrifft, bestehen mit Blick auf Art. 3 Abs. 1 GG keine

---

2346 *Böhm/Lingenfelder/Voit,* NVwZ 2011, S. 198, 201; *Grube/Immel/Wallau,* VerbraucherInfoR, Teil E Rn. 144; *Holzner,* NVwZ 2010, S. 489, 492; *Raspé,* BLJ 2013, S. 8, 13. Ferner *Joh/Krämer/Teufer/Unland,* ZLR 2012, S. 420, 437, nach denen zudem die Gefahr besteht, dass die Verbraucher an der „Effektivität staatlicher Überwachungsmaßnahmen […] zweifeln", wenn erhebliche Mängel festgestellt wurden, eine (zeitnahe) Nachkontrolle aber unterblieben ist, s. a.a.O. S. 439.

2347 *Grube/Immel/Wallau,* VerbraucherInfoR, Teil E Rn. 145; *Joh/Krämer/Teufer/Unland,* ZLR 2012, S. 420, 438.

2348 *Wollenschläger,* VerwArch 102 (2011), S. 20, 47.

2349 Vgl. *Schink,* Rechtsgutachten, S. 55. Zur grundsätzlichen Zulässigkeit der Veröffentlichung bereits beseitigter Verstöße s. Kap. 11, A II 3 a).

2350 Zu Recht kritisch zu der Praxis, dass der Hinweis auf die Nachkontrolle nur unauffällig („unten links auf dem Ergebnisblatt") erfolge, *Joh/Krämer/Teufer/Unland,* ZLR 2012, S. 420, 437 f.

2351 *Joh/Krämer/Teufer/Unland,* ZLR 2012, S. 420, 437 weisen darauf hin, dass nach Angabe des Bezirksamts (leider ohne Quellenangabe) die Kontrollen unangemeldet erfolgen müssten, die Nachkontrollen aber angemeldet seien und deshalb das Ergebnis der Nachkontrolle das ursprüngliche Ergebnis nicht beeinflussen dürfe.

2352 Dazu auch *Grube/Immel/Wallau,* VerbraucherInfoR, Teil E Rn. 39.

Bedenken, da alle Kontrollen dem gleichen Fragenkatalog unterworfen sind.

Der Gewährleistungsgehalt des Art. 3 Abs. 1 GG erstreckt sich nicht nur auf den Inhalt und die Frequenz der Kontrollen. Zu klären ist überdies, ob auch die unterschiedliche Darstellungsform in der Liste mit dem Gleichheitssatz vereinbar ist. In der 2009er Internetliste wurden bei einigen Kontrollergebnissen auch die zu Dokumentationszwecken angefertigten Bilder der Beanstandungen veröffentlicht. Dies war aber – unter Berufung auf die teilweise fehlende Eignung der Fotos – nicht bei allen Ergebnissen der Fall.[2353] Damit werden die Verbraucher unterschiedlich stark beeinflusst, was sich auch in der im Ergebnis erzielten Lenkungswirkung manifestieren kann.[2354] Eine Ungleichbehandlung liegt damit vor. Zu überlegen ist, ob die fehlende Eignung eines Bildes als ein rechtfertigender Sachgrund vorgebracht werden kann. Dies muss differenziert betrachtet werden und kann nur anhand der behördlichen Begründung der fehlenden Eignung im Einzelfall beurteilt werden. Als Beurteilungskriterien können die folgenden Überlegungen, die danach fragen, aus wessen Sphäre die Ungeeignetheit herrührt, dienen. Die Geeignetheit des Bildmaterials im Hinblick auf seine Qualität (Ausleuchtung, Schärfe etc.) liegt im Einflussbereich der kontrollierenden Behörde. Dementsprechend kann eine unzureichende Aufnahme alleine kein sachlich rechtfertigender Grund sein. Lässt sich hingegen ein Mangel bildlich nicht darstellen, bspw. weil eine mikrobiologische Verunreinigung mit bloßem Auge nicht erkennbar ist und das Foto wahrheitswidrig nur ein einwandfreies Lebensmittel dokumentieren könnte, ist von einem rechtfertigenden Sachgrund auszugehen. Je nach Sachlage ist die Ungleichbehandlung mithin gerechtfertigt oder rechtswidrig.[2355] Festzuhalten ist, dass Art. 3 Abs. 1 GG erfordert, der Entscheidung über die (Nicht-)Bebilderung von Verstößen die jeweils gleichen Maßstäbe zugrunde zu legen.[2356]

2353 Dazu *Holzner,* NVwZ 2010, S. 489, 493; *Schink,* Rechtsgutachten, S. 53.

2354 So auch *Holzner,* NVwZ 2010, S. 489, 493.

2355 Ohne Differenzierung für die Rechtswidrigkeit einer nur teilweisen Bebilderung *Holzner,* NVwZ 2010, S. 489, 493. A.A. *Schink,* Rechtsgutachten, S. 53.

2356 *Schink,* Rechtsgutachten, S. 53.

3. Fazit

Für die 2009er Liste existierte mit § 5 Abs. 1 S. 2 VIG a. F. bzw. § 6 Abs. 1 S. 3 VIG n. F. eine Ermächtigungsgrundlage, an der jedoch mit Blick auf ihre Bestimmtheit verfassungsrechtliche Bedenken bestehen. Die 2009er Liste ist ferner bedenklich, was die (teilweise) Veröffentlichung von Fotos anbelangt.

Für die 2011er Liste fehlt es hingegen bereits an einer tauglichen Ermächtigungsgrundlage, da sich die Veröffentlichung auf Bewertungen erstreckt und nicht auf, wie es nach dem VIG Voraussetzung wäre, vorhandene Daten beschränkt.

§ 40 LFGB kommt mangels Produktbezogenheit der Veröffentlichungen weder als Ermächtigungsgrundlage für die 2009er noch für die 2011er Liste in Betracht. Mit § 5a VIG-E existiert ein Gesetzesentwurf des Landes Berlin, der zwar Besserung verspricht, allerdings „in einer Schublade verschwunden zu sein scheint". Beide Veröffentlichungspraxen sind demnach zurzeit rechtswidrig und daher auch zu Recht auf Eis gelegt. Hier obliegt es dem Gesetzgeber, mit der Schaffung einer tauglichen Rechtsgrundlage nachzuhelfen.[2357]

V. Praxisbeispiel: Kontrollbarometer

Obwohl die Länder für die Lebensmittelüberwachung zuständig sind, haben sich die Verbraucherschutzminister der Länder im September 2010 zunächst darauf geeinigt, ein bundesweit einheitliches Bewertungsmodell zu entwickeln.[2358]

Es war vorgesehen, dass sich die Verbraucher ab Januar 2012 mittels eines „Kontrollbarometers"[2359] über die amtlichen Ergebnisse der Lebens-

2357 Über einen in diese Richtung gehenden Antrag einiger Abgeordneter sowie der Fraktion DIE LINKE vom 4.3.2015, s. BT-Drs. 18/4214, wurde bislang (Stand 28.12.2015) noch nicht beraten.

2358 *Ministerium für Umwelt, Gesundheit und Verbraucherschutz des Landes Brandenburg,* Ergebnisprotokoll der 6. Verbraucherschutzministerkonferenz am 17. September 2010 in Potsdam, https://www.verbraucherschutzministerkonferenz.de/documents/Ergebnisprotokoll_6_ca3.pdf, zuletzt geprüft am 11.7.2014. Zur Historie s. auch *Grube/Immel/Wallau,* VerbraucherInfoR, Teil E Rn. 146 ff.

2359 In Sekundärquellen wird das Bewertungsmodell oftmals als „Hygiene-Ampel" oder „Hygiene-Barometer" bezeichnet. Hier ist allerdings anzumerken, dass der

mittelüberwachung informieren können.[2360] Allerdings wurde das von der LAV entwickelte und von der Verbraucherschutzministerkonferenz Mitte Mai 2011 beschlossene System[2361] letztlich von der Wirtschaftsministerkonferenz abgelehnt.[2362] Hintergrund des Vetos waren neben der Überzeugung, das Kontrollbarometer löse eine „prangerähnliche[] Wirkung" aus, v. a. die fehlende Kostenneutralität des Vollzugs sowie die Tatsache, dass es den Verbrauchern nicht vermittelbar sei, eine Einrichtung in Ampelfarben zu bewerten, eine rote Kennzeichnung aber nicht zugleich mit einer Schließungsverfügung zu verbinden.[2363] Spannend zu sehen ist, dass das Vorhaben Kontrollbarometer hier nicht an parteipolitischen Querelen, sondern an den widerstreitenden Lagern von Verbraucherschutz- und Wirtschaftsministern gescheitert ist.[2364]

Nachdem das bundeseinheitliche Modell damit zumindest vorerst als gescheitert bezeichnet werden kann, stellt sich die Frage nach den Alternativen auf Länderebene. Das damalige Bundesministerium für Ernährung, Landwirtschaft und Verbraucherschutz (BMELV) stellte im September 2012 in einer Pressemitteilung klar, dass hinsichtlich der freiwilligen Veröffentlichung von Kontrollergebnissen durch Gaststätten und Betriebe kei-

---

Begriff der „Hygiene" insofern unzutreffend ist, als er in der Alltagssprache mit „Sauberkeit" gleichgesetzt wird, das Kontrollbarometer aber ein abweichendes, weiteres Begriffsverständnis zugrunde legt, indem es bspw. auch das Verhalten eines Lebensmittelunternehmers abbilden soll, vgl. dazu *Grube/Immel/Wallau,* VerbraucherInfoR, Teil E Rn. 170 f.

2360 *Grube/Immel/Wallau,* VerbraucherInfoR, Teil E Rn. 150. Ausführlich zum Vorhaben *Kügel/Plaßmann,* LMuR 2012, S. 1, 1 ff.

2361 Das Konzept sollte auf der AVV RÜb beruhen und, anders als bspw. die Pankower Liste, keine Detailinformationen oder Bilder enthalten, s. dazu *Neuß*, in: Voit (Hrsg.), Lebensmittelinformation, S. 29, 30 ff. (S. 35 findet sich eine Beispieldarstellung des Kontrollbarometers als Balkendiagramm). *Kügel/Plaßmann,* LMuR 2012, S. 1, 3 f. kritisieren, dass das Vorhaben mit der AVV RÜb auf einem risikobasierten Ansatz fußt.

2362 *Wirtschaftsministerkonferenz,* Beschluss-Sammlung der Wirtschaftsministerkonferenz am 6./7. Juni 2011 auf Schloss Plön, http://www.mwkel.rlp.de/File/Beschluss-der-Wirtschaftsministerkonferenz-pdf/, zuletzt geprüft am 11.7.2014 (entspricht S. 97–99 im pdf).

2363 *Wirtschaftsministerkonferenz,* Beschluss-Sammlung der Wirtschaftsministerkonferenz am 6./7. Juni 2011 auf Schloss Plön, http://www.mwkel.rlp.de/File/Beschluss-der-Wirtschaftsministerkonferenz-pdf/, zuletzt geprüft am 11.7.2014 (entspricht S. 97–99 im pdf). Zur Ampeldarstellung Kap. 10, F.

2364 *Grube/Immel/Wallau,* VerbraucherInfoR, Teil E Rn. 146.

ne Bedenken bestünden.[2365] Darüber hinaus könnten die Bundesländer aber auch eine Pflicht zur Veröffentlichung amtlicher Ergebnisse einführen.[2366] Um dem rechtlich eine Grundlage zu geben, sollte § 40 LFGB um einen Absatz 6 erweitert werden, der es den Ländern erlaube, „‚weitergehende Regelungen zur Information der Verbraucher über die Ergebnisse der amtlichen Kontrollen von Betrieben‘ [...]“ zu treffen.[2367] Im letztlich verabschiedeten Gesetzentwurf wurde § 40 LFGB jedoch überhaupt nicht geändert.[2368] Der parlamentarische Staatssekretär Müller ließ verlauten, dass „das Bundesverbraucherministerium mittlerweile nicht mehr davon aus[gehe], dass sich ein bundesweit einheitliches Kontrollbarometer noch in dieser Legislaturperiode *[scil.: der 17.]* umsetzen lasse[...]“.[2369]

Da die Ermächtigung zum Erlass weitergehender landesgesetzlicher Regelungen letztendlich keinen Eingang in § 40 Abs. 6 LFGB gefunden hat, bleibt die Frage zu klären, ob eine solche Regelung konstitutiver oder deklarativer Natur gewesen wäre. Das Lebensmittelrecht liegt nach Art. 74 Abs. 1 Nr. 20 GG im Bereich der konkurrierenden Gesetzgebung. Dem Bund kommt hier nach Art. 72 Abs. 2 GG das Gesetzgebungsrecht zu, „wenn und soweit die Herstellung gleichwertiger Lebensverhältnisse im Bundesgebiet oder die Wahrung der Rechts- oder Wirtschaftseinheit im gesamtstaatlichen Interesse eine bundesgesetzliche Regelung erforderlich macht“. In der Begründung des Gesetzesentwurfs findet sich ein Passus, in dem dargetan wird, dass eine Regelung der Verbraucherinformation durch die Länder nicht ausreichend wäre, da „Lebensmittel (...) regelmäßig auch länderübergreifend vertrieben werden“ und „ohne eine bundeseinheitliche Regelung die erforderliche bundesweit einheitliche Durchführung der

---

2365 BMELV, Pressemitteilung Nr. 249 v. 10.9.2012, http://www.bmelv.de/SharedDocs/Pressemitteilungen/2012/249-Hygienebarometer.html, zuletzt geprüft am 11.7.2014.

2366 BMELV, Pressemitteilung Nr. 249 v. 10.9.2012, http://www.bmelv.de/SharedDocs/Pressemitteilungen/2012/249-Hygienebarometer.html, zuletzt geprüft am 11.7.2014.

2367 BMELV, Pressemitteilung Nr. 249 v. 10.9.2012, http://www.bmelv.de/SharedDocs/Pressemitteilungen/2012/249-Hygienebarometer.html, zuletzt geprüft am 11.7.2014.

2368 BT-Drs. 17/11818.

2369 *Müller,* Die Lebensmittelwirtschaft – vitaler Bestandteil der Verbraucherpolitik in Deutschland und der EU, http://www.bmel.de/SharedDocs/Reden/2013/04-11-MUE-BLL-Jahrestagung.html.

Überwachung in diesem Bereich nicht zu erreichen“ wäre.[2370] Es bestünde die Gefahr, dass „nicht sichere Lebensmittel oder Futtermittel verstärkt in solchen Ländern angeboten und letztendlich auch vermarktet würden, in denen eine ergänzende Meldepflicht nicht bestünde“.[2371]

Diese Überlegungen sind für den Umgang mit nicht sicheren Lebensmitteln zutreffend, jedoch nicht auf ein Kontrollbarometer, das standortbezogene gastronomische Einrichtungen zum Gegenstand hat, zu übertragen. Das Kontrollbarometer kann vielmehr durch die Länder geregelt werden, ohne dass die Interessen anderer Länder dadurch beeinträchtigt würden. Eine bundeseinheitliche Regelung ist hier gerade nicht erforderlich. Dementsprechend besteht keine Sperrwirkung in dem Sinne, dass der Bund abschließend von seiner Gesetzgebungskompetenz Gebrauch gemacht hätte.

Wenn man sich auf den Standpunkt stellt, dass das Kontrollbarometer wegen seiner Standortbezogenheit auf konkrete Einrichtungen nicht dem Lebensmittelrecht, sondern dem von der konkurrierenden Gesetzgebungskompetenz des Bundes als Rückausnahme ausgeschlossenen Rechts der Gaststätten, Art. 74 Abs. 1 Nr. 11 GG, unterfällt, so liegt die Zuständigkeit originär bei den Ländern.

Die Länder können daher in jedem Fall, auch ohne dass dies in einem § 40 Abs. 6 LFGB ausdrücklich verankert wurde, bereits jetzt eigene Regelungen treffen. Diese müssten dann ihrerseits den in dieser Arbeit aufgezeigten Anforderungen genügen.

VI. Ausblick: Art. 10 Abs. 3 VO-E

Möglicherweise gibt es für das Smiley-System und das Kontroll-Barometer aber bald eine „europäische Lösung“.

Die Europäische Kommission hat im Mai 2013 einen Vorschlag für eine Verordnung „über amtliche Kontrollen und andere amtliche Tätigkeiten zur Gewährleistung der Anwendung des Lebens- und Futtermittelrechts und der Vorschriften über Tiergesundheit und Tierschutz, Pflanzengesundheit, Pflanzenvermehrungsmaterial und Pflanzenschutzmittel“ sowie zur Änderung diverser Verordnungen und Richtlinien angenommen.[2372]

2370 BT-Drs. 16/8100, S. 15.
2371 BT-Drs. 16/8100, S. 15.
2372 COM(2013) 265 final.

Art. 10 Abs. 1 VO-E sieht dazu Folgendes vor: „Die zuständigen Behörden führen die amtlichen Kontrollen mit einem hohen Maß an Transparenz durch und machen der Öffentlichkeit relevante Informationen über die Organisation und Durchführung der Kontrollen zugänglich. Sie sorgen auch für die regelmäßige und zeitnahe Veröffentlichung der Informationen über (a) Art, Anzahl und Ergebnis der amtlichen Kontrollen; (b) Art und Anzahl der festgestellten Verstöße; [...]“. Nach Abs. 2 legt die Kommission der Einheitlichkeit wegen mittels Durchführungsrechtsakten das Format fest, in dem die im vorgenannten Absatz erwähnten Informationen veröffentlicht werden; bei Bedarf aktualisiert sie dieses Format.

Die Veröffentlichung selbst ist sodann in Art. 10 Abs. 3 VO-E vorgesehen. Danach können die zuständigen Behörden „Angaben über die Einstufung einzelner Unternehmer aufgrund der Ergebnisse der amtlichen Kontrollen [...] veröffentlichen oder der Öffentlichkeit auf anderem Weg zugänglich [...] machen, sofern die folgenden Bedingungen erfüllt sind: (a) Die Einstufungskriterien sind objektiv, transparent und öffentlich verfügbar; (b) es gibt geeignete Regelungen, die gewährleisten, dass der Einstufungsprozess schlüssig und transparent ist.“ Letzteres führt dazu, dass die Norm nicht als self-executing bezeichnet werden kann.[2373] Der deutsche Gesetzgeber bleibt hiernach weiter in der Pflicht, geeignete Regelungen nach lit. b vorzusehen und kann sich nicht auf der Verordnungsnorm „ausruhen“.[2374]

Art. 7 Abs. 3 VO-E sieht als allgemeine Verfahrensvorschrift ergänzend dazu vor, dass die zuständigen Behörden – unbeschadet der nach Abwägung möglicherweise bestehenden Geheimhaltungspflichten nach den Absätzen 1 und 2 – Informationen über das Ergebnis amtlicher Kontrollen, die einzelne Unternehmer betreffen, veröffentlichen können. Voraussetzung ist, dass der betreffende Unternehmer Gelegenheit erhält, „sich vor der Veröffentlichung oder Freigabe zu den Informationen zu äußern [...]“ und die veröffentlichten Informationen „die Bemerkungen des betroffenen Unternehmers [berücksichtigen] oder [...] mit diesen zusammen veröffentlicht oder freigegeben [werden]“.

Das Europäische Parlament nahm zu diesem Vorschlag im April 2014 im ordentlichen Gesetzgebungsverfahren gemäß Art. 294 Abs. 3 AEUV in

2373 *Gundel,* ZLR 2013, S. 662, 668; *Möstl,* GewArch 2015, S. 1, 6.
2374 Ähnl. *Gundel,* ZLR 2013, S. 662, 668.

erster Lesung Stellung.[2375] Hierbei wurden einige Änderungsvorschläge unterbreitet, die hiervon wesentlichen werden im Folgenden benannt.

In Art. 10 Abs. 1 VO-E wird die „zeitnahe" Veröffentlichung durch das Erfordernis einer „mindestens jährliche[n]" Veröffentlichung ersetzt. Im zweiten Halbsatz des Abs. 2 soll es heißen: „[...] stellt die Kommission den Mitgliedstaaten entsprechende Leitlinien bereit, einschließlich eines Vorschlags für ein standardisiertes Berichtsformat, das in jedem Fall die Veröffentlichung im Internet umfasst". In Abs. 3 soll die Veröffentlichungsbefugnis auf die „letzten vier amtlichen Kontrollen" spezifiziert werden.

Als dritte Bedingung soll neu aufgenommen werden, dass bei einem „negative[n] Befund [...] zeitnah Nachkontrollen durchgeführt [werden]". Vorgeschlagen wurde zudem die Anfügung eines neuen Abs. 3a: „Um eine Vergleichbarkeit der Einstufungssysteme zwischen den Mitgliedstaaten zu ermöglichen, legt die Kommission im Wege von delegierten Rechtsakten in Abstimmung mit den Akteuren Leitlinien für die Erstellung der objektiven Kriterien fest, die den Mitgliedstaaten zur Verfügung gestellt werden, die sie auf freiwilliger Basis anwenden können".

Art. 7 Abs. 3 VO-E soll nach den Änderungsvorschlägen des Parlaments von einer Ermessensregelung („können") in eine zwingende Veröffentlichungspflicht („veröffentlichen") geändert werden. Ferner soll ein neuer Abs. 3a angefügt werden: „Die zuständigen Behörden stellen sicher, dass die gemäß diesem Artikel veröffentlichten [...] Informationen zutreffend sind und dass sie, sofern sich herausstellen sollte, dass sie nicht zutreffend sind, entsprechend korrigiert werden."

Im Juli 2014 stimmte die Kommission den Änderungen des Parlaments in erster Lesung nach Art. 294 Abs. 6 S. 2 AEUV aber nur in Bezug auf den Änderungsvorschlag zu Art. 10 Abs. 1 VO-E zu, die restlichen Änderungsvorschläge wurden abgelehnt.[2376]

Der Rat der Europäischen Union hat im Oktober 2015 Stellung genommen. Die Entwicklung von der Veröffentlichung im Ermessen der Behörde hin zu einer zwingenden Veröffentlichung wurde wieder ein Stück weit zurückgedreht. In Art. 7 Abs. 3 VO-E heißt es nun: „Die Absätze 1 und 2 hindern die zuständigen Behörden nicht daran, Informationen über das Ergebnis amtlicher Kontrollen, die einzelne Unternehmer betreffen, unbe-

---

2375 P7_TA-PROV(2014)0380.
2376 SP(2014)471 v. 9.7.2014.

schadet der Fälle, in denen die Verbreitung nach Unions- oder nationalem Recht erforderlich ist, unter folgenden Bedingungen zu veröffentlichen oder der Öffentlichkeit auf anderem Weg zugänglich zu machen: a) Der betreffende Unternehmer erhält Gelegenheit, sich vor der Veröffentlichung oder Freigabe zu den Informationen zu äußern, die die zuständigen Behörden veröffentlichen oder der Öffentlichkeit auf anderem Weg zugänglich machen möchten, wobei der Dringlichkeit der Lage Rechnung zu tragen ist; b) die veröffentlichten oder der Öffentlichkeit auf anderem Weg zugänglich gemachten Informationen berücksichtigen die Bemerkungen des betroffenen Unternehmers oder werden mit diesen zusammen veröffentlicht oder freigegeben".[2377]

Mit Spannung bleibt abzuwarten, mit welchem Ergebnis das Gesetzgebungsverfahren enden wird. Sollte die Verordnung in ihrer derzeitigen Fassung in Kraft treten, so wird die Ermächtigungsgrundlage für nationale amtliche Bewertungssysteme wie das Pankower Smiley-System aber auch das Kontrollbarometer künftig im Unionsrecht zu finden sein.[2378]

VII. Praxisbeispiel: Internetportal Lebensmittelklarheit

> *„Dass die Verbraucher in die Informationsprozesse einbezogen werden, dass ihre Meinungen nicht nur erforscht, sondern auch zum Bestandteil von Auseinandersetzungen und Interventionen gemacht werden, ist eines modernen Staates und einer Informationsgesellschaft würdig […].“*[2379]

2377 Die von dem Ausschuss der ständigen Vertreter (AStV) gebilligte allgemeine Ausrichtung des Kommissionsvorschlags vom 20.10.2015 ist abrufbar unter http://eur-lex.europa.eu/legal-content/DE/TXT/PDF/?uri=CONSIL:ST_13209_2015_INIT&from=EN, zuletzt abgerufen am 31.12.2015.

2378 Dazu auch *Müller/Wallau/Grube,* Lebensmittelkontrolle, S. 198.

2379 *Hassemer*, in: Hellmann/Schröder (Hrsg.), FS Achenbach 110.

1. Einleitung

Was für die Einen einen großen Gewinn für den Verbraucherschutz darstellt,[2380] werten die Anderen als unzulässigen Pranger.[2381] Das Portal www.lebensmittelklarheit.de ist Teil[2382] der von der damaligen Bundesverbraucherschutzministerin *Aigner* 2009 ins Leben gerufenen Initiative „Klarheit und Wahrheit bei der Kennzeichnung und Aufmachung von Lebensmitteln".[2383] Das Portal selbst, das vom Verbraucherzentrale Bundesverband (vzbv) mit Unterstützung der Verbraucherzentrale Hessen[2384] betrieben und durch das Bundesministerium für Ernährung und Landwirtschaft (BMEL) finanziell gefördert wird,[2385] ist seit dem 20. Juli 2011 online.[2386] Kurz nach der Freischaltung brach das Portal zunächst unter der hohen Anfrage zusammen, konnte dann aber im Monat Juli bereits

2380 So *Aigner* in der Pressemitteilung des damaligen BMELV, http://www.bmelv.de/SharedDocs/Pressemitteilungen/2012/202-BMELV-AI-Ein-Jahr-Lebensmittelklarheit.html, zuletzt geprüft am 24.3.2014.

2381 So *Horst* in der Pressemitteilung des BLL, http://www.bll.de/de/presse/pressemitteilungen/pm-20111026-100-tage-lebensmittelklarheit.html, zuletzt geprüft am 24.3.2014.

2382 Laut *Böhm*, in: Voit (Hrsg.), Lebensmittelinformation, S. 81, 81 wurde das Portal in einer früheren Erläuterung des BMELV sogar als „Kern" des Projekts bezeichnet.

2383 Zu den Zielen und Bestandteilen der Initiative s. http://www.bmel.de/DE/Ernaehrung/Kennzeichnung/_Texte/KlarheitUndWahrheitBeiLebensmitteln.html, zuletzt geprüft am 2.7.2014. Aus der Politik kamen vereinzelt Vorschläge, das Portal auf andere Branchen auszuweiten, vgl. LZ v. 28.6.2013, http://www.lebensmittelzeitung.net/business/themen/recht-politik/protected/Wahljahr-2013---die-LZ-fragt-nach_6250_14808.html, zuletzt geprüft am 5.2.2015. Insofern kann die Besprechung des Lebensmittelportals als Beispiel auch für andere Bereiche relevant werden.

2384 Die Verbraucherzentralen als solche sind bspw. in § 8 Abs. 1 Nr. 4 RDG und § 54 Abs. 2 Nr. 3 GWB normativ verankert.

2385 *BMEL,* Initiative „Klarheit und Wahrheit". Zur Finanzierung s. unter 2.

2386 Der Ansturm auf das Portal war zu Beginn so groß, dass es zunächst wegen Überlastung nicht mehr abrufbar war. Die Fördersumme wurde deshalb um 200.000 € aufgestockt, vgl. http://www.bmelv.de/SharedDocs/Pressemitteilungen/2012/202-BMELV-AI-Ein-Jahr-Lebensmittelklarheit.html; s. auch http://www.test.de/Lebensmittelklarheitde-Grosser-Ansturm-4296332-0/. Die Öffentlichkeitsarbeit für das Portal ist entsprechend massiv, vgl. *Hassemer*, in: Hellmann/Schröder (Hrsg.), FS Achenbach, S. 109.

464.000 Besucher vermelden[2387] und hatte nach den ersten 100 Tagen bereits 3800 Produktmeldungen zu verbuchen.[2388] Sein selbst erklärtes Ziel ist es, Verbraucher besser vor Täuschungen zu schützen und sie „aktiv in den Diskussionsprozess über die unklare Kennzeichnung von Lebensmitteln oder über irreführende Produktaufmachungen einzubringen".[2389] Die Produktmeldungen der Verbraucher sollen dann dem Hersteller spiegeln, welche (Verständnis-)Schwierigkeiten der Verbraucher hat und wie er die Akzeptanz seines Produktes verbessern kann.[2390]

Der Zielbereich des Portals befindet sich, wie der Name schon verrät, jenseits von Gesundheitsgefährdungen und zum Verzehr ungeeigneter Lebensmittel. Das Portal dient nicht der Veröffentlichung grober Verstöße – diese werden der Lebensmittelüberwachung gemeldet –, sondern soll Produkte mit Täuschungspotential oder solche im „Graubereich" zwischen

---

2387 *Akkermann/Grundmann,* LMuR 2011, S. 117, 117. Die Medien berichteten unter Titeln wie „Online-Pranger für Lebensmittel kollabiert" (http://www.focus.de/finanzen/recht/lebensmittelklarheit-de-online-pranger-fuer-lebensmittel-kollabiert_aid_647774.html, zuletzt geprüft am 26.6.2014) oder „100 Tage Lebensmittelklarheit – Der ‚Pranger' bewährt sich" (http://www.n-tv.de/ratgeber/Der-Pranger-bewaehrt-sich-article4633321.html, zuletzt geprüft am 26.6.2014). Dazu auch *Akkermann/Grundmann* a.a.O.

2388 So die Pressemitteilung Nr. 227 v. 27.10.11 des damaligen BMELV „100 Tage www.lebensmittelklarheit.de", http://www.bmelv.de/SharedDocs/Pressemitteilungen/2011/227-BMELV-vzbv-AI-Bilanz-Lebensmittelklarheit.de.html, zuletzt geprüft am 27.6.2014. Im Durchschnitt gehen pro Monat ca. 80 Meldungen ein, vgl. *Müller/Wallau/Grube,* Lebensmittelkontrolle, S. 182. Nach *Meyer zu Heringdorf,* Aktueller Begriff, https://www.bundestag.de/blob/192538/ff4315dc2c9769add63900606b678b1c/lebensmittelklarheit-data.pdf haben sich bis Juli 2012 etwa 5.600 Verbraucher mit Produktmeldungen an das Portal gewandt. Durch die Anzahl der Forenanfragen werde deutlich, dass der „Informationsbedarf riesengroß" sei, vgl. *König* in der Podiumsdiskussion auf dem 5. Marburger Symposium zum Lebensmittelrecht, in: Voit (Hrsg.), Lebensmittelinformation, S. 107.

2389 http://www.lebensmittelklarheit.de/cps/rde/xchg/lebensmittelklar-heit/hs.xsl/1047.htm, zuletzt geprüft am 25.3.2014. Zum Begriff der Irreführung *Grube/Immel/Wallau,* VerbraucherInfoR, Teil E Rn. 217, die die Frage aufwerfen, ob die „Irreführung" im rechtlichen Sinne oder als „allgemeiner Verständnishorizont" zu bewerten ist. Sie werfen in einem anderen Zusammenhang (a.a.O. Rn. 240) die Möglichkeit auf, einen rechtlich nicht geprägten Begriff wie den der Verständlichkeit einer Produktaufmachung zu benutzen.

2390 http://www.lebensmittelklarheit.de/cps/rde/xchg/lebensmittelklar-heit/hs.xsl/1047.htm, zuletzt geprüft am 25.3.2014.

Rechtmäßig- und Rechtswidrigkeit aufdecken.[2391] Demnach bleibt auch betrügerische Verbrauchertäuschung,[2392] wie z. B. bei den Sachverhalten Pferdefleisch in Lasagne und Etikettenschwindel bei Bio-Eiern,[2393] außen vor.

Das Portal stellt – neben der Bereitstellung übersichtlich aufbereiteter Informationen über diverse Lebensmittel und deren Zutaten – die Frage an den Verbraucher, ob er sich von der Aufmachung eines Produktes „getäuscht fühlt“. Der Verbraucher kann bei der Verbraucherzentrale mit Hilfe eines Formulars ein bestimmtes Lebensmittel anzeigen. Die Zentrale prüft sodann vorab, ob der gemeldete Sachverhalt in das Portal aufgenommen wird, d. h. ob das Produkt tatsächlich Täuschungspotenzial hat und der Täuschungsvorwurf für die Redaktion nachprüfbar ist.[2394] Von Juli 2011 bis Juli 2013 gingen ca. 7.300 Beschwerden über Produkte mit Täuschungspotenzial ein, von denen ca. die Hälfte „berechtigt“ war.[2395] Nach Eingang und positiver Vorabprüfung können die Hersteller zu dem Vorwurf binnen sieben Tagen Stellung nehmen.[2396] Anschließend wird die Beschwerde des Verbrauchers zusammen mit einer Abbildung des Produktes, die Einschätzung der Portalbetreiber (Verbraucherzentrale Hessen) und die Stellungnahme des Unternehmens im Portal veröffentlicht.[2397] Je nach Sachlage erfolgt die Veröffentlichung des Produkts unter der Rubrik „Getäuscht?“ (Produktaufmachung bewegt sich im rechtlichen Graubereich) oder unter der Rubrik „Erlaubt!“ (Produktaufmachung ist eindeutig

---

2391 *Ossenbühl,* NVwZ 2011, S. 1357, 1361; *Porsch,* in: Bosch/Leible/Wallau (Hrsg.), Lebensmittel, S. 107, 109.

2392 Nach § 11 LFGB ist es verboten, „Lebensmittel unter irreführender Bezeichnung, Angabe oder Aufmachung in den Verkehr zu bringen oder für Lebensmittel allgemein oder im Einzelfall mit irreführenden Darstellungen oder sonstigen Aussagen zu werben“. Daneben können Täuschungen unlautere und irreführende geschäftliche Handlung darstellen und nach §§ 3, 5 UWG auch als solche geahndet werden.

2393 *Bartkowski/Jürging,* ZEurLebensmittelR 2013, S. 101, 101.

2394 *Müller/Wallau/Grube,* Lebensmittelkontrolle, S. 182.

2395 http://www.lebensmittelklarheit.de/cps/rde/xchg/lebensmittelklarheit/hs.xsl/5006.htm, zuletzt geprüft am 24.3.2014.

2396 Aus der Sicht der Verhaltensforschung wird hierdurch ein Klima erzeugt, das die Bereitschaft der Unternehmen, Änderungen vorzunehmen, faktisch erhöht, s. dazu *Kroeber-Riel/Gröppel-Klein,* Konsumentenverhalten, S. 748.

2397 So die Beschreibung des Vorgangs auf http://www.lebensmittelklarheit.de/cps/rde/xchg/lebensmittelklarheit/hs.xsl/1045.htm, zuletzt geprüft am 24.3.2014.

rechtmäßig).[2398] Wenn ein Hersteller die Kritik berechtigt findet und Verbesserungsbedarf sieht und in der Folge sein Produkt verändert – bislang wurden ca. 30 % der beanstandeten Produkte modifiziert[2399] –, wird dies ebenfalls im Portal bekannt gemacht (Rubrik „Geändert“).[2400] Ferner gibt es in dem Portal einen Diskussionsbereich, in dem Produktaufmachungen diskutiert werden können und die Möglichkeit besteht, sich von Experten beraten zu lassen.[2401]

2. Probleme der staatlichen Förderung eines Privaten

Das Portal fügt sich nur deshalb in den Rahmen der vorliegenden Arbeit, weil es, obwohl es privat betrieben wird, zu einem großen Teil staatlich finanziert ist. Von September 2010 bis Ende 2012 wurde das Projekt mit insgesamt 983.000 Euro gefördert.[2402] Für die Jahre 2013 und 2014 wurde ein Folgeprojekt mit einem Volumen von ebenfalls rund einer Million Euro bewilligt.[2403] Empfänger der öffentlichen Mittel ist der vzbv.[2404] Die

---

2398 *Müller/Wallau/Grube,* Lebensmittelkontrolle, S. 183. Im Bereich „Erlaubt!“ wird oftmals auf die Möglichkeit der „anbieterneutralen Darstellung“ zurückgegriffen, bei der nur ein „Produktdummy“ veröffentlicht und anhand diesem die Rechtslage erläutert wird, so geschehen z. B. bei alkoholfreiem Bier, das nicht notwendigerweise 0,0 Volumenprozent Alkohol enthalten muss, vgl. http://www.lebensmittelklarheit.de/produkte/bier-alkoholfrei, zuletzt geprüft am 7.8.2014. Die Meinung von *Joh/Krämer/Teufer/Unland,* ZLR 2012, S. 420, 441 – die bei der Zitierung der Kategorien die für das Verständnis wesentlichen Satzzeichen „?“ und „!“ außen vor lassen – nach der die Kategorie „Getäuscht“ signalisiere, dass die hier aufgeführten Produkte rechtswidrig seien, kann nicht gefolgt werden. Der verständige Verbraucher kann zwischen der Formulierung „Getäuscht?“ und etwa „Verboten!“ differenzieren. Ferner ist die Formulierung „sich getäuscht fühlen“ ein deutlicher Hinweis darauf, dass ein objektiver Rechtsverstoß gerade nicht maßgeblich ist.

2399 http://www.lebensmittelklarheit.de/cps/rde/xchg/lebensmittelklarheit/hs.xsl/5006.htm, zuletzt geprüft am 24.3.2014; dazu auch *Müller,* Die Lebensmittelwirtschaft – vitaler Bestandteil der Verbraucherpolitik in Deutschland und der EU, http://www.bmel.de/SharedDocs/Reden/2013/04-11-MUE-BLL-Jahrestagung.html.

2400 *BMEL,* Initiative „Klarheit und Wahrheit“.

2401 *BMEL,* Initiative „Klarheit und Wahrheit“.

2402 *BMEL,* Initiative „Klarheit und Wahrheit“.

2403 *BMEL,* Initiative „Klarheit und Wahrheit“.

2404 *Porsch,* in: Bosch/Leible/Wallau (Hrsg.), Lebensmittel, S. 107, 109.

Verbraucherzentrale Hessen, die das Portal betreibt, ist ein eingetragener Verein des Privatrechts und finanziert sich zu einem überwiegenden Anteil (70% und mehr) aus öffentlichen Mitteln.[2405] Im Vergleich zu der in Rechtsprechung und Literatur breit diskutierten aktiven Informationstätigkeit des Staates führt diese alternative, staatlich finanzierte Produktkritik eines Privaten bislang ein „rechtsdogmatisches Schattendasein".[2406] Der Staat tritt hier nicht selbst als Informant auf, steht aber im Hintergrund des Portals. Diese Beziehung kommt auf der Startseite des Portals durch den Zusatz „Internetportal gefördert im Rahmen der Initiative ‚Klarheit und Wahrheit' des Bundesministeriums für Ernährung und Landwirtschaft" und das entsprechende, farbige Logo des Ministeriums für den Verbraucher erkennbar zum Ausdruck. Folge davon ist, dass die dort veröffentlichten Informationen das Gütesiegel staatlicher Autorität und besonderer Glaubwürdigkeit für sich in Anspruch nehmen.[2407]

Zwar ist es dem Staat nicht verboten, private Verbraucherschutzinitiativen zu fördern. Allerdings muss er hierbei gewisse Voraussetzungen beachten, dazu im Folgenden.

a) „Keine Flucht ins Privatrecht"

Wie herausgearbeitet wurde, bedürfen die Informationen des Staates, die nicht allgemein gehalten sind, sondern sich auf ein spezifisches Produkt beziehen, einer Rechtsgrundlage und müssen darüber hinaus von der zuständigen Stelle inhaltlich zutreffend und sachlich gehalten veröffentlicht worden sein.[2408] Aber finden diese Kriterien bei dem von einem Privaten betriebenen und nur vom Staat finanzierten Portal Anwendung? Das BVerfG urteilte in seiner „Fraport"-Entscheidung: „Während der Bürger

2405 S. die Angaben unter http://www.verbraucher.de/wer-wir-sind und in der ebendort abrufbaren Satzung, zuletzt geprüft am 27.12.2015.

2406 *Porsch*, in: Bosch/Leible/Wallau (Hrsg.), Lebensmittel, S. 107, 108. Die geringe Beachtung der finanziellen Seite staatlichen Informationshandelns bemängeln zuvor bereits *Heintzen,* NJW 1990, S. 1448, 1450 und *Schatzschneider,* NJW 1991, S. 3202, 3203.

2407 *Porsch*, in: Bosch/Leible/Wallau (Hrsg.), Lebensmittel, S. 107, 109; *Dolde,* ZHR 2010, S. 517, 518. Zu dieser besonderen Wirkmacht staatlicher Informationen s. Kap. 2, B IV 2.

2408 S. ausf. dazu Kap. 6, B I und III 1.

prinzipiell frei ist, ist der Staat prinzipiell gebunden".[2409] Anders als der Staat können sich Private für ihre Meinungsäußerung auf Art. 5 Abs. 1 S. 1 Hs. 1 GG berufen und haben deshalb einen sehr großzügig bemessenen Äußerungsschutz: „Private Produktkritik darf parteiisch, unsachlich und polemisch sein."[2410] Hier tritt also ein denkbar weites Spannungsfeld zu Tage.[2411]

Die Frage der Bindungswirkung des Staates an die ihm obliegenden rechtlichen Vorgaben ist aus dem Verwaltungsprivatrecht unter dem Stichwort „keine Flucht ins Privatrecht" bekannt.[2412] Die Grundrechtsbindung des Staates nach Art. 1 Abs. 3 GG erstreckt sich nicht nur auf imperative Maßnahmen, sondern umfasst alle „Entscheidungen, Äußerungen und Handlungen, die [...] den Anspruch erheben können, autorisiert im Namen aller Bürger getroffen zu werden".[2413] Der Staat nimmt die Aufgaben seiner Bürger treuhänderisch war „und ist ihnen rechenschaftspflichtig".[2414] Die Bindungswirkung besteht unabhängig von der Rechtsform, in welcher der Staat handelt.[2415] Erfüllt er, etwa im Bereich der Daseinsvorsorge (z. B. der Versorgung mit Wasser und Strom), seine Aufgabe unter Zuhilfenahme Privater, ist er dennoch an die Grundrechte gebunden.[2416]

2409 BVerfGE 128, 226, 244.

2410 *Porsch*, in: Bosch/Leible/Wallau (Hrsg.), Lebensmittel, S. 107, 110. Zur mangelnden Fähigkeit des Staates, sich auf die Meinungsfreiheit zu berufen auch *Grube/Immel/Wallau,* VerbraucherInfoR, Teil E Rn. 199 f. sowie *Horst* auf der Podiumsdiskussion des 5. Marburger Symposiums zum Lebensmittelrecht, in: Voit (Hrsg.), Lebensmittelinformation, S. 110, der kritisiert, durch das Portal werde mit „staatlichen Geldern Politik gemacht".

2411 *Grube/Immel/Wallau,* VerbraucherInfoR, Teil E Rn. 183 sprechen davon, dass das Portal eine „‚Kombination' aus Meinungsäußerung [...] bei gleichzeitiger staatlicher ‚Lenkung'" verwirkliche.

2412 BVerfGE 128, 226, 245; *Grube/Immel/Wallau,* VerbraucherInfoR, Teil E Rn. 201; *Porsch*, in: Bosch/Leible/Wallau (Hrsg.), Lebensmittel, S. 107, 112; ähnl. *Böhm*, in: Hill/Schliesky (Hrsg.), S. 119, 135. Im Zusammenhang mit staatlichen Warnungen *Käß,* WiVerw 2002, S. 197, 200. Jüngst dazu im Zusammenhang mit dem von der AOK betriebenen Krankenhausnavigator LSG Berlin-Brandenburg, Beschluss v. 11.6.2014 – L 1 KR 301/13 B ER, juris, Rn. 61. Zum Ausschluss der „Flucht ins Privatrecht" auch auf unionsrechtlicher Ebene *Proelß* auf der Juristischen Fachtagung des BLL, nachzulesen bei *Girnau/Wallau,* ZLR 2011, S. 517, 519.

2413 BVerfGE 128, 226, 244.

2414 BVerfGE 128, 226, 245.

2415 BVerfGE 128, 226, 245.

2416 *Dürig/Scholz*, in: Maunz/Dürig, GG, Art. 3 Abs. 1 Rn. 477 ff.

Die Geltung dieses Grundsatzes wurde seitens des BVerwG in seiner zweiten „Osho"-Entscheidung bereits für die Informationstätigkeit eines Privaten, der von staatlicher Seite finanziert wird, bejaht. Das BVerwG führte hierzu aus, die Förderung des Privaten durch den Staat ähnele „nach Zielrichtung und Wirkung den eigenen warnenden Äußerungen des Staates", die bereits als Eingriffe in Art. 4 GG gewertet worden seien.[2417] Die finanzielle Förderung wirke sich in vergleichbarer Weise aus, weshalb für sie im Ergebnis nichts anderes gelte als für die eigene Äußerung.[2418]

Der Staat hatte eingewandt, er bezwecke lediglich die Information und Aufklärung der Öffentlichkeit über bestimmte Gefahren für das Gemeinwohl.[2419] Dem ist das BVerwG aber entgegengetreten mit den Worten, dass die Nachteile, die dem Betroffenen entstünden, „nicht nur mehr oder weniger zufällig oder nebenbei eintreten, sondern das zwangsläufige und das sichere Ergebnis, gleichsam die ‚Kehrseite' der erstrebten Beeinflussung der Öffentlichkeit sind".[2420] Es bestünde deshalb „bei objektiver, die Gesamtumstände einbeziehender Betrachtung" ein „enger Sachzusammenhang" zwischen den „primären Handlungswirkungen" des Staates und dem Eingriff in die Grundrechte des Betroffenen.[2421] Da die Tätigkeit des Privaten „zu einem erheblichen, für dessen Fortbestand ausschlaggebenden Anteil" staatlich finanziert werde, müssten dem Staat die für den Betroffenen „nachteiligen Folgen dieser Arbeit uneingeschränkt zugerechnet werden".[2422]

Das BVerwG urteilte deshalb, für den Eingriff in die Grundrechte sei eine gesetzliche Grundlage erforderlich.[2423] Das Äußerungsrecht der Bundesregierung komme hierbei nicht in Betracht, da es sich um eine „(echte) Verwaltungstätigkeit des Bundes" handele.[2424] Die Ausweisung entsprechender Titel im Haushaltsplan sei hierfür ebenfalls nicht ausreichend.[2425] Zwar sei anerkannt, dass die „Verwaltung für geldliche Zuwendungen an

---

2417 BVerwGE 90, 112, 119.
2418 BVerwGE 90, 112, 119.
2419 BVerwGE 90, 112, 120.
2420 BVerwGE 90, 112, 121; vgl. auch BVerwG DVBl. 2006, 387, 389 für den Fall der hoheitlichen Herausgabe von Schutzerklärungen über die Zugehörigkeit zu „Scientology".
2421 BVerwGE 90, 112, 121.
2422 BVerwGE 90, 112, 122.
2423 BVerwGE 90, 112, 122.
2424 BVerwGE 90, 112, 123.
2425 BVerwGE 90, 112, 126.

Private nicht unter allen Umständen der gesetzlichen Grundlage bedürfe".[2426] Dies gelte aber nur für den „Normalfall der Subventionierung, nämlich [...] [für] solche Geldleistungen an Private, die keine besonderen Grundrechtsprobleme aufwerfen".[2427] Ferner stellte das BVerwG klar, dass der Staat das Gebot religiös-weltanschaulicher Neutralität, an das er verfassungsrechtlich gebunden sei, verletze, wenn er einen privaten Verein fördere, der parteigebunden wirke.[2428] Der Staat unterliege dem Gebot der Zurückhaltung und der Sachlichkeit und er könne „[d]iese rechtlichen Bindungen [...] nicht in der Weise abstreifen, daß er sich der Hilfe eines privaten Vereins versichert, der die ihm zustehende, grundrechtlich verbürgte Meinungsfreiheit bis zu der Grenze der Schmähkritik nutzen kann".[2429]

Zu prüfen ist, ob das vom BMEL finanzierte Portal der Lebensmittelklarheit unter diesen, von der Rechtsprechung aufgestellten Bedingungen rechtmäßig ist.

b) Rechtmäßigkeit der Subventionierung

Zunächst sei angemerkt, dass zu unterscheiden ist zwischen der Rechtmäßigkeit der Subventionierung auf der einen und der Rechtmäßigkeit des Internetportals auf der anderen Seite. Die erste Frage betrifft das Tätigwerden des Staates und ist aus der Warte des Öffentlichen Rechts zu beurteilen. Die zweite Frage betrifft allein das Handeln eines Privaten und richtet sich deshalb nach den zivilrechtlichen, insbesondere wettbewerbsrechtlichen Vorschriften. Sie soll hier außer Betracht bleiben.[2430]

(1) Grundrechtseingriff des Staates

In Bezug auf das Vorliegen eines Grundrechtseingriffs sind die verschiedenen Rubriken des Portals getrennt zu bewerten. Die allgemeinen Infor-

---

2426 BVerwGE 90, 112, 126.
2427 BVerwGE 90, 112, 126.
2428 BVerwGE 90, 112, 123 f.
2429 BVerwGE 90, 112, 124.
2430 Zu den zivilrechtlichen Aspekten s. *Böhm*, in: Voit (Hrsg.), Lebensmittelinformation, S. 81, 89 ff.; zum zivilgerichtlichen Rechtsschutz s. *Grube/Immel/Wallau,* VerbraucherInfoR, Teil E Rn. 227 ff.

mationen (Informationsbereich) zur Kennzeichnung und Aufmachung von Lebensmitteln haben mangels konkretem Produktbezug keine Eingriffsqualität.[2431] Näher zu betrachten ist indes die Möglichkeit der Verbraucher, bestimmte Produkte zu melden (Produktbereich). Die hierauf basierenden Veröffentlichungen erfolgen unter der Rubrik „Getäuscht?". Sie bilden das betroffene Produkt unter namentlicher Nennung des Herstellers ab. Damit sind die Informationen nicht allgemeiner Natur, sondern beeinträchtigen gezielt die Absatzchancen der Produkte.[2432] Dies gilt umso mehr, als aufbauend auf den Verbrauchermeldungen nur manche, aber nicht alle Produkte als Beispiel genommen werden und deshalb auch nur bestimmte Hersteller betroffen sind. Nach den Maßstäben der Rechtsprechung des BVerfG ist darin ein Eingriff in die von Art. 12 Abs. 1 GG verbürgte Berufsfreiheit der betroffenen Unternehmer zu sehen.[2433] Andere Grundrechte wie z. B. das Recht auf informationelle Selbstbestimmung bzw. der soziale Geltungsanspruch eines Unternehmens[2434] sind hier i. d. R. nicht gefährdet, da im Portal lediglich die Produkte aufgeführt werden, ohne dass darüber hinaus sensible Unternehmensdaten veröffentlicht werden.[2435]

Die Einschätzung des BMEL, das Portal stelle gar keinen Eingriff dar, sondern diskutiere und erläutere lediglich die Rechtslage „zur Aufma-

2431 So auch *Böhm*, in: Voit (Hrsg.), Lebensmittelinformation, S. 81, 87.

2432 *Dolde,* ZHR 2010, S. 517, 522; *Porsch*, in: Bosch/Leible/Wallau (Hrsg.), Lebensmittel, S. 107, 113.

2433 Ebenso *Dolde,* ZHR 2010, S. 517, 522; *Hassemer*, in: Hellmann/Schröder (Hrsg.), FS Achenbach, S. 111, 113 ff.; *Porsch*, in: Bosch/Leible/Wallau (Hrsg.), Lebensmittel, S. 107, 113 sowie (aus dem Kontext heraus) *Ossenbühl,* NVwZ 2011, S. 1357, 1361 f. Nach *Böhm*, in: Voit (Hrsg.), Lebensmittelinformation, S. 81, 88 kann man dem Produktbereich „eine Gefährdung grundrechtlich geschützter Freiheiten […] nicht absprechen".

2434 S. Kap. 5, B IV 2 a).

2435 Die Darstellung im Portal beschränkt sich auf das konkrete Produkt. Auch die veröffentlichte Stellungnahme erfolgt insoweit anonym, als dass sie nur unter „Stellungnahme der GmbH XY" veröffentlicht wird. Zwar könnte man einwenden, der Namen des Geschäftsführers des betroffenen Unternehmens sei ebenso herauszufinden, wie man auch den Betriebsinhaber eines negativ bewerteten Restaurants ausfindig machen kann. Jedenfalls bei großen Konzernen ist der Geschäftsführer aber sehr viel weiter vom Produkt entfernt, als der Betreiber einer Gaststätte von seinem Restaurant. Die negative Wirkung einer Information hat daher keine oder nur sehr mittelbare Auswirkungen auf einzelne Personen. Bei kleinen Unternehmen oder Familienbetrieben kann dies im Einzelfall möglicherweise anders zu bewerten sein.

chung und Kennzeichnung von Lebensmitteln anhand von konkreten Beispielen“ und sei als solche „nicht gleichzusetzen mit einer Warnung vor einem bestimmten Produkt“,[2436] vermag hier nicht zu überzeugen. Wie gesehen muss eine Information keine Warnung vor einem bestimmten Produkt sein, um als Eingriff beurteilt zu werden. Hierfür genügt vielmehr ein zielgerichtetes Handeln des Staates, das wie hier geeignet ist, sich nachteilig auf die Absatzchancen eines Produktes auszuwirken. Dieser Eingriff ist nach der o. g. Rechtsprechung des BVerwG dem Staat auch zurechenbar, denn das Portal wird vom BMEL finanziert, wobei die Finanzierung kausal für die Beeinträchtigungen der Unternehmer ist, denn ohne sie wäre der Betrieb des Portals nicht aufrechtzuerhalten.[2437]

(2) Zuständigkeit des Bundes

Art. 104a Abs. 1 GG bestimmt, dass Bund und Länder die Ausgaben, die sich aus der Wahrnehmung ihrer Aufgaben ergeben, grundsätzlich gesondert tragen. Hierbei gilt, dass sich die Finanzierungszuständigkeit in der Regel mit der Verwaltungszuständigkeit deckt und somit die Befugnis zur Finanzierung vom Vorliegen der Verbandskompetenz abhängig ist.[2438] Die Finanzierung wäre also nur zulässig, wenn sich die Veröffentlichung der Produktkritik im Lebensmittelportal als Aufgabe des Bundesministeriums darstellen würde.

Das BMEL selbst bejaht dies und führt zur Begründung an, es sei „für den Verbraucherschutz und damit auch für die Finanzierung der Verbraucheraufklärung auf Bundesebene zuständig. Die Bundeszuständigkeit ergibt sich zudem daraus, dass durch das Portal die Entscheidungsgrundlagen des Bundesgesetzgebers verbessert werden sollen.“[2439]

Dem steht jedoch entgegen, dass nach dem Grundsatz der Länderexekutive des Art. 83 GG die Länder die Einhaltung der lebensmittelrechtlichen

2436 *BMEL,* Initiative „Klarheit und Wahrheit“.

2437 Nach *Ossenbühl,* NVwZ 2011, S. 1357, 1357 kommt dem Staat damit die Rolle eines „Mittäters“ zu. Das BMEL schätzt die Frage der Zurechnung wohl anders ein und stellt auf die eigene Verantwortung der Verbraucherzentralen ab, vgl. *BMEL,* Initiative „Klarheit und Wahrheit“.

2438 *Heintzen,* NJW 1990, S. 1448, 1450; *Schatzschneider,* NJW 1991, S. 3202, 3203.

2439 *BMEL,* Initiative „Klarheit und Wahrheit“.

Täuschungsschutzvorschrift des § 11 LFGB überwachen.[2440] Einfachgesetzlich ergibt sich dies auch aus § 38 Abs. 1 S. 1 LFGB, wonach sich die Zuständigkeit für die Überwachungsmaßnahmen grundsätzlich nach Landesrecht richtet.[2441] Die Zuständigkeit des Bundes lässt sich auch nicht durch ein Anknüpfen an die verfassungsrechtlich normierte Aufgabe der Staatsleitung begründen. Ging es im Glykolweinfall noch um einen Sachverhalt mit Auslandsbezug zum Zwecke der Krisenbewältigung, stehen hier Einzelfälle und produktbezogene Informationen ohne gesamtstaatliche Verantwortung in Rede.[2442] Hier geht es nicht um Aufgaben der Staatsleitung, sondern – wie auch in der gerade angeführten Osho-Entscheidung des BVerwG – um „echte" Verwaltungstätigkeit.[2443] In diesem Bereich kommt dem Bund aber keine Verwaltungszuständigkeit und deshalb erst recht keine Finanzierungsbefugnis zu.[2444] Zwar mag man einwenden, die Produkte würden im gesamten Bundesgebiet vertrieben und die Informationen hätten deswegen bundeslandübergreifend Bedeutung.[2445] Diese „physikalische Überregionalität" allein begründet indes noch keine Bundeskompetenz kraft Natur der Sache.[2446] *Dolde* weist insofern zutreffend darauf hin, dass zwischen einer Einigung der Länder, überregionale Aufgaben gemeinsam wahrzunehmen, und einer Bundeskompetenz mit der Folge, dass der Bund einen Sachverhalt auch gegen den Willen der bzw. einzelner Länder regeln kann, unterschieden werden muss.[2447]

Im Hinblick auf die Finanzierung des Portals überschreitet der Bund mithin die Grenzen der zulässigen staatlichen Informationsveröffentli-

---

2440 *BMEL,* Initiative „Klarheit und Wahrheit"; *Grube/Immel/Wallau,* VerbraucherInfoR, Teil E Rn. 204; *Porsch*, in: Bosch/Leible/Wallau (Hrsg.), Lebensmittel, S. 107, 113.

2441 Vgl. dazu auch *Grube/Immel/Wallau,* VerbraucherInfoR, Teil E Rn. 202.

2442 *Dolde,* ZHR 2010, S. 517, 520 f.; s. auch *Grube/Immel/Wallau,* VerbraucherInfoR, Teil E Rn. 207.

2443 BVerwGE 90, 112, 123; *Ossenbühl,* NVwZ 2011, S. 1357, 1362.

2444 *Ossenbühl,* NVwZ 2011, S. 1357, 1362.

2445 *Dolde,* ZHR 2010, S. 517, 523.

2446 So für die bundesweite Ausstrahlung von Rundfunkprogrammen BVerfGE 12, 205, 251; allg. zur Kompetenz kraft Natur der Sache BVerfG, Beschluss v. 11.7.2013 – 2 BvR 2302/11, 2 BvR 1279/12, juris, Rn. 161; im vorliegenden Zusammenhang s. auch *Dolde,* ZHR 2010, S. 517, 523.

2447 Zu diesem Ergebnis gelangen auch *Dolde,* ZHR 2010, S. 517, 523 f.; *Ossenbühl,* NVwZ 2011, S. 1357, 1362; *Porsch*, in: Bosch/Leible/Wallau (Hrsg.), Lebensmittel, S. 107, 113 ff.

chung.[2448] Möglicherweise könnte man de lege ferenda darüber nachdenken, eine verfassungsrechtliche Grundlage für eine Zusammenarbeit von Bund und Ländern auf diesem Gebiet zu schaffen. Vorbild hierfür könnte Art. 91c GG sein,[2449] nach dem Bund und Länder bezüglich der von ihnen benötigten informationstechnischen Systeme zusammenwirken können.

(3) Ermächtigungsgrundlage

Die Veröffentlichungen im Portal Lebensmittelklarheit greifen in das Grundrecht auf Berufsfreiheit aus Art. 12 Abs. 1 GG – auf der Stufe der Berufsausübungsfreiheit – ein und bedürfen deshalb nach dem Grundsatz des Vorbehalts des Gesetzes (Art. 20 Abs. 3 GG) einer Ermächtigungsgrundlage in Form eines Parlamentsgesetzes. Eine solche ist hier nicht ersichtlich.[2450] Die Finanzierung des Portals ist mithin aufgrund des Fehlens einer Ermächtigungsgrundlage rechtswidrig, wenn hier keine anderen Erwägungen greifen, die eine Ausnahme von dem Grundsatz gebieten.

Zwar wurde in der Rechtsprechung die Sonderdogmatik entwickelt, dass der Bundesregierung ein Äußerungsrecht auf der Grundlage der ihr verfassungsrechtlich obliegenden Aufgabe der Öffentlichkeitsarbeit zustehe.[2451] Diese Sonderdogmatik kann hier aber bereits deshalb nicht greifen, weil es vorliegend um die Vergabe von Subventionen, mithin um eine Förderung eines Privaten aus Mitteln des Bundeshaushalts und damit um eine „(echte) Verwaltungstätigkeit" geht, die nicht mit einer staatsleitenden Information oder Warnung der Bundesregierung gleichgesetzt werden kann.[2452]

Eine Ermächtigungsgrundlage ist auch nicht aus anderen Gründen entbehrlich. Zwar sind in der Rechtsprechung durchaus Fälle anerkannt, in denen finanzielle Zuwendungen an Private nicht zwingend einer gesetzli-

2448 *Dolde,* ZHR 2010, S. 517, 520 ff.

2449 Allgemein zu Art. 91c GG *Gröpl,* in: Maunz/Dürig, GG, Art. 91c GG Rn. 1 ff.; *Schliesky*, DVP 2013, S. 420, 421; *Siegel,* VerwArch 105 (2014), S. 241, 243 f.; *ders.,* NVwZ 2009, S. 1128, 1128.

2450 Ebenso *Böhm,* in: Voit (Hrsg.), Lebensmittelinformation, S. 81, 89; *Grube/Immel/Wallau,* VerbraucherInfoR, Teil E Rn. 210.

2451 S. dazu ausf. Kap. 6, A.

2452 Grundlegend BVerwGE 90, 112, 123. Für die Übertragung dieser Grundsätze auf das in Rede stehende Internetportal s. bereits *Böhm*, in: Voit (Hrsg.), Lebensmittelinformation, S. 81, 86.

chen Grundlage bedürfen, sondern aufgrund einer „andere[n] parlamentarische[n] Willensäußerung, insbesondere [...] [der] etatmäßige[n] Bereitstellung der zur Subvention erforderlichen Mittel als eine hinreichende Legitimation verwaltungsmäßigen Handelns" in Betracht kommt.[2453] Diese Ausnahme, in der die Ausweisung der Finanzmittel im Haushaltsplan als ausreichende Grundlage erachtet wird, gilt jedoch nur für solche Subventionen, die keine besondere Grundrechtsrelevanz entfalten.[2454] Hier liegt allerdings, wie gesehen, ein Eingriff in die Grundrechtssphäre von an dem Subventionsverhältnis nicht beteiligten Dritten, nämlich der betroffenen Unternehmer, über die mit Hilfe staatlicher Finanzierung berichtet werden kann, vor. Der Regelungsgehalt des Haushaltsplans kommt als Grundlage in solchen Fällen mit Drittbetroffenheit nicht in Betracht,[2455] da er als reines Innenrecht über das Verhältnis von Parlament und Regierung hinaus keine Außenwirkung entfaltet und lediglich eine Ausgaben- und Verpflichtungsermächtigung darstellt.[2456] Er weist neben der Höhe der bereitgestellten Mittel nur den Förderungszweck aus, geht aber nicht näher auf die tatbestandlichen Voraussetzungen für eine Subventionszahlung ein.[2457]

Folglich fehlt es hier bereits an einer tauglichen Rechtsgrundlage für das Portal Lebensmittelklarheit.

(4) Verfahren

Wie gesehen, ist als klassische rechtsstaatliche Verfahrensvoraussetzung auch bei der Veröffentlichung von Informationen eine vorherige Anhörung des Betroffenen erforderlich.[2458] Das Portal der Lebensmittelklarheit sieht dazu Folgendes vor: „Nach Eingang Ihrer Meldung wird das betroffene Unternehmen angeschrieben und um eine zeitnahe und verständliche Stel-

---

2453 St. Rspr., s. nur BVerwG NJW 1977, 1838, 1839; BVerwGE 90, 112, 126; OVG Berlin-Brandenburg BeckRS 2014, 45717; VG Ansbach, Urteil v. 4.2.2014 – AN 4 K 13.01496, juris, Rn. 46.

2454 BVerwGE 90, 112, 126.

2455 *Ossenbühl,* NVwZ 2011, S. 1357, 1362; *Porsch*, in: Bosch/Leible/Wallau (Hrsg.), Lebensmittel, S. 107, 116; s. auch *Grube/Immel/Wallau,* VerbraucherInfoR, Teil E Rn. 211.

2456 BVerwG NVwZ 2008, 1355, 1356; BVerwGE 90, 112, 126.

2457 BVerwGE 90, 112, 126.

2458 S. Kap. 6, B III 2.

lungnahme innerhalb von sieben Tagen gebeten".[2459] Die Sieben-Tage-Frist soll nach der Einschätzung des BMEL für einen „Großteil der Unternehmen praktikabel" sein.[2460] Je nach Lage des Einzelfalls werde aber auch eine längere Frist gewährt, zudem würden auch später abgegebene Stellungnahmen veröffentlicht.[2461] Die Angemessenheit dieser Frist wird in der Literatur bezweifelt.[2462] Es wird vorgebracht, der Zeitdruck wiege umso schwerer, wenn kleinere Unternehmen betroffen sind, die nicht über eine eigene Abteilung für Presse- und Öffentlichkeitsarbeit verfügen.[2463]

Wann eine Anhörungsfrist angemessen ist, richtet sich nach den Umständen des Einzelfalls – eine gesetzliche Mindestfrist gibt es nicht.[2464] Bei der Beurteilung der Angemessenheit sind Bedeutung, Umfang, Schwierigkeit und die Eilbedürftigkeit der Maßnahme im öffentlichen Interesse einerseits und das subjektive Rechtsschutzinteresse des Betroffenen andererseits gegeneinander ins Verhältnis zu setzen.[2465]

Gegen die Angemessenheit ließe sich vorbringen, dass eine besondere Eilbedürftigkeit, da das Portal nicht der Gefahrenabwehr dient und somit keine gesundheitlichen Risiken mit einer späteren Information verknüpft sind, nicht gegeben ist. Zudem ist die Bedeutung der Sache nicht zu unterschätzen, zumal die Stellungnahme im Internet für jedermann einsehbar veröffentlicht wird. Wollte man diesen Bedenken Rechnung tragen, so könnte man in Anlehnung an § 5 Abs. 4 S. 3 VIG eine Zwei-Wochen-Frist fordern.

Andererseits erscheint der Zeitraum von sieben Tagen durchaus ausreichend, um eine Stellungnahme abzugeben, zumal die Sachlage meist unkompliziert und die Länge der Stellungnahme auf max. 4000 Zeichen bzw.

2459 http://www.lebensmittelklarheit.de/ueber/vorgehensweise, zuletzt geprüft am 24.6.2014.

2460 *BMEL,* Initiative „Klarheit und Wahrheit".

2461 *BMEL,* Initiative „Klarheit und Wahrheit".

2462 So z. B. von *Porsch*, in: Bosch/Leible/Wallau (Hrsg.), Lebensmittel, S. 107, 117.

2463 So *Porsch*, in: Bosch/Leible/Wallau (Hrsg.), Lebensmittel, S. 107, 107. Anders (im Zusammenhang mit § 5 VIG) *Falck,* VIG, S. 102, nach dem es gerade bei großen Unternehmen einige Tage dauern kann, bis das Anhörungsschreiben bei der zuständigen Person eingeht.

2464 *Kallerhoff*, in: Stelkens/Bonk/Sachs, VwVfG, § 28 Rn. 44; *Herrmann*, in: Bader/Ronellenfitsch, VwVfG, § 28 Rn. 19. Im Einzelfall kann sogar eine sehr kurze Frist im Stundenbereich noch angemessen sein, vgl. VGH Kassel BeckRS 2013, 48798.

2465 *Kallerhoff*, in: Stelkens/Bonk/Sachs, VwVfG, § 28 Rn. 44; *Kopp/Ramsauer,* VwVfG, § 28 Rn. 37.

auf max. 200 Zeichen begrenzt ist. Dies ist nicht zuletzt im Interesse der Verbraucher, die gerne möglichst umgehend informiert werden möchten. Zudem besteht wie gesehen die Möglichkeit, die Frist im Einzelfall zu verlängern und auch später abgegebene Stellungnahmen werden noch veröffentlicht. Nach Auskunft des Portals wird der Postweg zusätzlich zu der Frist von sieben Tagen einkalkuliert.[2466] Es gebe zwar keine entsprechende Statistik, aber die Erfahrung zeige, dass die Gründe, aus denen die Hersteller um eine Fristverlängerung bäten, weit überwiegend in der betrieblichen Sphäre begründet lägen (Urlaub, Abwesenheit oder Krankheit der zuständigen Mitarbeiter).[2467] Nur selten werde vorgebracht, dass weitere Prüfungen notwendig seien oder andere Meinungen eingeholt werden müssten.[2468]

Es dürfte daher bei einer entsprechenden Organisation innerhalb des Unternehmens kein Problem darstellen, zu einem Vorwurf innerhalb von sieben Tagen Stellung zu nehmen. In Anbetracht dessen bestehen im Hinblick auf die Angemessenheit der Frist keine durchgreifenden Bedenken.

Bedenklich erscheint hingegen, dass das Portal keine Löschungsfristen vorsieht, sondern die Meldungen archiviert. Alle seit 2011 aufgenommenen Produkte sind weiterhin abrufbar, selbst wenn eine Täuschung nie bestand, das Produkt geändert oder vom Markt genommen wurde.[2469] Das passt zwar zur Konzeption des Portals, da sich der Verbraucher so einen sehr guten Überblick über die verschiedenen Produkte verschaffen kann. Dem Verhältnismäßigkeitsgrundsatz wird hierbei jedoch nicht ausreichend Rechnung getragen.[2470]

2466 E-Mail-Auskunft der Online-Redaktion von Lebensmittelklarheit.de v. 27.1.2015.

2467 E-Mail-Auskunft der Online-Redaktion von Lebensmittelklarheit.de v. 27.1.2015.

2468 E-Mail-Auskunft der Online-Redaktion von Lebensmittelklarheit.de v. 27.1.2015.

2469 *Hassemer*, in: Hellmann/Schröder (Hrsg.), FS Achenbach, S. 116.

2470 So auch *Hassemer*, in: Hellmann/Schröder (Hrsg.), FS Achenbach, S. 115 f., nach dem sich hier „ein schwaches, ein dokumentarisches Interesse […] gleichwohl rücksichtslos durch[setzt]".

(5) Neutralität und Sachlichkeit der Informationen

Wie dargelegt, müssen staatliche bzw. dem Staat zurechenbare Informationen neutral und sachlich sowie inhaltlich richtig sein.[2471] An erster Stelle ist die Frage aufzuwerfen, ob der Träger (vzbv) oder der Betreiber (VZ Hessen) des Portals ein „hinreichendes Maß an Sachkunde, Objektivität und vor allem Unabhängigkeit und Neutralität repräsentieren und verbürgen", wie es „beispielsweise bei der Stiftung Warentest" der Fall ist.[2472]

Das BMEL meint dazu, der vzbv besitze „eine hohe Glaubwürdigkeit bei und einen breiten Zugang zu den Verbraucherinnen und Verbrauchern" und sei zugleich „fachlich versiert".[2473] Träger und Betreiber des Portals hätten sich „seit Jahren als seriöse und sachorientierte Partner bei Projekten der Verbraucheraufklärung bewährt" und seien deshalb „geeignet, diesen Dialog zu führen".[2474] Auf die Neutralität der Stellen wird indes nicht explizit eingegangen.

Nach § 2 Abs. 1 der Satzung des vzbv verfolgt der Verein, der sich selbst als „Stimme der Verbraucher" bezeichnet, den Zweck, „Verbraucherinteressen wahrzunehmen, den Verbraucherschutz zu fördern, die Stellung des Verbrauchers in der sozialen Marktwirtschaft zu stärken und zur Verwirklichung einer nachhaltigen Entwicklung beizutragen [...]".[2475] Nach § 3 Abs. 1 ist der Verein „demokratisch, parteipolitisch neutral, überkonfessionell und unabhängig". Die Verbraucherzentrale Hessen hat nach § 2 Abs. 1 lit. a ihrer Satzung den Zweck, „als Interessenvertretung der Verbraucherinnen und Verbraucher [...] gegenüber der Wirtschaft und

---

2471 S. Kap. 6, B I. Für den Fall der Stiftung Warentest so auch BGHZ, 65, 325, 334. Sieht man die Informationen des Internetportals hingegen als Informationen eines Privaten an, so ergeben sich die gleichen Anforderungen auf zivilrechtlicher Seite aus dem Wettbewerbsrecht. Zu diesem Ansatz s. *Böhm*, in: Voit (Hrsg.), Lebensmittelinformation, S. 81, 89 ff.

2472 *Ossenbühl*, NVwZ 2011, S. 1357, 1362. Die Stiftung Warentest wurde 1964 als privatrechtliche Stiftung gegründet, s. dazu *Philipp*, Verbraucherinformation, S. 7, 24, insb. 28 f. und *Spaeth*, Grundrechtseingriff, S. 42 m.w.N. zur Entstehungsgeschichte der Stiftung.

2473 *BMEL*, Initiative „Klarheit und Wahrheit".

2474 *BMEL*, Initiative „Klarheit und Wahrheit" bei der Kennzeichnung und Aufmachung von Lebensmitteln.

2475 http://www.vzbv.de/cps/rde/xbcr/vzbv/Satzung_vzbv.pdf, zuletzt geprüft am 25.6.2014.

dem Gesetzgeber zu wirken".[2476] Sie wirbt auf ihrer Internetseite damit, dabei „unabhängig und parteipolitisch ungebunden, aber nicht neutral" zu sein, denn, so heißt es dort ausdrücklich, „die Interessen der Verbraucher haben für uns Vorrang".[2477] Aufgabe der Verbraucherzentralen ist also die Interessenvertretung auf Seiten der Verbraucher und (ausdrücklich) nicht die neutrale Informationsveröffentlichung, wie sie dem Staat obliegt.[2478] Damit unterscheidet sie sich bereits von der oftmals vergleichsweise angeführten Stiftung Warentest, in deren Satzung es in § 2 Abs. 2 heißt: „Der Stiftung obliegt nicht die politische Vertretung von Verbraucherinteressen".[2479]

Auch über den Zweck hinaus ist die organisatorische Struktur nicht dazu geeignet, eine neutrale und sachliche Informationsvermittlung zu gewährleisten. Die Verwaltungsräte des vzbv und der VZ Hessen sind überwiegend mit Vertretern der Verbraucherseite besetzt, Vertreter der Wirtschaft finden sich dort nicht.[2480] Demgegenüber, wenn man denn den Vergleich bemühen will, ist das Kuratorium der Stiftung Warentest gemäß § 9 Abs. 4 ihrer Satzung mit sechs unabhängigen Personen (S. 1), von denen mindestens drei mit wissenschaftlicher oder sonstiger besonderer Qualifikation aufwarten können (S. 2) und darüber hinaus gemäß § 9 Abs. 5 S. 1 der Satzung mit zwölf weiteren Personen besetzt, von denen eine Hälfte aus der Gruppe der Verbraucher (lit. a) und die andere Hälfte aus der Gruppe der Wirtschaft (lit. b) stammt.[2481] Ein der Stiftung Warentest vergleichbarer Fall ist in dem Portal wegen dieser Unterschiede nicht zu se-

---

2476 http://www.verbraucher.de/mediabig/220605A.pdf, zuletzt geprüft am 25.6.2014.

2477 http://www.verbraucher.de/wer-wir-sind, zuletzt geprüft am 25.6.2014. S. auch die Aussage von *König* im Rahmen der Podiumsdiskussion des 5. Marburger Symposiums zum Lebensmittelrecht, in: Voit (Hrsg.), Lebensmittelinformation, S. 108 f., nach der es sich bei dem Portal um ein Verbraucherportal handele, das nicht als „rein objektiv" zu bewerten sei.

2478 Ebenso *Porsch*, in: Bosch/Leible/Wallau (Hrsg.), Lebensmittel, S. 107, 115; s. auch *Grube/Immel/Wallau,* VerbraucherInfoR, Teil E Rn. 212.

2479 https://www.test.de/unternehmen/stiftungsgremien/satzung/, zuletzt geprüft am 27.12.2015.

2480 *Porsch*, in: Bosch/Leible/Wallau (Hrsg.), Lebensmittel, S. 107, 116.

2481 https://www.test.de/unternehmen/stiftungsgremien/satzung/, zuletzt geprüft am 27.12.2015.

hen.[2482] Es gibt keine Statuten, die organisationsrechtlich die Umsetzung der gebotenen Vorgaben sicherstellen könnten.[2483]

Ferner stellt sich die Frage, ob die veröffentlichten Informationen mit dem Sachlichkeitsgebot konform gehen und auch inhaltlich richtig sind. Das BMEL führt hierzu an, das Portal unterscheide sich von anderen Portalen durch seine „wissenschaftliche Absicherung", die garantiere, „dass die Aussagen zu bestimmten Themen repräsentativ sind".[2484] Zudem sei der Informationsbereich umfangreicher und „sachlich ausgewogener" als bei anderen Portalen.[2485]

Problematisch erscheint in erster Linie die subjektive Fragestellung des Portals nach der Wahrnehmung des Konsumenten, ob er sich von einem Produkt getäuscht fühlt. Maßstab ist damit nicht, ob die Aufmachung des Produktes gegen ein Gesetz verstößt oder nicht. Der Staat informiert über Produkte im Graubereich aufgrund einer subjektiven Einschätzung. Ob das mit den Kriterien der Rechtsprechung noch vereinbar ist, wird bezweifelt.[2486] Verstößt ein Produkt nicht gegen die Vorschriften zum Täuschungsschutz, scheint es kontraintuitiv, wenn die Produkte aus hoheitlicher Perspektive als täuschend gekennzeichnet und im Internet veröffentlicht werden.[2487] Allerdings ist die Lage hier nicht ganz einfach zu beurteilen, denn die Frage, ob ein Verbraucher getäuscht wird, kann ihrerseits kaum objektiv beantwortet werden, da sie vom Gesamterscheinungsbild des Lebensmittels abhängt. Maßgeblich sind also neben der Einhaltung der Kennzeichnungsvorgaben auch die Aufmachung und die Werbung des Produkts.[2488] Dies wiederum setzt an sich schon eine subjektive Einschätzung voraus.

2482 A.A. *Elsing* in der Podiumsdiskussion des 5. Marburger Symposiums zum Lebensmittelrecht, in: Voit (Hrsg.), Lebensmittelinformation, S. 110. Dem widersprechend *Horst,* ebendort. Letzterem ist zuzustimmen, da sich die Einflussmöglichkeiten des Bundes auf die Stiftung Warentest darin erschöpfen, ihre finanzielle und personelle Unabhängigkeit zu gewährleisten, während die Verbraucherinformationen „staatlicher Einflußnahme entzogen" sind; s. dazu auch *Philipp,* Verbraucherinformation, S. 29 f.

2483 *Ossenbühl,* NVwZ 2011, S. 1357, 1362. Ausführlich zum Vergleich des Portals mit der Stiftung Warentest *Dolde,* ZHR 2010, S. 517, 518, insb. 522 ff.

2484 *BMEL,* Initiative „Klarheit und Wahrheit".

2485 *BMEL,* Initiative „Klarheit und Wahrheit".

2486 *Porsch*, in: Bosch/Leible/Wallau (Hrsg.), Lebensmittel, S. 107, 116; zumindest kritisch *Böhm*, in: Hill/Schliesky (Hrsg.), S. 119, 135.

2487 *Porsch*, in: Bosch/Leible/Wallau (Hrsg.), Lebensmittel, S. 107, 116.

2488 *BMEL,* Initiative „Klarheit und Wahrheit".

3. Fazit

> *„Wenn der Gesetzgeber die Veröffentlichung von Warentests mit ihren nachteiligen Folgen für die betroffenen Unternehmen gestatten will, so muß er dies eindeutig und klar zum Ausdruck bringen. Dazu ist er auch in der Lage."*[2489]

Der Status quo des Portals ist nicht mit den Vorgaben der Rechtsprechung in Einklang zu bringen, weshalb alternative Organisationsmöglichkeiten durchdacht werden müssen. Es gibt, so scheint es zumindest in der Theorie, mehrere Varianten, den aufgezeigten Zwiespalt zu lösen. Entweder der Status quo der Organisation bleibt erhalten, d. h. die Betreibereigenschaft liegt bei den Verbraucherzentralen, die Finanzierung erfolgt durch den Bund. Dann müsste der Gesetzgeber de lege ferenda zunächst eine Rechtsgrundlage erlassen. Problematisch wäre dann aber, dass in dieser Rechtsgrundlage geregelt werden müsste, dass der Betreiber des Internetportals zu Unabhängigkeit, Objektivität und Neutralität verpflichtet ist.[2490] Das ist aber mit der im Prinzip unverrückbaren Eigenschaft der Verbraucherzentralen als Interessenvertretung nicht vereinbar. Sie sind nicht unabhängig und sollen dies als Vertreter der Verbraucher und Gegengewicht zu den Interessenvertretern der Wirtschaft auch gar nicht sein. Ihre Verpflichtung zur Neutralität stellt damit keine praktikable Lösung dar.

Der andere mögliche Weg liegt darin, die Interessenvertretung als solche zu akzeptieren. Ohne Neutralität ist aber der Staat als geldgebender Hintermann unzulässig, folglich könnte das Portal zwar fortbestehen, es müsste aber aus der staatlichen Förderung aussteigen. Das Ende der staatlichen Förderung würde aber möglicherweise das Aus des Portals bedeuten.[2491] Dies ist sicherlich keine Alternative, da die hohe Nachfrage zeigt, dass ein entsprechender Informationsbedarf beim Verbraucher besteht. Auch die Lebensmittelwirtschaft kann aus dem Portal positive Impulse ziehen, indem sie Darstellungen, die sich im Graubereich bewegen, verändert und so das Vertrauen der Verbraucher gewinnt.[2492] Deshalb sollte darüber nachgedacht werden, ob nicht das Bundesministerium für Ernährung

---

2489 BVerwG NJW 1996, 3161, 3162.

2490 *Ossenbühl,* NVwZ 2011, S. 1357, 1362; dem folgend *Porsch*, in: Bosch/Leible/Wallau (Hrsg.), Lebensmittel, S. 107, 116.

2491 Nach der Einschätzung von *Böhm*, in: Voit (Hrsg.), Lebensmittelinformation, S. 81, 83 steht und fällt die Arbeit der Verbraucherschutzverbände mit der öffentlichen Förderung.

2492 *Streinz*, in: FS Horst, S. 45, 54.

und Landwirtschaft selbst das Portal betreiben könnte. Damit könnte den hier vorgebrachten rechtlichen Bedenken größtenteils Rechnung getragen werden.

Ferner wäre denkbar, vergleichbar der Stiftung Warentest eine Stiftung Lebensmittelklarheit ins Leben zu rufen und diese anstelle der Verbraucherzentralen als neutralen Betreiber des Portals – mit den entsprechenden organisatorischen Statuten zur Sicherung der eigenen Unabhängigkeit und Neutralität – einzusetzen.

B. Sozialrecht: Der „Pflege-TÜV" gemäß § 115 Abs. 1a SGB XI

> *„Was als gut gemeinte Idee gestartet ist, ist unterdessen als Blendgranate auf dem Boden der Tatsachen angekommen."*[2493]

Proaktive Informationspflichten haben auch im Sozialrecht Konjunktur. Auf der Grundlage des § 115 Abs. 1a SGB XI werden stationäre Pflegeheime und ambulante Pflegedienste umfassend und unabhängig von konkreten Missständen bewertet. Das Ergebnis dieser Bewertung wird mit einer Art Schulnotensystem im Internet veröffentlicht. Während § 40 Abs. 1a LFGB und das Portal der Lebensmittelklarheit die Informationsveröffentlichung auf konkrete Einzelfälle beschränken, wird mit § 115 Abs. 1a SGB XI eine Vorschrift in den Blick genommen, die eine umfassende Bewertung ermöglicht und somit am ehesten mit § 6 Abs. 1 S. 3 VIG bzw. der Praxis des Smiley-Systems vergleichbar ist. Nicht verwunderlich ist es deshalb, dass sich die beiden letztgenannten Veröffentlichungen in Bezug auf ihre rechtliche Umstrittenheit in Nichts nachstehen.

I. Einleitung

Der Anteil alter und älterer Menschen an der Bevölkerung wird in den kommenden Jahrzehnten stark zunehmen.[2494] Vor diesem Hintergrund

---

2493 *Martini/Albert,* NZS 2012, S. 201, 202.

2494 Nach Berechnungen des Statistischen Bundesamtes wird die Zahl der über 65-jährigen im Jahre 2050 bereits 23 Millionen und damit 33 % der Gesamtbevölkerung ausmachen, vgl. https://www.destatis.de/bevoelkerungspyramide, zuletzt geprüft am 29.10.2014. Die Rürup-Kommission berechnete für das Jahr 2040 bereits eine absolute Zahl von Pflegebedürftigen in Höhe von 3,4 Millionen im

struktureller Herausforderungen ist die Pflegereform zu sehen, in deren Zuge der „Pflege-TÜV" eingeführt wurde.[2495] Als „Pflege-TÜV" werden plakativ die Transparenzberichte der gesetzlichen Krankenkassen über Leistung und Qualität von Pflegeheimen bezeichnet. Den Transparenzberichten liegen Kontrollen der medizinischen Dienste der Krankenversicherung (MDK) zugrunde, die seit Mitte 2009 bei allen ambulanten und stationären Pflegeeinrichtungen[2496] im Auftrag der Landesverbände der Pflegekassen unangekündigt durchgeführt werden.

Inhalt der Prüfung ist die Beurteilung von 64 bzw. seit dem 1.1.2014 von 59 Kriterien[2497] aus insgesamt vier Bereichen: (1.) Pflege und medizinische Versorgung, (2.) Umgang mit demenzkranken Bewohnern, (3.) soziale Betreuung und Alltagsgestaltung sowie (4.) Wohnen, Verpflegung, Hauswirtschaft und Hygiene auf einer Punkteskala von eins bis zehn. Aus den Ergebnissen dieser Kontrollgruppen errechnet der Prüfer eine Gesamtnote im Sinne eines Durchschnittwertes. Hinzu kommen, in einem fünften Bereich, 18 Fragen an die Heimbewohner, deren Ergebnisse jedoch nicht in die Endnote eingehen. Die sodann im Transparenzbericht zusammengefassten Ergebnisse der Prüfung werden von den Landesverbänden im Internet kostenfrei und für jedermann abrufbar veröffentlicht. Die Veröffentlichungen unterscheiden sich lediglich in der Art der Darstellung, aber nicht inhaltlich voneinander.[2498] Ruft man eines der Bewertungsportale

---

Vergleich zu derzeit noch 2,4 Millionen Menschen, vgl. BT-Plenarprotokoll 17/171, S. 11. Zu der steigenden Anzahl pflegebedürftiger Menschen s. BT-Drs. 18/1940, S. 458 ff.

2495 Gesetz zur strukturellen Weiterentwicklung der Pflegeversicherung v. 28.5.2008 (BGBl I S. 874); s. dazu BT-Drs. 16/7439 und 16/7486.

2496 Zurzeit (Stand 2011 [ein aktuellerer Stand ist im Februar 2015 nicht verfügbar]) gibt es 12.354 Pflegeeinrichtungen und 12.349 ambulante Pflegedienste, vgl. Angabe des Statistischen Bundesamtes, https://www.destatis.de/DE/ZahlenFakten/GesellschaftStaat/Gesundheit/Pflege/Tabellen/PflegeeinrichtungenDeutschland.html, zuletzt geprüft am 25.2.2015.

2497 http://www.mds-ev.de/media/pdf/PTVS_ab_2014%281%29.pdf. Die einzelnen Prüfkriterien ergeben sich aus der Anlage 1, die unter http://www.mds-ev.de/media/pdf/PTVS_ab_2014_Anlage_1%281%29.pdf abrufbar ist. Beide Dokumente zuletzt geprüft am 27.8.2014.

2498 Entweder wird der Transparenzbericht mit einer Grafik direkt auf der Internetseite dargestellt (Einzelheiten durch Klick auf Grafik abrufbar) oder der Transparenzbericht steht mit allen Einzelheiten als Download zur Verfügung.

auf[2499] und wählt mittels der Suchfunktion ein beliebiges Pflegeheim aus, so erscheint eine grafische Ergebnisübersicht. Erkennbar sind (von links nach rechts) die Ergebnisse aus den vier Bewertungsgruppen und die Gesamtnote.[2500] Auf den ersten Blick erscheint die Veröffentlichung durchaus gelungen. Selbst für ungeschulte Benutzer des Portals wird in kurzer Zeit ein scheinbar hilfreiches und aussagekräftiges Bewertungssystem aufgezeigt. Diese Einschätzung ist jedoch nach einem Blick „hinter die Kulissen" kaum mehr zu halten.

II. Rechtliche Grundlagen und Gesetzeszweck

Der „Pflege-TÜV" selbst beruht auf den ausführlichen Normierungen der §§ 114, 114a SGB XI hinsichtlich der Qualitätsprüfungen sowie ihrer Durchführungsmodalitäten. Aufgrund des hier erteilten Prüfauftrages, § 114 Abs. 1 S. 1 SGB XI, bewertet der MDK, der in Sachen Pflegequalität eine Sachverständigeninstanz darstellt,[2501] die ambulanten und stationären Pflegeeinrichtungen. Die Veröffentlichung der Transparenzberichte im Internet, sozusagen der streitumwobene Kern des „Pflege-TÜVs", beruht auf § 115 Abs. 1a SGB XI. Danach stellen die Landesverbände der Pflegekassen sicher,[2502] dass die Ergebnisse der Prüfung für die Pflegebedürftigen und ihre Angehörigen verständlich, übersichtlich und vergleich-

2499 AOK (www.aok-gesundheitsnavi.de), BKK (www.bkk-pflegefinder.de), Knappschaft/LSV/IKK (www.der-pflegekompass.de) sowie Verband der Ersatzkassen (www.pflegelotse.de), zuletzt geprüft am 29.10.2014.

2500 Einzig der verkürzten Darstellung der BKK lässt sich nicht entnehmen, dass die Ergebnisse der Bewohnerbefragung nicht in die Endnote mit einfließen.

2501 *Klie,* PflR 2010, S. 351, 351; zu personellen Voraussetzungen und der Eignung der Prüfer siehe *Hopfenzitz,* PflR 2011, S. 111, 112.

2502 Die Landesverbände, die diese Aufgabe nicht selbst übernehmen müssen („stellen sicher"), bedienen sich hierfür der informationstechnischen Servicestelle der gesetzlichen Krankenversicherungen (ITSG), die zu diesem Zweck eine Daten Clearing Stelle (DCS) eingerichtet hat und pflegt. S. dazu auch *Dürschke/Brembeck,* Pflege-TÜV, S. 53, 68. Äußerst kritisch dazu, dass die Bewertung der Kriterien in der Praxis statt anhand der Ausfüllanleitung der PTVS anhand der MDK-Anleitung zu den Qualitätsprüfungsrichtlinien erfolgt *Klie/Theda,* PflR 2014, S. 3, 4 Fn. 8.

bar veröffentlicht werden.[2503] Für diese Veröffentlichung sind sie von der Verschwiegenheitspflicht befreit (§ 115 Abs. 1 S. 4 Hs. 2 SGB XI).

Nach den Gesetzesmaterialien ist erklärtes Ziel der Neuregelung, die Pflegebedürftigen durch die Veröffentlichung der Transparenzberichte bei der Ausübung ihres Wahlrechts nach § 2 Abs. 2 SGB XI zu unterstützen.[2504] Darüber hinaus sollen Transparenz und Vergleichbarkeit hinsichtlich der qualitativen Leistungsfähigkeit der Einrichtungen zugunsten der Verbraucher erhöht werden.[2505] Der Gesetzgeber spricht in diesem Zusammenhang von einem „unmittelbaren Verbraucherinteresse[…]".[2506] Die Neuregelungen sollen den Prozess der Qualitätsverbesserung stärken und durch weitere Instrumente und Verfahren größere Nachhaltigkeit in der Qualitätsentwicklung schaffen.[2507] In der Literatur wurde dementsprechend betont, es solle dem Selbstbestimmungsrecht und dem Schutzbedürfnis der Betroffenen Rechnung getragen werden. Man wolle die Stellung des Verbrauchers stärken[2508] und einen Qualitätswettbewerb anstoßen, um einer adversen Selektion[2509] vorzubeugen, d. h. die Lebensqualität der Heimbewohner erhöhen und ungeeignete Leistungsanbieter vom Markt verdrängen.[2510]

Festzuhalten ist, dass der „Pflege-TÜV" seinem erklärten Ziel zufolge gerade kein ordnungsrechtliches Instrument ist. Er dient der Qualitätsentwicklung, nicht aber der Gefahrenabwehr.

2503 Zudem hat der Unternehmer den Verbraucher vor Abschluss eines Wohn- oder Betreuungsvertrages über die Ergebnisse der Qualitätsprüfung zu informieren, vgl. § 3 Abs. 2 Nr. 3 WBVG.

2504 BT-Drs. 16/7439, S. 45.

2505 BT-Drs. 16/7439, S. 41, 89.

2506 BT-Drs. 16/7439, S. 89.

2507 Eingebettet ist der „Pflege-TÜV" dabei in folgende drei Säulen des Pflegeweiterentwicklungsgesetzes: 1. Qualitätsentwicklung durch Verankerung von Expertenstandards 2. Stärkere Anerkennung des internen Qualitätsmanagements und Transparenz der Ergebnisse 3. Säule Externe Qualitätssicherung durch den Medizinischen Dienst der Krankenversicherung, vgl. BT-Drs. 16/7439, S. 41.

2508 *Klie,* PflR 2010, S. 351, 351.

2509 S. zum Begriff der adversen Selektion bereits Kap. 11, A IV 2 a) (1).

2510 *Martini,* DÖV 2010, S. 573, 574; *Martini/Albert,* NZS 2012, S. 201, 202; ebenso *Pick/Brüggemann,* RDG 2009, S. 206, 211.

III. Verfassungsmäßigkeit der Transparenzberichte

1. Erfordernis einer Ermächtigungsgrundlage

a) Art. 12 Abs. 1 GG

(1) Schutzbereich

Durch die Bewertung eines Pflegeheims mittels eines Transparenzberichtes wird die unternehmerische Betätigungsfreiheit des Art. 12 Abs. 1 GG i. V. m. Art. 19 Abs. 3 GG berührt.[2511] Das Wettbewerbsverhältnis und damit verbunden auch die Marktchancen der Pflegeeinrichtungen werden durch das Zurverfügungstellen eines Vergleichsmaßstabes an die Öffentlichkeit beeinflusst.[2512] So konnte in einer Studie gezeigt werden, dass sich die Pflegenoten nicht nur auf die Frequentierung des Heimes, sondern auch auf die Höhe des Heimentgelts auswirken können.[2513]

Ferner schützt Art. 12 Abs. 1 GG die berufliche Außendarstellung, so dass der Berufsfreiheit auch das „Recht auf eine selbstbestimmte unternehmerische Selbstdarstellung immanent“ ist.[2514] Durch die Veröffentlichung der Bewertungen ist der Schutzbereich auch diesbezüglich eröffnet.[2515]

2511 Ausf. zum Schutzbereich unter Kap. 5, B IV.

2512 So auch *Martini/Albert*, NZS 2012, S. 247, 248. Für den Fall des AOK-Krankenhausnavigators hat das LSG Berlin-Brandenburg, Beschluss v. 11.6.2014 – L 1 KR 301/13 B ER, juris, Rn. 66 allerdings entschieden, die Bewertung der Krankenhäuser bezwecke nicht, die Versicherten zu anderen Krankenhäusern umzuleiten, denn der Internetseite sei keine Äußerung des Inhalts zu entnehmen, dass von einer Inanspruchnahme einer Einrichtung abgeraten werde. Der Umfang der Inanspruchnahme habe sich seit der Veröffentlichung auch nicht wesentlich verändert. Nach dem LSG unterscheidet sich die Sachlage bei dem Krankenhausnavigator aber von der des Pflege-TÜV insofern, als dass die Krankenhausbewertungen keine Aussage darüber treffen würden, „ob und inwiefern die Leistungen […] den Anforderungen des SGB V entsprechen“, s. a.a.O. Rn. 63.

2513 *Schaal/Oehme/Schönfelder/Kugler*, HBScience 2012, S. 29, 29 f.

2514 BSG, Urteil v. 16.5.2013 – B 3 P 5/12 R, juris, Rn. 15.

2515 Bezüglich des sozialen Geltungsanspruchs des Unternehmers wurde, übereinstimmend mit BVerfG NJW 2010, 3501, 3502, in Kap. 5, B I festgehalten, dass dieses unter den Schutzbereich des Art. 12 Abs. 1 GG zu fassen ist.

(2) Eingriff

Die Annahme eines Eingriffs in den Schutzbereich ist abhängig davon, ob die Dogmatik, die die Rechtsprechung zu staatlichem Informationshandeln entwickelt hat,[2516] auf den vorliegenden Fall anwendbar ist. Sofern man Informationen als Tatsachen auf empirisch ermittelter Basis versteht, unterscheiden sich bereits die Streitgegenstände.[2517] Bei den veröffentlichten Transparenzberichten handelt es sich nicht um naturwissenschaftlich belegte oder belegbare Tatsachenfeststellungen, wie dies z. B. bei der Liste der glykolhaltigen Weine der Fall war, sondern um stark wertungsbezogene Faktoren.[2518] Die Prüfer stellen die Verhältnisse in einem Pflegeheim anhand subjektiver Einschätzung fest und vergeben sodann dafür eine Note. Beispielhaft hierfür ist Kriterium 53 der Anlage 1 PTVS 2014[2519] anzuführen, in dem die Prüfer aufgefordert werden zu beantworten, ob der Gesamt*eindruck* der Einrichtung „im Hinblick auf Sauberkeit, Ordnung und Geruch gut" ist.

Neben solchen reinen Bewertungen zielen andere Fragen zwar im Ergebnis darauf ab, Tatsachenfeststellungen abzufragen, dies geschieht allerdings ebenfalls in Verbindung mit einer Wertung.[2520] Als Beispiel ist Frage 9 der Anlage 1 PTVS 2008 zu nennen, in der es heißt: „Erfolgt eine differenzierte Dokumentation bei chronischen Wunden oder Dekubitus (aktuell, Verlauf *nachvollziehbar*, Größe, Lage, Tiefe?)". In der PTVS 2014 ist der Klammerzusatz in die Ausfüllanleitung für die Prüfer (Anlage 3, Kriterium 4 bb) verschoben worden. Zudem existieren weitere Kriterien, wie z. B. Kriterium 22, bei denen auf die Nachvollziehbarkeit einer Tatsache abgestellt wird. An diesen beispielhaft genannten Fragen wird deutlich, dass die Beurteilung der einzelnen Prüfer erheblich voneinander abweichen kann. Verstärkt wird der Kontrast durch die häufig fehlende Möglichkeit zur Differenzierung, denn oftmals kann eine Frage nur mit ja

---

2516 Ausf. dazu Kap. 6, A.

2517 So auch *Bachem,* Sozialrecht aktuell 2010, S. 123, 124. S. dazu bereits unter Kap. 6, B I 2 und Kap. 11, A IV 2 a) (1).

2518 Vgl. SG München BeckRS 2010, 66497; *Addicks,* PflR 2011, S. 58, 60; *Bachem,* Sozialrecht aktuell 2010, S. 123, 124; *Brochnow,* NJOZ 2011, S. 385, 386; *Igl,* RsDE 2011, S. 47, 55.

2519 Im Folgenden wird der Übersichtlichkeit wegen stets auf die PTVS abgestellt, die PTVA ist dieser vergleichbar. Das Kriterium ist vglb. dem Kriterium 58 der Anlage 1 PTVS 2008.

2520 Ebenso die Feststellung von *Klie/Theda,* PflR 2014, S. 3, 4.

oder nein (sog. dichotome Kriterien) beantwortet werden. Hält also ein Prüfer eine hygienische Auffälligkeit für einen Mangel, erhält das Heim die Note Fünf, ein anderer Prüfer schätzt diesen Tatbestand als nicht erheblich genug ein und das Heim bekommt eine Eins.

Zwar sind Informationen nicht nur Tatsachen, sondern eben auch Werturteile.[2521] Das BVerfG hat seinerseits im Rahmen der Glykol-Entscheidung aber nur von der Unterrichtung über Tatsachen gesprochen, was bedeutet, dass die hier vorliegenden Angaben den Bereich der Glykol-Rechtsprechung verlassen. Zudem liegt ein weiterer Unterschied zur Glykol-Rechtsprechung darin, dass das staatliche Informationshandeln hier gerade nicht seitens der Gubernative zum Zwecke der Gefahrenabwehr, sondern seitens der Exekutive zum Zwecke der Information der Verbraucher erfolgt.[2522] Demnach können deren Maßstäbe hier keine Geltung finden.[2523]

Die Ansichten dazu, auf welcher Stufe[2524] der durch die Veröffentlichung der Pflegenoten verursachte Eingriff in die Berufsfreiheit der Pflegebetriebe steht, gehen erneut auseinander. In der Rechtsprechung finden sich unter denjenigen Gerichten, die vom Vorliegen eines Eingriffs ausgehen, Stimmen für einen Eingriff der Prüfberichte auf der untersten Stufe[2525] und solche, die der Art nach eine Berufsausübungsregelung bejahen, wegen der Schwere des Eingriffs, entstehend durch „immense Öffentlichkeitswirkung“, aber eine Berufszulassungsregelung annehmen.[2526] In der Literatur zeichnet sich ein entsprechendes Bild ab; so gibt es Befürworter

2521 S. Kap. 1, B IV; ferner Kap. 6, B I 2.

2522 Zum unterschiedlichen Zweck des Informationshandelns auch *Klie/Theda,* PflR 2014, S. 3, 4.

2523 So nun auch das BSG, Urteil v. 16.5.2013 – B 3 P 5/12 R, juris, Rn. 15. Auch wenn man dies anders sehen würde, müsste man in diesem Fall aber zumindest ein funktionales Äquivalent eines Eingriffs sehen, so dass mit oder ohne Glykol-Rechtsprechung im Ergebnis die Rechtfertigungsebene zu prüfen ist.

2524 Um Wiederholungen zu vermeiden, wird auf die Ausführungen zu der im „Apothekenurteil“ entwickelten Stufenlehre in Kap. 5, B IV verwiesen.

2525 So z. B. BSG, Urteil v. 16.5.2013 – B 3 P 5/12 R, juris, Rn. 17; LSG NRW, Beschluss v. 10.5.2010 – L 10 P 10/10 B ER, juris, Rn. 33; SG Münster, Beschluss v. 26.5.2010 – S 6 P 35/10 ER, juris, Rn. 25.

2526 Vgl. SG München BeckRS 2010, 66140.

eines Eingriffs auf unterster Stufe[2527] und Befürworter einer Ansiedelung zwischen dieser und der zweiten Stufe.[2528]

Unabhängig davon, welcher Ansicht man folgt, ist die Einordnung nicht als starre Grenzziehung zu sehen. Entscheidend sind vielmehr die Auswirkungen im Einzelfall, wobei weniger die Zuordnung zu einer Eingriffsstufe als die richtige Ausbalancierung der konkret infrage stehenden Regelung entscheidend ist.

Tendenziell ist denjenigen Stimmen, die von einer Berufsausübungsregelung ausgehen, zuzustimmen. Der MDK kommt in die Einrichtung, um diese anhand der Prüfkriterien zu bewerten. Die Prüfberichte werden sodann im Internet veröffentlicht und sind darüber hinaus in der Einrichtung deutlich sichtbar auszuhängen. Damit beeinträchtigt der „Pflege-TÜV" die Art und Weise, sozusagen das „Wie" der Berufsausübung.

Eine Berufszulassungsregelung kann darin nicht gesehen werden, denn diese würde voraussetzen, dass der Eingriff so schwerwiegend ist, dass er zur Berufsaufgabe führt.[2529] Möglich wäre dies nur über einen drastischen Kundenrückgang mit der Konsequenz der Erwerbsminderung und schließlich der Betriebsaufgabe mit der Folge des Arbeitsplatzverlustes der Beschäftigten. Diese Wirkung vermag den Prüfberichten nicht zugestanden zu werden. Zwar besteht durchaus die Möglichkeit, dass die im Internet abrufbare Bewertung Verbraucher davon abschreckt, ein negativ bewertetes Pflegeheim auszuwählen. Jedoch stellen die Pflegenoten, die mindestens einmal im Jahr durch eine neuerliche Prüfung aktualisiert werden, nur eines von mehreren Kriterien für die Auswahlentscheidung dar. Daneben spielen die Heimkosten, die Lage, die Ortsnähe und die Anbindung eine wesentliche Rolle[2530] und wohl am wichtigsten ist der persönliche, vor Ort selbst gewonnene Eindruck.

2527 *Addicks,* PflR 2011, S. 58, 61; *Igl,* RsDE 2011, S. 47, 55; *Klie,* PflR 2010, S. 351, 354; *Wegmann,* SGb 2011, S. 80, 80.

2528 *Bachem,* Sozialrecht aktuell 2010, S. 123, 125 für eine Berufsausübungsregelung, die aber wegen ihrer Schwere auch subjektive Zulassungsregelung sein könnte; ebenso *Martini/Albert,* NZS 2012, S. 247, 248.

2529 *Jarass*, in: Jarass/Pieroth, GG, Art. 12 GG Rn. 37.

2530 LSG NRW, Beschluss v. 10.5.2010 – L 10 P 10/10 B ER, juris, Rn. 39.

b) Art. 14 Abs. 1 GG

Der Schutzbereich der Eigentumsfreiheit wird durch die Veröffentlichung der Transparenzberichte nicht berührt. Wie gesehen schützt Art. 14 Abs. 1 GG keine in der Zukunft liegenden Chancen und Absatzmöglichkeiten.[2531] Zwar mag der Einfluss der Pflegenoten auf den Unternehmensruf und somit die Stellung eines Pflegeheims im Wettbewerb bedeutend sein. Mit dem BVerfG schützt Art. 14 GG nur „normativ zugeordnete Rechtspositionen, nicht aber das Ergebnis situativer Einschätzungen der Marktbeteiligten, auch wenn dieses wirtschaftlich folgenreich ist“.[2532]

Selbst wenn man dem Schutzbereich des Grundrechts die umstrittene Spezialverbürgung „eingerichteter und ausgeübter Gewerbebetrieb“ zubilligt,[2533] fehlt es vorliegend an dem für eine Beeinträchtigung erforderlichen existenzvernichtenden Eingriff.[2534] Dieser setzt voraus, dass eine gesetz- und rechtswidrige Entziehung von Erwerbsaussichten oder Chancen zur Folge hätte, dass der Gewerbebetrieb schwer und unerträglich getroffen oder der Bestand desselben ernsthaft in Frage gestellt würde.[2535] Dies ist hier nicht der Fall. Eine negative Bewertung lässt die Zulassung der Einrichtung als Pflegeeinrichtung gemäß §§ 71, 72 SGB XI unberührt und führt somit nicht zu ihrem Ausschluss vom Wettbewerb.[2536] Mit dieser Zulassung bietet die Einrichtung die „Gewähr für eine leistungsfähige und wirtschaftliche pflegerische Versorgung“, nur über diese Schwelle hinaus hat sich die Einrichtung „dem Vergleich mit anderen Anbietern zu stellen, die gleichfalls diesen Anforderungen genügen“.[2537] Hinzu kommt, dass die Transparenzberichte lediglich eines von vielen weiteren entscheidungsrelevanten Kriterien für die Auswahl einer Pflegeeinrichtung (wie z. B. Kosten, Lage, Anbindung etc.) sind.[2538] Ihnen kommt deshalb keine

---

2531 S. Kap. 5, B V 2.
2532 BVerfGE 105, 252, 278.
2533 S. Kap. 5, B V 2.
2534 Vgl. nur BVerwGE 66, 307, 309.
2535 Vgl. nur BVerwGE 36, 248, 251.
2536 LSG NRW, Beschluss v. 10.5.2010 – L 10 P 10/10 B ER, juris, Rn. 39; SG Bayreuth, Beschluss v. 11.1.2010 – S 1 P 147/09 ER, juris, Rn. 59.
2537 SG Bayreuth, Beschluss v. 11.1.2010 – S 1 P 147/09 ER, juris, Rn. 59.
2538 LSG NRW, Beschluss v. 10.5.2010 – L 10 P 10/10 B ER, juris, Rn. 39; SG Bayreuth, Beschluss v. 11.1.2010 – S 1 P 147/09 ER, juris, Rn. 59.

derart gravierende Bedeutung zu, dass man sie als existenzvernichtend einschätzen müsste.[2539]

c) Zwischenergebnis

Ein Eingriff in den Schutzbereich der Berufsfreiheit liegt vor.[2540] Zu klären ist daher, ob § 115 Abs. 1a SGB XI eine taugliche Ermächtigungsgrundlage darstellt.

2. Verfassungsmäßigkeit des § 115 Abs. 1a SGB XI

Die Grundrechtsbeschränkung des Art. 12 Abs. 1 GG kann nur aufgrund eines, seinerseits formell und materiell verfassungsmäßigen, Gesetzes erfolgen. In formeller Hinsicht bestehen an der Einhaltung des Gesetzgebungsverfahrens bezüglich § 115 Abs. 1a SGB XI keinerlei Bedenken. Die Norm ist auch kompetenzgemäß ergangen: Der Bund konnte die Regelung auf Art. 74 Abs. 1 Nr. 12 GG stützen, da der Begriff der Sozialversicherung als „weit gefasster Gattungsbegriff" auch die soziale Pflegeversicherung umfasst.[2541] Die materielle Rechtmäßigkeit ist jedoch in der Praxis

---

2539 Vgl. Kap. 11, B III 3 a) (3).

2540 S. auch BSG, Urteil v. 16.5.2013 – B 3 P 5/12 R, juris, Rn. 15.

2541 BSG, Urteil v. 16.5.2013 – B 3 P 5/12 R, juris, Rn. 16. A. A. *Geldermann/Hammer,* VerwArch 1 (2013), S. 64, 64 ff., die davon ausgehen, dass die Durchführung der Qualitätsprüfungen nach Art. 74 Abs. 1 Nr. 12 GG dem Bund obliegt, die Veröffentlichung der Transparenzberichte hingegen dem Begriff der öffentlichen Fürsorge nach Art. 74 Abs. 1 Nr. 7 GG unterfällt (a.a.O. S. 77 ff.). Dementsprechend seien die Länder für die Veröffentlichung der Berichte über die stationären Heime (das Heimrecht ist aus Nr. 7 explizit ausgenommen) zuständig, wohingegen die Gesetzgebungskompetenz hinsichtlich der Veröffentlichung der Berichte über die ambulanten Dienstleister wiederum beim Bund liegen soll (a.a.O. S. 79 f.). Diese recht unpraktisch anmutende Aufspaltung kann auch rechtlich nicht überzeugen. Das Herausfallen der Veröffentlichung der Berichte aus dem Kompetenztitel der Pflegeversicherung wird damit begründet, dass der Schwerpunkt der Veröffentlichung auf dem Gebiet der Gefahrenabwehr liege, da der Pflege-TÜV die Intention habe „unter dem Deckmantel des Verbraucherschutzes eine Sanktionierung der Pflegeeinrichtungen herbeizuführen" (a.a.O. S. 78). Wie gesehen geht es gemäß der Begründung des Gesetzesentwurfs (s. insb. BT-Drs. 16/7439, S. 89) um die Herstellung von Transparenz, man will einem unmittelbaren Verbraucherinteresse Rechnung tragen und einen

wie auch in der Literatur äußerst umstritten[2542] und war bereits mehrfach Gegenstand gerichtlicher Verfahren.[2543] Sowohl erst- als auch zweitinstanzlich wurden Veröffentlichungen der Transparenzberichte mit jeweils divergierenden Begründungen erlaubt oder untersagt.

In den Anfangsjahren ergingen fast ausschließlich Entscheidungen in vorläufigen Rechtsschutzverfahren, in denen gemäß § 177 SGG eine Beschwerde zum Bundessozialgericht (BSG) nicht möglich ist.[2544] Deshalb verging lange Zeit, bis sich das BSG erstmals – im Wege eines obiter dictums – im Mai 2013 mit dem Pflege-TÜV beschäftigte.[2545] Im Folgenden soll die Verfassungsmäßigkeit der derzeitigen Ausgestaltung im Hinblick auf die problematischen Punkte näher beleuchtet werden.

a) Demokratische Legitimation, Parlamentsvorbehalt

Bevor Prüfberichte überhaupt erstellt und veröffentlicht werden können, ist in einem ersten Schritt erforderlich, Prüfumfang und -gegenstand zu bestimmen. Der Gesetzgeber hat diese Aufgabe in § 115 Abs. 1a S. 8 SGB XI an eine Gruppe von Vereinigungen übertragen,[2546] die hierzu die

---

Qualitätswettbewerb anstoßen. Die Gefahrenabwehr ist damit kein erklärtes Ziel des Pflege-TÜVs und Sanktionswirkungen bilden jedenfalls sicher nicht seinen Schwerpunkt.

2542 Zum Stand der Diskussion s. nur *Albert/Ammerich,* NVwZ 2012, S. 286, 286 ff.

2543 Laut der kleinen Anfrage der Fraktion DIE LINKE vom 25.10.2010 waren zu diesem Zeitpunkt bereits 214 Klagen bei den Sozialgerichten anhängig bzw. entschieden, s. BT-Drs. 17/3242, S. 1; *Hoffer,* PflR 2010, S. 223, 224 nennt sogar eine – nicht belegte – Zahl von 5.080 Verfahren bundesweit. *Martini/Albert,* NZS 2012, S. 201, 202 sprechen von mehreren hundert Verfahren.

2544 Eine instanzabschließende Klärung im Hauptsacheverfahren durch das BSG ist wegen der Dauer der Verfahren nicht zu erwarten, denn die ursprünglich beanstandete Qualitätsprüfung dürfte rasch durch die darauffolgenden überholt sein, s. dazu *Philipp,* Sozialrecht aktuell 2013, S. 261, 261. Allgemein zu den bestehenden Rechtsschutzmöglichkeiten im Zusammenhang mit der Veröffentlichung der Pflegetransparenzberichte s. *Ossege,* NZS 2012, S. 526, 530 ff.

2545 BSG, Urteil v. 16.5.2013 – B 3 P 5/12 R, juris. Nach *Philipp,* Sozialrecht aktuell 2013, S. 261, 261 ist es bedauerlich, dass das BSG diese einmalige Chance, sich inhaltlich mit den Transparenzberichten auseinanderzusetzen, nicht besser genutzt hat.

2546 Im Detail sind dies der Spitzenverband Bund der Pflegekassen, die Vereinigungen der Träger der Pflegeeinrichtungen auf Bundesebene, die Bundesarbeitsgemeinschaft der überörtlichen Träger der Sozialhilfe und die Bundesvereinigung

Pflegetransparenzvereinbarungen „stationär“ (PTVS) und „ambulant“ (PTVA) vereinbart haben.[2547] Der Inhalt der Vereinbarungen erstreckt sich auf die Kriterien der Veröffentlichung, die Bewertungssystematik und die Ausfüllanleitung für die Prüfer. Damit bilden die Pflegetransparenzvereinbarungen (PTV) das Kernstück des „Pflege-TÜVs“. Hintergrund der Delegation ist der Wille des Gesetzgebers, die Entscheidung über das Transparenzsystem den Sachverständigen dieser Materie quasi als Steuerungsmodell der regulierten Selbstregulierung zu überantworten.[2548]

Zu überlegen ist, ob diese Delegation der Aufgabenwahrnehmung mit höherrangigem Recht, insbesondere mit den Vorgaben des Art. 80 Abs. 1 GG, vereinbar ist. Problematisch erscheint, dass Art. 80 Abs. 1 GG eine Delegation auf die in § 115 Abs. 1a S. 8 SGB XI genannten Körperschaften nicht vorsieht. Regelungszweck des Art. 80 Abs. 1 GG ist es, zu verhindern, dass der Bundestag seine Gesetzgebungskompetenzen zu weitreichend der vollziehenden Gewalt überantwortet.[2549] Der demokratische Legitimationszusammenhang soll „bis in die letzten Verästelungen normativer Staatstätigkeit“ gesichert werden, indem das Parlament daran gehindert wird, die ihm eigene Gesetzgebungsbefugnis zugunsten einer „Expertokratie“ aufzugeben.[2550] Nach dem Parlamentsvorbehalt muss staatliches Handeln in grundlegenden Bereichen folglich durch Parlamentsgesetz legitimiert sein, d. h. der Gesetzgeber ist verpflichtet, die wesentlichen Entscheidungen im Rahmen eines formellen Gesetzes selbst zu treffen.[2551] Von der Wesentlichkeit einer Entscheidung im Sinne dieser sog. Wesentlichkeitstheorie des BVerfG ist in der Regel dann auszugehen, wenn Grundrechte nachhaltig beeinträchtigt werden.[2552] Problematisch er-

---

der kommunalen Spitzenverbände unter Beteiligung des Medizinischen Dienstes des Spitzenverbandes Bund der Krankenkassen.

2547 Die PTVS vom 17.12.2008 wurde am 1.1.2014 durch eine Neufassung abgelöst. Die PTVA vom 29.1.2009 gilt derzeit (Stand 14.1.2015) noch fort. Beide Vereinbarungen sind einsehbar unter www.gkv-spitzenverband.de, zuletzt geprüft am 14.1.2015.

2548 *Martini/Albert,* NZS 2012, S. 201, 203.

2549 BVerfGE 101, 1, 41; OVG Berlin-Brandenburg BeckRS 2010, 47669; VG Berlin BeckRS 2014, 57395; *Gröpl,* StaatsR I, Rn. 1320.

2550 *Martini,* AöR 133 (2008), S. 155, 161.

2551 Jüngst BVerfG NVwZ 2014, 1219, 1225; zudem st. Rspr. BVerfGE 33, 303, 345 ff.; 49, 89, 126 f.; 61, 260, 275; 80, 124, 132; 83, 130, 142; BVerfGE 101, 1, 34. S. auch *Jarass*, in: Jarass/Pieroth, GG, Art. 20 GG Rn. 47.

2552 St. Rspr., vgl. nur BVerfGE 98, 218, 251 f.; 80, 124, 132; BVerwG, Beschluss v. 19.9.2014 – 7 B 7/14, juris, Rn. 9 f.

scheint diesbezüglich, dass der Gesetzgeber das Verfahren der Vergabe von Pflegenoten nicht geregelt hat.

Um zudem dem Grundsatz vom Vorbehalt des Gesetzes gerecht zu werden,[2553] kommt als Rechtsnatur der vorgesehenen Vereinbarung nur ein Gesetz im formellen Sinne, eine Rechtsverordnung, eine Satzungen im Rahmen der Selbstverwaltungsautonomie juristischer Personen des öffentlichen Rechts sowie Gewohnheits- und Richterrecht in Betracht.[2554]

(1) Positionierung der Rechtsprechung

Die Rechtsprechung hat sich bislang nicht einheitlich zu dieser Fragestellung positioniert. Bei den meisten Entscheidungen kam es auf diese Problematik nicht an, da die Frage der Verfassungsmäßigkeit der Ermächtigungsgrundlage wegen Besonderheiten des Einzelfalls jeweils nicht entscheidungserheblich wurde, weshalb auch eine Vorlage nach Art. 100 Abs. 1 S. 1 GG an das BVerfG bislang in keinem Fall in Betracht kam. Die Gerichte, die sich positioniert haben, unter anderem nun auch das BSG, sind zu unterschiedlichen Ergebnissen gelangt, sprechen sich jedoch überwiegend für eine Verfassungsmäßigkeit der Ausgestaltung aus.[2555]

Ausdrücklich in diesem Sinne haben sich z. B. das BSG und das Landessozialgericht (LSG) Hessen ausgesprochen: Die Beschränkung des Gesetzgebers auf die Festlegung von „Grundziele[n], Zuständigkeit und Verfahren“ sei nicht zu beanstanden.[2556] Die entsprechende Delegation der Festlegung der Details sei ebenfalls verfassungsrechtlich nicht zu beanstanden, weil fach- und sachkundigen (juristischen) Personen eine solche

2553 Zu dessen grds. Geltung im Rahmen der Eingriffsverwaltung s. nur *Grzeszick/Herzog*, in: Maunz/Dürig, GG, Art. 20 Rn. 111.

2554 *Scholz*, in: Maunz/Dürig, GG, Art. 12 GG Rn. 326 ff.

2555 BSG, Urteil v. 16.5.2013 – B 3 P 5/12 R, juris, Rn. 20; LSG Hessen BeckRS 2010, 74710; LSG Niedersachsen-Bremen, Beschluss v. 12.8.2011 – L 15 P 2/11 B ER, juris, Rn. 29; LSG NRW, Beschluss v. 10.5.2010 – L 10 P 10/10 B ER, juris, Rn. 27 ff.; Beschluss v. 22.6.2010 – L 10 P 59/10 B ER, juris, Rn. 6; LSG Sachsen-Anhalt, Beschluss v. 8.7.2011 – L 4 P 44/10 B ER, juris, Rn. 31 ff.; Beschluss v. 14.6.2010 – L 4 P 3/10 B ER, juris, Rn. 35.

2556 BSG, Urteil v. 16.5.2013 – B 3 P 5/12 R, juris, Rn. 20.

Befugnis übertragen werde.[2557] Dies geschehe auch in einem zulässigen Verfahren der Delegation von Rechtsetzungsbefugnissen im Rahmen der funktionellen Selbstverwaltung durch Normsetzungsvertrag.[2558] Das BSG verweist in diesem Zusammenhang auf die Rechtslage bei dem gemeinsamen Bundesausschuss, der gemäß § 91 Abs. 1 S. 1 SGB V aus den kassenärztlichen Bundesvereinigungen, der Deutschen Krankenhausgesellschaft und dem Spitzenverband Bund der Krankenkassen besteht. Dessen Kompetenz zum Erlass von Richtlinien nach § 92 Abs. 1 S. 1 SGB V sei vom BSG ebenfalls grundlegend anerkannt.[2559]

Keine durchgreifenden Bedenken haben z. B. ebenfalls die LSG Niedersachsen-Bremen, Nordrhein-Westfalen und Sachsen-Anhalt.[2560] Letzteres führte aus, dass es keinen Numerus clausus an Normsetzungsbefugnissen gebe.[2561]

Ausdrücklich offen gelassen wurde die Entscheidung u. a. seitens der Sozialgerichte (SG) Halle (Saale) und Münster.[2562]

Gegen die Verfassungsmäßigkeit haben sich hingegen die SG München, Münster, Nürnberg und Frankfurt positioniert.[2563] Sie vertreten die Auffassung, der Gesetzgeber hätte zumindest die Eckpunkte der Art und Weise der Bewertung näher regeln müssen.[2564] Zudem wird betont, dass die Normsetzungsbefugnisse von Krankenkassen und Leistungserbringern, die

---

2557 BSG, Urteil v. 16.5.2013 – B 3 P 5/12 R, juris, Rn. 20 unter Verweis auf die Rechtslage bei der gesetzlichen Krankenversicherung, bei der die „Verfassungsmäßigkeit der Rechtsetzung durch Richtlinien des Gemeinsamen Bundesausschusses“ ebenfalls vom BSG nicht „grundlegend in Zweifel“ gezogen wird. LSG Hessen BeckRS 2010, 74710.

2558 LSG Hessen BeckRS 2010, 74710.

2559 BSG, Urteil v. 16.5.2013 – B 3 P 5/12 R, juris, Rn. 20.

2560 LSG Niedersachsen-Bremen, Beschluss v. 12.8.2011 – L 15 P 2/11 B ER, juris, Rn. 29; LSG NRW, Beschluss v. 10.5.2010 – L 10 P 10/10 B ER, juris, Rn. 27 ff.; LSG Sachsen-Anhalt, Beschluss v. 8.7.2011 – L 4 P 44/10 B ER, juris; Beschluss v. 14.6.2010 – L 4 P 3/10 B ER, juris, Rn. 35.

2561 LSG Sachsen-Anhalt, Beschluss v. 8.7.2011 – L 4 P 44/10 B ER, juris, Rn. 31; LSG Sachsen-Anhalt, Beschluss v. 14.6.2010 – L 4 P 3/10 B ER, juris, Rn. 35.

2562 SG Halle (Saale) BeckRS 2010, 71879, 71879; SG Münster MedR 2011, 529, 531 (Letzteres aber unter größeren Bedenken).

2563 SG München BeckRS 2010, 66497; BeckRS 2010, 66140; SG Nürnberg, Beschluss v. 18.2.2010 – S 9 P 16/10 ER, juris, Rn. 21 f.; SG Frankfurt, Beschluss v. 23.3.2010 – S 18 P 16/10 ER, juris, Rn. 24 ff.

2564 SG Frankfurt, Beschluss v. 23.3.2010 – S 18 P 16/10 ER, juris, Rn. 26; SG Nürnberg, Beschluss v. 18.2.2010 – S 9 P 16/10 ER, juris, Rn. 22; SG München BeckRS 2010, 66140, 66140; BeckRS 2010, 66497, 66497.

im SGB V zu finden seien, als Regelungen der Leistungsverwaltung nicht mit den hier in Frage stehenden Regelungen der Eingriffsverwaltung vergleichbar seien.[2565]

(2) Beurteilung in der Literatur

In der Literatur gibt es ein eindeutiges Übergewicht zu Gunsten der Verfassungswidrigkeit des § 115 Abs. 1a S. 8 SGB XI.[2566] Für eine Verfassungsmäßigkeit haben sich nur wenige Stimmen ausgesprochen, die entweder mit dem Sinn und Zweck der Delegation argumentieren: Hiernach müsse dem Paradigma vom Vorrang der Professionalität Rechnung getragen werden, demgemäß beschränke sich die Delegation zulässigerweise auf die fachwissenschaftliche und damit gesetzeskonkretisierende Bezugnahme.[2567] Andere sehen die Wesentlichkeitstheorie nicht als verletzt an und bejahen den Weg über den Normsetzungsvertrag.[2568]

Die Gegenansicht argumentiert, dass es zwar keinen Numerus clausus der Rechtssetzungsformen gebe, die PTV aber mangels einer dem Demokratieprinzip genügenden Legitimationskette verfassungswidrig seien.[2569] Sie stellten derzeit Verträge zu Lasten Dritter ohne ausreichende Normsetzungsbefugnis und Legitimationsgrundlage dar.[2570] Die Überantwortung der Regelungsmacht an Private hätte besonderer Sicherungsmaßnahmen bedurft, die der Gesetzgeber in § 115 Abs. 1a SGB XI jedoch nicht vorgesehen habe.[2571]

2565 SG Frankfurt, Beschluss v. 23.3.2010 – S 18 P 16/10 ER, juris, Rn. 24; SG Nürnberg, Beschluss v. 18.2.2010 – S 9 P 16/10 ER, juris, Rn. 21; SG München BeckRS 2010, 66140, 66140; BeckRS 2010, 66497, 66497.

2566 Mit ausführlicher Begründung sowohl *Addicks,* PflR 2011, S. 58, 61 ff. als auch *Brochnow,* NJOZ 2011, S. 385, 390 ff. und *Klie/Theda,* PflR 2014, S. 3, 5 ff. Ausdrücklich auch *Bachem,* Sozialrecht aktuell 2010, S. 123, 125, 131 ff. und *Martini/Albert,* NZS 2012, S. 247, 249. Wohl ebenfalls ablehnend *Igl,* RsDE 2011, S. 47, 56. Die Frage offen lassend *Theuerkauf,* GuP 2011, S. 5, 8.

2567 *Hoffer,* PflR 2010, S. 223, 227 f.

2568 *Wegmann,* SGb 2011, S. 80, 83. Sich dem anschließend *Dürschke/Brembeck,* Pflege-TÜV, S. 84.

2569 *Addicks,* PflR 2011, S. 58, 67; *Klie/Theda,* PflR 2014, S. 3, 5; *Martini/Albert,* NZS 2012, S. 247, 248 f.

2570 *Brochnow,* NJOZ 2011, S. 385, 393.

2571 *Martini/Albert,* NZS 2012, S. 247, 248 f.

(3) Bewertung

Den Stimmen gegen die Verfassungsmäßigkeit der Norm ist beizupflichten. § 115 Abs. 1a S. 8 SGB XI ist de lege lata verfassungswidrig. Der Gesetzgeber hat hier gegen die Wesentlichkeitsgarantie verstoßen. So hat er zwar in Absatz 1a S. 1 den inhaltlichen Rahmen „Leistungen und deren Qualität, insbesondere hinsichtlich der Ergebnis- und Lebensqualität" und den darstellerischen Rahmen „verständlich, übersichtlich und vergleichbar" vorgeben. Allerdings fehlen die grundlegenden, für den Erfolg des „Pflege-TÜVs" maßgeblichen Kriterien. Hierunter fallen jedenfalls die entscheidenden Fragen nach dem einzuhaltenden Verwaltungsverfahren, wobei dies insbesondere das Anhörungserfordernis zu Gunsten der betroffenen Einrichtungen betrifft.[2572] Ferner wäre es notwendig gewesen, auch die Art des Bewertungssystems und die Auswahl der Kriterien für die Beurteilung sowie die ebenfalls wichtige Frage nach der Größe der Stichproben zu regeln.[2573] Was für eine Ermächtigung zum Erlass einer Rechtsverordnung genügt hätte (Art. 80 Abs. 1 GG), kann als Delegation auf unter anderem private Dritte nicht ausreichen.[2574] Insofern bestehen auch Zweifel an der Einhaltung des Grundsatzes vom Vorbehalt des Gesetzes, wie im Folgenden gezeigt wird.

Eine Rechtsverordnung liegt bereits deshalb nicht vor, weil zu ihrem Erlass eine Regierung (Bundes- oder Landesregierung) ermächtigt sein muss, dies ist hier jedoch nicht der Fall.[2575] Gegen eine Rechtsverordnung spricht auch die in § 115 Abs. 1a S. 8 SGB XI verwendete Terminologie, nach der die entsprechenden Kriterien zu „vereinbaren" sind. Dies entspricht keineswegs der Formulierung einer Verordnungsermächtigung. Die Gesetzesterminologie wird von den PTV aufgenommen, auch hier ist von einer „Vereinbarung" und nicht von einer Verordnung die Rede.[2576] Ferner sieht § 115 Abs. 1 S. 9 Beteiligungsrechte Dritter vor, die es bei einer Rechtsverordnung so nur selten gibt.[2577]

2572 Ebenso *Klie/Theda,* PflR 2014, S. 3, 7. Zur Anhörung s. hier unter 2. Zum grundsätzlichen Erfordernis der Anhörung vor der Veröffentlichung hoheitlicher Informationen s. Kap. 6, B III 2.

2573 Vehement *Klie/Theda,* PflR 2014, S. 3, 8.

2574 *Martini/Albert,* NZS 2012, S. 247, 248.

2575 Zur Terminologie der PTV auch *Brochnow,* NJOZ 2011, S. 385, 391.

2576 Ebenso *Brochnow,* NJOZ 2011, S. 385, 391.

2577 Zur Beteiligung der Öffentlichkeit beim Erlass von Rechtsverordnungen im Umweltrecht s. *Guckelberger*, JUTR 2011, S. 49, insb. 74 ff.

Auch eine Satzung liegt nicht vor. Zwar geht das BVerfG davon aus, dass Satzungen nur durch eine „mit Autonomie begabte Körperschaft des öffentlichen Rechts“ erlassen werden können und dann auch nur für die ihr angehörigen und unterworfenen Personen Geltung haben.[2578] Art. 12 Abs. 1 GG verbietet insofern nicht Regelungen von anderen Regelungsgebern als dem Gesetzgeber und der vom Gesetzgeber ermächtigten Exekutive. Jedoch setzt die „mit Autonomie begabte Körperschaft des öffentlichen Rechts“ einen autorisierten Satzungsgeber voraus. Als solcher kommen nur die in § 115 Abs. 1a S. 8 SGB XI genannten „Vereinbarungspartner“[2579] in Betracht. Sie sind jedoch in Bezug auf Ziel und Organisation keine homogene Gruppe, sondern eine Vereinigung von Personen mit teilweise gegenläufigen Interessen, ohne dass eine Pflichtmitgliedschaft die gleichmäßige Interessenrepräsentanz sichern könnte.[2580] Als privaten Berufs- und Interessenverbänden mangelt es ihnen an den oben genannten Voraussetzungen.[2581] Im Übrigen würde § 115 Abs. 1a S. 8 SGB XI keine ausreichende Satzungsermächtigung darstellen, um die in Rede stehenden Grundrechtseingriffe zu legitimieren. Nach dem Grundsatz vom Vorbehalt des Gesetzes, Art. 20 Abs. 3 GG, und der Wesentlichkeitstheorie des BVerfG[2582] bedarf der Erlass einer Satzung bei Grundrechtseingriffen einer hinreichend bestimmten formellen Ermächtigungsgrundlage, da die Entscheidung darüber, welche Interessen es rechtfertigen, Individualrechtsgüter einzuschränken, in den Verantwortungsbereich des parlamentarischen Gesetzgebers fällt.[2583] § 115 Abs. 1a S. 8 SGB XI genügt diesen Anforderungen an die Bestimmtheit erkennbar nicht.

Es bleibt zu klären, ob es sich bei den PTV um zulässige Normsetzungsverträge handelt. Unter Normsetzungsverträgen versteht man „echte Rechtsquellen im Sinne eigenständiger Rechtsetzungsformen“.[2584] Sie

---

2578 BVerfGE 33, 125, 155; 38, 373, 381. Aus neuerer Zeit SächsOVG GewArch 2011, 115, 116; VG Bayreuth, Urteil v. 17.4.2013 – B 4 K 11.870, juris, Rn. 26.

2579 Zur Terminologie siehe § 115 Abs. 1a S. 10 SGB XI.

2580 *Martini/Albert,* NZS 2012, S. 247, 249.

2581 Vgl. auch *Brochnow,* NJOZ 2011, S. 385, 391; *Martini/Albert,* NZS 2012, S. 247, 249.

2582 Zur Wesentlichkeitstheorie und dem Grundsatz vom Vorbehalt des Gesetzes hier unter B III 2; ferner unter Kap. 11, A III 2 b.

2583 BVerwGE 125, 68, 71; *Detterbeck,* AllgVwR, Rn. 847; *Sodan/Ziekow,* GK ÖR, § 63 Rn. 4.

2584 *Ebsen*, in: Schulin (Hrsg.), Hdb SozialversicherungsR Bd. 1, § 7 Rn. 110 („echte Rechtsquellen“ ist im Original hervorgehoben). Weiterführend zu Normset-

kommen kraft gesetzlicher Ermächtigung durch Vereinbarung von Vertretern typischerweise gegenläufiger Interessen zustande.[2585] Kennzeichnend für den Normsetzungsvertrag ist, dass er unmittelbare Rechtswirkungen gegenüber den durch seine abstrakt-generellen Regelungen betroffenen Dritten und damit gegenüber anderen als den Vertragspartnern entfaltet.[2586]

Normsetzungsverträge kann es jedoch nicht grenzenlos geben:[2587] Der Gesetzgeber ist in der Anerkennung der Verbindlichkeit der Verträge aufgrund von Art. 20 Abs. 2 GG, demzufolge alle Staatsgewalt vom Volke ausgeht, beschränkt auf Fälle, in denen die Normsetzer ausreichend demokratisch legitimiert sind, d. h. sich zumindest eine mittelbare Legitimationskette zwischen ihnen und dem Volk ableiten lässt.[2588] Unabhängig davon, ob man einen Zusammenhang zwischen der Länge der Legitimationskette und der Intensität des Eingriffs befürwortet,[2589] ist festzuhalten, dass eine demokratische Legitimation bei einer Erstreckung der Verbindlichkeit von Verträgen auch auf sogenannte „Außenseiter" jedenfalls nicht mehr vorhanden ist.[2590] Prüfungsmaßstab ist daher, ob es sich bei den „Vereinbarungspartnern" nach § 115 Abs. 1a SGB XI um solche „Außenseiter"

---

zungsverträgen als Rechtsetzungsformen sui generis *Castendiek,* Normsetzungsvertrag, S. 66 f.

2585 *Castendiek,* Normsetzungsvertrag, S. 20 m.w.N.

2586 *Sodan,* NZS 1998, S. 305, 306. In dieser Reichweite liegt der Unterschied zu Tarifverträgen des Kollektivarbeitsrechts, s. *Castendiek,* Normsetzungsvertrag, S. 19.

2587 Zunächst ging das BVerfG davon aus, dass das traditionelle Normengefüge aus Verfassung, formellem Gesetz und Rechtsverordnung abschließend sei, erkannte jedoch in der weiteren Entwicklung die im Grundgesetz nicht vorgesehene Rechtsform der Satzung sowie das Gewohnheitsrecht und die richterliche Rechtsfortbildung an. Maßgeblich zur weiteren Entwicklung beigetragen hat sodann das Arbeitsrecht in Form des Tarifvertragsrechts. Hier wurde seitens des Bundesarbeitsgerichts die tarifliche Normensetzung als „echte Rechtsetzung" und somit als „Gesetzgebung im materiellen Sinne" bezeichnet und damit die nicht unumstrittene tarifrechtliche Delegationslehre begründet. Mit der Regelung des § 95 Abs. 3 S. 2 SGB V wurde die Verbindlichkeit geschlossener Verträge im Sozialrecht schließlich gesetzlich anerkannt. Vertiefend hierzu *Sodan,* NZS 1998, S. 305, 308.

2588 BVerfG, Urteil v. 21.10.2014 – 2 BvE 5/11, juris, Rn. 132; zuvor bereits BVerfGE 83, 60, 72 f.; 93, 37, 66 f.; 107, 59, 87; 130, 76, 124.

2589 Dafür dass, je mittelbarer sich die Legitimation darstellt, umso geringer der Eingriff sein muss z. B. *Clemens,* MedR 1996, S. 432, 436.

2590 *Castendiek,* Normsetzungsvertrag, S. 29; *Sodan,* NZS 1998, S. 305, 308

handelt. Dies sind Leistungserbringer, die mangels Mitgliedschaft in einem der Vertragspartner keine verbandsdemokratische Legitimation aufweisen.[2591]

Zu den Vereinbarungspartnern, die selbst keine rechtlich eigenständige Institution darstellen, gehören bspw. die „Träger der Pflegeeinrichtungen auf Bundesebene".[2592] Dieser Sammelbegriff vereint hier eine nicht körperschaftlich verfasste, heterogene Gruppe, die auch keine Pflichtmitgliedschaften kennt und somit keine gleichmäßige Interessenrepräsentanz zu sichern vermag.[2593] Teil der Vereinbarung sind mithin auch „Außenseiter" im o. g. Sinne. Festzuhalten ist, dass die Regelung des § 115 Abs. 1a S. 8 SGB XI derzeit dazu führt, dass normative Regelungsbefugnisse u. a. an private Dritte übertragen werden.[2594]

Der Vergleich des BSG zur Richtliniensetzungsbefugnis des Gemeinsamen Bundesausschusses nach § 92 Abs. 1 S. 1 SGB V[2595] kann hier keine andere Sichtweise rechtfertigen. Das BSG hat sich in seinem obiter dictum nicht mit den Verschiedenheiten der delegationsbefugten Gremien befasst.[2596] Bereits ein Blick ins Gesetz zeigt aber deutliche Unterschiede. § 115 Abs. 1a S. 8 SGB XI spricht lediglich davon, dass Kriterien und Bewertungssystematik durch den „Spitzenverband Bund der Pflegekassen, die Vereinigungen der Träger der Pflegeeinrichtungen auf Bundesebene, die Bundesarbeitsgemeinschaft der überörtlichen Träger der Sozialhilfe und die Bundesvereinigung der kommunalen Spitzenverbände" unter Beteiligung des MDK zu vereinbaren sind. Es existieren folglich keine Vorgaben bezüglich Organisation, Aufsicht etc. Im Gegensatz dazu enthält § 91 SGB V umfassende Angaben zum Gemeinsamen Bundesausschuss. Nach § 91 Abs. 2 SGB V ist geregelt, aus welchen u. a. unparteiischen Mitgliedern sich der Ausschuss zusammensetzt. Ferner gibt er sich nach § 91 Abs. 4 SGB V eine Verfahrensordnung und eine Geschäftsordnung, die jeweils der Genehmigung des Bundesministeriums für Gesundheit be-

---

2591 *Sodan,* NZS 1998, S. 305, 309; vgl. auch *Castendiek,* Normsetzungsvertrag, S. 29.

2592 *Martini/Albert,* NZS 2012, S. 247, 249. Nach *Wilcken,* in: Rolfs/Giesen/Kreikebohm/Udsching, SozialR, § 115 SGB XI Rn. 5.1 hat es der Gesetzgeber versäumt, rechtssicher festzulegen, wer Vertragspartei ist.

2593 *Brochnow,* NJOZ 2011, S. 385, 392 m.w.N.; *Martini/Albert,* NZS 2012, S. 247, 249.

2594 Ebenso *Martini/Albert,* NZS 2012, S. 247, 249.

2595 BSG, Urteil v. 16.5.2013 – B 3 P 5/12 R, juris, Rn. 20.

2596 Ebenso *Klie/Theda,* PflR 2014, S. 3, 6.

dürfen. Mit den Worten von *Klie/Theda* sind bezüglich des Bundesausschusses „die verfahrensrechtlichen, institutionellen und aufsichtsrechtlichen Fragen geregelt".[2597] Für die Vereinbarungspartner nach § 115 Abs. 1a SGB XI existieren solche Regelungen nicht.

(4) Zwischenergebnis

Die hier erfolgte Delegation von Rechtssetzungsbefugnissen genügt nicht den o. g. Anforderungen. Allein das Kriterium der Sachkunde der Vertragsparteien vermag daran nichts zu ändern.[2598] § 115 Abs. 1a S. 8 SGB XI ist mithin de lege lata verfassungswidrig.

b) Verfahren

Vorschriften bezüglich des Verfahrens finden sich in Anlage 4 der PTVS. Nachdem die Landesverbände der Pflegekassen den Einrichtungen die zur Veröffentlichung vorgesehenen Ergebnisse übersandt haben, können diese innerhalb einer Frist von 28 Tagen Angaben machen, die in die Veröffentlichung aufzunehmen sind. Innerhalb dieser Frist sollen auch strittige Fragen zwischen der stationären Pflegeeinrichtung und den Landesverbänden geklärt werden. Nach Ablauf der Frist werden die Prüfergebnisse im Internet sowie in anderer geeigneter Form veröffentlicht. Die Ausgestaltung ist daher ähnlich wie im Internetportal Lebensmittelklarheit, auch dort können die geprüften Einrichtungen die Veröffentlichung kommentieren und etwaige Anmerkungen ergänzen.[2599]

Die Betrachtung der Verfahrensvorgaben ergibt, dass § 115 Abs. 1a SGB XI wesentlich detailliertere und vergleichsweise höhere Anforderungen an die Veröffentlichungen stellt, als dies bspw. bei § 6 Abs. 1 S. 3 VIG der Fall ist, dem solche Vorgaben – mit Ausnahme der wenigen, die sich

2597 *Klie/Theda,* PflR 2014, S. 3, 6. Aus der Rspr. des BVerfG zur funktionalen Selbstverwaltung folgt, dass die Gesetze, die eine Aufgabenübertragung vorsehen, für die „Kreation" der handelnden Organe und „zu deren Handlungsbefugnissen detaillierte gesetzliche Vorgaben" vorsehen müssen, vgl. nur BVerfGE 107, 59, 94.

2598 Ebenso *Theuerkauf,* GuP 2011, S. 5, 8; a.A. *Hoffer,* PflR 2010, S. 223, 227 f.

2599 LSG NRW, Beschluss v. 10.5.2010 – L 10 P 10/10 B ER, juris, Rn. 39.

aus § 6 Abs. 1 S. 3 Hs. 2 i. V. m. § 5 Abs. 1 VIG ergeben – fehlen.[2600] Die Ausgestaltung der PTVS sieht mit der Stellungnahmefrist von 28 Tagen eine deutlich längere Frist vor, als das Portal Lebensmittelklarheit, in dem die Stellungnahme innerhalb von sieben Tagen zu erfolgen hat. Dies mag daran liegen, dass sich Pflegeeinrichtung und Landesverband zunächst einig werden müssen, zudem dürfte der Prüfumfang bei einem Transparenzbericht größer sein als bei einer Verbraucheranfrage über das Internetportal der Lebensmittelklarheit. Trotz der angemessenen Frist ist zu monieren, dass das grundlegende Erfordernis der Anhörung statt im Gesetz selbst (vgl. aber § 6 Abs. 1 S. 3 Hs. 2 i. V. m. § 5 Abs. 1 S. 2 VIG) nur in den PTVS niedergelegt und dies angesichts des hohen Stellenwerts des verfassungsrechtlich garantierten Rechts auf rechtliches Gehör nicht ausreichend ist.[2601] Übergangsweise ist deshalb die entsprechende Anwendung des eigentlich nur auf Verwaltungsakte zugeschnittenen § 24 SGB X zu befürworten.[2602]

c) Sonstige Rechtmäßigkeitsvoraussetzungen

Geht man jedoch mit einem Teil der Rechtsprechung von der Vereinbarkeit des § 115 Abs. 1a S. 8 SGB XI mit den dargestellten Verfassungsprinzipien aus,[2603] stellt sich im Weiteren die Frage nach Sachlichkeit, Richtigkeit und Verhältnismäßigkeit der Transparenzberichte.

2600 S. auch *Becker/Blackstein,* NJW 2011, S. 490, 493.

2601 Im Ergebnis ebenso *Klie/Theda,* PflR 2014, S. 3, 8. Zur Wesentlichkeitstheorie und dem Grundsatz vom Vorbehalt des Gesetzes hier unter B III 2; ferner unter Kap. 11, A III 2 b). Zur Anhörung s. Kap. 6, B III 2.

2602 So auch *Klie/Theda,* PflR 2014, S. 3, 8. Das BSG, Urteil v. 16.5.2013 – B 3 P 5/12 R, juris, Rn. 11 spricht diese Möglichkeit an, lässt die Anwendung dann aber unter Hinweis auf die 28-Tage-Regelung in Anl. 4 PTVS offen. Ebenso *Udsching,* in: Spickhoff, MedizinR, § 115 SGB XI Rn. 3.

2603 BSG, Urteil v. 16.5.2013 – B 3 P 5/12 R, juris, Rn. 20; LSG Hessen BeckRS 2010, 74710; LSG NRW, Beschluss v. 10.5.2010 – L 10 P 10/10 B ER, juris, Rn. 27 ff.; Beschluss v. 22.6.2010 – L 10 P 59/10 B ER, juris, Rn. 6.

(1) Sachlichkeit und Richtigkeit der Transparenzberichte

Informationen müssen sachlich gehalten und inhaltlich zutreffend sein.[2604] Steht die Richtigkeit nicht sicher fest, ist eine Veröffentlichung nur zulässig, wenn auf die bestehenden Unsicherheiten hingewiesen wird und ein Verbraucherrisiko besteht.[2605] Dass sich die Veröffentlichung nicht auf Tatsachen beschränkt, sondern auch Wertungen enthält, stellt keinen Freibrief im Hinblick auf die Anforderung der Richtigkeit aus. Wertungen, die mit hoheitlicher Autorität versehen werden, müssen ihrerseits auf nachvollziehbaren objektiven Kriterien beruhen und dürfen nicht einer willkürlichen Einschätzung entspringen.[2606]

Die Existenz wertungsbezogener Kriterien in der Anlage der PTVS ist mithin nicht per se problematisch. Näher zu beleuchten ist aber, ob die Kriterien für die Meinungsbildung auch offengelegt werden und dazu geeignet sind, die an sich subjektive Wertung ein Stück weit nachvollziehbar zu machen und zu objektivieren. Eine solche Offenlegung der Kriterien könnte in der „Ausfüllanleitung" für die Prüfer zu sehen sein. Sie soll zu den einzelnen Fragen Hinweise und Anhaltspunkte vorgeben und auch dazu dienen, die Wertungen der verschiedenen Prüfer untereinander vergleichbarer zu machen. Problematisch ist indes, dass es bspw. zu dem sehr subjektiven Kriterium des Eindrucks in Bezug auf Sauberkeit und Hygiene nur heißt, diese Frage sei selbsterklärend. Da folglich keine hinter der Wertung stehenden objektiven Kriterien existieren und auch die vom Prüfer tatsächlich vorgefundenen Anhaltspunkte nicht veröffentlicht werden, ist für den Verbraucher nicht erkennbar, wie die Bewertung zustande gekommen ist.

Ferner beruht auch das Verhältnis, in dem die Einzelnoten zueinander stehen bzw. welche Fragen überhaupt geprüft werden und damit die Gesamtnote beeinflussen, auf den „Wertentscheidungen der Konzepteure des Prüfverfahrens".[2607] Zu dieser Einschätzung gelangen auch *Hasseler* und *Wolf-Ostermann* in ihrem Endbericht zur wissenschaftlichen Evaluation der Transparenzvereinbarungen.[2608] Sie beurteilen die Messung der Pflegequalität als „schwierig und komplex", da sie u. a. durch Subjektivität

2604 Ausf. dazu Kap. 6, B I.
2605 Vgl. Kap. 6, B I 2 d).
2606 S. Kap. 6, B I 2.
2607 SG München BeckRS 2010, 66497.
2608 *Hasseler/Wolf-Ostermann,* Evaluation.

gekennzeichnet ist: „Verschiedene und oftmals nicht zu differenzierende Faktoren beeinflussen die Qualität der Leistungen, dazu gehören die fachlichen und persönlichen Fähigkeiten der professionell Pflegenden, die Rahmenbedingungen sowie der Leistungsempfänger, der Einfluss auf das Pflegeergebnis hat“.[2609]

Im Vorwort der PTVS findet sich folgender Passus: „Die Vertragsparteien haben [...] diese Vereinbarung in dem Wissen geschlossen, dass es derzeit keine pflegewissenschaftlich gesicherten Erkenntnisse über valide Indikatoren der Ergebnis- und Lebensqualität der pflegerischen Versorgung in Deutschland gibt. Diese Vereinbarung ist deshalb als vorläufig zu betrachten und dient der vom Gesetzgeber gewollten schnellen Verbesserung der Transparenz für die Verbraucher über die Pflege, soziale Betreuung und Versorgung in Pflegeheimen. Unter den Vertragsparteien besteht Einvernehmen, diese Vereinbarung anzupassen, sobald pflegewissenschaftlich gesicherte Erkenntnisse über Indikatoren der Ergebnis- und Lebensqualität vorliegen.“ Diese Einschätzung wurde durch das Gutachten der Professorinnen *Hasseler* und *Wolf-Ostermann* bestätigt. Für das Pflegetransparenzverfahren sei derzeit „kein Nachweis der Validität [...] gegeben“ und „Aussagen ob das Verfahren tatsächlich Pflegequalität misst“, seien „nicht möglich“.[2610] Obwohl diese Feststellungen bekannt sind und den folgenden Entscheidungen auch zugrunde liegen, variieren die daraus gezogenen Schlüsse erheblich.

(a) Positionierung der Rechtsprechung

Das BSG geht in Bezug auf den Mindeststandard für die Erbringung von Pflegeleistungen recht großzügig mit den verfassungsrechtlichen Anforderungen um und lässt es genügen, wenn der Gesetzgeber „die Situation beobachtet und bei Bedarf auf Defizite reagiert und [...] zweitens einen Prozess etabliert, der die Ausbildung eines angemessenen Bewertungsverfahrens verspricht“.[2611]

2609 *Hasseler/Wolf-Ostermann,* Evaluation, S. 53 Fn. 8 m.w.N.
2610 *Hasseler/Wolf-Ostermann,* Evaluation, S. 105.
2611 BSG, Urteil v. 16.5.2013 – B 3 P 5/12 R, juris, Rn. 19.

Unter Bezugnahme auf die Rechtsprechung des BVerfG[2612] sieht z. B. das LSG Nordrhein-Westfalen den erforderlichen Hinweis an die Verbraucher durch die oben wiedergegebene Passage aus dem Vorwort der PTVS als erfüllt an. Des Weiteren seien die momentan erzielbaren Ergebnisse jedenfalls vertretbar und die Vereinbarungen seien deshalb, unter Einräumung methodischer Bedenken, weiterhin anzuwenden.[2613]

Das LSG Hessen kommt in seiner Entscheidung mit der Begründung, die Unsicherheit der Tatsachengrundlage bedeute nicht, dass Güteeigenschaften dieses Verfahrens prinzipiell nicht gegeben seien, zu demselben Schluss.[2614] Darüber hinaus führt es an, es sei angesichts des vom Gesetzgeber geschaffenen Zeitdrucks für die Festlegung der Veröffentlichungskriterien mit validen und reliablen Qualitätsindikatoren der Veröffentlichung gar nicht zu rechnen gewesen.[2615] Zu berücksichtigen sei dies insofern, als der Gesetzgeber sich dennoch für einen schnellen Einsatz des von ihm neu geschaffenen Instruments entschieden habe.[2616] Das SG Dortmund hat sich mit der Begründung, dass mehrere Prüfer über einen längeren Zeitraum mit der Prüfung beschäftigt waren und einen 20 Kapitel umfassenden Bericht zu Papier gebracht hätten, dafür ausgesprochen, dass es ausreiche, wenn der Bericht keine äußeren, unschwer zu erkennenden Defizite aufweise.[2617]

Auf der anderen Seite stehen Entscheidungen wie die des LSG Berlin-Brandenburg und des SG Münster, die den Qualitätsberichten die Eignung für eine transparente Verbraucheraufklärung absprechen.[2618] Voraussetzungen, unter denen auch Informationen auf ungesicherter Tatsachenbasis veröffentlicht werden dürften, z. B. die Aufklärung eines Verbraucherrisikos, lägen hier nicht vor.[2619]

2612 Vgl. BVerfGE 105, 252, 272 mit der Aussage, dass der Staat den Verbraucher bei verbleibenden Unsicherheiten auf diese hinzuweisen hat. S. dazu Kap. 6, B I 2 d).

2613 LSG NRW, Beschluss v. 10.5.2010 – L 10 P 10/10 B ER, juris, Rn. 37 ff.

2614 LSG Hessen BeckRS 2010, 74710.

2615 LSG Hessen BeckRS 2010, 74710.

2616 LSG Hessen BeckRS 2010, 74710.

2617 SG Dortmund, Beschluss v. 11.1.2010 – S 39 P 279/09 ER, juris, Rn. 13.

2618 LSG Berlin-Brandenburg, Beschluss v. 15.3.2011 – L 27 P 75/10 B ER, juris, Rn. 26 ff.; SG Münster, Beschluss v. 10.12.2010 – S 6 P 138/10 ER, juris, Rn. 21 ff.; MedR 2011, 529, 531 ff., insb. 533.

2619 LSG Berlin-Brandenburg, Beschluss v. 15.3.2011 – L 27 P 75/10 B ER, juris, Rn. 27.

(b) Bewertung

Den Stimmen, die sich mangels Vorliegen der Voraussetzungen, welche die Rechtsprechung an die Veröffentlichung nicht sicher zutreffender Informationen stellt, gegen das Vorliegen sachlicher und inhaltlich zutreffender Informationen entschieden haben, ist zuzustimmen.[2620] So ist äußerst fraglich, ob der Hinweis auf die Unsicherheit der pflegewissenschaftlichen Erkenntnisse im Vorwort der PTVS, in dessen Inhalt sich der durchschnittliche Verbraucher wohl eher selten vertiefen dürfte, als Hinweis im Sinne der Rechtsprechung verstanden werden kann oder ob nicht vielmehr ein entsprechender Hinweis unmittelbar im Zusammenhang mit dem veröffentlichten Prüfbericht erforderlich wäre. Abgesehen davon fehlt es an der zweiten Voraussetzung des Bestehens eines Verbraucherrisikos. Die Transparenzberichte sind ein Instrument der Information und Verbraucheraufklärung. Stationären Pflegeeinrichtungen, welche die gesetzlichen Mindeststandards nicht erfüllen, ist mit Hilfe des Ordnungsrechts zu begegnen und ggfs. ihre Schließung anzuordnen. Sie spielen für den Pflege-TÜV keine Rolle.

Unabhängig davon gilt, dass der Spagat zwischen dem Vorliegen ausreichender Erkenntnisse und der Überlegung, diese in der Praxis erst zu sammeln, nicht zu Lasten der eigentlichen Intention des Vorhabens gehen darf. Die Ansicht insbesondere des LSG Hessen kann daher nicht überzeugen. Der Gesetzgeber kann nicht wegen Zeitmangels[2621] in der Praxis Versuche, basierend auf mangelnden wissenschaftlichen Erkenntnissen, auf Kosten getäuschter Verbraucher[2622] und auf Kosten der Pflegebetriebe unternehmen. Dies gilt hier in erster Linie deshalb, weil durch Veröffentlichungen im Internet eine erhebliche Breitenwirkung erzielt wird,[2623] die einen nicht nur geringfügigen Eingriff in Grundrechte begründen kann. Korrekterweise hätte der Gesetzgeber daher zuvorderst entsprechende Stu-

2620 Entsprechende Stimmen finden sich auch in der Literatur, vgl. z. B. *Brochnow,* NJOZ 2011, S. 385, 386; *Klie/Theda,* PflR 2014, S. 3, 9.

2621 Nach *Klie/Theda,* PflR 2014, S. 3, 11 waren die Zeitvorgaben „politisch motiviert aber nicht seriös zu erreichen".

2622 *Theuerkauf,* GuP 2011, S. 5, 8 spricht davon, dass die Noten eine Eindeutigkeit vermitteln, die nicht belegbar ist.

2623 Zur Breitenwirkung s. nur BGH GRUR 2014, 1228, 1231; *Gounalakis/Klein,* NJW 2010, S. 566, 567; *Guckelberger,* ZBR 2009, S. 332, 333; *Seemann,* ProduktInfo, S. 147.

dien, ggfs. rechtsvergleichender Natur, in Auftrag geben müssen.[2624] Der pauschale Verweis auf eine Schöpfungspflicht im Sinne einer kontinuierlichen Anpassung von Leistung und Qualität an medizinische Fortschritte ist insofern nicht ausreichend.[2625] Dies gilt vor allem deshalb, weil ein Zuwarten des Gesetzgebers nicht in einer Gefährdung für Leib und Leben der Heimbewohner gemündet hätte – denn Sinn und Zweck der Transparenzberichte ist nicht die Gefahrenabwehr, sondern die Bereitstellung einer verlässlichen, verständlichen und übersichtlichen Information für den Verbraucher über die von den Pflegeeinrichtungen erbrachte Pflegequalität.[2626]

(2) Verhältnismäßigkeit

Jeder Eingriff in die Berufsfreiheit bedarf einer gesetzlichen Grundlage, wobei die Beschränkung durch Gesetz oder auf Grund eines Gesetzes erfolgen kann. § 115 Abs. 1a S. 8 SGB XI müsste als einschränkendes Gesetz insbesondere verhältnismäßig sein. Die verfassungsrechtliche Rechtfertigung erfordert, dass die Veröffentlichung der Transparenzberichte durch vernünftige Erwägungen des Gemeinwohls getragen wird und dem Grundsatz der Verhältnismäßigkeit entspricht. Das gewählte Mittel muss zur Erreichung des verfolgten legitimen Zwecks geeignet und auch erforderlich sein und bei einer Gesamtabwägung zwischen der Schwere des Eingriffs und dem Gewicht der ihn rechtfertigenden Gründe muss die Grenze der Zumutbarkeit noch gewahrt sein.[2627] Das BSG hat im Einklang mit der Rechtsprechung des BVerfG betont, dem Gesetzgeber stehe hinsichtlich der Art und Weise der Verwirklichung seiner Ziele ein weiter Einschätzungs- und Prognosespielraum zu, der nur begrenzt gerichtlich überprüfbar sei.[2628]

Mit den Zwecken Unterstützung des Verbrauchers bei der Ausübung seines Wahlrechts, Schaffung von mehr Transparenz und Vergleichbarkeit

---

2624 Nach *Klie/Theda,* PflR 2014, S. 3, 11 ist es im Bereich des SGB XI üblich, „Modellprojekte“ zur praktischen Überprüfung einer Neuerung zu initiieren.

2625 A.A. *Theuerkauf,* MedR 2011, S. 265, 269.

2626 *Bachem,* Sozialrecht aktuell 2010, S. 123, 134; *Igl,* RsDE 2011, S. 47, 59 ff.

2627 Siehe nur BVerfGE 95, 173, 183.

2628 BSG, Urteil v. 16.5.2013 – B 3 P 5/12 R, juris, Rn. 17; vgl. BVerfG NJW 2014, 1505, 1512; NVwZ 2014, 439, 446 f.; BVerfGE 130, 263, 302; BVerfG NVwZ 2008, 1229, 1231.

sowie Anstoßen eines Qualitätswettbewerbs[2629] werden zunächst legitime Zwecke verfolgt. Zu klären ist allerdings, ob die Pflegenoten in ihrer derzeitigen Ausgestaltung zur Erreichung dieses Zwecks auch geeignet sind. Dies ist nur dann der Fall, wenn die Pflegenoten objektiv, valiabel und reliabel sind.[2630]

(a) Fehlende Gewichtung

Bedenken bestehen in mehrfacher Hinsicht. Zunächst fällt in diesem Zusammenhang die Tatsache auf, dass die Notenbildung anhand gleicher Gewichtung verschiedener Fragen erfolgt.[2631] Die Noten der Gruppen 1–4 bilden das Gesamtergebnis der einzelnen Fragen ab (Qualitätsbereich B1 besteht aus 35 Fragen, B2 und B3 aus jeweils 10 Fragen und B4 aus 9 Fragen), die Gesamtnote ist wiederum der Notendurchschnitt aller vier Bereiche. Hier wird deutlich, dass eine Gewichtung der einzelnen Bewertungen im Sinne einer Schwerpunktsetzung nicht stattfindet. In der Konsequenz kann ein Heim Mängel in einem Bereich mit guten Resultaten in einem anderen Bereich wieder ausgleichen. Als Beispiel käme also in Betracht, dass die Mitwirkung der Bewohner an der Gestaltung der Gemeinschaftsräume oder eine gut lesbare Speisekarte (Kriterien 57, 62) Mängel im Umgang mit Medikamenten oder einer angemessenen Flüssigkeitsversorgung (Kriterien 3, 4, 18) wieder ausgleichen kann. Einer Untersuchung zufolge besteht die Tendenz der Einrichtungen, den Bereichen „Alltagsgestaltung, Wohnen und Hauswirtschaft" besonderes Augenmerk zu schenken, um die Ergebnisse der Qualitätsprüfungen zu verbessern.[2632]

2629 Zum Gesetzeszweck s. Kap. 11, B II.

2630 Die Validität eines Verfahrens ist gegeben, wenn das Messinstrument das, was es zu messen vorgibt, auch tatsächlich und nach der Reliabilität auch zuverlässig misst. Objektivität meint die Unabhängigkeit eines Testergebnisses vom Testanwender, vgl. *Bortz/Döring,* Evaluation, S. 195, 200.

2631 Die fehlende Gewichtung ist aus Sicht des MDK und des GKV-Spitzenverbandes das zentrale Problem der Transparenzvereinbarungen, s. *Brüggemann,* Heilberufe / Das Pflegemagazin 2013, S. 16, 17.

2632 *Götz/Machansky/Oehme/Thomas/Voigt/Wahl/Zeun,* HBScience 2013, S. 37, 37.

Es fehlt folglich an einer „quantitativen Gewichtung“ und an „K.o.-Kriterien“,[2633] um ein wirklich aussagekräftiges Bild zeichnen zu können.[2634] Gegebenenfalls sollte, um die Aussagekraft der Bewertungen zu steigern, gänzlich auf eine Gesamtnote verzichtet werden.[2635] Der Verbraucher könnte so auch eher entscheiden, welche dieser Bereiche für ihn wichtiger sind. Das gesetzlich geforderte Merkmal der Vergleichbarkeit der Pflegenoten ist nicht gegeben, solange medizinisch relevantere Bewertungskriterien durch Gebiete „randständige[r] Annehmlichkeiten“ ausgeglichen werden können.[2636]

(b) Messung der Ergebnis- und Lebensqualität

Ein weiterer Angriffspunkt könnte der Anknüpfungspunkt für das Bewertungssystem sein. Gelingt es mit den Transparenzberichten – wie § 115 Abs. 1a S. 1 SGB XI es vorsieht – vorrangig („insbesondere“) die Ergebnis- und Lebensqualität[2637] abzubilden?

Unter Ergebnisqualität[2638] versteht der Gesetzgeber nach der Legaldefinition des § 114 Abs. 2 S. 3 SGB XI „insbesondere wesentliche Aspekte des Pflegezustandes und die Wirksamkeit der Pflege- und Betreuungsmaßnahmen“. Durch das Wort „insbesondere“ besteht eine Erweiterungsmöglichkeit. Die Lebensqualität, für die sich keine Definition im Gesetz oder in der Begründung des Gesetzesentwurfs findet, soll laut der Bundesregierung mittels folgender Fragen überprüfbar sein: „Können eigene Möbel,

---

2633 *Martini/Albert,* NZS 2012, S. 201, 203; *Martini,* DÖV 2010, S. 573, 575; *Möller/Panhorst/Zieres,* HBScience 2010, S. 114, 119.

2634 Dies steht mit dem Ergebnis der Studie in Einklang, in der es abschließend heißt, „dass sich Transparenzberichte als alleiniges Auswahlkriterium für die Wahl einer Pflegeeinrichtung nur bedingt eignen“, s. *Götz/Machansky/Oehme/Thomas/Voigt/Wahl/Zeun,* HBScience 2013, S. 37, 37.

2635 *Möller/Panhorst/Zieres,* HBScience 2010, S. 114, 119.

2636 *Martini/Albert,* NZS 2012, S. 247, 250.

2637 „Insbesondere“ bedeutet, dass sich die Veröffentlichung im Wesentlichen auf diese beiden Qualitätsmerkmale zu beziehen hat, vgl. Wilcken, in: Rolfs/Giesen/Kreikebohm/Udsching, SozialR, § 115 SGB XI Rn. 2. Zur Fokussierung auf die Ergebnisqualität s. auch BT-Drs. 18/1940, S. 514.

2638 Hins. der methodisch-statistischen Aspekte der Messung von Ergebnisqualität im Gesundheitswesen s. Schnapp/Schnapp, NZS 2015, S. 201 ff. Zu den Begriffen Prozess- und Strukturqualität vgl. die Legaldefinitionen in § 114 Abs. 2 S. 4 Alt. 1 und Alt. 2 SGB XI.

eigene Erinnerungsstücke und eigene Wäsche mitgebracht werden? Bestehen Auswahlmöglichkeiten beim Essen? Welche Freizeitangebote gibt es? Welche Serviceleistungen (z. B. Friseur) werden in der Nähe angeboten? Dürfen Haustiere gehalten werden?"[2639]

Lässt man einmal die grundsätzliche Frage, ob die Lebensqualität einer Person tatsächlich einer (objektiven) Bewertung zugänglich ist,[2640] außer Acht, so wird zumindest deutlich, dass aufgrund der momentanen Ausgestaltung anhand der Kriterien in erster Linie die Qualität der Dokumentation der Pflege gemessen wird, anstatt der Pflege selbst.[2641] In dem bereits zitierten Gutachten heißt es dazu: „Kriterien der Lebensqualität konnten weder im stationären noch im ambulanten Bereich identifiziert werden."[2642] Weiter heißt es in dem Gutachten, im ambulanten Bereich habe man auch kein Kriterium zur Messung der Ergebnisqualität identifizieren können.[2643] Lediglich im stationären Bereich habe man zwei solcher Kriterien gefunden (T 15 und T 16 PTVS 2008, entspricht T 9 und T 12 PTVS 2014).[2644]

2639 So die Antwort der Bundesregierung auf eine kleine Anfrage der FDP, BT-Drs. 16/9980, S. 6.

2640 Die Messung der Lebensqualität müsste jedenfalls anhand eines „Durchschnittsmenschen" losgelöst vom jeweiligen Einzelfall beurteilt werden. Zu den Schwierigkeiten dieses Ansatzes des „Durchschnittsmenschen" in anderen Rechtsgebieten s. bspw. *Müller,* Verunstaltungsverbot, S. 8 ff. Zu den Kriterien zur Messung der Lebensqualität *Klie/Theda,* PflR 2014, S. 3, 10, die unter Berufung auf eine Studie die Faktoren räumliche und soziale Umwelt, Betreuungsqualität, Verhaltenskompetenz, medizinisch-funktionaler und kognitiver Status, Psychopathologie und Verhaltensauffälligkeiten sowie subjektives Erleben und emotionale Befindlichkeiten als maßgebend erachten.

2641 Dies kritisiert sogar Bundeskanzlerin *Merkel* in ihrer Rede beim Jahresempfang des deutschen Caritasverbandes am 18.4.2013: „Wir haben immer wieder versucht, mit Bürokratie, Abrechnung und Aufschreiben irgendetwas zu kompensieren [...]. Wer die langen Listen sieht, wann man zum Beispiel etwas zu trinken gegeben hat, wann man dies und wann man jenes gemacht hat, der ahnt, dass viel Frust bei denen ist, die mit viel Bürokratie kämpfen müssen." Die Rede ist abrufbar unter http://www.bundeskanzlerin.de/ContentArchiv/DE/Archiv17/Reden/2013/04/2013-04-18-merkel-caritas.html, zuletzt geprüft am 4.9.2014. Dass die Kriterien in erster Linie die Dokumentation messen, gilt im Übrigen nicht nur für die PTVS, sondern auch für die PTVA, s. *Möller/Panhorst/Zieres,* HBScience 2010, S. 114, 118.

2642 *Hasseler/Wolf-Ostermann,* Evaluation, S. 85.

2643 *Hasseler/Wolf-Ostermann,* Evaluation, S. 85.

2644 *Hasseler/Wolf-Ostermann,* Evaluation, S. 85.

Das Inkrafttreten der PTVS 2014 hat diesbezüglich keine Verbesserung mit sich gebracht.[2645] Dem vom Gesetzgeber vorgesehenen Vorrang der Ergebnis- vor der Prozessqualität wird somit nicht Rechnung getragen. Mit Blick auf das Vorwort der PTVS, in dem auf das Fehlen „pflegewissenschaftlich gesicherte[r] Erkenntnisse" hingewiesen wird, sprechen *Martini/Albert* zutreffend davon, dass die Beschränkung auf die Prozessqualität im „vollen Bewusstsein schlechter fachwissenschaftlicher Fundierung" erfolgt.[2646] Letztendlich führt die derzeitige Ausgestaltung dazu, dass eine sehr gute Pflege möglicherweise schlecht bewertet wird, weil die Dokumentation unvollständig erfolgte.[2647] In einer Bundestagsdebatte im Juni 2013 äußerte sich eine Abgeordnete ebenfalls in diese Richtung: „Das Ziel war es ja, dass die Menschen schnell und auf den ersten Blick sehen können, ob ein Pflegeheim oder ein Pflegedienst etwas taugt. Im System des Pflege-TÜVs ist es aber leider so, dass nicht unbedingt derjenige die besten Noten erhält, der am liebevollsten pflegt, sondern der, der am besten dokumentiert. Die Noten bilden also leider nicht immer die Qualität ab."[2648]

Dieses Ergebnis ist mit dem Ziel der Pflegenoten nicht vereinbar, es schadet den gut arbeitenden Heimen und begünstigt die Heime, die mehr Aufwand für die Dokumentation statt für die Pflege selbst betreiben.[2649] Mithin führen die Transparenzvereinbarungen derzeit zu einem Ergebnis, das für die Pflegebedürftigen wie auch für die Verbraucher kontraproduktiv ist.

(c) Bewertungssystematik

Umstritten ist darüber hinaus die Objektivität der vergebenen Noten. Gutachten zufolge ist eine objektive Bewertung durch die Pflegenoten ausge-

---

2645 S. auch *Klie/Theda,* PflR 2014, S. 71, 72.

2646 *Martini/Albert,* NZS 2012, S. 247, 250.

2647 Von derartigen Erfahrungen sprechen *Dürschke/Brembeck,* Pflege-TÜV, S. 88.

2648 Beitrag der Abgeordneten *Aschenberg-Dugnus*, BT-Plenarprotokoll 17/250, S. 31909.

2649 In diese Richtung auch *Martini/Albert,* NZS 2012, S. 201, 202 f.; *Klie/Theda,* PflR 2014, S. 71, 72 verweisen darauf, dass es sich bei den PTVS um ein „selbstreferenzielles System" handele und es selbstverständlich sei, dass die Pflegekräfte zur Optimierung der Dokumentation „noch mehr Zeit am Computer […] und weniger Zeit mit dem Bewohner" verbringen.

schlossen.[2650] Durch die Angabe von zwei Nachkommastellen werde eine „Genauigkeit der Pflegenoten vermittelt, die nicht existiert".[2651] Eben diese „Pseudogenauigkeit" habe „erheblichen Einfluss auf die Interpretationsobjektivität" der Noten.[2652]

Weiterhin wird die Auswahl der Heimbewohner, die als Stichprobe für die Heimprüfung evaluiert werden, kritisiert.[2653] Hier mangele es an einer die Pflegestufe berücksichtigenden Vergleichbarkeit.[2654] Zudem sei die Größe der Stichprobe oftmals zu gering, denn bei zu kleinen Fallzahlen, bei denen teilweise nur eine Person überhaupt Zielgruppe der Frage ist, sei das Ausreißerrisiko zu groß.[2655] Die Bewertung mittels dichotomer Skala (Kriterium erfüllt oder Kriterium nicht erfüllt) hat zur Folge, dass für Spitzenleistungen kein Anreiz geschaffen wird.[2656] Bereits für das Erreichen des Mindeststandards erhält eine Einrichtung die volle Punktzahl.[2657] Diese dichotome Bewertungsweise verträgt sich überdies nicht mit der Aussage an die Verbraucher, die Pflegenoten folgten dem Schulnotensystem. Das Beispiel von *Klie/Theda* vermag dies zu verdeutlichen:[2658] Kriterium 64 fragt danach, ob die Mahlzeiten in „angenehmen Räumlichkeiten und entspannter Atmosphäre" gereicht werden. Der Prüfer hat nur die Möglichkeit dies zu bejahen oder zu verneinen, er vergibt dementsprechend die Note 1,0 oder 5,0. Die für den Verbraucher mit der Note 1,0 verbundene Assoziation einer perfekt annehmlichen Atmosphäre muss daher in Wirklichkeit keinesfalls vorliegen.[2659]

2650 *Bonato,* Gutachten, S. 8 ff.; *Hasseler/Wolf-Ostermann,* Evaluation, S. 95 ff., 99. Zur Berechnung des Skalenwerts für pflegerische Leistungen nach der PTVA s. *Möller/Panhorst/Zieres,* HBScience 2010, S. 114, 116.

2651 *Bonato,* Gutachten, S. 9.

2652 *Bonato,* Gutachten, S. 9.

2653 *Schaal/Schönfelder/Klewer/Kugler,* HBScience 2013, S. 38, 38 kommen bei ihrer Untersuchung zu dem Ergebnis, dass eine „Wettbewerbsverzerrung infolge fehlender Chancengleichheit" nicht ausgeschlossen werden kann. Ob dieser Kritikpunkt mit der Novellierung der Pflege-Transparenzvereinbarung ab dem 1.1.2014 weggefallen ist, müsse sich in Untersuchungen erst noch zeigen, vgl. dazu a.a.O. Zur Novellierung der PTVS s. sogleich unter V.

2654 *Bachem,* Sozialrecht aktuell 2010, S. 123, 129.

2655 Vgl. *Hopfenzitz,* PflR 2011, S. 111, 120; kritisch auch *Klie/Theda,* PflR 2014, S. 71, 73 f.

2656 *Möller/Panhorst/Zieres,* HBScience 2010, S. 114, 118.

2657 *Möller/Panhorst/Zieres,* HBScience 2010, S. 114, 118.

2658 *Klie/Theda,* PflR 2014, S. 71, 75.

2659 So zutreffend *Klie/Theda,* PflR 2014, S. 71, 75.

(d) Wiederholungsprüfung

Die Pflegeeinrichtung kann nach § 114 Abs. 5 S. 5 SGB XI die Durchführung einer Wiederholungsprüfung beantragen. Eine solche ist nach dieser Norm von den Landesverbänden der Pflegekassen zu veranlassen, „wenn wesentliche Aspekte der Pflegequalität betroffen sind und ohne zeitnahe Nachprüfung der Pflegeeinrichtung unzumutbare Nachteile drohen". Durch diese verfahrensrechtliche Ausgestaltung wird deutlich, dass „ein Transparenzbericht lediglich eine abänderbare Momentaufnahme einer aktuell vorgenommenen Qualitätsüberprüfung darstell[t]".[2660] Nach § 115 Abs. 1a S. 5 SGB XI sind die Ergebnisse von Wiederholungsprüfungen bei der Veröffentlichung zeitnah zu berücksichtigen. Damit unterscheiden sich die Transparenzberichte in positiver Hinsicht von den Veröffentlichungen aufgrund des § 6 Abs. 1 S. 3 VIG, der eine solche Möglichkeit nicht vorhält.[2661]

(e) Zwischenergebnis

Als Zwischenergebnis lässt sich festhalten, dass das derzeitige Bewertungssystem nicht geeignet ist, dem gesetzgeberischen Zweck Rechnung zu tragen. Das BSG sieht dies in seiner Entscheidung unter Verweis auf den Wertungs- und Prognosespielraum des Gesetzgebers anders und bürdet es den Betroffenen auf, „für eine Übergangszeit Mängel hin[zu]nehmen, die der Einrichtung eines Prüfverfahrens immanent sind".[2662] Dies kann im vorliegenden Fall jedoch nicht überzeugen. Eine verlässliche und

---

2660 LSG NRW, Beschluss v. 10.5.2010 – L 10 P 10/10 B ER, juris, Rn. 39.

2661 *Becker/Blackstein,* NJW 2011, S. 490, 493.

2662 BSG, Urteil v. 16.5.2013 – B 3 P 5/12 R, juris, Rn. 19. Ähnlich LSG Berlin-Brandenburg, Beschluss v. 11.6.2014 – L 1 KR 301/13 B ER, juris, Rn. 74, das im Falle des AOK-Krankenhausnavigators entschied, dass das Fehlen verbindlicher Vorgaben hinzunehmen sei, solange „sich aus der Bewertung von Qualität keine einschneidenden Rechtsfolgen" ergäben. Weiter heißt es: „Der vom Gesetzgeber gelassene Gestaltungsspielraum ist erst dann überschritten, wenn die Krankenkassen Kriterien heranziehen, denen nach wissenschaftlichen Kriterien jegliche Aussagekraft fehlt". Auf der Linie der Rspr. liegt auch *Wegmann,* SGb 2011, S. 80, 82 f., der den Vergleich zum KfZ-TÜV anführt und meint, auch hier hingen Entscheidungen subjektiv vom Sachverständigen ab. *Klie/Theda,* PflR 2014, S. 3, 10 hingegen kritisieren bereits, dass dieser „experimentelle[…] Charakter[…]" der Bewertung im Gesetz nicht deutlich werde.

vergleichbare Verbraucherinformation wird durch die Pflegenoten nicht erreicht und auch das Anstoßen eines Qualitätswettbewerbs scheint mehr als zweifelhaft. Vielmehr können sich die Heime auf die Prüfkriterien einstellen und insbesondere ihre Dokumentation verbessern, um ein besseres Ergebnis zu erzielen.[2663] Damit wird ein dem eigentlichen Zweck gegenläufiges Ergebnis, nämlich die Abkehr von Ergebnis- und Lebensqualität hin zu Struktur- und Prozessqualität erreicht. Konsequenz davon kann sein, dass künftig die für die Dokumentation erforderlichen Ressourcen zeitlicher, personeller und finanzieller Art weiter zunehmen werden und sich der Notenschnitt weiter verbessert, wohingegen die Versorgungsqualität abnimmt.[2664]

Die Pflegenoten sind damit bereits nicht geeignet, den legitimen Zweck zu fördern. In der Folge stellt der „Pflege-TÜV" in seiner momentanen Ausgestaltung einen nicht gerechtfertigten Eingriff in Art. 12 Abs. 1 GG dar und ist folglich verfassungswidrig.

IV. Fazit

Wenn man die zum „Pflege-TÜV" vertretenen Meinungen in Rechtsprechung und Literatur mit einem Wort kategorisieren möchte, könnte man sie in pragmatisch oder dogmatisch unterteilen. Diejenigen Gerichte, die den Veröffentlichungen der Prüfberichte vorbehaltlos zugestimmt haben, haben sich mit den Kinderkrankheiten des „Pflege-TÜVs" zu Gunsten eines ihrer Ansicht nach höheren Zwecks, des Verbraucherschutzes, abgefunden. Dem Gesetzgeber jedoch Tür und Tor zu öffnen, um schnell eine zwar sinnvolle, aber noch unausgereifte Qualitätsprüfung einzuführen, kann nicht überzeugen, gerade vor dem Hintergrund, dass der „Pflege-TÜV" in Grundrechte eingreift und kein Instrument der Gefahrenabwehr darstellt. Zudem überzeugt dies, gerade weil bei staatlichen Lenkungsinformationen das gleiche Maß an Sachverhaltsaufklärung und Richtigkeit zu fordern ist wie bei klassischen hoheitlichen Eingriffen, nicht. Ferner werden die gesetzgeberischen Ziele nicht erreicht. Die bezweckte Erhöhung der Transparenz, Stärkung der Stellung des Verbrauchers und Ver-

2663 In diese Richtung auch BT-Drs. 18/3551, S. 1 vor dem Hintergrund, dass die schlechteste Durchschnittsnote eines Bundeslandes bei Einführung der Pflegenoten bei 2,3 und im Jahre 2013 bei 1,5 lag.

2664 Ähnlich *Möller/Panhorst/Zieres,* HBScience 2010, S. 114, 118 für die PTVA.

hinderung einer adversen Selektion, um die Funktionsfähigkeit des Marktes zu fördern, ist nur bei zutreffender Information möglich,[2665] die die Prüfberichte derzeit nicht zu leisten vermögen. Die Priorisierung der Dokumentation ist mit all ihren negativen Begleiterscheinungen ein weiterer Nachteil der momentanen Ausgestaltung. Hinzu kommt, dass der bundesweite Notendurchschnitt, der laut einer Anfang Dezember 2014 veröffentlichten Studie für die ambulante Pflege bei 1,2 und für die stationäre Pflege bei 1,3 lag,[2666] den Zustand der Pflegelandschaft in Deutschland nicht wirklichkeitsgetreu abzubilden vermag.[2667] *Klie/Theda* bescheinigen den Transparenzberichten deshalb, und dies erscheint nicht einmal besonders abwegig, die Qualität eines bequemen „Marketingtool[s]".[2668] Auch die Abgeordnete *Scharfenberg* äußerte sich im Bundestag äußerst kritisch zum Pflege-TÜV, der den Verbrauchern eine Qualität vorspiele, die „nur auf dem Papier" existiere und deshalb eine Aussetzung der Vergabe der Pflegenoten forderte.[2669]

Nach alledem ist klar geworden, dass eine Überarbeitung sowohl der gesetzlichen Grundlage als auch des Bewertungssystems inklusive des Fragenkatalogs – von *Martini/Albert* als „Paradefall des Scheiterns eines autonomen und sachgerechten Interessenausgleichs bei der Normsetzung" bezeichnet[2670] – (noch immer) unumgänglich ist.

2665 So bereits BVerfGE 105, 252, 272.

2666 So die Angaben unter http://www.aok-gesundheitspartner.de/bund/pflege/qs/pflegenoten/index.html, zuletzt geprüft am 22.1.2015. S. auch BT-Drs. 18/3551, S. 1. Für eine detaillierte Aufschlüsselung nach Kriterien und Bundesländern vgl. die monatlichen Newsletter der DatenClearingStelle (DCS) unter http://www.sindbad-mds.de/, zuletzt geprüft am 22.1.2015.

2667 *Brüggemann,* Heilberufe / Das Pflegemagazin 2013, S. 16, 17. Nach der Analyse von *Schaal/Oehme/Schönfelder/Kugler,* HBScience 2011, S. 36, 36. ist der Zeitpunkt der Kontrolle entscheidend für das Ergebnis: Die Ergebnisse aus dem Jahre 2011 waren signifikant besser als die aus dem Jahre 2009. Ob dies auf einem Lerneffekt der Einrichtung oder einer veränderten Bewertungspraxis beruht, vermochten die Zahlen nicht auszusagen.

2668 *Klie/Theda,* PflR 2014, S. 71, 77.

2669 Beitrag der Abgeordneten *Scharfenberg*, BT-Plenarprotokoll 17/250, S. 31918 und ferner den entsprechenden Antrag derselben und weiterer Abgeordneter sowie der Fraktion BÜNDNIS 90/DIE GRÜNEN v. 17.12.2014, BT-Drs. 18/3551.

2670 *Martini/Albert,* NZS 2012, S. 247, 251.

V. Änderungen durch die Neuregelung der PTVS und PTVA

Nach anhaltendem Streit über die Pflegetransparenzvereinbarung wurde im Juli 2012, nachdem es im Verhandlungswege nicht gelang, einen Konsens zu bilden, die neu eingerichtete Schiedsstelle nach § 113b SGB XI angerufen.[2671] Deren Schiedsspruch ein Jahr später, im Juni 2013, führte sodann zu einer Änderung der PTVS, die in ihrer neuen Fassung am 1.1.2014 in Kraft getreten ist.[2672] Bis Ende 2014 erfolgt die Veröffentlichung unter Hinweis darauf, ob der Transparenzbericht auf Grundlage der bis oder der ab 2014 geltenden PTVS erstellt wurde.[2673] Die Überarbeitung der PTVA ist Ende 2015 erfolgt..[2674] Nach § 6 Abs. 1 PTVA tritt die Vereinbarung zwar am 07.12.2015 in Kraft. Sie findet indes erst auf Qualitätsprüfungen Anwendung, die ab dem 01.01.2017 durchgeführt werden. werden. Bis dahin gilt die PTVA vom 29.1.2009 im Wesentlichen fort.[2675]

Die neue PTVS enthält einige Verbesserungen. So werden nach § 2 Abs. 1 PTVS statt den pauschalen 10 % der Bewohner drei Personen je

---

2671 Die Einführung einer Schiedsstelle gemäß § 115 Abs. 1a S. 10–12 SGB XI war selbst ein erster Schritt der Nachbesserung, der im Zuge des Art. 6 Nr. 5 des am 4.8.2011 in Kraft getretenen Gesetzes zur Änderung des Infektionsschutzgesetzes und weiterer Gesetze (BGBl. 2011 I S. 1622 ff.) eingeführt wurde. Näher dazu *Wilcken*, in: Rolfs/Giesen/Kreikebohm/Udsching, SozialR, § 115 SGB XI Rn. 10 ff. Zur Anrufung der Schiedsstelle s. http://www.pflegenoten.de/wissenschaftliche_evaluation_und_weiterentwicklung/aenderungen_pvts_01_01_2014/aenderungen_pvts_01_01_1.jsp, zuletzt geprüft am 26.8.2014.

2672 Die Vereinbarung ist abrufbar unter http://www.mds-ev.de/media/pdf/PTVS_ab_2014%281%29.pdf, zuletzt geprüft am 27.8.2014.

2673 http://www.pflegenoten.de/wissenschaftliche_evaluation_und_weiterentwicklung/aenderungen_pvts_01_01_2014/aenderungen_pvts_01_01_1.jsp, zuletzt geprüft am 26.8.2014.

2674 Die Vereinbarung ist abrufbar unter https://www.gkv-spitzenverband.de/media/dokumente/pflegeversicherung/richtlinien__vereinbarungen__formulare/transparenzvereinbarungen/pvta_neu_ab_2016_01_01_ambulant/2015_12_15_Pflege_ambulant_PTVA.pdf. Diese zunächst bis Ende 2014 angekündigte Überarbeitung ist erst zum 07.12.2015 erfolgt. Die zeitliche Verzögerung gegenüber der PTVS wird in der BT-Drs. 18/1940, S. 514, damit erklärt, dass die Entwicklung von „methodisch und inhaltlich zufriedenstellenden Ansätze[n]" schwieriger sei als im Bereich der stationären Pflege.

2675 Einzig die Ausfüllanleitung zu Anlage 3, Kriterium T 32 (Regelmäßige Schulung der Mitarbeiter in erster Hilfe und Notfallmaßnahmen?) soll bereits ab dem 1.1.2016 um den Absatz „Bei einer Stichprobe von 10 % der Mitarbeitenden, die mindestens 1 Jahr im Pflegedienst beschäftigt sind, werden Nachweise eingesehen" ergänzt werden.

Pflegestufe in die Prüfung einbezogen, was die Aussagefähigkeit der Pflegenoten insbesondere in kleinen Einrichtungen verbessert. Wegen der insgesamt überdimensionalen Vergabe der Bestnote wurden die Notenskalen so verändert, dass die erforderlichen Prozentsätze für die Notenstufen angestiegen sind. Für die Note „sehr gut" bedarf es nun bspw. 93 % (Skalenwert 9,3) statt zuvor 87 % (Skalenwert 8,7).[2676] Jedoch wurde der Hauptkritikpunkt, die gleiche Gewichtung sämtlicher Kriterien, beibehalten.[2677] Auch in Zukunft kann daher eine weniger wichtige Kategorie eine elementare ausgleichen und in der Gesamtnote „verschwinden". Letztlich fehlt es damit weiterhin an einem Anreiz für die überobligationsmäßige Leistungserbringung auf Seiten der Pflegedienstanbieter und an der erforderlichen und auch theoretisch möglichen Transparenz auf Seiten der Verbraucher. Die den Transparenzvereinbarungen „systemimmanent[en]" Grundprobleme wurden mit der Überarbeitung der PTVS nicht beseitigt.[2678] Die Überarbeitung der PTVS war demzufolge zwar ein erster Schritt in die richtige Richtung. Von einer endgültigen Lösung der Probleme kann aber noch nicht gesprochen werden.[2679]

VI. Ausblick

Die Bundesregierung hat am 7.9.2015 den „Entwurf eines Zweiten Gesetzes zur Stärkung der pflegerischen Versorgung und zur Änderung weiterer Vorschriften (Zweites Pflegestärkungsgesetz – PSG II)" auf den Weg gebracht.[2680] Der Gesetzesentwurf wurde seitens des Gesundheitsausschusses des Bundestages am 11.11.2015 gebilligt, im Bundestag am

2676 S. dazu Punkt 2.2 der Anlage 1 der PTVS, http://www.mds-ev.de/media/pdf/PTVS_ab_2014_Anlage_2%281%29.pdf, zuletzt geprüft am 27.8.2014. S. dazu auch *Brüggemann,* Heilberufe / Das Pflegemagazin 2013, S. 16, 18.

2677 Man konnte sich lediglich darauf verständigen, die Kernkriterien mit Fettschrift hervorzuheben und an den Anfang des Qualitätsbereichs 1 zu stellen, *Brüggemann,* Heilberufe / Das Pflegemagazin 2013, S. 16, 17, 18.

2678 *Klie/Theda,* PflR 2014, S. 3, 3.

2679 So auch BT-Drs. 18/3551, S. 1; *Brüggemann,* Heilberufe / Das Pflegemagazin 2013, S. 16, 17; *Klie/Theda,* PflR 2014, S. 71, 80.

2680 BT-Drs. 18/5926.

13.11.2015 mit Koalitionsmehrheit beschlossen und passierte am 18.12.2015 den Bundesrat.[2681]

Die Änderungen sind grundlegend und beginnen bereits bei der Überschrift des § 115 Abs. 1a SGB XI, die um das Wort „Qualitätsdarstellung“ ergänzt wird. Dies ist zu begrüßen, denn damit wird dem wichtigen Aspekt der Darstellung der Information auch erstmals an prominenter Stelle Rechnung getragen. In Satz 1 entfällt der – aufgrund fehlender wissenschaftlicher Erkenntnisse zur Messbarkeit streitige – Einschub „insbesondere hinsichtlich der Ergebnis- und Lebensqualität“. Sodann werden die bisher unter dem Begriff „Pflege-Transparenzvereinbarungen“ firmierenden Vereinbarungen in „Qualitätsdarstellungsvereinbarungen“ umbenannt. Diese begriffliche Neuerung soll auch einen inhaltlichen Wandel mit sich bringen. Nach § 115 Abs. 1a S. 2 SGB XI vereinbaren die Vertragsparteien nach § 113 SGB XI, welche Ergebnisse bei der Darstellung der Qualität für den ambulanten und den stationären Bereich zugrunde zu legen sind und inwieweit die Ergebnisse durch weitere Informationen ergänzt werden. Die Ergebnisse der nach § 113b Abs. 4 S. 2 Nr. 1–4 SGB XI vergebenen Aufträge sind nach dem neuen Satz 3 hierbei zu berücksichtigen, die Auftragsvergabe erfolgt „zur Sicherstellung der Wissenschaftlichkeit“[2682] unverzüglich. Die Vereinbarungen umfassen gemäß Satz 4 auch die Form der Darstellung einschließlich einer Bewertungssystematik.

Während die Sätze 5–9 im Wesentlichen den Sätzen 3–7 a. F. entsprechen, steckt Satz 10 den neuen zeitlichen Rahmen ab: Die Qualitätsdarstellungsvereinbarungen für den stationären Rahmen sind bis zum 31.12.2017 und für den ambulanten Bereich bis zum 31.12.2018 jeweils unter Beteiligung des Medizinischen Dienstes des Spitzenverbandes Bund der Krankenkassen, des Verbandes der privaten Krankenversicherung e.V. und der Verbände der Pflegeberufe auf Bundesebene zu schließen. Demnach können die Pflegebedürftigen und ihre Angehörigen erst ab 2018 in den Pflegeheimen und ab 2019 in den ambulanten Pflegediensten mit dem überarbeiteten „Pflege-TÜV“ rechnen. Vor dem Hintergrund, dass die gesamte Bewertungssystematik abgeändert und (erstmalig) auf eine wissenschaftlich fundierte Basis gestellt werden soll, ist der lange Zeitraum indes nachvollziehbar und ist es zu begrüßen, dass keine neue ad-hoc Änderung beschlossen wurde.

2681 Zum Gesetzgebungsverfahren s. beck-aktuell v. 11.11.2015, becklink 2001636, v. 13.11.2015, becklink 2001661 und v. 18.12.2015, becklink 2002002.

2682 BT-Drs. 18/5926, S. 106.

Satz 9 a. F. wird in Satz 11 n. F. dahingehend abgeändert, dass die auf Bundesebene maßgeblichen Organisationen für die Wahrnehmung der Interessen und der Selbsthilfe der pflegebedürftigen und behinderten Menschen nach Maßgabe des § 118 SGB XI mitwirken. Wie Satz 11 a. F. enthält Satz 12 n. F. eine Anpassungspflicht der Vereinbarungen an den medizinisch-pflegefachlichen Fortschritt. Die Möglichkeit der Vereinbarungspartner, eine Schiedsstelle anzurufen (Sätze 12–14 a. F.) wurde gestrichen. Den Abschluss bildet nun mit Satz 13 n. F. eine Fortgeltungsklausel, die im Vergleich zum vorherigen Satz 15 neben bestehenden Vereinbarungen auch bestehende Pflege-Transparenzvereinbarungen mit einschließt. Mit dieser Regelung wird sichergestellt, dass das bisherige System für die Übergangszeit bis 2018/2019 fortgilt.

Kapitel 12: Schlussbemerkung und Ausblick

„Die neue Quelle der Macht ist nicht mehr Geld in der Hand von wenigen, sondern Information in der Hand von vielen."[2683]

Hoheitliche Informationen sind nicht neu, die Art der Verwendung als präventive Lenkungsmittel durch Veröffentlichung im Internet dagegen schon. Neuerungen bringen Unsicherheiten mit sich, verallgemeinerungsfähige Grundsätze müssen gefunden werden. Zwar gelten die rechtsstaatlichen Grundprinzipien auch für staatliches Informationshandeln. Dass sich in der Rechtsprechung eine Sonderdogmatik für diesen Bereich herausgebildet hat, von der bislang keine Abkehr, sondern mit dem „Fall Löw" eher noch eine Ausweitung erkennbar ist, macht es ob ihrer Umstrittenheit in der Literatur nicht einfacher. Hier sollte man sich deutlich vor Augen führen, dass insbesondere in den Fällen „Glykol" und „Osho" andere Voraussetzungen gegeben waren, als dies in den meisten Fällen der aktiven Publikumsinformation der Fall ist.

Die bisherigen Ausgestaltungen zeigen allesamt, dass nicht alle rechtsstaatlich gebotenen Anforderungen erfüllt werden. Eine *„Flucht ins Informationshandeln"* aber kann es nicht geben. Der Staat ist gerade kein gleichberechtigter Diskursteilnehmer und er muss sich das erhöhte Vertrauen, dass die Bürger dem Gütesiegel *„staatlich geprüfte Information"* entgegenbringen, verdienen und bewahren.

Hoheitliche Informationen sind in praktisch allen Bereichen denkbar. Sie sind aber nicht immer auch rechtlich zulässig. Nach dem Grundsatz, dass die Willensbildung vom Volke ausgeht und nicht umgekehrt, bedarf es eines verfassungsrechtlich legitimen Grundes für eine hoheitliche Lenkungsinformation. Die Schaffung von Transparenz alleine genügt dem nicht. Informationsasymmetrien hingegen, die der Markt nicht selbst reguliert, können Informationen grundsätzlich legitimieren.

Der Staat sollte sich seiner Sonderstellung im Konzert der Meinungen bewusst sein und Informationen nur in Maßen als Lenkungsmittel einsetzen. Dies gilt neben der Problematik des „information overload" auch vor

---

2683 Ausspruch des amerikanischen Prognostikers und Zukunftsforschers *John Naisbitt (*1929),* zitiert nach *Ewer,* AnwBl 2010, S. 455, 455 (im Original ohne Quellenangabe).

dem Hintergrund des Verbraucherleitbildes, das an die Mündigkeit und Aufgeklärtheit anknüpft und nicht an eine Fürsorgebedürftigkeit. Der Bürger braucht so viele Informationen vom Staat, bis er eine autonome und fundierte Entscheidung treffen kann – nicht mehr und nicht weniger.

Wo aber Informationen nützlich und sinnvoll sind, müssen sie auch entsprechend zur Geltung kommen. Im Hinblick auf die Verständlichkeit und die Art und Weise der Darstellung sollten wegen der variationsreichen Formenpalette, die das Internet bietet, einheitliche Kriterien entwickelt werden. Insbesondere das Sachlichkeitsgebot stellt hier den zu beachtenden Rahmen auf. Eine erhöhte Aktivierungswirkung ist zulässig, eine Suggestivwirkung hingegen nicht.

Der Staat muss sich deshalb auch überlegen, in welcher Form er die für die Bürger nützlichen und wichtigen Lenkungsinformationen künftig veröffentlichen will. Die Möglichkeiten reichen von der reinen Tatsachenmitteilung, wie sie § 40 Abs. 1a LFGB gestattet, über Bewertungen, wie sie im Berliner Smiley-System und im Pflege-TÜV angewandt werden, bis hin zur Förderung einer privaten Plattform, wie im Fall des Portals Lebensmittelklarheit. Wie gesehen ist keine dieser Formen unproblematisch, jedoch gilt, je sachlicher und neutraler eine Information und ihre Darstellung ist, desto weniger Angriffsfläche wird geboten.

In Bezug auf die allgemeine Voraussetzung der Richtigkeit einer veröffentlichten ausschließlich sachbezogenen Information ist strikter zu differenzieren, als dies bislang geschehen ist. Die Unterscheidung zwischen aktiver Veröffentlichung und Informationsveröffentlichung auf Antrag kann als Differenzierungskriterium alleine nicht ausreichen. In den Blick zu nehmen ist vielmehr auch die Zielrichtung der Information. Dient ihre aktive Zugänglichmachung rein der Transparenz, wie dies bspw. bei open data der Fall ist, würde eine Prüfpflicht die Veröffentlichungen nahezu unmöglich machen. Hier ist eine Zugänglichmachung des Datenbestandes, wie er der Behörde vorliegt – unter entsprechendem Hinweis auf die fehlende Richtigkeitsgewähr – ausreichend. Sollen Informationen aber als Lenkungs- und Steuerungsmittel fungieren, so müssen diese sowohl bezüglich personen- als auch ausschließlich sachbezogenen Daten auf ihre inhaltliche Richtigkeit hin überprüft werden.

Insgesamt schwierig stellt sich der Ausgleich der konfligierenden Interessen insbesondere im Lebensmittelrecht dar – hier haben sowohl die Wirtschaft als auch die Verbraucher eine starke Lobby. Der Gesetzgeber kann nur die richtige Lösung finden, indem er die generell maßgeblichen verfassungsrechtlichen Rahmenbedingungen und hier insbesondere den Verhältnismäßigkeitsgrundsatz wahrt.

Der Begriff des Prangers ist für die hier untersuchten Instrumente wenig brauchbar. Die klassischen Kennzeichen Sanktion und Verletzung der Menschenwürde passen hier nicht. Weist eine hoheitliche Information schwerpunktmäßig eine präventive Zielrichtung auf, sollte sie neutraler als Steuerungsinstrument und nicht mit der Negativkonnotation Pranger bezeichnet werden.

Zusammenfassung in Thesen

Kap. 1: Informationsbegriff

1. Informationen stellen einen Sachverhalt dar, der aus Zeichen eines Codes zur Vermittlung von Wissen besteht und von einem Sender zu einem Empfänger übertragen wird. Eine erfolgreiche Übermittlung setzt voraus, dass der Empfänger die Nachricht versteht. Welche Kriterien hierfür erforderlich sind, kann durch Bemessung eines Empfängerhorizonts und Konstruktion eines durchschnittlichen Empfängers bestimmt werden.
2. Anders als die Legaldefinitionen mancher Gesetze vermuten lassen, sind „Informationen" nicht mit „Daten" gleichzusetzen. Informationen können zwar auf Daten beruhen, erfordern aber darüber hinaus eine Verarbeitungs- oder Interpretationsleistung. Neben Tatsachen umfasst der Informationsbegriff auch Werturteile. Informationen sind unkörperlich, d. h. sie müssen von ihrem Informationsträger trennbar sein, so dass mit ihrer Herausgabe nicht zugleich ihr Verlust zu beklagen ist.
3. Aktive Publikumsinformationen sind Informationen, die außerhalb eines konkreten Verwaltungsverfahrens ohne vorherigen Antrag von Amts wegen veröffentlicht werden, dem Staat zurechenbar und an einen unbestimmten Personenkreis gerichtet sind. Da auch der Bürger aktiv tätig wird, lassen sie sich als aufgesuchte Informationen beschreiben.

Kap. 2: Information und Informationsgesellschaft

4. Demokratie-, Sozialstaats- und Rechtsstaatsprinzip sind die Wiege der Informationsgesellschaft. In dieser sind Informationen eine zunehmend wichtige Säule der Legitimation des Staatshandelns.
5. Kennzeichen der heutigen Informationsgesellschaft ist der Umgang mit im Internet verfügbaren Informationen. Das Internet hat enorme Bedeutung für die alltägliche Lebensführung; dies ist in der höchstrichterlichen Rechtsprechung anerkannt. Damit steigt die Erwartung an die

staatlichen Stellen, sich vermehrt den elektronischen Kommunikationstechnologien zu bedienen.

6. Kehrseite der Informationsgesellschaft ist die Komplexität der Vorgänge und das Phänomen des „information overload". Dem Staat zurechenbare Informationen stellen wegen der ihnen zukommenden amtlichen Autorität ein der Orientierung und Entflechtung dienendes Gütesiegel dar.

Kap. 3: Staatliches Informationshandeln

7. Staatsverständnis und Staatsaufgaben befinden sich im Wandel; hoheitliches Vorgehen wird um Formen des informalen und kooperativen Handelns ergänzt. Publikumsinformationen, deren Steuerungswirkung zwar intendiert, die tatsächliche Erreichung des Steuerungsziels aber ungewiss ist, unterfallen dem informalen Staatshandeln.
8. Indirekte i. S. v. mittelbarer Steuerung belässt dem Adressaten zwar das Letztentscheidungsrecht zwischen mehreren legalen Verhaltensoptionen, der Staat gibt aber vor, welche Verhaltensweisen mehr und welche weniger erwünscht sind. Damit unterscheiden sich direkte und indirekte Steuerung nur in Nuancen.
9. Information ist keine neue Handlungsform. Neu ist aber, dass staatliches Informationshandeln vielfach kumulativ zu ordnungsrechtlichen Maßnahmen eingesetzt wird und dass es vermehrt nicht mehr um klassische Gefahrenabwehr geht, sondern um Verbraucheraufklärung und die Schaffung von Transparenz.
10. Informationsarten werden je nach Adressatenkreis und Grad der intendierten Steuerungswirkung kategorisiert in Aufklärungs- und Lenkungsfunktionen i. w. S. (Berichterstattung, Öffentlichkeitsarbeit) sowie solche i. e. S. (Aufklärung, Empfehlung, Warnung). Die Grenze zwischen Empfehlung und Warnung kann fließend sein.

Kap. 4: Von Arkantradition zu Sanktionsinformation

11. Der Paradigmenwechsel in der Verwaltung – Abkehr von der Arkantradition hin zu einer Aktenöffentlichkeit – stellt das staatliche Informationshandeln mehr und mehr in den Mittelpunkt hoheitlicher Tätigkeit. Hoheitliche Information wird vom Nebenprodukt zur Hauptauf-

gabe, wie sich u.a. am jungen HmbTG zeigt. Informationszugangsansprüche sind immer häufiger voraussetzungslos und es mehren sich die Gebiete, auf denen der Staat von sich aus aktiv Informationen verbreitet.

12. Die Verbreitung erfolgt vor dem Hintergrund der Elektronisierung der Verwaltung zunehmend über das Internet. Diese Entwicklung ist durch das E-Government vorgezeichnet und führt dazu, dass der Bürger vermehrt erwartet, wichtige hoheitliche Informationen (zumindest auch) online abrufen zu können. Insgesamt ist die Relevanz der (Publikums-)Information entsprechend den neuen Kommunikationsformen gestiegen und wird voraussichtlich noch weiter zunehmen.
13. Mit der Elektronisierung der Verwaltung stellen sich neue Fragen, wie die eines virtuellen Prangers durch im Internet veröffentlichte, personenbezogene Informationen.
14. Die Verwendung des historischen Prangerbegriffs im aktuellen Kontext ist wegen der deutlichen Unterschiede bezüglich Zielrichtung, Reichweite und Eingriffsqualität der damit beschriebenen Instrumente nicht unkritisch zu sehen – insbesondere wenn damit Informationsveröffentlichungen zu präventiven Zwecken bezeichnet werden. Die Prangerwirkung als solche gibt noch keinen Aufschluss darüber, ob eine Maßnahme rechtmäßig oder rechtswidrig ist. Das Verbot der Doppelbestrafung steht der aktiven Informationsveröffentlichung nicht entgegen, da mit ihr keine Bestrafung aufgrund der allgemeinen Strafgesetze erfolgt.

Kap. 5: Betroffene Grundrechte

15. Informationsadressaten: Die positive Informationsfreiheit ist maßgeblich, soweit der Gesetzgeber eine Informationsquelle eröffnet hat. Die Kommunikationsfreiheit kommt in Betracht für die Bewertungen privater Internetnutzer eines staatlich finanzierten Portals sowie für den Portalbetreiber selbst. Dient die Information der Gefahrenabwehr, kommt das Recht auf Leib, Leben und körperliche Unversehrtheit (Art. 2 Abs. 2 S. 1 GG) in Betracht. Das Verbraucherinteresse kann über Art. 2 Abs. 1 GG bzw. Art. 12 Abs. 1 GG, die mit der wirtschaftlichen Betätigungsfreiheit die Privatautonomie als Teil der Vertragsfreiheit schützen, verfassungsrechtlich verankert sein.

16. Informationssubjekte: Das Recht auf informationelle Selbstbestimmung aus Art. 2 Abs. 1 i. V. m. Art. 1 Abs. 1 GG kann tangiert sein, wenn personenbezogene Daten Teil der Publikumsinformation sind. Bei unternehmensbezogenen Daten ist die Vereinbarkeit mit Art. 12 Abs. 1 GG zu überprüfen. Betrifft die Veröffentlichung das Informationssubjekt gleichzeitig als Privatperson und als Berufsträger, so sind das Persönlichkeitsrecht und die Berufsfreiheit nebeneinander einschlägig. Art. 14 Abs. 1 GG kommt in Betracht, wenn die Information existenzvernichtende Wirkung hat. Eine Ungleichbehandlung nach Art. 3 Abs. 1 GG steht im Raum, wenn der Staat aktiv eine Information verlautbart und sie in einem vergleichbaren Fall unterlässt bzw. die Veröffentlichungsmodalitäten ungerechtfertigt voneinander abweichen. Subsidiär greift die allgemeine Handlungsfreiheit gemäß Art. 2 Abs. 1 GG.

Kap. 6: Rechtmäßigkeitsvoraussetzungen

17. In Bezug auf staatliches Informationshandeln hat sich in jahrzehntelanger Rechtsprechung eine Sonderdogmatik entwickelt.
18. Einigkeit besteht überwiegend in der Charakterisierung staatlicher Informationen und Warnungen als Grundrechtsbeeinträchtigungen. Die Glykol- und die Osho-Entscheidung des BVerfG sowie die sich darauf stützende Lost-Art-Entscheidung des BVerfG sind an dieser Stelle dogmatisch unsauber.
19. In Bezug auf das Erfordernis einer Ermächtigungsgrundlage verhalten sich die Entscheidungen unterschiedlich. Die Bandbreite reicht von einer Rechtsgrundlage als Minus zu allgemeinen Befugnissen (NPD-Entscheidung) über eine allgemeine Norm (JF-Entscheidung, Birkel-Fall) und eine spezielle Ermächtigung (Transparenzlisten-Entscheidung) bis hin zu einer Aufgabennorm. Dieser letzte Ansatz, der in der TM-Entscheidung des BVerwG geboren und später vom BVerfG aufgegriffen wurde (Glykol, Osho), hat sich bis heute durchgesetzt. Hiernach genügt ein Rückgriff auf eine unmittelbar in der Verfassung verankerte Aufgabe, wie z. B. die der Bundesregierung als Organ der Staatsleitung zur Öffentlichkeitsarbeit (Art. 65 GG). Damit wurde der Grundsatz vom Vorbehalt des Gesetzes deutlich modifiziert bzw. eingeschränkt. In der Löw-Entscheidung greift das BVerfG wiederum auf die Aufgabe der Staatsleitung zurück – diesmal aber für die Bundes-

zentrale für politische Bildung, die nicht Teil der Gubernative ist. Darin ist eine bislang einmalige Ausweitung der vorherigen Senatsrechtsprechung zu sehen. Auch die Lost-Art-Entscheidung des BVerfG beruht auf einem eher extensiven Verständis der Staatsleitung. Während das OVG NRW in seiner E-Zigaretten-Entscheidung trotz des Vorliegens eines funktionalen Eingriffsäquivalents die Frage, ob eine Ermächtigungsgrundlage erforderlich gewesen wäre, inkonsequent offen ließ, wurde letzteres in der Revisionsentscheidung des BVerwG zutreffend bejaht.

20. In der Literatur wird die Sonderdogmatik der Rechtsprechung zu Recht kritisiert.
21. Selbst wenn für staatliches Informationshandeln der Gubernative eine Ermächtigungsgrundlage entbehrlich wäre – was abzulehnen ist –, gilt das nicht für Informationshandeln der Administrative. Neben vielen Argumenten sprechen dafür insbesondere die heute vielfach vorhandenen spezialgesetzlichen Regelungen, welche die grundsätzliche Normierbarkeit staatlichen Informationshandelns belegen.
22. Für hoheitliche Informationen gilt das Sachlichkeitsgebot. Neben anderen Kriterien müssen auch Suggestivwirkungen vermieden werden. Die Eigendynamik, die eine Information aufgrund der Weiterverbreitung durch eine dritte Stelle erfahren kann, ist dem Staat zwar nicht zuzurechnen. Bei der Erstlancierung der Information sollte die Gefahr der Skandalisierung durch die Medien aber berücksichtigt werden. Nach der Lancierung kommt der veröffentlichenden Stelle eine „Folgenbetrachtungspflicht" zu.
23. Informationen unterliegen dem Richtigkeitsgebot. Bei der Veröffentlichung von Bewertungen müssen die wertbildenden Faktoren transparent gemacht werden. Erfüllt die Behörde mit der Informationsveröffentlichung eine eigene Verpflichtung und fungiert nicht nur als „Postfach", hat sie behördenfremde Informationen auf ihre Richtigkeit hin zu überprüfen. Steht die Richtigkeit nicht fest, ist eine Verbreitung nur zulässig, wenn hierfür ein wichtiger Grund besteht und auf die verbleibende Unsicherheit hingewiesen wird. Zur Richtigkeit gehören auch die Vollständigkeit und Aktualität. Das „Alter" einer Information muss erkennbar sein. Überholte Informationen dürfen ohne entsprechenden Hinweis nicht mehr abrufbar sein.
24. Publikumsinformationen müssen den Grundsatz der Verhältnismäßigkeit wahren. An diesen sind wegen des unbeschränkten Adressatenkreises, der zeitlich zunächst nicht begrenzten Verfügbarkeit und der

Irreversibilität veröffentlichter Informationen im Internet hohe Anforderungen zu stellen.

25. Einfachgesetzlich ist das Anhörungserfordernis zu beachten. § 28 (L)VwVfG gilt unmittelbar, wenn der Staat die Informationsveröffentlichung einem Dritten überträgt und diese Pflichtenübertragung eine Rechtswirkung begründet. Im Regelfall aktiver Veröffentlichung durch den Staat selbst ist § 28 (L)VwVfG mangels Verwaltungsaktqualität analog anzuwenden, sofern nicht speziellere Normen eingreifen.

Kap. 7: Rechtsschutz

26. Nachträglichen Rechtsschutz gegen falsche Tatsachenbehauptungen bietet der öffentlich-rechtliche Folgenbeseitigungs- und Widerrufsanspruch. Mit dem Unterlassungsanspruch lässt sich bevorstehendes rechtswidriges Informationshandeln ohne Beschränkung auf falsche Tatsachenbehauptungen unterbinden. Als Entschädigungsanspruch greift der Amtshaftungsanspruch. Die Amtspflicht zu korrekter Auskunftserteilung ist in der Regel auch für öffentliche Publikumsinformationen drittgerichtet. Der Kausalitätsnachweis eines Umsatzrückgangs eines Unternehmens infolge einer Aktivinformation ist u.U. schwierig zu führen.

Kap. 8: Verbraucherleitbild

27. Der Empfängerhorizont lässt sich (für die hier maßgeblichen Bereiche) am Verbraucherbegriff messen. Auch wenn sich der Verbraucherbegriff dynamisch zeigt, ist der aktuelle Referenzverbraucher mündig und aufmerksam, wobei der tatsächlich vorhandene Aufmerksamkeitsgrad situationsbedingt relativ ist. Daher ist ein Übermaß an Information ebenso wenig sinnvoll, wie rein wertende Informationen, die mangels Offenbarung der Tatsachengrundlage eine eigene, aufgeklärte Entscheidung erschweren.

Kap. 9: Besonderheiten im Internet

28. Die Nutzung des Mediums Internet bietet Informationsadressaten wie Informanten gleichermaßen viele Vorteile. Diesen stehen mit der (scheinbar) unbegrenzten Veröffentlichungsdauer und technischen Gefahren Nachteile gegenüber.
29. Das digitale Gedächtnis kehrt das Regel-Ausnahme-Verhältnis von Erinnern und Vergessen um. Dies ist nicht ausschließlich positiv, da das Vergessen eine Reinigungsfunktion hat und das Vergessenwerden als „Maßnahme der Resozialisierung“ wichtig ist.
30. Die pauschale Aussage, das Internet vergesse nichts, ist nicht zutreffend. Die Haltbarkeit von Informationen variiert je nachdem, wo diese veröffentlicht wurden. Zudem verändern Suchmaschinen ihren Suchalgorithmus, so dass die dauerhafte Abrufbarkeit von Inhalten nicht garantiert ist. Bspw. sammelt die Deutsche Nationalbibliothek deshalb seit 2012 auch Webseiten.
31. Der EuGH entschied in seinem „Google“-Urteil, dass Einzelnen unter bestimmten Voraussetzungen gegenüber Suchmaschinenbetreibern ein „Recht auf Vergessenwerden“ zukomme.
32. Materiell-rechtliche Löschungsansprüche bestehen zwar (im deutschen BDSG und künftig, d. h. bei entsprechender Umsetzung des Entwurfs, auch in Art. 17 der Datenschutzgrundverordnung), sind aber in Bezug auf ihre Durchsetzbarkeit verbesserungsbedürftig. In Betracht kommen Maßnahmen der generellen Löschungsvorsorge (digitaler Radiergummi, programmiertes Vergessen) oder der individuellen Löschungsnachsorge (exclusion codes, reputation defender).
33. Die informationsverpflichteten Stellen haben die zu veröffentlichenden Inhalte deshalb stets mit größter Sorgfalt zu überprüfen und den grundrechtlich geschützten Belangen ein gesteigertes Augenmerk zu widmen. In Bezug auf die technische Fortentwicklung der Löschungsmöglichkeiten kann die Monitoring-Pflicht der veröffentlichenden Stelle in eine Nachbesserungspflicht münden.

Kap. 10: Darstellung im Internet

34. Die Wahl der Darstellung beeinflusst das Verständnis und die Entscheidungsfindung des Informationsadressaten. Entsprechend dem Informationsdarstellungsgebot genügt die Bereitstellung von Informatio-

nen nicht, sondern ist eine weitere Aufbereitung erforderlich, wenn diese nicht aus sich heraus verständlich sind.

35. Jede Information kann auf mehrere Arten dargestellt werden, wobei jede Art besondere Eigenschaften hat, die sich je nach Ziel positiv oder negativ auf die Erreichung desselben auswirken können. Die Wahl der Darstellung beeinflusst das Verständnis und die Entscheidungsfindung des Informationsadressaten. Als Grenze der im Internet verfügbaren „Verpackungsmöglichkeiten" fungiert das Sachlichkeitsgebot.
36. Eine aktive Behördeninformation muss nach objektiven Maßstäben aus sich heraus verständlich, d. h. selbsterklärend sein. Werden Fachtermini verwendet, muss eine „Übersetzung" angeboten werden. Die Abwägung hat zu Lasten der Verständlichkeit zu ergehen, sofern die vorrangig maßgebliche Rechtssicherheit eine präzise Fachsprache erfordert.
37. Eine durchdachte Gestaltung begünstigt die Informationsaufnahme. Der Schwerpunkt ist auf einfache, klare Textteile zu setzen. Informationen sollten gut lesbar und kontrastreich dargeboten werden. Kontraste haben auch Auswirkungen auf den vermuteten Wahrheitsgehalt einer Aussage. Wichtige Informationen sollten entsprechend dem „goldenen Dreieck" der Betrachtung einer Internetseite oben links und weniger relevante Informationen am rechten unteren Bildrand dargeboten werden. Gegenüber sog. Pop-ups ist die Verwendung von Hyperlinks vorzuziehen.
38. Eine numerische Darstellung der Information weist einen vergleichsweise großen Informationsgehalt und eine vergleichsweise niedrige Fehlerquote auf, wenn sie präziser ist als es die sprachliche Vermittlung wäre. Die „Übersetzung" einer komplexen rechtlichen Bewertung in ein Notensystem birgt die Gefahr der Verfälschung durch Vereinfachung. Es ist zu raten, zusätzlich zur numerischen Darstellung auch eine textliche Umschreibung bereitzustellen.
39. Piktogramme wie der Smiley dienen der Vereinfachung und korrespondieren mit einer Reduzierung des Informationsgehalts, weshalb die Symbolik nicht ohne (erklärenden) Text auskommen dürfte. Die Darstellung ist abhängig von der konkreten Symbolik unterschiedlich verständlich. Sie muss bezüglich Farbe und Form auf den zu vermittelnden Inhalt abgestimmt sein. Je weniger eine Darstellungsart emotional und suggestiv wirkt, desto geeigneter ist sie für hoheitliche Informationen.

40. Es sollte überlegt werden, vermehrt qualitative Maßstäbe für die staatliche Informationsverbreitung aufzustellen. Dies könnte dazu führen, dass auch unverständlich dargestellte oder zu viele Informationen eine Pflichtverletzung darstellen.

Kap. 11: Ausgewählte Aktivinformationen

§ 40 Abs. 1a LFGB

41. Aus der „Berger Wild"-Entscheidung des EuGH wie auch mittels der klassischen Auslegungsmethoden lässt sich ableiten, dass die BasisVO keine Sperrwirkung für Informationen, die nicht auf einem Gesundheitsrisiko fußen, entfaltet und § 40 LFGB mithin nicht unionsrechtswidrig ist.
42. An der Bestimmtheit des § 40 Abs. 1a LFGB bestehen keine durchgreifenden Bedenken. Auch der für eine Veröffentlichung mindestens zu erreichende Bußgeldrahmen von 350 € ist vertretbar.
43. § 40 Abs. 1a LFGB ist aber nicht verhältnismäßig:
    - Durch die zwingende Veröffentlichungspflicht entsteht ein Missverhältnis zwischen Abs. 1 und Abs. 1a des § 40 LGFB, das gegen das Gebot der Folgerichtigkeit verstößt. Unter diesem Aspekt ist auch die fehlende Möglichkeit zur Selbstveröffentlichung rechtswidrig.
    - Dass die Norm eine Verdachtsveröffentlichung vorsieht, ist mit der Rechtsprechung des BVerfG nicht in Einklang zu bringen, da nicht zugleich ein wichtiger Grund vorausgesetzt wird. Eine Korrektur im Einzelfall ist mangels Ermessensspielraums nicht möglich. De lege ferenda sollte das Anknüpfen an einen vollziehbaren Bescheid in Erwägung gezogen werden.
    - Das Fehlen einer gesetzlichen Löschungsfrist führt zur Unverhältnismäßigkeit. Eine Bestimmung der Löschungsfrist durch die Exekutive scheidet aus, da hierfür eine Bundeskompetenz kraft Sachzusammenhangs begründet ist.
44. Das Ersuchen um einstweiligen Rechtsschutz nach § 123 VwGO ist zumutbar und – auch vor dem Hintergrund der Irreversibilität einer Informationsveröffentlichung – mit Art. 19 Abs. 4 GG vereinbar. Zudem besteht die Möglichkeit, einen Hängebeschluss zu erwirken. Überwiegt ausnahmsweise das Rechtsschutz- das Informationsinteresse,

kann § 40 Abs. 1a LFGB im Einzelfall verfassungskonform dahingehend ausgelegt werden, dass der Behörde eine 14-tägige Wartepflicht obliegt.

45. Die durch § 40 Abs. 1a Nr. 1 und Nr. 2 LFGB erfolgende Ungleichbehandlung ist sachlich gerechtfertigt und verstößt nicht gegen Art. 3 Abs. 1 GG.
46. § 40 Abs. 1a LFGB verstößt nicht gegen die Unschuldsvermutung, da mit der Veröffentlichung nur auf Tatsachen basierende Verdachtsgründe festgestellt werden, aber keine verbotene Schuldfeststellung erfolgt. Auch begründet die Norm mangels Strafcharakter der Informationen keine verbotene Verdachtsstrafe.
47. Kritisch zu sehen ist die Vereinbarkeit mit § 475 StPO. De lege ferenda sollte § 40 Abs. 1a LFGB als Ermessensnorm ausgestaltet werden, so dass die Behörde den Belang „Schutz laufender Verfahren“ bei ihrer Entscheidung berücksichtigen könnte. Möglich wäre es stattdessen auch – wie in anderen Gesetzen – eine explizite Klausel zum Schutz des Verfahrenszwecks in § 40 Abs. 1a LFGB aufzunehmen.
48. Die Veröffentlichung bereits vergangener Verstöße ist unter entsprechendem Hinweis zulässig, da diese für künftige Konsumentscheidungen Aussagekraft besitzt. Eine andere Entscheidung würde einen Wettlauf zwischen Veröffentlichung und Mängelbeseitigung auslösen und die Bedeutung der Vorschrift deutlich schmälern.
49. Die Rechtsfolgenseite des § 40 Abs. 1a LFGB ist auf die Information über konkrete Lebensmittelverstöße zu begrenzen. Mitteilungen über sonstige Hygienemängel sind unzulässig. Dies muss beim Ansetzen des Bußgeldrahmens berücksichtigt werden.
50. Wortlaut und Gesetzgebungshistorie ergeben kein eindeutiges Signal für das Erfordernis einer Prüfung durch zwei unabhängige Laboratorien. Der Telos der Norm würde für eine solch strenge Auslegung sprechen, wenn systemische Fehler eine reale Gefahr darstellten. Letztere Frage kann nur die Praxis beantworten.

§ 6 Abs. 1 S. 3 VIG

51. § 6 Abs. 1 S. 3 VIG stellt eine Ermächtigungsgrundlage für aktive Behördeninformationen dar. Dies vorausgesetzt ist die hinreichende Bestimmtheit der Norm zu verneinen, da wesentliche Regelungen im grundrechtsrelevanten Bereich fehlen, deren Normierung praktisch möglich gewesen wäre.

52. § 6 Abs. 1 S. 3 Hs. 2 i. V. m. § 5 Abs. 1 S. 2 Nr. 1 und Nr. 2 VIG sehen Ausnahmen vom Anhörungserfordernis vor. Während an Nr. 2 keine Bedenken bestehen, erscheint Nr. 1 mit Blick auf die Eingriffsintensität problematisch – zumal die Ausgestaltung keine hinreichende Vergleichbarkeit zu den Ausnahmetatbeständen des § 28 Abs. 2 (L)VwVfG aufweist. Die Behörden sollten von einem Gebrauch der Nr. 1 de lege lata absehen.
53. Die Vorverlegung des Ausschlussgrundes des § 2 Abs. 1 S. 1 Nr. 1 lit. a i. V. m. § 3 S. 1 Nr. 1 lit. b VIG auf das Vorfeld der Einleitung von Verfahren ist nicht geboten. Seine Beschränkung auf strafrechtliche Ermittlungsverfahren und Verfahren vor Strafgerichten ist mit sachlichen Gründen zu rechtfertigen. § 3 S. 1 Nr. 1 lit. b VIG geht § 475 StPO und § 49b OWiG als lex specialis sowie als lex posterior vor.
54. § 6 Abs. 3 S. 1 VIG, der die Behörde von der Überprüfung der inhaltlichen Richtigkeit freistellt, ist teleologisch zu reduzieren mit der Konsequenz der Nichtanwendbarkeit im Falle von aktiv veröffentlichten Informationen mit Lenkungswirkung. Dadurch lebt die verfassungsrechtliche Prüfpflicht der inhaltlichen Richtigkeit wieder auf mit der Folge, dass nicht nur personenbezogene, sondern auch ausschließlich sachbezogene Informationen auf ihre inhaltliche Richtigkeit hin zu überprüfen sind. Dieses Ergebnis folgt bezüglich der Veröffentlichungsmodalität aus der unterschiedlichen Interessenlage der Adressaten bei passiver und aktiver Informationsveröffentlichung (bei letzterer: größerer Adressatenkreis und erhöhte Erwartungen an ihre Richtigkeit). In Bezug auf das Veröffentlichungsziel folgt das Ergebnis aus dem Vergleich zu open data, bei denen die Veröffentlichung ebenfalls aktiv, aber „nur" unter dem Vorzeichen der Transparenz und Zugänglichmachung von Information erfolgt. Geht es – wie im Falle des § 6 Abs. 1 S. 3 VIG – um mehr als Transparenz, nämlich um mittelbare Steuerung durch Information, kann eine Freistellung von der Überprüfung der Richtigkeit nicht überzeugen.
55. In Anlehnung an die Veröffentlichungspraxis des Saarlandes ist im Rahmen von § 6 Abs. 1 S. 3 VIG die gesetzliche Verankerung einer Veröffentlichungsdauer von einem Monat bei erstmaligen und eine Veröffentlichungsdauer von drei Monaten bei mehrmaligen Verstößen innerhalb von sechs Monaten zu fordern.

Negativliste und Smiley-System Pankow

56. Für die (nicht freiwillige) Negativliste und das Pankower Smiley-System ist eine Ermächtigungsgrundlage erforderlich. Einerseits handelt nicht die Gubernative, sondern die Administrative und andererseits geht es nicht wie im Glykolweinfall um Krisenbewältigung, sondern um den Ausgleich von Informationsasymmetrien. Ferner erschöpft sich das Smiley-System nicht in der Tatsachenvermittlung, sondern stellt hoheitliche Bewertungen zur Verfügung. Schließlich sind die Listen auch darauf ausgerichtet, Lenkungswirkung zu entfalten – in Rede stehen Grundrechtseingriffe in Art. 12 Abs. 1 GG, in Art. 2 Abs. 1 i. V. m. Art. 1 Abs. 1 GG (oder in den sozialen Geltungsanspruch eines Unternehmens nach Art. 12 Abs. 1 bzw. Art. 2 Abs. 1 GG) und in Art. 3 Abs. 1 GG.
57. Für die Liste des Bezirks Pankow aus dem Jahre 2009 existiert mit § 6 Abs. 1 S. 3 VIG bzw. existierte mit § 5 Abs. 1 S. 2 VIG a. F. eine Ermächtigungsgrundlage, an der jedoch mit Blick auf ihre Bestimmtheit verfassungsrechtliche Bedenken bestehen. Ferner ist das teilweise Veröffentlichen von Fotos (Stichwort Sachlichkeit und Richtigkeit) kritisch zu sehen.
58. Für das Smiley-System aus dem Jahre 2011 existiert – auch wenn man den Anwendungsbereich des VIG zunächst bejaht – weder mit § 6 Abs. 1 S. 3 VIG (da sich die Veröffentlichung auf Bewertungen erstreckt und nicht auf vorhandene Daten beschränkt) noch mit § 40 LFGB (mangels Produktbezogenheit der Veröffentlichungen) eine taugliche Ermächtigungsgrundlage. Mit § 5a VIG-E existiert ein Gesetzesentwurf des Landes Berlin, der allerdings „in einer Schublade verschwunden zu sein scheint“.

Kontrollbarometer

59. Die Einführung eines bundeseinheitlichen Kontrollbarometers ist zwischenzeitlich gescheitert. Die Länder können aber, auch ohne dass dies bislang in einem § 40 Abs. 6 LFGB ausdrücklich verankert wurde, eigene Regelungen treffen.

Art. 10 Abs. 3 VO-E

60. Mit Art. 10 Abs. 3 VO-E gibt es möglicherweise bald eine „europäische Lösung" für amtliche nationale Bewertungssysteme wie das Smiley-System und das Kontroll-Barometer. Da die Norm nicht selbstvollziehend ist, bleibt der deutsche Gesetzgeber in der Pflicht, geeignete Regelungen zu schaffen, die einen schlüssigen und transparenten Einstufungsprozess gewährleisten.

Portal Lebensmittelklarheit

61. Der Status Quo des Internetportals Lebensmittelklarheit ist mit den Vorgaben der Rechtsprechung nicht in Einklang zu bringen, da die Verbraucherzentralen die notwendige Neutralität und Unabhängigkeit vermissen lassen. Es sollte darüber nachgedacht werden, ob nicht das Bundesministerium für Ernährung und Landwirtschaft selbst das Portal betreiben könnte. Ferner wäre denkbar, vergleichbar der Stiftung Warentest eine Stiftung Lebensmittelklarheit ins Leben zu rufen und diese als neutralen Betreiber des Portals, gesichert durch die entsprechenden Statuten, einzusetzen.

Pflege-TÜV

62. Die Transparenzberichte des Pflege-TÜVs greifen in die Berufsfreiheit der Betreiber der bewerteten Einrichtung bzw. des bewerteten Dienstes ein (auch hier handelt nicht die Gubernative zum Zwecke der Gefahrenabwehr und die Veröffentlichung beschränkt sich erneut nicht auf Tatsachen). Die notwendige Ermächtigungsgrundlage ist in § 115 Abs. 1a SGB XI zu sehen.
63. Mit § 115 Abs. 1a S. 8 SGB XI hat der Gesetzgeber gegen die Wesentlichkeitsgarantie verstoßen, da grundlegende, für den Erfolg des Pflege-TÜVs maßgebliche Kriterien (einzuhaltendes Verwaltungsverfahren, insb. Anhörungserfordernis; Art des Bewertungssystems, Beurteilungskriterien) nicht vorgegeben werden.
64. § 115 Abs. 1a S. 8 SGB XI überträgt normative Regelungsbefugnisse u.a. an private Dritte und verstößt daher gegen den Grundsatz vom Vorbehalt des Gesetzes. Die Unzulässigkeit der Übertragung liegt darin begründet, dass die Norm weder zum Erlass einer Rechtsverordnung noch einer Satzung ermächtigt und in den PTV auch keine zuläs-

sigen Normsetzungsverträge zu sehen sind, da es sich bei den Vereinbarungspartnern um „Außenseiter“ handelt.

65. Den Prüfkriterien mangelt es an einer ihrer Bedeutung entsprechenden Gewichtung. Ferner gelingt es den PTV nicht, wie von § 115 Abs. 1a S. 1 SGB XI vorgesehen, vorrangig die Ergebnis- und Lebensqualität abzubilden. Auch die Bewertungssystematik hat Schwächen.
66. Mit dem Pflege-TÜV in seiner derzeitigen Ausgestaltung werden – auch nach der Überarbeitung der PTVS – die gesetzgeberischen Ziele nicht erreicht. Die Prüfberichte stellen keine zutreffende Informationsgrundlage dar. Die aktuellen Reformvorhaben sind deshalb zu befürworten.

Literaturverzeichnis

Brockhaus Enzyklopädie, Band 13 (HURS–JEM), 21. Auflage, Mannheim, u. a. 2006.

Abbé, Sophie, Information ohne Gefahr, ZEurLebensmittelR 2013, S. 111 ff.

Addicks, Jörg, Ist die Veröffentlichung von Qualitätsprüfungsergebnissen in der ambulanten und stationären Pflege mit dem Grundgesetz vereinbar?, PflR 2011, S. 58 ff.

Åkerlof, George A., The Market for "Lemons": Quality Uncertainty and the Market Mechanism, The Quarterly Journal of Economics 1970, S. 488 ff.

Akkermann, Jarste/Grundmann, Ulf H., Initiative „Klarheit und Wahrheit bei der Kennzeichnung und Aufmachung von Lebensmitteln" des BMELV – Produktbewertungen auf dem Internetportal www.lebensmittelklarheit.de, LMuR 2011, S. 117 ff.

Albers, Marion, Information als neue Dimension im Recht, Rechtstheorie 33 (2002), S. 61 ff.

Dies., Informationelle Selbstbestimmung, Baden-Baden 2005.

Dies., Grundlagen und Ausgestaltung der Informationsfreiheitsgesetze, ZJS 2009, S. 614 ff.

Dies./Ortler, Bettina, Verbraucherschutz und Markttransparenz im Recht der Verbraucherinformation, GewArch 2009, S. 225 ff.

Albert, Alexandra/Ammerich, Florian, Bewertungsportale im Gesundheitsrecht – Arztbewertungen im Internet, Pflege-TÜV, NVwZ 2012, S. 286 ff.

Allefeld, Hans, Verständlich? Selbstverständlich! – Wie Kommunen kommunizieren können, in: Hans-R. Fluck/Michaela Blaha (Hrsg.), Amtsdeutsch a. D.? – Europäische Wege zu einer modernen Verwaltungssprache, Bd. 4, Tübingen 2010, S. 23 ff.

Althammer, Christoph/Schäuble, Daniel, Effektiver Rechtsschutz bei überlanger Verfahrensdauer – Das neue Gesetz aus zivilrechtlicher Perspektive, NJW 2012, S. 1 ff.

Andresen, Thomas, Anzeigenkontakt und Informationsüberschuss – Eine empirische Untersuchung über die Determinanten des Anzeigenkontaktes in Publikumszeitschriften mit Hilfe der Blickaufzeichnung, Saarbrücken 1987.

Arend, Stefan, „Bandwurmsätze und Wortungetüme" – Die soziale Pflegeversicherung und die deutsche Sprache, in: Karin M. Eichhoff-Cyrus/Gerd Antos (Hrsg.), Verständlichkeit als Bürgerrecht? – Die Rechts- und Verwaltungssprache in der öffentlichen Diskussion, Mannheim u. a. 2008, S. 268 ff.

Arnim, Hans Herbert von, Nebeneinkünfte von Landtagsabgeordneten – Konsequenzen nach der Neuregelung im Bund und dem Urteil des BVerfG, NVwZ 2007, S. 1246 ff.

Assion, Simon, Vergesst das Recht auf Vergessenwerden, 26.1.2012, http://www.telemedicus.info/article/2138-Vergesst-das-Recht-auf-Vergessenwerden.html, zuletzt geprüft am 27.9.2014.

Augsberg, Steffen, Der Staat als Informationsmittler – Robin Hood oder Parasit der Wissensgesellschaft, DVBl. 2007, S. 733 ff.

Bachem, Jörn, Veröffentlichung von Transparenzberichten gemäß § 115 Abs 1a SGB XI – Rechtsprobleme und Reaktionsmöglichkeiten, Sozialrecht aktuell 2010, S. 123 ff.

Bacon, Francis, Meditationes sacrae 1597.

Bader, Johann/Ronellenfitsch, Michael (Hrsg.), Beck'scher Online-Kommentar – VwVfG, 25. Aktualisierung, München 2014.

Baer, Susanne, Demografischer Wandel und Generationengerechtigkeit, VVDStRL 68 (2009), S. 291 ff.

Bahr, G. Susanne/Ford, Richard A., How and why pop-ups don't work: Pop-up prompted eye movements, user affect and decision making, CinHB 2011, S. 776 ff.

Ballhausen, Miriam/Roggenkamp, Jan Dirk, Personenbezogene Bewertungsplattformen, K&R 2008, S. 403 ff.

Bamberger, Heinz Georg/Roth, Herbert (Hrsg.), Beck'scher Online-Kommentar – BGB, 32. Aktualisierung, München 2014.

Bänsch, Axel, Käuferverhalten, 9. Aufl., München 2002.

Barczak, Tristan, Das Gesundheitsideal als Werbeversprechen – Regulierung, rechtliche Optionenräume und Rechtsschutzperspektiven, Eine Analyse der Health Claims-Verordnung und der Rolle der Europäischen Behörde für Lebensmittelsicherheit in der mehrdimensionalen Lebensmittelverwaltung, Bd. 12, Baden-Baden 2012.

Bartkowski, Britta/Jürging, Axel, Lebensmittelklarheit.de – Eine lebensmittelrechtliche und rechtspolitische Untersuchung, ZEurLebensmittelR 2013, S. 101 ff.

Baur, Alexander/Burkhardt, Anika/Kinzig, Jörg, Am Pranger: Kriminalprävention durch Information – Über die Zulässigkeit und kriminalpolitische Wirksamkeit eines Präventivprangers für gefährliche Straftäter, JZ 2011, S. 131 ff.

Beater, Axel, Die stillen Wandlungen des Wettbewerbsrechts – Zugleich ein Beitrag zur Orient-Teppichmuster-Entscheidung des BGH, JZ 2000, S. 973 ff.

Bebenburg, Pitt von, Erster Ekel-Betrieb am Pranger, Frankfurter Rundschau v. 02.11.2012, http://www.fr-online.de/frankfurt/-internetportal-zur-lebensmittelhygiene-erster-ekel-betrieb-am-pranger,1472798,20769644.html.

Becker, Florian, Verfassungs- und unionsrechtliche Aspekte der Novelle von VIG und § 40 LFGB, ZLR 2011, S. 391 ff.

Ders., Ermächtigungsgrundlagen für staatliche Informationsarbeit während laufender Ordnungswidrigkeitenverfahren im Lebensmittelrecht, in: Marcus Girnau (Hrsg.), Festschrift für Matthias Horst, Hamburg 2013, S. 73 ff.

Ders./Ambrock, Jens, Zur Zulässigkeit einer Verbraucherwarnung (Gammelfleisch) – Anmerkung zu LG München I, Beschl. v. 5.12.2011 – 15 O 9353/09, LMuR 2012, S. 35 ff.

Ders./Blackstein, Ylva, Der transparente Staat – Staatliche Verbraucherinformation über das Internet, NJW 2011, S. 490 ff.

Ders./Merschmann, Alexander, Anmerkung zu EuGH, Urt. v. 11.4.2013 – C-636/11 (Karl Berger/Freistaat Bayern), NJW 2013, S. 1726 f.

Beckert, Bernd/Riehm, Ulrich, Gesetzliche Regelungen für den Zugang zur Informationsgesellschaft – TAB-Arbeitsbericht Nr. 149, Berlin Juni 2012.

Beck, Rita, Verbraucherinformationsgesetz – Kommentar und Vorschriftensammlung, Stuttgart 2009.

Bell, Daniel, The Coming Of Post-industrial Society – A Venture In Social Forcasting, New York 1973.

Berger, Peter, Post vom Amt – mal verständlich – Bürgerfreundliche Amts- und Verwaltungssprache, in: Karin M. Eichhoff-Cyrus/Gerd Antos (Hrsg.), Verständlichkeit als Bürgerrecht? – Die Rechts- und Verwaltungssprache in der öffentlichen Diskussion, Mannheim, u. a. 2008, S. 295 ff.

Berndt, Hermann, Die Abhängigkeit der Konsumentscheidung von der Quantität und der Qualität der dargebotenen Information – Eine empirische Untersuchung zum Phänomen der „Information Overload", Bd. 3, München 1983.

Bertram, Günter, Eine Lanze für die Pressefreiheit – Das BVerfG erinnert Düsseldorfer Verwaltungsrichter und Verfassungsschützer an das Grundgesetz, NJW 2005, S. 2890 f.

Bethge, Herbert, Zur verfassungsrechtlichen Legitimation informalen Staatshandelns der Bundesregierung, JURA 2003, S. 327 ff.

Bettermann, Karl August, Zur Lehre vom Folgenbeseitigungsanspruch, DÖV 1955, S. 528 ff.

Beukelmann, Stephan, Der Internetpranger, NJW-Spezial 2011, S. 504.

Blaha, Michaela, Moderne Verwaltung – moderne Sprache? – Erfahrungen aus Projekten zu verständlicher Sprache in der Verwaltung, in: Karin M. Eichhoff-Cyrus/Gerd Antos (Hrsg.), Verständlichkeit als Bürgerrecht? – Die Rechts- und Verwaltungssprache in der öffentlichen Diskussion, Mannheim, u. a. 2008, S. 284 ff.

Dies., Amtdeutsch a.D.? – Auf dem Weg zu einer verständlichen Verwaltungssprache, in: Hans-R. Fluck/Michaela Blaha (Hrsg.), Amtsdeutsch a. D.? – Europäische Wege zu einer modernen Verwaltungssprache, Bd. 4, Tübingen 2010, S. 59 ff.

BMEL, Initiative Klarheit und Wahrheit bei der Kennzeichnung und Aufmachung von Lebensmitteln, Januar 2014, http://www.bmel.de/SharedDocs/Downloads/Ernaehrung/Kennzeichnung/FAQsKlarheitUndWahrheit.pdf?__blob=publicationFile.

Dass., Initiative "Klarheit und Wahrheit bei der Kennzeichnung und Aufmachung von Lebensmitteln", April 2014, http://www.bmel.de/SharedDocs/Downloads/Ernaehrung/KlarheitUndWahrheitInitiativeZusammenstellung.pdf?__blob=publicationFile.

Dass., Pressemitteilung Nr. 249 vom 10.09.2012 – Bundesländer können verpflichtendes Kontrollbarometer einführen.

Boch, Thomas, Lebensmittel- und Futtermittelgesetzbuch – Nomos Kommentar, 3. Aufl. 2013.

Boehme-Neßler, Volker, Das Recht auf Vergessenwerden – Ein neues Internet-Grundrecht im Europäischen Recht, NVwZ 2014, S. 825 ff.

Böhm, Monika, Döner und Finanzdienstleistungen – Informationsansprüche als Allheilmittel, in: Veith Mehde/Ulrich Ramsauer/Margrit Seckelmann (Hrsg.), Staat, Verwaltung, Information – Festschrift für Hans Peter Bull zum 75. Geburtstag, Berlin 2011, S. 965 ff.

Dies., Das Internetportal www.lebensmittelklarheit.de – Rechtlicher Rahmen, in: Wolfgang Voit (Hrsg.), Lebensmittelinformation zwischen Aufklärung und Skandalisierung – 5. Marburger Symposium zum Lebensmittelrecht, Baden-Baden 2012, S. 81 ff.

Dies., Verbraucherinformation im Internet, in: Hermann Hill, Utz Schliesky (Hrsg.), Die Vermessung des virtuellen Raums – E-Volution des Rechts- und Verwaltungssystems III, Bd. 19, Baden-Baden 2012, S. 119 ff.

Dies./Lingenfelder, Michael/Voit, Wolfgang, Auswertung der Anwendungserfahrungen mit dem Verbraucherinformationsgesetz (VIG) sowie Erarbeitung von konkreten Empfehlungen für Rechtsänderungen – Endbericht 2010, im Internet abrufbar unter http://dipbt.bundestag.de/dip-21/btd/17/018/CD01800/Anwendungserfahrungen%20VIG%20Endbericht.pdf.

Dies./Lingenfelder, Michael/Voit, Wolfgang, Verbraucherinformation auf dem Prüfstand, NVwZ 2011, S. 198 ff.

Bohne, Eberhard, Informales Verwaltungs- und Regierungshandeln als Instrument des Umweltschutzes – Alternativen zu Rechtsnorm, Vertrag, Verwaltungsakt und anderen rechtlich geregelten Handlungsformen?, VerwArch 75 (1984), S. 343 ff.

Bohsem, Guido, CDU-Experte nennt Pflege-TÜV „Desaster", SZ v. 4.2.2015, http://www.sueddeutsche.de/wirtschaft/jens-spahn-cdu-experte-nennt-pflege-tuev-der-regierung-desaster-1.2333985, zuletzt geprüft am 4.2.2015.

Bonato, Marcellus, Gutachterliche Stellungnahme im Auftrag der Diakonie Rheinland-Westfalen-Lippe e.V. – Kritik an der Methodik der Pflege-Transparenzberichte, Münster 21.04.2010, im Internet abrufbar unter http://www.diakonie-rwl.de/cms/media//pdf/arbeitsbereiche/leben_im_alter/stationaere_altenpflege/positionen/20100506Gutachten-Pflegenoten_DiakonieRWL.pdf.

Borchert, Günter, Veröffentlichung von Arzneimittel-Transparenzlisten, NJW 1985, S. 2741 ff.

Ders., in: Thorsten Beyerlein/Günter Borchert (Hrsg.), VIG, Verbraucherinformationsgesetz – Kommentar, München 2010, § 5.

Born, Christian, Gen-Milch und Goodwill – Äußerungsrechtlicher Schutz durch das Unternehmenspersönlichkeitsrecht, AfP 2005, S. 110 ff.

Bortz, Jürgen/Döring, Nicola, Forschungsmethoden und Evaluation für Human- und Sozialwissenschaftler, 4. Aufl., Berlin/Heidelberg 2006.

Braun Binder, Nadja, Staatliche Informationstätigkeit vor Volksentscheiden, in: Tobias Mörschel/Michael Efler (Hrsg.), Direkte Demokratie auf Bundesebene – Ausgestaltung direktdemokratischer Verfahren im deutschen Regierungssystem, Baden-Baden 2013, S. 161 ff.

Briegleb, Volker, Justizministerin lehnt „digitalen Radiergummi“ ab, heise online v. 22.3.2011, im Internet abrufbar unter http://www.heise.de/newsticker/meldung/Justizministerin-lehnt-digitalen-Radiergummi-ab-1212598.html, zuletzt geprüft am 30.10.2014.

Britz, Gabriele, § 26 Elektronische Verwaltung, in: Wolfgang Hoffmann-Riem, Eberhard Schmidt-Aßmann, Andreas Voßkuhle (Hrsg.), Grundlagen des Verwaltungsrechts Band II – Informationsordnung, Verwaltungsverfahren, Handlungsformen, 2. Aufl., München 2012.

Britz, Gabriele/Eifert, Martin/Groß, Thomas, Verwaltungsinformation und Informationsrichtigkeit – Pflichten und Ansprüche nach dem Umweltinformations- und dem Informationsfreiheitsgesetz, DÖV 2007, S. 717 ff.

Brochnow, Jörg, Obskure Transparenz – Pflegetransparenzberichte gem. § 115 Ia SGB XI versus Rechtsstaatlichkeit, NJOZ 2011, S. 385 ff.

Brüggemann, Jürgen, Pflege-Transparenzvereinbarung – SGB XI: Das kommt 2014 auf die stationären Einrichtungen zu, Heilberufe / Das Pflegemagazin 2013, S. 16 ff.

Brühl, Jannis, Streit über Lebensmittel-Pranger – Geheimsache Ekelessen, SZ v. 5.3.2014, http://www.sueddeutsche.de/wirtschaft/streit-ueber-lebensmittel-prange r-geheimsache-ekelessen-1.1903666, zuletzt geprüft am 10.4.2014.

Bull, Hans Peter, Persönlichkeitsrechtsschutz im Internet: Reformeifer mit neuen Ansätzen, NVwZ 2011, S. 257 ff.

Ders./Mehde, Veith, Allgemeines Verwaltungsrecht mit Verwaltungslehre, 8. Aufl., Heidelberg/München/u. a. 2009.

Bumke, Christian, Publikumsinformation – Erscheinungsformen, Funktionen und verfassungsrechtlicher Rahmen einer Handlungsform des Gewährleistungsstaates, Die Verw. 37 (2004), S. 3 ff.

Bundesministerium des Innern, E-Government 2.0 – Das Programm des Bundes, Berlin November 2006, im Internet abrufbar unter http://www.bmi.bund.de/SharedDocs/Downloads/DE/Themen/OED_Verwaltung/Informationsgesellschaft/e_government_des_bundes_pdf?__blob=publicationFile.

Dass., Abschlussbericht E-Government 2.0 – Das Programm des Bundes, Berlin Juni 2010, im Internet abrufbar unter http://www.bmi.bund.de/SharedDocs/Downloads/DE/Themen/OED_Verwaltung/Informationsgesellschaft/Abschlussbericht_E-Gov 2_0.pdf?__blob=publicationFile.

Bundesministerium für Bildung und Forschung, Delphi-Befragung 1996/1998 – Abschlußbericht zum „Bildungs-Delphi“, München 1998.

Bundesministerium des Innern, Minikommentar zum Gesetz zur Förderung der elektronischen Verwaltung sowie zur Änderung weiterer Vorschriften, im Internet abrufbar unter http://www.bmi.bund.de/SharedDocs/Downloads/DE/Themen/OED_Verwaltung/Informationsgesellschaft/egovg_minikommentar.pdf%3Bjsessionid%3D287954C656A017C136385DCB72CE0E32.2_cid295?__blob=publicationFile, zuletzt geprüft am 22.12.2014.

Bundesregierung, Deutschlands Zukunft gestalten, 2013, http://www.bundesregierung.de/Content/DE/_Anlagen/2013/2013-12-17-koalitionsvertrag.pdf?__blob=publicationFile.

BBB-Arbeitshandbuch, 4. Aufl., Köln 2002.

Bundesverwaltungsamt – Bundesstelle für Informationstechnik, BITV-Checkliste für GSB-Redakteure, April 2007, http://www.bit.bund.de/nn_2146590/BIT/DE/Shared/Publikationen/GSB__Publikationen/BITV-Checkheft3-1,templateId=raw,property=publicationFile.pdf/BITV-Checkheft3-1.pdf, zuletzt geprüft am 22.10.2014.

Busch, Andreas, Politische Regulierung von Information – eine Einführung, in: Andreas Busch, Jeanette Hofmann (Hrsg.), Politik und die Regulierung von Information – Sonderband PVS 46/2011, Baden-Baden 2012, S. 24 ff.

Butt, Markus, Erweiterter Zugang zu behördlichen Umweltinformationen – Die neue EG-Umweltinformationsrichtlinie, NVwZ 2003, S. 1071 ff.

Buxel, Holger, Akzeptanz und Nutzung von Nährwertkennzeichnung auf Lebensmitteln durch Konsumenten – Ergebnisse einer empirischen Untersuchung unter Berücksichtigung der GDA- und Ampel-Nährwertkennzeichnung, Studienbericht, Münster März 2010.

Cancik, Pascale, Verwaltung und Öffentlichkeit in Preußen – Kommunikation durch Publikation und Beteiligungsverfahren im Recht der Reformzeit, Tübingen 2007.

Capurro, Rafael, Einführung in den Informationsbegriff, http://www.capurro.de/infovorl-index.htm, zuletzt geprüft am 10.11.2014.

Castendiek, Jan, Der sozialversicherungsrechtliche Normsetzungsvertrag – Verfassungsrechtliche Betrachtung unter besonderer Berücksichtigung der Normgebung in Selbstverwaltungsbereichen ohne körperschaftliche Strukturen, Baden-Baden 2000.

Clemens, Thomas, Verfassungsrechtliche Anforderungen an untergesetzliche Rechtsnormen – Bemerkungen zu den Referaten der Rostocker Tagung, MedR 1996, S. 432 ff.

Creifelds, Carl/Weber, Klaus, Rechtswörterbuch, 21. Aufl., München 2014.

Czerwick, Edwin, Strukturen und Funktionen der Verwaltungskommunikation, DÖV 1997, S. 973 ff.

Dannecker, Christoph, Internet-Pranger auf Verdacht: Zur Bedeutung der Unschuldsvermutung für die Information der Öffentlichkeit über lebensmittelrechtliche Verstöße nach § 40 Abs. 1a Nr. 2 LFGB, JZ 2013, S. 924 ff.

Danwitz, Thomas von, Verfassungsfragen staatlicher Produktempfehlungen, Köln u. a. 2003.

Dechsling, Rainer, Das Verhältnismäßigkeitsgebot – Eine Bestandsaufnahme der Literatur zur Verhältnismäßigkeit staatlichen Handelns, München 1989.

Degenhart, Christoph, Testberichte und Werbebeschränkungen im Recht der Arzneimittel: Äußerungsfreiheit, Recht am Unternehmen und Gesundheitsschutz, PharmR 2010, S. 261 ff.

Detterbeck, Steffen, Allgemeines Verwaltungsrecht – Mit Verwaltungsprozessrecht, 12. Aufl., München 2014.

Ders., Öffentliches Recht – Ein Basislehrbuch zum Staatsrecht, Verwaltungsrecht und Europarecht mit Übungsfällen, 9. Aufl., München 2013.

Diesterhöft, Martin, Das Recht auf medialen Neubeginn. Die "Unfähigkeit des Internets zu vergessen" als Herausforderung für das allgemeine Persönlichkeitsrecht, Berlin 2014.

Ders., Datenschutzrechtlicher Direktanspruch gegen Suchmaschinenbetreiber – Königsweg zum medialen Neubeginn?, VBlBW 2014, S. 370 ff.

Dietlein, Johannes, Verwaltungsrecht: Staatliche Subventionen an Private zum Zweck der Förderung kritischer Auseinandersetzung mit sog. Jugendreligionen – Entscheidungserläuterung OVG NW, Urt. v. 23.3.1990 – 5 A 584/86, JA 1991, S. 339 ff.

DIN-Taschenbuch 25, Begriffe der Informationstechnik – Normen, 7. Aufl., Berlin/Köln 1989.

Dolde, Klaus-Peter, Behördliche Warnungen vor nicht verkehrsfähigen Lebensmitteln – Rechtsgutachten erstellt im Auftrag des Bundes für Lebensmittelrecht und Lebensmittelkunde e.V., Bonn 1987.

Ders., Staatlich finanzierte Produktkritik Privater, ZHR 2010, S. 517 ff.

Domeier, Danja, Die Weitergabe von Informationen über Verstöße gegen das Lebensmittelrecht im Verwaltungsverfahren und bei drohendem Straf- und Ordnungswidrigkeitenverfahren, in: Monika Böhm/Georg Freund/Wolfgang Voit (Hrsg.), Verbraucherinformationsgesetz – 2. Marburger Symposium zum Lebensmittelrecht, Bd. 1, Marburg 2009, S. 84 ff.

Domma, Peter, Der Einfluss des Web 2.0 auf das Konsumentenverhalten im E-Commerce – Eine experimentelle verhaltenswissenschaftliche Untersuchung der Wirkung von Web 2.0-Instrumenten in Online-Shops, Hamburg 2011.

Dörnhöfer, Stefanie, Am digitalen Pranger, in: Heiner Bielefeldt, Volkmar Deile, Brigitte Hamm, Franz-Josef Hutter, Sabine Kurtenbach, Hannes Tretter (Hrsg.), Jahrbuch Menschenrechte / Nothing to hide – nothing to fear? – Datenschutz, Transparenz, Solidarität, Wien u. a. 2011, S. 106 ff.

Dose, Nicolai/Voigt, Rüdiger, Kooperatives Recht: Norm und Praxis, in: dies. (Hrsg.), Kooperatives Recht, Baden-Baden 1995, S. 11 ff.

Dreier, Horst, Grundrechtsdurchgriff contra Gesetzesbindung? – Exemplarische Betrachtung zum Verhältnis von Verfassungs- und Verwaltungsrecht anhand der Rechtsprechung des Bundesverwaltungsgerichts, Die Verw. 36 (2003), S. 105 ff.

Druey, Jean Nicolas, Information als Gegenstand des Rechts – Entwurf einer Grundlegung, Zürich/Baden-Baden 1995.

Dünnwald, Dirk, Anmerkungen zum Contergan-Urteil des Oberlandesgerichts Hamburg vom 16. Dezember 2008 – 7 U 49/08 (ZUM-RD 2009, 200) – Zugleich eine Auseinandersetzung mit den Esra-Urteilen des Bundesgerichtshofs vom 21. Juni 2005 (ZUM 2005, 735) und des Bundesverfassungsgerichts vom 13. Juni 2007 (ZUM 2007, 829), ZUM 2009, S. 538 ff.

Dürschke, Joachim/Brembeck, Roland, Der Pflege-TÜV auf dem Prüfstand – Die Prüfung der Pflegeeinrichtungen zur Qualitätssicherung nach dem SGB XI, München 2012.

Durner, Wolfgang, Die verwaltungsrechtliche Durchsetzung zivilrechtlicher Standards im Verbraucherrecht, DVBl. 2014, S. 1356 ff.

Ders., Schutz der Verbraucher durch Regulierungsrecht, VVDStRL 70 (2011), S. 401 ff.

Ebert, Helmut, Handbuch Bürgerkommunikation – Moderne Schreibkultur in der Verwaltung – der Arnsberger Weg, Bd. 8, Berlin 2006.

Ebsen, Ingwer, in: Bertram Schulin (Hrsg.), Handbuch des Sozialversicherungsrechts – Band 1 Krankenhausversicherungsrecht, München 1994, § 7.

Ehlers, Dirk, in: Hans Uwe Erichsen, Dirk Ehlers (Hrsg.), Allgemeines Verwaltungsrecht, 14. Aufl., Berlin 2010, § 1.

Ders./Vorbeck, Kristin, Der Anspruch auf Erteilung von Verwaltungsinformationen – Teil 1, JURA 2013, S. 1124 ff.

Eichhoff-Cyrus, Karin M./Strobel, Thomas, Einstellungen der Justiz zur Rechts- und Verwaltungssprache – Eine Trendumfrage, SprachD 2009, S. 133 ff.

Eifert, Martin, Umweltinformationen als Regelungsinstrument, DÖV 1994, S. 544 ff.

Ders., Verwaltungskommunikation im Internet, in: Karl-Heinz Ladeur (Hrsg.), Innovationsoffene Regulierung des Internet – Neues Recht für Kommunikationsnetzwerke, Baden-Baden 2003, S. 131 ff.

Ders., Informationelle Selbstbestimmung im Internet – Das BVerfG und die Online-Durchsuchungen, NVwZ 2008, S. 521 ff.

Ellerbrock, Karl-Peter, Lebensmittelskandale im Kaiserreich: Die Berichterstattung in den Massenmedien zwischen Sensation, politischen, wirtschaftlichen und gesundheitspolitischen Interessen, in: Nikolaus Bosch/Stefan Leible/Rochus Wallau (Hrsg.), Lebensmittel in den Medien, Bayreuth 2012, S. 17 ff.

Elsing, Paul-Gerhard, Novellierung des Verbraucherinformationsgesetzes (VIG), in: Wolfgang Voit (Hrsg.), Lebensmittelinformation zwischen Aufklärung und Skandalisierung – 5. Marburger Symposium zum Lebensmittelrecht, Baden-Baden 2012, S. 9 ff.

Ders./Rosenow, Jörg, Mehr Transparenz bei Lebensmittelverstößen – § 40 Absatz 1a LFGB ist verfassungs- und europarechtskonform!, ZLR 2013, S. 240 ff.

Ders./Rosenow, Jörg, Mehr Transparenz bei Lebensmittelverstößen: Anwendung des neuen § 40 Abs. 1a LFGB durch die Verwaltungsgerichte, VuR 2013, S. 77 ff.

Emmerich, Volker, Unlauterer Wettbewerb, 9. Aufl., München 2012.

Engel, Christoph, Der egalitäre Kern des Internet – Eine vernachlässigte Herausforderung für Steuerungstheorie und Steuerungspraxis, in: Karl-Heinz Ladeur (Hrsg.), Innovationsoffene Regulierung des Internet – Neues Recht für Kommunikationsnetzwerke, Baden-Baden 2003, S. 23 ff.

Engel, Rüdiger, Akteneinsicht und Recht auf Information über umweltbezogene Daten – Die Informationsrichtlinie der EG im Vergleich zur bundesdeutschen Rechtslage, Pfaffenweiler 1993.

Epping, Volker/Hillgruber, Christian (Hrsg.), Beck'scher Online-Kommentar – GG, 22. Aktualisierung, München 2014.

Erd, Rainer, Datenschutzrechtliche Probleme sozialer Netzwerke, NVwZ 2011, S. 19 ff.

Ernst, Christian, Eine allgemeine Informationsordnung als Regelung der Zuordnung von Informationen zu Rechtssubjekten, in: Herrmann Hill/Utz Schliesky (Hrsg.), Auf dem Weg zum Digitalen Staat – auch ein besserer Staat?, Baden-Baden 2015, S. 33 ff.

Ewer, Wolfgang, Ansprüche nach dem Informationsfreiheitsgesetz und ihre durch öffentliche Belange bestimmten Grenzen – Wenn „jeder" (fast) „alles" bekommen kann, stärkt das den Rechtsstaat, AnwBl 2010, S. 455 ff.

Faber, Martina, Folgenbeseitigungsanspruch nach ehrverletzenden Meinungsäußerungen, NVwZ 2003, S. 159 ff.

Falck, Franz-Christian, Verbraucherinformationsgesetz – Kommentar, 2. Aufl., Hamburg 2013.

Faßbender, Kurt, Wettbewerbsrelevantes Staatshandeln und Berufsfreiheit: Quo vadis, Bundesverfassungsgericht?, NJW 2004, S. 816 ff.

Federrath, Hannes/Fuchs, Karl-Peter/Herrmann, Dominik/Maier, Daniel/Scheuer, Florian/Wagner, Kai, Grenzen des „digitalen Radiergummis", DuD 2011, S. 403 ff.

Fehling, Michael, Verwaltung zwischen Unparteilichkeit und Gestaltungsaufgabe, Tübingen 2001.

Ders., Informelles Verwaltungshandeln, in: Wolfgang Hoffmann-Riem/Eberhard Schmidt-Aßmann/Andreas Voßkuhle (Hrsg.), Grundlagen des Verwaltungsrechts Bd. II – Informationsordnung, Verwaltungsverfahren, Handlungsformen, 2. Aufl., München 2012, § 38.

Ders./Faust, Florian/Rönnau, Thomas, Durchblick: Grund und Grenzen des Eigentums- und Vermögensschutzes, JuS 2006, S. 18 ff.

Feik, Rudolf C., Öffentliche Verwaltungskommunikation – Öffentlichkeitsarbeit, Aufklärung, Empfehlung, Warnung, Wien 2007.

Fesser, Waltraud, Lebensmittelkennzeichnung aus Sicht der Verbraucher, in: Wolfgang Voit/Peter Dabrock/Jens Ried/Janna Uddin (Hrsg.), Informierte Selbstbestimmung als Ziel staatlicher Adipositasprävention – Das Leitbild des „mündigen Verbrauchers" im Spiegel von Recht und Ethik, Baden-Baden 2011, S. 77 ff.

Fezer, Karl-Heinz, Lebensmittelimitate, gentechnisch veränderte Produkte und CSR-Standards als Gegenstand des Informationsgebots im Sinne des Art. 7 UGP-RL, WRP 2010, S. 577 ff.

Fikentscher, Wolfgang/Möllers, Thomas M. J., Die (negative) Informationsfreiheit als Grenze von Werbung und Kunstdarbietung, NJW 1998, S. 1337 ff.

Fischer, Kristian/Fluck, Jürgen, Informationsfreiheit versus Betriebs- und Geschäftsgeheimnisse, NVwZ 2013, S. 337 ff.

Fischer, Thomas, Irreführung durch Werbung mit Prüfzeichen, Gütesiegeln und Gütezeichen, WRP 2009, S. 408 ff.

Fisch, Rudolf, Die weitreichende Wirkung der Verwaltungssprache, in: Veith Mehde/Ulrich Ramsauer/Margrit Seckelmann (Hrsg.), Staat, Verwaltung, Information – Festschrift für Hans Peter Bull zum 75. Geburtstag, Berlin 2011, S. 559 ff.

Fix, Stefanie, Seminararbeit zum Thema: Bürgernahe Verwaltungssprache, Speyer 2008.

Flatau, Sabine, Hygienekontrolle – Gericht verbietet Smiley-System in Berlin, Berliner Morgenpost v. 24.3.2014, http://www.morgenpost.de/berlin-aktuell/article126149992/Hygienekontrolle-Gericht-verbietet-Smiley-System-in-Berlin.html, zuletzt geprüft am 9.7.2014.

Fluck, Hans-R, Verwaltungssprache unter dem Einfluss der Gesetzessprache, in: Karin M. Eichhoff-Cyrus, Gerd Antos (Hrsg.), Verständlichkeit als Bürgerrecht? – Die Rechts- und Verwaltungssprache in der öffentlichen Diskussion, Mannheim u. a. 2008, S. 117 ff.

Ders., Schwer verständliche Verwaltungssprache – ein europäisches Problem und Ansätze zu seiner Lösung in den Ländern Belgien, Frankreich, Italien, Österreich, Polen und Spanien, in: Hans-R Fluck/Michaela Blaha (Hrsg.), Amtsdeutsch a. D.? – Europäische Wege zu einer modernen Verwaltungssprache, Bd. 4, Tübingen 2010, S. 149 ff.

Ders./Blaha, Michaela, Verwaltungssprache in Europa: zur Einführung, in: Hans-R Fluck, Michaela Blaha (Hrsg.), Amtsdeutsch a. D.? – Europäische Wege zu einer modernen Verwaltungssprache, Bd. 4, Tübingen 2010, S. 11 ff.

Fluck, Jürgen/Fetzer, Thomas/Fischer, Kristian (Hrsg.), Informationsfreiheitsrecht mit Umweltinformations-, Verbraucherinformations- und Informationsweiterverwendungsrecht IFG/UIG/VIG/IWG – Kommentar, Vorschriften der EU, des Bundes und der Länder, Internationales Recht, Rechtsprechung, Loseblatt, 30. Erg-Lfg., Heidelberg u. a. 2014.

Franke, Peter, Parteienprivileg und verfassungsfeindliche Parteien – Beschluß des BVerfG vom 29. Oktober 1975 – BvE 1/75, ZParl 1976, S. 523 ff.

Franzius, Claudio, Die Herausbildung der Instrumente indirekter Verhaltenssteuerung im Umweltrecht der Bundesrepublik Deutschland, Berlin 2000.

Ders., Indirekte Steuerungsinstrumente im Rechts- und Sozialstaat – Ein Überblick am Beispiel des Umweltschutzes aus juristischer Sicht, Berlin 2000.

Fraunhofer IUK-Technologie, Ist Ihre Website barrierefrei? Der Check auf Knopfdruck., http://www.iuk.fraunhofer.de/index2.html?Dok_ID=80&Sp=1&MID=151.

Frenz, Walter, Handbuch Europarecht – Band 6 Institutionen und Politiken, Heidelberg 2011.

Ders., Öffentliches Recht – Eine nach Anspruchszielen geordnete Darstellung zur Examensvorbereitung, 6. Aufl., München 2013.

Frister, Helmut, Strafrecht Allgemeiner Teil – Ein Studienbuch, 6. Aufl., München 2013.

Ders., Schuldprinzip, Verbot der Verdachtsstrafe und Unschuldsvermutung als materielle Grundprinzipien des Strafrechts, Berlin 1988.

Fuchs, Ingrid, Stadt schließt Hygiene-Pranger – Wegen Zweifeln an Rechtsstaatlichkeit, SZ v. 11.1.2013, http://www.sueddeutsche.de/muenchen/zweifel-an-rechsstaatlichkeit-stadt-schliesst-hygiene-pranger-1.1570386.

Fuchs, Karin, Erster Heidenheimer Betrieb wegen Hygienemängeln am Online-Pranger, Südwest Presse v. 5.11.2012, http://www.swp.de/heidenheim/lokales/heidenheim/Erster-Heidenheimer-Betrieb-wegen-Hygienemaengeln-am-Online-Pranger;art1168893,1707440.

Gallwas, Hans-Ullrich, Faktische Beeinträchtigungen im Bereich der Grundrechte – Ein Beitrag zum Begriff der Nebenwirkungen, Berlin 1970.

Gaugele, Jochen, Die Grundrechte haben Grenzen – Hans-Jürgen Papier, einst höchster Richter Deutschlands, über Datenschutz, Spähprogramme und den Soli, Die Welt v. 5.8.2013, http://www.welt.de/print/welt_kompakt/print_politik/article11869 2446/Die-Grundrechte-haben-Grenzen.html, zuletzt geprüft am 29.9.2014.

Geber, Frederic, Die Netzanbindung von Offshore-Anlagen im europäischen Supergrid – Eine Untersuchung der §§ 17a ff. EnWG und ihrer völkerrechtlichen, europarechtlichen und verfassungsrechtlichen Einbettung, Tübingen 2014.

Geldermann, Juliane/Hammer, Thomas, Gesetzgebungskompetenz als Grenze der Verbraucherinformation durch den Bund, VerwArch 1 (2013), S. 64 ff.

Gersdorf, Hubertus/Paal, Boris P. (Hrsg.), Informations- und Medienrecht – GRC, EMRK, GG, RStV, BGB, IFG, VIG, GWB, TKG, TMG u. a., München 2014.

Girnau, Marcus, Gesetz zur Neuregelung des Rechts der Verbraucherinformation, ZLR 2006, S. 651 ff.

Ders., Erste Erfahrungen mit Auskunftsbegehren aus Sicht der Lebensmittelwirtschaft, in: Monika Böhm/Georg Freund/Wolfgang Voit (Hrsg.), Verbraucherinformationsgesetz – 2. Marburger Symposium zum Lebensmittelrecht, Bd. 1, Marburg 2009, S. 29 ff.

Ders./Sieber, Mirjam, § 40 Abs. 1a LFGB – „Neuland" im LFGB?!, in: Marcus Girnau (Hrsg.), Festschrift für Matthias Horst, Hamburg 2013, S. 241 ff.

Ders./Wallau, Rochus, Verwaltung durch Information? Neue Handlungsformen der Verwaltung im Lebensmittelrecht – Bericht zur Juristischen Fachtagung des BLL vom 8.4.2011, ZLR 2011, S. 517 ff.

Gleick, James, Die Information – Geschichte, Theorie, Flut, München 2011.

Goerlich, Helmut, Good Governance und Gute Verwaltung – Zum europäischen Recht auf gute Verwaltung (Art. 41 EuGrCh und Art. II-101 EuVerfV), DÖV 2006, S. 313 ff.

Goetz, John/Ruprecht, Anne/Strozyk, Jan Lukas, Neue Dokumente belasten GCHQ, 28.8.2013, im Internet abrufbar unter http://www.tagesschau.de/inland/gchqtelekom 100.html.

Gola, Peter/Schomerus, Rudolf (Hrsg.), BDSG Bundesdatenschutzgesetz – Kommentar, 11. Aufl., München 2012.

Gomille, Christian, Prangerwirkung und Manipulationsgefahr bei Bewertungsforen im Internet, ZUM 2009, S. 815 ff.

Gorny, Dietrich, Kommentar Basis-Verordnung (EG) Nr. 178/2002 – Grundlagen des europäischen Lebensmittelrechts, Hamburg 2010.

Gostomzyk, Tobias, Äußerungsrechtliche Grenzen des Unternehmenspersönlichkeitsrechts – Die Gen-Milch-Entscheidung des BGH, NJW 2008, S. 2082 ff.

Götz, Franziska/Machansky, Maria/Oehme, Carola/Thomas, Jennifer/Voigt, Julia/ Wahl, Andreas/Zeun, Tina, P9: Der Transparenzbericht als Entscheidungshilfe für die Wahl der Pflegeeinrichtung, HBScience 2013, S. 37.

Gounalakis, Georgios/Klein, Catherine, Zulässigkeit von personenbezogenen Bewertungsplattformen – Die „Spickmich"-Entscheidung des BGH vom 23.6.2009, NJW 2010, S. 566 ff.

Ders., Rechtliche Grenzen der Autocomplete-Funktion von Google, NJW 2013, S. 2321 ff.

Graf, Jürgen Peter (Hrsg.), Beck'scher Online-Kommentar – Strafprozessordnung mit RiStBV und MiStra, 18. Aktualisierung, München 2014.

Gramm, Christof, Aufklärung durch staatliche Publikumsinformationen – Staatshandeln als Aufklärung?, Der Staat 30 (1991), S. 51 ff.

Greve, Holger/Schärdel Florian, Der digitale Pranger – Bewertungsportale im Internet, MMR 2008, S. 644 ff.

Grimm, Dieter, Wachsende Staatsaufgaben – sinkende Steuerungsfähigkeit des Rechts, Baden-Baden 1990.

Grimm, Rüdiger, Spuren im Netz, DuD 2012, S. 88 ff.

Groeschke, Peer/Kiethe, Kuth, Die Ubiquität des europäischen Verbraucherleitbildes – Der europäische Pass des informierten und verständigen Verbrauchers, WRP 2001, S. 230 ff.

Gröpl, Christoph, Staatsrecht I – Staatsgrundlagen, Staatsorganisation, Verfassungsprozess, mit Einführung in das juristische Lernen, 6. Aufl., München 2014.

Ders., Der Fall Zumwinkel – Wie weit darf der Rechtsstaat gehen?, NJW 2008, Editorial Heft 12.

Ders./Windthorst, Kay/von Coelln, Christian (Hrsg.), Grundgesetz – Studienkommentar, München 2013.

Gröschner, Rolf, Öffentlichkeitsaufklärung als Behördenaufgabe, DVBl. 1990, S. 619 ff.

Ders., Transparente Verwaltung: Konturen eines Informationsverwaltungsrechts, VVDStRL 63 (2004), S. 344 ff.

Groß, Thomas, Öffentliche Verwaltung im Internet, DÖV 2001, S. 159 ff.

Ders., Die Informatisierung der Verwaltung – Eine Zwischenbilanz auf dem Weg von der Verwaltungsautomation zum E-Government, VerwArch 95 (2004), S. 400 ff.

Grube, Markus, Das Verbraucherleitbild im nationalen und europäischen Lebensmittelrecht, in: Wolfgang Voit/Peter Dabrock/Jens Ried/Janna Uddin (Hrsg.), Informierte Selbstbestimmung als Ziel staatlicher Adipositasprävention – Das Leitbild des „mündigen Verbrauchers" im Spiegel von Recht und Ethik, Baden-Baden 2011, S. 99 ff.

Ders., Dioxin-Krise und öffentliche Warnung vor Lebensmitteln – wann ist die Warnung vor dem nicht verkehrsfähigen, aber „sicheren" Lebensmittel zulässig? – Zugleich ein Beitrag zur Frage, wann ein Lebensmittel als gesundheitsgefährdend im Rechtssinne unter besonderer Berücksichtigung der Allgemeinen Verwaltungsvorschrift zum Europäischen Schnellwarnsystem (AVV SWS) zu beurteilen ist, LMuR 2011, S. 21 ff.

Ders./Immel, Manuel, Der Referentenentwurf zur Änderung des Verbraucherinformationsgesetzes (VIG) vom 3. Februar 2011, ZLR 2011, S. 175 ff.

Ders./Immel, Manuel/Wallau, Rochus, Verbraucherinformationsrecht – Handbuch mit Erläuterungen zum Verbraucherinformationsrecht (VIG), Köln 2013.

Ders./Wallau, Rochus, Verbraucherinformation über Lebensmittel, in: Marcus Girnau (Hrsg.), Festschrift für Matthias Horst, Hamburg 2013, S. 253 ff.

Ders./Weyland, Gerd, Gesetz zur Verbesserung der gesundheitsbezogenen Verbraucherinformation, Verbraucherinformationsgesetz – Kommentar, Norderstedt 2008.

Grundmann, Stefan, Die EU-Verbraucherrechte-Richtlinie – Optimierung, Alternative oder Sackgasse?, JZ 2013, S. 53 ff.

Grzeszick, Bernd, Staatshaftungsrecht – Grundrechtshaftung, in: Hans Uwe Erichsen/ Dirk Ehlers (Hrsg.), Allgemeines Verwaltungsrecht, 14. Aufl., Berlin 2010.

Guckelberger, Annette, Zulässigkeit und Anfechtbarkeit verwaltungsgerichtlicher Hängebeschlüsse, NVwZ 2001, S. 275 ff.

Dies., Zum Grundrechtsschutz ausländischer juristischer Personen, AöR 129 (2004), S. 618 ff.

Dies., Informatisierung der Verwaltung und Zugang zu Verwaltungsinformationen, VerwArch 97 (2006), S. 62 ff.

Dies., Praktische Probleme bei der Implementation des Verwaltungsrechts und seiner Kontrolle durch die Verwaltungsgerichte – Dargestellt an der Elektronisierung der Verwaltungsverfahren, am Zugang zu Verwaltungsinformationen sowie der Unbeachtlichkeit von Verfahrensfehlern, in: Heinrich Siedentopf (Hrsg.), Dokumentation zum 12. Deutsch-Französischen Verwaltungskolloquium – Deutsche Hochschule für Verwaltungswissenschaften Speyer und École Nationale d'Administration, Straßburg, 6. und 7. Juni 2005, Speyer 2006, S. 99 ff.

Dies., Rechtsbehelfe zur Durchsetzung des Umweltinformationsanspruchs, UPR 2006, S. 89 ff.

Dies., Informationsfreiheit im Saarland, LKRZ 2007, S. 125 ff.

Dies., Übergang zur elektronischen Gesetzesverkündung?, DVBl. 2007, S. 985 ff.

Dies., Die EG-Verordnung zur Umsetzung der Åarhus-Konvention auf der Gemeinschaftsebene, NuR 2008, S. 78 ff.

Dies., Verfassungsbeschwerden kommunaler Gebietskörperschaften, JURA 2008, S. 819 ff.

Dies., Der Übergang zur (ausschließlich) elektronischen Gesetzesverkündung – Dargestellt am Amtsblatt des Saarlandes unter Einbeziehung der Bundes- und Gemeindeebene sowie anderer E-Government-Prozesse, Baden-Baden 2009.

Dies., Personalisierte Behördenauftritte im Internet, ZBR 2009, S. 332 ff.

Dies., Anmerkung, EuZW 2010, S. 946 f.

Dies., Anhörungsfehler bei Verwaltungsakten, JuS 2011, S. 577 ff.

Dies., Die Öffentlichkeitsbeteiligung beim Erlass von Rechtsverordnungen unter besonderer Berücksichtigung des Umweltrechts, Jahrbuch des Umwelt- und Technikrechts (UTR) 2011, S. 49 ff.

Dies., Veröffentlichung der Leistungsempfänger von EU-Subventionen und unionsgrundrechtlicher Datenschutz, EuZW 2011, S. 126 ff.

Dies., Rechtliche Anforderungen an die aktive Informationsvorsorge des Staates im Internet, in: Hermann Hill/Utz Schliesky (Hrsg.), Die Vermessung des virtuellen Raums – E-Volution des Rechts- und Verwaltungssystems III, Baden-Baden 2012, S. 73 ff.

Dies., Die Rekommunalisierung privatisierter Leistungen in Deutschland, VerwArch 104 (2013), S. 161 ff.

Dies., Gibt es bald ein unionsrechtliches Verwaltungsverfahrensgesetz?, NVwZ 2013, S. 601 ff.

Dies., in: Christoph Gröpl, Annette Guckelberger, Jürgen Wohlfarth (Hrsg.), Landesrecht Saarland – Studienbuch, 2. Aufl., Baden-Baden 2013, § 4.

Dies., Elektronische Gesetzesverkündung als zentraler Bestandteil modernen E-Governments, in: Samuel van Oostrom/Ulli Meyer (Hrsg.), E-Government – Tagungsband zum Symposium „Elektronische Verkündung, Gesetzesportale und eNorm – juristische und technische Perspektiven" in Berlin am 4. und 5. September 2013, Saarbrücken 2014, S. 23 ff.

Dies., Umweltinformationen unter europäischem Einfluss, VerwArch (2014), S. 411 ff.

Dies./Geber, Frederic, Allgemeines Europäisches Verwaltungsverfahrensrecht vor seiner unionsrechtlichen Kodifizierung?, Baden-Baden 2013.

Dies./Zott, Christine, Aktuelle Probleme von Verfassungsbeschwerden gegen landesrechtliche Ausführungsgesetze des Glücksspielstaatsvertrags von Sportwettenanbietern, WiVerw 2014, S. 187 ff.

Gundel, Jörg, Verfassungs- und europarechtliche Fragen der aktiven Behördeninformation im Lebensmittelsektor – eine Zwischenbilanz insbesondere zu § 40 Abs. 1a LFGB, ZLR 2013, S. 662 ff.

Gurlit, Elke, Konturen eines Informationsverwaltungsrechts, DVBl. 2003, S. 1119 ff.

Dies., Zeitwert von Verbraucherinformation und Rechtsschutzanforderungen, NVwZ 2011, S. 1052 ff.

Dies., Europäisches Plazet für behördliche Verbraucherinformation, NVwZ 2013, S. 1267 ff.

Gusy, Christoph, Verwaltung durch Information – Empfehlungen und Warnungen als Mittel des Verwaltungshandelns, NJW 2000, S. 977 ff.

Ders., Der transparente Staat, DVBl. 2013, S. 941 ff.

Ders., Anmerkung zu BVerwG, Urt. v. 26.06.2013 – 6 C 4/12 (OVG Berlin-Brandenburg), NVwZ 2014, S. 236 f.

Häberle, Peter, Die Wesensgehaltsgarantie des Art. 19 Abs. 2 Grundgesetz – Zugleich ein Beitrag zum institutionellen Verständnis der Grundrechte und zur Lehre vom Gesetzesvorbehalt, 3. Aufl., Heidelberg 1983.

Habersack, Mathias (Hrsg.), Münchener Kommentar zum Bürgerlichen Gesetzbuch – Schuldrecht Besonderer Teil III, §§ 705–853, Partnerschaftsgesellschaftsgesetz, Produkthaftungsgesetz, 6. Aufl., München 2013.

Haefner, Klaus, Der „Große Bruder" – Chancen und Gefahren für eine informierte Gesellschaft, Düsseldorf/Wien 1980.

Hahn, Peter, Kant und das Lebensmittelrecht – Von der Verbraucherpolitik zur Verbotskultur, in: Marcus Girnau (Hrsg.), Festschrift für Matthias Horst, Hamburg 2013, S. 1 ff.

Hahn, Werner/Vesting, Thomas (Hrsg.), Beck'scher Kommentar zum Rundfunkrecht, 3. Aufl., München 2012.

Hannich, Rolf (Hrsg.), Karlsruher Kommentar zur Strafprozessordnung – mit GVG, EGGVG und EMRK, 7. Aufl. 2013.

Härting, Niko, „Prangerwirkung" und „Zeitfaktor" – 14 Thesen zu Meinungsfreiheit, Persönlichkeitsrechten und Datenschutz im Netz, CR 2009, S. 21.

Ders., Anonymität und Pseudonymität im Datenschutzrecht, NJW 2013, S. 2065 ff.

Hartmann, Nicolai, Die Philosophie des deutschen Idealismus, 3. Aufl., Berlin/New York 1974.

Hartwig, Stefanie/Memmler, Inke, Das Verbraucherinformationsgesetz in der Praxis – Handhabung, Auslegung, Streitfragen, ZLR 2009, S. 51 ff.

Hasseler, Martina/Wolf-Ostermann, Karin, Wissenschaftliche Evaluation zur Beurteilung der Pflege-Transparenzvereinbarungen für den ambulanten (PTVA) und stationären (PTVS) Bereich, Berlin 21. Juli 2010.

Hassemer, Winfried, „Internetpranger": Kommunikative und rechtliche Vernunft, in: Uwe Hellmann/Christian Schröder (Hrsg.), Festschrift für Hans Achenbach, Heidelberg, München u. a. 2011, S. 107 ff.

Heckmann, Dirk, Perspektiven des IT-Einsatzes in der öffentlichen Verwaltung, Die Verw. 46 (2013), S. 1 ff.

Heck, Sandra, Paradigmenwechsel im Lebensmittelrecht: Vom speziellen Verbot zu Kontrollzwecken zum generellen Verbot mit edukatorischer Intention – Rechtmäßigkeit der Verordnung (EG) Nr. 1924/2006 über nährwert- und gesundheitsbezogene Angaben über Lebensmittel, Taunusstein 2010.

Heintzen, Markus, Hoheitliche Warnungen und Empfehlungen im Bundesstaat, NJW 1990, S. 1448 ff.

Heitmann, Matthias, Kommentar EuGH-Urteil – Liebes Google, vergiss mich nicht, Die Welt v. 15.5.2014, http://www.welt.de/debatte/kommentare/article128037093/Liebes-Google-vergiss-mich-nicht.html, zuletzt geprüft am 28.10.2014.

Heller, Hermann, Staatslehre – in der Bearbeitung von Gerhart Niemeyer, 6. Aufl., Tübingen 1983.

Hellmann, Vanessa, Eine Warnung vor dem Bundesverfassungsgericht – Die Glykol-Entscheidung des BVerfG vom 26.6.2002, NVwZ 2005, S. 163 ff.

Hensen, Horst-Diether, Kurzkommentar zu OLG Stuttgart, Urt. v. 21.03.1990 – 1 U 132/89, EWiR 1990, S. 467 f.

Herberger, Maximilian, Internet-Grundgegebenheiten mit Bezug zu Persönlichkeitsrecht und Datenschutz, in: Stephan Weth/Maximilian Herberger/Michael Wächter (Hrsg.), Daten- und Persönlichkeitsschutz im Arbeitsverhältnis – Praxishandbuch zum Arbeitnehmerdatenschutz, München 2014, S. 47 ff.

Hervet, Guillaume/Guérard, Katherine/Tremblay, Sébastien/Chtourou, Mohamed Saber, Is banner blindness genuine? Eye tracking internet text advertising, ACP 2011, S. 708 ff.

Hill, Hermann, eGovernment – Mode oder Chance zur nachhaltigen Modernisierung der Verwaltung, BayVBl. 2003, S. 737 ff.

Hochhuth, Vor schlichthoheitlichem Verwaltungseingriff anhören? – Drei Thesen zur Dogmatik des Realhandelns, NVwZ 2003, S. 30 ff.

Hoeren, Thomas, Zur Einführung: Informationsrecht, JuS 2002, S. 947 ff.

Ders./Sieber, Ulrich/Holznagel, Bernd (Hrsg.), Handbuch Multimedia-Recht – Rechtsfragen des elektronischen Geschäftsverkehrs, Loseblatt, 39. Erg.-Lfg., München 2014.

Hoffer, Heike, Qualitätsberichte im Spiegel der Sozialgerichte: Qualitätstransparenz zwischen Verfassungsrecht und Pflegewirklichkeit, PflR 2010, S. 223 ff.

Hoffmann, Christian/Schulz, Sönke E., Open Data für Kommunen, KommJur 2014, S. 126 ff.

Ders./Schulz, Sönke E./Borchers, Kim Corinna, Grundrechtliche Wirkungsdimensionen im digitalen Raum – Bedrohungslagen im Internet und staatliche Reaktionsmöglichkeiten, MMR 2014, S. 89 ff.

Hoffmann-Riem, Wolfgang, Verhandlungslösungen und Mittlereinsatz im Bereich der Verwaltung: Eine vergleichende Einführung, in: ders./Eberhard Schmidt-Assmann (Hrsg.), Konfliktbewältigung durch Verhandlungen Bd. 1 – Informelle und mittlerunterstützte Verhandlungen in Verwaltungsverfahren, Baden-Baden 1990, S. 13 ff.

Ders., Verwaltungsrecht in der Informationsgesellschaft – Einleitende Problemskizze, in: Wolfgang Hoffmann-Riem/Eberhard Schmidt-Aßmann (Hrsg.), Verwaltungsrecht in der Informationsgesellschaft, Baden-Baden 2000, S. 9 ff.

Ders., Regelungsstrukturen für öffentliche Kommunikation im Internet, AöR 137 (2012), S. 510 ff.

Hoffrage, Ulrich/Kurzenhäuser, Stephanie/Gigerenzer, Gerd, Wie kann man die Bedeutung medizinischer Testbefunde besser verstehen und kommunizieren?, ZaeFQ 2000, S. 713 ff.

Dies., Understanding the Results of Medical Tests: Why the Representation of Statistical Information Matters, in: Roger Bibace/James D. Laird/Kenneth L. Noller/Jaan Valsiner (Hrsg.), Science and Medicine in Dialogue – Thinking Through Particulars and Universals, Westport, Conn. 2005, S. 83 ff.

Höfling, Wolfram, Kopernikanische Wende rückwärts? – Zur neueren Grundrechtsjudikatur des Bundesverfassungsgerichts, in: Stefan Muckel (Hrsg.), Kirche und Religion im sozialen Rechtsstaat – Festschrift für Wolfgang Rüfner zum 70. Geburtstag, Berlin 2003, S. 329 ff.

Hofmann-Hoeppel, Jochen, § 3 Informationszugang nach VIG, in: Lutz Eiding, Jochen Hofmann-Hoeppel (Hrsg.), Verwaltungsrecht – Schriftsatzmuster und Erläuterungen, materielles Recht, Verfahrensrecht, Baden-Baden 2013, S. 106 ff.

Hofmann, Jeanette, Information und Wissen als Gegenstand oder Ressource von Regulierung, in: Andreas Busch, Jeanette Hofmann (Hrsg.), Politik und die Regulierung von Information – Sonderband PVS 46/2011, Baden-Baden 2012, S. 5 ff.

Hohmann-Dennhardt, Christine, Freiräume – Zum Schutz der Privatheit, NJW 2006, S. 545 ff.

Holznagel, Bernd/Hartmann, Sarah, .gemeinde statt .de – Internet-Domainnamen für deutsche Kommunen, NVwZ 2012, S. 665 ff.

Ders., Bernd/Ricke, Thorsten, Sicherung der Netzneutralität – Wechselseitige Auffangordnung von Rundfunk- und Telekommunikationsrecht, DuD 2011, S. 611 ff.

Ders./Schumacher, Pascal, Auswirkungen des Grundrechts auf Vertraulichkeit und Integrität informationstechnischer Systeme auf RFID-Chips, MMR 2009, S. 3 ff.

Holzner, Stefan, Meinungsfreiheit und Unternehmenspersönlichkeitsrecht: Neue Abwägungsmaßstäbe erforderlich?, MMR-Aktuell 2010, 298851.

Holzner, Thomas, Die „Pankower Ekelliste" – Zukunftsweisendes Modell des Verbraucherschutzes oder rechtswidriger Pranger?, NVwZ 2010, S. 489 ff.

Ders., Verbraucherschutz um den Preis des Rechtsstaats? – Die verfassungswidrige Berliner Verwaltungspraxis bzgl. der Veröffentlichung negativer Ergebnisse von Lebensmittelkontrollen, zugleich eine Erwiderung auf den Beitrag von Alexander Schink in DVBl. 2011, 253 ff., DVBl. 2012, S. 17 ff.

Hopfenzitz, Dominique, Die Bausteine einer Qualitätsprüfung gemäß §§ 114f SGB XI und ihre Ecken und Kanten (1. Teil), PflR 2011, S. 111 ff.

Höpner, Axel/Reuter, Wolfgang/Landgraf, Robert/Köhler, Peter, Das wohl teuerste Fernsehinterview aller Zeiten, Handelsblatt v. 13.2.2012, http://www.handelsblatt.com/unternehmen/banken/kirch-vs-deutsche-bank-das-wohl-teuerste-fernsehinterview-aller-zeiten/6203632.html.

Hornung, Gerrit/Hofmann, Kai, Ein „Recht auf Vergessenwerden"? – Anspruch und Wirklichkeit eines neuen Datenschutzrechts, JZ 2013, S. 163 ff.

Hötger, Damian, Gute Verwaltung – eine immerwährende neue Herausforderung, in: Hermann Hill (Hrsg.), Verwaltungsmodernisierung 2012 – Gestalt und Gestaltung, Baden-Baden 2012, S. 125 ff.

Huber, Peter M., Die Informationstätigkeit der öffentlichen Hand – ein grundrechtliches Sonderregime aus Karlsruhe?, JZ 2003, S. 290 ff.

Huckschlag, Andreas/Korte, Nils, Barrierefreies Internet – neue Medien ohne Hürden – Menschen mit Behinderung sind treue Nutzer – Teil I, SozialRPrax 2003, S. 426 ff.

Ders./Korte, Nils, Lesbarkeit und Navigation sind die Kernanforderungen – Barrierefreiheit im Internet: Tipps und häufige Fallen – Teil II, SozialRPrax 2003, S. 509 ff.

Hufen, Friedhelm, Alles "Glykol" oder was? – Die Rechtsprechung des Bundesverfassungsgerichts zum Lebensmittelrecht, in: Marcus Girnau (Hrsg.), Festschrift für Matthias Horst, Hamburg 2013, S. 85 ff.

Ders., Staatsrecht II – Grundrechte, 4. Aufl., München 2014.

Hülle, Werner, Ehrenstrafen, in: Adalbert Erler, Ekkehardt Kaufmann (Hrsg.), Handwörterbuch zur deutschen Rechtsgeschichte – Band 1: Aachen – Haussuchung, Berlin 1971.

Hülsenbusch, Michael, Die Veröffentlichungen nach VIG und § 40 LFGB, http://www.cvua-owl.de/download/pdffiles/dtgs50/Michael_Huelsenbusch_-_Die_Veroeffentlichungspflichten_nach_VIG_und_40_LFGB.pdf, zuletzt geprüft am 20.8.2014.

Hüpers, Frank, Anmerkung zur Entscheidung des VGH BW vom 28.1.2013, 9 S 2423/12 – Zur Veröffentlichung von Lebensmittelrechtsverstößen im Internet, GewArch 2013, S. 161 f.

Igl, Gerhard, Intransparenter Wirrwar bei den Transparenzberichten? – Anmerkungen zu Entscheidungen im Verfahren des einstweiligen Rechtsschutzes gegen die Veröffentlichung von Transparenzberichten (§ 115 Abs. 1a SGB XI), RsDE 2011, S. 47 ff.

Immel, Manuel/Schneider, Daniel, Drittbeteiligung und Beiladung im verwaltungsgerichtlichen Verfahren nach dem VIG, LMuR 2009, S. 142 ff.

Ingold, Albert, Behördliche Internetportale im Lichte des Allgemeinen Verwaltungsrechts: Zur Renaissance des Rechts der Öffentlichen Einrichtungen, Die Verw. 48 (2015), S. 525 ff.

Ipsen, Jörn, Allgemeines Verwaltungsrecht, 5. Aufl. 2007.

Isensee, Josef, Anwendung der Grundrechte auf juristische Personen, in: Josef Isensee/ Paul Kirchhof (Hrsg.), Handbuch des Staatsrechts – Band IX: Allgemeine Grundrechtslehren, Heidelberg 2011, § 199.

Iskandar, Katharina, Streit um Gütesiegel und Internet-Pranger für Restaurants, FAZ v. 7.6.2010, http://www.faz.net/aktuell/rhein-main/frankfurt/frankfurt-streit-um-guetesiegel-und-internet-pranger-fuer-restaurants-1993699.html.

Jarass, Hans D./Pieroth, Bodo (Hrsg.), Grundgesetz für die Bundesrepublik Deutschland – Kommentar, 13. Aufl. München 2014.

Ders., Charta der Grundrechte der Europäischen Union – Unter Einbeziehung der vom EuGH entwickelten Grundrechte, der Grundrechtsregelungen der Verträge und der EMRK; Kommentar, 2. Aufl., München 2013.

Jauch, Oliver, Das Hamburgische Transparenzgesetz (HmbTG) – Ein Paradigmenwechsel in der Informationsfreiheit, DVBl. 2013, S. 16 ff.

Jeck-Schlottmann, Gabi, Visuelle Informationsverarbeitung bei wenig involvierten Konsumenten – eine empirische Untersuchung zur Anzeigenbetrachtung mittels Blickaufzeichnung, Saarbrücken 1987.

Jesse-Allgöwer, Donald, Informationsaufbereitung und Richtigkeit der Information nach § 5 VIG, in: Monika Böhm/Georg Freund/Wolfgang Voit (Hrsg.), Verbraucherinformationsgesetz – 2. Marburger Symposium zum Lebensmittelrecht, Bd. 1, Marburg 2009, S. 55 ff.

Joh, Heinz/Krämer, Klaus/Teufer, Tobias/Unland, Petra-Alina, Das Ende der Verhältnismäßigkeit? – Aktuelles deutsches Lebensmittelrecht zwischen Verbraucherschutz und Populismus, ZLR 2012, S. 420 ff.

Jungbluth, Rüdiger, Später Sieg, ZEIT ONLINE v. 27.3.2013, http://www.zeit.de/2013/13/Leo-Kirch-Urteil-Deutsche-Bank/komplettansicht.

Kahl, Wolfgang, Die rechtliche Bedeutung der Unterscheidung von Staat und Gesellschaft, JURA 2002, S. 721.

Ders., Vom weiten Schutzbereich zum engen Gewährleistungsgehalt – Kritik einer neuen Richtung der deutschen Grundrechtsdogmatik, Der Staat 42 (2004), S. 167 ff.

Ders., Über einige Pfade und Tendenzen in Verwaltungsrecht und Verwaltungsrechtswissenschaft – Ein Zwischenbericht, Die Verw. 43 (2009), S. 463 ff.

Ders./Waldhoff, Christian/Walter, Christian (Hrsg.), Bonner Kommentar zum Grundgesetz, Loseblatt, 167. Erg-Lfg., Heidelberg 2014.

Kahneman, Daniel, Thinking, Fast and Slow, London 2012.

Kaiser, Anna-Bettina, Die Kommunikation der Verwaltung – Diskurse zu den Kommunikationsbeziehungen zwischen staatlicher Verwaltung und Privaten in der Verwaltungsrechtswissenschaft der Bundesrepublik Deutschland, Baden-Baden 2009.

Dies., Bewertungsportale im Internet – Die spickmich-Entscheidung des BGH, NVwZ 2009, S. 1474 ff.

Kalabis, Lukas/Selzer, Annika, Das Recht auf Vergessenwerden nach der geplanten EU-Verordnung – Umsetzungsmöglichkeiten im Internet, DuD 2012, S. 670 ff.

Kämmerer, Jörn Axel, Der rechtliche Rahmen für die Öffnung des Zugangs zu Informationen sowie das Erscheinungsbild zugänglicher Informationen unter besonderer Berücksichtigung der Umweltinformationsrichtlinie 2003/4/EG und ihrer Umsetzung in deutsches Recht, in: Bernd Hecker/Reinhard Hendler/Alexander Proelß/Peter Reiff (Hrsg.), Aktuelle Rechtsfragen und Probleme des freien Informationszugangs, insbesondere im Umweltschutz – 26. Trierer Kolloquium zum Umwelt- und Technikrecht vom 5. bis 7. September 2010, Berlin 2011, S. 123 ff.

Kaplan, Andreas M./Haenlein, Michael, Users of the world, unite! The challenges and opportunities of Social Media, BusHor 2010, S. 59 ff.

Kappes, Heidrun, Seminararbeit zum Thema: Bürgernahe Verwaltungssprache, Speyer 2012.

Kassmann, Christian, Zuverlässigkeitsermittlung bei Bewachungspersonal – Darf die Gewerbebehörde auf Erkenntnisse aus anhängigen oder eingestellten Strafverfahren zurückgreifen?, GewArch 2010, S. 236 ff.

Käß, Robert, Die Warnung als verwaltungsrechtliche Handlungsform, WiVerw 2002, S. 197 ff.

Katz, Alfred, Staatsrecht – Grundkurs im Öffentlichen Recht, 18. Aufl., Heidelberg, München, Landsberg, Frechen, Hamburg 2010.

Kaufmann, Marcel, Grundrechtlicher Anspruch auf Akteneinsicht als Voraussetzung der Demokratie?, in: Martin Bertschi/Thomas Gächter/Robert Hurst u. a. (Hrsg.), Demokratie und Freiheit – 39. Tagung der Wissenschaftlichen Mitarbeiterinnen und Mitarbeiter der Fachrichtung „Öffentliches Recht“ Zürich 1999, Stuttgart u. a. 1999, S. 41 ff.

Kemper, Rainer/Rosenow, Jörg, Der Irreführungsbegriff auf dem Weg nach Europa – Zugleich Besprechung der „Orient- Teppichmuster“-Entscheidung des BGH vom 20.10.1999, WRP 2001, S. 370 ff.

Kepplinger, Hans Mathias, Hausgemacht oder mediengemacht? – Lebensmittelskandale als mediales Phänomen, in: Nikolaus Bosch/Stefan Leible/Rochus Wallau (Hrsg.), Lebensmittel in den Medien, Bayreuth 2012, S. 34 ff.

Kettemann, Matthias C., Ein Recht auf ein bisschen Vergessenwerden – Zu Rs. C-131/12, Google Spain SL und Google Inc. gegen Agencia Española de Protección de Datos (AEPD) und Mario Costeja González, juwiss.de v. 14.5.2014, http://www.juwiss.de/64-2014/#more-8506.

Ders., Google: Vergessen Sie das Recht auf Vergessen, Die Presse v. 18.5.2014, http://diepresse.com/home/recht/rechtallgemein/3807321/Google_Vergessen-Sie-das-Recht-auf-Vergessen?_vl_backlink=/home/recht/index.do, zuletzt geprüft am 02.06.2014.

Kindhäuser, Urs/Neumann, Ulfried/Paeffgen, Hans-Ullrich (Hrsg.), Strafgesetzbuch – Kommentar, Bd. 2: §§ 146–358, 4. Aufl., Baden-Baden 2013.

Kirchhof, Paul, Verwalten durch „mittelbares" Einwirken, Köln, u. a. 1977.

Kläner, Tobias, Was ist eigentlich der „Streisand-Effekt"?, 21.4.2011, http://www.telemedicus.info/article/1989-Was-ist-eigentlich-der-Streisand-Effekt.html, zuletzt geprüft am 29.9.2014.

Klatt, Matthias, Theorie der Wortlautgrenze – Semantische Normativität in der juristischen Argumentation, Baden-Baden 2004.

Ders./Meister, Moritz, Der Grundsatz der Verhältnismäßigkeit – Ein Strukturelement des globalen Konstitutionalismus, JuS 2014, S. 193 ff.

Klein, Daniel R., Umweltinformation im Völker- und Europarecht – Aktive Umweltaufklärung des Staates und Informationszugangsrechte des Bürgers, Tübingen 2011.

Klein, Petra, Schmidt wagt neuen Entwurf zur Transparenzregel, LZ v. 26.9.2014, S. 23.

Klement, Jan Henrik, Der Vorbehalt des Gesetzes für das Unvorhersehbare – Argumente gegen zu viel Rücksicht auf den Gesetzgeber, DÖV 2005, S. 507 ff.

Ders., Die Städte, der Strom und das Gemeinwohl, FAZ v. 30.8.2013, S. 12.

Klie, Thomas, Verbraucherschutz in der Pflege? – Qualitätsprüfungen und Transparenzberichte gemäß § 115 SGB XI im Streit, PflR 2010, S. 351 ff.

Ders./Theda, Ines, Pflegenoten weiterhin auf dem verfassungsrechtlichen und fachlichen Prüfstand (1. Teil), PflR 2014, S. 3 ff.

Klie, Thomas/Theda, Ines, Pflegenoten weiterhin auf dem verfassungsrechtlichen und fachlichen Prüfstand (2. Teil), PflR 2014, S. 71 ff.

Klindt, Thomas, Die Umweltzeichen 'Blauer Engel' und 'Europäische Blume' zwischen produktbezogenem Umweltschutz und Wettbewerbsrecht, BB 1998, S. 545 ff.

Kloepfer, Michael, Staatliche Informationen als Lenkungsmittel dargestellt insbesondere am Problem behördlicher Warnungen und Empfehlungen im Umweltrecht – Vortrag gehalten vor der Juristischen Gesellschaft zu Berlin am 14. Januar 1998.

Ders., Informationsrecht, München 2002.

Ders., Verfassungsrecht Band II – Grundrechte, München 2010.

Ders., Umweltschutzrecht, 2. Aufl., München 2011.

Ders./Greve, Holger, Das Informationsfreiheitsgesetz und der Schutz von Betriebs- und Geschäftsgeheimnissen, NVwZ 2011, S. 577 ff.

Kment, Martin, Verwaltungsrechtliche Instrumente zur Ordnung des virtuellen Raums – Potenziale und Chancen durch E-Government, MMR 2012, S. 220 ff.

Ders., Verwaltungsrechtliche Instrumente zur Ordnung des virtuellen Raums – auf den Spuren des E-Governments, in: Hermann Hill/Utz Schliesky (Hrsg.), Die Vermessung des virtuellen Raums – E-Volution des Rechts- und Verwaltungssystems III, Bd. 19, Baden-Baden 2012, S. 307 ff.

Knemeyer, Franz-Ludwig, Funktionen der Aufgabenzuweisungsnormen in Abgrenzung zu den Befugnisnormen, DÖV 1978, S. 11 ff.

Ders., Von der rechtmäßigen auch zur guten Verwaltung. Zum Instrument einer selbstgesetzten Behördenverfassung – Gute Verwaltung – good administration – ist mehr als nur rechtlich gesteuertes, sanktioniertes Verwaltungshandeln, in: Peter Baumeister (Hrsg.), Staat, Verwaltung und Rechtsschutz – Festschrift für Wolf-Rüdiger Schenke zum 70. Geburtstag, Berlin 2011, S. 933 ff.

Koch, Chr., Wirtschaftsverwaltungsrecht, Verfassungsrecht: Gesetzliche Ermächtigungsgrundlage für Arzneimittel-Transparenzlisten – Entscheidungserläuterung BVerwG, Urt. v. 18.4.1985 – 3 C 34/84, JA 1986, S. 160 ff.

Ders., Verfassungsrecht: Warnung der Bundesregierung vor "Jugendreligionen" und "Jugendsekten" – Entscheidungserläuterung BVerwG, Urt. v. 23.5.1989, 7 C 2/87, JA 1990, S. 25 ff.

Köck, Wolfgang, Pläne, in: Wolfgang Hoffmann-Riem/Eberhard Schmidt-Aßmann/ Andreas Voßkuhle (Hrsg.), Grundlagen des Verwaltungsrechts Bd. II – Informationsordnung, Verwaltungsverfahren, Handlungsformen, 2. Aufl., München 2012, § 37.

Kodde, Claudia, Die „Pflicht zu Vergessen“ – „Recht auf Vergessenwerden“ und Löschung in BDSG und DS-GVO, ZD 2013, S. 115 ff.

Köhler, Carla Maria, Persönlichkeitsrechte im Social Web – verlorene Grundrechte? – Der Lehrer am Pranger in der virtuellen Welt, Hamburg 2011.

König, Doris, Das Umweltinformationsgesetz – ein Modell für mehr Aktenöffentlichkeit?, DÖV 2000, S. 45 ff.

Kopp, Ferdinand O./Ramsauer, Ulrich, Verwaltungsverfahrensgesetz – Kommentar, 15. Aufl., München 2014.

Ders./Schenke, Wolf-Rüdiger, Verwaltungsgerichtsordnung – Kommentar, 20. Aufl., München 2014.

Koreng, Ansgar, Das „Unternehmenspersönlichkeitsrecht” als Element des gewerblichen Reputationsschutzes, GRUR 2010, S. 1065 ff.

Krause, Peter, Rechtsformen des Verwaltungshandelns – Überlegungen zu einem System der Handlungsformen der Verwaltung mit Ausnahme der Rechtsetzung, Berlin 1974.

Kroeber-Riel, Werner/Gröppel-Klein, Andrea, Konsumentenverhalten, 10. Aufl., München 2013.

Ders./Weinberg, Peter/Gröppel-Klein, Andrea, Konsumentenverhalten, 9. Aufl., München 2009.

Krüger, Carsten, Auskunftsberechtigte – Auskunftsverpflichtete – Auskunftsanspruch, in: Monika Böhm/Georg Freund/Wolfgang Voit (Hrsg.), Verbraucherinformationsgesetz – 2. Marburger Symposium zum Lebensmittelrecht, Bd. 1, Marburg 2009, S. 41 ff.

Krüger, Christiane, Ergebnisse der amtlichen Betriebskontrollen im Internet, in: Monika Böhm/Georg Freund/Wolfgang Voit (Hrsg.), Information und Kommunikation von Unternehmen und Behörden – 3. Marburger Symposium zum Lebensmittelrecht, Bd. 2, Baden-Baden 2011, S. 39 ff.

Krüger, Wolfgang/Rauscher, Thomas (Hrsg.), Münchener Kommentar zur Zivilprozessordnung – mit Gerichtsverfassungsgesetz und Nebengesetzen, 4. Aufl., München 2013.

Kubiciel, Michael, Shame Sanctions – Ehrenstrafen im Lichte der Straftheorie, ZStW 2006, S. 44 ff.

Kügel, Wilfried/Plaßmann, Kirsten, Die „Hygiene-Ampel" bei Lebensmittelkontrollen – Grünes Licht für den Verbraucherschutz?, LMuR 2012, S. 1 ff.

Kügele, Stephan, Seminararbeit zum Thema: Bürgernahe Verwaltungssprache, Speyer 2004.

Kühl, Benjamin, Anmerkung zu OVG Münster, Urteil vom 17.9.2013 – 13 A 2541/12, NVwZ 2013, S. 1566 ff.

Kühling, Jürgen, Im Dauerlicht der Öffentlichkeit – Freifahrt für personenbezogene Bewertungsportale!?, NJW 2015, S. 447.

Kuhlmann, Max, Staatliches Informationshandeln: Öffentlichkeitsarbeit der Bundesregierung und Grundrechtseingriff, JA 1990, S. 59 ff.

Kühne, Michael/Preuß, Axel, § 40 Absatz 1a LFGB – Augen zu und durch?, ZLR 2012, S. 284 ff.

Kühnle, Bernhard, Verbraucherschutz durch Information im Lebensmittelrecht, in: Stefan Leible (Hrsg.), Verbraucherschutz durch Information im Lebensmittelrecht, Bayreuth 2010, S. 5 ff.

Kümper, Boas, Zur Frage einer Staatshaftung beim Zugang zu Umweltinformationen, ZUR 2012, S. 395 ff.

Kunig, Philip, Alternativen zum einseitig-hoheitlichen Verwaltungshandeln, in: Wolfgang Hoffmann-Riem/Eberhard Schmidt-Assmann (Hrsg.), Konfliktbewältigung durch Verhandlungen Bd. 1 – Informelle und mittlerunterstützte Verhandlungen in Verwaltungsverfahren, Baden-Baden 1990, S. 43 ff.

Kwasniewski, Nicolai, Hohe Preise: Kartellamt empfiehlt Wechsel des Stromanbieters, Spiegel Online v. 23.11.2012, http://www.spiegel.de/wirtschaft/service/kartellamt-empfiehlt-wechsel-des-stromanbieters-wegen-hoher-preise-a-868828.html, zuletzt geprüft am 22.10.2014.

Ladeur, Karl-Heinz, Anmerkung zu BVerfG, Beschluss vom 17. August 2010 – 1 BvR 2585/06, ZUM 2010, S. 960 f.

Ladeur, Karl-Heinz/Gostomzyk, Tobias, Vom Benehmen zum Einvernehmen? Mischverwaltungsverbot und Absicherung rundfunkbezogener Belange im TK-Recht, MMR 2012, S. 80 ff.

Landmann, Robert von/Rohmer, Gustav (Hrsg.), Gewerbeordnung und ergänzende Vorschriften, Bd. 1: Gewerbeordnung Kommentar, Loseblatt, 67. Erg-Lfg., München 2014.

Langer, Inghard/Schulz von Thun, Friedemann/Tausch, Reinhard, Sich verständlich ausdrücken, 9. Aufl., München 2011.

Lederer, Beatrice, Der schmale Grad zwischen Distanzierung und Stigmatisierung („bpb"), jurisPR-ITR 2010, Anm. 6.

Leible, Stefan, Anmerkung zu EuGH, Urteil vom 16.7.1998 – Rs. C-210/96 (Gut Springenheide GmbH u. Rudolf Tusky/Oberkreisdirektor des Kreises Steinfurt), EuZW 1998, S. 526 ff.

Ders., Wettbewerbswidriges Handeln mit Lebensmitteln, in: Rudolf Streinz (Gesamtredaktion), Lebensmittelrechts-Handbuch, 35. Erg-Lfg., München 2014, III F Rn. 400 ff.

Ders./Brzezinski, Katja, Rechtsprechungsreport Lebensmittelrecht 2013, WRP 2014, S. 276 ff.

Ders./Schäfer, Stephan, Proaktive Informationspflichten aus Art. 7 UGP-RL – eine wettbewerbsrechtliche Allzweckwaffe?, WRP 2012, S. 32.

Ders./Schäfer, Stephan, Sind § 40 Abs. 1 S. 2 Nr. 4 und Abs. 1a LFGB mit dem Unionsrecht vereinbar?, GewArch 2013, S. 189 ff.

Dies., Sind § 40 Abs. 1 S. 2 Nr. 4 und Abs. 1a LFGB mit dem Unionsrecht vereinbar?, in: Marcus Girnau (Hrsg.), Festschrift für Matthias Horst, Hamburg 2013, S. 263 ff.

Leidinger, Tobias, Hoheitliche Warnungen, Empfehlungen und Hinweise im Spektrum staatlichen Informationshandelns – Zum aktuellen Stand der Diskussion in Rechtsprechung und Literatur, DÖV 1993, S. 925 ff.

Leisner, Walter Georg, Notwendigkeit eines Moratoriums? – Verfassungsrechtliche Bedenken gegen Informationsrechte nach dem Verbraucherinformationsgesetz (VIG) – insbesondere § 3 S. 5, 6, § 5 Abs. 1 S. 2 und § 6 Abs. 3 VIG, GewArch 2014, S. 57 ff.

Lenk, Klaus, Ausserrechtliche Grundlagen für das Verwaltungsrecht in der Informationsgesellschaft: Zur Bedeutung von Information und Kommunikation in der Verwaltung, in: Wolfgang Hoffmann-Riem/Eberhard Schmidt-Aßmann (Hrsg.), Verwaltungsrecht in der Informationsgesellschaft, Baden-Baden 2000, S. 59 ff.

Lenski, Sophie-Charlotte, Staatliches Informationshandeln als Grundrechtseingriff – Zur Anwendung der Osho-Rechtsprechung in der verwaltungsgerichtlichen Praxis, ZJS 2008, S. 13 ff.

Lepsius, Oliver, Wiedergelesen – Dietrich Jensch: Gesetz und Verwaltung, 1961, JZ 2004, S. 350 f.

Lewinski, Kai von, Art. 82 GG, in: Wolfgang Kahl/Christian Waldhoff/Christian Walter (Hrsg.), Bonner Kommentar zum Grundgesetz, Heidelberg, 165. Erg-Lfg. 2014.

Linck, Joachim, Verfestigung des Leitbilds vom Berufsabgeordneten durch das BVerfG, NJW 2008, S. 24 ff.

Lindner, Josef Franz, Zur grundrechtsdogmatischen Struktur der Wettbewerbsfreiheit, DÖV 2003, S. 185 ff.

Lischka, Konrad, Studie zur Web-Haltbarkeit – Das Netz vergisst schnell, Spiegel Online v. 22.9.2012.

Lohscheidt, Julia, Wissenschaftliche Stellungnahme zur FSA-Studie: Malam, Sally; Clegg, Sue; Kirwan, Sarah; McGinigal, Stephen (2009a): „Comprehension and use of UK nutrition signpost labeling schemes“ August 2009.

Luch, Anika D., Das neue „IT-Grundrecht" – Grundbedingung einer „Online-Handlungsfreiheit", MMR 2011, S. 75 ff.

Dies./Schulz, Sönke E./Kuhlmann, Florian, Ein Recht auf Vergessenwerden als Ausprägung einer selbstbestimmten digitalen Persönlichkeit – Anmerkung zum Urteil des EuGH v. 13.5.2014 (Google), Rs. C-131/12, EuR 2014, S. 698 ff.

Lucke, Jörn von, Entdeckung, Erkundung und Entwicklung – Skizzen künftiger Forschungsaktivitäten für die Verwaltungsinformatik, Speyer 2007.

Ders., Open Government – Öffnung von Staat und Verwaltung, in: ders. (Hrsg.), Entdeckung, Erkundung und Entwicklung 2.0: Open Government, Open Government Data und Open Budget 2.0, Berlin 2012, S. 53 ff.

Ders./Reinermann, Heinrich, E-Government – Gründe und Ziele, in: dies. (Hrsg.), Electronic Government in Deutschland – Ziele, Stand, Barrieren, Beispiele, Umsetzung, Speyer 2002, S. 1 ff.

Lüdemann, Jörn, Die Grenzen des homo oeconomicus und die Rechtswissenschaft, in: Christoph Engel/Markus Englerth/Jörn Lüdemann/Indra Spiecker gen. Döhmann (Hrsg.), Recht und Verhalten – Beiträge zu Behavorial Law and Economics, Tübingen 2007, S. 7 ff.

Machlup, Fritz, Semantic Quirks in Studies of Information, in: Fritz Machlup, Una Mansfield (Hrsg.), The Study of information – Interdisciplinary messages, New York 1983, S. 641 ff.

Magiera, Siegfried, in: Jürgen Meyer (Hrsg.), Charta der Grundrechte der Europäischen Union, 4. Aufl., Baden-Baden 2014, Art. 41 GRCh.

Malam, Sally/Clegg, Sue/Kirwan, Sarah/McGinigal, Stephen, Comprehension and use of UK nutrition signpost labelling schemes Mai 2009.

Mandelartz, Herbert, Öffentlichkeitsarbeit der Regierung, DÖV 2009, S. 509 ff.

Mangoldt, Herrmann von/Klein, Friedrich/Starck, Christian (Hrsg.), Kommentar zum Grundgesetz – Bd. 1: Präambel, Art. 1–19, 6. Aufl., München 2010.

Mann, Thomas/Worthmann, Esther-Maria, Berufsfreiheit (Art. 12 GG) – Strukturen und Problemkonstellationen, JuS 2013, S. 385 ff.

Manssen, Gerrit, Staatsrecht II – Grundrechte, 11. Aufl., München 2014.

Marcks, Peter, in: Robert von Landmann/Gustav Rohmer (Hrsg.), Gewerbeordnung und ergänzende Vorschriften, Kommentar, Bd. 1, 66. Erg-Lfg, München 2014, § 35 GewO.

Margies, Burkhard, Warum das Amtsdeutsch so beharrlich ist – und wie man es verändern kann, in: Karin M. Eichhoff-Cyrus/Gerd Antos (Hrsg.), Verständlichkeit als Bürgerrecht? – Die Rechts- und Verwaltungssprache in der öffentlichen Diskussion, Mannheim u. a. 2008, S. 257 ff.

Marteau, Theresa M./Hollands, Gareth J./Fletcher, Paul C., Changing Human Behavior to Prevent Disease: The Importance of Targeting Automatic Processes, Science 2012, S. 1492 ff.

Martinek, Michael, Unsystematische Überregulierung und kontraintentionale Effekte im Europäischen Verbraucherschutzrecht oder: Weniger wäre mehr, in: Stefan Grundmann (Hrsg.), Systembildung und Systemlücken in Kerngebieten des europäischen Privatrechts – Gesellschafts-, Arbeits- und Schuldvertragsrecht, Tübingen 2000, S. 511 ff.

Martini, Mario, Normsetzungsdelegation zwischen parlamentarischer Steuerung und legislativer Effizienz – auf dem Weg zu einer dritten Form der Gesetzgebung?, AöR 133 (2008), S. 155 ff.

Ders., Ein Patienten-TÜV für Ärzte? – Bewertungsportale als innovatives Steuerungsinstrument des Gesundheitsrechts, DÖV 2010, S. 573 ff.

Ders., Wie viel Gleichheit braucht das Internet? – Netzneutralität zwischen kommunikativer Chancengleichheit und Infrastruktureffizienz, Speyerer Vorträge 2011.

Ders./Albert, Alexandra, Finden, statt suchen? Der Pflege-TÜV und risikoorientierte Suchfunktionen als casus belli (Teil 1), NZS 2012, S. 201 ff.

Ders./Albert, Alexandra, Finden, statt suchen? Der Pflege-TÜV und risikoorientierte Suchfunktionen als casus belli (Teil 2), NZS 2012, S. 247 ff.

Ders./Kühl, Benjamin, Der informierende Staat als Katalysator der Meinungsbildung im digitalen Zeitalter, DÖV 2013, S. 573 ff.

Dies., Staatliches Informationshandeln, JURA 2014, S. 1221 ff.

Martin, Jule, Das Steuerungskonzept der informierten Öffentlichkeit – Neue Impulse aus dem Umweltrecht des Mehrebenensystems, Berlin 2012.

Maschke, Maik, Nach Entscheidungen zum § 40 Abs. 1 a LFGB stoppen viele Bundesländer vorläufig die Veröffentlichung, bvlk.de/aktuelles/fachinformationen1/doc_download/216-nach-entscheidungen-zum-40-abs-1-a-lfgb-stoppen-viele-bundeslaender-vorlaeufig-die-veroeffentlichung.

Masing, Johannes, Transparente Verwaltung: Konturen eines Informationsverwaltungsrechts, VVDStRL 63 (2004), S. 377 ff.

Maunz, Theodor/Dürig, Günter (Begr.), Grundgesetz – Kommentar, hrsg. v. *Herzog, Roman/Scholz, Rupert/Herdegen, Matthias/Klein, Hans H.*, Loseblatt,
- Bd. 1, Texte – Art. 5, 72. Erg-Lfg., München 2014,
- Bd. 2, Art. 6 – Art. 15, 72. Erg-Lfg., München 2014,
- Bd. 3, Art. 16 – Art. 22, 72. Erg-Lfg., München 2014,
- Bd. 4, Art. 23 – Art. 53a, 72. Erg-Lfg., München 2014,
- Bd. 5, Art. 54 – Art. 85, 72. Erg-Lfg., München 2014,
- Bd. 6, Art. 86 – Art. 106a, 72. Erg-Lfg., München 2014.

Maunz, Theodor (Begr.), fortgef. v. Schmidt-Bleibtreu, Bruno/Klein, Franz/Bethge, Herbert u. a., Bundesverfassungsgerichtsgesetz – Kommentar, Bd. 1, Loseblatt, 44. Erg-Lfg., München 2014.

Maurer, Hartmut, Staatsrecht I – Grundlagen, Verfassungsorgane, Staatsfunktionen, 6. Aufl., München 2010.

Ders., Allgemeines Verwaltungsrecht, 18. Aufl., München 2011.

Mayer-Schönberger, Viktor, Delete – Die Tugend des Vergessens in digitalen Zeiten, 2. Aufl., Berlin 2011.

Meier, Patrick, Der Verbraucherbegriff nach der Umsetzung der Verbraucherrechterichtlinie, JuS 2014, S. 777 ff.

Meusers, Richard, CSU-Politikerin Bär kritisiert kurzes Online-Verfallsdatum – Öffentlich-rechtliche Sender, Spiegel Online v. 31.10.2012, http://www.spiegel.de/netzwelt/web/csu-vizegeneralsekretaerin-baer-gegen-depublizieren-von-online-inhalten-a-864431.html.

Meyer, Alfred Hagen, Kap. C Nährwertdeklaration, in: Alfred Hagen Meyer, Andreas Reinhart (Hrsg.), Lebensmittelinformationsverordnung LMIV 1169/2011 leicht gemacht – von Praktikern für Praktiker, München 2014, S. 31 ff.

Ders./Streinz, Rudolf (Hrsg.), LFGB, BasisVO, HCVO – Lebensmittel- und Futtergesetzbuch, Basis-Verordnung (EG) Nr. 178/2002, Health ClaimVO 1924/2006, Kommentar, 2. Aufl., München 2012.

Meyer zu Heringdorf, Katja, Aktueller Begriff, https://www.bundestag.de/blob/192538/ff4315dc2c9769add63900606b678b1c/lebensmittelklarheit-data.pdf.

Meyn, Karl-Ulrich, Warnung der Bundesregierung vor Jugendsekten – BVerwG, NJW 1989, 2272 und BVerfG, NJW 1989, 3269, JuS 1990, S. 630 ff.

Michl, Walther/Meyer, Alfred Hagen, Der Fall "Gammelfleisch" – Die Sperrwirkung des Art. 10 VO (EG) Nr. 178/2002 für weitergehende Regelungen über die Verbraucherwarnung in den Mitgliedstaaten, ZLR 2012, S. 557 ff.

Dies., Die Verbraucherwarnung nach § 40 Abs. 1a LFGB – Pranger vor Rechtsstaat – eine Analyse bisheriger Rechtsprechung, ABl. C 2013, S. 79 ff.

Micklitz, Hans-W, Teil II: Marktverhaltensrecht, in: Norbert Reich, Hans-W Micklitz (Hrsg.), Europäisches Verbraucherrecht, 4. Aufl., Baden-Baden 2003.

Ministerium für Umwelt, Gesundheit und Verbraucherschutz des Landes Brandenburg, Ergebnisprotokoll der 6. Verbraucherschutzministerkonferenz am 17. September 2010 in Potsdam, https://www.verbraucherschutzministerkonferenz.de/documents/Ergebnisprotokoll_6_ca3.pdf, zuletzt geprüft am 11.7.2014.

Mitchell, Jason P./Dodson, Chad S./Schacter, Daniel L., fMRI Evidence for the Role of Recollection in Suppressing Misattribution Errors: The Illusory Truth Effect, JoCN 2005, S. 800 ff.

Mittelstraß, Jürgen, Die Wissensgesellschaft, in: Manfred Prisching (Hrsg.), Modelle der Gegenwartsgesellschaft, Dt. Erstausg., Wien 2003, S. 97 ff.

Mitterhuber, Renate/Basten, André/Lange, Hanss-Christian, Einsatz von Social Media in der öffentlichen Verwaltung: Wie es funktionieren kann, in: Hermann Hill (Hrsg.), Informationelle Staatlichkeit, Baden-Baden 2012, S. 91 ff.

Möller, Johannes/Panhorst, Heidi/Zieres, Gundo, Qualitätsberichterstattung – Chance oder Risiko für die ambulante Pflege?, HBScience 2010, S. 114 ff.

Möstl, Markus, Informationsinteresse und Geheimhaltungsbedürfnis als Antipoden im Verbraucherinformationsgesetz?, in: Stefan Leible (Hrsg.), Verbraucherschutz durch Information im Lebensmittelrecht, Bayreuth 2010, S. 150 ff.

Ders., Gibt es (unions-)verfassungsrechtliche Grenzen für die Verbraucherinformation?, LMuR 2014, S. 77 ff.

Ders., Verbraucherinformation und Anprangerung als gezielte Lenkungsmittel – Anmerkungen zu § 40 Abs. 1a LFGB sowie zur Revision der EU-Kontrollverordnung, GewArch 2015, S. 1 ff.

Muckel, Stefan, Anbringung einer Parabolantenne durch türkische Mieter turkmenischer Abstammung – BVerfG, Beschluss vom 31.3.2013 – 1 BvR 1314/11, NJW 2013, 2180, JA 2013, S. 795 ff.

Müller, Gerd, Die Lebensmittelwirtschaft – vitaler Bestandteil der Verbraucherpolitik in Deutschland und der EU, 11.04.2013, http://www.bmel.de/SharedDocs/Reden/2013/04-11-MUE-BLL-Jahrestagung.html.

Müller, Johannes, Die Bewältigung von Lebensmittelrisiken durch Risikokommunikation – Eine Analyse kommunikativer Verfahrenshandlungen im Lebensmittelsicherheitsrecht unter Einbeziehung des Verbraucherinformationsgesetzes, Berlin 2010.

Müller, Kathrin, Das bauordnungsrechtliche Verunstaltungsverbot – Verfahrensoptimierung zur Bewältigung bauästhetischer Konflikte im öffentlichen Raum, Köln 2012.

Müller, Martin/Wallau, Rochus/Grube, Markus, Taschenbuch der Lebensmittelkontrolle, Frankfurt am Main 2014.

Müller, Rolf-Georg, Anmerkung zu OVG Münster, Beschl. v. 23.4.2012 – 13 B 127/12, NVwZ 2012, S. 769 ff.

Müller von Blumencron, Mathias, Kommentar – Was das Google-Urteil bedeutet, FAZ v. 13.5.2014, http://www.faz.net/aktuell/wirtschaft/unternehmen/eugh-urteil-ueber-google-recht-auf-vergessen-im-netz-12937165.html, zuletzt geprüft am 28.10.2014.

Münch, Ingo von/Kunig, Philip (Hrsg.), Grundgesetz Kommentar

– Bd. 1: Präambel, Art. 1 – 69, 6. Aufl., München 2012.
– Bd. 2: Art. 70 – Art. 146 und Gesamtregister, 6. Aufl., München 2012.

Murswiek, Dietrich, Das Bundesverfassungsgericht und die Dogmatik mittelbarer Grundrechtseingriffe – Zu der Glykol- und der Osho-Entscheidung vom 26.06.2002, NVwZ 2003, S. 1 ff.

Ders., Neue Maßstäbe für den Verfassungsschutzbericht – Konsequenzen aus dem JF-Beschluss des BVerfG, NVwZ 2006, S. 121 ff.

Neuß, Viola, Neue Rahmenbedingungen für Smiley-Projekte – Das "Kontroll-Barometer", in: Wolfgang Voit (Hrsg.), Lebensmittelinformation zwischen Aufklärung und Skandalisierung – 5. Marburger Symposium zum Lebensmittelrecht, Baden-Baden 2012, S. 29 ff.

Nolte, Norbert, Zum Recht auf Vergessen im Internet – Von digitalen Radiergummis und anderen Instrumenten, ZRP 2011, S. 236 ff.

Oelrichs, Carsten P., Die Macht der NGOs – Der Ersatz der rechtsstaatlichen Lebensmittelkontrolle durch die öffentliche Prangerwirkung, Behr's Jahrbuch für die Lebensmittelwirtschaft 2012, S. 29 ff.

Oertel, Britta/Schimke, Daniel/Ulmer, Frank/Karig, Friedemann, Abschlussbericht "Untersuchung der Veränderung der Informationskultur der für die Lebensmittel- und Futterüberwachung zuständigen Behörden sowie der in diesem Bereich tätigen Unternehmen durch das Inkrafttreten des Verbraucherinformationsgesetzes (VIG)", 2010, http://download.ble.de/08HS024.pdf.

Oldenburg, Sophie, Die Öffentlichkeit von Rechtsnormen, Berlin 2009.

O'Malley, Deborah/Latimer, Amy/Berenbaum, Erin, Using Eye Tracking Technology to Determine the Most Effective Viewing Format and Content for Osteoporosis Prevention Print Advertisements, JoABR 2011, S. 167 ff.

Ossege, Michael, Rechtliche Aspekte des Pflege-TÜV – Rechtsschutzmöglichkeiten gegen eine Veröffentlichung von Transparenzberichten im Internet, NZS 2012, S. 526 ff.

Ossenbühl, Fritz, Zur Staatshaftung bei behördlichen Warnungen vor Lebensmitteln, ZHR 1991, S. 329 ff.

Ders., Verbraucherschutz durch Information, NVwZ 2011, S. 1357 ff.

Ders./Cornils, Matthias, Staatshaftungsrecht, 6. Aufl., München 2013.

Otto, Walter, Bürgernahe Sprache in der Verwaltung, München 1999.

Outing, Steve/Ruel, Laura, Eyetrack III: Looking again at online readers (2003–2004), http://www.poynter.org/extra/Eyetrack/previous.html.

Pache, Eckhard, Öffentliche Warnung vor Lebensmitteln – ist § 40 LFGB europarechtskonform?, ZLR 2013, S. 139 ff.

Patalong, Frank, Daten-Überwachungszentrum in Utah: Festung der Cyberspione, Spiegel Online v. 8.6.2013, http://www.spiegel.de/netzwelt/netzpolitik/bluffdale-das-datensammel-zentrum-der-nsa-a-904355.html.

Peine, Franz-Joseph, Allgemeines Verwaltungsrecht, 11. Aufl., Heidelberg u. a. 2014.

Peters, Sascha, Der "Ekel"-Pranger, JURA 2014, S. 752 ff.

Pfeifer, Wolfgang/Braun, Wilhelm/u. a., Etymologisches Wörterbuch des Deutschen, Bd. H–P, Berlin 1989.

Pfeiffer, Thomas/Hess, Burkhard, Analyse verbraucherpolitischer Defizite beim Erwerb von Teilzeitnutzungsrechten – Projektnummer 04HS058: Laufzeit vom 17. Mai 2005 bis zum 31. Januar 2006 ; Abschlussbericht, Bd. Angewandte Wissenschaft, Heft 515, Filderstadt 2006.

Philipp, Albrecht, Kein Unterlassungsanspruch gegen Qualitätsprüfungen des MDK – Entscheidungsanmerkung zu BSG, Urt. v. 16.5.2013, B 3 P 5/12 R, Sozialrecht aktuell 2013, S. 261.

Philipp, Renate, Staatliche Verbraucherinformationen im Umwelt- und Gesundheitsrecht, Köln 1989.

Pick, Peter/Brüggemann, Jürgen, Qualitätsprüfungs-Richtlinien: Neue Grundlagen für die MDK-Prüfung, RDG 2009, S. 206 ff.

Pieroth, Bodo/Schlink, Bernhard/Kingreen, Thorsten/Poscher, Ralf, Grundrechte – Staatsrecht II, 30. Aufl., Heidelberg u. a. 2014.

Pieters, Rik/Wedel, Michel, Attention Capture and Transfer in Advertising: Brand, Pictorial, and Text-Size Effects, JoM 2004, S. 36 ff.

Plickert, Philip/Beck, Hanno, Kanzlerin sucht Verhaltensforscher, FAZ v. 26.8.2014, http://www.faz.net/aktuell/wirtschaft/wirtschaftspolitik/kanzlerin-angela-merkel-sucht-verhaltensforscher-13118345.html, zuletzt geprüft am 26.8.2014.

Poitras, Laura/Rosenbach, Marcel/Stark, Holger, Geheimdokumente: NSA überwacht 500 Millionen Verbindungen in Deutschland, Spiegel Online v. 30.6.2013, http://www.spiegel.de/netzwelt/netzpolitik/nsa-ueberwacht-500-millionen-verbindungen-in-deutschland-a-908517.html.

Polenz, Sven, Teil 13: Datenschutz, in: Wolfgang Kilian, Benno Heussen (Hrsg.), Computerrechts-Handbuch – Informationstechnologie in der Rechts- und Wirtschaftspraxis, 32. Aufl., München 2013.

Porsch, Winfried, Die Macht der Information – Empfehlungen, Warnungen, Auskünfte an die Öffentlichkeit nach deutschem und europäischem Recht, ZLR 2003, S. 175 ff.

Ders., Staatlich finanzierte Produktkritik privater Organisationen – Grundlagen und Grenzen, in: Nikolaus Bosch, Stefan Leible, Rochus Wallau (Hrsg.), Lebensmittel in den Medien, Bayreuth 2012, S. 107 ff.

Posser, Herbert/Wolff, Heinrich Amadeus (Hrsg.), Beck'scher Online-Kommentar – VwGO, 31. Aktualisierung, München 2014.

Prantl, Heribert, Recht auf Vergessen: Google soll mehr löschen, SZ v. 4.2.2015, http://www.sueddeutsche.de/digital/recht-auf-vergessen-google-soll-mehr-loeschen-1.2335607.

Prisching, Manfred, Die Etikettengesellschaft, in: Manfred Prisching (Hrsg.), Modelle der Gegenwartsgesellschaft, Dt. Erstausg., Wien 2003, S. 13 ff.

Prommer, Jennifer/Rossi, Matthias, Das neue Verbraucherinformationsgesetz, GewArch 2013, S. 97 ff.

Pünder, Hermann, Grundmodell des Verwaltungsverfahrens, in: Hans Uwe Erichsen, Dirk Ehlers (Hrsg.), Allgemeines Verwaltungsrecht, 14. Aufl., Berlin 2010.

Purnhagen, Kai, Die Auswirkungen der neuen EU-Richtlinie auf das deutsche Verbraucherrecht, ZRP 2012, S. 36 ff.

Rabe, Hans-Jürgen, Staatshaftung für Informationshandeln der Lebensmittelüberwachung, in: Marcus Girnau (Hrsg.), Festschrift für Matthias Horst, Hamburg 2013, S. 289 ff.

Raspé, Carolin, Staatliche Verbraucherinformationen im Internet – Die rechtliche Zulässigkeit der Bekanntmachung betriebsbezogener Verstöße gegen Lebensmittel- und Hygienevorschriften am Beispiel des Pankower Smiley-Projekts, BLJ 2013, S. 8 ff.

Rayner K./Rotello C.M./Stewart A.J./Keir J./Duffy, S.A, Integrating text and pictorial information: eye movements when looking at print advertisements, JoAdv 2001, S. 219 ff.

Rayner, Keith/Miller, Brett/Rotello, Caren M., Eye Movements When Looking at Print Advertisements: The Goal of the Viewer Matters, ACP 2008, S. 697 ff.

Reber, Rolf/Schwarz, Norbert, Effects of Perceptual Fluency on Judgments of Truth, CoCo 1999, S. 338 ff.

Ders./Topolinski, Sascha, Einfach + schön = wahr, GuG 2009, S. 20 ff.

Rechenberg, Peter, Zum Informationsbegriff der Informationstheorie, Informatik-Spektrum 2003, S. 317 ff.

Redeker, Helmut, IT-Recht, 5. Aufl., München 2012.

Rehberg, Markus, Der staatliche Umgang mit Information – Das europäische Informationsmodell im Lichte von Behavioral Economics, in: Thomas Eger, Hans-Bernd Schäfer (Hrsg.), Ökonomische Analyse der europäischen Zivilrechtsentwicklung – Beiträge zum X. Travemünder Symposium zur ökonomischen Analyse des Rechts (29. März bis 1. April 2006), Tübingen 2007, S. 284 ff.

Reimann, Horst, Kommunikations-Systeme, 2. Aufl., Tübingen 1974.

Reimer, Franz, Adverse Publizität – Der Pranger im Verwaltungsrecht, JöR N.F. 58 (2010), S. 275 ff.

Ders., „…einfach wieder die Folgerungsweise des Polizeistaates" – Zur Unterscheidung von Aufgaben und Befugnissen im Polizeirecht, in: Dirk Heckmann (Hrsg.), Verfassungsstaatlichkeit im Wandel – Festschrift für Thomas Würtenberger zum 70. Geburtstag, Berlin 2013, S. 1047 ff.

Remmert, Barbara, Schlichtes Verwaltungshandeln – Grundlagen des schlichten Verwaltungshandelns, in: Hans Uwe Erichsen, Dirk Ehlers (Hrsg.), Allgemeines Verwaltungsrecht, 14. Aufl., Berlin 2010, § 36.

Dies., Schlichtes Verwaltungshandeln – Einzelfälle, in: Hans Uwe Erichsen, Dirk Ehlers (Hrsg.), Allgemeines Verwaltungsrecht, 14. Aufl., Berlin 2010, § 37.

Dies., Verwaltungshandeln und Verwaltungsrechtsverhältnis im Überblick – Handlungsformen der Verwaltung, in: Hans Uwe Erichsen, Dirk Ehlers (Hrsg.), Allgemeines Verwaltungsrecht, 14. Aufl., Berlin 2010, § 17.

Richter, Ingo, Die Digitalisierung des Alltags, in: Veith Mehde, Ulrich Ramsauer, Margrit Seckelmann (Hrsg.), Staat, Verwaltung, Information – Festschrift für Hans Peter Bull zum 75. Geburtstag, Berlin 2011, S. 1041 ff.

Ridder, Helmut, Doch in der Mitte liegt holdes Bescheiden, DuR 1976, S. 179 ff.

Riemer, Boris, EWS-Kommentar zu EuGH, Urt. v. 11.4.2013 – Rs. C-636/11, Karl Berger gegen Freistaat Bayern, EWS 2013, S. 188 f.

Rinne, Eberhard/Schlick, Wolfgang, Die Rechtsprechung des BGH zu den öffentlich-rechtlichen Ersatzleistungen – 2. Teil: Amtshaftung, NJW 2004, S. 1918 ff.

Roggenkamp, Jan Dirk, Barrierefreies E-Government, NVwZ 2006, S. 1239 ff.

Ders., Web 2.0 Plattformen im kommunalen E-Government – Telos, Beschaffung, Modellierung, Betrieb und Wettbewerb, Stuttgart 2010.

Rolfs, Christian/Giesen, Richard/Kreikebohm, Ralf/Udsching, Peter (Hrsg.), Beck'scher Onlinekommentar – Sozialrecht, 35. Aktualisierung, München 2014.

Rossi, Matthias, Informationszugangsfreiheit und Verfassungsrecht – Zu den Wechselwirkungen zwischen Informationsfreiheitsgrenzen und der Verfassungsordnung in Deutschland, Berlin 2004.

Ders., Informationsfreiheitsgesetz – Handkommentar, Baden-Baden 2006.

Rossmann, Constanze, Gesundheit effektiv kommunizieren – Potenziale und Grenzen massenmedialer Gesundheitskampagnen, in: Wolfgang Voit, Peter Dabrock, Jens Ried, Janna Uddin (Hrsg.), Informierte Selbstbestimmung als Ziel staatlicher Adipositasprävention – Das Leitbild des „mündigen Verbrauchers" im Spiegel von Recht und Ethik, Baden-Baden 2011, S. 59 ff.

Roßnagel, Alexander, Möglichkeiten für Transparenz und Öffentlichkeit im Verwaltungshandeln – unter besonderer Berücksichtigung des Internets als Instrument der Staatskommunikation, in: Wolfgang Hoffmann-Riem, Eberhard Schmidt-Aßmann (Hrsg.), Verwaltungsrecht in der Informationsgesellschaft, Baden-Baden 2000, S. 257 ff.

Ders., Das elektronische Verwaltungsverfahren – Das Dritte Verwaltungsverfahrensänderungsgesetz, NJW 2003, S. 469 ff.

Ders., Auf dem Weg zur elektronischen Verwaltung – Das E-Government-Gesetz, NJW 2013, S. 2710 ff.

Roxin, Claus/Schünemann, Bernd, Strafverfahrensrecht – Ein Studienbuch, 28. Aufl., München 2014.

Ruffert, Matthias, in: Christian Calliess, Matthias Ruffert (Hrsg.), EUV/AEUV – Das Verfassungsrecht der Europäischen Union mit Europäischer Grundrechtecharta, 4. Aufl., München 2011, Art. 288 AEUV und Art. 41 GRCh.

Ders., in: Hans Uwe Erichsen, Dirk Ehlers (Hrsg.), Allgemeines Verwaltungsrecht, 14. Aufl., Berlin 2010, § 21.

Rüfner, Wolfgang, in: Josef Isensee, Paul Kirchhof (Hrsg.), Handbuch des Staatsrechts – Band IX: Allgemeine Grundrechtslehren, Heidelberg 2011, § 196.

Ruge, Reinhard, Informationstätigkeit der Bundesregierung: Warnungen vor Jugendsekten und glykolhaltigen Weinen, ThürVBl. 2003, S. 49 ff.

Sachs, Michael, Warnung der Bundesregierung vor „Jugendreligionen“ und „Jugendsekten“ – hier: „Transzendentale Meditation“, JuS 1990, S. 496 f.

Ders., Informationsintervenismus und Verfassungsrecht, in: Lerke Osterloh, Karsten Schmidt, Hermann Weber (Hrsg.), Staat, Wirtschaft, Finanzverfassung – Festschrift für Peter Selmer zum 70. Geburtstag, Berlin 2004, S. 209 ff.

Ders. (Hrsg.), Grundgesetz – Kommentar, 7. Aufl., München 2014.

SalahEldeen, Hany M./Nelson, Michael L., Losing my Revolution – How many resources shared on Social Media have been lost?, in: P. Zaphiris, G. Buchanan, E. Rasmussen, F. Loizides (Hrsg.), Theory and Practice of Digital Libraries – Second International Conference, TPDL 2012, Paphos, Cyprus, September 23–27, 2012, Proceedings, Berlin u. a. 2012, S. 125 ff.

Schaal, Tom/Oehme, Julia/Schönfelder, Tonio/Kugler, Joachim, V3 Ergebnisse der Qualitätsprüfungen der sächsischen Pflegeheime, HBScience 2011, S. 36.

Dies., Pflegenoten als potentieller Einflussfaktor auf Heimentgelte, HBScience 2012, S. 29 f.

Dies., P10: Ungleiche Stichprobenbildung beeinträchtigt den Wettbewerb im Rahmen der Transparenzprüfungen, HBScience 2013, S. 38.

Schacter, Daniel L., How the mind forgets and remembers – The seven sins of memory, London 2003.

Schäfer, Hans-Bernd/Ott, Claus, Homo Oeconomicus, Verhaltensökonomik und liberaler Paternalismus, in: Veith Mehde, Ulrich Ramsauer, Margrit Seckelmann (Hrsg.), Staat, Verwaltung, Information – Festschrift für Hans Peter Bull zum 75. Geburtstag, Berlin 2011, S. 301 ff.

Schaffstein, Friedrich, Verdachtsstrafe, außerordentliche Strafe und Sicherungsmittel im Inquisitionsprozeß des 17. und 18. Jahrhunderts, ZStW 101 (1989), S. 493 ff.

Schantz, Peter/Scheffczyk, Fabian, Die Unzulässigkeit der individualisierten Veröffentlichung von Sparkassenvorstandsbezügen, BKR 2010, S. 184 ff.

Schatzschneider, Wolfgang, Informationshandeln im Bundesstaat, NJW 1991, S. 3202 f.

Schellenberg, Ulrich, Wie die bürgerliche Freiheit im digitalen Fegefeuer verbrennen könnte – "Super-Grundrecht auf Sicherheit" hebelt das System der Grundrechte nicht aus, ZRP 2014, S. 24 ff.

Schendel, Frank Andreas, Selbstverpflichtungen der Industrie als Steuerungsinstrument im Umweltschutz, NVwZ 2001, S. 494 ff.

Scherzberg, Arno, Die Öffentlichkeit der Verwaltung, Baden-Baden 2000.

Schild, Wolfgang, Alte Gerichtsbarkeit – Vom Gottesurteil bis zum Beginn der modernen Rechtsprechung, 2. Aufl., München 1985.

Ders., Folter, Pranger, Scheiterhaufen – Rechtsprechung im Mittelalter, München 2011.

Schink, Alexander, Rechtsgutachten zur Zulässigkeit des Berliner Smiley-Modells – Transparenz in der Lebensmittelüberwachung, Neuss September 2010.

Ders., Smileys in der Lebensmittelkontrolle – Verfassungsrechtliche Zulässigkeit einer amtlichen Information der Öffentlichkeit über die Ergebnisse der amtlichen Lebensmittelkontrolle, DVBl. 2011, S. 253 ff.

Ders./Winkelmüller, Michael, Viel Rauch um die E-Zigarette, DVBl. 2012, S. 1540 ff.

Schliesky, Utz, Auswirkungen des E-Government auf Verfahrensrecht und kommunale Verwaltungsstrukturen, NVwZ 2003, S. 1322 ff.

Ders., E-Government durch Recht, DVP 2013, S. 420 ff.

Schmidl, Michael, in: Christoph E. Hauschka (Hrsg.), Corporate Compliance – Handbuch der Haftungsvermeidung im Unternehmen, 2. Aufl., München 2010, § 29.

Schmidt, Rolf, Staatliches Informationshandeln und Grundrechtseingriff – Eine verfassungsrechtliche Studie zu den grundrechtlichen Vorgaben und Grenzen staatlicher Informationstätigkeit in der modernen Informationsgesellschaft – Zugleich die Begründung der Notwendigkeit der Schaffung einer bundesgesetzlichen Regelung, Grasberg bei Bremen 2004.

Schmidt-Aßmann, Eberhard, Die Lehre von den Rechtsformen des Verwaltungshandelns – Ihre Bedeutung im System des Verwaltungsrechts und für das verwaltungsrechtliche Denken der Gegenwart, DVBl. 1989, S. 533 ff.

Ders., Das allgemeine Verwaltungsrecht als Ordnungsidee – Grundlagen und Aufgaben der verwaltungsrechtlichen Systembildung, 2. Aufl., Berlin/New York 2006.

Schmidt-Bleibtreu, Bruno/Hofmann, Hans/Hennecke, Hans-Günter (Hrsg.), GG – Kommentar zum Grundgesetz, 13. Aufl., Köln 2014.

Schmidt-Wiegand, Ruth, Pranger, in: Adalbert Erler/Ekkehardt Kaufmann (Hrsg.), Handwörterbuch zur deutschen Rechtsgeschichte – Band 3: List – Protonotar, Berlin 1984.

Schmidtke, Susann, Die Skandale hat Birkel hinter sich gelassen, Der Tagesspiegel v. 16.2.1999, http://www.tagesspiegel.de/wirtschaft/die-skandale-hat-birkel-hinter-sich-gelassen/71544.html, zuletzt geprüft am 23.12.2014.

Schmitz, Heribert/Jastrow, Serge-Daniel, Das Informationsfreiheitsgesetz des Bundes, NVwZ 2005, S. 984 ff.

Schmitz, Sandra/Siry, Lawrence, Online-Archive - "Der ewige Pranger im Internet"?, in: Jürgen Taeger (Hrsg.), Digitale Evolution: Herausforderung für das Informations- und Medienrecht, Edewecht 2010, S. 217 ff.

Schmoeckel, Mathias, Humanität und Staatsraison – Die Abschaffung der Folter in Europa und die Entwicklung des gemeinen Strafprozeß- und Beweisrechts seit dem hohen Mittelalter, Köln, Weimar, Wien 2000.

Schnall, Laura, D. Staatliche Information und Warnung, in: Rudolf Streinz (Hrsg.), Lebensmittelrechts-Handbuch, 35. Aufl., München 2014.

Schnapp, Friedrich E., Von der (Un-)Verständlichkeit der Juristensprache, JZ 2004, S. 473 ff.

Ders./Schnapp, Patrick, Methodisch-statistische Aspekte der Messung von Ergebnisqualität im Gesundheitswesen: Einführung in zentrale Gesichtspunkte und Anwendung auf den AOK-Krankenhausnavigator, NZS 2015, S. 201 ff.

Schnapp, Marina, Optimierung der Informationsverarbeitung durch Technik, in: Hermann Hill (Hrsg.), Verwaltungsmodernisierung 2012 – Gestalt und Gestaltung, Baden-Baden 2012, S. 99 ff.

Schoch, Friedrich, OLG Stuttgart, Urteil vom 21.3.1990 (Az.: 1 U 232/89): Haftung einer Behörde bei unzutreffender Produktwarnung („Fall Birkel“), WuR 1990, S. 45 ff.

Ders., Entformalisierung staatlichen Handelns, in: Josef Isensee, Paul Kirchhof (Hrsg.), Handbuch des Staatsrechts – Band III Demokratie - Bundesorgane, 3. Aufl., Heidelberg 2005, § 37.

Ders., Aktuelle Fragen des Informationsfreiheitsrechts, NJW 2009, S. 2988 ff.

Ders., IFG – Kommentar, München 2009.

Ders., Information und Kommunikation im Lebensmittelrecht: Europarechtliche und verfassungsrechtliche Grundlagen staatlichen Informationshandelns und privater Informationspflichten, ZLR 2010, S. 121 ff.

Ders., Informationszugangsfreiheit des Einzelnen und Informationsverhalten des Staates, AfP 2010, S. 313 ff.

Ders., Neuere Entwicklungen im Verbraucherinformationsrecht, NJW 2010, S. 2241 ff.

Ders., Die Schwierigkeiten des BVerfG mit der Bewältigung staatlichen Informationshandelns, NVwZ 2011, S. 193 ff.

Ders., Herabsetzende Äußerungen der Bundeszentrale für politische Bildung als Verletzung des allgemeinen Persönlichkeitsrechts, JURA 2011, S. 44.

Ders., Informationsrecht in einem grenzüberschreitenden und europäischen Kontext, EuZW 2011, S. 388 ff.

Ders., Amtliche Publikumsinformation zwischen staatlichem Schutzauftrag und Staatshaftung – Das Verbraucherinformationsrecht als Modell der amtlichen Publikumsinformation, NJW 2012, S. 2844 ff.

Ders., Das Gesetz zur Änderung des Rechts der Verbraucherinformation, NVwZ 2012, S. 1497 ff.

Ders., Amtliche Publikumsinformation im Spiegel der Rechtsprechung, VBlBW 2014, S. 361 ff.

Schoene, Volker, § 40 Abs. 1a Nr. 2 LFGB ist verfassungswidrig, ZLR 2013, S. 65 ff.

Schomerus, Thomas/Tolkmitt, Ulrike, Die Umweltinformationsgesetze der Länder im Vergleich, NVwZ 2007, S. 1119 ff.

Dies. Informationsfreiheit durch Zugangsvielfalt? – Ein Vergleich der Informationszugangsrechte nach IFG, UIG und VIG –, DÖV 2007, S. 985 ff.

Schrader, Christian, Neue Umweltinformationsgesetze durch die Richtlinie 2003/4/EG – Deutsche Schwierigkeiten mit europäischen Transparenzvorgaben, ZUR 2004, S. 130 ff.

Schröder, Ole, Amtsdeutsch a.D.: Bitte auch in Gesetzen!, in: Hans-R Fluck, Michaela Blaha (Hrsg.), Amtsdeutsch a. D.? – Europäische Wege zu einer modernen Verwaltungssprache, Bd. 4, Tübingen 2010, S. 73 ff.

Schroeder, Werner, Nationale und EU-rechtliche Informationspflichten, in: Monika Böhm, Georg Freund, Wolfgang Voit (Hrsg.), Information und Kommunikation von Unternehmen und Behörden – 3. Marburger Symposium zum Lebensmittelrecht, Bd. 2, Baden-Baden 2011, S. 9 ff.

Ders./Kraus, Markus, Das neue Lebensmittelrecht - Europarechtliche Grundlagen und Konsequenzen für das deutsche Recht, EuZW 2005, S. 423 ff.

Schulte, Martin, Schlichtes Verwaltungshandeln – Verfassungs- und verwaltungsrechtsdogmatische Strukturüberlegungen am Beispiel des Umweltrechts, Tübingen 1995.

Schulz, Sönke E., Die "Datenautobahn" als Infrastruktur: Gewährleistungs- und Verkehrssicherungspflichten des Staates, in: Hermann Hill, Utz Schliesky (Hrsg.), Die Vermessung des virtuellen Raums – E-Volution des Rechts- und Verwaltungssystems III, Bd. 19, Baden-Baden 2012, S. 265 ff.

Ders., Aktuelle Entwicklungen im Informationszugangsrecht – erreicht „Open Data" den Gesetzgeber?, VerwArch 104 (2013), S. 327 ff.

Ders., Das Internet als Grundversorgung, JuWissBlog v. 31.1.2013, http://www.juwiss.de/das-internet-als-grundversorgung/, zuletzt geprüft am 30.10.2014.

Ders., Staatliche Daten und Informationen als öffentliche Sachen im Gemeingebrauch, JuWissBlog v. 9.4.2013, http://www.juwiss.de/staatliche-daten-und-informationen-als-offentliche-sachen-im-gemeingebrauch/, zuletzt geprüft am 30.10.2014.

Ders., Neufassung des Informationsweiterverwendungsgesetzes – europarechtswidriger Anspruch »light«?, JuWissBlog v. 15.7.2014, http://www.juwiss.de/91-2014/, zuletzt geprüft am 11.11.2014.

Schulze, Reiner (Schriftleitung), Bürgerliches Gesetzbuch – Handkommentar, 8. Aufl., Baden-Baden 2014.

Schünemann, Wolf J., E-Government und Netzpolitik – eine konzeptionelle Einführung, in: Wolf J. Schünemann, Stefan Weiler (Hrsg.), E-Government und Netzpolitik im europäischen Vergleich, Baden-Baden 2012, S. 9 ff.

Schunk, Florian, Organisation, in: Hermann Hill (Hrsg.), Verwaltungsmodernisierung 2012 – Gestalt und Gestaltung, Baden-Baden 2012, S. 51 ff.

Schuppert, Gunnar Folke, Verwaltungswissenschaft – Verwaltung, Verwaltungsrecht, Verwaltungslehre, Baden-Baden 2000.

Schwab, Andreas/Giesemann, Amelie, Die Verbraucherrechte-Richtlinie: Ein wichtiger Schritt zur Vollharmonisierung im Binnenmarkt, EuZW 2012, S. 253 ff.

Schwenke, Thomas, Das virtuelle Hausrecht als Abwehrmaßnahme gegen „Shitstorms" innerhalb von Social Media Plattformen, K&R 2012, S. 305 ff.

Seemann, Jan, Behördliche Produktinformation im europäischen und deutschen Lebensmittelrecht – Unter besonderer Berücksichtigung der Art. 10 VO (EG) 178/2002 und § 40 LFGB, Baden-Baden 2008.

Selmer, Peter, Notwendigkeit einer gesetzlichen Ermächtigung für Arzneimittel-Transparenzverfahren – Rechtsprechungsübersicht BVerwG, Urt. v. 18.4.1985 – 3 C 34/84, JuS 1986, S. 321 f.

Shannon, C. E., A Mathematical Theory of Communication, BSTJo 1948, S. 379-423, 623-656 ff.

Sieber, Ulrich, Informationsrecht und Recht der Informationstechnik – Die Konstituierung eines Rechtsgebietes in Gegenstand, Grundfragen und Zielen, NJW 1989, S. 2569 ff.

Siegel, Thorsten, Die Verfahrensbeteiligung von Behörden und anderen Trägern öffentlicher Belange – Eine Analyse der rechtlichen Grundlagen unter besonderer Berücksichtigung der Beschleunigungsgesetzgebung, Berlin 2001.

Ders., IT im Grundgesetz, NVwZ 2009, S. 1128 ff.

Ders., Der virtuelle Verwaltungsakt, VerwArch 105 (2014), S. 241 ff.

Simitis, Spiros, Die Pflicht zu vergessen, FAZ v. 8.2.2013, S. 7.

Skubisz, Christine/Reimer, Torsten/Hoffrage, Ulrich, Communicating Quantitative Risk Information, in: Christina S. Beck (Hrsg.), Communication yearbook 33, New York 2009, S. 177 ff.

Sodan, Helge, Normsetzungsverträge im Sozialversicherungsrecht, NZS 1998, S. 305 ff.

Ders./Ziekow, Jan, Grundkurs Öffentliches Recht – Staats- und Verwaltungsrecht, 6. Aufl., München 2014.

Song, Dongsoo, Kooperatives Verwaltungshandeln durch Absprachen und Verträge beim Vollzug des Immissionsschutzrechts, Berlin 2000.

Soravia, Saskia/Popa, Diana, § 40 Abs. 1a LFGB in der Rechtsprechung – Eine Bestandsaufnahme – zugleich Anmerkung zu EuGH, Urteil vom 11.4.2013, LMuR 2013, S. 120 ff.

Sosnitza, Olaf, Die EG-InfoVO: Eine Bereinigung und Vereinfachung des Lebensmittelkennzeichnungsrechts?, in: Stefan Leible (Hrsg.), Verbraucherschutz durch Information im Lebensmittelrecht, Bayreuth 2010, S. 21 ff.

Ders., Informationen im Lebensmittelrecht – Vom flüchtigen über den aufgeklärten Verbraucher zur Entrechtlichung der Information, ZLR 2012, S. 258 ff.

Spaeth, Wiebke, Grundrechtseingriff durch Information – Zur Verfassungsmässigkeit von verhaltenssteuernden Warnungen und Empfehlungen der Bundesregierung, Frankfurt a.M. 1995.

Spiecker gen. Döhmann, Indra, Die Nutzung elektronischer Medien: REACh-Datenbanken, Veröffentlichung von Genehmigungsverfahren im Internet und Geodaten-Vermittlung wie Google Maps, in: Bernd Hecker, Reinhard Hendler, Alexander Proelß, Peter Reiff (Hrsg.), Aktuelle Rechtsfragen und Probleme des freien Informationszugangs, insbesondere im Umweltschutz – 26. Trierer Kolloquium zum Umwelt- und Technikrecht vom 5. bis 7. September 2010, Berlin 2011, S. 155 ff.

Dies., Online- und Offline-Nutzung von Daten: Einige Überlegungen zum Umgang mit Informationen im Internetzeitalter, in: Michael Bartsch, Robert G. Briner (Hrsg.), DGRI Jahrbuch 2010, Bd. 20, Köln 2011, S. 39 ff.

Dies., Steuerung im Datenschutzrecht – Ein Recht auf Vergessen wider Vollzugsdefizite und Typisierung, KritV 2014, S. 28 ff.

Dies./Kurzenhäuser, Stephanie, Das rechtliche Darstellungsgebot – Zum Umgang mit Risikoinformation am Beispiel der Datenerhebung im Bundesinfektionsschutzgesetz (IfSG), in: Christoph Engel, Markus Englerth, Jörn Lüdemann, Indra Spiecker gen. Döhmann (Hrsg.), Recht und Verhalten – Beiträge zu Behavorial Law and Economics, Tübingen 2007, S. 133 ff.

Spindler, Gerald, Anmerkung zu BGH JZ 2013, 894 ff., JZ 2013, S. 897 ff.

Ders., Datenschutz- und Persönlichkeitsrechte im Internet – der Rahmen für Forschungsaufgaben und Reformbedarf, GRUR 2013, S. 996 ff.

Ders., Durchbruch für ein Recht auf Vergessen(werden)? – Die Entscheidung des EuGH in Sachen Google Spain und ihre Auswirkungen auf das Datenschutz- und Zivilrecht, JZ 2014, S. 981 ff.

Stadler, Thomas, Zulässigkeit der heimlichen Installation von Überwachungssoftware – Trennung von Online-Durchsuchung und Quellen-Telekommunikationsüberwachung möglich?, MMR 2012, S. 18 ff.

Stähler, Thomas P., Rechte behinderter Menschen – Änderungen und Neuregelungen durch das Behindertengleichstellungsgesetz, NZA 2002, S. 777 ff.

Staudinger, Julius v. (Begr.), Kommentar zum Bürgerlichen Gesetzbuch mit Einführungsgesetz und Nebengesetzen, Buch 2, Recht der Schuldverhältnisse §§ 839, 839a – (Unerlaubte Handlungen 4 – Amtshaftungsrecht), *Wöstmann, Heinz (Autor)/ Johannes Hager (Red.)*, Neubearbeitung, Berlin 2013.

Staun, Harald, Der Verdacht – Die Medien und der Fall Kachelmann, FAZ v. 29.3.2010, http://www.faz.net/aktuell/feuilleton/medien/2.1756/die-medien-und-der-fall-kachelmann-der-verdacht-1955112.html.

Stehmeier, Marinus J., Tagungsbericht – Vergessen im Internet – Tagung am 16. und 17.1.2014 im Warburg-Haus Hamburg, JZ 2014, S. 991 ff.

Steinbuch, Karl, Über den Wert von Informationen, GRUR 1987, S. 579 ff.

Steinmüller, W./Lutterbeck, B./Mallmann, C./Harbort, U./Kolb, G./Schneider, J., Grundfragen des Datenschutzes – Gutachten im Auftrag des Bundesministeriums des Inneren 1971.

Stelkens, Paul/Bonk, Heinz Joachim/Sachs, Michael (Hrsg.), Verwaltungsverfahrensgesetz – Kommentar, 8. Aufl., München 2014.

Stillner, Walter, Probleme der Produktwarnung im Lebensmittelrecht, NJW 1991, S. 1340 f.

Stolleis, Michael, Entwicklungsstufen der Verwaltungsrechtswissenschaft, in: Wolfgang Hoffmann-Riem, Eberhard Schmidt-Aßmann, Andreas Voßkuhle (Hrsg.), Grundlagen des Verwaltungsrechts – Methoden, Maßstäbe, Aufgaben, Organisation, Bd. 1, 2. Aufl., München 2012, S. 65 ff.

Stollmann, Frank, Die E-Zigarette im Spannungsfeld des Gesundheitsrechts, NVwZ 2012, S. 401 ff.

Streinz, Rudolf, Wesentliche Trends für die Zukunft des Lebensmittelrechts, ZLR 2012, S. 141 ff.

Ders., Eigenverantwortung und Verbraucherschutz im Lebensmittelrecht, in: Marcus Girnau (Hrsg.), Festschrift für Matthias Horst, Hamburg 2013, S. 45 ff.

Teevs, Christian, Restaurants im Hygiene-Härtetest: Es ist etwas faul im Staate Dänemark, Spiegel Online v. 21.3.2012, http://www.spiegel.de/wirtschaft/service/ekelrestaurants-in-kopenhagen-getestet-a-822512.html.

Teufer, Tobias, „Too much Information“? – Aktuelles zur staatlichen Kommunikation im Lebensmittelrecht, K&R 2013, S. 629.

Thaler, Richard H./Sunstein, Cass R., Nudge – Wie man kluge Entscheidungen anstößt, Berlin 2011.

Theis, Christian, Transparenzgesetzgebung bei Lebensmitteln und Verbraucherprodukten, DVBl. 2013, S. 627 ff.

Theuerkauf, Klaus, Der Pflege-TÜV auf dem Prüfstand – Ist die Transparenzberichterstattung transparent?, GuP 2011, S. 5 ff.

Ders., Eine Note für die "Pflege-Noten" – Ein Zwischenzeugnis für die Transparenzberichterstattung, MedR 2011, S. 265 ff.

Thomas, Inga Catharina, Online-Pranger gegen Schmutz, Schimmel, Schädlinge, Die Welt v. 1.11.2012, http://www.welt.de/regionales/muenchen/article110453567/Online-Pranger-gegen-Schmutz-Schimmel-Schaedlinge.html.

Tinnefeld, Marie-Theres, Sapere aude! Über Informationsfreiheit, Privatheit und Raster, NJW 2007, S. 625 ff.

Tolkmitt, Ulrike, Instrumente zur aktiven Verbreitung umweltbezogener Informationen – Qualitative Bewertung und Gegenüberstellung der Informationspflichten nach Energiewirtschafts- und Umweltinformationsrecht, Hamburg 2010.

Tomik, Stefan, Enthüllungen am laufenden Band, FAZ v. 28.6.2013, http://www.faz.net/aktuell/politik/datenskandale-enthuellungen-am-laufenden-band-12264424.html.

Treiber, Hubert, Kooperatives Verwaltungshandeln der Gewerbeaufsicht (Fabrikinspektion) des 19. Jahrhunderts – Eine verwaltungswissenschaftlich-historische Betrachtungsweise aus dem "Geist" der Reportage, in: Nicolai Dose, Rüdiger Voigt (Hrsg.), Kooperatives Recht, Baden-Baden 1995, S. 65 ff.

Tremml, Bernd/Luber, Michael, Amtshaftungsansprüche wegen rechtswidriger Produktinformationen, NJW 2005, S. 1745 ff.

Dies., Amtshaftungsansprüche wegen rechtswidriger Produktwarnungen, NJW 2013, S. 262 ff.

Ders./Nolte, Steffen, Amtshaftung wegen behördlicher Warnungen nach dem Produktsicherheitsgesetz, NJW 1997, S. 2265 ff.

Trenkamp, Oliver, Attacke auf den Algorithmus – Bettina Wulff gegen Google, Spiegel Online v. 8.9.2012, http://www.spiegel.de/netzwelt/web/bettina-wulff-klagt-gegen-google-a-854710.html.

Troidl, Thomas, Akteneinsicht im Verwaltungsrecht – Informationszugang gemäß VwVfG, VwGO, UIG, VIG, IFG u. a., München 2013.

Tsambikakis, Michael/Wallau Rochus, Moderner Pranger: Die sog. Negativliste von Pankow – Verbraucherinformation auf Kosten von Beschuldigten, StraFo 2010, S. 177 ff.

Tufte, Edward R., Envisioning Information, Cheshire, Connecticut 1990.

Uddin, Janna, Staatliche Adipositasprävention durch Information, in: Wolfgang Voit, Peter Dabrock, Jens Ried, Janna Uddin (Hrsg.), Informierte Selbstbestimmung als Ziel staatlicher Adipositasprävention – Das Leitbild des „mündigen Verbrauchers“ im Spiegel von Recht und Ethik, Baden-Baden 2011, S. 85 ff.

Uerpmann-Wittzack, Robert, Das neue Computergrundrecht, Münster, 2009.

Van Dülmen, Richard, Theater des Schreckens – Gerichtspraxis und Strafrituale in der frühen Neuzeit, 5. Auflage, München 2010.

Vec, Miloš, Glücklich ist, wer vergisst, was nicht mehr zu löschen ist, FAZ v. 23.9.2008, http://www.faz.net/aktuell/feuilleton/forschung-und-lehre/digitales-gedaechtnis-gluecklich-ist-wer-vergisst-was-nicht-mehr-zu-loeschen-ist-1623430.html.

Veltins, Michael, in: Christoph E. Hauschka (Hrsg.), Corporate Compliance – Handbuch der Haftungsvermeidung im Unternehmen, 2. Aufl., München 2010, § 24.

Verbraucherzentrale Hessen, Jahresgeschäftsbericht 2012/2013, http://www.verbraucher.de/geschaeftsberichte.

Vogel, Hans-Jochen, Das Vermächtnis der Paulskirche, NJW 1998, 1534 ff.

Voit, Wolfgang, Die Befugnis zur Information der Öffentlichkeit bei täuschenden, aber die Gesundheit nicht gefährdenden Lebensmitteln, LMuR 2012, S. 9 ff.

Ders., Zur arzneimittelrechtlichen Einordnung der „Genuss-E-Zigarette“, PharmR 2012, S. 241 ff.

Voßkuhle, Andreas, Der Wandel von Verwaltungsrecht und Verwaltungsprozeßrecht in der Informationsgesellschaft, in: Wolfgang Hoffmann-Riem, Eberhard Schmidt-Aßmann (Hrsg.), Verwaltungsrecht in der Informationsgesellschaft, Baden-Baden 2000, S. 349 ff.

Waechter, Kay, Prävention durch Pranger – die Rückkehr der Stigmata – Auch zum dogmatischen Status des Rechts auf informationelle Selbstbestimmung, VerwArch 92 (2001), S. 368 ff.

Wagner, Beatrice, Das episodische Gedächtnis von medizinischen Bildern, München 2006.

Waldhoff, Christian, Vollstreckung und Sanktionen, in: Wolfgang Hoffmann-Riem, Eberhard Schmidt-Assmann, Andreas Vosskuhle (Hrsg.), Grundlagen des Verwaltungsrechts – Personal, Finanzen, Kontrolle, Sanktionen, Staatliche Einstandspflichten, Bd. 3, München 2009, S. 269 ff.

Ders., Allgemeines Verwaltungsrecht, Lebensmittelrecht: Naming und Shaming. Anm. zu VGH Mannheim, Beschl. v. 28.1.2013 – 9 S 2423/12 und VGH München, Beschl. v. 18.3.2013 – 9 CE 12.2755, JuS 2013, S. 860ff.

Wallau, Rochus, Die Negativ-Liste von Pankow – Ein Kommentar, ZLR 2010, S. 382 ff.

Wallsten, Thomas S./Budescu, David V./Zwick, Rami/Kemp, Steven M., Preferences and reasons for communicating probabilistic information in verbal or numerical terms, Bulletin of the Psychonomic Society 1993, S. 135 ff.

Wanckel, Endress, Auf dem Weg zum „Recht am Bild der eigenen Sache“?, NJW 2011, S. 1779 ff.

Weatherill, Stephen, EU consumer law and policy, Cheltenham, UK, Northampton, MA 2005.

Wegener, Bernhard W., Der geheime Staat – Arkantradition und Informationsfreiheitsrecht, Göttingen 2006.

Wegmann, Henning, Die Veröffentlichung von Pflege-Transparenzberichten aus verfassungsrechtlicher Perspektive, SGb 2011, S. 80.

Wehlau, Andreas, Rechtschutz gegen staatliche Informationstätigkeit, in: Wolfgang Voit (Hrsg.), Lebensmittelinformation zwischen Aufklärung und Skandalisierung – 5. Marburger Symposium zum Lebensmittelrecht, Baden-Baden 2012, S. 51 ff.

Weichert, Thilo, BDSG-Novelle zum Schutz von Internet-Inhaltsdaten, DuD 2009, S. 7 ff.

Welchering, Peter, Was im Netz steht, bleibt – Digitaler Radiergummi, FAZ v. 14.1.2011, http://www.faz.net/aktuell/technik-motor/computer-internet/digitaler-radiergummi-was-im-netz-steht-bleibt-1580048.html, zuletzt geprüft am 29.7.2014.

Welti, Felix, Barrierefreiheit als Rechtsbegriff, DÖV 2013, S. 795 ff.

Wendt, Rudolf, Die Gebühr als Lenkungsmittel, Hamburg 1975.

Ders., Berufsfreiheit als Grundrecht der Arbeit, DÖV 1984, S. 601 ff.

Ders., Eigentum und Gesetzgebung, Hamburg 1985.

Ders., Der Gleichheitssatz, NVwZ 1988, S. 778 ff.

Ders., Die rechtliche Problematik der Beschaffung steuerlich relevanter Informationen gegen Bezahlung, DStZ 1998, S. 145 ff.

Ders., Die Weiterentwicklung der „Neuen Formel" bei der Gleichheitsprüfung in der Rechtsprechung des Bundesverfassungsgerichts, in: Michael Sachs/Helmut Siekmann (Hrsg.), Der grundrechtsgeprägte Verfassungsstaat – Festschrift für Klaus Stern zum 80. Geburtstag, Berlin 2012, S. 1553 ff.

Werner, Matthias, Verbraucherinformation ohne Prüfung der inhaltlichen Richtigkeit – Verfassungs- und systemwidrige Vorschriften im neuen Verbraucherinformationsgesetz, ZLR 2008, S. 115 ff.

Wersig, Gernot, Die Komplexität der Informationsgesellschaft, Konstanz 1996.

Wiemers, Matthias, Quo vadis Verbraucherinformationsgesetz?, ZLR 2009, S. 413 ff.

Wiener, Norbert, Cybernetics – Or, Control and communication in the animal and the machine, 2. Aufl., Cambridge (Massachusetts) 1965.

Wilkat, Anja, Bewertungsportale im Internet, Baden-Baden 2013.

Wilke, Gerhard, Pocket Wirtschaft – Ökonomische Grundbegriffe, 2. Aufl., Bonn 2006.

Willert, Christian, Datenaufbewahrung nach Beendigung des Arbeitsverhältnisses, in: Stephan Weth/Maximilian Herberger/Michael Wächter (Hrsg.), Daten- und Persönlichkeitsschutz im Arbeitsverhältnis – Praxishandbuch zum Arbeitnehmerdatenschutz, München 2014, S. 472 ff.

Wirtschaftsministerkonferenz, Beschluss-Sammlung der Wirtschaftsministerkonferenz am 6./7. Juni 2011 auf Schloss Plön, 15.6.2011, http://www.mwkel.rlp.de/File/Beschluss-der-Wirtschaftsministerkonferenz-pdf/, zuletzt geprüft am 11.7.2014.

Wissenschaftlicher Beirat des Bundes für Lebensmittelrecht und Lebensmittelkunde e.V. (BLL), Zur "Pankower Negativliste" – Erklärung des Wissenschaftlichen Beirats des Bundes für Lebensmittelrecht und Lebensmittelkunde e.V. (BLL) vom August 2009, ZLR, S. 767 ff.

Wisuschil, Andreas, Der Fall »Junge Freiheit« – Neuorientierung im Verfassungsschutzrecht?, ZUM 2006, S. 294 ff.

Witt, Dieter, Blickverhalten und Erinnerung bei emotionaler Anzeigenwerbung – Eine experimentelle Untersuchung mit der Methode der Blickaufzeichnung, Saarbrücken 1977.

Wittig, Peter, Zum Standort des Verhältnismäßigkeitsgrundsatzes im System des Grundgesetzes, DÖV 1968, S. 817 ff.

Wolff, Hans J./Bachof, Otto/Stober, Rolf/Kluth, Winfried, Verwaltungsrecht I, Bd. 1, 12. Aufl., München 2007.

Wolff, Heinrich Amadeus, Der verfassungsrechtliche Schutz der Betriebs- und Geschäftsgeheimnisse, NJW 1997, S. 98 ff.

Ders./Andreas Decker (Hrsg.), Verwaltungsgerichtsordnung (VwGO), Verwaltungsverfahrensgesetz (VwVfG) – Studienkommentar, 3. Aufl., München 2012.

Ders./Gielzak, Sabina, Die Einführung des elektronischen Gesetz- und Verordnungsblattes in Brandenburg, LKV 2010, S. 353 ff.

Wollenschläger, Ferdinand, Budgetöffentlichkeit im Zeitalter der Informationsgesellschaft – Die Offenlegung von Zuwendungsempfängern im Spannungsfeld von Haushaltstransparenz und Datenschutz, AöR 135 (2010), S. 364 ff.

Ders., Staatliche Verbraucherinformation als neues Instrument des Verbraucherschutzes – Möglichkeiten und Grenzen der Informationsbefugnis nach dem Verbraucherinformationsgesetz am Beispiel der Pankower Ekelliste und das Problem staatlicher Marktinformation, VerwArch 102 (2011), S. 20 ff.

Ders., Stellungnahme für die 53. Sitzung des Ausschusses für Ernährung, Landwirtschaft und Verbraucherschutz zur Öffentlichen Anhörung zum Thema: „Verbraucherinformationsgesetz", Berlin 9.11.2011.

Ders., Effektiver Rechtsschutz bei informationellen Maßnahmen der öffentlichen Hand am Beispiel der novellierten Informationsbefugnis im Lebensmittelrecht (§ 40 LFGB), DÖV 2013, S. 7 ff.

Ders., Kein „Aus" für die Verbraucherinformation über Missstände im Lebensmittelsektor aus Luxemburg, EuZW 2013, S. 419 ff.

Würtenberger, Thomas, Die Legitimität staatlicher Herrschaft – Eine staatsrechtlich-politische Begriffsgeschichte, Berlin 1973.

Wustmann, Ulrich, „VIG – Klappe – die Vierte" – Dauerbrenner Verbraucherinformation, ZLR 2007, S. 242 ff.

Ders., Das VIG in der Verwaltungspraxis, in: Stefan Leible (Hrsg.), Verbraucherschutz durch Information im Lebensmittelrecht, Bayreuth 2010, S. 169 ff.

Ders., Das neue Verbraucherinformationsrecht – (VIG und § 40 Abs. 1a LFGB), in: Alexander Dix, Gregor Franßen, Michael Kloepfer, Peter Schaar, Friedrich Schoch, Deutsche Gesellschaft für Informationsfreiheit (Hrsg.), Informationsfreiheit und Informationsrecht – Jahrbuch 2012, Berlin 2013, S. 197 ff.

Ders., Gesetz zur Verbesserung der gesundheitsbezogenen Verbraucherinformation – Verbraucherinformationsgesetz (VIG) – Rechtsprechungsübersicht, BayVBl. 2015, S. 181 ff.

Zabel, Benno, „Öffentliche Pranger" und reformierter Strafprozess – Aktuelle Tendenzen der Medialisierung vor und während des Ermittlungsverfahrens, GA 158 (2011), S. 347 ff.

Zemanek, Heinz, Das geistige Umfeld der Informationstechnik, Berlin/New York 1992.

Ziegelmayer, Die Reputation als Rechtsgut – Plädoyer für die Stärkung des sozialen Geltungsanspruchs von Unternehmen im Netz, GRUR 2012, S. 761 ff.

Zipfel, Walter/Rathke, Kurt-Dietrich (Hrsg.), Lebensmittelrecht, Loseblatt, 158. Erg-Lfg., München 2014.

Zumpe, Bodo, Öffentlichkeit staatlicher Informationen – Dargestellt am Beispiel der Informationsfreiheitsgesetze des Bundes und der Länder, Sipplingen 2007.